ACCESO GRATIS a la Lectura en la Nube

Para visualizar el libro electrónico en la nube de lectura envíe junto a su nombre y apellidos una fotografía del código de barras situado en la contraportada del libro y otra del ticket de compra a la dirección:

ebooktirant@tirant.com

En un máximo de 72 horas laborables le enviaremos el código de acceso con sus instrucciones.

DERECHO EN EVOLUCIÓN: PERSPECTIVAS DE UNA NUEVA GENERACIÓN DE JURISTAS

DERECHO EN EVOLUCIÓN: PERSPECTIVAS DE UNA NUEVA GENERACIÓN DE JURISTAS

SARA GARCÍA GARCÍA
ALEJANDRO HERNÁNDEZ LÓPEZ
Directores

tirant lo blanch
Valencia, 2024

En caso de erratas y actualizaciones, la Editorial Tirant lo Blanch publicará la pertinente corrección en la página web www.tirant.com.

La presente obra ha sido sometida a la revisión de pares ciegos según el protocolo de publicación de la editorial a efectos de ofrecer el rigor y calidad correspondiente tanto en su contenido como en su forma, aplicándose los criterios específicos aprobados por la Comisión Nacional E 016 (BOE num. 286, de 26 de noviembre de 2016).

EDITA: TIRANT LO BLANCH
C/ Artes Gráficas, 14 - 46010 - Valencia
TELFS.: 96/361 00 48 - 50
FAX: 96/369 41 51
Email: tlb@tirant.com
www.tirant.com
Librería virtual: www.tirant.es
DEPÓSITO LEGAL: V-3782-2024
ISBN: 978-84-1071-173-0
MAQUETA: Disset Ediciones

Si tiene alguna queja o sugerencia, envíenos un mail a: *atencioncliente@tirant.com*. En caso de no ser atendida su sugerencia, por favor, lea en *www.tirant.net/index.php/empresa/politicas-de-empresa* nuestro procedimiento de quejas.

Responsabilidad Social Corporativa: http://www.tirant.net/Docs/RSCTirant.pdf

Índice

DERECHO CONSTITUCIONAL

DERECHO ECLESIÁSTICO

DERECHO FINANCIERO

DERECHO INTERNACIONAL

DERECHO MERCANTIL

DERECHO PENAL

HISTORIA DEL DERECHO

Prólogo

Los jóvenes investigadores deben ser un sector prioritario en nuestras Facultades ya que representan el eslabón generacional imprescindible y el motor de la creatividad, la innovación y la adaptación al mundo presente y a las exigencias sociales en el futuro. Sus investigaciones han de verse como una garantía de la pervivencia de la propia institución universitaria, pero también como un instrumento eficaz para crear una sociedad más igualitaria, más justa y comprometida con la construcción y profundización de sociedades más democráticas y pacíficas. Es necesario que la Universidad asuma la obligación de formar a los jóvenes investigadores impulsando sus capacidades, generando espacios de deliberación que permitan visibilizar sus perspectivas vitales y profesionales y se conviertan en una de las principales vías para la crítica y la reflexión de la vida académica.

La inversión en capital humano en el ámbito universitario es vital tanto en el terreno de la docencia como de la investigación, por eso, a partir de estas premisas, desde la Facultades de Derecho de las Universidades de Burgos, León, Salamanca y Valladolid se ha impulsado una publicación conjunta en la que dejar de manifiesto las líneas de investigación que se llevan a cabo en distintas ramas de conocimiento jurídico. Hemos de ser conscientes de que cada vez es más necesario el trabajo en redes, en proyectos multi e interdisciplinarios, en los que las aportaciones de investigadores de diferentes ámbitos de conocimiento van a ser esencial, si se pretende rigor, calidad y excelencia. Ha de decirse que esta publicación responde a los objetivos marcados, siendo un placer prologar los trabajos de una nueva generación de juristas que han decidido dedicar sus esfuerzos a la Universidades públicas de Castilla y León, en un momento en el que su compromiso de servicio es más necesario que nunca en nuestra región.

El envejecimiento de nuestras plantillas demanda la atracción y la fidelización del talento joven para asegurar y proteger la continuidad de una institución como es la universitaria, con indudable historia y arraigo en Castilla y León. Se pretende contribuir, en el marco de una crisis demográfica endémica como la que padece Castilla y León, al anclaje de un profesorado joven que debe superar no solo las dificultades que afectan a la juventud en general sino las derivadas de un contexto de permanentes cambios normativos que afectan directamente a la trayectoria universitaria. La actual Ley Orgánica del Sistema Universitario (LOSU) plantea un escenario de incertidumbres (y quizás de oportunidades) tanto para el devenir del futuro de las Universidades como para el futuro profesional del profesorado más joven.

Sirva esta obra también como reivindicación de la labor de la Universidades públicas, en cuanto garantes de la igualdad de oportunidades para los ciudadanos de la región y generadoras de espacios de intercambio científico al servicio de la sociedad.

Valladolid, 03 de abril de 2024

JAVIER GARCÍA MEDINA
Decano Facultad de Derecho Universidad de Valladolid

FERNANDO CARBAJO GASCÓN
Decano Facultad de Derecho Universidad de Salamanca

SALVADOR TARODO SORIA
Decano Facultad de Derecho Universidad de León

SANTIAGO BELLO PAREDES
Decano Facultad de Derecho Universidad de Burgos

Presentación de la obra

La obra colectiva que aquí se presenta al lector pretende servir de plataforma para la difusión de las investigaciones de las jóvenes promesas de la academia castellanoleonesa, aportando así su visión acerca de los problemas jurídicos más actuales que enfrenta nuestra sociedad. En ella se compendia una selección de estudios en los que se abordan cuestiones de gran trascendencia e interés general, todos ellos realizados en el seno de las Facultades de Derecho de las cuatro Universidades públicas de Castilla y León: la Universidad de Burgos (UBU), la Universidad de León (ULE), la Universidad de Salamanca (USAL) y la Universidad de Valladolid (UVa).

Debido a la gran cantidad de autores y la variada naturaleza de sus aportaciones, la obra se ha estructurado agrupando los diferentes estudios en función de su adscripción a cada una de las grandes ramas del Derecho. En efecto, en esta obra se abordan cuestiones esenciales en materia de Derecho Administrativo y Ciencia política y de la Administración, Derecho Civil, Derecho Constitucional, Derecho Eclesiástico, Derecho Financiero, Derecho Internacional, Derecho Mercantil, Derecho Penal, Derecho Procesal e Historia del Derecho. Todo ello principado por un prólogo rubricado por los Decanos de las cuatro citadas Facultades, poniendo así de manifiesto su apoyo decidido a esta iniciativa y el compromiso de mantener en el futuro un clima de trabajo conjunto y hermanado en el ámbito de las ciencias jurídicas de Castilla y León.

En el primer bloque, sobre Derecho Administrativo y Ciencia política y de la Administración, se abordan cuestiones de absoluta actualidad como son el problema de la protección de nuestros derechos como ciudadanos en un mundo digital y globalizado, en el que nuestra privacidad y datos se han convertido en mercancía de primera categoría. Ante esta complejísima cuestión, José Luis Domínguez Álvarez (USAL) ofrece un detallado análisis de la cuestión y un cuidado compendio de soluciones jurídicas. Tras este, Miguel Eiros Bachiller (USAL) analiza con perspectiva crítica la jurisprudencia constitucional en materia de educación diferenciada, con el fin de aportar luces y soluciones a las sombras que rodean esta cuestión en nuestros días. En otro orden de cosas, se plantean distintas reflexiones en materia política y electoral, en un momento de convulsión mundial en esta materia. Así, Athénaïs Sauvée (UBU) y Santiago Porras Alfonso (UBU) analizan los factores que influyen en la intención de voto de los jóvenes, completando este análisis bajo una perspectiva más general Javier Antón Merino (UBU), Marta Méndez Juez (UBU) y Sergio Pérez Castaños (UBU), quienes analizan el sistema político desde la óptica de Castilla y León, pero extensible a su vez al resto de Comunidades Autónomas. Por otra parte, Pilar Talavera Cordero (USAL) expone las ventajas, desventajas, posibilidades y marco jurídico necesario para introducir en España una de las propuestas que baraja la Unión Europea para paliar el problema de los precios en los productos procedentes del sector primario, así como los problemas propios del mundo rural, tan acuciantes en Castilla y León, analizando la posibilidad de regular en España los llamados canales cortos de comercialización. Finalmente, cierra este primer bloque Paula María Tomé Domínguez (USAL), que ahonda en su estudio en el problema del abandono del mundo rural y en la necesidad de dinamizarlo, esta vez desde la perspectiva de la tecnología y su digitalización, analizando propuestas en Derecho comparado sobre el papel de las redes de iniciativa pública en la conectividad digital rural.

En el segundo bloque, sobre Derecho Civil, se abordan cuestiones de rabiosa actualidad jurídica, ofreciendo diferentes alternativas y soluciones. En este sentido, abre el bloque María González-García Viñuela (ULE), analizando el encaje jurídico del nuevo paradigma que se pretende implantar sobre el alcance de la autonomía del paciente con discapacidad. Asimismo, Jésica Delgado Sáez (USAL) analiza otra de las consecuencias que ha traído consigo la reciente Ley 8/2021 por la que se reforma la legislación civil y procesal para el apoyo a las personas con discapacidad en el ejercicio de su capacidad jurídica, concretamente las relativas en este caso al fideicomiso y a la sustitución fideicomisaria y la persona favorecida por ella. En otro orden de cosas, Marta Gómez López (UVa) analiza la cuestión de la determinación del apellido como restricción a la libre circulación por el territorio de la Unión Europea, problemática con implicaciones jurídicas enormes tanto en el plano nacional como en el transnacional. Tras este estudio, y también bajo un enfoque europeo e internacional, Fernanda Pantaleão Dirscherl (ULE) ofrece, bajo un análisis jurídico y jurisprudencial, soluciones en materia de reagrupación familiar por refugio de una menor no acompañada, combinando en dicho análisis el Derecho español, brasileño y europeo. Seguidamente, Misael Alberto Andrade Vega (USAL) analiza otro de los cambios legislativos recientes, como es la Ley 4/2022, de 25 de febrero, de protección de los consumidores y usuarios frente a situaciones de vulnerabilidad social y económica, y revisa la situación en que queda el consumidor vulnerable con esta nueva Ley y sus consecuencias jurídicas en el área contractual de consumo. Finaliza este segundo bloque con el estudio de Carlos Tamani Rafael (USAL), realizando un análisis jurídico de conceptos tan complejos como el de buena fe contractual, revisando los límites y marco jurídico de los deberes precontractuales de información.

A continuación, se presentan tres grandes bloques con un único representante en esta obra. En este sentido, en materia de Derecho Constitucional, Álvaro Rosales Fernández (ULE) realiza un análisis sobre un tema de trascendencia para Castilla y León, pero con conclusiones extraíbles a conflictos vivos y presentes en el conjunto del territorio, como son los relacionados con la cuestión lingüística; de este modo, se ofrece un análisis jurídico del diasistema asturleonés, bajo la perspectiva del multilingüismo en España. Tras este, desde el Derecho Eclesiástico, Marina Morla González (ULE) realiza un análisis de una cuestión de absoluta importancia en relación con un futuro cada vez más próximo como es la medicina personalizada de precisión; las trascendencias jurídicas y legales de este futuro de la medicina son amplísimas y se analizan aquí bajo la perspectiva de la protección del derecho a la intimidad, a la información y a decidir libremente. A continuación, en el ámbito del Derecho Financiero y Tributario, Arturo Aldea Gamarra (UVa) realiza un complejo análisis de la problemática que rodea a los modelos de cumplimiento normativo, ofreciendo su interpretación y soluciones ante el intercambio proactivo de información fiscal relevante en esa materia, con especial atención al *disclosure* o revelación de la información. El último de los bloques con una sola representante, el de Historia del Derecho, viene de la mano de Nerea Hernanz Montalvillo (UVa), que en su aportación revisa con minuciosidad y enfoque jurídico los cambios y circunstancias del Ducado de Milán, que pasó de ser título del Sacro Imperio Romano Germánico a un título de la Monarquía Universal Hispánica.

El sexto bloque de materias, relativo al Derecho Internacional, público o privado, comienza de la mano de Carmen Martínez San Millán (UVa), que analiza las consecuencias de la inclusión del derecho a la seguridad y salud en el trabajo en el marco de la OIT y cómo la aplicación de cláusulas laborales en los grandes acuerdos comerciales internacionales puede proteger los derechos laborales de las personas. Tras ella, Estela Martín Pascual (USAL) aborda la crisis climática desde el punto de vista internacional y cómo la dificultad presente en atajarla genera inseguridad e incertidumbre en los actores internacionales. Desde el punto de vista de la rama privada del Derecho internacional, Alejandro Díez Gutiérrez (ULE) analiza la realidad jurídica de los saharauis en España, recordando cómo el grueso de las solicitudes de apátridas en España procede de personas con este origen, lo que demuestra la urgencia e interés en avanzar en esta cuestión. Finalmente, desde Argentina y sobre la base de su vinculación con la Universidad de Valladolid, cierra este bloque Daniela Bardel, quien trata una cuestión de absoluta actualidad en el ámbito académico español, como es el relativo a las condiciones epistemológicas y metodológicas de las producciones del campo jurídico.

Abre el séptimo bloque, el dedicado al Derecho Mercantil, con la aportación de Antonio Alonso-Bartol Bustos (USAL) quien propone, un análisis sobre los efectos que estas nuevas tecnologías, cada día más presentes, pueden tener en el desarrollo de nuevos mercados. Tras él, Marcos Cruz González (USAL) analiza cómo el Derecho de marca viene absorbiendo el Derecho contra la Competencia desleal, especialmente bajo las últimas corrientes internacionales, y analiza los ajustes e implicaciones derivadas de ello. Finalmente, concluye el análisis mercantilista Julia Lago Muñoz (USAL), quien profundiza en las diversas herramientas jurídicas que el Derecho de la Propiedad Intelectual proporciona para la protección de los derechos de autor en un ámbito en constante cambio y movimiento como es el de la moda.

Tras este, se abre el bloque dedicado al complejo ámbito del Derecho penal con la aportación de Yago Marcano Gómez (UVa), quien trata de arrojar luz a la sombría frontera existente entre lo penal y lo administrativo en el ámbito del deporte, tratando de dilucidar el margen que ostenta el Derecho administrativo sancionador en este ámbito y, por tanto, el alcance, por otro lado, del Derecho penal. A continuación, Alicia Rodríguez Sánchez (USAL) aborda un análisis jurídico de la llamada delincuencia de cuello blanco, desgraciadamente tan presente en nuestros días, con el fin de estructurarlo como un verdadero fenómeno criminal, en el que se desarrollen las debidas medidas de prevención y resocialización. A continuación, Wendy Pena González (USAL) ahonda en el eterno papel que juega el principio de proporcionalidad en el ámbito penal, atendiendo especialmente a la proporcionalidad de las penas bajo nuevas teorías y corrientes que hablan de un elemento ordinal y otro cardinal como claves para resolver la cuestión. Concluye este bloque María Quintas Pérez (USAL), quien estudia un delito recientemente introducido en el ordenamiento, como es el delito de enriquecimiento ilícito, especialmente desde la perspectiva de la presunción de inocencia y del derecho a no autoincriminarse.

Finaliza la obra con el noveno bloque, dedicado al estudio del Derecho procesal, que lo nutren un amplio número de investigadores que profundizan en cuestiones de trascendencia y actualidad de la rama. Así, Rodrigo Miguel Barrio (UBU) observa cómo las redes sociales se han convertido en una realidad paralela en la que también surgen conflictos y vicisitudes que exigen adaptar los métodos y técnicas tradicionales; en este sentido, su estudio encara el análisis de los efectos derivados de publicaciones realizadas en redes sociales y su repercusión como prueba a nivel laboral. A continuación, Ana María Vicario Pérez (UBU) analiza en su investigación las semejanzas y diferencias entre las investigaciones penales y administrativas realizadas por la Oficina Europea de Lucha contra el Fraude (OLAF) y la Fiscalía Europea en materia financiera. Tras ella, Majedeh Bozorgi (USAL) analiza distintas formas de corrupción en el ámbito sanitario y su base y tratamiento desde el punto de vista procesal; lo hace además a nivel comparado tomando como referencias principales el Derecho español, anglosajón y persa. Asimismo, Juan Antonio Muriel Diéguez (UVa) analiza los efectos derivados del recientemente adoptado Reglamento europeo 2023/1543 sobre las órdenes europeas de producción y las órdenes europeas de conservación a efectos de prueba electrónica en procesos penales y de ejecución de penas privativas de libertad, revisando la eficacia de las medidas adoptadas para resolver las dificultades que han encontrado las autoridades judiciales y policiales para el desarrollo de este tipo de investigaciones penales. Concluye el bloque procesal Serena Cacciatore (UBU), quien analiza la Fiscalía Europea bajo un enfoque comparado y desde la perspectiva española e italiana; destacando en la obra de la autora el trabajo de campo realizado a través las conclusiones extraídas de un conjunto de entrevistas realizadas a los profesionales con especialización en el ámbito de la integración europea.

Todo lo expuesto evidencia la utilidad e interés de esta obra colectiva, cuyas variadas aportaciones ofrecen visiones actualizadas, útiles y rigurosas sobre los debates jurídicos existentes en cada disciplina. Las soluciones aportadas por estos jóvenes, tanto a problemas tradicionales como a los más actuales, son buena muestra de la altísima calidad de la investigación jurídica en nuestra región y en nuestro país, y de que el presente y futuro de nuestras Facultades está en las mejores manos.

DERECHO ADMINISTRATIVO. CIENCIA POLÍTICA Y DE LA ADMINISTRACIÓN

Espacios sombríos y lagunas normativas pendientes de abordar para garantizar la tutela jurídica de los derechos de la privacidad

JOSÉ LUIS DOMÍNGUEZ ÁLVAREZ
Universidad de Salamanca

«Si la libertad significa algo, será, sobre todo, el derecho a decirle a la gente aquello que no quiere oír»
George Orwell (1903-1950)

Resumen

El continente europeo se ha caracterizado, desde mediados de los años sesenta del pasado siglo, por abanderar la protección de los derechos fundamentales y las libertades públicas de la ciudadanía mediante el establecimiento de un marco legislativo preciso, orientado a embridar los claroscuros del fenómeno tecnológico, unificar las pretensiones de los distintos actores implicados en la primigenia tecnificación de las sociedades europeas de la época y, especialmente, capaz de ofrecer un conjunto de medios efectivos para garantizar la tutela jurídica efectiva de los derechos de la privacidad de la ciudadanía europea. La llegada del Reglamento General de Protección de Datos supuso, en la práctica, un incremento sustancial de los estándares de protección de los datos personales en los Estados miembros, produciendo una auténtica ola homogeneizadora, tanto de los medios de protección, como de los mecanismos adoptados para garantizar la plena eficacia de los derechos de la ciudadanía en relación con el tratamiento de sus datos personales. Transcurrido el primer lustro de aplicación de este hito jurídico capital estamos en disposición de identificar y delimitar una serie de lagunas o fallas normativas que están erosionando el poderoso esquema regulador orquestado en el continente europeo, todo ello con el firme propósito de seguir avanzando en la salvaguarda de la tutela jurídica de la protección de datos de carácter personal, las cuales convendría no perder de vista en el próximo ciclo de reformas y transformaciones normativas en la materia.

Palabras clave: protección de datos de carácter personal; modelo europeo de privacidad; servicios digitales; transformaciones normativas; propuestas de futuro.

1. INTRODUCCIÓN

El desarrollo del derecho a la protección de datos de carácter personal es el relato de un éxito mayúsculo del proyecto de integración europea[1]. Esta dificultosa empresa no ha estado exenta de controversia y ha exigido numerosos esfuerzos por parte de todos los actores implicados, sin los cuales no habría sido posible transitar el pedregoso camino que ha recorrido la tutela jurídica de la privacidad en el continente europeo. Esta garantía ha pasado de ser, en un primer momento, una exigencia instrumental más al servicio de la edificación del mercado único común (art. 100A TCE), a convertirse en un derecho fundamental autónomo (art. 8 CDFUE) que, en nuestros días, se erige como la piedra angular para la defensa de la dignidad de la persona ante los envites de la transformación digital[2].

En este contexto es en el que se enmarca el Reglamento (UE) 2016/679 del Parlamento Europeo y del Consejo, de 27 de abril de 2016, relativo a la protección de las personas físicas en lo que respecta al tratamiento de datos personales y a la libre circulación de estos datos y por el que se deroga la Directiva 95/46/CE (Reglamento General de Protección de Datos), cuya llegada ha supuesto un auténtico giro copernicano en materia de protección de datos personales con respecto a la situación anterior. Dicho

---

1 *Cfr.* REBOLLO DELGADO, L., *Protección de datos en Europa. Origen, evolución y regulación actual,* Dykinson, Madrid, 2018, pp. 80 y ss.

2 Esta idea ya fue defendida, con mayor detalle, a propósito de la virulenta confrontación entre privacidad, desarrollo tecnológico y salud pública propiciada por la irrupción de la crisis sociosanitaria de la COVID-19 en TERRÓN SANTOS, D.; DOMÍNGUEZ ÁLVAREZ, J.L. y FERNANDO PABLO, M.M., «Los derechos fundamentales de la privacidad: Derecho y necesidad en tiempo de crisis», en *Revista General de Derecho Administrativo,* núm. 55, 2020, p. 9.

hito normativo introduce, a veces directamente, a veces de forma soterrada, un nuevo modelo de protección de datos personales sustentado sobre un novedoso enfoque de riesgo y una premisa sumamente innovadora, como es la necesidad de avanzar hacia el uso responsable de la información de carácter personal[3].

Este cambio de paradigma puede percibirse con meridiana claridad en cuestiones tan relevantes como la irrupción del principio de *accountability* o responsabilidad proactiva, la inclusión de los principios de privacidad desde el diseño y por defecto, la aproximación a la protección de datos basada en el análisis de riesgos, la incorporación de la figura del delegado de protección de datos, el fortalecimiento de los códigos de conducta, la exigencia de llevar a cabo un registro de las actividades de tratamiento, la regulación de medidas técnicas y organizativas apropiadas para garantizar un nivel de seguridad adecuado y un largo etcétera de cuestiones que producen una auténtica catarsis en el modelo europeo de protección de datos de carácter personal[4].

Ahora, cuando se cumple el primer lustro de implementación de esta amplia amalgama de transformaciones normativas es tiempo suficiente para identificar y delimitar, gracias a la labor de los diferentes operadores jurídicos y, en particular, gracias a la extraordinaria actuación de la Agencia Española de Protección de Datos, una serie de lagunas o fallas normativas que están erosionando el poderoso esquema regulador orquestado en el continente europeo. Se pretende, por tanto, profundizar en el análisis de aquellos pasajes sombríos que las Instituciones europeas y las autoridades de control deberían repensar en la próxima reforma del modelo europeo de privacidad, con el propósito de seguir avanzando en

---

3 *Vid.* PIÑAR MAÑAS, J.L., «Hacia un nuevo modelo europeo de protección de datos», en PIÑAR MAÑAS, J.L. (Dir.), *Reglamento General de Protección de Datos. Hacia un modelo europeo de privacidad,* Reus, Madrid, 2016, p. 16.

4 *Vid.* DOMÍNGUEZ ÁLVAREZ, J.L., *Tratado de protección de datos personales. Pasado, presente y futuro de la tutela jurídica de los derechos de la privacidad,* Colex, A Coruña, 2023, p. 133.

la senda trazada con la finalidad de garantizar la completa tutela jurídica de la protección de datos de carácter personal.

2. EL MODELO EUROPEO DE PROTECCIÓN DE DATOS DE CARÁCTER PERSONAL ESTÁ PENSADO POR Y PARA LOS GRANDES PRESTADORES DE SERVICIOS DIGITALES

Como es sabido por todos, a sabiendas de que la batalla entre la privacidad y el avance del fenómeno tecnológico es una confrontación desigual, el legislador europeo decidió acometer «una importante obra de reforma legislativa, derogando la vieja Directiva de protección de datos y aprobando un nuevo Reglamento de aplicación directa en los Estados miembros; sin renunciar al trazado original de esta edificación jurídica, pues los principios básicos de la Directiva siguen plenamente vigentes, pero modernizando y reformando su estructura, adaptándola al nuevo signo tecnológico de los tiempos»[5].

El resultado fue la incorporación de un haz de importantes innovaciones jurídicas, pensadas por y para las grandes corporaciones

---

5 *Vid.* CERVERA NAVAS, L., «El nuevo modelo europeo de protección de datos de carácter personal», en LÓPEZ CALVO, J. (Coord.), *La adaptación al nuevo marco de protección de datos tras el RGPD y la LOPDGDD*, Wolters Kluwer, Madrid, 2019, p. 72; destacado conocedor del modelo europeo de protección de datos, quien afirma a la hora de escudriñar los aspectos de mejora de la actual regulación que «al legislador europeo le habría faltado un poco de valentía política para abordar debidamente el diseño del sistema de gobernanza a nivel europeo. Hago particular hincapié sobre este extremo porque considero que el éxito o el fracaso del nuevo modelo europeo de protección de datos personales va a depender en buena medida de que la interpretación y aplicación del reglamento sean uniformes, lo cual es clave a la hora de interactuar con terceros países díscolos con los principios de protección de datos y con los gigantes de Internet».

tecnológicas[6], que han terminado vehiculando el nuevo modelo europeo de protección de datos de carácter personal. Dentro de este conglomerado de novedades conviene destacar, por su especial trascendencia, la irrupción del principio de responsabilidad proactiva o *accountability*, el cual impregna la totalidad de la nueva regulación, propiciando un giro copernicano con respecto a la legislación anterior e instaurando un sistema jurídico cuya principal nota característica es la flexibilidad. Se traslada así la responsabilidad del cumplimiento de la norma a los operadores encargados de llevar a cabo las distintas operaciones de tratamiento, idea-fuerza extremadamente acertada cuando estas son desarrolladas por grandes corporaciones empresariales que disponen de los recursos económicos, personales y materiales pertinentes para ello, pero que sitúa en una posición extremadamente compleja y delicada a aquellas pequeñas y medianas empresas que, sin llevar a cabo operaciones de tratamiento de datos que entrañen riesgo alguno para los derechos fundamentales y libertades públicas de la ciudadanía, han visto sustancialmente incrementado el elenco de nuevas obligaciones y cargas jurídico-administrativas derivado del nuevo esquema de cumplimiento consagrado en la normativa

---

6 *Vid.* ADSUARA VARELA, B., «El ciudadano ante el RGPD y la nueva LOPDGDD», en LÓPEZ CALVO, J. (Coord.), *La adaptación al nuevo marco de protección de datos tras el RGPD y la LOPDGDD*, Wolters Kluwer, Madrid, 2019, p. 841; quien no solamente se detiene en señalar la complejidad de la nueva normativa de protección de datos, sino también en clarificar quien son sus auténticos destinatarios: «una primera reflexión debería hacernos pensar sobre la complejidad, no ya del Reglamento europeo o la Ley española, sino de toda la materia de protección de datos. Estamos convirtiéndola en un tema d "Sumos Sacerdotes", en el que ni siquiera los especialistas nos ponemos de acuerdo, cuando resulta que es un derecho fundamental que deberían entender todos los ciudadanos. Es verdad que la Agencia Española de Protección de Datos realiza un esfuerzo encomiable en la divulgación y pedagogía entre los ciudadanos, pero no es menos cierto que las leyes son especialmente farragosas y no están escritas pensando en ellos, ni en las pymes, sino en las grandes empresas y, sobre todo, en las multinacionales de Internet».

de protección de datos de carácter personal, aspecto que convendría repensar en el futuro.

3. A VUELTAS CON LA AUSENCIA DE PREVISIONES ORIENTADAS A FACILITAR EL CUMPLIMIENTO NORMATIVO DE LAS PEQUEÑAS Y MEDIANAS EMPRESAS

Como se ha apuntado con anterioridad, las pequeñas y medianas empresas requieren certidumbre para proseguir con su normal actividad[7]. A lo largo del texto articulado del Reglamento General de Protección de Datos (RGPD), «son varias las referencias que se hacen tanto a las microempresas, como a las pequeñas y medianas empresas[8], sin embargo, y como propuesta general,

---

7 Como manifiesta la Carta Europea de la Pequeña Empresa, «las pequeñas empresas son la columna vertebral de la economía europea. Son una fuente clave de puestos de trabajo y un criadero de ideas empresariales. Los desvelos de Europa por ser la precursora de la nueva economía sólo se verán culminados por el éxito si la pequeña empresa se considera un tema prioritario. Las pequeñas empresas son las más sensibles a los cambios en el entorno empresarial. Son las que más sufren cuando se las abruma con una burocracia excesiva. Y son las primeras en prosperar gracias a las iniciativas para acabar con el papeleo y recompensar el éxito».

8 La referencia más clara la encontramos en el Considerando 13 RGPD, según el cual: «para garantizar un nivel coherente de protección de las personas físicas en toda la Unión y evitar divergencias que dificulten la libre circulación de datos personales dentro del mercado interior, es necesario un reglamento que proporcione seguridad jurídica y transparencia a los operadores económicos, incluidas las microempresas y las pequeñas y medianas empresas, y ofrezca a las personas físicas de todos los Estados miembros el mismo nivel de derechos y obligaciones exigibles y de responsabilidades para los responsables y encargados del tratamiento, con el fin de garantizar una supervisión coherente del tratamiento de datos personales y sanciones equivalentes en todos los Estados miembros, así como la cooperación efectiva entre las autoridades de control de los diferentes Estados miembros. El buen funcionamiento del mercado interior exige que la libre circulación de los datos

debe tenerse presente las diferencias existentes entre las grandes empresas y multinacionales, con relación a las pequeñas y medianas empresas, o incluso, las llamadas microempresas, que presentan unas serias divergencias no solamente de carácter estructural, entre unas y otras, sino que también, su funcionamiento y su organización son completamente diferentes. De ello se deducen los problemas técnicos y prácticos de adaptación y de interpretación, que presenta dicha normativa»[9].

Entre las tímidas alusiones a las pymes que aparecen en el RGPD y la celebérrima Ley Orgánica 3/2018, de 5 de diciembre, de Protección de Datos Personales y garantía de los derechos digitales (LOPDGDD), destacan aquellas referencias a los códigos de conducta (art. 40 RGPD)[10], a la obtención de certificaciones

---

personales en la Unión no sea restringida ni prohibida por motivos relacionados con la protección de las personas físicas en lo que respecta al tratamiento de datos personales. Con objeto de tener en cuenta la situación específica de las microempresas y las pequeñas y medianas empresas, el presente Reglamento incluye una serie de excepciones en materia de llevanza de registros para organizaciones con menos de 250 empleados. Además, alienta a las instituciones y órganos de la Unión y a los Estados miembros y a sus autoridades de control a tener en cuenta las necesidades específicas de las microempresas y las pequeñas y medianas empresas en la aplicación del presente Reglamento».

9 *Vid.* PUYOL MONTERO, J., «Las Pymes entre el RGPD y la nueva LOPDGDD», en LÓPEZ CALVO, J. (Coord.), *La adaptación al nuevo marco de protección de datos tras el RGPD y la LOPDGDD*, Wolters Kluwer, Madrid, 2019, pp. 822-823.

10 Sin ir más lejos, el Considerando 98 RGPD contempla la necesidad de «incitar a las asociaciones u otros organismos que representen a categorías de responsables o encargados a que elaboren códigos de conducta, dentro de los límites fijados por el presente Reglamento, con el fin de facilitar su aplicación efectiva, teniendo en cuenta las características específicas del tratamiento llevado a cabo en determinados sectores y las necesidades específicas de las microempresas y las pequeñas y medianas empresas. Dichos códigos de conducta podrían en particular establecer las obligaciones de los responsables y encargados, teniendo en cuenta el riesgo probable para los derechos y libertades de las personas físicas que se derive del tratamiento».

(art. 42 RGPD)~~1[0F]~~[11], a las medidas y criterios de seguridad de los tratamientos de datos personales[12] y las relativas a la formación y sensibilización de responsables y encargados de tratamiento[13] (Disposición adicional 18ª LOPDGDD).

Se echa en falta, por tanto, un mayor esfuerzo del legislador a la hora de establecer previsiones normativas concretas y específicas que contribuyan al cumplimiento normativo por parte de las pequeñas y medianas empresas[14]. No se trata de eliminar o suprimir garantías, sino más bien de adecuarlas a las peculiaridades

---

11 En este sentido, el art. 42.1 RGPD establece que «los Estados miembros, las autoridades de control, el Comité y la Comisión promoverán, en particular a nivel de la Unión, la creación de mecanismos de certificación en materia de protección de datos y de sellos y marcas de protección de datos a fin de demostrar el cumplimiento de lo dispuesto en el presente Reglamento en las operaciones de tratamiento de los responsables y los encargados. Se tendrán en cuenta las necesidades específicas de las microempresas y las pequeñas y medianas empresas».

12 En relación con esta materia, debe tenerse presente que la Disposición adicional 18ª LOPDGDD faculta a la Agencia Española de Protección de Datos para el desarrollo, con la colaboración, cuando sea precisa, de todos los actores implicados, de las herramientas, guías, directrices y orientaciones que resulten precisas para dotar a los profesionales, microempresas y pequeñas y medianas empresas de pautas adecuadas para el cumplimiento de las obligaciones de responsabilidad activa establecidas en el Título IV del Reglamento (UE) 2016/679 y en el Título V de esta ley orgánica.

13 El Considerando 132 RGPD es claro al señalar que «entre las actividades de sensibilización del público por parte de las autoridades de control deben incluirse medidas específicas dirigidas a los responsables y los encargados del tratamiento, incluidas las microempresas y las pequeñas y medianas empresas, así como las personas físicas, en particular en el contexto educativo».

14 A este respecto, resulta especialmente ilustrativa la información reflejada en AGENCIA ESPAÑOLA DE PROTECCIÓN DE DATOS y CONFEDERACIÓN ESPAÑOLA DE LA PEQUEÑA Y MEDIANA EMPRESA, *Encuesta sobre el grado de preparación de las empresas españolas ante el Reglamento General de Protección de Datos,* Madrid, 2018, pp. 8-12.

del responsable del tratamiento, como ocurre en el supuesto del Registro de Actividades de Tratamiento (art. 30 RGPD).

4. LA NECESIDAD DE ACOMETER UNA MAYOR PRECISIÓN TERMINOLÓGICA Y UN MAYOR ESPÍRITU ARMONIZADOR PARA FACILITAR LA ACTUACIÓN DE LOS RESPONSABLES DEL TRATAMIENTO

Cuando uno se aproxima al análisis pormenorizado de la letra del RGPD y la LOPDGDD llama poderosamente la atención la ausencia de previsiones terminológicas explícitas respecto de la mayor parte de las cuestiones novedosas tecnológicamente que aspira a regular, y tampoco estos textos normativos se detienen en destinar numerosos esfuerzos a clarificar aspectos tradicionales y trascendentes en la materia objeto de regulación[15].

Junto a las críticas que ha suscitado la técnica legislativa empleada a la hora de confeccionar el nuevo marco normativo encargado de la tutela jurídica de la protección de datos de carácter personal, conviene subrayar de igual forma las dificultades que está ocasionando, para la actuación de las autoridades de control y de los propios responsables del tratamiento, la apuesta por el empleo de un modelo normativo abierto e indefinido, repleto de remisiones a ulteriores regulaciones. Esta cuestión es especial-

---

15 A este respecto, *vid.* CALVO LÓPEZ, J., *Comentarios al Reglamento Europeo de Protección de Datos,* Sepin, Madrid, 2017, pp. 51-52; quien recuerda que «los importantes dilemas a los que se ha enfrentado el legislador han derivado, de manera inevitable, en previsiones que amparan diferentes interpretaciones y ulteriores desarrollos de diferente signo. Con un espíritu más constitucional que reglamentario [...] Los juristas (y los políticos) disponemos de trampantojos tras los que nos podemos agazapar y pasar inadvertidos desarrollando mecanismos que permitan su especificación posterior: diseñando las estructuras y baldas de una biblioteca cuyo contenido se debe rellenar. Un marco de actuación a veces esquemático que deberá especificarse [...]».

mente preocupante, habida cuenta de que el RGPD no oculta su pretensión de crear un enfoque armonizado y una cultura común europea de protección de datos, así como la intención de fomentar una gestión más eficaz y armonizada de los casos transfronterizos.

En este punto, conviene precisar que, si bien es cierto que el RGPD establece un enfoque coherente para las normas de protección de datos en toda la Unión Europea, por otra parte, obliga a los Estados miembros a legislar en algunos ámbitos concretos y les ofrece la posibilidad de especificar más allá de la literalidad de los preceptos contemplados en el Reglamento. Como consecuencia de ello, sigue existiendo un cierto grado de fragmentación que se debe sobre todo al uso generalizado de cláusulas de especificación facultativas. Por ejemplo, las diferencias entre Estados miembros en cuanto a la edad de consentimiento de los menores en relación con los servicios de la sociedad de la información[16] crea incertidumbre para los menores de edad y sus padres en cuanto a la aplicación de sus derechos de protección de datos en el mercado único. Esta fragmentación plantea también una serie de retos para la realización de actividades empresariales transfronterizas, la innovación y las soluciones en materia de ciberseguridad[17].

---

16 Otro reto específico para la legislación nacional es la conciliación del derecho a la protección de los datos personales con la libertad de expresión y de información y la búsqueda del equilibrio adecuado de estos derechos. Algunas legislaciones nacionales establecen el principio de primacía de la libertad de expresión, mientras que otras establecen la primacía de la protección de los datos personales y únicamente eximen de la aplicación de las normas de protección de datos en situaciones específicas, como aquellas relacionadas con los personajes públicos. Por último, otros Estados miembros prevén una cierta ponderación, ya sea por parte del legislador y/o en una evaluación caso por caso, en lo que se refiere a las excepciones a determinadas disposiciones del RGPD.

17 En vista de lo anterior, la Comisión estudiará si, a la luz de la experiencia y de la jurisprudencia pertinente que se vayan acumulando, podría ser conveniente proponer en el futuro modificaciones específicas de determinadas disposiciones del RGPD, en particular en relación con los registros de tratamiento por parte de las pymes que no tienen el tratamiento de datos personales como su actividad principal (bajo

Para el funcionamiento eficaz del mercado interior y para evitar cargas innecesarias a las empresas, también es esencial que la legislación nacional no vaya más allá de los márgenes establecidos por el RGPD ni introduzca requisitos adicionales cuando no exista margen para ello.

Adicionalmente, la legislación de los Estados miembros sigue planteamientos diferentes a la hora de aplicar excepciones a la prohibición general de tratamiento de categorías especiales de datos personales en lo que se refiere al nivel de especificación y salvaguardias, incluidas las relativas a la salud y a la investigación[18]. Tampoco existe un criterio uniforme en lo que respecta al empleo de la figura del apercibimiento y sobre la posibilidad de imponer un régimen efectivo de sanciones económicas a las autoridades públicas. Cuestiones todas ellas que dificultan la edificación de un modelo europeo de protección de datos de carácter homogéneo y armonizado, y en las que se evidencia una vez más la falta de ambición del legislador europeo.

---

riesgo),y la posible armonización de la edad de consentimiento de los niños en relación con los servicios de la sociedad de la información. *Vid.* COMISIÓN EUROPEA, *La protección de datos como pilar del empoderamiento de los ciudadanos y del enfoque de la UE para la transición digital: dos años de aplicación del Reglamento General de Protección de Datos,* Bruselas, 2020, p. 19 [COM (2020) 264 final].

18 Para hacer frente a este problema, la Comisión está comenzando por examinar, como primer paso, los diferentes enfoques adoptados por los Estados miembros y está apoyando la creación de un código (o códigos) de conducta que contribuya(n) a un enfoque más coherente en este ámbito y faciliten el tratamiento transfronterizo de datos personales. Asimismo, se prevé la adopción, por parte del CEPD, de unas directrices sobre el uso de datos personales en el ámbito de la investigación científica. Sirva como ejemplo de estos esfuerzos unificadores la aprobación por parte del COMITÉ EUROPEO DE PROTECCIÓN DE DATOS, *Directrices 3/2020 sobre el tratamiento de datos relativos a la salud con fines de investigación científica en el contexto del brote de COVID-19,* adoptadas el 21 de abril de 2020.

5. LA CONVENIENCIA DE ESTABLECER UN CATÁLOGO MÍNIMO DE MEDIDAS DE PRIVACIDAD EN LUGAR DE FIAR POR COMPLETO EL SISTEMA DE PROTECCIÓN DE DATOS AL ENFOQUE DE RIESGO

Como es sobradamente conocido, el nuevo modelo europeo de protección de datos de carácter personal exige que las entidades sean proactivas a la hora de garantizar la protección de los datos, sin embargo, ni el RGPD ni la LOPDGDD especifican cuáles deben ser las medidas de seguridad para la protección de datos personales que se deben implementar en el seno de las diferentes organizaciones[19]. En este sentido, el art. 32 RGPD impone a los responsables de los tratamientos de datos personales la obligación de determinar y establecer las medidas técnicas y organizativas apropiadas para garantizar el nivel de seguridad adecuado al riesgo en función del estado de la técnica, los costes de aplicación y, la naturaleza, el alcance, el contexto y los fines del tratamiento, así como los riesgos de probabilidad y gravedad variables para los derechos y libertades de las personas[20].

---

19 Aparece, de esta forma, la seguridad concebida como principio de la protección de datos personales y, al mismo tiempo, como obligación del responsable y el encargado de tratamiento, muy lejos del marco cerrado y estático contemplado en el RLOPD, el cual establecía tres niveles de seguridad (alto, medio y básico) en función del tipo de datos tratados y concretaba de forma destallada y exhaustiva el conjunto de medidas de seguridad que debían aplicarse para cada nivel. *Vid.* SAIZ PEÑA, C.A., «Seguridad de los datos, evaluación de impacto, códigos de conducta y certificación», en RALLO LOMBARTE, A. (Dir.), *Tratado de protección de datos. Actualizado con la Ley Orgánica 3/2018, de 5 de diciembre, de Protección de Datos personales y Garantía de los Derechos Digitales,* Tirant lo Blanch, Valencia, 2019, p. 392.

20 A fin de mantener la seguridad de la información se exige al responsable evaluar los riesgos inherentes al tratamiento y aplicar medidas para mitigarlos. En dicha evaluación del riesgo deben tenerse en cuenta los riesgos que atenten contra los derechos y libertades de los interesados, especialmente sus derechos y libertades fundamentales. Con el objetivo de seleccionar las medidas para gestionar el riesgo para los derechos y

Aunque el Reglamento no enumera medidas de seguridad obligatorias, si ofrece en su art. 32.1 las medidas de protección al tratamiento de datos personales que deben establecerse como mínimo: (a) la seudonimización y el cifrado de los datos personales[21]; (b) la capacidad de garantizar la confidencialidad[22], integridad[23], disponibilidad y resiliencia permanentes de los sistemas

---

libertades, pueden utilizarse estándares de seguridad ya existentes en el mercado como la norma ISO 27000. Por su parte, las Administraciones públicas deberán utilizar el Esquema Nacional de Seguridad para seleccionar las medidas que deban implantarse para evitar su pérdida, alteración o acceso no autorizado, adaptando los criterios de determinación del riesgo en el tratamiento de los datos, tal y como se desprende de la Disposición adicional primera de la LOPDGDD. *Vid.* AGENCIA ESPAÑOLA DE PROTECCIÓN DE DATOS, *Gestión del riesgo y evaluación de impacto en tratamientos de datos personales,* Madrid, 2021, p. 15.

21 *Vid.* TRONCOSO REIGADA, A., «La seguridad en el tratamiento de datos personales (Comentario al artículo 32 RGPD y a la Disposición adicional primera y Disposición adicional decimoctava LOPDGDD)», en TRONCOSO REIGADA, A. (Dir.), *Comentario al Reglamento General de Protección de Datos y a la Ley Orgánica de Protección de Datos personales y Garantía de los Derechos Digitales,* Thomson Reuters-Aranzadi, Cizur Menor, 2021, p. 1970; quien percibe en el RGPD una apuesta constante por la seudonimización y por el cifrado como garantías adecuadas a adoptar por el responsable del tratamiento.

22 Se basa en la protección de los datos de los usuarios de internet, con el objetivo de preservar su privacidad digital. Los responsables de tratamiento o proveedores de servicios han de garantizar que no se revelarán los datos confidenciales del usuario y que no se cederán a terceros sin su consentimiento explícito. Sobre la importancia de la seguridad de los datos como garantía de la confidencialidad tuvo ocasión de pronunciarse la STC 17/2013, de 31 de enero, publicada en el BOE núm. 49, de 26 de febrero de 2013 (en particular, FJ 3).

23 Se refiere a la protección de los datos frente a cualquier modificación, alteración o acceso ilegítimo por parte de terceros. El objetivo es asegurar que la información que circule por internet sea veraz. Uno de los nuevos derechos digitales que incluye la LOPDGDD y que tiene que ver con la integridad de la información es el derecho al olvido, que consiste en el derecho del usuario a solicitar la eliminación de aquellos datos presentes en buscadores o redes sociales que sean inexactos, falsos o

y servicios de tratamiento; (c) tener la capacidad de restaurar la disponibilidad y el acceso a los datos personales lo más rápidamente que sea posible, tras sufrir un incidente físico o técnico; y (d) establecer un proceso de verificación, evaluación y valoración periódico de la efectividad de las medidas de seguridad.

Con el propósito de establecer incentivos para los prestadores de servicios digitales en aras de garantizar el estricto respeto de estos elementos vehiculares del derecho a la seguridad digital, la propia regulación en materia de protección de datos tipifica el quebranto de tales principios axiomáticos como una infracción de carácter grave, como se desprende del tenor literal del art. 73.f) RGPD, según el cual, se consideran graves y prescribirán a los dos años las infracciones que supongan *«[l]a falta de adopción de aquellas medidas técnicas y organizativas que resulten apropiadas para garantizar un nivel de seguridad adecuado al riesgo del tratamiento, en los términos exigidos por el artículo 32.1 del Reglamento (UE) 2016/679»*. En este punto, conviene recordar que el art. 83.4 RGPD impone que la infracción de tales disposiciones se sancionará con multas administrativas de 10.000.000 euros como máximo o, tratándose de una empresa, de una cuantía equivalente al 2% como máximo del volumen de negocio total anual global del ejercicio financiero anterior, optándose por la de mayor cuantía.

Pese al carácter disruptivo que presenta la incorporación del enfoque de riesgo como eje neurálgico del nuevo modelo europeo de protección de datos, habría sido conveniente delimitar un

---

estén desactualizados. En torno a esta cuestión, es muy interesante la STJUE de 30 de mayo de 2013, Worten/Autoridade para as Condições de Trabalho (asunto C-342/12), apartado 25: «el mencionado artículo 17, apartado 1, [de la Directiva 95/46/CE] no impone a los Estados miembros, salvo cuando tienen la condición de responsables del tratamiento, la adopción de estas medidas técnicas y de organización, dado que la obligación de adoptarlas incumbe únicamente al responsable del tratamiento, que en el presente caso es el empresario. Sin embargo, la misma disposición sí exige a los Estados miembros la adopción de una disposición de Derecho interno que establezca esta obligación».

catálogo mínimo de medidas de seguridad con la finalidad de fortalecer la seguridad jurídica y garantizar el cumplimiento normativo de aquellas organizaciones que realicen sencillas operaciones de tratamiento que no comporten un riesgo para los derechos fundamentales y libertades públicas de los particulares.

6. LA URGENCIA DE REPENSAR EL SISTEMA DE GOBERNANZA EUROPEO DE PRIVACIDAD Y LA MODIFICACIÓN DEL MECANISMO DE VENTANILLA ÚNICA

Sin duda, uno de los pasajes más criticados de la nueva ordenación en materia de protección de datos de carácter personal lo constituye el sistema de cooperación y coherencia (Capítulo VII RGPD), el cual esta íntima y estrechamente ligado con el modelo de gobernanza de la protección de datos de carácter personal. El Reglamento (UE) 2016/679 establece un sistema novedoso y complejo, evolucionando hacia un modelo de «ventanilla única» en el que existe una autoridad de control principal[24] y otras au-

---

24 Dicho de manera sencilla, una «autoridad de control principal» es la autoridad que asume la responsabilidad principal sobre una actividad de tratamiento transfronterizo, por ejemplo, cuando un interesado presenta una queja sobre el tratamiento de sus datos personales. La autoridad de control principal coordinará cualquier investigación, haciendo partícipes a otras autoridades de control «interesadas». La determinación de la autoridad de control principal depende de la determinación de la ubicación del «establecimiento principal» o del «establecimiento único» del responsable del tratamiento en la UE. El art. 56 RGPD establece que: la autoridad de control del establecimiento principal o del único establecimiento del responsable o del encargado del tratamiento será competente para actuar como autoridad de control principal para el tratamiento transfronterizo realizado por parte de dicho responsable o encargado con arreglo al procedimiento [de cooperación] establecido en el art. 60 RGPD. *Vid.* GRUPO DE TRABAJO DEL ARTÍCULO 29, *Directrices para determinar la autoridad de control principal de un responsable*

toridades interesadas[25]. También se establece un procedimiento de cooperación entre autoridades de los Estados miembros y, en caso de discrepancia, se prevé la decisión vinculante del Comité Europeo de Protección de Datos (CEPD). En consecuencia, con carácter previo a la tramitación de cualquier procedimiento, será preciso determinar si el tratamiento tiene o no carácter transfron-

---

o encargado del tratamiento, adoptadas el 13 de diciembre de 2016 (revisadas por última vez el 5 de abril de 2017), pp. 4-5 [WP 244 rev. 01].

25 Como precisa CERVERA NAVAS, L., «Cooperación y coherencia (Comentario general al Capítulo VII RGPD», en TRONCOSO REIGADA, A. (Dir.), *Comentario al Reglamento General de Protección de Datos y a la Ley Orgánica de Protección de Datos personales y Garantía de los Derechos Digitales*, Thomson Reuters-Aranzadi, Cizur Menor, 2021, pp. 2847-2848, «el sistema de cooperación se detalla a partir del artículo 60 del Reglamento, pero para comprender el sistema de ventanilla única es preciso remontarse al artículo 4.23, que define el "tratamiento transfronterizo" y al artículo 56 que crea la figura de la autoridad de control principal, a la que se considera competente para decidir en cooperación con otras autoridades interesadas [...] Por tratamiento transfronterizo se entienden dos supuestos: el tratamiento realizado por un responsable del tratamiento en el contexto de actividades realizadas en establecimientos en varios Estados miembros, o el realizado desde un solo establecimiento pero afectando sustancialmente a interesados en varios Estados miembros [...] En cualquier caso, en supuestos de tratamiento transfronterizo, la autoridad de control principal tiene la obligación de implicar estrechamente a las otras autoridades interesadas y tomar en consideración sus opiniones antes de adoptar una decisión, en particular en aquellos casos en los que la queja del interesado no se haya hecho frente a la autoridad principal sino frente a la de una autoridad interesada que sería la que tendría en su jurisdicción a un ciudadano que ha denunciado la violación de sus derechos».

Para una aproximación detallada del nuevo concepto de autoridades interesadas, *vid.* JIMÉNEZ-CASTELLANOS BALLESTEROS, I., «Autoridad de control interesada (Comentario al artículo 4.22 RGPD», en TRONCOSO REIGADA, A. (Dir.), *Comentario al Reglamento General de Protección de Datos y a la Ley Orgánica de Protección de Datos personales y Garantía de los Derechos Digitales*, Thomson Reuters-Aranzadi, Cizur Menor, 2021, pp. 807 y ss.

terizo y, en caso de tenerlo, qué autoridad de protección de datos ha de considerarse principal[26].

La Agencia Española de Protección de Datos no ha sido partidaria de esta fórmula desde sus inicios, pese a que se ha modificado sustancialmente por parte de la Comisión Europea, con respecto a la propuesta original, gracias a las presiones y propuestas incorporadas por el Reino de España. Sin embargo, pese a estas mejoras, el actual sistema de ventanilla única[27], en la práctica,

---

26 Consecuentemente, el art. 66 LOPDGDD señala que salvo en los supuestos a los que se refiere el art. 64.3 LOPDGDD, la Agencia Española de Protección de Datos deberá, con carácter previo a la realización de cualquier otra actuación, incluida la admisión a trámite de una reclamación o el comienzo de actuaciones previas de investigación, examinar su competencia y determinar el carácter nacional o transfronterizo, en cualquiera de sus modalidades, del procedimiento a seguir. Si la Agencia Española de Protección de Datos considera que no tiene la condición de autoridad de control principal para la tramitación del procedimiento remitirá, sin más trámite, la reclamación formulada a la autoridad de control principal que considere competente, a fin de que por la misma se le dé el curso oportuno. La Agencia Española de Protección de Datos notificará esta circunstancia a quien, en su caso, hubiera formulado la reclamación. El acuerdo por el que se resuelva la remisión a la que se refiere el párrafo anterior implicará el archivo provisional del procedimiento, sin perjuicio de que por la Agencia Española de Protección de Datos se dicte, en caso de que así proceda, la resolución a la que se refiere el apartado 8 del artículo 60 del Reglamento (UE) 2016/679.

27 Como recuerda el Considerando 128 RGPD, las normas sobre la autoridad de control principal y el mecanismo de ventanilla única no deben aplicarse cuando el tratamiento sea realizado por autoridades públicas u organismos privados en interés público. En tales casos, la única autoridad de control competente para ejercer los poderes conferidos con arreglo al Reglamento debe ser la autoridad de control del Estado miembro en el que estén establecidos la autoridad pública o el organismo privado. Sobre esta cuestión, más ampliamente MAYOR GÓMEZ, R., «Contenido y novedades del Reglamento General de Protección de Datos de la UE (Reglamento UE 2016/679, de 27 de abril de 2016)», en *Gabilex: Revista del Gabinete Jurídico de Castilla-La Mancha*, núm. 6, 2016, p. 265.

contribuye a la huida del régimen jurídico de la protección de datos de carácter personal, permitiendo a las empresas seleccionar la autoridad de control a la que desean someter su actuación en materia de cumplimiento normativo lo que, en última instancia, impide realizar un adecuado sistema de seguimiento y control de las grandes corporaciones tecnológicas.

Si a las anteriores insuficiencias le sumamos las profundas divergencias existentes entre los diferentes ordenamientos jurídicos y las distintas tipologías de procedimientos administrativos (prescripción, caducidad, plazos, etc.) que imperan en los Estados miembros, parece impensable que este sistema de ventanilla única permita realizar un seguimiento efectivo de la actuación de los gigantes tecnológicos, ocasionando una importante brecha en el sistema europeo de privacidad.

Las consecuencias no se han hecho esperar y ya han provocado que vuelvan a aflorar los fantasmas que, ya durante los trabajos preparatorios del RGPD, abogaban por la hipotética creación de una autoridad europea de protección de datos que permitiera el examen y control de las cuestiones transfronterizas, habida cuenta de las carencias y limitaciones que plantea el actual modelo europeo de cooperación, tesis que comparten mayoritariamente los profesionales que dan vida a las autoridades de control nacionales.

7. EL ENTUSIASTA PROTAGONISMO DEL DELEGADO DE PROTECCIÓN DE DATOS Y LA ERRÁTICA DECISIÓN DE NO CONTEMPLAR OTRAS FIGURAS COMPLEMENTARIAS: EXPECTATIVAS Y ESPEJISMOS

La incorporación de la figura del delegado de protección de datos (DPD) es una de las grandes conquistas y fortalezas del actual sistema europeo de tutela de la privacidad. Sin embargo, el transcurso del tiempo y la aplicación inicial tanto del RGPD como de la LOPDGDD ha permitido entrever una serie de deficiencias[28] y lagunas normativas que desdibujan el potencial de esta figura capital. Así, en primer término, el primer reproche que puede señalarse es la excesiva rigidez que envuelve a una figura esencial para dotar de efectividad el nuevo enfoque de proactividad que esconde el nuevo modelo europeo de protección de datos. Conforme a la actual regulación nos encontramos ante una figura muy potente que *a priori* parece que excluye otras opciones profesionales de asesoramiento. En este sentido, habría sido conveniente contemplar otras figuras intermedias, menos costosas, que ayudaran a garantizar el cumplimiento normativo, especialmente en el seno de aquellas organizaciones de pequeño o mediano tamaño.

Otro de los pasajes que no está exento de crítica es el que hace referencia a la cualificación de los delegados de protección de datos. En este sentido, conviene recordar que el RGPD establece las funciones y responsabilidades del delegado de protección de datos, pero no su cualificación profesional, ni una titulación o experiencia exigible, lo que ha dado lugar a la proliferación de una horda de *supuestos profesionales* de la privacidad sin la debida formación[29].

---

28 Especialmente preocupante es la carencia y la falta de formación de los delegados de protección de datos en el seno del Sector público. En torno a esta cuestión, más ampliamente DOMÍNGUEZ ÁLVAREZ, J.L., *Iusdata y Administración pública*, Civitas, Cizur Menor, 2023, pp. 133 y ss.

29 Esta problemática no es exclusiva del ecosistema de profesionales de la privacidad, se observa igualmente en los Estados de nuestro entorno más cercano. Por esta razón, el CEPD está diseñando acciones para fomentar la capacitación de los delegados de protección de datos y la formación en derechos de la ciudadanía europea, en busca de fraguar una auténtica cultura europea de la privacidad.
De igual forma, en el caso francés, la CNIL ha implementado un programa de formación online de DPDs y ha elaborado diversos recursos documentales. *Vid.* COMMISION NATIONAL DE L´INFORMATIQUE ET DES LIBERTES, *Practical Guide GDPR : Data Protection Officers*, Paris, 2021, 51 pp. Disponible en : https://bit.ly/3pY70zX
Por su parte, la AEPD ha elaborado multitud de materiales y guías formativas con la finalidad de incrementar la capacitación de los delega-

Ante esta tesitura, la Agencia Española de Protección de Datos (AEPD), en vista de la necesidad del mercado de identificar profesionales competentes y aportar confianza en la cualificación de estos para desempeñar con garantías dicha tarea, ha desarrollado haciendo uso del art. 35 LOPDGDD[30] un Esquema de Certificación de Delegados de Protección de Datos, en colaboración con ENAC[31]. Sin embargo, su puesta en marcha no ha cosechado los resultados esperados, lo que ha ocasionado que la Subdirección General de Promoción y Autorizaciones de la AEPD haya iniciado las actuaciones pertinentes para actualizar y darle un giro de 360° al citado Esquema.

---

dos de protección de datos. Por todos, *vid.* AGENCIA ESPAÑOLA DE PROTECCIÓN DE DATOS, *El manual del DPD: Guía para los Delegados de Protección de Datos en los sectores públicos y semi-públicos sobre cómo garantizar el cumplimiento del Reglamento General de Protección de Datos de la Unión Europea,* Madrid, 2019, 245 pp.; AGENCIA ESPAÑOLA DE PROTECCIÓN DE DATOS, *Guía rápida de comunicación del delegado de protección de datos,* Madrid, 2019, 21 pp., etc.

Entre las acciones formativas destacan los cursos impartidos por los profesionales de la AEPD en colaboración con el Instituto Nacional de Administración Pública (INAP) y la Asociación Española de Calidad (AEC). También merecen ser citados los cursos de verano organizados por la Agencia en la Universidad Internacional Menéndez Pelayo (UIMP), los cuales reúnen cada año a centenares de profesionales cualificados, nacionales e internacionales, para divulgar y profundizar en el conocimiento del ecosistema europeo de privacidad.

30 El citado precepto reza como sigue: «el cumplimiento de los requisitos establecidos en el artículo 37.5 del Reglamento (UE) 2016/679 para la designación del delegado de protección de datos, sea persona física o jurídica, podrá demostrarse, entre otros medios, a través de mecanismos voluntarios de certificación que tendrán particularmente en cuenta la obtención de una titulación universitaria que acredite conocimientos especializados en el derecho y la práctica en materia de protección de datos».

31 *Vid.* CHAVELI DONET, E., «Cualificación del delegado de protección de datos (Comentario al artículo 35 LOPDGDD)», en TRONCOSO REIGADA, A. (Dir.), *Comentario al Reglamento General de Protección de Datos y a la Ley Orgánica de Protección de Datos personales y Garantía de los Derechos Digitales,* Thomson Reuters-Aranzadi, Cizur Menor, 2021, p. 2668.

8. EL ESPERADO DESARROLLO REGLAMENTARIO DE LOS ESPACIOS VACUOS PRESENTES EN LA LEY ORGÁNICA 3/2018, DE 5 DE DICIEMBRE, DE PROTECCIÓN DE DATOS PERSONALES Y GARANTÍA DE LOS DERECHOS DIGITALES

El contenido de la LOPDGDD no agota la totalidad de los requerimientos del nuevo esquema normativo de protección de datos europeo. Consciente de esta realidad, el legislador español procedió a incorporar en la Ley 3/2018, de 5 de diciembre, una Disposición final decimoquinta, a través de la cual y haciendo uso de una buena técnica legislativa[32], enumera en apenas dos líneas, aquellos artículos en los que se habilita al Gobierno, mediante el ejercicio de la potestad reglamentaria, para establecer determinados requisitos, contenidos o condiciones (arts. 3.2, y 38.6 LOPDGDD); proceder a la aprobación del Estatuto de la Agencia Española de Protección de Datos (art. 45.2 LOPDGDD); regular los procedimientos tramitados por la AEPD[33] (art. 63.3 LOPDGDD);

---

32 *Vid.* JOVE VILLARES, D., «Desarrollo normativo (Comentario a la Disposición final decimoquinta LOPDGDD», en TRONCOSO REIGADA, A. (Dir.), *Comentario al Reglamento General de Protección de Datos y a la Ley Orgánica de Protección de Datos personales y Garantía de los Derechos Digitales*, Thomson Reuters-Aranzadi, Cizur Menor, 2021, p. 4897.

33 Entre los que debería incluirse necesariamente el procedimiento de urgencia previsto en el seno de la Subdirección General de Inspección con el que se da cobertura al Canal Prioritario, iniciativa impulsada por la AEPD en septiembre de 2019. La finalidad última de este Canal Prioritario, el cual representa una iniciativa pionera en el mundo, es la atención de situaciones excepcionalmente delicadas, cuando los contenidos (fotografías o vídeos) tengan carácter sexual o muestren actos de agresión y se estén poniendo en alto riesgo los derechos y libertades de los afectados, siempre que éstos sean ciudadanos españoles o se encuentren en España, especialmente si se trata de menores de edad o de víctimas de violencia de género. Un análisis más amplio de esta herramienta puede consultarse en DOMÍNGUEZ ÁLVAREZ, J.L., «Privacidad, sostenibilidad e igualdad: Algunas reflexiones acerca del nuevo modelo de intervención administrativa de la Agencia Española

o actualizar la cuantía del principal de una deuda que llevaría a la inclusión en los temidos sistemas de información crediticia (Disposición adicional sexta LOPDGDD).

El necesario desarrollo reglamentario alcanza también la esfera de los derechos digitales (art. 96.3 LOPDGDD), los cuales aún esperan el desarrollo de herramientas y políticas que permitan garantizar su efectividad real, cuando han transcurrido casi seis años desde la primigenia aparición del Título X LOPDGDD.

Esperemos que, en esta concreta ocasión, el desarrollo reglamentario de estos extremos no de postergue demasiado en el tiempo, como ya ocurriera con el anterior reglamento de desarrollo de la añeja La Ley Orgánica 15/1999, de 13 de diciembre, de Protección de Datos de Carácter Personal, pues de ello depende no solo la seguridad jurídica y la fortaleza del actual modelo europeo de privacidad, sino también el normal funcionamiento de las autoridades de control, como ponen de relieve los numerosos problemas que está encontrando en la actualidad la AEPD para proceder a la tramitación e inscripción registral de los códigos de conducta impulsados por la Subdirección General de Promoción y Autorizaciones.

---

de Protección de Datos», en GONZÁLEZ BUSTOS, M.A. (Dir.), *Agenda 2030: desarrollo sostenible e igualdad*, Thomson Reuters-Aranzadi, Cizur Menor, 2021, pp. 239-273; DOMÍNGUEZ ÁLVAREZ, J.L., «La normativa de protección de datos personales como dique de contención frente al avance de la violencia de género digital», en FIGUERUELO BURRIEZA, Á. (Dir.), *Nuevas tendencias en materia de derechos y libertades*, Thomson Reuters-Aranzadi, Cizur Menor, 2022, pp. 41-70, etc.

9. BIBLIOGRAFÍA

ADSUARA VARELA, B., «El ciudadano ante el RGPD y la nueva LOPDGDD», en LÓPEZ CALVO, J. (Coord.), *La adaptación al nuevo marco de protección de datos tras el RGPD y la LOPDGDD,* Wolters Kluwer, Madrid, 2019.

AGENCIA ESPAÑOLA DE PROTECCIÓN DE DATOS, *Gestión del riesgo y evaluación de impacto en tratamientos de datos personales,* Madrid, 2021.

El manual del DPD: Guía para los Delegados de Protección de Datos en los sectores públicos y semi-públicos sobre cómo garantizar el cumplimiento del Reglamento General de Protección de Datos de la Unión Europea, Madrid, 2019.

Guía rápida de comunicación del delegado de protección de datos, Madrid, 2019.

AGENCIA ESPAÑOLA DE PROTECCIÓN DE DATOS y CONFEDERACIÓN ESPAÑOLA DE LA PEQUEÑA Y MEDIANA EMPRESA, *Encuesta sobre el grado de preparación de las empresas españolas ante el Reglamento General de Protección de Datos,* Madrid, 2018.

CALVO LÓPEZ, J., *Comentarios al Reglamento Europeo de Protección de Datos,* Sepin, Madrid, 2017.

CHAVELI DONET, E., «Cualificación del delegado de protección de datos (Comentario al artículo 35 LOPDGDD)», en TRONCOSO REIGADA, A. (Dir.), *Comentario al Reglamento General de Protección de Datos y a la Ley Orgánica de Protección de Datos personales y Garantía de los Derechos Digitales,* Thomson Reuters-Aranzadi, Cizur Menor, 2021.

COMISIÓN EUROPEA, *La protección de datos como pilar del empoderamiento de los ciudadanos y del enfoque de la UE para la transición digital: dos años de aplicación del Reglamento General de Protección de Datos,* Bruselas, 2020 [COM (2020) 264 final].

COMMISION NATIONAL DE L´INFORMATIQUE ET DES LIBERTES, *Practical Guide GDPR : Data Protection Officers,* Paris, 2021.

COMITÉ EUROPEO DE PROTECCIÓN DE DATOS, *Directrices 3/2020 sobre el tratamiento de datos relativos a la salud con fines de investigación científica en el contexto del brote de COVID-19,* adoptadas el 21 de abril de 2020.

CERVERA NAVAS, L., «Cooperación y coherencia (Comentario general al Capítulo VII RGPD», en TRONCOSO REIGADA, A. (Dir.), *Comentario al Reglamento General de Protección de Datos y a la Ley Orgánica de Protección de Datos personales y Garantía de los Derechos Digitales,* Thomson Reuters-Aranzadi, Cizur Menor, 2021.

«El nuevo modelo europeo de protección de datos de carácter personal», en LÓPEZ CALVO, J. (Coord.), *La adaptación al nuevo marco de protección de datos tras el RGPD y la LOPDGDD,* Wolters Kluwer, Madrid, 2019.

DOMÍNGUEZ ÁLVAREZ, J.L., *Tratado de protección de datos personales. Pasado, presente y futuro de la tutela jurídica de los derechos de la privacidad*, Colex, A Coruña, 2023.

Iusdata y Administración pública, Civitas, Cizur Menor, 2023.

«La normativa de protección de datos personales como dique de contención frente al avance de la violencia de género digital», en FIGUERUELO BURRIEZA, Á. (Dir.), *Nuevas tendencias en materia de derechos y libertades*, Thomson Reuters-Aranzadi, Cizur Menor, 2022.

«Privacidad, sostenibilidad e igualdad: Algunas reflexiones acerca del nuevo modelo de intervención administrativa de la Agencia Española de Protección de Datos», en GONZÁLEZ BUSTOS, M.A. (Dir.), *Agenda 2030: desarrollo sostenible e igualdad*, Thomson Reuters-Aranzadi, Cizur Menor, 2021.

GRUPO DE TRABAJO DEL ARTÍCULO 29, *Directrices para determinar la autoridad de control principal de un responsable o encargado del tratamiento*, adoptadas el 13 de diciembre de 2016 (revisadas por última vez el 5 de abril de 2017) [WP 244 rev. 01].

JIMÉNEZ-CASTELLANOS BALLESTEROS, I., «Autoridad de control interesada (Comentario al artículo 4.22 RGPD», en TRONCOSO REIGADA, A. (Dir.), *Comentario al Reglamento General de Protección de Datos y a la Ley Orgánica de Protección de Datos personales y Garantía de los Derechos Digitales*, Thomson Reuters-Aranzadi, Cizur Menor, 2021.

JOVE VILLARES, D., «Desarrollo normativo (Comentario a la Disposición final decimoquinta LOPDGDD», en TRONCOSO REIGADA, A. (Dir.), *Comentario al Reglamento General de Protección de Datos y a la Ley Orgánica de Protección de Datos personales y Garantía de los Derechos Digitales*, Thomson Reuters-Aranzadi, Cizur Menor, 2021.

MAYOR GÓMEZ, R., «Contenido y novedades del Reglamento General de Protección de Datos de la UE (Reglamento UE 2016/679, de 27 de abril de 2016)», en *Gabilex: Revista del Gabinete Jurídico de Castilla-La Mancha*, núm. 6, 2016.

PIÑAR MAÑAS, J.L., «Hacia un nuevo modelo europeo de protección de datos», en PIÑAR MAÑAS, J.L. (Dir.), *Reglamento General de Protección de Datos. Hacia un modelo europeo de privacidad*, Reus, Madrid, 2016.

PUYOL MONTERO, J., «Las Pymes entre el RGPD y la nueva LOPDGDD», en LÓPEZ CALVO, J. (Coord.), *La adaptación al nuevo marco de protección de datos tras el RGPD y la LOPDGDD*, Wolters Kluwer, Madrid, 2019.

REBOLLO DELGADO, L., *Protección de datos en Europa. Origen, evolución y regulación actual*, Dykinson, Madrid, 2018.

SAIZ PEÑA, C.A., «Seguridad de los datos, evaluación de impacto, códigos de conducta y certificación», en RALLO LOMBARTE, A. (Dir.), *Tratado de protección de datos. Actualizado con la Ley Orgánica 3/2018, de 5 de diciembre, de Protección de Datos personales y Garantía de los Derechos Digitales,* Tirant lo Blanch, Valencia, 2019.

TERRÓN SANTOS, D.; DOMÍNGUEZ ÁLVAREZ, J.L. y FERNANDO PABLO, M.M., «Los derechos fundamentales de la privacidad: Derecho y necesidad en tiempo de crisis», en *Revista General de Derecho Administrativo,* núm. 55, 2020.

TRONCOSO REIGADA, A., «La seguridad en el tratamiento de datos personales (Comentario al artículo 32 RGPD y a la Disposición adicional primera y Disposición adicional decimoctava LOPDGDD)», en TRONCOSO REIGADA, A. (Dir.), *Comentario al Reglamento General de Protección de Datos y a la Ley Orgánica de Protección de Datos personales y Garantía de los Derechos Digitales,* Thomson Reuters-Aranzadi, Cizur Menor, 2021.

La educación diferenciada en España tras la Sentencia del Tribunal Constitucional 34/2023 de 18 de abril

MIGUEL EIROS BACHILLER
Universidad de Salamanca

Resumen

Parecía que las aguas se iban a tranquilizar tras la sentencia del 10 de abril de 2018 (STC 31/2018) después de que estableciera que la educación diferenciada no es motivo de discriminación y, además, merecedora de ayudas públicas. Sin embargo, la nueva sentencia del Tribunal Constitucional del 18 de abril de 2023 (STC 34/2023) rompe el delicado equilibrio del encaje constitucional del art. 27 CE que se ha ido forjando en estos más de cuarenta años de democracia, además de dejar en una situación muy comprometida a los centros escolares que opten por este modelo pedagógico.

Palabras clave: Educación diferenciada; derecho a la educación; LOMLOE; libertad de enseñanza; Tribunal Constitucional.

1. SOBRE EL RÉGIMEN EDUCATIVO ESPAÑOL EN EL ÁMBITO COMPETENCIAL

Es preciso tener presente que las Comunidades Autónomas asumen la responsabilidad del desarrollo legislativo y la ejecución de la enseñanza en su totalidad, excepto en aquellas competencias reservadas al Estado. Específicamente, se encargan de elaborar la normativa aprobada por el Estado, llevar a cabo la gestión directa del servicio público educativo y realizar actos administrativos relacionados con el personal docente, entre otras funciones.

Dentro de estas competencias, es relevante destacar las responsabilidades de la administración educativa autonómica en relación con los centros educativos. Esto implica que tendrán la titularidad de los centros públicos de todos los niveles educativos pertenecientes al Ministerio, así como la responsabilidad de la construcción y modificación de dichos centros. Además, les corresponde formalizar acuerdos de conciertos educativos y gestionar otras subvenciones vinculadas al ámbito educativo.

Esto no implica que todas las Comunidades Autónomas compartan las mismas competencias. Un ejemplo de estas diferencias radica en la materialización de la autonomía de los centros educativos, donde los directores de colegios en Andalucía ostentan mayores atribuciones. En contraste, en Cataluña, los directores, en búsqueda de un "liderazgo distribuido", cuentan con "la facultad de constituir un consejo de dirección formado por los profesores del claustro que aquél seleccione con el fin de delegarles las tareas de dirección o coordinación que estime oportunas."[1]

Surge la pregunta de cuáles son las competencias exclusivas asignadas al Estado. Aunque el artículo que delinearía con mayor precisión estas competencias es el 149.1.30 de la Constitución Española, sería necesario incluir también el artículo 149.1.1 y el artículo 81 para obtener una visión más completa de las áreas de competencia exclusiva del Estado.

En síntesis, según el Tribunal Constitucional, el Estado ostentará competencias exclusivas de índole normativa, así como la responsabilidad de llevar a cabo la alta inspección, [la] ordenación general del sistema educativo; fijación de las enseñanzas mínimas; regulación de las demás condiciones para obtención, expedición y homologación de títulos académicos y profesionales, y establecimiento de normas básicas para el desarrollo del artículo 27 de la CE que garanticen el cumplimiento de las obligaciones de los poderes públicos y la igualdad de todos los españoles en el ejercicio de los derechos y el desarrollo de los deberes constitucionales"[2].

---

1 GONZÁLEZ-VARAS IBÁÑEZ, A, *"Derechos educativos, Calidad en la Enseñanza y Proyección Jurídica de los Valores en las Aulas"*, Tirant Lo Blanch, 2015, p.290

2 STC 6/1982, FJ 4.

2. NATURALEZA JURÍDICO-ADMINISTRATIVA DE LA EDUCACIÓN EN ESPAÑA

A lo largo de los años de la democracia española, esta cuestión siempre ha gozado de un rico debate tanto en el terreno de la opinión pública, como en la doctrina jurídica. A esto se le añade la complejidad del significado de los propios conceptos que se utilizan a la hora de elaborar una argumentación. Por ejemplo, es frecuente referirse en el espacio público a la educación como servicio público. Sin embargo, a la hora de delimitar la naturaleza contractual de los conciertos, es de vital importancia concretar el significado y alcance de la palabra "servicio público". En este caso, mientras que GUARDIA HERNÁNDEZ[3] habla del debate entre servicio público o servicio de interés público, MÍGUEZ MACHO[4] distingue la controversia entre la educación entendida como servicio público como técnica de garantía prestacional o la educación como servicio público como técnica a las actividades de carácter social.

En resumen, se puede entender el sistema de conciertos de dos maneras: como una herramienta para financiar la enseñanza privada, lo cual implicaría considerar la educación como un servicio de interés público o servicio público de carácter social; o como una prestación privada de la enseñanza pública, sugiriendo una concepción de la educación como servicio público o servicio público como técnica de garantía prestacional. Desde el punto de vista jurídico, la normativa ha permitido ambas interpretaciones. La regulación anterior a 2017 consideraba los conciertos como una forma de gestión indirecta de un servicio público. Sin em-

---

3 GUARDIA HERNÁNDEZ, J, J. "Marco constitucional de la enseñanza privada española sostenida con fondos públicos: recorrido histórico y perspectivas a futuro", *Estudios Constitucionales,* 2019, p. 327.

4 MÍGUEZ MACHO, L, "La polémica sobre la compatibilidad con el principio constitucional de no discriminación por razón de sexo de los conciertos de la administración con los centros que imparte educación diferenciada", *Persona y Derecho,* 2015, 72, p. 246.

bargo, autores como MÍGUEZ MACHO señalan una hibridación entre contratos de servicios públicos y subvenciones.

Con los cambios en la Ley de Contratos del Sector Público, la figura del "contrato de gestión de servicio público" fue reemplazada por el "contrato de concesión de servicios". Esto ha llevado a debates sobre la naturaleza del servicio público y la gestión indirecta. Algunos argumentan, como MARTÍNEZ LÓPEZ-MUÑIZ[5], que la educación debe entenderse como una actividad esencialmente libre, no como un servicio público. Sin embargo, esta perspectiva también reconoce la dificultad de definir claramente estos conceptos.

En cuanto a la discrecionalidad de la Administración, autores como ESTEVE PARDO[6] destacan la distinción entre discrecionalidad y conceptos jurídicos indeterminados. La primera implica que las decisiones de la Administración no son revisables por los tribunales, mientras que la segunda permite la revisión en casos específicos. Esto es crucial al considerar asuntos como la financiación de la educación diferenciada, donde la postura de algunos sugiere que se trata de un concepto jurídico indeterminado, permitiendo así la revisión por parte de los tribunales en casos que afecten ciertos derechos.

Existen posiciones intermedias, como la de BÁEZ SERRANO[7], que sostiene que la educación es un servicio de carácter amplio y no necesariamente debe ser gestionada exclusivamente por la Administración. Por otro lado, ROMEA SEBASTIÁN[8] defiende

---

5 MARTÍNEZ LÓPEZ-MUNIZ, J.L, "La educación escolar, servicio esencial: Implicaciones jurídico-públicas" en *Cuadernos de Derecho judicial,* núm. 11, 2007.

6 ESTEVE PARDO, J, *"Lecciones de derecho administrativo"* 10ª edición, Editorial Marcial Pons, Madrid, 2021, p. 98-99.

7 BÁEZ SERRANO, R, "Hacia la consolidación de la educación diferenciada. A propósito de la sentencia del Tribunal Constitucional 31/2018", Revista de Derecho Político, núm. 105, mayo-agosto, 2019.

8 ROMEA SEBASTIÁN, A, *"Régimen jurídico de los centros concertados"*, Editorial Aranzadi, Cizur Menor, 2003, p. 83.

que la educación es un servicio público como una acción administrativa prestacional particularmente intensa, pero destaca la falta de claridad sobre posibles conflictos con la libertad de tener un ideario propio.

En conclusión, el debate se centra en el contenido que se le dé a la educación como "servicio público", y en consecuencia hasta qué punto la Administración tiene discrecionalidad en temas como la educación diferenciada, y si los tribunales pueden intervenir para delimitar estos conceptos en casos específicos.

Como se ha puesto de manifiesto, existen diferentes concepciones sobre la misma naturaleza jurídica del régimen de conciertos en España. Eso sí, dicho debate no es óbice para llegar a una respuesta preclara y bien fundamentada jurídicamente. En suma, en palabras de SIMÓN YARZA, "es importante enfatizar que el Estado, allí donde ejerce funciones de "programación" de la enseñanza, no actúa en virtud de un título originario ilimitado, sino que se encuentra vinculado por auténticos derechos fundamentales e intereses constitucionales que orientan y ponen coto a sus posibilidades de dirección"[9].

Aun así, dicho debate se ha traducido en un vaivén de polémicas y disputas que se han plasmado en diferentes sentencias y normativas y en los que se han vertido toda clase de opiniones y calificaciones por parte de la doctrina y la opinión pública a lo largo de estos casi cincuenta años[10]. Todos estos sucesos se han sucedido hasta la llegada del pronunciamiento del Tribunal Constitucional en la sentencia del 31/2018 -y esta postura fue reafirmada en posteriores fallos-, que parecía poner fin a la discusión, ya que asentaba una doctrina clara y concisa sobre el asunto de la educación

---

9 SIMÓN YARZA, F, "Los conciertos en la LOMLOE. Ruptura de un consenso constitucional", *Revista General de Derecho Constitucional,* 35, 2021.

10 Para ver un resumen la historia de la educación diferenciada en España, vid. MARTÍNEZ-CANDADO, JULIA, "La educación diferenciada tras la aprobación de la Ley Orgánica 3/2020, de 29 de diciembre", *Revista General de Derecho Constitucional, 36, 2022*

diferenciada y su posible financiación pública. De manera textual afirmó que "la educación diferenciada no puede considerarse discriminatoria, siempre y cuando se cumplan las condiciones de equiparabilidad entre los centros escolares y las enseñanzas que deben impartirse en ellos, según lo establecido en la Convención de 1960, lo cual, en nuestro caso, está fuera de toda duda".

Quizá lo más interesante de esta sentencia, - y las posteriores resoluciones su criterio tanto en el Tribunal Constitucional como luego, en el Tribunal Supremo – lo encontramos en el FJ 4, en su último párrafo asienta doctrina afirmando:

«En consecuencia, y dado que las ayudas públicas previstas en el artículo 27.9 CE han de ser configuradas "en el respeto al principio de igualdad" (STC 86/1985, FJ 3), sin que quepa justificar un diferente tratamiento entre ambos modelos pedagógicos, en orden a su percepción, la conclusión a la que ha de llegarse es la de que los centros de educación diferenciada podrán acceder al sistema de financiación pública en condiciones de igualdad con el resto de los centros educativos; dicho acceso vendrá condicionado por el cumplimiento de los criterios o requisitos que se establezcan en la legislación ordinaria, pero sin que el carácter del centro como centro de educación diferenciada pueda alzarse en obstáculo para dicho acceso».

Llama la atención la última afirmación de este párrafo en el que establece que la educación diferenciada se erige como inatacable desde el punto de vista legislativo. Aparte de no poder ser considerada como un modelo discriminatorio, tampoco se le puede negar el concierto ya que las ayudas públicas han de respetar el principio de igualdad.

3. DE LA MAREJADA A LA TORMENTA. LA NUEVA LOMLOE

Parecía que tras sentencia 31/2018 del Tribunal Constitucional las aguas se iban a calmar, pero una nueva disposición normativa promovida por el Gobierno hizo remover lo asentado por el anterior ejecutivo central y el de la doctrina constitucional. Nos referimos a la entrada en vigor de la de la Ley Orgánica 3/2020, de 29 de diciembre, por la que se modifica la Ley Orgánica 2/2006, de 3 de mayo, de Educación. Esta recupera el artículo 84 de la LOE que en su apartado tercero afirma que:

«En ningún caso habrá discriminación por razón de nacimiento, origen racial o étnico, sexo, religión, opinión, discapacidad, edad, enfermedad, orientación sexual o identidad de género o cualquier otra condición o circunstancia personal o social»

Además, la disposición adicional vigésima quinta, en su apartado primero enuncia:

«Con el fin de favorecer la igualdad de derechos y oportunidades y fomentar la igualdad efectiva entre hombres y mujeres, los centros sostenidos parcial o totalmente con fondos públicos desarrollarán el principio de coeducación en todas las etapas educativas, de conformidad con lo dispuesto por la Ley Orgánica 3/2007, de 22 de marzo, para la igualdad efectiva de mujeres y hombres, y no separarán al alumnado por su género».

Como bien analiza SIMÓN YARZA[11], la LOMLOE supone la ruptura del equilibrio delicadamente construido por el Constituyente español en materia educativa, y en concreto la exclusión de los conciertos los centros que opten como modelo pedagógico la educación diferenciada.

Ahora bien, a la hora de interpretar esta disposición vigésima quinta, es preciso tener presente el artículo 5 de la LOPJ, que dispone el principio de interpretación conforme al orden constitucional, por el que toda norma, ya sean leyes o reglamentos, han de interpretarse según los preceptos y principios constitucionales, conforme a la interpretación de los mismos que resulte de las resoluciones dictadas por el Tribunal Constitucional en todo tipo

---

11 SIMÓN YARZA, F, "Los conciertos en la LOMLOE. Ruptura de un consenso constitucional", *Revista General de Derecho Constitucional,* 35, 2021.

de procesos. Es por eso que dicha disposición se ha de interpretar conforme a lo dispuesto en el FJ 4 de la STC 31/2018 arriba expuesto. Es decir, dicha disposición se puede referir a la separación del alumnado por razón de su género si se hace de forma discriminatoria, pero no a la que reúna los requisitos señalados por el Tribunal Constitucional en 2018.

De hecho, la disposición adicional vigésima quinta de la LOMLOE fundamenta dicho enunciado en el principio de igualdad efectiva entre hombres y mujeres, al igual que lo hace el FJ 4º de la Sentencia 31/2018. De esta manera, "el legislador puede, en el respeto al canon de razonabilidad que le impone el art. 14, diferenciar entre supuestos y hasta debe hacerlo, en obediencia a otros preceptos constitucionales, cuando su acción se orienta a la adjudicación de prestaciones a particulares"[12], pero sin que el carácter del centro como centro de educación diferenciada pueda alzarse en obstáculo para dicho acceso.

En España no existen casos en los que la educación diferenciada haya sido realmente discriminatoria y hayan llegado hasta los tribunales. No obstante, se han registrado casos de colegios de educación diferenciada en Estados Unidos[13] que fundamentan su distinción en el sexo de sus alumnos de manera discriminatoria. Un ejemplo citado en la doctrina estadounidense es el caso *A.N.A. v. Breckinridge County Public School District.* Este colegio inició la práctica de separar a los estudiantes por género en sus aulas en 2003. Sin embargo, ampliaron esta diferenciación al contenido educativo, ajustándolo según el sexo del estudiante y basándose en estereotipos particulares. Por ejemplo, en las clases de matemáticas, se asignaban ejercicios más difíciles a los estudiantes varones que a las mujeres, y se permitía que los chicos hablaran en voz alta en clase mientras que a las chicas no se les otorgaba la misma libertad. En última instancia, el tribunal reconoció que

---

12 STC 86/1985 de 10 de julio. FJ. 3º.

13 Link web: htpps://www.justice.gov/ctr/case-summaries

este enfoque era discriminatorio y obligó al colegio a proporcionar el mismo contenido educativo para ambos géneros[14].

4. EL VIRAJE DEL TRIBUNAL CONSTITUCIONAL EN 2023

Como era de esperar, la LOMLOE fue recurrida ante el Tribunal Constitucional, y entre otros fueron recurridos los arts. 1 l), inciso «a través de la consideración del régimen de la coeducación de niños y niñas», y 84.3, sobre la admisión de alumnos, cuya nueva redacción ha suprimido el inciso que no consideraba discriminación por razón de sexo la organización de enseñanza diferenciada, y la disposición adicional vigesimoquinta, apartado 1, que establece que «los centros sostenidos parcial o totalmente con fondos públicos desarrollarán el principio de coeducación en todas las etapas educativas [...] y no separarán al alumnado por su género». La sentencia 34/2023 del 18 de abril le dedica todo el FJ 5° para resolver dicha discusión. Entre las claves de este Fundamento Jurídico podríamos agruparlo de la siguiente manera:

En primer lugar, el Tribunal Constitucional ha reconocido de manera explícita la constitucionalidad de la educación diferenciada como modelo pedagógico, y, en consecuencia, como modelo no discriminatorio. En este sentido, sigue la doctrina que mantenía en la Sentencia 31/2018. Conviene señalar la opinión de la magistrada Mª Luisa Balaguer. Presenta un voto concurrente en el que considera como inconstitucional la educación diferenciada por sexos ya que a su juicio no solo no forma parte integrante de ninguna de las dimensiones de las libertades educativas que consagra el art. 27 CE, sino que, además es contraria a los arts. 9.2 y

---

14 Vid. CALVO CHARRO, M. "Los colegios diferenciados por sexo en Estados Unidos", *Legitimidad de los colegios de un solo sexo y de su derecho a concierto en condiciones de igualdad.* Iustel, 2015, p. 344 y *Vid,* MARTÍNEZ LÓPEZ-MUÑIZ, J. L. "El derecho a la educación en los Estados Unidos de América", *Revista Española de Derecho Constitucional,* núm. 93, 2011, p. 65-106.

14 CE, por desatender abiertamente el mandato de promoción de la igualdad material de las personas, en particular de las mujeres.

El Tribunal sostiene que el Estado no tiene la obligación constitucional de financiar la educación diferenciada, argumentando que el poder público dispone de recursos, según el artículo 27.9 de la Constitución, para respaldar el modelo educativo que considere más apropiado. Esto, a pesar de que dicho modelo no sea el único legítimo en el contexto del pluralismo educativo constitucional. Por esta razón, la nueva redacción de la disposición adicional 25ª de la LOE no puede considerarse como contraria a la Constitución. Es más, el tribunal afirma recordando la STC 77/1985, de 27 de abril, en su FJ 11 que del art. 27.9 CE no se puede aceptar que: «se desprende un deber de ayudar a todos y cada uno de los centros docentes solo por el hecho de serlo, pues la remisión a la Ley que se efectúa en el art. 27.9 CE puede significar que esa ayuda se realice teniendo en cuenta otros principios, valores o mandatos constitucionales».

Además, aprecia el Tribunal que no se puede observar que la disposición adicional 25ª no vulnera ninguno de los derechos educativos que se consagra en el art. 27 CE. La exclusión de las ayudas públicas a los centros que impartan educación diferenciada no lesiona la libertad de enseñanza (art. 27.1 CE), ni el derecho al ideario del centro privado como derivación de la libertad de crear centros docentes (art.27.6 CE), ni el derecho de los padres a elegir la formación religiosa y moral de sus hijos (art. 27.3 CE).

En definitiva, lo que el Tribunal defiende es que la Constitución no conlleva que legislador tenga el deber constitucional de promoverlo si considera que existe otro modelo pedagógico que también es conforme a la Constitución y se adecúa mejor a los valores superiores del ordenamiento jurídico proclamados en el art. 1.1 CE. Es interesante comprobar en la STC 34/2023 como se trata de eludir las exigencias que impone el principio de igualdad, evidenciadas en las que se basaba la STC 31/2018. En ningún momento se hace referencia en el texto sobre lo mencionado relativo al principio de igualdad efectiva que conviene recordar que en la

Sentencia de 2018 se afirmaba con rotundidad que no se vulneraba en ningún momento el principio de igualdad efectiva. Eso sí, por aquel entonces, el Tribunal dispuso que, al tratarse de una diferenciación por sexos, sí que se les exige a los colegios que opten por la educación diferenciada una carga añadida. El Tribunal Constitucional, exige que tales centros justifiquen los motivos por los que escogen tal modelo. Además, la administración a través de la Alta Inspección deberá de estar atenta a que se garanticen los principios y valores de nuestra Carta Magna, y en particular el principio de igualdad efectiva. Esto afirmado por el Tribunal Constitucional en 2018 se ha cumplido con suma diligencia por los colegios que apuestan por este modelo pedagógico. Es más, como indicaba el Tribunal, han incorporado profesores de ambos sexos en sus plantillas para asegurar que se cumplía el principio de igualdad efectiva.

5. EL VOTO PARTICULAR DE CUATRO MAGISTRADOS DEL TRIBUNAL CONSTITUCIONAL

Los magistrados Don Ricardo Enríquez Sancho, don Enrique Arnaldo Alcubilla, doña Concepción Espejel Jorquera y don César Tolosa Tribiño presentaron un voto particular de manera conjunta. Entre los asuntos sobre los que se pronuncian, destaca los diferentes argumentos esgrimidos en favor de las ayudas a la educación diferenciada. En particular, se centran en cuatro temas:

En primer lugar, discrepan sobre el verdadero objeto del proceso, ya que mientras la mayoría del Tribunal se centra en resolver si es constitucional o no la decisión de prohibir concertar la educación diferenciada el voto particular opina que lo importante era resolver si es constitucional o no la decisión del legislador de no «ayudar» a modelos o sistemas educativos perfectamente constitucionales como es la educación diferenciada –así lo reconoce la sentencia, FJ 5 d) y se deriva de las SSTC 31/2018, FJ 4 a), y 74/2018, FJ 4 c).

En segundo lugar, arguyen que el Tribunal deje vacío de contenido el art. 27.9 CE hasta el punto de que la conformidad con él de un sistema de «ayudas» se mida por referencia a «otros principios, valores o mandatos constitucionales».

En tercer lugar, que era aplicable el límite del «contenido esencial» del artículo 27.9, conforme al artículo 53.1 de la Constitución, y era obligado buscar ese contenido mínimo e infranqueable empleando al efecto los criterios establecidos por la doctrina constitucional.

Proponen una interpretación del art.27.9 CE como neutral en materia de «ayudas» públicas, en aras del «pluralismo educativo». Según estos, el art. 27.9 CE impide que los poderes públicos, a los que expresamente se dirige, señalar, identificar, y excluir de las «ayudas» a un sistema o modelo de educación que es perfectamente constitucional como lo es la educación diferenciada.

6. CONCLUSIONES DERIVADAS DE LA SENTENCIA

Dado que las nuevas sentencias del Tribunal Constitucional de 2023 no han desautorizado de manera clara las disposiciones establecidas por la STC 31/2018 y las que le siguieron en 2018, es posible sostener que la disposición adicional 25ª de la Ley Orgánica de Educación (LOE) no es inconstitucional en lo que respecta a la separación educativa con carácter discriminatorio y segregador. Sin embargo, no se opone a la educación diferenciada que tanto las sentencias de 2018 como las de 2023 consideraron legítima. Ambas resoluciones de 2018 establecieron que la educación diferenciada no podría ser motivo por sí misma para denegar la financiación pública destinada a garantizar el derecho a la educación en libertad, especialmente en el ámbito de la educación básica.

El derecho a no ser discriminado no debe ser subestimado frente a la afirmación general de la STC 34/2023, la cual sostiene que la ley puede favorecer el modelo educativo de preferencia dentro del legítimo pluralismo educativo. Aunque esta afirmación puede ser objeto de cuestionamientos y requerir aclaraciones mediante nuevos pronunciamientos del Tribunal Constitucional, es importante destacar que, según lo establecido de manera contundente por el propio Tribunal en 2018, la financiación básica general destinada a los centros educativos privados legalmente autorizados, incluso aquellos de un solo sexo, no puede ser denegada únicamente por su naturaleza de ser de un solo sexo. Las sentencias de 2023 no han contradicho directa y razonadamente esta premisa, respaldada con argumentos pertinentes.

Dicho esto, conviene recalcar que esta Sentencia resulta un grave agravio para todos aquellos padres que quieran elegir libremente el modelo pedagógico que ellos vean conveniente para sus hijos. La evolución jurisprudencial en nuestro país ha sido más o menos uniforme y en la mayoría de las ocasiones han defendido la libertad de elección y la posibilidad de obtener financiación pública hasta la STC 34/2023, que hace una afirmación que aparece como netamente lesiva del derecho a la educación y de la libertad de enseñanza. Desde 1981, su jurisprudencia en este ámbito ha sido un pilar fundamental para garantizar una interpretación equilibrada y adecuada, preservando así el orden constitucional. En numerosas ocasiones, se ha apoyado en la Declaración Universal de Derechos Humanos, así como en tratados y acuerdos internacionales sobre este derecho humano, ratificados por España, para fortalecer su labor de salvaguarda.

7. BIBLIOGRAFÍA

BÁEZ SERRANO, R, "Hacia la consolidación de la educación diferenciada. A propósito de la sentencia del Tribunal Constitucional 31/2018", Revista de Derecho Político, núm. 105, mayo-agosto, 2019.

CALVO CHARRO, M. "Los colegios diferenciados por sexo en Estados Unidos", *Legitimidad de los colegios de un solo sexo y de su derecho a concierto en condiciones de igualdad.* Iustel, 2015.

ESTEVE PARDO, J, *"Lecciones de derecho administrativo"* 10ª edición, Editorial Marcial Pons, Madrid, 2021.

GONZÁLEZ-VARAS IBÁÑEZ, A, *"Derechos educativos, Calidad en la Enseñanza y Proyección Jurídica de los Valores en las Aulas"*, Tirant Lo Blanch, 2015.

GUARDIA HERNÁNDEZ, J. J. "Marco constitucional de la enseñanza privada española sostenida con fondos públicos: recorrido histórico y perspectivas a futuro", *Estudios Constitucionales,* 2019.

MARTÍNEZ LÓPEZ-MUNIZ, J.L. "La educación escolar, servicio esencial: Implicaciones jurídico-públicas" en *Cuadernos de Derecho judicial,* núm. 11, 2007.

"El derecho a la educación en los Estados Unidos de América", *Revista Española de Derecho Constitucional,* núm. 93, 2011.

MARTÍNEZ-CANDADO, JULIA, "La educación diferenciada tras la aprobación de la Ley Orgánica 3/2020, de 29 de diciembre", *Revista General de Derecho Constitucional,* 26, 2022.

MÍGUEZ MACHO, L. "La polémica sobre la compatibilidad con el principio constitucional de no discriminación por razón de sexo de los conciertos de la administración con los centros que imparte educación diferenciada", *Persona y Derecho,* 2015, 72.

ROMEA SEBASTIÁN, A. *"Régimen jurídico de los centros concertados",* Editorial Aranzadi, Cizur Menor, 2003

SIMÓN YARZA, F. "Los conciertos en la LOMLOE. Ruptura de un consenso constitucional", *Revista General de Derecho Constitucional,* 35, 2021.

Análisis de factores que influyen la intención del voto de los jóvenes primo-votantes según los barómetros del CIS 2023

ATHÉNAÏS SAUVÉE
SANTIAGO PORRAS ALFONSO
Universidad de Burgos

Resumen

Este artículo ofrece un primer panorama de los tipos-ideales de jóvenes primo-votantes. De cara a las elecciones autonómicas y municipales españolas de 2023, los autores decidieron comprobar si los jóvenes a punto de estrenar su derecho a voto iban a hacerlo a favor del partido de derecha radical Vox, o si se podía matizar esta anunciada tendencia. Para ello, utilizaron los datos de los barómetros del Centro de Investigaciones Sociológicas recopilados durante los meses previos a las elecciones. Estos datos fueron procesados a través del programa R, utilizándose distintas técnicas (CART y Random Forest) para diseñar unos árboles de decisión.

Palabras claves: clasificación, jóvenes, primo-votantes, elecciones, árboles.

1. INTRODUCCIÓN

El 22/04/2023, en el periódico *El Independiente* fue publicado un artículo cuyo título era: "El Centro de Investigaciones Sociológicas (CIS) sitúa a Vox como favorito entre los jóvenes que van a votar por primera vez". El citado artículo "destaca, sobre todo, que Vox sería el partido más influyente entre los nuevos votantes que cumplieron la mayoría de edad entre diciembre de 2019 y noviembre de 2021 (cifra calculada a partir de los datos del INE)", siendo más de 1,7 millones los potenciales nuevos votantes. Los primo-votantes de los que se habla aquí estaban, entonces, a punto de estrenar este derecho durante las elecciones municipales y autonómicas del 28M.

De manera general, se puede hablar de un contexto de desencanto de la vida política tradicional que afecta especialmente a los jóvenes (Lardeux y Tiberj, 2021). Se manifiesta por una participación electoral intermitente, una pérdida de confianza hacia las instituciones tradicionales, y una ciudadanía más distante, que tendría a expresarse cada vez más fuera del canal tradicional del acto de votar (Tiberj, 2017). Además, el abstencionismo suele observarse más entre las cohortes de 18-29 años. Lo último puede explicarse por diferentes factores: la entrada más tardía en la vida adulta (Muxel, 1991), y el cambio en las percepciones de lo que son los derechos y deberes ciudadanos (Tiberj, 2020).

No obstante, el acto de votar por primera vez sigue siendo para muchos jóvenes un rito de pasaje que acompaña su entrada en la edad adulta (Lardeux y Tiberj, 2022). Además, se suele observar un efecto generacional, de cohorte, en el grupo de edad que va a votar por primera vez, ya que comparte experiencias sociales e históricas comunes (Percheron, 1991).

En un contexto de creciente polarización afectiva estrechamente vinculada al auge de la derecha radical (Torcal, 2023), hemos querido comprobar si las preferencias de la generación que está a punto de estrenar su derecho a voto, realmente se dirigen hacia Vox, y qué factores parecen influir sus intenciones de voto. Para ello, hemos decidido procesar los datos en los que *El Independiente* se apoya para desarrollar su argumento, es decir los del Centro de Investigaciones Sociológicas (CIS).

2. DESARROLLO

2.1. Selección y procesamiento de los datos

Para analizar los factores que dictaminan el sentido del voto de los jóvenes españoles se ha procedido a analizar los datos del barómetro de CIS, concretamente los de los meses correspondientes a los meses de diciembre de 2022 y los meses de enero, febrero y marzo de 2023.

Como primer paso es necesario realizar un preprocesamiento de los datos. En este caso se han fusionado los datos de los diferentes meses, manteniendo las variables comunes a todos ellos y eliminando variables no relevantes.

Como resultado son 45 las variables usadas en el estudio, las cuales se listan a continuación junto a su codificación en el CIS entre paréntesis: Comunidad Autónoma (CCAA), sexo (SEXO), nacionalidad (P0), grado de preocupación ante la situación del coronavirus (P1), grado de preocupación por la invasión de Rusia a Ucrania (P2), valoración de la situación económica personal actual (ECOPER), valoración de la situación económica general de España (ECOESP), problemas principales que existen actualmente en España (PESPANNA1, PESPANNA2, PESPANNA3), problemas sociales que personalmente afectan más (PPERSONAL1, PPERSONAL2, PPERSONAL3), preferencia personal como presidente del gobierno central (PREFPTE), Escala de probabilidad de votar en las próximas elecciones generales (PROBVOTO), partido político por el que se siente más simpatía en las elecciones generales (SIMPATIA), Escala de auto ubicación ideológica (ESCIDEOL), conocimiento de los líderes políticos nacionales (LIDERESCONOCE_1 a LIDERESCONOCE_6), escala de valoración de líderes nacionales (VALORALIDERES_1 a VALORALIDERES- 6), para estas dos últimas variables el 1 corresponde a Pedro Sánchez, el 2 a Alberto Núñez Feijoo, el 3 a Yolanda Díaz, el 4 a Santiago Abascal, el 5 a Inés Arrimadas y el 6 a Inigo Errejón. Grado de confianza en el presidente del gobierno central, Pedro Sánchez (CONFIANZAPTE), grado de confianza en el líder del principal partido de la oposición, Alberto Núñez Feijoo (CONFIANZAOPOSIC), partido político que considera más cercano a sus ideas (SIMPATIA), escolarización de la persona entrevistada (ESCUELA), religiosidad de la persona entrevistada (RELIGION), frecuencia de asistencia a oficios religiosos (PRACTICARELIG6), estado civil de la persona entrevistada (ECIVIL), situación laboral de la persona entrevistada (SITLAB), situación profesional de la persona entrevistada (RELALAB), nivel de ingresos netos del hogar (INGRESHOG), clase social subjetiva de la persona entrevistada (CLASESOCIAL), grado de sinceridad de la persona entrevistada según el/la entrevistador/a, (SINCERIDAD), intención de voto en las supuestas elecciones generales (INTENCIONGR), estudios de la persona entrevistada (ESTUDIOS), población activa e inactiva (CNO11R) e identificación subjetiva de clase (CLASESUB).

Metodológicamente se va a analizar la influencia que tienen el resto de las variables en la variable intención de voto en las supuestas elecciones generales (INTENCIONGR).

En la Figura 1 la distribución de la intención de voto de los 440 encuestados.

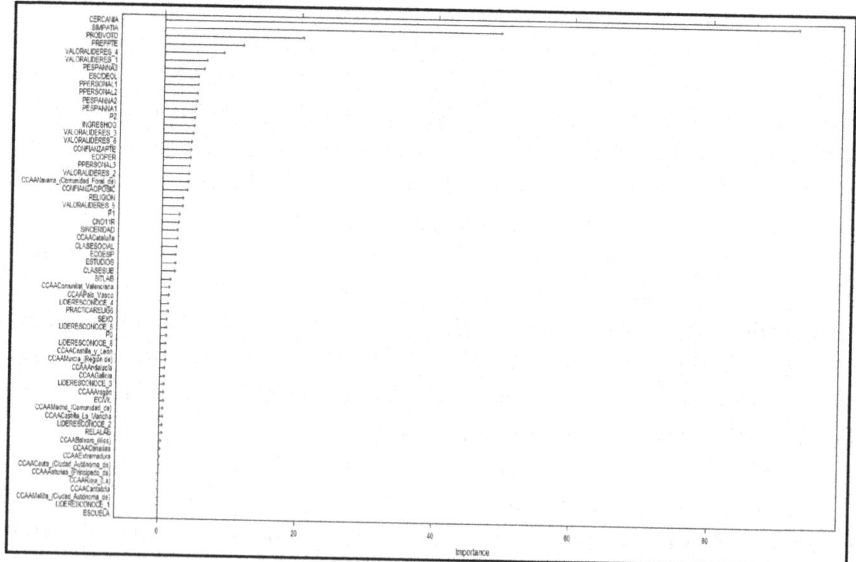

Figura 1 Intención de voto de las personas entrevistadas.

A continuación, se va a realizar un análisis de correlaciones para ver cómo están relacionadas las variables que se muestran en la Figura 2.

Sobre los datos obtenidos se puede destacar que hay correlaciones positivas entre las variables de conocimiento y valoración de líderes políticos lo que indica que los encuestados conocen a los líderes políticos de los partidos políticos por los que se les pregunta.

En cuanto a la intención de voto cabe destacar que tiene una correlación positiva con la cercanía, la simpatía y la confianza en el presidente Pedro Sánchez.

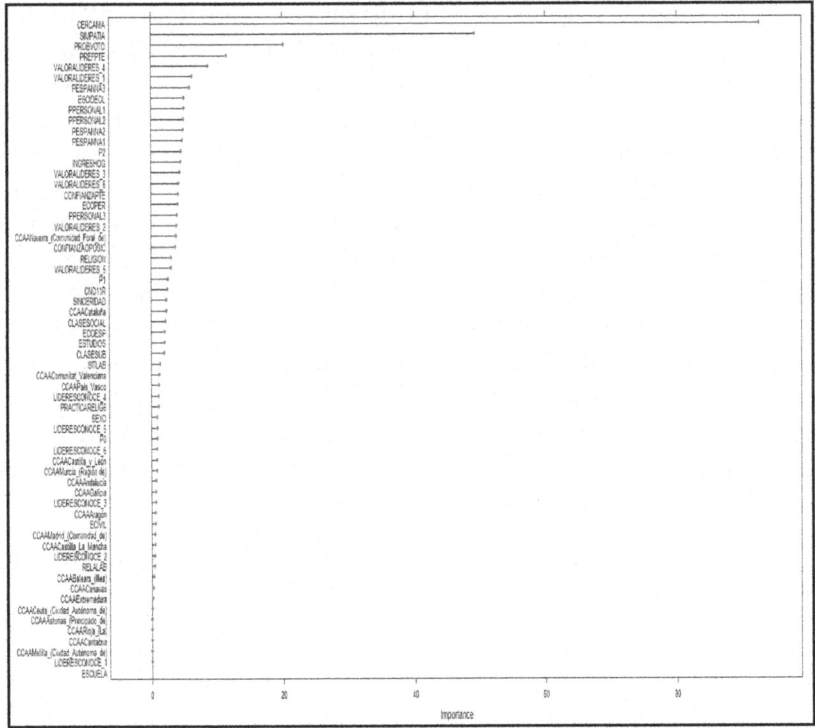

Figura 2 Análisis de correlaciones.

2.2. Elección de técnicas de análisis de datos

Para ver la influencia de las variables en la intención de voto se han aplicado las diferentes técnicas de clasificación, se detallan los árboles CART y Random Forest por ser los que mejores resultados ofrecen. Los "Árboles CART": son árboles de decisión que se utilizan para regresión y clasificación. Fueron introducidos por Breiman en 1984 y han sido objeto de estudio hasta la actualidad. Los árboles CART se construyen a través de un procedimiento de partición binaria recursiva, eligiendo en cada partición la variable predictora y seleccionando el valor por el cual dividir de manera que queden dos subgrupos lo más homogéneos posible. Este proceso se repite recursivamente hasta que no hay más datos para dividir o se alcanza la profundidad máxima indicada. Para seleccionar la variable y el valor por el cual realizar la división se utiliza de manera general el índice de Gini. En este estudio se ha utilizado la librería rpart2 de R. "Random Forest" (Breiman, 2001). Surge como una variante que mejora el desempeño de los CART. En este caso se crean múltiples árboles de decisión y se combinan. Para ello cada árbol individual es entrenado con un subconjunto aleatorio de los datos. Una vez entrenados, se aplica "bagging" lo que combina los árboles individuales, para ello en cada división todos los árboles votan y se selecciona la opción mayoritaria. En este caso se ha empleado la librería rf de R.

La ventaja de estos dos tipos de árboles es que son fácilmente interpretables.

2.3. Experimentos

Los encuestados se han dividido de manera aleatoria en dos grupos, uno para entrenamiento con 352 observaciones y otro para test con 88 individuos.

Para el entrenamiento de los métodos se ha utilizado una evaluación cruzada de 10 grupos con 5 repeticiones.

La métrica empleada para evaluar el desempeño de estos es el porcentaje de acierto en la clasificación.

	% de Precisión	
Método	**Entrenamiento**	**Test**
CART	0.702	0.625
Random Forest	0.710	0.647
KNN	0.213	0.284
PLS	0.376	0.306
Red neuronal	0.273	0.306
MARS	0.628	0.534
SOM	0.341	0.295

Tabla 1 Resultados de la aplicación de los métodos de clasificación.

Los resultados presentados en la Tabla 1, muestran que los métodos que mejor clasifican a los encuestados son los basados en árboles de clasificación tanto en el entrenamiento como posteriormente en con el conjunto de test., siendo el mejor de todos ellos el Random Forest.

Como los resultados obtenidos entre los árboles CART y los Random Forest son muy parejos se va a analizar en profundidad los resultados que arrojan y ver las variables con un mayor peso en la clasificación.

El procedimiento de análisis se divide en tres partes, analizar la matriz de confusión obtenida, la representación gráfica del modelo y la importancia de las variables.

La Figura 3 y la Figura 4, muestran respectivamente las matrices de confusión CART y Random Forest, obtenidas una vez evaluado el conjunto de test. En ambas se señala en color verde el número de observaciones bien clasificadas y en rojo las que se han clasificado mal. Como se puede apreciar en la muestra tenemos un conjunto de personas cuya intención de voto esta entre el PSOE, PP, VOX, Unidas podemos, Votar a otro partido, en blanco, nulo o todavía indecisa. Ambas matrices son muy similares: para el PSOE, CART clasifica bien 19 individuos y Random Forest

19. Los mal clasificados en ambos casos están fragmentados entre otros partidos, destacando la opción de Más país como el partido que puede atraer votos del PSOE. Los partidos ideológicamente de derechas PP y VOX parece que tienen un perfil de votante bien definido ya que los dos métodos clasifican bien todas las observaciones de VOX y en el caso del PP los que clasifica mal van a recaer en VOX y uno en el PSOE. El caso más complicado de clasificar es el de Unidas podemos dónde los métodos encuentran mayor dificultad asignando a personas que han manifestado su intención de votarles a otros partidos diversos, siendo la clasificación en ambos métodos similar. Donde se ven diferencias es en cuando los votantes no tienen claro su voto. CART identifica bien 5 que no votarían y 11 que no tienen decidido su voto todavía, en ambos casos los mal clasificados se repartirían entre las opciones de voto en blanco, nulo, no contesta o las dos anteriores que clasifica bien, a efectos de resultados electorales solo los votos en blancos tendrían repercusión. No obstante, es importante señalar que Random Forest consigue distinguir entre más opciones identificando la opción de otros partidos y el voto en blanco frente a CART.

Figura 3 Matriz de confusión obtenida con CART

	PSOE	PP	VOX	Unidas_Podemos	Ciudadanos	PACMA	Más_país	Teruel_Exis	CCa_N	PRC	ERC	JxCAT	CUP	Més_Compr	BN	UP	EAJ_PN	EH_Bild	otro_partido	En_blanco	Voto_nulo	No_votaria	No_sabe	N.C
PSOE	18	1	0	0	0	0	1	0	0	0	0	0	0	0	0	0	0	1	1	0	0	0	0	0
PP	1	6	2	0	0	0	0	0	0	0	0	0	0	0	0	0	0	0	0	0	0	0	0	0
VOX	0	0	6	0	0	0	0	0	0	0	0	0	0	0	0	0	0	0	0	0	0	0	0	0
Unidas_Podemos	3	3	1	9	2	0	2	0	0	0	0	0	0	1	1	0	0	0	0	0	0	0	0	0
Ciudadanos	0	0	0	0	0	0	0	0	0	0	0	0	0	0	0	0	0	0	0	0	0	0	0	0
PACMA	0	0	0	0	0	0	0	0	0	0	0	0	0	0	0	0	0	0	0	0	0	0	0	0
Más_país	0	0	0	0	0	0	0	0	0	0	0	0	0	0	0	0	0	0	0	0	0	0	0	0
Teruel_Existe	0	0	0	0	0	0	0	0	0	0	0	0	0	0	0	0	0	0	0	0	0	0	0	0
CCa_NC	0	0	0	0	0	0	0	0	0	0	0	0	0	0	0	0	0	0	0	0	0	0	0	0
PRC	0	0	0	0	0	0	0	0	0	0	0	0	0	0	0	0	0	0	0	0	0	0	0	0
ERC	0	0	0	0	0	0	0	0	0	0	0	0	0	0	0	0	0	0	1	0	0	0	0	0
JxCAT	0	0	0	0	0	0	0	0	0	0	0	0	0	0	0	0	0	0	0	0	0	0	0	0
CUP	0	0	0	0	0	0	0	0	0	0	0	0	0	0	0	0	0	0	0	0	0	0	0	0
Més_Compromís	0	0	0	0	0	0	0	0	0	0	0	0	0	0	0	0	0	0	0	0	0	0	0	0
BNG	0	0	0	0	0	0	0	0	0	0	0	0	0	0	0	0	0	0	0	0	0	0	0	0
UPN	0	0	0	0	0	0	0	0	0	0	0	0	0	0	0	0	0	0	0	0	0	0	0	0
EAJ_PNV	0	0	0	0	0	0	0	0	0	0	0	0	0	0	0	0	0	0	0	0	0	0	0	0
EH_Bildu	0	0	0	0	0	0	0	0	0	0	0	0	0	0	0	0	0	0	0	0	0	0	0	0
Otro_partido	0	0	0	0	0	0	0	0	0	0	0	0	0	0	0	0	0	0	0	0	0	0	0	0
En_blanco	0	0	0	0	0	0	0	0	0	0	0	0	0	0	0	0	0	0	0	0	0	0	0	0
Voto_nulo	0	0	0	0	0	0	0	0	0	0	0	0	0	0	0	0	0	0	0	0	0	0	0	0
No_votaría	0	0	0	0	0	0	0	0	0	0	0	0	0	0	0	0	0	0	0	3	1	5	1	1
No_sabe_todavía	0	0	0	0	0	0	0	0	0	0	0	0	0	0	0	0	0	0	0	2	3	1	11	0
N.C	0	0	0	0	0	0	0	0	0	0	0	0	0	0	0	0	0	0	0	0	0	0	0	0

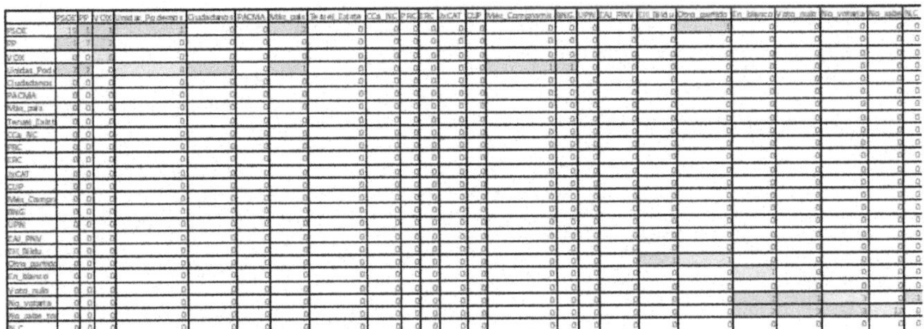

Figura 4 Matriz de confusión obtenida con Random Forest

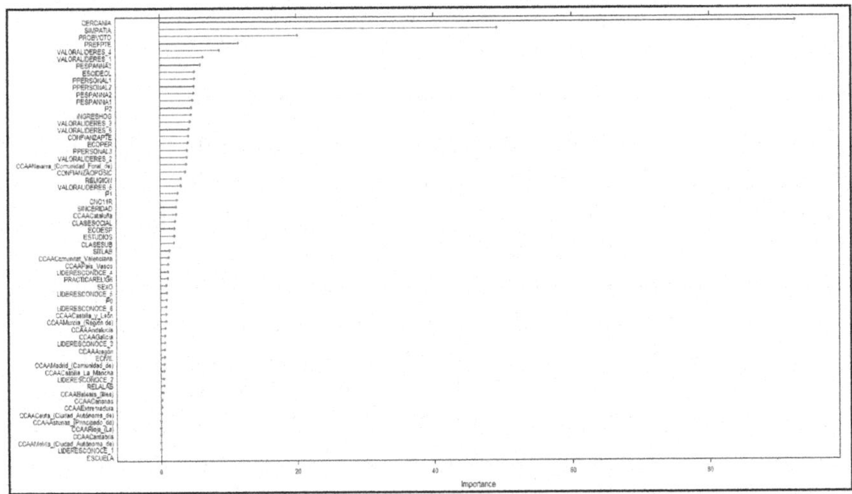

Figura 5 Árbol de entrenamiento CART

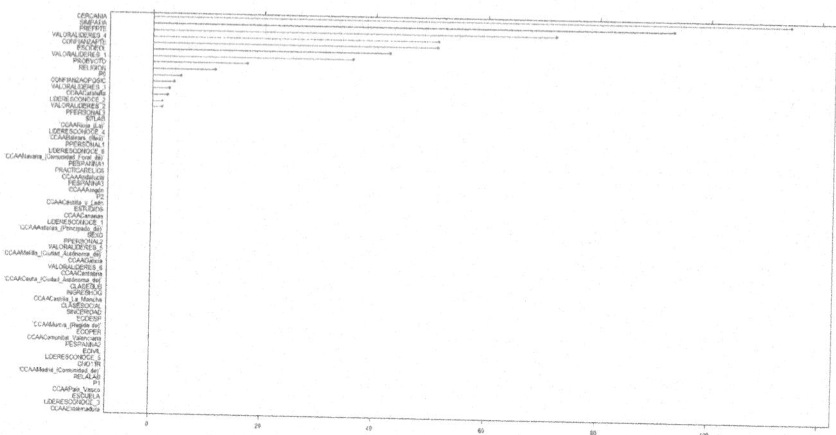

Figura 5 Importancia de las variables en la clasificación CART

La Figura 5 y la Figura 6, representan el árbol de clasificación obtenido por CART y la importancia de las variables. El árbol se interpreta de la siguiente manera: el camino a la derecha del nodo se sigue si se cumple la condición del nodo; en caso contrario se toma el de la derecha. El primer nodo discriminante corresponde a la cercanía discriminando entre los valores menores que 2 y el resto. El valor 1 corresponde al PSOE, según los datos del CIS, siguiendo por el camino de la derecha el siguiente nodo es la simpatía con un valor discriminativo de menor que 1. Esto nos da una discriminación entre el valor 0, que son personas que no han querido manifestar su simpatía en la encuesta del CIS, y el resto de los valores que corresponden a un partido en concreto. Lo que da lugar a dos nodos terminales de los cuales se puede concluir que los votantes cuyas ideas políticas son cercanas al PSOE y tienen simpatía por algún partido votarán por el PSOE, mientras que las personas con ideales cercanos al PSOE, pero no manifiestan simpatía no tienen claro su voto. A la derecha del nodo raíz nos encontramos otra vez la misma división, entre los que no manifiestan abiertamente su simpatía, y los que sí. De los que manifiestan su simpatía por algún partido se ve en los siguientes niveles que la cercanía vuelve a hacer una asignación directa. Si la cercanía es menor que tres, es decir dos ya que se había descartado el 1 en el nodo raíz, la intención de voto es para el partido dos, que en el CIS corresponde al PP, lo mismo en el siguiente nodo con el partido 3 que corresponde a VOX. El penúltimo nodo de esta rama nos ofrece una división por cercanía menor a 12 esto nos indica que las ideas son cercanas a los partidos del 4 al 12 que corresponden a Unidas-podemos, ciudadanos, PACMA, Podemos, IU, Los verdes y EQUO todos de izquierda siendo la opción de voto más probable Unidas podemos. A la derecha queda la simpatía por otros partidos que corresponden partidos regionales y nos da una división más en el caso de que la comunidad autónoma sea Cataluña en la que la intención del voto sea para ERC. Volviendo a la parte derecha del segundo nodo quedarían los votantes que no se sienten cercanos al PSOE y no tienen simpatía por ningún partido, en este caso estos votantes no tienen muy claro su voto, ya que la siguiente variable es la probabilidad de que acuda a las urnas que se mide de 0 a 10 siendo 0 que afirma que no votaría y 10 que acudirá con toda seguridad. Estos votantes los clasifica como no votantes o que no sabe todavía, lo que podemos llamar indecisos.

La Figura 6 muestra la importancia de las variables en el árbol, destacando la cercanía y simpatía por encima del resto, se puede ver que el resto de las variables con un peso elevado se podrían catalogar de ideológicas.

El árbol obtenido por Random Forest se muestra en la Figura 7, la interpretación se hace de manera análoga al árbol CART. Los árboles son bastantes similares, pero en Random Forest obtenemos más niveles de profundidad lo que proporciona una mayor interpretabilidad.

El nivel raíz corresponde a la simpatía, con un valor de 0.5(indicar que Random Forest no utiliza valores enteros) es decir en un primer nivel nos va a dividir por un lado los votantes que manifiestan simpatía por algún partido y los que no. En el primer nivel nos encontramos que a las personas que tienen simpatía por algún partido las divide por su cercanía haciendo una primera división por los valores menores que 1.5 que corresponde al PSOE, analizando esta rama se ven la influencia de las variables CNO11R que es la ocupación de la persona entrevistada y la economía personal los valores del CIS indican que dentro de esta rama del árbol los votantes con una ocupación de directores y gerentes y profesionales científicos e intelectuales y la economía personal (la valoración es de 1 Muy buena, 2 buena, 3 regular, u mala y 5 muy mala) distinta a muy buena se decantaran por el PP.

En la siguiente rama la que corresponde a la cercanía 3.5 en parte izquierda clasifica a los partidos de derecha, PP, VOX y UPN, dentro de ella la siguiente variable de clasificación es la cercanía en ideales entre PP y VOX, a estos últimos los clasifica directamente. Dentro de la rama de la cercanía ideológica por el PP entran en juego otras variables como la religión la preferencia por el presidente o la valoración de los diferentes problemas personales del encuestado lo que hace que su intención de voto pueda variar entre PP, VOX y otro partido.

En la parte derecha del nodo cercanía 3.5 encontramos el resto de los partidos políticos, nuevamente divide a los votantes por la cercanía en este caso con el valor 455 esta división es un poco más difusa ya que nos deja a la izquierda del nodo a los partidos generalistas que se presentan en toda España junto a partidos andaluces, canarios y aragoneses, si bien en las respuestas de los encuestados solamente aparecen los partidos de Unidas podemos, ciudadanos y más país. A la derecha del nodo estarían los partidos de Castilla y León, Cataluña, Galicia, País Vasco, Comunidad Valenciana y otros. Dentro de estas ramas las, escala ideológica, la comunidad autónoma, las valoraciones de los líderes políticos, la preferencia de presidente o la percepción de los problemas personales y de España pueden hacer decantar el voto en favor de un partido u otro, siendo la intención mayoritaria hacia unidas podemos.

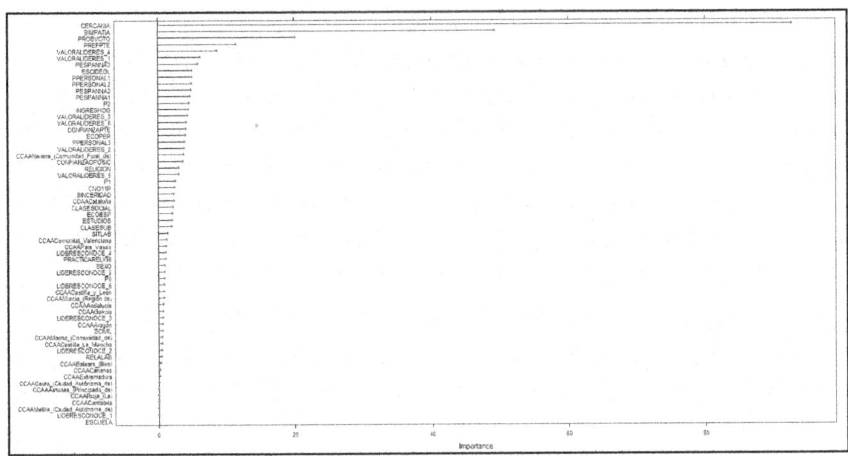

Figura 6 Árbol de clasificación de entrenamiento Random Forest.

Por último, en el nodo de probabilidad de voto 2.5 se encuentran los indecisos y los votantes que no acudirán a las urnas, a la izquierda se ve una rama clara de los que tienen una clara intención de no votar , después los divide por la confianza en el presidente lo que indica por una lado que los que no tienen simpatía por ningún partido ni intención de votar, pero valoran positivamente al presidente no ejercerían su derecho a voto, la alternativa es votar en blanco, esta decisión se ve influida por la variable económica , los problemas de la nación y el conocimiento y valoración de otros líderes políticos. En la parte derecha se encuentran las personas con una mayor intención de acudir a votar, pero están indecisos o no manifiestan su intención de voto, hay que resaltar las dos primeras divisiones, las personas que no han manifestado en la entrevista sus ingresos del hogar tampoco han manifestado su intención de voto. Después la variable P0 corresponde a la nacionalidad, donde clasifica directamente a las personas con una nacionalidad distinta a la española o con doble nacionalidad dentro de las personas que no tienen decidido su voto. Haciendo otra lectura se puede decir que las personas de otras nacionalidades con derecho a voto no tienen simpatía ni cercanía por ningún partido político y su participación e intención de voto es incierta.

Por otro lado, las personas de nacionalidad española, cuya sinceridad en la entrevista a juicio del CIS es baja, se debaten mayoritariamente entre los que son de Andalucía y tiene una preferencia concreta por un presidente del gobierno y en ese caso no tienen su voto claro todavía y los que no tienen una preferencia clara que no manifiestan su intención de voto o votarían en nulo. Las personas que a juicio del CIS han mostrado un nivel de sinceridad alto en la entrevista se decantan en mayoría por el voto en blanco.

En la Figura 8, se muestran los valores discriminativos de las variables en Random Forest donde destacan la cercanía simpatía y probabilidad de voto como las variables más importantes a la hora de decidir el voto.

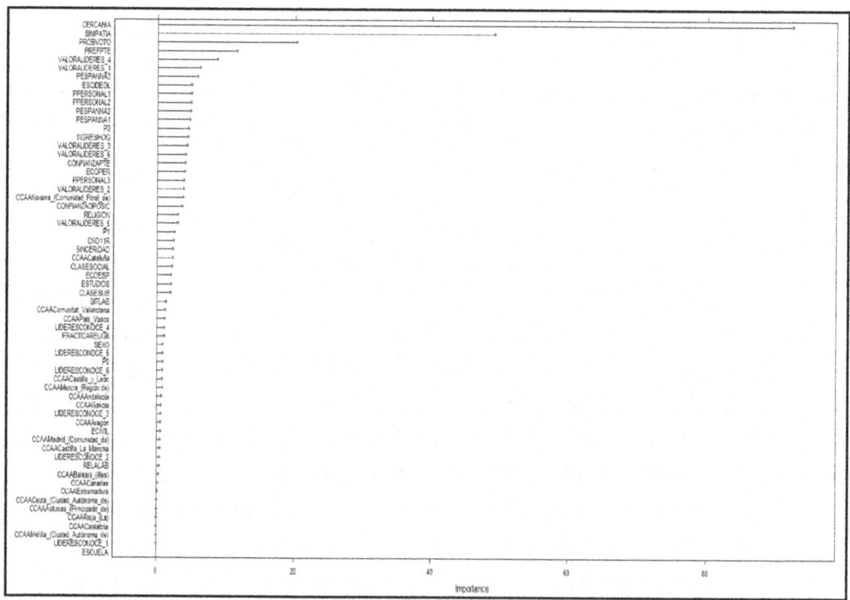

Figura 7 Importancia de las variables en la clasificación Random Forest

3. CONCLUSIONES

A pesar de lo que se afirmaba al principio, el partido que concentra el mayor número de intenciones de voto, agregando datos de diciembre 2022 a marzo 2023 es el PSOE. No obstante, los experimentos llevados a cabo nos enseñan que todos los votantes de Vox comparten las mismas características, por lo que árbol no comete ningún error clasificándolos, sea cual sea el tipo de test utilizado. A la hora de clasificar los votantes del PSOE, el árbol tampoco comete muchos errores. Al contrario, resulta más difícil identificar un tipo-ideal de votante para partidos como Unidas Podemos, o el Partido Popular.

Se puede hablar de un fenómeno de dualización de los tipos de primo-votantes, en que aparece un grupo que tiene muy clara su intención de voto, frente a otro muy indeciso que no sabe si se desplazará, o si votará nulo o en blanco.

El análisis de los datos deja a ver que los primo-votantes deciden su voto mayoritariamente por cercanía y simpatía, es decir por cuestiones ideológicas y afectivas. En trabajos futuros, será interesante repetir los experimentos eliminando las variables ideológicas para ver cómo influyen otras variables en la intención de voto.

4. BIBLIOGRAFÍA

BREIMAN, L., "Random forests", Machine learning, 45, 5-32, 2001.

CARREÑO, A., "El CIS sitúa a Vox como favorito entre los jóvenes que van a votar por primera vez", El Independiente, 22/04/2023.

FRIEDMAN, J. H. "Multivariate adaptive regression splines", The annals of statistics, 19(1), 1-67, 1991.

KOHONEN, T., "The self-organizing map", Proceedings of the IEEE, 78(9), 1464-1480, 1990

LARDEUX, L., & TIBERJ, V., Générations désenchantées ? Jeunes et démocratie. La Documentation française, 2021.

Le vote et l'abstention des jeunes au prisme de leurs valeurs et de leur situation sociale, ÉTUDES ET RECHERCHES, 62,1-4. INJEP, 2022. https://injep.fr/wp-content/uploads/2022/12/IAS62_vote-jeunes.pdf

MUXEL, A., Le moratoire politique des années de jeunesse, Economica, 1991, https://sciencespo.hal.science/hal-03570854

PERCHERON, A., & REMOND, R. (Eds.), Âge et politique, Economica, 1991.

STOCCHERO, M., DE NARDI, M., & SCARPA, B., "PLS for classification". Chemometrics and Intelligent Laboratory Systems, 216, 104374, 2021.

TIBERJ V., « The wind of change. Face au racisme, le renouvellement générationnel », Esprit, no 11, 43-52, 2020.

Les citoyens qui viennent: Comment le renouvellement générationnel transforme la politique en France (1re édition), Puf, 2017.

TORCAL, M., "Polarización y partidos radicales de derecha: El caso de Vox.", en De votantes a hooligans: La polarización política en España, Catarata, 125-142, 2023b.

«Concepto y tipos de polarización política.", en De votantes a hooligans: La polarización política en España, Catarata, 33-49, 2023a.

Cadena alimentaria, canales cortos de comercialización y dinamización rural

PILAR TALAVERA CORDERO
Universidad de Salamanca

Resumen:

El objetivo del presente capítulo es exponer las justificaciones de realizar una investigación jurídica sobre los canales cortos de comercialización alimentaria (CCC) y cómo estos se relacionan con la cadena alimentaria y la dinamización rural. Por CCC nos referimos al suministro directo por parte del productor de pequeñas cantidades al consumidor final o bien a establecimientos al por menor, es decir, con uno o ningún intermediario. Siendo la delimitación concreta del concepto y de los términos de su aplicación labor del legislador autonómico. Respecto al contenido del trabajo en la primera parte se expondrá la importancia de realizar una investigación sobre la materia desde el campo del derecho, más concretamente, del derecho administrativo y en la segunda parte se explicará la relevancia de la materia desde la perspectiva ambiental, social y territorial. Por último, se ofrecerán unas breves conclusiones.

Palabras clave: paquete higiénico, sector agroalimentario, comercio de proximidad, Pacto Verde Europeo, agricultores.

1. INTRODUCCIÓN

Esta aportación tiene como propósito incluir las justificaciones de la necesidad de esclarecer la normativa aplicable a los canales cortos de comercialización y como éstos influyen en la configuración de la cadena alimentaria y la dinamización de las áreas rurales.

Para una mejor comprensión de los aspectos que motivan mi investigación y sin tener la pretensión de hacer un análisis profundo, se aportará una definición y un contexto de los canales cortos de comercialización.

Los CCC son una forma de comercialización en la que intervienen uno o ningún intermediario entre el productor de los alimentos y el consumidor final. Pudiéndose por tanto vender directamente al consumidor final, a establecimientos de comercio al por menor o a través de otros intermediarios sin superar la limitación de un intermediario. Es el caso de la distribución en CCC a través de medios electrónicos o servicios de mensajería.

Esta definición es confusa, ya que en ocasiones la gran distribución cumple con este número de distribuidores. Por tanto, hay que añadir que se trata de una forma de comercialización en la que productor y consumidor tienen un mayor grado de poder decisión y guardan una relación más estrecha entre ellos. Se trata de una producción y un consumo con un vínculo territorial[1].

Los canales cortos de comercialización son una de las formas de distribución que coexisten en el sector agroalimentario, siendo marginal[2] respecto al mayoritario que se basa en grandes cadenas de distribución nacionales e internacionales[3].

Sin embargo, hay Estados miembros en los que es mucho más marginal que otros. Por ejemplo, mientras que en Grecia representa 25% de las explotaciones en España representaba solo un 0,1%.[4].

---

1 LÓPEZ GARCÍA, D., "Canales cortos de comercialización como elemento dinamizador de las agriculturas ecológicas urbana y perirubana", *I Congreso Estatal de Agricultura Ecológica Urbana y Periurbana*, Elche, 2011, p.4.

2 LANGREO, A. y GERMÁN, L., "Transformaciones en el sistema alimentario y cambios de dieta en España durante el siglo XX", *Historia agraria: Revista de agricultura e historia rural*, 74, 2018, 167-200.

3 PALMA FERNÁNDEZ, J. L., *Derecho agroalimentario*, Agencia Estatal Boletín Oficial del Estado, Madrid, 2021, p. 369.

4 EUROSTAT, «Estadísticas sobre estructura de las explotaciones agrícolas», 2023. Disponible en: https://acortar.link/HfMLvT. Fecha de último acceso el 4 de agosto de 2023).

Los CCC son un modelo alternativo al hegemónico que posee unas mejores cualidades ambientales, territoriales y sociales, que serán desarrolladas a lo largo de la contribución científica. El análisis jurídico de esta materia parte de la necesidad de esclarecer la normativa aplicable para que el derecho sirva como una herramienta más de fomento a esta forma de comercialización.

El punto de partida del análisis jurídico es el estudio de la normativa aprobada por parte de la Unión Europea, el denominado "paquete higiénico" aplicable en materia agroalimentaria. Entre los que podemos destacar: el Reglamento (CE) n.° 852/2004 del Parlamento Europeo y del Consejo, de 29 de abril de 2004, relativo a la higiene de los productos alimenticios; el Reglamento (CE) n.° 853/2004 del Parlamento Europeo y del Consejo, de 29 de abril de 2004, por el que se establecen normas específicas de higiene de los alimentos de origen animal y el Reglamento (UE) 2017/625, del Parlamento Europeo y del Consejo, de 15 de marzo de 2017, relativo a los controles y otras actividades oficiales realizados para garantizar la aplicación de la legislación sobre alimentos y piensos, y de las normas sobre salud y bienestar de los animales, sanidad vegetal y productos fitosanitarios.

Esta normativa se introduce en el ámbito nacional a través del Real Decreto 1086/2020, de 9 de diciembre, por el que se regulan y flexibilizan determinadas condiciones de aplicación de las disposiciones de la Unión Europea en materia de higiene de la producción y comercialización de los productos alimenticios y se regulan actividades excluidas de su ámbito de aplicación.

Este paquete higiénico ofrece tres posibilidades: conceder excepciones o exenciones a determinados requisitos establecidos en los anexos de los Reglamentos en materia de higiene, conceder adaptaciones de determinados requisitos establecidos en los anexos de los Reglamentos en materia de higiene, o bien de excluir algunas actividades del ámbito de aplicación de los Reglamentos en materia de higiene. Esta investigación se centrará en la última de las posibilidades, en la referida a la exclusión de la normativa higiénica de los suministros directos de pequeñas cantidades por parte del productor final[5].

Estos suministros directos pueden consistir en una venta directa del productor al consumidor final o a establecimientos de comercio al por menor, recibiendo también el nombre de canales cortos de comercialización[6]. La concreción de las condiciones y requisitos que se han de cumplir en cada caso es labor del legislador autonómico. Esto deriva del precepto constitucional que establece como competencia autonómica la agricultura y la ganadería (art. 148.1. 7°) y las ferias interiores (art. 148.1. 12°).

La normativa autonómica en esta materia es heterogénea y difusa[7], por lo que es relevante plantear una investigación más amplia en esta materia para poder aglutinar en un mismo trabajo la regulación de las distintas CCAA, con el propósito de poderlas

---

5 COMISIÓN EUROPEA, *Documento de trabajo de los servicios de la comisión relativo a la comprensión de determinadas disposiciones de flexibilidad previstas en los Reglamentos en materia de higiene*, 2023, p. 1.

6 Otros autores, *vid.* MUÑOZ GÓMEZ, M. J., "La relocalización alimentaria: vector en la transición ecológica del derecho agroalimentario", *Revista General de Derecho Administrativo*, 62, 2023, 1-45, hablan de relocalización alimentaria haciendo referencia a la construcción de sistemas alimentarios locales vinculados al territorio, acortando las distanticas geográficas que separan al productor del consumidor. Este concepto es importado de la legislación francesa que ya ha dejado atrás el concepto de canales cortos de comercialización. Sin embargo, la legislación española reciente sigue usando este último concepto *vid.* la Ley Foral 5/2023, de 9 de marzo, de canales cortos de comercialización agroalimentaria aprobada en marzo de este mismo año.

7 No solo es heterogénea, sino que hay CCAA en las que ni siquiera existe una regulación al respecto. Se observan grandes diferencias en diversos aspectos: como el ámbito de aplicación, la tipología de productos permitidos, la delimitación del concepto "pequeñas cantidades" o la posibilidad de utilizar la modalidad de venta electrónica. Para más información en este sentido *vid.* TALAVERA CORDERO, P., "El comercio de proximidad como recurso frente al Reto Demográfico: régimen jurídico, actividad programática y e-commerce", *Revista jurídica de Castilla y León*, 60, 2023, 157-194.

comparar, siendo estas últimas más que interesantes en el campo del derecho pues gracias a ellas pueden esclarecerse los aciertos y errores de cada una de ellas, para avanzar en la regulación en las sucesivas reformas.

Por último, es importante mencionar una motivación estratégica pues se trata de una manifestación del sector agroalimentario, el cual es de vital importancia por presentar en España un valor estratégico innegable. No solo por la contribución de este sector al Producto Interior Bruto de nuestro país, sino también desde el punto de vista de la provisión de alimentos para la sociedad.

2. ¿POR QUÉ ABORDAR ESTA MATERIA DESDE EL DERECHO?

La realización de una investigación requiere una clarificación previa sobre la metodología y el enfoque utilizado. Las materias que pueden abordar el estudio de los CCC son muy diversas: sociología, geografía, ciencia política, derecho, ingeniería agrónoma, ciencias ambientales…

Esta investigación pretende hacer un análisis jurídico, pues existe una laguna en la literatura jurídica[8] sobre la interpretación

---

8 El análisis del paquete higiénico ha sido estudiado por diversos autores como DOMÍNGUEZ ÁLVAREZ, J. L., "Real Decreto 1086/2020, de 9 de diciembre, por el que se regulan y flexibilizan determinadas condiciones de aplicación de las disposiciones de la Unión Europea en materia de higiene de la producción y comercialización de los productos alimenticios y se regulan actividades excluidas de su ámbito de aplicación «BOE» núm. 322, de 10 de diciembre de 2020 [BOE-A-2020-15872]", *Ars Iuris Salmanticensis: AIS: revista europea e iberoamericana de pensamiento y análisis de derecho, ciencia política y criminología,* 9, 1, 2021, 282-287; FERNANDO PABLOS, M. M. y DOMÍNGUEZ ÁLVAREZ, J. L., "Discriminación positiva como recurso contra la despoblación del medio rural: los canales cortos de comercialización 149-190.agroalimentaria", *Revista Aragonesa de Administración Pública,* 57, 2021, 149-190.; MUÑOZ GÓMEZ, M. J., "Comercio alimentario de proximidad ¿un parámetro

de la regulación de los CCC, que emergen como una pieza más hacia la construcción de sistemas alimentarios alternativos.

El objetivo de mi investigación es clarificar la interpretación de las normas aplicables con la pretensión de ofrecer un análisis sistemático de todos los ordenamientos que entran en juego. Esto último es muy relevante pues estamos ante una investigación que se caracteriza por dos extremos: ser un derecho marcadamente comunitario y tratarse de una materia que requiere desarrollo legislativo autonómico. Esto la convierte en una materia con una legislación difusa y heterogénea.

El enfoque jurídico elegido es el *iuspublicista* que se motiva no solo por la preeminencia de las normas públicas frente a las privadas en la materia, sino por la propia capacidad transformadora del derecho público en el sector agrario[9]. Esto último cobra especial relevancia pues el sector agroalimentario está altamente intervenido, sobre todo, si tenemos en cuenta la Política Agraria Común que a través de sus ayudas orienta los modelos agroalimentarios de todo el mercado común.

El estudio debe hacerse de los tres niveles que se aplican a la normativa de la materia, a saber: el derecho europeo, el derecho nacional y el derecho autonómico. Solo el estudio sistemático de los tres ordenamientos nos puede aportar una visión holística de la materia.

---

legal eficaz para lograr la sostenibilidad alimentaria?, *Revista catalana de dret ambiental*, XII, 2, 2021, 1-53. En estas dos últimas obras se hacen también referencias a aspectos de la legislación autonómica en la materia, en el caso de MUÑOZ GÓMEZ limitándose al estudio del tratamiento del concepto de CCC en 9 de las legislaciones autonómicas y los aspectos ambientales de estas; en el caso de FERNANDO PABLOS y DOMÍNGUEZ ÁLVAREZ tratan los CCC como ejemplo de discriminación normativa en favor de las áreas rurales como herramienta para afrontar el Reto Demográfico.

9 PALMA FERNÁNDEZ, J. L., *op. cit.*, p. 35-36.

3. ¿POR QUÉ ES IMPORTANTE: VISIÓN AMBIENTAL, SOCIAL Y TERRITORIAL?

Los CCC están íntimamente relacionados con los compromisos medioambientales, la mejora en la renta de los agricultores y la dinamización de los territorios rurales. Dichos puntos serán desarrollados en el presente apartado, sirviendo además como justificación de la necesidad de la realización de esta investigación.

3.1. Importancia desde el punto de vista ambiental

De un tiempo a esta parte la UE ha suscrito importantes compromisos medioambientales derivados del Acuerdo de París sobre el Clima. Estos se materializaron en el objetivo de ser climáticamente neutros de aquí a 2050, dicho objetivo adquirió eficacia jurídica plena a través de la aprobación de la Ley del Clima Europea y el Pacto Verde Europeo.

Estos fines hacen necesario la reconversión de todos los sectores económicos, incluido el alimentario. El sector alimentario se trata de uno de los sectores más contaminantes, con una huella de carbono creciente la cual ha pasado de 1,5 a 3,5 toneladas de CO2 per cápita de 1960 a 2010. En la reducción de esta huella los sistemas agroecológicos (que incluyen diversas técnicas de mitigación, entre las que se incluye la distribución) tienen un papel fundamental[10].

Pese a tratarse de cifras preocupantes que señalan la necesidad de realizar cambios en el sistema alimentario hegemónico, hay que indicar que estas emisiones han descendido respecto a los datos de 2018[11]. Seguramente como consecuencia de las normas

---

10 AGUILERA, E. et al, *Emisiones de gases de efecto invernadero en el sistema agroalimentario y huella de carbono de la alimentación en España*, Real Academia de Ingeniería, Madrid, 2020.

11 TRIGERO CANO, A., "La industria agroalimentaria: la apuesta por la calidad, la innovación y la sostenibilidad", *Economistas,* 181, 2023, p.230.

y planes aprobados para tal fin por la UE, entre los que podemos destacar por su relevancia en la materia: la Política Agraria Común y la Estrategia de la granja a la mesa.

En ambos programas se incluyen medidas para fomentar el acortamiento de la cadena de distribución. Por ejemplo, dentro de las intervenciones del Plan Estratégico de la Política Agraria Común de España se incluyen ayudas a inversiones en transformación, comercialización y desarrollo de productos alimentarios con objetivos medioambientales.

En definitiva, el fomento de modos de distribución más sostenibles es clave para conseguir los compromisos ambientales. El alargamiento de la cadena de distribución supone impactos ambientales que son evitables a través de políticas públicas y leyes de relocalización de la producción agroalimentaria[12].

3.2. Vinculación entre los CCC y la renta de los agricultores

También es destacable la incidencia positiva que tienen los CCC en la renta de los agricultores, más si cabe si entendemos el estado de la cuestión del que partimos. Actualmente las calles[13] y los medios de comunicación se han hecho eco de las exigencias que agricultores y ganaderos vienen sufriendo de un tiempo a esta parte.

---

12 SIMÓN FERNÁNDEZ, X. et al, "Alimentos kilométricos y gases de efecto invernadero: análisis del transporte de las importaciones de alimentos en el Estado español (1995-2007)", *Revista Iberoamericana de Economía Ecológica*, 22, 2013, p. 3.

13 El día 14 de mayo de 2023 se reunían en la capital española más de 500 colectivos de la agricultura, la ganadería, la pesca y la caza unidas en la plataforma SOS Rural y Alma Rural clamando por una legislación del sector primario justa y más ayudas al sector ante el contexto de sequía y subida de precios actual. Disponible en: https://acortar.link/gUwUbi (Fecha de último acceso el 2 de agosto de 2023).

Los datos nos muestran que los precios percibidos por los agricultores han tendido a crecer menos que los precios pagados por estos productos[14]. Esto ha generado un efecto paradójico, mientras que subía el PIB agrario los hogares rurales eran cada vez más pobres[15].

De forma paralela, la gran parte de los beneficios económicos del sector agroalimentario se destinan a la fase de distribución. Teniendo en cuenta además que la fase de distribución cada vez es más larga lo que repercute en un aumento en la cantidad de energía utilizada en transporte, conservación y logística[16].

Retornando al derecho es conveniente traer a colación el artículo 130.1 de nuestra Carta Magna que enuncia lo siguiente: "*Los poderes públicos atenderán a la modernización y desarrollo de todos los sectores económicos y, en particular, de la agricultura, de la ganadería, de la pesca y de la artesanía, a fin de equiparar el nivel de vida de todos los españoles*".

De este precepto se extrae un mandato para los poderes públicos de modernización y desarrollo del sector primario, pero también se hace referencia a la equiparación del nivel de vida, de la que se podría extraer la obligación a los poderes públicos de que las mejoras cualitativas y cuantitativas que se produzcan en la agricultura deban tener una repercusión importante en las rentas del propio sector[17].

---

14 COLINO SUEIRAS, J., "El malestar de los agricultores españoles", *Cuadernos de información económica,* 275, 2020, p. 25.

15 GRAZIANO, J., GÓMEZ, S. y CASTAÑEDA, R., "Boom agrícola y persistencia de la pobreza en América Latina", *Revista Española de Estudios Agrosociales y Pesqueros,* 218, 17-44.

16 GONZÁLEZ DE MOLINA, M., LÓPEZ GARCÍA, D. y GUZMÁN CASADO, G., "Politizando el consumo alimentario: estrategias para avanzar en la transición agroecológica", *REDES: Revista do Desenvolvimento Regional,* 22, 2, 2017, p. 35.

17 MARTÍN VALVERDE, A. y VILLANUEVA GARCÍA, E., "Sistema económico y agricultura en la Constitución española", *Agricultura y sociedad,* 21, 1981, p. 41.

De lo anterior podremos extraer que si las rentas de los agricultores no suben a la par que lo hacen los precios de los alimentos y gran parte de los beneficios se destinan a la parte de la distribución, teniendo en cuenta el mandato constitucional debería apostarse por formas de comercialización que mejoren la renta de los agricultores. Lo que hacen los CCC es eliminar los intermediarios para así poder agrandar la porción del precio final que reciben los productores.

Esta conexión ya se hacía en 2010, año en el cual el Parlamento de la Unión Europea aprobó una propuesta de resolución sobre unos ingresos justos para los agricultores: mejorar el funcionamiento de la cadena de suministro de alimentos en Europa[18]. En este informe se resaltaba la importancia de las cadenas de suministro para la mejora de la renta agrícola de agricultores y ganaderos.

La conexión entre los CCC y la renta de los agricultores también está presente en la PAC aprobada en 2023. Uno de los ejemplos es el propio Plan Estratégico de la PAC de España incluye en la intervención[19] de mejora del nivel de renta de los jóvenes

---

18 COMISIÓN DE AGRICULTURA Y DESARROLLO RURAL, «Informe sobre unos ingresos justos para los agricultores: mejorar el funcionamiento de la cadena de suministro de alimentos en Europa», 2010. Disponible en: https://www.europarl.europa.eu/doceo/document/A-7-2010-0225_ES.html (Fecha de último acceso el 31 de julio de 2023).

19 Las intervenciones según el artículo 3.3 del Reglamento (UE) 2021/2115 del Parlamento Europeo y del Consejo de 2 de diciembre de 2021 por el que se establecen normas en relación con la ayuda a los planes estratégicos que deben elaborar los Estados miembros en el marco de la política agrícola común (planes estratégicos de la PAC), financiada con cargo al Fondo Europeo Agrícola de Garantía (FEAGA) y al Fondo Europeo Agrícola de Desarrollo Rural (FEADER), y por el que se derogan los Reglamentos (UE) nº. 1305/2013 y (UE) nº. 1307/2013 son instrumentos de ayuda acompañados de una serie de condiciones de subvencionabilidad especificadas por un Estado miembro en su plan estratégico de la PAC, conforme a un tipo de intervención contemplado en el presente Reglamento.

agricultores el subprograma de fomento de las cadenas de distribución cortas.

3.3. Los CCC y la dinamización rural

El Reto Demográfico es hoy un problema de estado, aceptado mayoritariamente por los poderes públicos, la doctrina científica y la ciudadanía. Sin embargo, aún hoy impera una visión negativa de lo rural, identificándolo como un territorio yermo sin oportunidades económicas y laborales[20].

Pese a esta visión de la ciudadanía general hay autores[21] que entienden el medio rural en clave de oportunidad, por ejemplo, aprovechando la transición ecológica y digital en la que se encuentra inmersa Europa. En concreto, la transición ecológica[22] obliga a adoptar ciertos compromisos, como es la conversión de los sistemas agroalimentarios.

Así, los CCC no solo son más sostenibles con el medio ambiente, sino que redundan en unos mayores beneficios para las áreas rurales. Esta forma de comercialización es un elemento dinamizador por el propio sector en sí mismo, pero también creando

---

20 MOLINA IBÁÑEZ, M., HERNANDO SANZ, F. J. y PÉREZ CAMPAÑA, R., "Convergencia versus cohesión socioterritorial en España: la despoblación como reto", *ICE: Revista de economía*, 928, 2022, p. 16.

21 MOLINA IBÁÑEZ, M., "Despoblación rural y concentración urbana: un modelo territorial dual, desequilibrado e insostenible", *Argumentos Socialistas*, 40, 2021, 13-24.

22 La denominada revolución verde va a suponer una importante transformación en las regiones rurales que puede revertir los procesos actuales en los que la población rural tras la desagrarización se encontraba inmersa en procesos de exclusión social *vid.* CAMARERO, L. y DEL PINO, J. A., "Ruralidad, agricultura y exclusión social", *Revista de Ciencias Sociales*, 49, 2021, 11-34.

sinergias con otros sectores como el turismo rural o agroturismo, cultural, transformación, restauración[23]...

Un informe de la Comisión[24] conecta el fomento de los productos locales con el fortalecimiento y desarrollo de la competitividad de las zonas rurales. Indicando que las ventas directas no solo contribuyen a la mejora en la renta de los agricultores, sino que favorece actividades posteriores a la producción primaria (transformación, distribución y venta al por menor), funcionando, así como un efecto multiplicador en la comunidad local al generar oportunidades de empleo.

Pero para ser un elemento dinamizador deben darse ciertos condicionantes, uno de ellos es una regulación flexible y adaptada a la idiosincrasia rural. Pues como ya han tenido oportunidad de abordar diversos autores, las políticas y las normas están hechas con una mirada urbana[25].

De hecho, nuestro corpus normativo está contribuyendo a agravar aún más los problemas de las áreas rurales. Esto es así porque el derecho vigente en muchos casos no está implementando las transformaciones y flexibilizaciones necesarias para convertir los CCC en una oportunidad económica para dinamizar las comunidades rurales[26].

---

23 Esto mismo es reconocido por la ley navarra de reciente creación *vid.* Ley foral 5/2023, de 9 de marzo, de canales cortos de comercialización agroalimentaria.

24 COMISIÓN EUROPEA, «Informe de la Comisión al Parlamento Europeo y al Consejo sobre la conveniencia de establecer un sistema de etiquetado para la agricultura local y las ventas directas», 2013. Disponible en: https://n9.cl/5ugj8. (Fecha de último acceso el 4 de agosto de 2023)

25 CAMARERO, L., OLIVA, J. y QUEROL, V. A., "Retos de cambio para la vida rural: procesos, dinámicas y políticas públicas, *RECERCA, Revista de persament i anàlisi*, 28, 1, 2023, 1-12.

26 FERNANDO PABLO, M. M. y DOMÍNGUEZ ÁLVAREZ, J. L., "Discriminación positiva como recurso contra la despoblación del medio rural: los canales cortos de comercialización agroalimentaria", *op. cit.*, p. 169.

Nos encontramos ante una oportunidad para el medio rural que no está siendo aprovechada en nuestro país, según una encuesta de Eurostat en 2007 sobre la estructura de las explotaciones agrícolas estudió el desarrollo de las ventas directas en los Estados miembros. En esta se ponía de manifiesto que alrededor del 15% de las explotaciones vende más del 50% de su producción al consumidor final.

4. CONCLUSIONES

El sistema agroalimentario se encuentra inmerso en una crisis, de un lado, los agricultores y ganaderos han salido a las calles en reiteradas ocasiones exigiendo rentas más justas y una mayor apropiación de los beneficios derivados de los productos primarios. De otro lado, la UE exige compromisos medioambientales cada vez más exigentes en todos los eslabones de la cadena alimentaria.

Una de las formas de mitigar estas problemáticas son los CCC, no obstante, actualmente los CCC son una forma de comercialización marginal respecto al sistema agroalimentario hegemónico, más aún en nuestro país en el que solo un 1% de la venta de alimentos se realiza a través de CCC. Pese a ello, es conveniente realizar un estudio sobre ellos, pues se erigen como una alternativa más sostenible medioambientalmente y con los agricultores.

En el fomento de esta forma de comercialización el derecho tiene un papel fundamental pues no solo es necesario realizar un esclarecimiento de la normativa aplicable, sino que además el derecho debe establecer un mandato de fomento por parte de las instituciones públicas de los CCC. Como así ocurre en alguna de las normativas autonómicos aplicables a los CCC.

5. BIBLIOGRAFÍA

AGUILERA, E. et al, *Emisiones de gases de efecto invernadero en el sistema agroalimentario y huella de carbono de la alimentación en España,* Real Academia de Ingeniería, Madrid, 2020.

CAMARERO, L. y DEL PINO, J. A., "Ruralidad, agricultura y exclusión social", *Revista de Ciencias Sociales,* 49, 2021, 11-34.

CAMARERO, L., OLIVA, J. y QUEROL, V. A., "Retos de cambio para la vida rural: procesos, dinámicas y políticas públicas, *RECERCA, Revista de pensament i anàlisi,* 28, 1, 2023, 1-12.

COLINO SUEIRAS, J., "El malestar de los agricultores españoles", *Cuadernos de información económica,* 275, 2020, 23-32.

COMISIÓN EUROPEA, «Informe de la Comisión al Parlamento Europeo y al Consejo sobre la conveniencia de establecer un sistema de etiquetado para la agricultura local y las ventas directas», 2013. Disponible en: https://n9.cl/5ugj8. (Fecha de último acceso el 4 de agosto de 2023).

DOMÍNGUEZ ÁLVAREZ, J. L., "Real Decreto 1086/2020, de 9 de diciembre, por el que se regulan y flexibilizan determinadas condiciones de aplicación de las disposiciones de la Unión Europea en materia de higiene de la producción y comercialización de los productos alimenticios y se regulan actividades excluidas de su ámbito de aplicación «BOE» núm. 322, de 10 de diciembre de 2020 [BOE-A-2020-15872]", *Ars Iuris Salmanticensis: AIS: revista europea e iberoamericana de pensamiento y análisis de derecho, ciencia política y criminología,* 9, 1, 2021, 282-287.

EUROSTAT, «Estadísticas sobre estructura de las explotaciones agrícolas», 2023. Disponible en: https://acortar.link/HfMLvT. Fecha de último acceso el 4 de agosto de 2023).

FERNANDO PABLO, M. M. y DOMÍNGUEZ ÁLVAREZ, J. L., "Discriminación positiva como recurso contra la despoblación del medio rural: los canales cortos de comercialización agroalimentaria", *Revista Aragonesa de Administración Pública,* 57, 2021, 149-190.

GONZÁLEZ DE MOLINA, M., LÓPEZ GARCÍA, D. y GUZMÁN CASADO, G., "Politizando el consumo alimentario: estrategias para avanzar en la transición agroecológica", *REDES: Revista do Desenvolvimento Regional,* 22, 2, 2017, 31-55.

GRAZIANO, J., GÓMEZ, S. y CASTAÑEDA, R., "Boom agrícola y persistencia de la pobreza en América Latina", *Revista Española de Estudios Agrosociales y Pesqueros,* 218, 17-44.

LANGREO, A. y GERMÁN, L., "Transformaciones en el sistema alimentario y cambios de dieta en España durante el siglo XX", *Historia agraria: Revista de agricultura e historia rural*, 74, 2018, 167-200.

LÓPEZ GARCÍA, D., "Canales cortos de comercialización como elemento dinamizador de las agriculturas ecológicas urbana y perirubana", *I Congreso Estatal de Agricultura Ecológica Urbana y Periurbana*, Elche, 2011, 1-15.

MARTÍN VALVERDE, A. y VILLANUEVA GARCÍA, E., "Sistema económico y agricultura en la Constitución española", *Agricultura y sociedad*, 21, 1981, 9-59.

MOLINA IBÁÑEZ, M., HERNANDO SANZ, F. J. y PÉREZ CAMPAÑA, R., "Convergencia versus cohesión socioterritorial en España: la despoblación como reto", *ICE: Revista de economía*, 928, 9-25.

MOLINA IBÁÑEZ, M., "Despoblación rural y concentración urbana: un modelo territorial dual, desequilibrado e insostenible", *Argumentos Socialistas*, 40, 2021, 13-23.

MUÑOZ GÓMEZ, M. J.:"Comercio alimentario de proximidad ¿un parámetro legal eficaz para lograr la sostenibilidad alimentaria?, *Revista catalana de dret ambiental*, XII, 2, 2021, 1-53.

"La relocalización alimentaria: vector en la transición ecológica del derecho agroalimentario", *Revista General de Derecho Administrativo*, 62, 2023, 1-45.

PALMA FERNÁNDEZ, J. L., *Derecho agroalimentario*, Agencia Estatal Boletín Oficial del Estado, Madrid, 2021.

SIMÓN FERNÁNDEZ, X. et al, "Alimentos kilométricos y gases de efecto invernadero: análisis del transporte de las importaciones de alimentos en el Estado español (1995-2007), *Revista Iberoamericana de Economía Ecológica*, 22, 2013, 1-16.

TALAVERA CORDERO, P., "El comercio de proximidad como recurso frente al Reto Demográfico: régimen jurídico, actividad programática y e-commerce", *Revista jurídica de Castilla y León*, 60, 2023, 157-194.

TRIGERO CANO, A., "La industria agroalimentaria: la apuesta por la calidad, la innovación y la sostenibilidad", *Economistas*, 181, 2023, 220-233.

El sistema político de Castilla y León: una retrospectiva electoral

JAVIER ANTÓN MERINO
MARTA MÉNDEZ JUEZ
SERGIO PÉREZ CASTAÑOS
Universidad de Burgos

Resumen

Este trabajo plantea un estudio pormenorizado de las principales características, elementos y efectos del sistema electoral y del sistema de partidos en los resultados electorales de los comicios autonómicos y generales en Castilla y León. El estudio del sistema político de Castilla y León se hace imprescindible debido a la infrarrepresentación de los trabajos sobre este territorio en el ámbito académico. El trabajo demuestra que las peculiares características geográficas y demográficas de esta Comunidad Autónoma tienen efectos determinantes en el funcionamiento de su sistema político y en sus resultados electorales.

Palabras clave: Sistema electoral, elecciones generales, elecciones autonómicas, circunscripción electoral, Castilla y León.

1. INTRODUCCIÓN

La Comunidad Autónoma de Castilla y León -la última en aprobar su Estatuto de Autonomía- es la de mayor extensión en España y una de las mayores regiones de la Unión Europea. Sin embargo, son escasos los estudios académicos que aborden el análisis del sistema político de Castilla y León. Los principales trabajos sobre este territorio se han centrado en sus partidos políticos y su gobierno[1], así como en la estructuración ideológica de las élites

---

1 ANTÓN MERINO, J. y PÉREZ CASTAÑOS, S. (2019), "Las elecciones en Castilla y León: ¿cambios electorales sin efectos gubernamentales?",

y la congruencia política entre esta y la ciudadanía[2] o la despoblación[3]. Estos trabajos previos, han mostrado algunos rasgos característicos y estables del sistema político de la Comunidad como son: la participación electoral en todos los comicios superior a la media española, la preferencia por opciones políticas conservadoras, una escasa competición electoral, un claro predominio del Partido Popular (PP, en adelante) en todos los niveles de gobierno, o la escasa relevancia de partidos políticos de ámbito no estatal.

En este trabajo se pretende elaborar un análisis pormenorizado del sistema electoral de Castilla y León, haciendo una comparación entre el funcionamiento, las similitudes y las diferencias del sistema en las elecciones autonómicas y las elecciones al Congreso de los Diputados en este territorio. Para ello, primero se analizará la normativa electoral de esta Comunidad Autónoma, para posteriormente realizar un estudio electoral retrospectivo de los resultados de los comicios autonómicos y al Congreso de los Diputados en Castilla y León. El capítulo finalizará con unas breves conclusiones.

Más poder local, núm. 38, pp. 44-52. FERNÁNDEZ ESQUER, C. y DUEÑAS CASTRILLO, I., "Sistema electoral y sistema de partidos de Castilla y León. Pasado, presente y futuro", *Revista Jurídica de Castilla y León,* núm. 45, 2018, pp. 33-71. 2018.

2 RUIZ RODRÍGUEZ, L., "Los espacios ideológicos del PP y del PSOE en Castilla y León", *Revista Española de Investigaciones Sociológicas,* 120, pp. 155-173, 2007. OTERO FELIPE, P., "Elites y ciudadanos en Castilla y León: un análisis de la congruencia de actitudes en torno al proceso autonómico", en *Élites Locales de México y España,* MA Porrúa, Ciudad de México, 2009.

3 RICO GONZÁLEZ, M., "El fenómeno de la despoblación rural en Castilla y León. Implicaciones desde la perspectiva socioeconómica", *Práctica Urbanística,* núm. 162, pp. 1-8, 2020.

2. LA NORMATIVA ELECTORAL DE CASTILLA Y LEÓN

La participación de la ciudadanía en el proceso político confiere identidad, solidez y legitimación a un sistema democrático. Algunos autores[4] defienden un modelo de democracia liberal en el que la participación, aun siendo relevante para el sistema político (sobre todo, a través del voto), no lo es tanto como la presencia de instituciones sólidas y de líderes políticos que asuman sus responsabilidades. Para otros autores[5], la participación de la ciudadanía en todas las instituciones democráticas es esencial para el buen funcionamiento del sistema, que descansa en el protagonismo de ésta. Para ambas teorías, el ciudadano es el elemento vertebrador de la democracia.

El artículo 8.2 del Estatuto de Autonomía de Castilla y León[6] establece que los poderes públicos deben facilitar la participación de todos los castellanos y leoneses en la vida política, precepto que se completa con el artículo 11 de la misma ley, en el que se recogen los derechos de participación de los castellanos y leoneses en los asuntos públicos[7].

La participación política se puede generar a través de fórmulas convencionales o no convencionales que ofrece dicho sistema,

---

4 PARETO, V., *The mind and society*, Dover, New York, 1935. MOSCA, G., *The ruling class: Elementi di scienza política*, Livingston, New York, 1939. BACHRACH, P., *The theory of democratic elitism*, London University Press, London, 1969.

5 SARTORI, G., *Partidos y sistemas de partidos*, Alianza, Madrid, 1980. MOUFFE, C., *El retorno de lo político*, Paidós, Barcelona, 1999.

6 Ley Orgánica 14/2007, de 30 de noviembre, de reforma del Estatuto de Autonomía de Castilla y León (publicada en el Boletín Oficial del Estado nº 288, de 1 de diciembre de 2007).

7 La propia Ley 2/2010, de 11 de marzo, de Derechos de los Ciudadanos en sus relaciones con la Administración de la Comunidad de Castilla y León y de Gestión Pública (publicada en el Boletín Oficial del Estado nº 100, de 26 de abril de 2010), incluye un capítulo específico (el Capítulo VII), dedicado a los derechos de participación ciudadana en la comunidad.

si bien centraremos la atención en uno de los mecanismos más comunes de activación voluntaria de la sociedad para lograr su compromiso con la política, como es la participación electoral a través del voto. Hasta el momento, son ocho las elecciones europeas, dieciséis las elecciones a Cortes Generales, once los procesos electorales autonómicos y doce las elecciones municipales en las que han podido participar los castellanos y leoneses a lo largo de la historia democrática más reciente del país. ANTÓN MERINO y PÉREZ CASTAÑOS[8] han observado cómo la participación electoral en Castilla y León ha sido elevada en todos los procesos electorales, siendo superior en los comicios a Cortes Generales. El promedio de participación de los castellanos y leoneses, exceptuando las elecciones europeas, se sitúa en porcentajes superiores al 65%, lo cual ofrece un resultado autonómico por encima del promedio a nivel estatal.

En este epígrafe, se analizarán las técnicas legales de actuación que median en el proceso político de la comunidad autónoma de Castilla y León, siendo una de las organizaciones político-administrativas más peculiares de España. Para ello, y teniendo como referencia el trabajo realizado por FERNÁNDEZ ESQUER y DUEÑAS CASTRILLO[9], se examinarán los componentes esenciales del sistema electoral y del sistema de partidos de la comunidad. Especialmente, se observará el recorrido que puede tener el sistema de partidos de pluralismo moderado, reciente en la comunidad, o cómo afectan las bajas tasas de población a la magnitud del distrito electoral en el número de escaños a repartir.

Castilla y León es la comunidad autónoma española de más extensión territorial del país (94.224 km2, el 18,62% de la superficie total de España), con mayor número de municipios (2.248 de los

---

8 ANTÓN MERINO, J. y PÉREZ CASTAÑOS, S. (2019), "Las elecciones en Castilla y León: ¿cambios electorales sin efectos gubernamentales?", *Más poder local*, núm. 38, pp. 44-52.

9 FERNÁNDEZ ESQUER, C. y DUEÑAS CASTRILLO, I., "Sistema electoral y sistema de partidos de Castilla y León. Pasado, presente y futuro", *Revista Jurídica de Castilla y León*, núm. 45, 2018, pp. 33-71. 2018.

8.131 que existen a nivel estatal), pero de menor densidad demográfica (25,34 habitantes por km2, cuando la media estatal está en 93,67)[10]. Los datos muestran cómo, siendo una comunidad que integra a tantos municipios en una superficie tan amplia, tan sólo alberga el 5% del total de población del país, considerándose el 70% de dichos municipios, verdaderos "desiertos demográficos"[11] en la Unión Europea. Esta peculiaridad incita a investigar los efectos reales que produce tal situación en el sistema político de la comunidad, sobre todo en lo referente a cómo se traducen los porcentajes de votos emitidos por los ciudadanos en escaños en el Congreso de los Diputados y las Cortes de Castilla y León.

Para ello, se tendrán en cuenta los componentes fundamentales del sistema electoral (circunscripción electoral, forma de la candidatura, fórmula electoral, estructura del voto y barrera legal) y las variables de análisis del sistema de partidos (fragmentación, concentración, competitividad, polarización y volatilidad) de la comunidad.

2.1. El sistema electoral en Castilla y León: elementos y efectos

La institución básica a nivel legislativo de una comunidad autónoma es su Asamblea Legislativa. El artículo 152.1 de la Constitución Española de 1978 establece que "*la organización institucional autonómica se basará en una Asamblea Legislativa, elegida por sufragio universal, con arreglo a un sistema de representación proporcional que asegure, además, la representación de las diversas zonas del territorio*". Tal precepto es de aplicación para todas las comunidades autónomas de España, independientemente de la vía de acceso a la autonomía por la que hubieran optado, asegurando con ello el principio

---

10 Datos extraídos del Instituto Nacional de Estadística.

11 Las zonas escasamente pobladas y las regiones con baja densidad de población se inscriben en una estrategia más amplia de inversiones de la Unión Europea mediante los Fondos Estructurales y de Inversión Europeos, por eso se denominan así.

de homogeneidad constitucional en materias de verdadera sustancia política como esta[12]. Los artículos 20 y ss. del Estatuto de Autonomía denominan a esta institución como "Cortes de Castilla y León" y a los miembros que la componen "procuradores" que representan al pueblo y son elegidos por cuatro años por sufragio universal, libre, igual, directo y secreto, mediante un sistema de representación proporcional.

Pese a que la Carta Magna dejaba amplio margen de actuación a las comunidades autónomas para que regulasen los aspectos esenciales de su sistema electoral, lo cierto es que, como señala GAVARA DE CARA[13], "los elementos básicos del sistema electoral no han sido modificados, en relación con las reglas generales que se han remitido de forma mimética a las leyes electorales autonómicas". De este modo, todas las comunidades convergieron en la regulación de los aspectos fundamentales de su sistema electoral[14] y en la legislación básica de electoral, aspecto este último recogido en la norma elemental que nutre al resto de normativas autonómicas como es la Ley Orgánica de Régimen Electoral General[15] (en adelante, LOREG). Así, la Disposición Adicional Primera -apartado segundo- de la LOREG enumera una lista de 116 artículos que, en aplicación de las competencias reservadas al

---

12 Así queda reflejado en diversas sentencias del Tribunal Constitucional: SSTC 225/1998, de 25 de noviembre (publicada en el Boletín Oficial del Estado núm. 312, de 30 de diciembre de 1998) o SSTC 15/2015, de 5 de febrero (publicada en el Boletín Oficial del Estado núm. 52, de 2 de marzo de 2015), entre otras.

13 GAVARA DE CARA, J. C., *La homogeneidad de los regímenes electorales autonómicos*, Centro de Estudios Políticos y Constitucionales, Madrid, 2007, p. 20.

14 Impulsado por los Acuerdos Autonómicos firmados por el gobierno de la nación y el Partido Socialista Obrero Español el 31 de julio de 1981, Servicio Central de Publicaciones de la Presidencia del Gobierno, Madrid, 1981.

15 Ley Orgánica 5/1985, de 19 de junio, del Régimen Electoral General (publicada en el Boletín Oficial del Estado núm. 147, de 21 de junio de 1985),

Estado, se aplican también a las elecciones a Asambleas Legislativas de Comunidades Autónomas.

El sistema electoral se define como el conjunto de normas, instituciones y procesos que, fijados por la ley, permiten que la ciudadanía intervenga en las decisiones políticas a través del voto. Dando cumplimento a lo dispuesto por el legislador estatal, la Ley Electoral de Castilla y León[16] establece, en su Título IV, los rasgos esenciales del sistema electoral de la comunidad, siendo prácticamente idénticos a los que se incluyen en otros ordenamientos jurídicos autonómicos. En primer lugar, exponiendo los componentes recogidos por BOUZA-BREY[17], la circunscripción electoral es el conjunto de electores a partir del cual se procede a la distribución de los escaños asignados, según la distribución de votos emitidos. En Castilla y León, así como en las elecciones generales, la circunscripción de base territorial es la provincia y es plurinominal porque en ella se eligen dos o más escaños. El tamaño de la circunscripción nos hace ver que cuanto más elevado sea el número de escaños asignados a una circunscripción, más precisión habrá en la proporcionalidad del sistema electoral. En Castilla y León, el prorrateo de escaños entre circunscripciones se realiza combinando un criterio territorial con otro demográfico, de modo que se otorga un número inicial de escaños a cada circunscripción (tres procuradores por provincia, en total 27) y el resto se distribuye en función del peso poblacional del territorio (uno más por cada 45.000 habitantes o fracción superior a 22.500), por lo que los cambios demográficos producen variaciones importantes en el número de escaños y así ha ocurrido en los comicios celebrados en la comunidad (Figura 1). En las dos últimas elecciones autonómicas celebradas en mayo de 2019 y febrero de 2022, en Castilla y León se eligió al menor número de procuradores de su historia democrática, por el efecto concreto

---

16 Ley 3/1987, de 30 de marzo, Electoral de Castilla y León (publicada en el Boletín Oficial del Estado núm. 94, de 20 de abril de 1987),

17 BOUZA-BREY, L., "*El sistema político*", en CAMINAL BADÍA, M., Manual de Ciencia Política, Tecnos, Madrid, 2006.

de la pérdida de población en las provincias de León, Salamanca y Segovia. En concreto, Valladolid eligió 15, León 13 (14 en la anterior), Burgos 11, Salamanca 10 (11 en la anterior), Ávila, Palencia y Zamora 7, Segovia 6 (7 hasta ahora) y Soria 5.

Figura 1. Tamaño de las Cortes de Castilla y León (1983-2022).

Elecciones	1983-1995	1999	2003	2007	2011- 2015	2019-2022
Nº Escaños	84	83	82	83	84	81

Fuente: Elaboración propia, a partir de datos extraídos del Ministerio del Interior.

Algo parecido sucede con el número de representantes que los castellanos y leoneses eligen para acudir al Congreso de los Diputados. En este caso cada provincia parte con un número mínimo inicial de dos diputados (exceptuando a Ceuta y Melilla que se encuentran representadas por un Diputado cada una) y los 248 Diputados restantes se reparten entre las circunscripciones teniendo en cuenta la proporción de su población de derecho. La pérdida de habitantes de la Comunidad Autónoma y el crecimiento de otros territorios ha conllevado una reducción de los diputados castellanos y leoneses en el Congreso, pasando de 35 en la primera convocatoria electoral a los 31 de la actualidad (Figura 2).

Figura 2. Escaños elegidos en las elecciones generales en Castilla y León (1977-2023).

Elecciones	1977-1982	1986	1989-2004	2008-2015	2016-2023
Nº Escaños	35	34	33	32	31

Fuente: Elaboración propia, a partir de datos extraídos del Ministerio del Interior.

El prorrateo de escaños entre circunscripciones muestra que en las elecciones en las que el reparto de procuradores se realiza combinando un doble criterio territorial y demográfico, el sistema electoral puede ser más desproporcional. FERNÁNDEZ ESQUER

Y DUEÑAS CASTRILLO[18] señalan que la magnitud media por circunscripción del sistema electoral de Castilla y León es considerablemente inferior a la media autonómica, por lo que hace que se resienta la proporcionalidad de dicho sistema. En las elecciones autonómicas, de las nueve circunscripciones electorales que componen el sistema electoral castellano y leonés, cuatro de ellas son de tamaño grande con diez o más escaños, en ellas se exhibe unos resultados más proporcionales (Burgos, León, Salamanca y Valladolid); cuatro son de tamaño intermedio, de entre seis y nueve escaños con resultados variados (Ávila, Palencia, Segovia y Zamora); y una es de tamaño pequeño, con cinco escaños o menos con efectos más propios de un sistema mayoritario (Soria). En las elecciones al Congreso de los Diputados, todas las circunscripciones castellano y leonesas poseen cinco escaños o menos (cinco Valladolid; cuatro León, Burgos y Salamanca; tres Ávila, Palencia, Segovia y Zamora; y dos Soria), por lo que el sistema tiende a funcionar bajo un principio mayoritario[19]. De hecho, en los últimos comicios 30 de los 31 escaños en juego de este territorio fueron a parar a los dos partidos con mejores resultados electorales, 18 para el primer partido (PP) y 12 para el segundo (PSOE).

Si en las elecciones autonómicas de Castilla y León se asignase un número de escaños por circunscripción sin atender al criterio demográfico –lo que se conoce como "prorrateo desviado o malapportionment"-, se podría observar cómo la divergencia entre la distribución real de escaños por circunscripciones electorales y la distribución teórica en función de la población, no sería tan elevada como en otras regiones del país tales como Canarias, Islas Baleares o Aragón[20]. De igual modo, si se analiza el indicador de máxima ratio de desigualdad, que mide la diferencia entre el valor del voto en la circunscripción más infrarrepresentada y

---

18 FERNÁNDEZ ESQUER, C. y DUEÑAS CASTRILLO, A. I., op. cit.

19 PENADÉS, A., "El sistema electoral español (1977-1996)", en *Entorno a la democracia en España. Temas abiertos del sistema político español.* Madrid, Tecnos, 1999.

20 Íbidem.

la más sobrerrepresentada, Castilla y León tampoco destaca por obtener un valor muy distorsionado del obtenido por otras comunidades autónomas (exceptuando Canarias). Así, ambos indicadores muestran que el prorrateo de escaños y la desigualdad en el valor del voto no son aspectos que incidan notablemente en la conformación de escaños a procuradores de Cortes castellano y leonesas.

En segundo lugar, la forma de la candidatura, como componente del sistema electoral, desarrolla los lazos entre los votantes y los candidatos y entre los candidatos y los partidos. Tanto en el caso de las elecciones al Congreso de los Diputados como en el de las elecciones a las Cortes de Castilla y León, las listas son cerradas y bloqueadas, por lo que el elector no puede diseñar su propia lista escogiendo entre personas de diferente lista, ni tampoco alterar el orden en el que aparecen los candidatos. Esto propicia la consolidación organizativa de los partidos y una relación menos directa entre electores y elegidos.

En tercer lugar, la fórmula electoral, entendida como el cálculo matemático mediante el que se distribuyen los escaños en Cortes y en el Congreso en función de los votos emitidos por el electorado, es la Fórmula *D'Hondt*. Se trata de una fórmula proporcional de la media más elevada, que consiste en dividir el número de votos que ha obtenido cada lista por la correspondiente serie de números hasta alcanzar la cifra de escaños asignados a cada circunscripción. La teoría muestra que, en aquellas circunscripciones de magnitud pequeña o moderada, puede tener efectos de desproporcionalidad alta en beneficio de partidos mayores y dificultando la posibilidad de representación política de los partidos medianos y pequeños. Como se ha comentado con anterioridad, en las elecciones a las Cortes de Castilla y León existen hasta cuatro circunscripciones de tamaño medio y una de tamaño pequeño, mientras que en las elecciones al Congreso de los Diputados todas las circunscripciones de Castilla y León (9) tienen una magnitud pequeña.

En cuarto lugar, la estructura del voto es la forma de emisión o expresión del voto que tienen el ciudadano en democracia que, aunque facilita el ejercicio del derecho de sufragio, no permite traslucir los matices de las preferencias políticas de la ciudadanía. En todas las comunidades autónomas, así como en las elecciones al Congreso de los Diputados, el voto es único, ya que el elector emite uno solo, sea cual sea el número de escaños a elegir en una circunscripción.

En quinto lugar, la barrera legal es una cláusula de exclusión que se refiere a la cantidad mínima de votos que requiere superar cada formación política para acceder al reparto de escaños. Consiste en un porcentaje mínimo de votos que tiende a evitar la excesiva fragmentación del sistema de partidos. Existen disparidades autonómicas sobre la regulación de este componente del sistema electoral, pero Castilla y León ha optado por fijarla en el 3% a nivel de circunscripción, la misma barrera que existe en las elecciones al Congreso de los Diputados en España. La barrera legal no debe confundirse con el umbral electoral, ya que este último tiene carácter político y no jurídico y se refiere al apoyo mínimo de votos que un partido necesita para verse representado en unas elecciones, al número de votos necesario para obtener un primer escaño. En Castilla y León la barrera electoral no ha tenido efectos por la moderada magnitud de las circunscripciones electorales.

En definitiva, cinco de las circunscripciones electorales de Castilla y León han dificultado la posibilidad de que más de tres partidos obtengan procuradores en Cortes o, lo que es lo mismo, esto se traduce en la enorme bonificación con el que el sistema electoral agracia al partido vencedor. En el caso de las elecciones al Congreso de los Diputados en Castilla y León la desproporcionalidad se agrava, ya que las nueve circunscripciones castellanas y leonesas son de tamaño pequeño (reparten cinco escaños o menos cada una), dificultando la obtención de representantes de los partidos medianos y pequeños y premiando a los grandes.

2.2. El sistema de partidos: elementos y efectos

Una vez visto los componentes esenciales del sistema electoral, cabe analizar el sistema de partidos de Castilla y León, entendido como todo tipo de interacciones -de competición y cooperación-, que se dan entre los partidos de un determinado sistema político.

Hasta las elecciones autonómicas de 2015, el sistema de partidos ha sido relativamente estable en esta comunidad. Exceptuando las elecciones de 1983 y 2019 en las que el PSOE fue la fuerza política más votada, en el resto de los comicios ha sido el PP el que más votos y procuradores ha obtenido, alcanzando hasta en seis legislaturas seguidas la mayoría absoluta (1991-2015). La participación electoral se ha mantenido elevada, ha habido una escasa competición electoral y la existencia de terceros partidos no ha impedido que los dos partidos principales gobiernen solos, con una escasa relevancia de partidos de ámbito no estatal. Sin embargo, las últimas elecciones autonómicas de 2015, 2019 y 2022 invitan a pensar en cambios sustanciales en la política autonómica y en el sistema de partidos.

Autores como SARTORI[21], MICHELS[22], DUVERGER[23], NOHLEN[24] han desarrollado algunos de los indicadores que permiten catalogar a un sistema de partidos de una u otra forma. El primero de ellos es la fragmentación electoral, que analiza el grado en el que el poder político está disperso. La fragmentación se puede medir a través del Número Efectivo de Partidos en las Elecciones (NEPE) o el Número Efectivo de Partidos Parlamentarios (NPPE)[25]. Como se refleja en la Figura 3, en las tres últimas

---

21 Íbidem.

22 MICHELS, R., *Los partidos políticos,* Amorrortu, Buenos Aires, 2008.

23 DUVERGER, M., *Los partidos políticos,* Fondo de Cultura Económica, México, 1974.

24 NOHLEN, D., *Sistemas electorales y partidos políticos,* Fondo de Cultura Económica, México, 2004.

25 El resultado del cociente entre uno y el sumatorio de votos al cuadrado (NEPE) o el resultado del cociente entre uno y el sumatorio de escaños al cuadrado (NEPP) en un comicio electoral.

elecciones autonómicas celebradas en Castilla y León, se observa cómo ha aumentado tanto NEPE como el NPPE en el parlamento regional. En 2022, fueron hasta ocho los partidos que obtuvieron procuradores en Cortes: PP, PSOE, VOX, UP, Cs, UPL, XAV y SY. Además, los resultados de las elecciones autonómicas de 2019 y 2022 han provocado un hecho casi insólito en Castilla y León[26], como ha sido que se formen gobiernos de coalición, entre PP y Cs en 2019 y entre PP y VOX en 2022. En la Figura 4 se puede observar el NEPE y el NEPP en las elecciones al Congreso de los Diputados en el territorio de Castilla y León. En general, los resultados de estos indicadores en las elecciones generales están por debajo de los de los comicios autonómicos, ya que como se ha explicado con anterioridad, las circunscripciones castellanas y leonesas en las elecciones al Congreso funcionan bajo una lógica menos proporcional que en las elecciones autonómicas. En este sentido, la nota discordante es el resultado del NEPP y el NEPE en los comicios de abril de 2019.

Figura 3. Evolución del NEPP y NEPE en las elecciones a las Cortes de Castilla y León (1983-2022).

	1983	1987	1991	1995	1999	2003	2007	2011	2015	2019	2022
NEPE	2,7	3,5	2,9	2,6	2,6	2,6	2,5	2,6	4	4	4,4
NEPP	2,1	3	2,3	2,2	2,1	2	2	1,9	2,8	3	3,4

Fuente: elaboración propia, a partir de datos extraídos de las Cortes de Castilla y León.

26 Tan solo en el último año de la II Legislatura autonómica (1987-1991), se produjo un gobierno de coalición entre PP y CDS en Castilla y León.

Figura 4. Evolución del NEPP y NEPE en las elecciones al Congreso de los Diputados en Castilla y León (1977-2023).

	1977	1979	1982	1986	1989	1993	1996	2000	2004	2008	2011	2015	2016	2019A	2019N	2023
NEPE	2,94	2,92	3,1	3,16	3,17	2,66	2,41	2,31	2,26	2,25	2,43	3,89	3,35	4,5	4,01	3,31
NEPP	1,77	1,69	2,44	2,47	2,09	1,91	1,8	1,8	1,96	1,97	1,82	2,64	2,32	3,11	2,75	2,05

Fuente: elaboración propia, a partir de datos extraídos del Ministerio del Interior.

El segundo de los indicadores es el de concentración electoral, que muestra el grado de estabilidad del sistema conforme al porcentaje de votos que suman los dos partidos más votados y el porcentaje de escaños que ocupan los dos partidos más votados. De la distribución de los votos y de los escaños observamos que la concentración de voto en los primeros partidos sigue siendo alta, pero cada vez menor que la registrada en los comicios anteriores a 2015 a las Cortes de Castilla y León (ver Figura 5). Esto invita a pensar en que se abre el escenario hacia una menor estabilidad de este sistema político autonómico que puede mantenerse en el tiempo. La concentración electoral en las elecciones al Congreso de los Diputados en Castilla y León es mayor que en los comicios a las Cortes autonómicas, de nuevo, destaca la baja concentración en las elecciones de abril de 2019.

Figura 5. Concentración electoral en las elecciones a las Cortes de Castilla y León (1983-2022).

	1983	1987	1991	1995	1999	2003	2007	2011	2015	2019	2022
%Votos	84,9	69,5	81,3	83,4	85,8	87,3	88,7	84	65,3	66,3	61,4
%Esc.	96,4	76,2	92,8	91,7	93,9	97,6	97,6	97,6	79,8	79	72,8

Fuente: elaboración propia, a partir de datos extraídos de las Cortes de Castilla y León.

Figura 6. Concentración electoral en las elecciones al Congreso de los Diputados en Castilla y León (1977-2023).

	1977	1979	1982	1986	1989	1993	1996	2000	2004	2008	2011	2015	2016	2019A	2019N	2023
%Votos	75,3	77	77,5	75,3	76,6	85,1	88,4	89,7	94,1	93,92	86	62,2	68	56,3	63,6	73,9
%Esc.	94,2	100	88,6	88,2	97	100	100	100	100	100	100	81,3	87	71	80,6	96,8

Fuente: elaboración propia, a partir de datos extraídos del Ministerio del Interior.

El tercer indicador que permite conocer el sistema de partidos es la competitividad electoral, que muestra las posibilidades de que haya o no alternancia de gobierno de un periodo electoral a otro. Se mide a través del margen de victoria del primer partido sobre el segundo o, lo que es lo mismo, la diferencia de votos entre el primer y el segundo partido más votado en las elecciones. Los datos reflejados en la Figura 7 muestran cómo el grado de competitividad electoral fluctúa bastante entre cada uno de los comicios

Figura 7. Competitividad electoral en las elecciones a las Cortes de Castilla y León (1983-2022).

	1983	1987	1991	1995	1999	2003	2007	2011	2015	2019	2022
Dif. % Votos	64750	5019	98064	347106	45693	183741	174150	313725	160726	46071	16723

Fuente: elaboración propia a partir de datos extraídos de las Cortes de Castilla y León.

El cuarto indicador es el de polarización electoral, que se mide a través de la distancia ideológica que separa a las distintas formaciones políticas relevantes. Es importante para conocer la dirección de la competencia entre partidos, la posibilidad de que alcancen determinadas coaliciones y la estabilidad del sistema. Este indicador no ha sido ampliamente tratado por la academia para el caso específico de Castilla y León y tampoco es objetivo de esta investigación, pero después de los resultados de los últimos comicios puede ser un factor clave para entender la importancia que juegan los nuevos partidos en el reparto de escaños y observar si son capaces de capitalizar el espacio ideológico que no ocupan otros partidos políticos.

En quinto y último lugar y relacionado con lo anterior, aunque tampoco es objeto de estudio en esta publicación, puede resultar interesante en el futuro trabajar sobre otro indicador del sistema de partidos castellano y leonés, como es el de la volatilidad electoral, que mide el grado de cristalización o fluidez de dicho sistema al comparar el cambio electoral neto agregado entre dos elecciones consecutivas. Para ello, se utilizan dos variables, estas son la volatilidad entre-bloques para medir las transferencias de voto entre partidos que pertenecen a distinto bloque ideológico, y la volatilidad intra-bloques, para medir las transferencias de voto entre partidos que pertenecen al mismo bloque ideológico.

En definitiva, al analizar el sistema de partidos de Castilla y León observamos que, esencialmente, se ha catalogado como bipartidista, siendo el PSOE y el PP quienes han acaparado el grueso de votos y escaños en las elecciones autonómicas celebradas en la comunidad. A su vez, cabe advertir aquello que sostienen FERNÁNDEZ ESQUER y DUEÑAS CASTRILLO[27] y es que, en este sistema a dos bandas, el PP ha ejercido un rol protagonista que permite calificar al sistema de partido como predominante. Ahora bien, los indicadores que miden los resultados alcanzados en las elecciones autonómicas de 2015, 2019 y 2022 en la comunidad, ponen de manifiesto que la nota distintiva del sistema político de Castilla y León no es ya tanto la estabilidad, sino que están emergiendo con fuerza otras formaciones políticas con posibilidades reales de alcanzar cotas de poder pese a que los elementos propios del sistema electoral no dejen mucho margen de maniobra para cambiar de tendencia.

---

27 FERNÁNDEZ ESQUER, C. y DUEÑAS CASTRILLO, A. I., op. cit.

Figura 8. Número de procuradores y porcentaje de votos por partidos políticos en las elecciones a las Cortes de Castilla y León (1987-2022)

	1983	1987	1991	1995	1999	2003	2007	2011	2015	2019	2022
PSOE	42 44,80%	32 34,56%	35 37,05%	27 30,44%	30 34,26%	32 37,64%	33 38,50%	29 30,69%	25 26,59%	35 34,84%	31 31,4%
PP		32 34,91%	43 44,25%	50 53,48%	48 52,27%	48 49,63%	48 50,16%	53 53,30%	42 38,68%	29 31,53%	28 30%
C'S									5 10,52%	12 14,96%	1 4,5%
VOX										1 5,49%	13 17,64%
POD									10 12,44%	2 4,95%	1 5,11%
UPL				2 2,62%	3 3,84%	2 3,94%	2 2,78%	1 1,92%	1 1,44%	1 2,03%	3 4,28%
XAV										1 0,60%	1 1,14
IU			1 5,45%	5 9,81%	1 5,62%			1 5,04%	1 4,25%		
TC					1 1,44%						
CDS	2 6,02%	18 19,68%	5 8,28%								
PDP	39 40,03%	1 2,48%									
SI		1 1,36%									
PDL	1 2,75%										
SY											3 1,59%
	84 100%	84 100%	84 100%	84 100%	83 100%	82 100%	83 100%	84 100%	84 100%	81 100%	81 100%

Fuente: elaboración propia, a partir de datos extraídos de las Cortes de Castilla y León.

3. CONCLUSIONES

Por lo expuesto, podemos señalar que existen elementos suficientes de análisis para hablar de un cambio de ciclo en el sistema político de Castilla y León. Por una parte, el doble criterio de asignación de escaños por circunscripción (técnico y demográfico), hace que existan circunscripciones infra y sobrerrepresentadas y la pérdida de población de la comunidad ha generado una caída importante en el número total de procuradores a Cortes. Existe una elevada desproporcionalidad entre el porcentaje de voto conseguido por los partidos y el porcentaje de escaños que reciben, desproporcionalidad que aumenta en la asignación de Diputados en las elecciones generales en el territorio de Castilla y León. En cuanto al sistema de partidos, estamos viendo cómo ya no es una mera anécdota la presencia de terceras fuerzas en la vida parlamentaria regional, que además están tocando poder y siendo decisivas en la definición, elaboración e implementación de las políticas públicas. Por tanto, quizás debamos abandonar la idea de que contamos con un sistema de partido predominante, con escasa fragmentación electoral, para dar lugar a un sistema mucho más complejo e inestable.

4. BIBLIOGRAFÍA

ANTÓN MERINO, J. y PÉREZ CASTAÑOS, S., "Las elecciones en Castilla y León: ¿cambios electorales sin efectos gubernamentales?", *Más poder local*, núm. 38, pp. 44-52, 2019.

BACHRACH, P., *The theory of democratic elitism*, London University Press, London, 1969.

BOUZA-BREY, L., "El sistema político", en *Manual de Ciencia Política*, Tecnos, Madrid, 2006

DE LANGE, S. L. y MÜGGE, L. M., "Gender and right-wing populism in the Low Countries: ideological variations across parties and time", *Patterns of Prejudice*, núm. (49)1-2, pp. 61-80, 2015.

DUVERGER, M., *Los partidos políticos*, Fondo de Cultura Económica, México, 1974.

FERNÁNDEZ ESQUER, C. y DUEÑAS CASTRILLO, A. I., "Sistema electoral y sistema de partidos de Castilla y León pasado, presente y futuro", *Revista jurídica de Castilla y León*, núm, 45, pp. 33-71, 2018.

GAVARA DE CARA, J., *La homogeneidad de los regímenes electorales autonómicos*, Centro de Estudios Políticos y Constitucionales, Madrid, 2007.

MICHELS, R., *Los partidos políticos*, Amorrortu, Buenos Aires, 2008.

MOSCA, G., *The ruling class: Elementi di scienza política*, Livingston, New York, 1939.

MOUFFE, C., *El retorno de lo político*, Paidós, Barcelona, 1999.

NOHLEN, D., *Sistemas electorales y partidos políticos*, Fondo de Cultura Económica, México, 2004.

OTERO FELIPE, P., "Elites y ciudadanos en Castilla y León: un análisis de la congruencia de actitudes en torno al proceso autonómico", en *Élites Locales de México y España*, MA Porrúa, Ciudad de México, 2009.

PARETO, V., *The mind and society*, Dover, New York, 1935.

PENADÉS, A., "El sistema electoral español (1977-1996)", en *Entorno a la democracia en España. Temas abiertos del sistema político español.* Madrid, Tecnos, 1999.

PÉREZ CASTAÑOS, S. y TRUJILLO, J. M., "Dinámicas geográficas y espaciales del voto", en *Las elecciones generales de 2015 y 2016*, Centro de Investigaciones Sociológicas, Madrid, 2018.

SARTORI, G., *Partidos y sistemas de partidos*, Alianza, Madrid, 1980.

RICO GONZÁLEZ, M., "El fenómeno de la despoblación rural en Castilla y León. Implicaciones desde la perspectiva socioeconómica", *Práctica Urbanística*, núm. 162, pp. 1-8, 2020.

RUIZ RODRÍGUEZ, L., "Los espacios ideológicos del PP y del PSOE en Castilla y León", *Revista Española de Investigaciones Sociológicas*, 120, pp. 155-173, 2007.

El papel de las redes de iniciativa pública francesas en la conectividad digital rural

PAULA MARÍA TOMÉ DOMÍNGUEZ
Universidad de Salamanca

Resumen

El presente capítulo se encarga de explicar de una manera breve en qué consisten las Redes de Iniciativa Pública (RIP) francesas como modelo alternativo de extensión de redes de comunicaciones electrónicas desde las entidades locales. Para ello se hace un breve recorrido por el régimen jurídico de las ayudas de Estado, de las que procede su financiación, y del régimen jurídico local francés, a la vez que se compara a grandes rasgos con el modelo de gestión español.

Palabras clave: conectividad digital, ayudas de Estado, entidades locales, 4G/5G, Redes de Iniciativa Pública.

1. AYUDAS DE ESTADO Y FINANCIACIÓN DE REDES DE COMUNICACIONES ELECTRÓNICAS

La financiación de las redes de comunicaciones electrónicas en zonas no rentables no se producirá de manera espontánea por el mercado, en un contexto de liberalización como en el que nos encontramos en el sector de las telecomunicaciones desde finales del siglo pasado. Con el fin de garantizar el despliegue de estas líneas en todo el territorio y atender, al menos, a las necesidades mínimas en términos de conectividad de todos los ciudadanos, con independencia de su ubicación geográfica, se acomete en un primer momento una regulación sectorial que facilite la inversión privada. Con un marco regulatorio favorable en términos de autorizaciones, licencias, tasas etc., en el momento actual reflejado en la Ley 11/2022 de 28 de junio, General de Telecomunicaciones, se espera atraer inversión privada, no obstante, estas medidas no resultan suficientes para consolidar la inversión en áreas despobladas o con un bajo tejido productivo. Esto se complementará paralelamente con las obligaciones de servicio público aparejadas a este servicio de interés económico general, que cumplen parcialmente su cometido, pero no son suficientes para cerrar la brecha digital territorial.

De esta manera, se recurre finalmente a fondos públicos para estimular la oferta de servicios de comunicaciones electrónicas en todo el territorio, en los términos establecidos en diversos textos y orientaciones programáticas europeas que han servido de hoja de ruta para la configuración de políticas nacionales y para la modulación de la financiación pública en forma de ayudas de Estado. En este sentido, existen dos tipos de ayudas de Estado: el primero de ellos se corresponde con las ayudas de Estado por compensación por SIEG y el segundo se corresponde con ayudas de Estado destinadas a sectores en los que no se han determinado unas obligaciones de servicio público concretas, y por tanto su régimen jurídico en cuanto a la percepción de fondos públicos difiere enormemente del primero. Además, en el primer caso se seleccionan empresas u operadores determinados y en el segundo se lanza la convocatoria de ayuda al mercado, es decir, a esta pueden concurrir todas las empresas interesadas, siendo este segundo supuesto el que se corresponde con la financiación de redes de comunicaciones electrónicas amparada en el régimen jurídico de las ayudas de Estado que consideramos "regulares", siendo este, actualmente, el principal instrumento a utilizar para la garantía de la conectividad digital rural, que ha adoptado diferentes modalidades a nivel interno, con mayor o menor éxito[1].

---

1 BOURREAU, M., FEASEY, R., AMBRE, N. : "Assesing fifteen years of State Aid for broadband in the European Union: A quantitative análisis", *Telecommunications Policy*, 44, 2020, pp. 1-24. El autor realiza un análisis cuantitativo de las ayudas otorgadas desde 2003 hasta 2019 que fueron notificadas en su momento a la Comisión Europea. La conclusión a la que llega es que la mayor parte de los fondos destinados a

1.1. Régimen jurídico de las ayudas de Estado destinadas a la extensión de redes de comunicaciones electrónicas

1.1.1. Introducción

El régimen jurídico de las ayudas de Estado parte de los preceptos 107-109 TFUE en conexión con otros que veremos a continuación. En este sentido, y de manera muy somera, con carácter general las ayudas de Estado, en los términos en los que se definirán a continuación, están prohibidas en los Estados miembros, en virtud de los arts. 106 y 107 TFUE. En concreto, en el apartado primero del art. 106 TFUE se prohíben las ayudas de Estado a las empresas que gocen de derechos especiales o exclusivos en un sector concreto y se señala que estas estarán sometidas completamente a lo estipulado en los preceptos 100 a 109 TFUE (principios básicos de derecho de la competencia de la UE). Esto también es aplicable para las empresas proveedoras de SIEG sujetas a obligaciones de servicio público y que así se consideren por el Estado miembro, salvo que dicha sujeción a las normas de la competencia impida la consecución de su "misión de interés general" (art. 106.2 TFUE). Estas dos cuestiones serán desarrolladas posteriormente en directivas, decisiones y reglamentos y ampliadas por la jurisprudencia, que en el ámbito de las ayudas de Estado ha jugado, y sigue haciéndolo, un papel decisivo.

No obstante, más allá de estas prescripciones, existe una segunda vía en la cual se enmarcan las ayudas destinadas a la extensión de redes y prestación de servicios de comunicaciones electrónicas, que es aquella reflejada en el art. 107 TFUE. En este caso no hablamos de ayudas predestinadas a empresas concretas que cumplen ciertas características (derechos especiales, proveedoras de servicios de interés general reconocidos, sujetas a obligaciones

---

infraestructuras de este tipo en zonas de bajo desarrollo han procedido de fondos públicos sujetos al régimen jurídico de ayudas de Estado, las cuales han sido en su gran mayoría autorizadas por la Comisión.

de servicio público etc.) si no que se trata de financiación abierta a la cual pueden concurrir todas las empresas que operan en el mercado. Si bien en ambos casos (art. 106 TFUE y 107 TFUE) se parte de la interdicción de estas ayudas, se excepcionan en determinadas circunstancias y es precisamente esas salvedades las que configuran todo un régimen jurídico. En el caso que nos ocupa, el regulado por el art. 107 TFUE[2], se señala que las ayudas serán incompatibles con el mercado interior cuando estos fondos a) interfieran de manera perjudicial sobre los intercambios entre los Estados miembros, b) falseen o amenacen con falsear la competencia[3] y c) beneficien de manera clara a determinadas empresas[4]. Seguidamente, en su apartado tercero, se establecen una serie de

---

2 GARCÍA GUIJO, L.: "Las ayudas de Estado en la Unión Europea: concepto, requisitos e implicaciones", *Dereito: revista xuridica da Universidade de Santiago de Compostela*, 2, 21, 2012, p. 100.

3 FERNANDEZ FARRERES, G.: "El régimen de las ayudas de Estado y su impacto en el derecho español", *Revista de Administración Pública*, 200, 2016, pp. 236-237.

4 En cuanto a la definición de empresa en la UE se puede acudir al Asunto C-222/04 Ministero dell'Economia e delle Finanze/Cassa di Ris parmio di Firenze SpA y otros, Rec. 2006, p. I-289 donde se recoge de manera conceptual que será una "entidad que ejerce una actividad económica" y se subraya que no es decisivo el estatuto jurídico nacional de la misma, es decir, una empresa pública que opera ejerciendo una actividad económica, también se consideraría empresas a estos efectos. Igualmente, no resulta decisivo el ánimo de lucro, lo importante es si la empresa ofrece bienes y servicios en el mercado, como cualquier otra. Por otro lado, no se considerará actividad económica aquella que se desempeña en ejercicio de autoridad pública, ni los sistemas de seguridad social que se basen en el principio de solidaridad, entre otras. Igualmente, también habría que preguntarse qué se considera como ventaja económica, lo que según la Sentencia Altmark (Sentencia del Tribunal de Justicia de 24 de julio de 2003, Altmark Trans GmbH, Asunto C-280/00) se corresponde con "beneficio económico que una empresa no podía haber obtenido en condiciones normales de mercado, es decir, sin intervención estatal". PASTORIZA VÁZQUEZ, S., CALVO SALINERO, R.: "Control y ayudas de Estado dentro del Derecho comunitario", *La Ley Digital 9038/2008*, 241, 2008, p. 2.

excepciones, entre ellas, las ayudas que estén destinadas a estimular el desarrollo regional de zonas de los Estados miembros cuya estructura económica y/o social se considere que acusa una grave situación que puede comprometer la cohesión económica, territorial y social, así como en aquellas regiones consideradas ultra periféricas[5]. Sin embargo, el hecho de que se consideren determinadas ayudas compatibles con el mercado interior no las exime de sujeción al régimen de supervisión y examen establecido en el art. 108 TFUE[6] que se realizará por la Comisión, quien podrá proponer medidas o modificaciones en cada tipo de financiación[7] y si, en su caso, se considera que no constituye una ayuda legal se procederá a la realización de un examen exhaustivo lo que suspenderá la ejecución de la ayuda hasta que la Comisión se haya pronunciado[8].

---

5 Según el art. 2.12 del Reglamento (UE) 651/2014 por el que se declaran determinadas categorías de ayudas compatibles con el mercado interior en aplicación de los artículos 107 y 108 TFUE, se refiere a "regiones definidas en el art 349 TFUE; de conformidad con la Decisión 2010/718/UE del Consejo Europeo, desde el 1 de enero de 2012, San Bartolomé dejó de ser región ultra periférica; de conformidad con la Decisión 2012/419/UE del Consejo Europeo, desde el 1 de enero de 2014, Mayotte se convirtió en región ultra periférica".

6 El régimen de supervisión y examen, que finaliza con la redacción de una decisión, por parte de la Comisión de todos los regímenes de ayudas existentes en cada Estado miembro, proponiendo medidas siempre en consonancia con el desarrollo del funcionamiento del mercado interior (art. 108.1 TFUE). Esto implica que la Comisión debe ser notificada de todas las medidas de ayudas previstas por cada Estado miembro con la antelación suficiente para que pueda examinar su conformidad con el ordenamiento jurídico (ex art. 108.3 TFUE).

7 Si el Estado miembro no notifica una ayuda que debe ser comunicada a la Comisión Europea la ayuda se declara ilegal según lo previsto en FERNADEZ FARRERES, G.: *El régimen de las ayudas de Estado*...op.cit., p. 241. En particular, en la pág. 248 se profundiza sobre el papel de los tribunales naciones al respecto.

8 En FERNANDEZ FARRERES, G.: *El régimen de ayudas de Estado y su impacto en el derecho español* ...op.cit., p. 239, se refleja cuál sería la resolución de dicho examen de compatibilidad, tras la notificación. La

Por último, se remite a desarrollo reglamentario la regulación de estas excepciones (arts. 109 TFUE y 108.4 TFUE) y del procedimiento de notificación[9] correspondiente (art. 108.3 TFUE)[10] así como de las ayudas que quedarían exentas de notificación y son consideradas automáticamente conformes al ordenamiento jurídico y compatibles con el mercado interior, algunas de ellas serán reguladas por el Reglamento General de Exenciones por categorías (RGEC[11]), por ser aplicables a la financiación pública de infraestructuras y servicios de comunicaciones electrónicas. Otras, en cambio, se encuentran reguladas en el denominado Reglamento de minimis[12], las cuales por su reducida cuantía económica (los parámetros a tener en cuenta para dicha consideración han ido variando a lo largo del tiempo[13]) se considera que

---

Comisión podrá considerar que la ayuda es compatible, y por tanto, emitir una decisión positiva sin mayores implicaciones, una decisión condicional (cuando considere que puede llegar a ser compatible si se adoptan una serie de recomendaciones) o una decisión negativa, cuando no existe posibilidad alguna de admitir dicho proyecto de ayuda como compatible con el mercado interior.

9 FERNANDEZ FARRERES, G.: *El régimen de ayudas de Estado y su impacto en el derecho español* ...op.cit., p. 238.

10 El procedimiento de notificación se recoge en el Reglamento (UE) 2015/1589 del Consejo de 13 de julio de 2015 por el que se establecen normas detalladas para la aplicación del art. 108 TFUE.

11 Reglamento (UE) 2021/1237 de la Comisión de 23 de julio de 2021 por el que se modifica el Reglamento (UE) 651/2014 por el que se declaran determinadas categorías de ayudas compatibles con el mercado interior en aplicación de los artículos 107 y 108 TFUE.

12 Reglamento (UE) 1407/2013 de la Comisión, de 18 de diciembre de 2013, relativo a la aplicación de los artículos 107 y 108 del Tratado de Funcionamiento de la Unión Europea a las ayudas de minimis.

13 *Vid.* Comunicación de la Comisión relativa a las ayudas de minimis (DO C 68 de 6.3.1996, Reglamento (CE) 69/2001 de la Comisión, de 12 de enero de 2001, relativo a la aplicación de los artículos 87 y 88 del Tratado a las ayudas de minimis (DO L 10 de 13.1.2001) y Reglamento 1998/2006 de la Comisión, de 15 de diciembre de 2006, relativo a la aplicación de los artículos 87 y 88 del Tratado a las ayudas de minimis (DO L 379 de 28.12.2006).

no interfieren en los intercambios comerciales entre los Estados miembros ni en el mercado interior, y por tanto se consideran automáticamente compatibles[14].

Sin embargo, la financiación del despliegue de redes de comunicaciones electrónicas excede de manera clara dichos límites, en cuanto a un proyecto en su conjunto, por lo que la financiación de la conectividad digital rural a través de fondos públicos se acogerá a dos vías generalmente: o bien al régimen jurídico general de las ayudas de Estado, realizándose un examen de compatibilidad por parte de la Comisión como haría con cualquier ayuda ordinaria, o bien, podría sujetarse al Reglamento General de Exenciones por Categorías, ya que la financiación de la extensión de banda ancha forma parte de una de las categorías exentas de notificación a estos efectos.

1.1.2. Ayudas de Estado exentas vinculadas a las infraestructuras de conectividad digital en virtud del Reglamento de Exención por Categorías (RGEC) y Directrices del año 2023 sobre ayudas de Estado para redes de banda ancha: orientaciones para el examen de compatibilidad

Este reglamento se encarga (art. 109 TFUE vinculado al art. 108.4 TFUE), de determinar una serie de supuestos en los cuales el Estado miembro se encuentra exento de notificación a la Co-

---

14 En particular, el Reglamento de minimis establece un límite máximo fijado en 200.000€ — con independencia del tipo de ayuda, sean préstamos, garantías, medidas de financiación de riesgos etc. (art. 4)— en los tres últimos ejercicios fiscales, lo que quiere decir que las ayudas recibidas por una empresa que no alcancen ese límite cuantitativo en dicho periodo de tiempo están exentas de notificación a la Comisión por considerarse automáticamente compatibles con el mercado interior al no afectar a este de forma significativa (art. 3.2 Reglamento de minimis, con un régimen jurídico especial respecto a las empresas del sector pesquero, agrícola y ganadero y de transporte de mercancías por carretera, entre otras).

misión en el caso de concesión de ayuda estatal en los términos y para los fines reflejados en el articulado de esta norma. Todo ello sin perjuicio de que se debe realizar una comunicación de la dotación de dichos fondos como ejercicio de transparencia y cooperación con la Comisión, pero los supuestos de los que hablamos se encontrarían fuera de los regímenes notificados de ayuda de Estado (la previsión de recoger determinadas categorías de ayudas de Estado como exentas se reconoce en el Reglamento (CE) 994/98 del Consejo de 14 de mayo de 1998).

En un primer momento, se aprueba el Reglamento (CE) 800/2008 de 6 de agosto por el que se declaran determinadas categorías de ayudas compatibles con el mercado común en aplicación de los artículos 87 y 88 el Tratado aplicable hasta el 30 de junio de 2014[15]. A continuación, se incorporarán nuevas categorías[16] a través del Reglamento (UE) 733/2013 del Consejo, de 22 de julio de 2013 por el que se modifica el Reglamento (CE) 994/98 sobre la aplicación de los artículos 92 y 93 del Tratado Constitutivo de la Comunidad Europea a determinadas categorías de ayudas estatales horizontales, incluyéndose por primera vez, las ayudas a la construcción de infraestructuras de banda ancha. Seguidamente, se adoptará, en consecuencia, el Reglamento (UE) 651/2014 de la Comisión de 17 de junio de 2014 por el que se declaran determinadas categorías de ayudas compatibles con el mercado interior en aplicación de los artículos 107 y 108 del Tratado, en adelante, Reglamento (UE) 651/2014, que será modificado posteriormente por el Reglamento (UE) 2021/1237 de la Comisión de 23 de julio, en adelante, RGEC[17].

---

15 Se modifica su periodo de vigencia como consecuencia del Reglamento (UE) 1224/2013 de 29 de noviembre de 2013 por el que se modifica el Reglamento (CE) 800/2008 en lo relativo a su periodo de aplicación.

16 Esto se vio influenciado por las consideraciones incluidas en otros textos, entre los que podemos destacar la Comunicación de 8 de mayo de 2012 de la Comisión sobre la modernización de las ayudas estatales en la UE, COM (2012) 209 final.

17 En aplicación del RGEC como del Reglamento de minimis, la financiación pública que proceda de la Unión Europea y sea gestionada direc-

De esta manera para que se produzca dicha exención, los fondos deben dedicarse a un fin determinado (categoría, se enumeran en el art. 1 RGEC) pero además los proyectos de financiación deben cumplir con las condiciones detalladas en el art. 3 del RGEC, siendo importantes en este aspecto las ayudas regionales (art. 1.a)) y las ayudas para infraestructuras de banda ancha (art.1.i)).

Sin embargo, aunque una ayuda cumpla con las condiciones y criterios del artículo 3 y se encuentre en el listado del artículo 1 no tiene por qué encuadrarse dentro del ámbito de exención, solo lo hará cuando, además, se cumplan otros requisitos, uno de ellos se refiere a los umbrales de notificación (art. 4 RGEC). Por ejemplo, en el caso de las ayudas regionales a la inversión, el límite será de 100 millones de euros (art. 4.1.a) y art. 2.20 RGEC) y en las ayudas destinadas a infraestructuras de comunicaciones electrónicas se establecen una serie de límites en los apartados y), y) bis, y) ter y y) quater) del mismo artículo cuarto del RGEC. Así, estas ayudas exentas se refieren a unos límites concretos que oscilan entre los 100 mill. € y 150 mill. € dependiendo del proyecto (donde tiene especial importancia el tipo de redes a financiar, si se trata de infraestructuras de 4G y 5G o no) y del instrumento financiero del que se trate.

Otra de las condiciones que deben cumplir las ayudas para sujetarse al RGEC es que debe tratarse de ayudas transparentes (art. 5 RGEC) siendo estas aquellas en las que *su equivalente de subvención bruto*[18] *pueda calcularse con carácter previo con precisión sin que sea*

---

tamente por sus agencias, instituciones u otros organismos de la Unión se encuentra fuera del control de un Estado miembro por lo que no se considerará ayuda estatal y no se verá sometida a dicho régimen jurídico; se trata de normativa dirigida a las ayudas de Estados otorgadas y controladas directa o indirectamente por los Estados miembros (Cdo. 26 Reglamento (UE) 651/2014).

18 Se entiende como “el importe de la ayuda si se ha proporcionado en forma de subvención al beneficiario, antes de cualquier deducción fiscal o de otras cargas” según los arts. 2.22 y 7.3 RGEC.

necesario realizar una evaluación de riesgo y, además, las ayudas deben tener un efecto incentivador en el mercado en la zona en la que se aplique la ayuda, es decir, resultados claros y visibles en cuanto a la dinamización y cumplimiento de objetivos incluidos en el proyecto descrito, de acuerdo con los parámetros del art. 6 RGEC[19]. En particular, en cuanto a las ayudas regionales, estas comprenden las medidas destinadas a financiar precisamente infraestructuras de conectividad digital, ya que estas no se encuadran dentro de un sector específico de la economía en los términos del art. 13.b) RGEC, por tanto toda ayuda regional que incluya en su proyecto de actuación incentivar de algún modo las redes de comunicaciones electrónicas en dicha región podrá ser una de las vías de financiación de la conectividad digital rural, acogida al RGEC en esta categoría concreta. No obstante, es necesario que las zonas de actuación se encuentren recogidas en el mapa regional[20] que haya sido propuesto por cada Estado miembro, el cual será evaluado por la Comisión quien emitirá una Decisión[21] al respecto,

---

19 No obstante, para algunas clases de ayudas no es necesario examinar el carácter de medida incentivadora o se considerará de manera automática que ya lo poseen, por su propia naturaleza art. 6.5 RGEC) como en el caso de las ayudas regionales de funcionamiento (arts. 21 y 22 RGEC).

20 UNIVERSIDAD DE GRANADA Y JUNTA DE ANDALUCÍA. *Ayudas estatales: la Comisión aprueba el mapa de ayudas regionales 2022-2027 para España*, 18 de marzo de 2002. Disponible en: https://cde.ugr.es/index.php/union-europea/noticias-ue/1360-ayudas-estatales-la-comision-aprueba-el-mapa-de-ayudas-regionales-2022-2027-para-espana COMISIÓN EUROPEA. Comunicado de prensa "Ayudas estatales: la Comisión aprueba el mapa de ayudas regionales 2022-2027 para España", Disponible en: https://ec.europa.eu/commission/presscorner/detail/es/ip_22_1763

21 Decisión de la Comisión Europea (C 2022) 1524 final de 17 de marzo de 2022. Ayuda estatal SA.100859 (2021/N) – España. Mapa de ayudas regionales para España (1 de enero de 2022 – 31 de diciembre de 2027).

en este momento nos remitimos al plan regional para el periodo 2022-2027[22][23].

Así mismo, en referencia a las ayudas a infraestructuras de banda ancha o de conectividad digital de manera genérica, sea a través de una tecnología u otra, se aprecia una gran modificación en el año 2021 ya que se incorporan nuevos tipos de ayudas, vinculadas a las tecnologías 4G y 5G que en el año 2014 no se encontraban aun completamente desarrolladas[24]. También se incluyen medidas para fomentar la demanda de servicios de conectividad digital (bonos de conectividad) y se aumentan los umbrales de notificación (arts. 52, 52 bis, ter y quáter).

Igualmente, se fijan diferentes tipos de inversión (art. 52.3 RGEC) y para comprobar las condiciones que nos conducen a una u otra categoría la autoridad competente debe servirse de cartografía, que será confirmada mediante consulta pública so-

---

22 Las ayudas regionales que no se ajusten a los requisitos establecidos en el RGEC, Reglamento de minimis o que no se encuadren en el ámbito objetivo de la evaluación del Paquete SIEG (que parte del art. 106 TFUE y regula las ayudas de Estado por compensación por servicio público) deben examinarse por la Comisión a través del procedimiento ordinario con el fin de determinar su compatibilidad con el mercado interno, a tenor del art. 107 TFUE, siguiendo la Comunicación de la Comisión Europea relativa a Directrices sobre ayudas estatales de finalidad regional (2021/C 153/01) de 24 de abril de 2021. *Vid.* CNMC. *Informe anual sobre ayudas públicas 2022*, Ref. IAP/CNMC/001/22, p. 52.

23 En particular, las ayudas de tipo regional destinadas al despliegue de red de banda ancha deben cumplir tres condiciones, de acuerdo con el art. 14.10 RGEC: solo se concederán cuando su ámbito de actuación se concentre en zonas en las que no exista una red equivalente y las probabilidades de que se desarrolle en los próximos tres años sean muy limitadas. De igual modo, el operador debe ofrecer acceso minorista y mayorista a la infraestructura en condiciones equitativas y no discriminativas y debe realizarse un procedimiento de selección competitivo para la distribución y concesión de las ayudas a los operadores.

24 *Vid.* CORRAL HERNÁNDEZ, D.: "5G una carrera por la hegemonía y el futuro con muchos beneficios", *Instituto Español de Estudios Estratégicos (IEEE)*, 19, 2020, pp. 746-752.

bre el estado de las redes y su previsión en el futuro (art. 52 bis.4 RGEC). Así mismo, se establecen los mismos límites máximos de ayuda para las redes móviles 4G y 5G que para las redes de banda ancha fija, así como lo relativo a los costes subvencionables (art. 52.bis.2 RGEC). Del mismo modo, las condiciones de ejecución de la ayuda, y también de concesión (como el recurso al procedimiento de selección competitivo) son las mismas para el caso de redes de banda ancha que de redes móviles 4G y 5G (art. 52. 6 a 52.9 y art. 52 bis. 7-9 RGEC), sin embargo, las ayudas para la extensión de redes móviles 4G y 5G, deberán reembolsarse si el importe es superior a 10 millones de euros (art. 52.bis.10 y 52.bis.11 RGEC).

Como hemos visto, algunas ayudas destinadas a la financiación de la conectividad digital en zonas no rentables se sujetan al RGEC y por tanto no forman parte de regímenes notificados. Sin embargo, el resto de los fondos dedicados a este objetivo están sujetos a notificación y posterior examen de compatibilidad por la Comisión, atendiendo a diferentes directrices, recomendaciones y/o textos legales, siendo uno de los documentos más recientes y relevantes la Comunicación de la Comisión Directrices relativas a las ayudas estatales a las redes de banda ancha 2023/C 36/01. La Comunicación de la Comisión *Directrices relativas a las ayudas estatales a las redes de banda ancha,* C (2022) 9343 final de 12 de diciembre de 2022, se revisa en el año 2023 y se aprueban unas recomendaciones actualizadas a través de la Comunicación de la Comisión *Directrices relativas a las ayudas estatales a las redes de banda ancha* 2023/C 36/01. En este texto se incorporan recomendaciones respecto a las ayudas de Estado por compensación por servicio público del art. 106.2 TFUE y también cuestiones relativas a la interpretación del concepto de SIEG[25], a la vez que se estable-

---

25 En cuanto a las recomendaciones dirigidas a determinar la compatibilidad de las ayudas de Estado, en este caso, por compensación por servicio público, el punto 26 de la comunicación referida remite al Paquete SIEG (Decisión de la Comisión de 20 de diciembre de 2011 relativa a la aplicación de las disposiciones del artículo 106, apartado 2, del

cen orientaciones que permitan evaluar la compatibilidad de las ayudas que tienen este objetivo, en el ámbito del régimen de las ayudas de Estado de los arts. 107 y 108 TFUE.

2. MODELOS ALTERNATIVOS PARA LA EXTENSIÓN DE REDES DE CONECTIVIDAD DIGITAL PARTIENDO DE LA FINANCIACIÓN VÍA AYUDAS DE ESTADO

Tras un análisis de las diferentes opciones en cuanto a la selección del operador encargado del despliegue y/o explotación de redes de comunicaciones electrónicas, así como la prestación de servicios, se puede apreciar cómo existen dos vías claras. Con carácter general se prevé un procedimiento de selección competitivo mediante el cual un operador será titular y gestor de dicha red, y por otro lado, existe otra modalidad que consiste en que sea la propia autoridad pública la que asuma dicho despliegue mediante un procedimiento de licitación de obra pública o de concesión de obra pública (y conserve la titularidad) otorgando acceso mayorista a los operadores para que presten el servicio, o bien, se prestaría el servicio directamente a través de una entidad interna vinculada, lo que sería el modelo de inversión directa[26].

Tratado de Funcionamiento de la Unión Europea a las ayudas estatales en forma de compensación por servicio público concedidas a algunas empresas encargadas de la gestión de servicios de interés económico general, Comunicación de la Comisión (2012/C 8/03) de 11 de enero de 2012 Marco de la Unión Europea sobre ayudas estatales en forma de compensación por servicio público y Comunicación de la Comisión de 11 de enero de 2012 relativa a la aplicación de las normas de la Unión Europea en materia de ayudas estatales a las compensaciones concedidas por la prestación de servicios de interés económico general (2012/C 8/02)).

26 Algunos ejemplos de modelos de inversión directa han sido autorizados a través de las siguientes decisiones de la Comisión: Decisión de la Comisión C(2018) 6613 final, de 12 de octubre de 2018, asunto SA49614 (2018/N)-Lituania-Desarrollo de infraestructura de acceso de nueva generación-RAIN 3 (DOC 424 de 23 de noviembre de 2018);

Este último caso, es decir, lo que diríamos una prestación directa del servicio de comunicaciones electrónicas por la entidad instrumental, en términos de servicios minoristas, es autorizada por la Comisión, señalando, no obstante que solo podrá llevarse a cabo a título de "comercializador de último recurso cuando el mercado no garantice la prestación de tales servicios"[27]. De este modo, podemos ver cómo existen dos orientaciones diferentes en cuanto a la articulación de este tipo de políticas de conectividad digital, las cuales se concretaron través de una clasificación detallada que recoge el Anexo IV de la Comunicación de 31 de enero de 2023 de la Comisión *Directrices relativas a las ayudas estatales a las redes de banda ancha* (2023/C 36/01) en la que se enumeran los modelos que han utilizado los diferentes Estados miembros. Las principales diferencias estriban en el tipo de titularidad y, por otro lado, la gestión pública o privada de estas infraestructuras[28]. De estos modelos nos interesan especialmente los siguientes, por corresponderse con el modelo español y francés:

- Modelo de diferencia de financiación: una autoridad pública de los Estados miembros concede una ayuda en forma de subvención a los operadores que decidan concurrir a un procedimiento de licitación competitivo, quienes serán en-

---

Decisión de la Comisión C(2016) 3931 final, de 30 de junio de 2016, asunto SA41647-Italia-Estrategia de Banda Ultra ancha (DOC 258 de 15 de julio de 2016), Decisión de la Comisión C (2019) 6098 final, de 20 de agosto de 2019, asunto SA52224-Austria-Proyecto de banda ancha en Carintia (DOC 381 de 8 de noviembre de 2019).

27 *Vid.* Comunicación de la Comisión *Directrices relativas a las ayudas estatales a las redes de banda ancha* 2023/C 36/01, p. 22 y Decisión de la Comisión C (2019) 8069 final, de 15 de noviembre de 2019, asunto SA.54472 (2019/N) – Irlanda – Plan Nacional de Banda Ancha de 10 de enero de 2020.

28 CENTRO DE ESTUDIOS Y DOCUMENTACIÓN INTERNACIONALES DE BARCELONA (CIDOB), COMISIÓN ECONÓMICA PARA AMÉRICA LATINA Y EL CARIBE (CEPAL).: *Conectados a la banda ancha: tecnología, políticas e impacto en América Latina y en España, Naciones Unidas*, 2012, p. 56.

cargados de construir y explotar las infraestructuras (que serán de titularidad privada) para la prestación del servicio de comunicaciones electrónicas en una determinada área, siempre teniendo presente los ingresos previstos y el beneficio razonable que pueda derivar de la operación, de ahí que se utilice el nombre de "diferencia de financiación". En el momento en el que se tiene en cuenta el beneficio de la operación podemos decir que este modelo deviene ineficaz en las zonas poco rentables, ya que, si bien la empresa privada se puede encargar de la construcción de infraestructuras, su explotación no será rentable de manera previsible por lo que, en cuanto a la prestación de un determinado servicio, y al mantenimiento del mismo, se darán ineficiencias que redundan en una indisponibilidad de acceso. Además, la empresa que asuma el despliegue de redes también asumirá el riesgo financiero aparejado, así como la responsabilidad de captar clientes y de mantener el servicio. Generalmente este ha sido el modelo adoptado en nuestro país, que fue exitoso para zonas intermedias en un primer momento, pero que es ineficaz para terminar de cerrar la brecha digital, incluyendo a los territorios más remotos y despoblados.

- Modelo de inversión directa: las autoridades de los Estados miembros encargan la construcción de la red, fija o móvil y la explotan en términos de titularidad pública, a través de un operador propio o de una entidad instrumental[29].
- Modelo de concesionario: se financia públicamente la construcción de la red de titularidad pública y será un operador privado quien explote la infraestructura, en términos

---

29 Decisión de la Comisión C (2011) 7285 final de 19 de octubre de 2011, asunto N330/2010-Francia- Programa Nacional de red de muy alta velocidad. Parte B (DO C364) que comprende diferentes modalidades de intervención, "entre ellas una en que las colectividades territoriales pueden operar sus propias redes de banda ancha en la modalidad de ejecución estatal". Comunicación de la *Comisión Directrices relativas a las ayudas estatales a las redes de banda ancha* 2023/C 36/01, Anexo IV, p. 42.

mayoristas o combinando servicios mayoristas y minoristas, a través de un procedimiento de selección competitivo, lo que sería en cierto modo equivalente a un contrato de concesión de servicios en el régimen jurídico español, que sin embargo no se adopta con carácter general para el cometido de extensión de redes y prestación de servicios de comunicaciones electrónicas.

3. REDES DE INICIATIVA PÚBLICA (RIP) DE LAS COLLECTIVITÉS TERRITORIALES FRANCESAS

3.1. Modelo de inversión directa y modelo de concesión

Las Redes de Iniciativa Pública (RIP) nacen como consecuencia de la aprobación de la ley Loi nº 2004-575 du 21 juin 2004 pour la confiance dans l'économie numérique (LCEN)[30] que conlleva la incorporación en el Code Général des Collectivités Territoriales (CGCT) de una nueva competencia que habilita la implementación de un nuevo servicio público local[31] (aunque no se considera

---

30 Un análisis exhaustivo de la evolución de la competencia en el sector de las telecomunicaciones en Francia, así como de las estrategias de adaptación de su régimen jurídico, no solo en lo relativo a las entidades locales, aparece en MUÑOZ MACHADO, S.: *Servicio y mercado II: Las telecomunicaciones,* Civitas, Madrid, 1998, pp. 157-176.

31 Previamente, como consecuencia de la sentencia TA Nancy, 18 mars, 1999, nº 981140, France Telecom, que indicó que existía un obstáculo normativo para el desarrollo de iniciativas públicas locales en este ámbito, se aborda una modificación del CGCT (a través de la Loi nº 99-533 de 25 juin 1999 d'orientation pour lamenagement et le developpement durable du territoire modificada a su vez por la Loi nº 2001-624 de 17 de julio 2011 portant diverses dispositions d0ordre social, educatif et culturel) que incorporó el hoy derogado art. L. 1511-6 (ayudas públicas a las empresas) que permitía exclusivamente poner a disposición de los operadores privados infraestructuras y/o redes pasivas como actuación

un servicio público en sentido estricto tal y como se contempla en el marco normativo francés, sería en este caso un servicio comercial o industrial[32] que se presta valiéndose de "empresas públicas locales de comunicaciones electrónicas"[33]) que consiste en la extensión de infraestructuras de comunicaciones electrónicas y prestación de servicios de telecomunicaciones (artículo 1425 CGCT)[34]. Este artículo sustituye al artículo 1511-6 CGCT que se encontraba en el capítulo dedicado a ayudas económicas y fomento, situándose el nuevo precepto en el Capítulo V del Libro IV CGCT referente a servicios públicos locales (creado por el art. 50 LCEN).

---

de impulso económico, sin embargo, no se contemplaba la opción de que, de hecho, la CT pudiera actuar como operador. Algunos autores se mostraron críticos respecto a esta modificación ya que consideraron que era insuficiente y no paliaba el problema de base, por ejemplo, MATHARAN, X., ABBOUB, S.: "Le service public local des communications électroniques: bilan de dix années et perspectives d'évolutions », *Revue Française de Droit Administratif (RFDA)*, 313, 2015, p. 3. Ante esta circunstancia, algunas CT intentaron extender sus propias redes activas, no si recibir numerosas críticas y recursos por parte del operador histórico, hasta que llegó la reforma legislativa de 2014, siendo el caso, por ejemplo, del Synd Syndicato intercommuncal de la periferia de Paris que creo una especie de red pública para la electricidad y las redes de comunicaciones (SIPPEREC). Así lo refleja MATHARAN, X., ABBOUB, S.: *Le service public local des communications*...op.cit., p. 7.

32 En el régimen jurídico francés existen dos tipos de servicios "públicos" en el sentido de que interviene una entidad pública para su prestación, si simplificamos mucho su clasificación, siendo estos los denominados servicios público-administrativos y los servicios públicos industriales o comerciales. Las diferencias entre ambos residen en su modo de financiación, el objeto de estos, su modo de funcionamiento en tanto en cuanto cada uno de ellos se somete a un régimen jurídico diferente, de derecho privado de derecho público. *Vid.* LEBRETON, G.: *Droit administratif Général,*11ª édition, Dalloz, 2021, pp. 145-150.

33 DEVOLVÉ, P. : « Les services publics locaux de communications électroniques », *Melanges en l'Honneur de Jean-François Lachaume, Le droit administratif : permanences et convergences*, Dalloz, 2007.

34 COMMUNIER, J.M. : « L'aménagement numérique par les collectivités territoriales », *JurisClasseur, LexisNexis Fasc. 480*, 2017, pp. 143 y ss.

Este servicio se considera como un servicio facultativo, discrecional y subsidiario. La primera de las características supone que la colectividad territorial (CT) tiene la potestad de desplegar este servicio si lo considera oportuno para satisfacer las demandas de conectividad de la ciudadanía y del tejido empresarial pero no se trata de un servicio local de carácter obligatorio como en el caso español en referencia a los servicios municipales obligatorios (art. 26 de la Ley 7/1985, de 2 de abril, Reguladora de las Bases del Régimen Local). Además, debe respetarse el principio de discrecionalidad, es decir, las colectividades territoriales[35] pueden concretar como consideren el contenido técnico y también comercial de la oferta de servicios, y también presenta otra nota característica y es que se trata de un servicio subsidiario. Esto supone que la prestación de servicios de tipo minorista al usuario directamente por la entidad pública solo se producirá en el caso de que se atestigüe claramente que no existe interés de ningún operador privado en explotar la red pública en línea con el modelo de concesión señalado. Es decir, la prestación directa es una alternativa viable que se articula solo como último recurso en caso de que los operadores rechacen explotar la infraestructura pública. Igualmente, la CT, antes de proceder a la realización de obras y prestación de servicios amparado en estos preceptos del CGCT, debe realizar un análisis del estado de la competencia en la región diana, con el objetivo de determinar las zonas negras, grises o blancas en cuanto a la existencia de redes y operadores activos, con el fin último de no alterar la libre competencia[36].

---

35 Con el término "colectividades territoriales", en el contexto administrativo y organizacional francés, nos referimos a los diferentes niveles administrativos existentes que se consideran entidades locales, siendo estos de menor a mayor tamaño: comunas, departamentos y regiones, sin perjuicio de la posible delegación que estas pueden hacer en cuanto a la gestión de determinados servicios, a las agrupaciones de colectividades territoriales (por ejemplo, a las entidades interdepartamentales) o a sindicatos mixtos.

36 ALLEMAND, R., MIQUET, H.: *Encyclopédie des collectivités locales, Ch. 10 Attributtiones des collectivités locales: réseaux de communications électroniques,* Études des domains d'attributions, 2, 2016, p. 72.

Así, aparecen diferentes modalidades reflejadas en el CGCT a través de las cuales se produce la prestación de servicios de comunicaciones electrónicas, de manera más o menos directa. En cualquier caso, se financiará públicamente la construcción de red mediante un contrato de obra pública, red de titularidad pública, con el fin de reducir costes de inversión iniciales de los operadores y que se instalen así en determinados territorios. A partir de ello, el modelo de gestión y/o explotación de la red podrá tomar alguna de las siguientes vías: 1) Operador[37] de red u Operador de operadores, a través de tres opciones, a) Operador de red pasiva abierta al público[38], b) Operador de red abierta al público (operador que da acceso mayorista a red activa en los términos comentados) u c) Operador de operadores: basándose en los mismos preceptos del art. 32 CPCE siendo los subtipos elegidos, el contrato de concesión de servicios, el affermage[39] o el régie desinteressée[40] o como segunda opción, 2) Operador de servicios[41].

---

37 En el art. 32-15° CPCE se recoge el concepto de operador como "toda persona física o jurídica que explote una red de comunicaciones electrónicas abierta al público o que preste un servicio de comunicaciones electrónicas".

38 Con la expresión "abierta al público" se refiere abierta a operadores, es decir, acceso mayorista a la red, no minorista lo que supondría acceso a los usuarios finales (art. L.1425-1, línea 2 CGCT). *Vid.* Art. 32. 3ª Code des Postes et des Communications Electroniques.

39 *Vid.* ARCEP. "La régulation au service des territoires connectés", *Rapport d'activité,* tome 2, 2018. También ver al respecto, TERRIER, G.: « Des réseaux haut débit d'initiative publique », *La semaine juridique, Administrations et Collectivités Territoriales,* 30, 2007, p. 24.

40 LEBRETON, G.: *Droit administratif Général*...op.cit., p. 158, se trata de la gestión de un servicio público directamente por la entidad pública titular del mismo, en este caso no existe una persona jurídica diferente. Generalmente, esta modalidad de gestión de servicios públicos se utiliza para los servicios públicos denominados de tipo administrativo, aunque en ocasiones sea el modo de prestación de servicios públicos industriales o comerciales. El "régie simple", por su parte, no posee autonomía financiera en contraposición con el "régie indirecte".

41 MINISTÉRE DE L'ÉCONOMIE, DES FINANCES ET DE LA SOUVERAINETÉ INDUSTRIELLE ET NUMÉRIQUE, *Plan Très Haut Débit :*

Por otro lado, en cuanto a la financiación de las RIP, el art. 1425-1 CGCT, párrafo IV establece que se pueden utilizar dos tipos de recursos financieros complementarios. El primero de ellos se refiere a el establecimiento de tarifas de acceso al por mayor a los operadores interesados y el segundo la utilización precisamente de fondos públicos potencialmente ayudas de Estado, para financiar la extensión de la red y la prestación de servicio, en su caso, sea de manera directa (entidades vinculadas a la CT) o indirecta mediante un contrato de concesión de prestación de servicios al usuario final (lo cual sustituyó al anterior contrato de "delegación de servicios", *ex* Orden Nº 2016-65 du 29 janvier 2016 sobre los contratos de concesión, art. 4 y 59[42]), tratándose en algunos supuestos de un contrato affermage[43]. En ese sentido, como anticipábamos al principio de este capítulo, en ese momento se debería determinar si se trata de ayudas por compensación de servicio público (art. 106.2 TFUE) y, en consecuencia, se rigen por el régimen jurídico particular que ampara estas ayudas[44] o si se corresponde con ayudas de Estado regulares (art. 107 TFUE), como suele ser el caso, reconocidas como exentas de notificación o, bien, con obligación de notificación y determinación de compatibilidad con el mercado atendiendo a los criterios establecidos en las diferentes directrices[45].

---

déploiement de la fibre optique partout en France d'ici 2025. Disponible en : https://www.economie.gouv.fr/plan-de-relance/mesures/plan-france-tres-haut-debit-fibre-optique

42 LEBRETON, G.: *Droit administratif Général*...op.cit., pp. 168-173.

43 ALLEMAND, R., MIQUET, H. : *Encyclopédie des collectivités locales, Ch. 10 Attributtiones des collectivités locales*...op.cit., p. 140.

44 Decisión de la Comisión sobre la ayuda N381/2004, Francia, Banda ancha de extensión en Pyrénnées Atlantiques, DO C 162/05 de 2 de julio de 2005, Decisión de la Comisión sobre la ayuda N382/2004, Francia, Banda ancha Limousin (Dorsal), DO 230/06, de 20 de septiembre de 2005 y Decisión de la Comisión sobre la ayuda N331/2008, Francia, Banda muy ancha en el departamento de Hauts-de-Seine.

45 Así mismo, existen una serie de principios que deben cumplirse en la configuración de una RIP, entre ellos podemos mencionar el principio de coherencia de redes (art. L.1425-1, línea 3 CGCT) por el cual las CT

3.2. Predominancia del modelo de diferencia de financiación en España

El modelo predominante en España se ha correspondido con el que la Comisión Europea identifica como de diferencia de financiación, para extender redes de comunicaciones electrónicas y la prestación de sus servicios en zonas despobladas donde existe una infra inversión privada. Se trata, como hemos señalado, de financiación pública directa a los operadores que retienen la titularidad de la red, ajustándose a una serie de condiciones contenidas y descritas en el pliego de condiciones administrativas y técnicas del procedimiento de licitación correspondiente.

Esto se ha plasmado a través de programas de inversión, desde el programa PEBA-NGA hasta los más recientes, denominados programas UNICO que han financiado la extensión de redes de banda ancha que han tenido como objetivo igualmente dar soporte a la extensión del 5G en los últimos tiempos[46]. Sin embargo, es cierto que existen algunos supuestos en los que se ha intentado desde las entidades locales y/o comunidades autónomas—aun sabiendo que en nuestro régimen jurídico no existe una competencia que las habilite a desarrollar servicios y/o infraestructuras en este sentido—desplegar infraestructura que sirva de base a la prestación de servicios de comunicaciones electrónicas. Un ejemplo

---

y sus agrupaciones deben asegurarse antes de intervenir que no existen más RIP instaladas o ya previstas por otras CT del mismo o de otro nivel administrativo o por agrupamientos de CT que consideren el mismo ámbito de actuación, es decir, que prevean la prestación de los mismos servicios al mismo grupo de población. ALLEMAND, R., MIQUET, H. : *Encyclopédie des collectivités locales, Ch. 10 Attributions des collectivités locales...* op. cit., p. 127. ALLEMAND, R. : « L'intervention des collectivités territoriales dans le domaine des télécommunications », *AJDA* 240, 2025.

46 Orden ETD/1054/2022, de 21 de octubre, por la que se establecen las bases reguladoras de la concesión de ayudas para la provisión de conexión de backhaul mediante fibra óptica a emplazamientos de las redes públicas de telefonía móvil y se procede a una primera convocatoria, en el marco del Plan de Recuperación, Transformación y Resiliencia, financiado por la Unión Europea-NextGenerationEU. Programa «Único 5G Redes-Backhaul Fibra Óptica».

importante fue el programa RED ASTURCÓN (RA) en la comunidad autónoma de Asturias, por el cual se pretendió articular una red financiada con fondos públicos y de titularidad pública y gestión directa, a través de una empresa pública denominada Gestor de Infraestructuras de Telecomunicaciones[47].

4. CONCLUSIONES

La prestación de servicios de comunicaciones electrónicas de calidad deviene imprescindible para cerrar la brecha digital territorial y paliar la despoblación de nuestros territorios. El modelo utilizado hasta el momento, basado en financiación pública de redes en nuestro país a través del modelo de diferencia de financiación está agotado y es inútil para la cobertura de los territorios aun desconectados y para la incorporación de nuevas tecnologías. Otros modelos europeos, como el francés, basados en redes de titularidad pública hasta el usuario final, pueden ser inspiradores para conseguir la transformación digital de las sociedades en términos de cohesión social y equidad.

5. BIBLIOGRAFÍA

ALLEMAND, R., MIQUET, H.:*Encyclopédie des collectivités locales, Ch. 10 Attributtiones des collectivités locales: réseaux de communications électroniques,* Études des domains d'attributions, 2, 2016.

ALLEMAND, R. :« L'intervention des collectivités territoriales dans le domaine des télécommunications », *AJDA,* 240, 2025.

ARCEP. "La régulation au service des territoires connectés", *Rapport d'activité,* tome 2, 2018.

[47] CENTRO DE ESTUDIOS Y DOCUMENTACIÓN INTERNACIONALES DE BARCELONA (CIDOB), COMISIÓN ECONÓMICA PARA AMÉRICA LATINA Y EL CARIBE (CEPAL): *Conectados*...op.cit., pp. 65 y ss.

BOURREAU, M., FEASEY, R., AMBRE, N.: "Assesing fifteen years of State Aid for broadband in the European Union: A quantitative análisis", *Telecommunications Policy*, 44, 2020, pp. 1-24.

CENTRO DE ESTUDIOS Y DOCUMENTACIÓN INTERNACIONALES DE BARCELONA (CIDOB), COMISIÓN ECONÓMICA PARA AMÉRICA LATINA Y EL CARIBE (CEPAL): *Conectados a la banda ancha: tecnología, políticas e impacto en América Latina y en España*, Naciones Unidas, 2012.

CNMC. COMISIÓN NACIONAL DE LOS MERCADOS Y DE LA COMPETENCIA. *Informes anuales de ayudas públicas en España*, años 2020, 2021 y 2022. Disponible en: https://www.cnmc.es/ambitos-de-actuacion/promocion-de-la-competencia/ayudas-publicas

COMISIÓN EUROPEA: -Comunicación de la Comisión relativa a las ayudas de minimis (DO C 68 de 6.3.1996). -Comunicación de 8 de mayo de 2012 de la Comisión sobre la modernización de las ayudas estatales en la UE, COM (2012) 209 final. -Comunicación de la Comisión de 11 de enero de 2012 (2012/C 8/03).

Comunicación de la Comisión de 11 de enero de 2012 relativa a la aplicación de las normas de la Unión Europea en materia de ayudas estatales a las compensaciones concedidas por la prestación de servicios de interés económico general (2012/C 8/02). -Comunicación de la Comisión *Directrices relativas a las ayudas estatales a las redes de banda ancha* 2023/C 36/01. -Comunicación de la Comisión relativa a Directrices sobre ayudas estatales de finalidad regional de 24 de abril de 2021 (2021/C 153/01).-Comunicado de prensa "Ayudas estatales: la Comisión aprueba el mapa de ayudas regionales 2022-2027 para España", Disponible: https://ec.europa.eu/commission/presscorner/detail/es/ip_22_1763

COMMUNIER,J.M.:« L'aménagement numérique par les collectivités territoriales », *JurisClasseur, LexisNexis Fasc. 480*, 2017, pp. 143 y ss.

CORRAL HERNÁNDEZ, D.: "5G una carrera por la hegemonía y el futuro con muchos beneficios", *Instituto Español de Estudios Estratégicos (IEEE)*, 19, 2020, pp. 746-752.

DEVOLVÉ, P.: « Les services publics locaux de communications electroniques », *Melanges en l'Honneur de Jean-François Lachaume, Le droit administratif : permanences et convergences*, Dalloz, 2007.

FERNANDEZ FARRERES, G.: "El régimen de las ayudas de Estado y su impacto en el derecho español", *Revista de Administración Pública*, 200, 2016, pp. 231-250.

GARCÍA GUIJO, L.: "Las ayudas de Estado en la Unión Europea: concepto, requisitos e implicaciones", *Dereito: revista xuridica da Universidade de Santiago de Compostela*, 2,21, 2012, pp. 97-127.

LEBRETON, G. : *Droit administratif Général*, 11ª édition, Dalloz, 2021.

MATHARAN, X., ABBOUB, S. : « Le service public local des communications électroniques : bilan de dix années et perspectives d'évolutions », *Revue Française de Droit Administratif (RFDA)*, 313, 2015, pp. 313-321.

MINISTÉRE DE L'ÉCONOMIE, DES FINANCES ET DE LA SOUVERAINETÉ INDUSTRIELLE ET NUMÉRIQUE, *Plan Très Haut Débit : déploiement de la fibre optique partout en France d'ici 2025*. Disponible en: https://www.economie.gouv.fr/plan-de-relance/mesures/plan-france-tres-haut-debit-fibre-optique

MUÑOZ MACHADO, S.: *Servicio y mercado II: Las telecomunicaciones*, Civitas, Madrid, 1998, pp. 157-176.

PASTORIZA VÁZQUEZ, S., CALVO SALINERO, R.: "Control y ayudas de Estado dentro del Derecho comunitario", *La Ley Digital 9038/2008*, 241, 2008.

TERRIER, G. : « Des réseaux haut débit d'initiative publique », *La semaine juridique, Administrations et Collectivités Territoriales*, 30, 2007.

UNIVERSIDAD DE GRANADA Y JUNTA DE ANDALUCÍA. *Ayudas estatales: la Comisión aprueba el mapa de ayudas regionales 2022-2027 para España*, 18 de marzo de 2002. Disponible en:https://cde.ugr.es/index.php/union-europea/noticias-ue/1360-ayudas-estatales-la-comision-aprueba-el-mapa-de-ayudas-regionales-2022-2027-para-espana

DERECHO CIVIL

El cambio de paradigma en la autonomía del paciente con discapacidad

MARÍA GONZÁLEZ-GARCÍA VIÑUELA
Universidad de León

Resumen:

La regulación de la capacidad de las personas con discapacidad ha sido objeto de una profunda reforma en nuestro ordenamiento jurídico. La Ley 8/2021 suprime las tradicionales figuras de la tutela, la patria potestad prorrogada o rehabilitada y la prodigalidad, sustituyendo la incapacitación por un sistema de apoyos en diferentes grados a las personas con discapacidad. El objetivo es proteger los intereses de estas personas, dotándolas de mayor autonomía y favoreciendo su participación plena y efectiva en el proceso de toma de decisiones en lo que respecta a su propia salud.

Palabras clave: Autonomía; consentimiento informado; capacidad; apoyos; voluntad, preferencias y deseos.

1. MARCO NORMATIVO

La progresiva toma de conciencia acerca del protagonismo del paciente en la relación médica mediante la información sobre los posibles tratamientos y sus consecuencias y riesgos, así como la necesidad de su consentimiento para cualquier intervención sanitaria se ha plasmado en una serie de exigencias legales,[1] encaminadas a reforzar el ejercicio de sus derechos fundamentales.

En el caso de las personas afectadas por una discapacidad, en las últimas décadas, se ha producido una evolución normativa que

---

1 GONZÁLEZ-TORRE, Á., *El derecho a la autonomía del paciente en la relación médica. El tratamiento jurisprudencial del consentimiento informado*, Colmenares, Granada, 2009, p. 29.

tiende a concederles mayor autonomía en la toma de decisiones sobre las cuestiones que afectan a su propia salud.

1.1. Convenio de Oviedo de 4 de abril de 1997

A excepción del art. 10 de la Ley 14/1986, de 25 de abril, General de Sanidad, el punto de partida de la regulación española sobre la autonomía del paciente en la relación sanitaria es el Convenio para la protección de los Derechos Humanos y la dignidad del ser humano con respecto a las aplicaciones de la Biología y la Medicina, hecho en Oviedo el 4 de abril de 1997 (en adelante, Convenio de Oviedo), que ha devenido un instrumento muy importante en la legislación sanitaria española para dar cumplimiento al principio de autonomía del paciente, garantizando su participación en la toma de decisiones.

Este Convenio constituye una norma de mínimos, que se limita a establecer los estándares básicos de protección que no deben ser vulnerados, pero que pueden ser desarrollados por la normativa interna de los países firmantes del mismo. En España entró en vigor el 1 de diciembre de 1999 y fue desarrollado por la legislación autonómica y posteriormente por la Ley 41/2002.[2]

El art 6.3 del Convenio de Oviedo establece que la persona con discapacidad debe intervenir, en la medida de lo posible, en el procedimiento de toma de decisiones. Este régimen concede relevancia, por primera vez en nuestro ordenamiento jurídico, a la intervención de la persona afectada por una discapacidad en la toma de decisiones (art. 6.3 *in fine*), si bien continúa optando por un modelo fundamentalmente proteccionista, al seguir estableciendo como necesaria la autorización de un representante por

---

2 TARODO SORIA, S., ~~alvador~~ "Conciencia y libertad. El derecho de libertad de conciencia como fundamento constitucional de los derechos a la información y a decidir sobre la propia salud", en: *La bioética y el arte de elegir*, XI Congreso Nacional de Bioética, Asociación de Bioética Fundamental y Clínica, 2ª ed., 2014, pp. 64-65.

encima de la decisión de la propia persona con discapacidad (art. 6.3) y conceder, como criterio último, la primacía al ~~un~~ «interés» de la persona «discapaz» (art. 6.5).

El «Informe Michaud» se ha erigido como principal instrumento interpretativo del Convenio de Oviedo. En sus consideraciones acerca de la regulación de la participación de la persona afectada por discapacidad en la toma de decisiones, comienza señalando que uno de los principales propósitos del Convenio es ~~el de~~ proteger a las personas con discapacidad a la hora de prestar su consentimiento.[3]

Por otro lado, pone de relieve que es la ley nacional la que debe determinar el grado de capacidad para prestar el consentimiento a una intervención determinada, aclarando que solo en los casos en que el propio interés lo haga necesario se pueda privar a las personas con discapacidad de su capacidad de autonomía. De esta manera, cuando la persona sea manifiestamente incapaz para otorgar el consentimiento, se aplicará el principio de protección, conforme al cual la intervención deberá realizarse en beneficio directo de la persona con discapacidad[4]; desprendiéndose, *sensu contrario,* que en los casos en los que la incapacidad no sea manifiesta su opinión deberá ser tomada en consideración en función de su grado de discernimiento.[5]

---

3 MICHAUD, Jean. Informe explicativo del Convenio relativo a los derechos humanos y la biomedicina, autorizada su publicación por el Comité de Ministros del Consejo de Europa el 17 de diciembre de 1996, publicado en España en el Diario Médico, 4 de abril de 1997, p. 407.

4 Con las excepciones relativas a la investigación médica y la extracción de órganos en los términos previstos, respectivamente, en los arts. 17 y 20 del Convenio (ibid, p. 408).

5 Ibid, p. 409.

1.2. Ley de Autonomía del Paciente de 14 de noviembre de 2002

La Ley 41/2002, de 14 de noviembre, Básica Reguladora de la Autonomía del Paciente y de derechos y obligaciones en materia de documentación clínica, vino a desarrollar una normativa específica sobre derechos fundamentales en el ámbito de la sanidad y abordó específicamente cuestiones tales como la autonomía del paciente, el «consentimiento informado» o la limitación de la capacidad. El capítulo II se ocupa del derecho de información sanitaria y el capítulo IV, de la autonomía del paciente, donde recoge el «consentimiento informado» haciendo referencia de manera expresa al paciente con discapacidad.

La dignidad del paciente se erige como el principio rector de la relación médico asistencial. Toda actuación en el ámbito sanitario precisa del consentimiento del paciente después de haber recibido la información adecuada que le permite decidir entre las opiniones disponibles.[6] El «consentimiento informado» del paciente se convierte, de esta forma, en requisito de legitimidad de la intervención médica. Este consentimiento ha de ser entendido en los términos previstos en el art. 3 Ley 41/2002 como la conformidad libre, voluntaria y consciente de un paciente, manifestada en el pleno uso de sus facultades después de recibir la información adecuada, para cualquier actuación que afecte a su salud.

La prestación del consentimiento por representación, por su parte, debe ser adecuada a las circunstancias y proporcionada a las necesidades que haya que atender, siempre en favor del paciente y con respeto a su dignidad personal (art.9.7 Ley 41/2002). En el mismo artículo se establece que el paciente, en la medida de lo posible, debe participar en la toma de decisiones a lo largo del proceso sanitario. Si se trata de una persona con discapacidad, se le deben ofrecer las medidas de apoyo pertinentes, incluida la

---

6 GONZÁLEZ CARRASCO, M. C., "La prestación del consentimiento informado en materia de salud en el nuevo sistema de apoyos al ejercicio de la capacidad", *Derecho Privado y Constitución*, núm. 39, 2021, pp. 215-216.

información en formatos adecuados, para favorecer que pueda prestar por sí mismo su consentimiento (art.9.7 Ley 41/2002). Este precepto, aun concediendo relevancia a la voluntad del paciente con discapacidad, no acaba de abandonar el enfoque proteccionista, pues establece que el consentimiento prestado ha de atender a las necesidades del paciente., pero mantiene la figura de la representación.

1.3. Convención de Nueva York de 13 de diciembre de 2006

La Convención sobre los derechos de las personas con discapacidad, hecha en Nueva York el 13 de diciembre de 2006 (en adelante Convención de Nueva York) se refiere, por una parte, a la personalidad y capacidad jurídica, es decir, a la aptitud de la persona con discapacidad para ser titular de derechos y obligaciones jurídicas; y por otra, al ejercicio de la capacidad jurídica, es decir, a la capacidad de ejercicio efectivo de los derechos y asunción de las obligaciones.[7] Su art. 12 proclama que las personas con discapacidad tienen derecho en todas partes al reconocimiento de su personalidad jurídica.

La Convención establece como objetivo el reconocimiento de que las personas con discapacidad tienen capacidad jurídica en igualdad de condiciones con las demás en todos los aspectos de la vida. Para su consecución, obliga a los Estados parte a adoptar las medidas pertinentes para proporcionar a las personas con discapacidad acceso al apoyo que puedan necesitar en el ejercicio de su capacidad jurídica, con pleno respeto a su dignidad humana y garantizando su derecho a adoptar sus propias decisiones.

Descarga en los Estados firmantes el deber de asegurar que se proporcionen las salvaguardas adecuadas y efectivas en las medidas relativas al ejercicio de la capacidad jurídica con las siguientes

---

7 SERRANO GARCÍA, I., *Autotutela. El artículo 223-II del Código Civil y la Convención de Nueva York sobre los derechos de las personas con discapacidad de 2006,* vol. 1, Tirant lo Blanch, Valencia, 2012, p. 24.

finalidades: a) impedir los abusos y respetar los derechos, la voluntad y las preferencias de la persona, b) que no haya conflicto de intereses ni influencia indebida, c) que sean proporcionales y adaptadas a las circunstancias de la persona, d) que se apliquen en el plazo más breve posible y, e) que queden sujetas a exámenes periódicos de la autoridad u órgano judicial competente, independiente e imparcial.

No obstante, en el caso de personas con discapacidad intelectual grave, que les impida manifestar su voluntad por sí mismas, el ejercicio de apoyos puede implicar la sustitución de la persona con discapacidad en la toma de decisiones, pero, incluso en ese caso, es necesario tener en consideración su modo de vida, valores, deseos y preferencias, así como, cuando ésta sea sobrevenida, su propia trayectoria vital anterior a su situación de discapacidad.[8]

Esta nueva concepción de la discapacidad, introducida por la Convención de Nueva York, colisionó con la regulación española prevista en el Código Civil, la regulación procesal y la normativa específica de ámbito sanitario (Ley 41/2002); y constituye el precedente de la reforma introducida por la Ley 8/2021 en esta materia, que adapta la regulación prevista en el Código Civil en materia de capacidad a los principios consagrados en la citada Convención de Nueva York.[9]

La Convención de Nueva York supuso la superación de la perspectiva asistencial, proteccionista y, en cierto sentido, paternalista. Las personas con discapacidad pasan de ser objeto de protección social y de tratamiento, a gozar de mayor autonomía y poder ejercer por sí mismos los derechos vinculados a la personalidad de los

---

8 SÁNCHEZ HERNÁNDEZ, Á., "Consideraciones sobre la reforma de la legislación civil en materia de discapacidad: de la incapacitación al apoyo", *REDUR*, núm. 19, 2021, pp. 46-48.

9 RECOVER BALBOA, T., "Hacia la reforma del Código Civil y la Ley de Enjuiciamiento Civil en materia de discapacidad", en: CARCÍA GARNICA, M.C. (dir.), *Nuevas perspectivas del tratamiento jurídico de la discapacidad y la dependencia*, Dykinson, Madrid, 2014, p. 23.

que son titulares. El eje central de esta regulación gira en torno al concepto de «apoyos», entendidos como la determinación de los elementos de ayuda o colaboración que garanticen que estas personas puedan expresarse y que las decisiones que adopten, destinadas a generar consecuencias personales y jurídicas plenas, surtan efectos[10]. Este «apoyo» pasa de ejercitarse de modo objetivo, es decir, en «interés de la persona» con discapacidad, a ejercitarse de modo subjetivo, o lo que es lo mismo, atendiendo a la voluntad, preferencias y deseos de las personas con discapacidad[11].

1.4. Ley 8/2021, de 2 de junio, de reforma de la legislación civil para el apoyo a las personas con discapacidad en el ejercicio de la capacidad jurídica

La Ley 8/2021 de 2 de junio, por la que se reforma la legislación civil y procesal para el apoyo a las personas con discapacidad en el ejercicio de su capacidad jurídica ha modificado el título XI del libro I del Código Civil, que lleva como rúbrica «de las personas», en lo relativo al ejercicio de la capacidad jurídica de las personas con discapacidad (arts. 249 y siguientes CC). Esta reforma se fundamenta en tres principios: el respeto a la voluntad, preferencias y deseos de las personas con discapacidad; el concepto de «apoyo» a la persona con discapacidad; y, la constitución de la curatela como principal medida de apoyo de carácter judicial. A ello hay que añadir que, solo de manera excepcional, se admiten las medidas de apoyo representativas.[12]

---

10 SILLERO CROVETTO, B., "¿Incapacidad parcial tras la Convención de Nueva York? Posicionamiento jurisprudencia", en: CARCÍA GARNICA, M. C. (dir.), *Nuevas perspectivas del tratamiento jurídico de la discapacidad y la dependencia*, Dykinson, Madrid, 2014, pp. 31-37.

11 PAU PADRÓN, A., "De la incapacitación al apoyo: el nuevo régimen de la discapacidad intelectual en el Código Civil", *Revista de Derecho* Civil, núm. 3, vol. V, 2018, p. 8.

12 ARNAU MOYA, F., Aspectos polémicos de la Ley 8/2021 de medidas de apoyo a las personas con discapacidad, *Revista Boloviana de Derecho*, núm. 33, 2022, p. 543.

Una de las principales novedades es que se ha eliminado la tutela, la patria potestad prorrogada o rehabilitada y la prodigalidad, sustituyendo la incapacitación de la persona por un sistema de apoyos en diferentes grados a las personas con discapacidad. De este modo, el objetivo es proteger los intereses de estas personas, así como promover y garantizar la mayor autonomía posible de la persona con discapacidad. Ello supone determinar las necesidades concretas de la persona en cada momento, realizando una revisión periódica de las mismas.

Estos apoyos a las personas con discapacidad se pueden prestar de diferentes formas: a) apoyos informales a través de la guarda de hecho; b) apoyos formales y voluntarios mediante mandatos, poderes y escritura ante notario; o, c) apoyos judiciales a través de la curatela o el defensor judicial.

La nueva regulación establece un orden de prelación de las medidas de apoyo a las personas con discapacidad. Conforme a este orden, se deben aplicar, en primer lugar, medidas de apoyo de carácter voluntario, previstas en los arts. 254 y 255 CC. En defecto o por insuficiencia de la voluntad de la persona con discapacidad, se puede recurrir a las medidas de apoyo de carácter judicial o legal. Finalmente, en defecto o por inoperancia de las anteriores, se admite, con carácter excepcional, la representación en la toma de decisiones de la persona con discapacidad. La Ley distingue entre medidas voluntarias (poderes o mandatos preventivos de los arts. 256 a 262 CC o curatela) y judiciales (curatela prevista en los arts. 275 a 294 CC o defensor judicial en los términos previstos en los arts. 295 a 298 CC); y, dentro de estas últimas, entre medidas asistenciales y representativas. El legislador, así, delimita tres grupos de personas con discapacidad: las que pueden tomar sus propias decisiones, a las que se aplican las medidas voluntarias; las que precisan medidas de apoyo judiciales como consecuencia de un defecto o insuficiencia de la voluntad, a las que corresponden las medidas asistenciales; y las personas con discapacidad que presentan una falta absoluta de voluntad, que permiten recurrir a la representación.[13]

Las medidas de apoyo se deben prestar atendiendo a la voluntad, deseos y preferencias de la propia persona con discapacidad procurando garantizar que pueda desarrollar su propio proceso de toma de decisiones. Para ello se le debe proporcionar información, así como la ayuda que precise para su comprensión y razonamiento. Se le debe facilitar, de esta forma, la expresión de sus preferencias, con el objetivo de fomentar que la persona con discapacidad pueda, en el futuro, ejercer su capacidad jurídica con menos apoyos (art. 249 párrafo segundo CC).

Solo en los casos excepcionales en los que no sea posible determinar la voluntad, deseos y preferencias de la persona con discapacidad, pese a haber hecho un «esfuerzo considerable», las medidas de apoyo pueden incluir funciones representativas; en cuyo caso, se debe considerar la trayectoria vital de la persona con discapacidad, sus creencias y valores y los factores tomados en consideración, con la finalidad de tomar la decisión que se presume más cercana a la que la persona con discapacidad habría adoptado si no hubiera precisado la representación (art. 249 tercer párrafo CC).

2. EL CAMBIO DE PARADIGMA

El ejercicio de la autonomía de las personas con discapacidad ha sido una cuestión controvertida que ha girado en torno al debate sobre qué se debe priorizar: si la protección de las personas con discapacidad o el respeto a su voluntad, preferencias y deseos. Un análisis de la evolución de la normativa permite afirmar que hemos pasado de un sistema proteccionista, donde prevalece el bienestar de estas personas; a otro que prioriza el respeto a la

---

13 Ibid, pp. 544-545.

libertad[14], intereses, preferencias y deseos de las personas con discapacidad[15].

El cambio de paradigma se ha producido de forma progresiva, Convenio de Oviedo y Ley 41/2002 de autonomía del paciente, aun en un modelo excesivamente proteccionista, conceden, por primera vez, relevancia a la opinión del paciente afectado por una discapacidad. La Convención de Nueva York de 2006, primero, y la reforma introducida por la Ley 8/2021, después; han supuesto el auténtico cambio de modelo que concede primacía a la voluntad de la persona afectada por una discapacidad, situando su dignidad personal y el libre desarrollo de la personalidad en el pilar de reconocimiento de la posibilidad de ejercicio de su derecho a la libertad de decisión sobre las cuestiones que afectan a la propia salud.

La Sentencia de la Sala Primera del Tribunal Supremo, de 29 de abril de 2009, permite percibir con claridad cuál ha sido el impacto de la Convención de Nueva York en nuestro ordenamiento jurídico, al afirmar con rotundidad que las personas con discapacidad siguen siendo titulares de sus derechos fundamentales y que la incapacitación total constituye una forma de protección que solo puede acordarse cuando resulte estrictamente necesaria, en supuestos excepcionales[16]. La línea jurisprudencial abierta por esta sentencia fue adoptada a partir de entonces por diversos pronunciamientos judiciales que empezaron a flexibilizar la curatela optando por funciones de mera asistencia.[17]

La Convención de Nueva York adopta, según interpreta la Instrucción de la Fiscalía General del Estado 3/2010, un «mode-

---

14 Ibid., p. 538.

15 GARRIDO GARCÍA, A., "Prestación de consentimientos médico-sanitarios por personas con discapacidad", *Revista CESCO,* núm. 41, 2022, p. 116.

16 STS 282/2009, de 29 de abril de 2009 (ECLI:ES:TS:2009:2362).

17 ; STS 298/2017, de 16 de mayo (ECLI:ES:TS:2017:1901); 341/2014, de 1 julio (ECLI:ES:TS:2014:3168); STS 421/2013, de 24 de junio (ECLI:ES:TS:2013:3441).

lo social de discapacidad» en virtud del cual las personas que tengan modificada su capacidad deben disponer de los apoyos y asistencia necesaria para que puedan tomar decisiones de acuerdo con sus preferencias, de manera que no se vean privadas de su capacidad de forma absoluta. Además, la Instrucción aclaraba que, sin perjuicio de la conveniencia de realizar las modificaciones necesarias para la adaptación completa de la normativa interna a la Convención de Nueva York, la determinación de la capacidad de las personas ya se debía interpretar y aplicar a la luz de las previsiones de la Convención a partir de la entrada en vigor de esta.[18]

El nuevo paradigma iniciado en la Convención de Nueva York ha venido a cristalizar en la Ley 8/2021, cuyo preámbulo subraya que la reforma introducida no es un mero cambio en la terminología que sustituya los términos tradicionales de «incapacidad» e «incapacitación» por otros nuevos, más precisos y respetuosos, sino que se trata de un nuevo enfoque y subraya, de forma inequívoca, que las personas con discapacidad son titulares del derecho a la toma de sus propias decisiones.[19]

---

18 Instrucción de la Fiscalía General del Estado 3/2010, de 29 de noviembre, sobre la necesaria fundamentación individualizada de las medidas de protección o apoyo en los procedimientos sobre determinación de la capacidad de las personas, (Referencia: FIS-I-2010-00003), p. 3.

19 En nuestro ordenamiento jurídico se hace referencia al concepto de «discapacidad» en dos textos legales. Por una parte, el art. 2 del Real Decreto Legislativo 1/2013, de 29 de noviembre, por el que se aprueba el Texto Refundido de la Ley General de derechos de las personas con discapacidad y de su inclusión social, que la define como una situación que resulta de la interacción entre las personas con deficiencias previsiblemente permanentes y cualquier tipo de barreras que limiten o impidan su participación plena y efectiva en la sociedad, en igualdad de condiciones con las demás; y, por otra, en el art. 1 de la Convención de Nueva York, que incluye en el concepto de «personas con discapacidad» a aquellas que tengan deficiencias físicas, mentales, intelectuales o sensoriales a largo plazo que, al interactuar con diversas barreras, puedan impedir su participación plena y efectiva en la sociedad, en igualdad de condiciones con las demás. La Convención no exige que la discapacidad se refiera a una persona con deficiencias «previsiblemente permanentes», de manera que no la identifica como un rasgo

Desde hace décadas se viene dando una tendencia internacional a eliminar el concepto de «incapacidad legal».[20] Como afirma TARODO SORIA *ya no existen personas declaradas incapaces, sino diversas incapacidades que pueden afectar a la toma de determinadas decisiones. Las incapacidades legales están siendo progresivamente sustituidas por medidas de apoyo a la persona con discapacidad en la comprensión y toma de decisiones por sí misma, sustituyendo el régimen jurídico de la tutela por la curatela, y concediendo a la persona afectada por una discapacidad protagonismo en el ejercicio de su propia autonomía.*[21]

2.1. La autonomía del paciente: especial referencia a las personas con discapacidad

El concepto de «autonomía» puede entenderse como la capacidad para adoptar una posición proactiva en relación con los tratamientos que puede recibir una persona, de manera que elija libremente, tras ser informado de las ventajas e inconvenientes y de sus eventuales riesgos, si desea someterse a alguno de ellos, manifestando su consentimiento a las prescripciones con pleno conocimiento.[22] Más que un derecho es un principio que recorre de manera trasversal el ordenamiento jurídico en su conjunto.[23]

---

individual sino como el producto de la conjunción entre un sujeto con unas circunstancias personales determinadas y un entorno que obstaculiza el ejercicio de sus derechos. Vid. DE LAS HERAS GARCÍA, M. Á., "Apoyos y discapacidad tras año y medio de la Ley 8/2021", *UPL Law Review – Revista de Dereito da ULP*, núm. 1-2, vol. 16, 2022, p. 23.

20 TARODO SORIA, S., "Patient autonomy in the context of digital medicine", *Bioethics*, Special issue: *Patient autonomy in the face of new technologies advances in Medicine*, Wiley, ISSN: 1467-8519, 2023, (in publication process BIOT-4442-07-23-OA, data submission: 2023/07/2023).

21 TARODO SORIA, S., "Patient autonomy in the context of digital medicine", op. cit.

22 DÍAZ DEL PINO, D., "Ética de Spinoza: hacia una mayor autonomía del paciente", *Revista española de comunicación en salud*, núm. 1, vol. 12, 2021, p. 108.

23 TARODO SORIA, S.,. "Conciencia y libertad. El derecho de libertad de conciencia como fundamento constitucional de los derechos a la

Dentro de la autonomía se diferencian tres dimensiones, que no deben ser entendidas como realidades aisladas, sino interrelacionadas entre sí, como son: a) la autonomía decisoria, que se centra en la libertad de elección del paciente, es decir, su capacidad para deliberar y decidir; b) la autonomía informativa, que consiste en el poder que ostenta el paciente para disponer y controlar la información, de carácter personal e íntimo, relativa a la propia salud; y c) la autonomía funcional o ejecutiva, relativa a la libertad de acción y la capacidad para llevar a cabo las decisiones adoptadas.[24]

Por otro lado, el ejercicio de la autonomía del paciente exige la concurrencia de tres requisitos: a) actuar voluntariamente; b) tener información suficiente acerca de la decisión que se ha de tomar, es decir, conocer el objetivo de la misma, sus riesgos, beneficios y alternativas posibles; y c) tener capacidad, esto es, estar en posesión de la aptitudes psicológicas (cognitivas, afectivas y volitivas) que permitan conocer, valorar y gestionar adecuadamente la información , adoptar la decisión y exteriorizarla.[25]

2.2. El derecho a la información y el derecho a decidir sobre la propia salud

El «consentimiento informado» es una institución clásica del Derecho sanitario, que puede definirse como el compromiso del médico con su paciente para establecer un espacio de comunicación dirigido a informar, de forma oral o escrita, acerca de la naturaleza, propósitos, beneficios, riesgos, alternativas, formas y medios del tratamiento, de manera que quien recibe esta aten-

---

información y a decidir sobre la propia salud", op cit., pp. 66.

24 SEOANE RODRÍGUEZ, J. A., "La autonomía del paciente", *Dilemata*, núm. 3, 2010, pp. 63-64.

25 SIMÓN LORDA, P., "La capacidad de los pacientes para tomar decisiones: una tarea todavía pendiente", *Revista de la Asociación española de Neuropsiquiatría,* núm. 102, vol. 28, 2008, p. 325.

ción pueda decidir y otorgar su autorización de manera clara, competente y voluntaria. Esto supone considerar este proceso como la expresión de la autonomía del paciente en el ámbito de la atención médica y en la investigación en materia de salud.[26]

El «consentimiento informado» tiene como base un componente ético que se combina con el contenido jurídico y médico, siendo los elementos centrales de esta figura el respeto a la autonomía del paciente y la autodeterminación en cuanto a su libertad para elegir.[27] Viene recogido en el art. 8 Ley 41/2002, que lo exige como condición de licitud de cualquier intervención médica, al establecer que toda actuación en el ámbito de la salud de un paciente necesita su consentimiento libre y voluntario, que se otorgará, por regla general, de manera verbal, después de haber valorado las opciones existentes para el caso concreto, tras haber recibido la información prevista en el artículo 4. En determinados casos, previstos en la Ley, este consentimiento se debe prestar por escrito: intervenciones quirúrgicas; procedimientos diagnósticos y terapéuticos invasivos; y, en general, cualesquiera aplicaciones de procedimientos que supongan riesgos o inconvenientes de notoria y previsible repercusión negativa en la salud del paciente. Además, el paciente puede revocar este consentimiento por escrito en cualquier momento.

Como acertadamente ha señalado Tarodo Soria, el «consentimiento informado» no es propiamente un derecho, desde de punto de vista técnico-jurídico, sino un acto jurídico de expresión de la voluntad mediante el que se garantiza la efectividad de un

---

26 ARCOS OROZCO, B. A.; LÓPEZ ROLDÁN, V. M.; CASAS MARTÍNEZ, M. L.; MARTÍNEZ BULLÉ-GOYRI, V. M., "Reflexiones bioéticas sobre el consentimiento de personas con discapacidad en la toma de decisiones de salud", *Medicina y* Ética, núm. 2, vol. 32, 2021, p. 408.

27 DÍAZ PARDO, G., "Consentimiento informado en la toma de decisiones para actos médicos. Respeto a la voluntad de la persona vulnerable", en PEREÑA VICENTE, M. (dir.), *La voluntad de la persona protegida*, Dykinson, Madrid, 2018, p. 257.

derecho.[28] Como cualquier acto jurídico ha de reunir, por tanto, los requisitos de capacidad, titularidad, libertad, licitud del objeto, causa y forma previstos en los arts. 1261 y siguientes del CC.[29]

Por otra parte, cabe precisar que el «consentimiento informado» comprende dos derechos claramente diferenciados: el derecho a la información sanitaria y el derecho a decidir sobre la propia salud.[30] Existen dos supuestos en que estos dos derechos no están conectados: a) aquéllos en los que se puede ejercitar el derecho a decidir libremente sin que sea necesaria la información previa como son los de rechazo por el paciente a recibir la información, necesidad terapéutica y urgencia grave; y b) aquéllos en los que el consentimiento del paciente resulta irrelevante y, sin embargo, sigue teniendo derecho a ser informado como son los de incapacidad en los casos excepcionales en los que se mantenga la representación y los de riesgo para la salud pública. Es decir, en el primer supuesto el paciente puede decidir sin estar previamente informado y, en el segundo, tiene derecho a estar informado, aunque no pueda decidir.[31]

El principal objetivo de estos dos derechos, consentimiento informado e información previa, es proteger y asegurar la autonomía del paciente.[32] La relevancia de tales derechos ha sido reconocida por la jurisprudencia, que viene defendiendo que el

---

28 TARODO SORIA, S., "Patient autonomy in the context of digital medicine", op cit.

29 TARODO SORIA, S., "El fundamento constitucional del denominado «consentimiento informado»", en: FERNÁNDEZ-CORONADO GONZÁLEZ, Ana; PELAYO OLMEDO, José Daniel; PÉREZ ÁLVAREZ, Salvador; RODRÍGUEZ MOYA, Almudena; SUÁREZ PERTIERRA, Gustavo; LLAMAZARES FERNÁNDEZ; Dionisio, *Libertad de conciencia, laicidad y derecho: "liber discipulorum" en homenaje al Prof. Dr. Dionisio Llamazares Fernández,* Navarra, Thomson Reuters Civitas, 2014, p.387.

30 Ibid, p.384.

31 TARODO SORIA, S., *Libertad de conciencia y derechos del usuario de los servicios sanitarios,* Editorial de la Universidad del País Vasco, Bilbao, 2005, pp. 292-294.

32 GARRIDO GARCÍA, A., op. cit., p. 118.

«consentimiento informado» no puede ser entendido como la mera entrega de un documento o como un mero trámite informativo[33], sino como un proceso a través del cual el paciente recibe la información, la comprende y forma y expresa su propia voluntad, de manera que el documento firmado no es más que una mera prueba de la existencia del proceso.[34]

El titular de estos derechos a la información previa y al consentimiento informado es el propio paciente. Conviene subrayar que Convenio de Oviedo y Ley 41/2002 reconocían al paciente afectado por una incapacidad el ejercicio del primero, al establecer la obligación de informarle en condiciones adecuadas a su capacidad, pero no del segundo, que únicamente podía ejercitarse por representación. Convenio de Nueva York y Ley 8/2021 han venido a modificar esta situación reconociendo al paciente afectado por una discapacidad no solo el derecho a recibir la información de manera comprensible, sino también a decidir por sí mismo estableciendo las medidas de apoyo que resulten precisas, relegando al consentimiento por representación, únicamente a aquellos casos excepcionales en los que el paciente no puede formar su propia voluntad ni aún mediante los mencionados apoyos.[35]

2.3. La Teoría de la «Escala Móvil de la Capacidad»

El antecedente de las reformas que se están llevando a cabo en los últimos años en relación con la capacidad en el ámbito sanitario, como la introducida recientemente por la Ley 8/2021, responden en buena medida a la denominada teoría de la «Escala Móvil de la Capacidad» formulada por JAMES DRANE en Estados Unidos en la década de 1980.

---

33 STS 1367/2006, de 21 de diciembre: (ECLI:ES:TS:2006:8259).

34 CASADO DA ROCHA. A., "Biobancos, cultura científica y ética de la investigación", *Dilemata,* núm. 4, 2010, p. 9.

35 GARRIDO GARCÍA, A., op. cit., p. 119.

En enero de 1980, ante la creciente importancia de las cuestiones relacionadas con la Ética sanitaria se formó en Washington la Comisión Presidencial para el Estudio de Problemas Éticos de la Medicina y la Investigación Biomédica y del Comportamiento denominada *Decidir renunciar a tratamiento para prolongar la vida*, que abordó cuestiones morales de gran importancia como el respeto a la autonomía del paciente y su concreta aplicación en el derecho al consentimiento informado. La participación del paciente en la toma de decisiones que afectan a su propia vida es una manifestación de su libertad y un reconocimiento de la capacidad de autodeterminación. El examen de la capacidad jurídica se centra en las aptitudes mentales del paciente para la toma de una decisión informada. Esta Comisión recomendó no utilizar una norma única para determinar la capacidad jurídica porque es inadecuado para los distintos tipos de decisiones médicas a las que se puede enfrentar una persona y propone un criterio variable basado en el grado de peligrosidad de la decisión médica. Así, a mayor riesgo de tal decisión para la salud más exigentes deben ser los requisitos de capacidad.[36]

Esta pionera tesis defendía que en la toma de decisiones sobre la salud no puede hablarse de incapacidad en términos generales, sino de diversas incapacidades que pueden afectar a la toma de decisiones en función del tipo de decisión a adoptar y del hándicap que afectase al paciente.[37] Para sus defensores la capacidad está directamente relacionada con la decisión clínica concreta que se debe afrontar. Así, las decisiones clínicas complejas que supongan un equilibrio riesgo-beneficio complejo requerirán grados de capacidad más elevados. Esta teoría parte de la idea de que la capacidad implica establecer un punto de corte entre la capacidad total y la incapacidad total, pero no es un punto fijo,

---

36 DRANE, J. F., "Competency to Give an Informed Consent. A Model for Making Clinical Assessments". *JAMA*, núm. 7, vol. 252, 1984, p. 925.

37 SIMÓN LORDA, P., op. cit., p. 339.

sino que se desplaza en función de la complejidad de la decisión a adoptar.[38]

2.4. Algunas cuestiones polémicas suscitadas por la entrada en vigor de la Ley 8/2021.

Uno de los mayores debates que ha generado la aprobación de la Ley 8/2021 versa sobre la necesidad de reformar la Ley 41/2002 para eliminar las contradicciones existentes entre las dos normas.[39]

Un sector doctrinal critica esa falta de reforma de la Ley 41/2002 alegando que sigue haciendo referencia al «paciente no capaz», a las «situaciones de incapacitación» y a la «representación legal del incapaz», incompatible con el nuevo sistema de apoyos previsto en la Ley 8/2021.[40] Para este sector la legislación especial provoca una situación de inseguridad jurídica de los profesionales sanitarios.

En mi opinión, no existe actualmente esta situación de inseguridad jurídica, pues la Ley 8/2021 incluye una disposición derogatoria única de carácter general que deroga a todas las disposiciones de igual o inferior rango que contradigan, se opongan o sean incompatibles con lo establecido, de forma que su entrada en vigor supone la ineficacia de todas las disposiciones de la

---

38 Ibid, pp. 338-340.

39 Con posterioridad a la Ley 8/2021, la Ley de Autonomía del Paciente ha sido objeto de reforma en dos ocasiones. La Ley Orgánica 8/2021, de 4 de junio, de protección integral a la infancia y la adolescencia frente a la violencia modificó el art. 15.5 Ley 41/2002, relativo a la historia clínica; y la Ley Orgánica 1/2023, de 28 de febrero, por la que se modifica la Ley Orgánica 2/2010, de 3 de marzo, de salud sexual y reproductiva y de la interrupción voluntaria del embarazo, modifica el art. 9.5 Ley 41/2002, relativo al consentimiento informado en la práctica de ensayos clínicos y de técnicas de reproducción humana asistida.

40 GONZÁLEZ CARRASCO, M.C., op. cit., pp. 221-222; GARRIDO GARCÍA, A., op cit., p. 129.

Ley 41/2002 que se opongan, contradigan o sean incompatibles con el nuevo modelo de ejercicio de derechos por las personas afectadas por una discapacidad diseñado en la nueva Ley 8/2021. El conflicto normativo y la consiguiente inseguridad jurídica, se produjo mucho antes, con la entrada en vigor de la Convención de Nueva York en 2006, que reconoció capacidad de decisión a la persona incapaz, generando una contradicción con el sistema de representación del incapaz contemplado en el Convenio de Oviedo y en la Ley 41/2002 de autonomía del paciente. La Ley 8/2021, por tanto, lejos de producir conflictos normativos, lo que ha hecho ha sido más bien lo contrario: resolverlos, al introducir la citada cláusula derogatoria.

Otra cuestión distinta es el profundo debate doctrinal sobre los efectos que provocan en el ordenamiento jurídico las denominadas «cláusulas derogatorias indeterminadas»[41], o que los efectos derogatorios de la Ley 8/2021 sobre la Ley 41/2002 generen un vacío de regulación específica para el ámbito sanitario que sería deseable completar mediante una reforma de la Ley 41/2002 adaptada el nuevo modelo.

También se ha planteado si se puede seguir aplicando el criterio del superior «interés de la persona» con discapacidad para la toma de sus decisiones, es decir, de lo que terceras personas consideran como «mejor» para la persona con discapacidad. El esquema establecido por la Ley 8/2021 reitera continuamente, como criterio de aplicación, el respeto a la voluntad, preferencias y deseos de las personas con discapacidad, sustituyendo de manera tácita el criterio del interés superior[42], que al menos ya no puede determinarse al margen de la voluntad de la persona afectada.

---

41 GUASTINI, R., "In tema di abrogazione", en *L'abrogazione delle leggi. Un dibattito analitico,* C. Luzatti (coord.), Giuffrè, Milano, 1987, p. 7; DÍEZ-PICAZO, L.M., *La derogación de las leyes, Madrid,* Civitas, 1990, pp. 149 y ss.

42 DE SALAS MURILLO, S., "El nuevo sistema de apoyos para el ejercicio de la capacidad jurídica en la ley española 8/2021, de 2 de junio: panorámica general, interrogantes y retos", *Actualidad Jurídica Iberoamericana,* núm. 17, 2022, pp. 36-37.

En la última década, el Tribunal Supremo ya había comenzado a aplicar, como hemos señalado anteriormente, los principios de la Convención de Nueva York, propugnando una interpretación respetuosa con el ejercicio de los derechos por parte de la persona afectada con discapacidad. La jurisprudencia de la Sala Primera del Tribunal Supremo posterior a la Ley 8/2021, profundizando en esta línea, resuelve los recursos interpuestos en aplicación de esta ~~la~~ nueva regulación de la capacidad, revocando los pronunciamientos que declaraban la incapacidad de cualquier persona y manteniendo los apoyos que se hubieran establecido, que sean compatibles con la reforma introducida.[43] Sin embargo, en este punto, es preciso señalar que la jurisprudencia no ha abandonado completamente el criterio del interés superior, pues el Tribunal Supremo sigue reconociendo la posibilidad de imponer medidas de apoyo, en aplicación de ese superior interés, incluso en contra de la voluntad del interesado.[44]

La primera sentencia dictada por el Tribunal Supremo aplicando la nueva regulación de la capacidad prevista en la Ley 8/2021 impone a una persona que padece una discapacidad intelectual (concretamente el síndrome de Diógenes), medidas de apoyo de carácter asistencial y designa un curador para el ejercicio de las mismas, lo cual va en contra de la petición del interesado, que se opuso expresamente, de manera clara y terminante, a la provisión de apoyos.[45] Esto nos permite plantearnos algunas cuestiones. En primer lugar, si las medidas de apoyo acordadas respetan la autonomía de la persona afectada por una discapacidad. Y, en segundo lugar, si se ha atendido a su voluntad, preferencias y deseos. Si

---

[43] STS 589/2021, de 8 de septiembre (ECLI:ES:TS:2021/3276); STS 706/2021, de 19 de octubre (ECLI:ES:TS:2021:3770); STS 899/2021, de 21 de diciembre (ECLI:ES:TS:2021:4879); STS 66/2023, de 23 de enero (ECLI:ES:TS:2023:1291); STS 387/2023, de 21 de marzo (ECLI:ES:TS:2023:954).

[44] STS 589/2021, de 8 de septiembre (ECLI:ES:TS:2021:3276); STS 706/2021, de 19 de octubre (ECLI:ES:TS:2021:3770).

[45] STS 589/2021, de 8 de septiembre (ECLI:ES:TS:2021:3276)

bien la Ley no impide que, en caso de oposición del afectado, se pueda solicitar la adopción de tales medidas en un juicio contradictorio, no es menos cierto que la Ley establece que en todo caso deberá atenderse a su voluntad, preferencias y deseos. La justificación realizada por el Tribunal para el establecimiento de apoyos en contra de la voluntad manifiesta de la persona con discapacidad reside en un «interés superior» para evitar la «marginación» o la «crueldad» social. En mi opinión esta interpretación de la Ley supone una extralimitación que vulnera el tenor literal de la Ley 8/2021 y, por ende, de la Convención de Nueva York, que propugnan una mayor autonomía de las personas con discapacidad y priorizan su voluntad, preferencias y deseos, para lograr el ejercicio de su capacidad jurídica en «en igualdad de condiciones» con los demás. A la misma solución jurídica se hubiese llegando recurriendo a la necesidad de preservar la salud pública como límite al derecho a decidir.

3. CONCLUSIONES

La Ley 8/2021 ha supuesto un cambio de paradigma en el ordenamiento jurídico español. Se ha pasado de un modelo paternalista en el que se atiende al interés superior de las personas con discapacidad a un modelo de apoyos donde se prioriza la voluntad, preferencias y deseos de estas personas. Se suprimen la tutela, la patria potestad prorrogada o rehabilitada y la prodigalidad, sustituyendo la incapacitación de la persona con discapacidad por un sistema de apoyos en diferentes grados. La curatela se constituye como la principal medida de apoyo de carácter judicial, admitiéndose, de manera excepcional, las medidas de apoyo representativas. Esto supone dotar a estas personas de una mayor autonomía y de mayor protagonismo y participación en la toma de decisiones en cuestiones que afectan a su propia salud. De esta manera se adapta nuestra legislación a las exigencias contenidas en la Convención de Nueva York de 2006.

En materia de ejercicio de derechos de las personas con discapacidad el debate ha girado tradicionalmente en torno a la cuestión de qué se debe priorizar: si la protección de las personas con discapacidad o el respeto a su voluntad, preferencias y deseos. El Convenio de Nueva York y, más tarde, la Ley 8/2021 han cambiado el paradigma existente. Se ha pasado de priorizar el interés superior de estas personas a dar preferencia a su voluntad y su participación plena y efectiva en la toma de decisiones. Sin embargo, la jurisprudencia posterior a la Ley de 2021 sigue reconociendo, en ocasiones, la posibilidad de atender a ese interés superior, aunque sea contrario a la voluntad manifestada. A mi juicio, esto supone una extralimitación que no se corresponde con la literalidad de la Convención de Nueva York y de la Ley 8/2021, y que vulnera la autonomía de la persona con discapacidad.

La Ley 41/2002 no ha sido modificada tras el cambio de paradigma incorporado al ordenamiento jurídico español por la Ley 8/2021. En la Ley de Autonomía del Paciente se sigue haciendo referencia al paciente «no capaz» y a las situaciones de «incapacitación», lo que es incompatible con el modelo de apoyos a las personas con discapacidad previsto. Sin embargo esto no supone la existencia de inseguridad jurídica, ya que la Disposición Derogatoria Única de la Ley 8/2021 declara derogadas las disposiciones del mismo o inferior rango que sean contrarias, se opongan o contradigan lo establecido en la nueva regulación. Por tanto, al tratarse de normas del mismo rango, la Ley 41/2002 se entiende derogada, siendo de aplicación el régimen general previsto en la ley 8/2021.

La Ley 8/2021 no contiene una regulación específica en materia de autonomía del paciente y consentimiento informado. La conclusión anterior no supone, por tanto, que no sea conveniente la reforma de la Ley 41/2002, para actualizar y adaptar la legislación sanitaria al modelo introducido por la Ley 8/2021.

A partir de la STS 282/2009, de 29 de abril, que refleja el impacto de la Convención de Nueva York, se comenzó a flexibilizar jurisprudencialmente la curatela, optando por funciones de mera asistencia. En esta sentencia se advierte que las personas con discapacidad son titulares de sus derechos fundamentales y que la incapacitación total solo podrá acordarse como forma de protección cuando sea estrictamente necesaria y en supuestos excepcionales. La jurisprudencia de la Sala Primera del TS posterior a la Ley 8/2021 resuelve los recursos adaptando los pronunciamientos a esta Ley, es decir, revocando los que declaraban la incapacitación y establecido medidas de apoyo.

4. BIBLIOGRAFÍA

ARCOS OROZCO, Blanca A.; LÓPEZ ROLDÁN, Verónica M.; CASAMARTÍNEZ, María de la Luz; MARTÍNEZ BULLÉ-GOYRI, Víctor M., "Reflexiones bioéticas sobre el consentimiento de personas con discapacidad en la toma de decisiones de salud", *Medicina y Ética*, núm. 2, vol. 32, 2021, pp. 407-424. https://doi.org/10.36105/mye.2021v32n2.02

ARNAU MOYA, Federico, Aspectos polémicos de la Ley 8/2021 de medidas de apoyo a las personas con discapacidad, *Revista Boloviana de Derecho*, núm. 33, 2022, pp. 534-573. https://dialnet.unirioja.es/servlet/articulo?codigo=8319465

CASADO DA ROCHA, Antonio, "Biobancos, cultura científica y ética de la investigación", *Dilemata*, núm. 4, 2010, pp. 1-14.

DE LAS HERAS GARCÍA, Manuel Ángel, "Apoyos y discapacidad tras año y medio de la Ley 8/2021", *UPL Law Review – Revista de Dereito da ULP*, núm. 1-2, vol. 16, 2022, pp. 17- 39. https://revistas.ulusofona.pt/index.php/rfdulp/article/view/8717

DE SALAS MURILLO, Sofía, "El nuevo sistema de apoyos para el ejercicio de la capacidad jurídica en la ley española 8/2021, de 2 de junio: panorámica general, interrogantes y retos", *Actualidad Jurídica* Iberoamericana, núm. 17, 2022, pp. 16-47.

DÍAZ DEL PINO, David, "Ética de Spinoza: hacia una mayor autonomía del paciente", *Revista española de comunicación en salud*, núm. 1, vol. 12, 2021, pp. 106-110, https://doi.org/10.20318/recs.2021.5738

DÍAZ PARDO, Gloria, "Consentimiento informado en la toma de decisiones para actos médicos. Respeto a la voluntad de la persona vulnerable", en PEREÑA VICENTE, Montserrat (dir.), *La voluntad de la persona protegida*, Dykinson, Madrid, 2018, pp. 249-280.

DÍEZ-PICAZO, L.M., *La derogación de las leyes, Madrid*, Civitas, 1990.

DRANE, James F., "Competency to Give an Informed Consent. A Model for Making Clinical Assessments", *JAMA*, núm. 7, vol. 252, 1984, pp. 925-927.

GARRIDO GARCÍA, Antonio, "Prestación de consentimientos médico-sanitarios por personas con discapacidad", *Revista CESCO*, núm. 41, 2022, pp. 114-131. https://doi.org/10.18239/RCDC_2022.41.3101

GONZÁLEZ CARRASCO, María del Carmen, "La prestación del consentimiento informado en materia de salud en el nuevo sistema de apoyos al ejercicio de la capacidad", *Derecho Privado y Constitución*, núm. 39, 2021, pp. 213-247. https://doi.org/10.18042/cepc/dpc.39.01

GONZÁLEZ-TORRE, Ángel Pelayo, *El derecho a la autonomía del paciente en la relación médica. El tratamiento jurisprudencial del consentimiento informado*, Colmenares, Granada, 2009.

GUASTINI, R., "In tema di abrogazione", en *L'abrogazione delle leggi. Un dibattito analitico*, C. Luzatti (coord.), Giuffrè, Milano, 1987, pp. 3-31.

MICHAUD, Jean, *Informe explicativo del Convenio relativo a los derechos humanos y la biomedicina*, autorizada su publicación por el Comité de Ministros del Consejo de Europa el 17 de diciembre de 1996, publicado en Diario Médico, 4 de abril de 1997. pp. 407-409.

PAU PADRÓN, Antonio, "De la incapacitación al apoyo: el nuevo régimen de la discapacidad intelectual en el Código Civil", *Revista de Derecho Civil*, núm. 3, vol. V, 2018, pp. 5-28. http://nreg.es/ojs/index.php/RDC

RECOVER BALBOA, Torcuato, "Hacia la reforma del Código Civil y la Ley de Enjuiciamiento Civil en materia de discapacidad", en: CARCÍA GARNICA, María del Carmen (dir.), *Nuevas perspectivas del tratamiento jurídico de la discapacidad y la dependencia*, Dykinson, Madrid, 2014, pp. 19-30.

SÁNCHEZ HERNÁNDEZ, Ángel, "Consideraciones sobre la reforma de la legislación civil en materia de discapacidad: de la incapacitación al apoyo", *REDUR*, núm. 19, 2021, pp. 23-55. http://doi.org/10.18172/redur.5318

SEOANE RODRÍGUEZ, José Antonio, "La autonomía del paciente", *Dilemata*, núm. 3, 2010, pp. 61-75.

SERRANO GARCÍA, Ignacio, *Autotutela. El artículo 223-II del Código Civil y la Convención de Nueva York sobre los derechos de las personas con discapacidad de 2006*, vol. 1, Tirant lo Blanch, Valencia, 2012.

SILLERO CROVETTO, Blanca, "¿Incapacidad parcial tras la Convención de Nueva York? Posicionamiento jurisprudencia", en: CARCÍA GARNICA, María del Carmen (dir.), *Nuevas perspectivas del tratamiento jurídico de la discapacidad y la dependencia*, Dykinson, Madrid, 2014, pp. 31-61.

SIMÓN LORDA, Pablo, "La capacidad de los pacientes para tomar decisiones: una tarea todavía pendiente", *Revista de la Asociación española de Neuropsiquiatría*, núm. 102, vol. 28, 2008, pp. 325-348.

TARODO SORIA, Salvador.

Libertad de conciencia y derechos del usuario de los servicios sanitarios, Bilbao: Editorial de la Universidad del País Vasco, 2005.

"El fundamento constitucional del denominado «consentimiento informado»", en: FERNÁNDEZ-CORONADO GONZÁLEZ, Ana; PELAYO OLMEDO, José Daniel; PÉREZ ÁLVAREZ, Salvador; RODRÍGUEZ MOYA, Almudena; SUÁREZ PERTIERRA, Gustavo; LLAMAZARES FERNÁNDEZ; Dionisio, *Libertad de conciencia, laicidad y derecho: "liber discipulorum" en homenaje al Prof. Dr. Dionisio Llamazares Fernández*, Thomson Reuters Civitas, Navarra, 2014, *pp. 383-403.*

"Conciencia y libertad. El derecho de libertad de conciencia como fundamento constitucional de los derechos a la información y a decidir sobre la propia salud", en: *La bioética y el arte de elegir*, XI Congreso Nacional de Bioética, Asociación de Bioética Fundamental y Clínica, 2ª ed., 2014, pp. 60-99.

"Patient autonomy in the context of digital medicine", *Bioethics*, Special issue: *Patient autonomy in the face of new technologies advances in Medicine*, Wiley, ISSN: 1467-8519, 2023, (in publication process BIOT-4442-07-23-OA, data submission: 2023/07/2023).

Webgrafía

Instrucción de la Fiscalía General del Estado 3/2010, de 29 de noviembre, sobre la necesaria fundamentación individualizada de las medidas de protección o apoyo en los procedimientos sobre determinación de la capacidad de las personas, (Referencia: FIS-I-2010-00003).

Algunas notas sobre la sustitución fideicomisaria tras las Ley 8/2021, de 2 de junio

JÉSICA DELGADO SÁEZ
Universidad de Salamanca

Resumen:

El objeto de este trabajo es presentar algunas notas sobre las cuestiones fundamentales de la sustitución fideicomisaria tras la Ley 8/2021, de 2 de junio, por la que se reforma la legislación civil y procesal para el apoyo a las personas con discapacidad en el ejercicio de su capacidad jurídica. Para ello se hará un breve análisis de la norma jurídica que regula la sustitución fideicomisaria, las personas que pueden resultar beneficiarias por esta sustitución y, asimismo, se analizará el alcance y modalidad que puede adoptar.

Palabras clave: discapacidad; legitimario; sustitución fideicomisaria; fideicomiso de residuo.

1. INTRODUCCIÓN

La Ley 8/2021, de 2 de junio, por la que se reforma la legislación civil y procesal para el apoyo a las personas con discapacidad en el ejercicio de su capacidad jurídica ha modificado un sinfín de preceptos del Código Civil español para adaptarlos a la Convención de Nueva York de 2006, sobre los Derechos de las Personas con Discapacidad que en España entró en vigor el 3 de mayo de 2008. Consecuentemente, un gran número de preceptos e instituciones del Derecho de sucesiones se han visto afectados por la reforma y este ha sido el caso de la sustitución fideicomisaria que en beneficio de los legitimarios con discapacidad ha conllevado la reforma formal de los artículos 782 y 808 del Código Civil.

Prestando especial atención al artículo 808 CC se puede examinar que el precepto determina que la legítima que corresponde a los hijos son las dos terceras partes del haber hereditario; se mantiene la posibilidad de mejorar a un descendiente en una de las dos partes que conforma la legítima de los hijos y se determina que el tercio restante del haber hereditario es de libre disposición. Hasta aquí no se ha introducido ninguna novedad, pero a continuación, se han incorporado dos nuevos párrafos. El primero de ellos, esto es, el párrafo cuarto del artículo 808 CC, sobre el que se aportan algunas notas en este trabajo, establece que «cuando alguno o varios de los legitimarios se encontraren en una situación de discapacidad, el testador podrá disponer a su favor de la legítima estricta de los demás legitimarios sin discapacidad. En tal caso, salvo disposición contraria del testador, lo así recibido por el hijo beneficiado quedará gravado con sustitución fideicomisaria de residuo a favor de los que hubieren visto afectada su legítima estricta y no podrá aquel disponer de tales bienes ni a título gratuito ni por acto *mortis causa*».

Esta disposición permite que los progenitores puedan beneficiar a los hijos que sean legitimarios y que padezcan una discapacidad al poder disponer para ellos no sólo de la mejora sino también de la legítima estricta, con la consecuencia de que los demás legitimarios –instituidos herederos o designados legatarios fideicomisarios– podrían quedar desheredados, es decir, la Ley 8/2021 ha permitido, a través del párrafo cuarto del artículo 808 del Código, que el testador grave con una sustitución fideicomisaria la legítima estricta de los legitimarios no discapacitados en favor de instituir fiduciario a un descendiente en situación de discapacidad. El causante puede así atribuir, aun en condición de heredero fiduciario, los dos tercios de legítima a uno o varios de sus descendientes que se encuentren en esta situación como meros herederos fideicomisarios[1].

---

[1] BUSTO LAGO, J.M., "Artículo 808", en AA.VV. (coord. BERCOVITZ RODRÍGUEZ-CANO, R.), *Comentarios al Código Civil*, 5.ª ed., Thomson Reuters Aranzadi, Cizur Menor, 2021, p. 1066. DÍAZ ALABART, S., "De-

Se comprueba que a pesar del férreo régimen de legítimas que rige en el Derecho español que predica la intangibilidad de las legítimas, ésta puede ser gravada con una sustitución fideicomisaria en favor de un legitimario con discapacidad en aras de otorgarle una mayor protección personal y patrimonial que al resto de legitimarios[2].

Por ello, durante este breve trabajo se va a intentar plantear algunas cuestiones que la doctrina considera fundamentales sobre la sustitución fideicomisaria a favor del legitimario con discapacidad y que, en ciertas ocasiones, el legislador no ha regulado claramente como pueden ser las diversas cuestiones que pueden presentarse en la persona del legitimario favorecido por la sustitución y el alcance y modalidad de esta sustitución.

2. CONSIDERACIONES SOBRE LA PERSONA FAVORECIDA POR LA SUSTITUCIÓN FIDEICOMISARIA DEL ARTÍCULO 808 CÓDIGO CIVIL

Se acaba de hacer referencia a la posibilidad de que el testador grave la legítima estricta de los legitimarios en favor de descendientes legitimarios con discapacidad, pero ¿qué se entiende por persona con discapacidad? Hay que acudir a la Disposición Adicional cuarta del Código Civil para arrojar luz sobre este asunto y esta explica que a los efectos de los artículo 782 y 808 CC se entenderá por discapacidad aquella «hecha al concepto definido en la Ley 41/2003, de 18 de noviembre, de protección patrimonial de las personas con discapacidad y de modificación del Código Civil, de la Ley de Enjuiciamiento Civil y de la Normativa Tributaria con

---

recho de sucesiones y discapacidad", (coord. ÁLVAREZ LATA, N.), *El nuevo sistema de apoyos a las personas con discapacidad y su incidencia en el ejercicio de su capacidad jurídica*, Thomson Reuters Aranzadi, 2022, p. 225.

2 PLANAS BALLVÉ, M., "La renovada sustitución fideicomisaria sobre la legítima estricta: instrumento de protección al hijo con discapacidad", *Revista de Derecho civil*, 3/2022, p. 436.

esta finalidad[3], y a las personas que están en situación de dependencia de grado II o III[4] de acuerdo con la Ley 39/2006, de 14 de diciembre, de Promoción de la Autonomía Personal y Atención a las personas en situación de dependencia».

Teniendo en consideración las normas apuntadas, es suficiente con tener una resolución administrativa que declare la discapacidad de la persona dejando de depender esta declaración de una sentencia judicial[5]. La solución aportada puede provocar desigualdades entre españoles pues es posible que cada Comunidades Autónomas tenga sus propias reglas de tramitación de estas resoluciones administrativas y, en consecuencia, dependerán del lugar de residencia y de la apreciación de los distintos Grados de dependencia por parte de los tribunales, dando lugar a inseguridad jurídica. La doctrina se muestra crítica con la Disposición Adicional cuarta del CC por dos razones, en primer lugar, porque considera que se ha ampliado en un gran número de personas

---

3 A los efectos de la Ley 42/2003 se puede entender por persona con discapacidad la que presente una discapacidad psíquica igual o superior al 33 por ciento o la que presente una discapacidad física o sensorial igual o superior al 65 por ciento (art. 2).

4 Conforme al artículo 26 de la Ley 39/2006, de 14 de diciembre, el Grado II de dependencia significa que la persona con discapacidad sufre una dependencia severa y la persona "necesita ayuda para realizar varias actividades básicas de la vida diaria dos o tres veces al día, pero no quiere el apoyo permanente de un cuidador o tiene necesidades de apoyo extenso para su autonomía personal". El Grado III es reservado para persona con discapacidad que sufren una gran dependencia, que se produce cuando "la persona necesita ayuda para realizar varias actividades básicas de la vida diaria varias veces al día y, por su pérdida total de autonomía física, mental, intelectual o sensorial, necesita el apoyo indispensable y continuo de otra persona o tiene necesidades de apoyo generalizado para su autonomía personal".

5 BOTELLO HERMOSA, P., "La legítima estricta ¿colectiva? Tras la Ley 8/21", *Revista Crítica de Derecho Inmobiliario,* 795/2023, p. 237.

las posibilidades de que pueda verse grabada la legítima estricta porque es suficiente con obtener una resolución administrativa y, en segundo lugar, porque puede dar lugar a situaciones de desigualdad entre las personas con discapacidad dependiendo de su lugar de residencia[6].

Teniendo en consideración lo anterior ¿qué ocurriría si la persona con discapacidad dejara de tener el grado de discapacidad al que se refiere la Disposición Adicional cuarta del Código? Se debe diferenciar si la pérdida de condición de persona con discapacidad se ha producido antes o después del fallecimiento de causante.

Si la pérdida de la condición de persona con discapacidad se produce antes del fallecimiento del causante quedará extinguida la disposición testamentaria y ello supondría la ineficacia de la sustitución fideicomisaria que no llegaría a desplegar sus efectos y, en consecuencia, la legítima estricta se adjudicaría a los descendientes legitimarios por partes iguales y, lo mismo ocurriría, con el tercio de mejora si de las disposiciones del testador no se pudiera deducir lo contrario[7].

Si la pérdida de la condición de persona con discapacidad se produce después del fallecimiento del causante y ya convertida la persona con discapacidad en fiduciario, la cuestión se complica pero, la doctrina es pacífica y considerar que debe entenderse que la sustitución fideicomisaria se extingue automáticamente –aunque los colegitimarios tengan que reclamar la extinción del fideicomiso– porque desaparece la causa que justificaba el gravamen sobre la legítima y, ello dará lugar, a que los legitimarios-fideicomisarios puedan recuperar los bienes objeto de fideicomiso

---

6 ÁLVAREZ ÁLVAREZ, H., "Las disposiciones testamentarias en beneficio de la persona con discapacidad: la sustitución fideicomisaria", en (coord. LERDO DE TEJADA, M., CERDEIRA BRAVO DE MANSILLA, G., MURGA FERNÁNDEZ, J.P., GARCÍA MAYO, M.), *La persona con discapacidad en el derecho de sucesiones*, Aranzadi, Cizur Menor, 2023, ep. IV.1.

7 DÍAZ ALABART, S., "Derecho de sucesiones…, ob.cit., p. 226.

en pago de su legítima[8]. De este modo, la recuperación de la capacidad por parte del fiduciario opera como una condición resolutoria del gravamen y, por lo tanto, perdida la condición de persona con discapacidad, desaparece la sustitución fideicomisaria[9].

Otra cuestión que debe tenerse en consideración y que la Ley 8/2021, de 2 de junio ha venido a precisar, es si la persona sobre la que recae la sustitución fideicomisaria deber ser legitimario del causante o sería suficiente con que fuera descendiente del causante. Ahora, se exige expresamente en el artículo 808 CC que el fiduciario debe ser legitimario del causante y se acaba, de esta forma, con la polémica suscitada en épocas pasadas. Los descendientes del causante que no tienen la condición de legitimario – los nietos, por ejemplo–, no podrán ser beneficiados como fiduciarios a pesar de que se encuentren en situación de discapacidad, si bien es verdad, que esta regla encuentra su excepción cuando los descendientes del causante tengan la condición de legitimario por derecho de representación, en caso contrario, esto es, si no ostentan este derecho, el causante podrá favorecerlos por vía de mejora pero no pueda afectar a las legítimas estrictas de los legitimarios[10].

---

8 DÍAZ ALABART, S., "Derecho de sucesiones… ob.cit., p. 226. DOMÍNGUEZ LUELMO, A., "La reforma del Derecho de sucesiones en la Ley 8/2021: Derecho sustantivo y Derecho transitorio", (dir. LLAMAS POMBO, E., MARTÍNEZ RODRÍGUEZ, N., TORAL LARA, E.), *El nuevo derecho de las capacidades: de la incapacitación al pleno reconocimiento,* Wolters Kluwer, Madrid, 2021, p. 405.

9 ORTEGA DOMÉNECH, J., "Constitución de una sustitución fideicomisaria a favor de heredero con discapacidad sobre el tercio de legítima estricta: cuestiones y problemas a la luz de la reforma introducida por la Ley 8/2021, de 2 de junio", en (Dir. REPRESA POLO, M. P.), *Modificaciones sucesorias, discapacidad y otras cuestiones. Una mirada comparativa,* Reus, Madrid, 2022, p. 128.

10 ÁLVAREZ ÁLVAREZ, H., "Las disposiciones testamentarias …, op.cit., ep. IV.1. APARICIO VAQUERO, J.P., "Artículos 782, 808 y 813.II", en (dir. GARCÍA RUBIO, M.P., MORO ALMARAZ, M.J.), *Comentario articulado a la reforma civil y procesal en materia de discapacidad,* Civitas Thomson Reuters, Cizur Menor, 2022, p. 568. BOTELLO HERMOSA, P., "La legí-

Y, por último, si varios legitimarios están en situación de discapacidad ¿el causante debería designarlos conjuntamente como fiduciarios? Esta cuestión no queda clara en el texto de la Ley y por ello, DOMÍNGUEZ LUELMO[11] tiene en cuenta que si se tiene en consideración el artículo 808 CC debería hacerse un llamamiento conjunto como fiduciarios a todos los hijos con discapacidad del causante y, de esta forma, se estaría limitando las facultades dispositivas del testador pues tendría que establecer una sustitución fideicomisaria en beneficio de todos sus hijos con discapacidad. En caso contrario, estaría gravando las legítimas de estos último. Quizá hubiera sido más beneficioso permitirle al testador designar sólo a uno o a algunos de sus hijos con discapacidad como fiduciarios a pesar de que esto supusiera gravar la legítima de los demás hijos con discapacidad, pues, se debe tener en consideración que no todos los hijos podrían tener el mismo grado de discapacidad o la misma situación patrimonial[12].

Contraria a esta opinión se muestra DÍAZ ALABART pues considera la posibilidad referida *supra* como un evento posible puesto que del artículo 808 CC puede interpretarse que el testador puede instituir un solo fiduciario o más de uno cuando sean varios hijos los discapacitados, eso sí, habrá que entender que el legitimario con discapacidad designado recibirá su legítima sin ningún gravamen y que los demás legitimarios con discapacidad no podrán ver gravada su legítima[13].

En definitiva, parece razonable pensar que si sólo concurren en la herencia legitimarios con discapacidad sean llamados conjuntamente como fiduciarios; otra cosa sería si, concurrieran legitimarios con discapacidad y sin discapacidad pues, en este supuesto concreto, creo que podría constituirse un fideicomiso a

---

tima estricta… ob.cit., p. 254. DOMÍNGUEZ LUELMO, A., "La reforma del Derecho… ob.cit., p. 405.

11 DOMÍNGUEZ LUELMO, A., "La reforma del Derecho… ob.cit., p. 405.

12 En el mismo sentido ÁLVAREZ ÁLVAREZ, H., "Las disposiciones testamentarias …, ob.cit., ep. IV.1.

13 DÍAZ ALABART, S., "Derecho de sucesiones… ob. cit., p. 229.

favor de uno sólo de los legitimarios con discapacidad teniendo en consideración que la legítima de los restantes legitimarios con discapacidad no podría ser gravada. Ahora bien, las designaciones realizadas por el causante, en aras a intentar beneficiar a todos, deberían llevarse a cabo teniendo en consideración el grado de discapacidad de cada uno de ellos y su situación patrimonial.

3. EXTENSIÓN DE LA SUSTITUCIÓN FIDEICOMISARIA

El legislador en el artículo 808 CC dispone que "cuando alguno o varios de los legitimarios se encontraren en una situación de discapacidad, el testador podrá disponer a su favor de la legítima estricta de los demás legitimarios sin discapacidad". Sólo se hace referencia al tercio de legítima estricta, nada se dice, como razonablemente podría pensarse, de que, si el testador quisiera beneficiar y proteger a ese hijo, legitimario, con discapacidad, lo mejoraría porque sería preferible esta última opción a gravar la legítima de los restantes coherederos. Por contra, el precepto se refiere únicamente al tercio de legítima estricta por lo que no impone la atribución del tercio de mejora a los legitimarios discapacitados[14].

Frente a lo dispuesto por el párrafo cuarto del artículo 808 CC un sector doctrinal considera que si se grava la legítima estricta a favor del legitimario discapacitado también debería atribuírsele el tercio de mejora puesto que "el gravamen excepcional de la legítima estricta sólo tiene justificación para obtener una protección patrimonial mayor y no tendría sentido admitir la sustitución fideicomisaria sobre la legítima estricta cuando el testador no dispone de la mejora para el discapacitado"[15]. Otro sector considera

---

14 ÁLVAREZ ÁLVAREZ, H., "Las disposiciones testamentarias ..., ob.cit., ep. IV.2.

15 ÁLVAREZ ÁLVAREZ, H., "Las disposiciones testamentarias ..., ob.cit., ep. IV.2. CERVILLA GARZÓN, M.D., "La sustitución fideicomisaria y la protección de las personas con discapacidad", en (dir. CERDEIRA

que es posible que si el testador lo desea pueda mejorar a otros hijos o nietos con el tercio de mejora. Otra cosa es que esta sea la opción más lógica puesto que no es razonable que se permita al testador establecer un gravamen tan excepcional para los colegitimarios del discapacitado a la vez que conserva por entero su ámbito de libertad testamentaria[16].

En cuanto a la atribución del tercio de libre disposición a la persona con discapacidad beneficiada por la sustitución fideicomisaria también hay posiciones encontradas. De una parte, un sector considera que el testador no tendría la obligación de atribuir el tercio de libre disposición a sus hijos con discapacidad designados como fiduciarios[17]. Por otra, existe otro sector doctrinal que considera que la excepcionalidad que supone gravar el tercio de legítima estricta a favor del legitimario con discapacidad sólo podría justificarse en el caso de que se dejase la totalidad de la herencia a la persona con discapacidad ya que, en caso contrario, el testador antepondría sus intereses personales a los de los legitimarios porque le estaría privando de su derecho para beneficiar a otros[18].

BRAVO DE MANSILLA, G., GARCÍA MAYO, M.), *Un nuevo orden jurídico para las personas con discapacidad,* Wolters Kluwer, 2021, pp. 694- 695.

16 DÍAZ ALABART, S., "Derecho de sucesiones... ob.cit., p. 89. PLANAS BALLVÉ, M., "La renovada sustitución... ob.cit., p. 437.

17 CARRIÓN OLMOS, S., "Un debate abierto: ¿modificación o supresión del régimen de legítimas en el Código Civil español?, *Actualidad Jurídica Iberoamericana,* 16bis/2022, p. 3021. CERVILLA GARZÓN, M.D., "La sustitución fideicomisaria... ob.cit., pp. 694- 695. DÍAZ ALABART, S., "La sustitución fideicomisaria sobre el tercio de legítima estricta a favor de hijo o descendiente incapacitado judicialmente: art. 808 CC reformado por la Ley 41/2003, de 18 de noviembre", *Revista de Derecho Privado,* 88-3/2004, pp. 267- 268. DOMÍNGUEZ LUELMO, A., "La reforma del Derecho... ob.cit., p. 405. MARTÍN SANTISTEBAN, S., "Reforma civil en materia testamentaria para el apoyo a personas con discapacidad", *Revista de Derecho Patrimonial,* 57/2022, p. 89. PLANAS BALLVÉ, M., "La renovada sustitución... ob.cit., p. 437.

18 AMUNÁTEGUI RODRÍGUEZ, C., "Artículo 813", en (dir. GUILARTE MARTÍN-CALERO, C.), *Comentarios a la Ley 8/2021 por la que se reforma*

4. MODALIDAD DEL FIDEICOMISO

El legislador en el artículo 808 CC dispone que en los supuestos en que se constituye una sustitución fideicomisaria a favor de un legitimario con discapacidad se está ante la modalidad de sustitución fideicomisaria de residuo, de modo que el fiduciario no está obligado a conservar los bienes y puede disponer de estos a título oneroso, pero no a título gratuito ya sea *inter vivos* o *mortis causa.* Esta última posibilidad de disponer de los bienes a título gratuito e *inter vivos,* resultaría llamativa ya que el objeto de la Ley 8/2021 es la protección de la persona con discapacidad y que ésta pueda ejercer su capacidad jurídica en igualdad de condiciones con los demás, por lo que, sería ilógico que para conseguirlo se le permitiera a la persona con discapacidad donar los bienes que integran la legítima estricta de los demás legitimarios[19]. Consecuentemente, sólo disposición en contrario del testador convertirá este tipo de sustitución en sustitución fideicomisaria ordinaria en la que el legitimario beneficiado tendría la obligación de conservar y transmitir a los demás legitimarios los bienes recibidos en virtud de la disposición que el testador hubiera realizado sobre la legítima estricta[20].

Ante la sustitución fideicomisaria de residuo, los restantes coherederos sin discapacidad adquirirán en el momento de la restitución los bienes de los que el fiduciario no haya dispuesto onerosamente pues el «artículo 783 del Código Civil permite que el testador autorice al fiduciario a no devolver al fideicomisario el todo de la herencia, en cuanto dispone que el "fiduciario estará obligado a entregar la herencia al fideicomisario, sin otras deducciones que las que correspondan por gastos legítimos, créditos y mejoras, salvo el caso en que el testador haya dispuesto otra cosa".

---

la legislación civil y procesal en materia de discapacidad, Thomson Reuters Aranzadi, Cizur Menor, 2021, pp. 943 y ss.

19 MARTÍN SANTISTEBAN, S., "Reforma civil en materia... ob.cit., p. 89.

20 ÁLVAREZ ÁLVAREZ, H., "Las disposiciones testamentarias ..., ob.cit., ep. IV.2.

Así, en el fideicomiso de residuo el testador autoriza al instituido en primer lugar para que disponga de los bienes de la herencia, con las limitaciones y para los supuestos que eventualmente pueda haber determinado, y ordena que el resto que quedare en el momento de la restitución pase a otras personas a la que llama sucesivamente a la herencia. [...] También ha de entenderse que la contraprestación adquirida por el fiduciario al enajenar no se entiende que subroga al bien salido del patrimonio, sujeta por tanto a la restitución, salvo voluntad contraria del deudor pues en caso contrario se trataría en realidad de una sustitución íntegra en cuanto a su valor económico y no "de residuo"»[21]. De esta forma, el testador es el árbitro que conceder facultades de disposición al fiduciario pues es quien confiere o no facultades de disposición al legitimario con discapacidad[22].

Esta modalidad de fideicomiso de residuo puede ser de dos tipos según la doctrina establecida por la jurisprudencia del Tribunal Supremo. En primer lugar, las sustituciones fideicomisarias de residuo *de eo quod supererit* «de lo que quede» que conlleva que el fiduciario tendrá facultades de disposición *inter vivos* sobre concretos bienes fideicomitidos pero no sobre todos pues la intención del testador, explica BOTELLO HERMOSA[23], es que "una vez llegado el término o cumplida la condición, ciertos bienes vayan a parar al fideicomisario".

Y, por otro lado, las sustituciones fideicomisarias de residuo *si aliquid supererit* «si queda algo», en las que no hay límites a la facultad de disposición pues el fiduciario que puede disponer *inter vivos* de todos los bienes fideicomitidos onerosamente (o de forma gratuita, pero para ello necesitara la autorización expresa

---

21 STS de 7 de noviembre de 2008 (*Tol 1.401.738*)

22 PLANAS BALLVÉ, M., "La renovada sustitución... ob.cit, pp. 439- 440.

23 BOTELLO HERMOSA, P., "La legítima estricta... ob.cit., p. 239. En el mismo sentido, DOMÍNGUEZ LUELMO, A., "La reforma del Derecho... ob.cit., p. 408.

del testador[24]) por lo que podría ocurrir que el fideicomisario no recibiera nada[25]. PLANAS BALLVÉ[26] considera que el legislador español se ha decantado por esta modalidad de fideicomiso «si queda algo» pues el hijo beneficiario podrá disponer de los bienes a título oneroso para sufragar las necesidades originadas por la situación de discapacidad en la que se encuentra. De esta forma, el fideicomisario está sometido a "una condición suspensiva, esto es, a que el heredero fiduciario no haya dispuesto de la totalidad del patrimonio recibido del causante por el primer llamado. Así, para el segundo llamado, el fideicomisario, va a recibir una cantidad indeterminada, porque lo estará en función del uso que el fiduciario haga de la facultad dispositiva que le haya otorgado el testador".

En suma, habrá que estar a la disposición expresa del testador para poder deducir ante qué modalidad de fideicomiso de residuo se encuentra el legitimario con discapacidad pues podría ser posible que pudiera disponer de toda la herencia onerosamente y el resto de los legitimarios no recibieran nada o simplemente recibieran lo que el legitimario con discapacidad no ha enajenado o

---

24 La STS de 13 de noviembre de 1948 (*Tol 4.461.694*) en la que se discute el alcance de la sustitución comisaria de residuo establece que "el instituido primeramente en la sustitución fideicomisaria viene obligado a conservar como mero usufructuario los bienes de la herencia y a transmitirlos al sustituto en el momento fijado por él fideicomitente, al paso que el fiduciario de residuo puede disponer de los bienes por acto «inter-vivos» y aun por acto «monis causa», si para esto hubiera sido autorizado también por el testador, viniendo solamente obligado a restituir lo que le quedase al tiempo de su muerte»

25 BARBA, V., "Capacidad para otorgar testamento, legitimarios y protección de la persona con discapacidad", *La Ley Derecho de Familia: Revista jurídica sobre familia y menores*, 31/2021, ep. VIII. BOTELLO HERMOSA, P., "La legítima estricta… ob.cit., p. 240. DOMÍNGUEZ LUELMO, A., "La reforma del Derecho… ob.cit., p. 408.

26 PLANAS BALLVÉ, M., "La renovada sustitución… ob.cit., pp. 438-439. En el mismo sentido CARRIÓN OLMOS, S., "Un debate abierto… ob.cit., p. 3026.

el bien equivalente de la enajenación o su sobrante por medio de subrogación real.

5. CONCLUSIONES

La sustitución fideicomisaria no precisa que el legitimario beneficiado por la misma tenga modificada su capacidad por sentencia judicial pues es suficiente con que la discapacidad se declare en una resolución administrativa.

Asimismo, la sustitución fideicomisaria que se puede atribuir en virtud del artículo 808 CC designa como beneficiarios a los legitimarios con discapacidad y no a ningún otro descendiente, siendo esta una sustitución fideicomisaria de residuo y, siempre y cuando el testador no declare lo contrario. Igualmente, la condición de persona con discapacidad tiene que darse en el momento de la apertura de la sucesión y durante todo el fideicomiso pues si la persona recuperara su capacidad la sustitución fideicomisaria se extinguiría y los demás legitimarios podría recibir su legítima estricta.

En cuanto a la posibilidad de que existan varios legitimarios con discapacidad, el legislador no ha establecido si debe hacerse un llamamiento conjunto o sucesivo para beneficiarles con la sustitución fideicomisaria por lo que sería consecuente pensar que el testador podría decidir la constitución de la sustitución en función del grado de discapacidad y la situación patrimonial de cada uno de los legitimarios con discapacidad.

Al legitimario con discapacidad, fiduciario, podrá otorgársele el tercio de legítima estricta en detrimento de los demás legitimarios, pero, en cuanto, el tercio de mejora y el de libre disposición las posiciones doctrinales son enfrentadas; si bien, la letra de la Ley no dispone nada al respecto y podría entenderse que el testador podría disponer de ellos para otros descendientes o terceras personas, respectivamente. De este modo, es lógico pensar que, si se está gravando el derecho de otros legitimarios respecto de su legítima estricta a favor del legitimario con discapacidad y se está transgrediendo el régimen de legítimas que rige en el Derecho español para proporcionar los cuidados necesario tanto personal como patrimonialmente a la persona con discapacidad, resultaría totalmente irracional no asignar los tercios de mejora y libre disposición al legitimario con discapacidad en favor de descendientes o terceros no legitimarios.

Por último, la modalidad de sustitución fideicomisaria es de residuo, como ya se apuntado y, a pesar de que nada establece el Código Civil sobre la misma, hay autores que se inclinan por defender que en el Derecho español rige la modalidad *si aliquid supererit* «si queda algo», por lo que el legitimario beneficiado por la sustitución podrá disponer de los bienes a título oneroso pero no a título gratuito ni *mortis causa* y, consecuentemente el fideicomisario podrá o no recibir algún bien dependiendo de la disposición que haya el fiduciario de los bienes.

6. BIBLIOGRAFÍA

ÁLVAREZ ÁLVAREZ, H., "Las disposiciones testamentarias en beneficio de la persona con discapacidad: la sustitución fideicomisaria", en (coord. LERDO DE TEJADA, M., CERDEIRA BRAVO DE MANSILLA, G., MURGA FERNÁNDEZ, J.P., GARCÍA MAYO, M.), *La persona con discapacidad en el derecho de sucesiones,* Aranzadi, Cizur Menor, 2023, pp. 355- 373.

AMUNÁTEGUI RODRÍGUEZ, C., "Artículo 813", en (dir. GUILARTE MARTÍN-CALERO, C.), *Comentarios a la Ley 8/2021 por la que se reforma la legislación civil y procesal en materia de discapacidad,* Thomson Reuters Aranzadi, Cizur Menor, 2021, pp. 934- 952.

APARICIO VAQUERO, J.P., "Artículos 782, 808 y 813.II", en (dir. GARCÍA RUBIO, M.P., MORO ALMARAZ, M.J.), *Comentario articulado a la reforma civil y procesal en materia de discapacidad,* Civitas Thomson Reuters, Cizur Menor, 2022, pp. 559- 574.

BARBA, V., "Capacidad para otorgar testamento, legitimarios y protección de la persona con discapacidad", *La Ley Derecho de Familia: Revista jurídica sobre familia y menores,* 31/2021.

BOTELLO HERMOSA, P., "La legítima estricta ¿colectiva? Tras la Ley 8/21", *Revista Crítica de Derecho Inmobiliario,* 795/2023, pp. 227-271.

BUSTO LAGO, J.M., "Artículo 808", en AA.VV. (coord. BERCOVITZ RODRÍGUEZ-CANO, R.), *Comentarios al Código Civil,* 5.ª ed., Thomson Reuters Aranzadi, Cizur Menor, 2021, pp. 1065- 1066.

CARRIÓN OLMOS, S., "Un debate abierto: ¿modificación o supresión del régimen de legítimas en el Código Civil español?", *Actualidad Jurídica Iberoamericana,* 16bis/2022, pp. 3010- 3039.

CERVILLA GARZÓN, M.D., "La sustitución fideicomisaria y la protección de las personas con discapacidad", en (dir. CERDEIRA BRAVO DE MANSILLA, G., GARCÍA MAYO, M.), *Un nuevo orden jurídico para las personas con discapacidad,* Wolters Kluwer, 2021, pp. 691- 706.

DÍAZ ALABART, S., "Derecho de sucesiones y discapacidad", en (coord. ÁLVAREZ LATA, N.), *El nuevo sistema de apoyos a las personas con discapacidad y su incidencia en el ejercicio de su capacidad jurídica,* Thomson Reuters Aranzadi, 2022, pp. 191-238.

"La sustitución fideicomisaria sobre el tercio de legítima estricta a favor de hijo o descendiente incapacitado judicialmente: art. 808 CC reformado por la Ley 41/2003, de 18 de noviembre", *Revista de Derecho Privado,* 88-3/2004, pp. 259- 270.

DOMÍNGUEZ LUELMO, A., "La reforma del Derecho de sucesiones en la Ley 8/2021: Derecho sustantivo y Derecho transitorio", en (dir. LLAMAS POMBO, E., MARTÍNEZ RODRÍGUEZ, N., TORAL LARA, E.), *El nuevo derecho de las capacidades: de la incapacitación al pleno reconocimiento,* Wolters Kluwer, Madrid, 2021, pp. 369- 422.

MARTÍN SANTISTEBAN, S., "Reforma civil en materia testamentaria para el apoyo a personas con discapacidad", *Revista de Derecho Patrimonial,* 57/2022, pp. 73- 94.

ORTEGA DOMÉNECH, J., "Constitución de una sustitución fideicomisaria a favor de heredero con discapacidad sobre el tercio de legítima estricta: cuestiones y problemas a la luz de la reforma introducida por la Ley 8/2021, de 2 de junio", en (Dir. REPRESA POLO, M. P.), *Modificaciones sucesorias, discapacidad y otras cuestiones. Una mirada comparativa,* Reus, Madrid, 2022, pp. 87- 163.

PLANAS BALLVÉ, M., "La renovada sustitución fideicomisaria sobre la legítima estricta: instrumento de protección al hijo con discapacidad", *Revista de Derecho civil,* 3/2022, pp. 429- 444.

La determinación del apellido como límite a la libertad de circulación en la Unión Europea

MARTA GÓMEZ LÓPEZ
Universidad de Valladolid

Resumen:

La libertad de circulación es una de las cuatro libertades fundamentales del ordenamiento jurídico de la Unión, que los Estados miembros deben garantizar. En ocasiones, el ejercicio de dicha libertad por los ciudadanos de la Unión Europea puede ser disuadido por las medidas que adoptan las autoridades nacionales, en base al Derecho nacional, sobre todo en materias que son competencia estatal, como es el caso de la determinación del apellido. El TJUE a través de su labor jurisprudencial en este ámbito, ofrece una orientación en los casos que, aunque puedan percibirse como asuntos de índole nacional, se encuentran dentro del alcance del Derecho de la UE.

Palabras clave: Libertad de circulación de personas, libertad de residencia, derecho al respeto de la vida familiar, Unión Europea, orden público, ciudadanía de la Unión Europea, determinación del apellido.

1. INTRODUCCIÓN

El sentido económico inicial con el que se constituyó la Comunidad Económica Europea no era compatible con el reconocimiento de Derechos y Libertades fundamentales en el marco europeo, salvo cuando concurrían factores personales que intervenían en el Mercado. Actualmente, cada uno de los Estados miembros de la Unión Europea disfrutan de tres sistemas de protección de derechos: los derechos fundamentales consagrados en las Constituciones nacionales; los Derechos humanos recogidos en el Convenio para la Protección de los Derechos Humanos y de las Libertades Fundamentales; y aquellos que la propia Unión reconoce y garantiza, como institución garante de los mismos, a través de la Carta de Derechos Fundamentales de la Unión Europea, los Tratados y los principios generales del Derecho, a lo que debemos de añadir la labor jurisprudencial del TJUE y el TEDH, que es fundamental para la interpretación y determinación del alcance de los derechos y libertades.

Gracias a la creación de la ciudadanía de la Unión, se reconoce a los nacionales de los Estados miembros un compendio de derechos y libertades que constituyen el estatuto del ciudadano europeo, entre los que se reconocen el derecho a la libre circulación de personas. Para fortalecer y consolidar la integración entre los territorios de la UE, es esencial lograr la efectividad de dicho derecho, posibilitando el traslado y establecimiento de los ciudadanos en Estados miembros diferentes del Estado miembro de origen.

La libertad de circulación podrá limitarse, siempre y cuando, concurran los presupuestos establecidos en los Tratados y dentro del margen de apreciación que se concede a los Estados miembros, respetando la legislación europea. Aunque, dependiendo del derecho afectado, el alcance de la determinación del régimen jurídico por parte de las autoridades nacionales será mayor o menor, en función de si la competencia corresponde a la Unión, o a los Estados miembros.

2. ALGUNOS DE LOS LÍMITES DE LA LIBERTAD DE CIRCULACIÓN

El derecho de entrada y residencia de los beneficiarios del régimen europeo no es un derecho absoluto, caben limitaciones al ejercicio de este, pudiendo llegar a denegar las autoridades nacionales, la entrada del ciudadano de la Unión o de sus miembros de la familia en un Estado miembro, si así lo convinieran.

El TFUE indica cuáles son los motivos por los que la libertad de circulación y residencia pueden verse limitadas. El art. 45 TFUE consagra la libre circulación de trabajadores en la UE, e indica que los derechos que dicha libertad implica pueden ser restringidos por razones de orden público, seguridad y salud públicas; lo mismo sucede en el art. 52 sobre la libertad de establecimiento, donde se establece que se puede prever un régimen nacional especial para los extranjeros, cuyas medidas estén justificadas por razones de orden público, seguridad y salud públicas.

El art. 27 de la Directiva 2004/38/CE del Parlamento Europeo y del Consejo, de 29 de abril de 2004, relativa al derecho de los ciudadanos de la Unión y de los miembros de sus familias a circular y residir libremente en el territorio de los Estados miembros, establece de forma general que “los Estados miembros podrán limitar la libertad de circulación y residencia de un ciudadano de la Unión o un miembro de su familia, independientemente de su nacionalidad, por razones de orden público, seguridad pública o salud pública. Estas razones no podrán alegarse con fines económicos.”, es decir, los límites a los que se puede someter el derecho a la libre circulación y residencia son tres: el orden público, la seguridad pública y la salud pública.

En la legislación española, observamos como en el art. 15 del RD 204/2007 se establecen estas mismas limitaciones, fruto de la transposición de la Directiva y del efecto vinculante de la misma: por motivos de orden público, seguridad pública y salud pública se podrá impedir la entrada en España, denegar la inscripción en el Registro Central de Extranjeros, o la expedición o renovación de las tarjetas de residencia previstas en el presente real decreto, y ordenar la expulsión o devolución del territorio español del ciudadano de un Estado miembro de la UE, o de otro Estado parte en el Acuerdo sobre el EEE, incluso con los miembros de su familia. Respecto a la expulsión, únicamente se adoptará esta decisión cuando las razones que concurran sean graves de orden público o de seguridad pública[1].

---

1 Art. 15.1 RD 204/2007.

El derecho a la libertad de circulación y residencia es un derecho que se ha otorgado a los nacionales de los Estados miembros de forma automática por su condición, de forma que, toda decisión que pueda restringir su ejercicio deberá ser necesaria y proporcional[2]. Si se procede a obstaculizar la entrada en un Estado miembro de un ciudadano de la Unión por parte de sus autoridades, debemos entender que se ha producido por recurrir a la restricción como posibilidad, y no como una exigencia para la concesión del permiso para ejercer el derecho de libre circulación y residencia. Por tanto, las limitaciones de entrada y residencia se han de producir de forma extraordinaria, con la debida motivación, y toda medida administrativa que imponga requisitos que excedan del deber de presentación en la frontera de una tarjeta de identidad, o de un pasaporte válido[3], no estarán justificadas

---

2 Art. 27.2 Directiva 2004/38: "*Las medidas adoptadas por razones de orden público o seguridad pública deberán ajustarse al principio de proporcionalidad y basarse exclusivamente en la conducta personal del interesado. La existencia de condenas penales anteriores no constituirá por sí sola una razón para adoptar dichas medidas. La conducta personal del interesado deberá constituir una amenaza real, actual y suficientemente grave que afecte a un interés fundamental de la sociedad. No podrán argumentarse justificaciones que no tengan relación directa con el caso concreto o que se refieran a razones de prevención general.*"

3 El art. 3 de la Directiva 68/360, establecía los requisitos para la entrada en los Estados miembros que debía reunir los nacionales de los Estados miembros y los miembros de sus familias, a los que se aplicaba el Reglamento 1612/68: "*1. Los Estados miembros admitirán en su territorio a las personas a que se refiere el artículo 1, mediante la simple presentación de una tarjeta de identidad o de un pasaporte válido.*

2. No se podrá imponer ningún visado de entrada, ni otra obligación equivalente, salvo a los miembros de la familia que no posean la nacionalidad de un Estado miembro. Los Estados miembros otorgarán a estas personas toda clase de facilidades para obtener los visados que necesiten.".

El art. 4 de dicha Directiva indicaba cuando les será reconocido el derecho de residencia y cómo se acreditará: "*1. Los Estados miembros reconocerán el derecho de estancia en su territorio a las personas a que se refiere el artículo 1 que puedan presentar los documentos enumerados en el apartado 3.*
2. El derecho de estancia se acreditará mediante la expedición de un documento denominado «tarjeta de estancia de nacional de un Estado miembro de la CEE» (...)".

por razones de orden público, de seguridad pública y de salud pública[4].

Cuando un trabajador nacional de un Estado miembro, no logra cumplir con los requisitos que se necesitan para justificar su derecho de residencia en el Estado miembro de acogida, no cabe imponer como sanción la expulsión[5], la cual solo está justificada cuando concurren razones graves de orden público o seguridad pública, siendo imposible equiparar el incumplimiento de las formalidades exigibles para la entrada y residencia en un Estado miembro, con una amenaza al orden público o seguridad pública del Estado miembro de acogida.

2.1 Orden público y seguridad pública como justificaciones a las restricciones de la libertad de circulación y residencia

El concepto de orden público varía en función del contexto geográfico y temporal, los Estados miembros pueden determinar cuál es el alcance del orden público y de la seguridad pública, en función de sus propias circunstancias, pero sin que dicha determinación constituya una actuación independiente por cada uno de los Estados miembros, ajena a la supervisión de la UE, ya que se trata de dos razones que el ordenamiento jurídico de la Unión habilita como límites a la libertad fundamental de circulación de personas[6].

De la jurisprudencia del TJUE obtenemos las siguientes interpretaciones sobre dichos conceptos:

- Respecto al "orden público", el recurso a ese concepto requiere, en todo caso, aparte de la perturbación del orden

---

4 STJCE de 3 de julio de 1980, asunto C-157/79, *Regina c. Stanislaus Pieck.* Ap. 9.

5 Ap. 18. STJCE de 3 de julio de 1980.

6 STJUE de 2 de mayo de 2018, asuntos acumulados C331/16 *K. c. Staatssecretaris van Veiligheid en Justitie* y C366/16 *H.F. c. Belgische Staat.*

social que constituye cualquier infracción de la ley, que exista una amenaza real, actual y suficientemente grave que afecte a un interés fundamental de la sociedad[7].

- En cuanto a la "seguridad pública", el Tribunal establece que alberga, por un lado, la seguridad interior de un Estado miembro, la cual, puede verse afectada por una amenaza directa para la tranquilidad y la seguridad física de su población, y por otro lado, la seguridad exterior, que puede resultar afectada por el riesgo de una perturbación grave de las relaciones exteriores de ese Estado, o de la coexistencia pacífica de los pueblos[8].
- El alcance de dichos términos no es una facultad cuya competencia le corresponda únicamente a la UE, ni tampoco a los Estados miembros:
- Nos encontramos ante un orden público de ámbito nacional cuando son los Estados los que lo determinan en función de los derechos y libertades garantizados,
- y ante un orden público de la Unión por el establecimiento de unos parámetros de control europeos que el orden público nacional debe respetar[9].

Tanto los Estados miembros, como la UE actúan promovidos por sus intereses, los primeros, por sus intereses nacionales, y la segunda, por sus intereses europeos en consonancia con su ordenamiento jurídico al que, si atendemos, observamos como los

---

7 Ap. 41. STJUE de 2 de mayo de 2018; ap. 79 STJUE de 24 de junio de 2015, asunto C373/13; o ap. 40 STJUE 4 de octubre de 2012, asunto C-249/11.

8 Ap. 42. STJUE de 2 de mayo de 2018; ap. 43 STJUE de 23 de noviembre de 2010, asunto C-145/09; o ap. 28 STJUE de 22 de mayo de 2012, asunto C-348/09.

9 Elvira Perales, A.: "Capítulo II. Límites a la libertad de circulación", *La libertad de circulación de personas en la Unión Europea. Límites por razón de orden público,* (dirs. M. Aragón Reyes y P. González-Trevijano), Centro de Estudios Políticos y Constitucionales, Madrid, 2017, p.48.

Derechos y Libertades fundamentales establecidos en la CDFUE, que reviste del mismo valor jurídico que los Tratados, implican para los Estados miembros el deber de garantizarlos. Si un Estado miembro limitara el ejercicio de la libertad de circulación de personas por motivos de orden público, pero incurriendo en un incumplimiento del Derecho europeo, la UE intervendría no para determinar cómo debe definir ese Estado el orden público, sino para garantizar que, dentro del margen de apreciación nacional que se concede para establecer cuáles son las excepciones que justifican las restricciones a la libre circulación, se cumpla el Derecho de la UE.

En definitiva, como expresa el Abogado General Yves Bot: "(...) parece difícil, incluso artificial, encerrar cada uno de los dos conceptos de orden público y de seguridad pública en una definición de contenido exhaustivo. Y ello tanto más cuando, como he expuesto, los Estados miembros conservan la libertad de determinar conforme a sus necesidades nacionales las exigencias del orden público y de la seguridad pública. Esos Estados siguen siendo los únicos competentes para el mantenimiento del orden público y la protección de la seguridad interior en su territorio y disponen de un margen de apreciación para determinar cuáles son las medidas que permiten alcanzar resultados concretos, en función de la particularidad de los contextos sociales y de la importancia que otorgan a un objetivo legítimo desde el punto de vista del Derecho comunitario[10]."

3. EL APELLIDO COMO RESTRICCIÓN A LA LIBRE CIRCULACIÓN

Las disposiciones normativas que regulan el apellido de los ciudadanos son competencia exclusiva de los Estados miembros, sin

---

[10] En las conclusiones AG Yves Bot presentadas el 23 de noviembre de 2010, asunto C-145/09, *Land Baden-Württemberg c. Panagiotis Tsakouridis.*

perjuicio de que el respeto al Derecho de la Unión es imperante. La disparidad entre legislaciones estatales ha provocado en algunos casos la restricción al ejercicio de la libertad de circulación de personas y residencia, lo cual observaremos en las siguientes sentencias.

La STJCE de 2 de octubre de 2003, versa sobre el asunto Carlos García Avelló c. Bélgica, en el que el Sr. García Avelló, de nacionalidad española, y la Sra. I. Weber, de nacionalidad belga, residieron, se casaron y tuvieron dos hijos en el Estado belga. Los menores ostentan una doble nacionalidad, y de conformidad con la legislación belga, fueron inscritos en el Registro Civil correspondiente, utilizando los dos apellidos del padre, sobre este aspecto, ambos progenitores solicitaron posteriormente un cambio de en los apellidos de los menores, de forma que se incluyera el primer apellido del padre, y el segundo de la madre, de conformidad con el Derecho español. Dicha solicitud fue denegada por las autoridades belgas, que alegaron que, en Bélgica, los apellidos de los hijos se han de corresponder con los del padre.

La normativa que rige el apellido de una persona es una competencia estatal, cuyo ejercicio debe garantizar la libertad de circulación y residencia en el territorio de los Estados miembros. En el caso que nos concierne, los menores son nacionales de dos Estados miembros, y han residido legalmente en uno de ellos desde que nacieron, en Bélgica, y según las autoridades de este, solo la nacionalidad belga es la que reconocen. El Tribunal indicó que un Estado miembro no tiene la potestad de restringir los efectos que se deriven de ostentar la nacionalidad de otro Estado miembro (en virtud del Derecho belga, aquellos que tengan doble nacionalidad, y una de ellas sea la nacionalidad belga, como es el caso de los menores, se las considera exclusivamente belgas, por tanto, se limitan los beneficios legales de otro Estado miembro, que pueden obtener a través del reconocimiento de la otra nacionalidad, como la aplicación de las disposiciones que rigen los apellidos, mediante las que se determinaron los apellidos del progenitor nacional español), ni tampoco puede imponer el cumplimiento de determinados requisitos para reconocer la nacionalidad del otro

Estado, para poder hacer uso de las libertades fundamentales previstas en los Tratados[11], porque se podría incurrir en una discriminación por razón de la nacionalidad ex art. 12.1 TCE[12].

Como consecuencia de la libre circulación, se producen grandes traslados de ciudadanos entre el territorio de los Estados miembros. Esto genera una concurrencia de situaciones jurídicas diversas, que varían en función de la legislación nacional que se haya de aplicar, y de si dicha aplicación, puede llegar a obstaculizar la eficacia de la normativa de otro Estado miembro, como sucede en el caso que nos ocupa. Como regla general, Bélgica no admite la determinación de la filiación sino es a través del criterio legal que aplican a sus nacionales, aunque algunos puedan ostentar doble nacionalidad, impone la aplicación de su régimen jurídico para el establecimiento de los apellidos. Dicho régimen, como indica el Tribunal, no facilita el conocimiento sobre el vínculo de filiación de los hijos[13], ya que, si únicamente se determinan de conformidad con el Derecho belga, en la partida de nacimiento figuran los apellidos del progenitor, y no los de la progenitora. Esto no aporta claridad sobre la filiación, lo cual no sucedería si se admitiera la aplicación del Derecho español, el apellido de los nacidos se compondría del primer apellido del padre, y el segundo, sería el primer apellido de la madre, permitiendo reforzar el conocimiento de dicho vínculo.

De la interpretación del art. 12 TCE, apreciamos una discriminación por razón de la nacionalidad, en el sentido de que el Estado belga restringe la aplicación de las legislaciones de los Estados miembros en materia de apellidos en pro de su derecho nacional, esto es, se discrimina a aquellos ciudadanos de doble nacionalidad, cuando una sea la belga, por denegar la posibilidad de disfrute de los derechos que les corresponden por ser nacionales

---

11 Ap. 28 y 32. STJCE de 2 de octubre de 2003.

12 Art. 12.1 TCE: "*En el ámbito de aplicación del presente Tratado, y sin perjuicio de las disposiciones particulares previstas en el mismo, se prohibirá toda discriminación por razón de la nacionalidad.*"

13 Ap. 44. STJCE de 2 de octubre de 2003.

de otro Estado miembro. Aunque el supuesto que nos concierne parezca un conflicto interno de un Estado miembro, debido a que la discriminación se produce por el régimen belga de determinación de los apellidos, en el propio Estado belga, no podemos pasar por alto que el padre de los menores afectados, el Sr. García Avelló, es nacional español, y en consonancia con los derechos que se le atribuyen por el estatuto de la ciudadanía europea, ejercitó la libertad de circulación de personas y residencia, para desplazarse y establecerse en otro Estado miembro distinto al Estado miembro de origen, por ello, el Derecho europeo vendría en aplicación[14]. Como indica el AG F.G. Jacobs, la denegación de la solicitud de cambio de apellidos conforme a la legislación española por parte de los progenitores de los menores, se produjo como resultado del uso de la libre circulación de personas por el padre, y en caso contrario, sino se hubiera desplazado al territorio de otro Estado miembro, esta controversia no se habría suscitado, por lo tanto, es innegable la relación existente entre la regulación legal belga de los apellidos con el derecho a la libertad de circulación, “en consecuencia, es probable que la existencia de una práctica administrativa que conduzca sistemáticamente a tal denegación, haga que el ejercicio de dicho derecho sea menos atractivo[15]”, es decir, constituiría un elemento que despliega un efecto disuasorio respecto al ejercicio de la libertad de circulación.

La segunda sentencia a la que nos vamos a referir fue dictada por el TJUE el 14 de octubre de 2008, sobre el asunto Stefan Grunkin, Dorothee Regina Paul c. Standesamt Niebüll. El Sr. Grunkin y la Sra. Paul eran nacionales alemanes, que residían en Dinamarca, donde nació su hijo, Leonhard Matthias Grunkin-Paul, quien ostentaba la nacionalidad alemana. En la partida de nacimiento del menor, se establecieron como apellidos el del padre y el de la madre, de conformidad con el Derecho danés, motivo por el cual, las autoridades alemanas del Registro Civil de Niëbull denegaron

14 Ap. 48-52. Conclusiones AG F.G. Jacobs presentadas el 22 de mayo de 2003, asunto C-148/02, *Carlos García Avello c. Bélgica.*

15 Ap. 65. Conclusiones AG F.G. Jacobs.

la inscripción del niño con dichos apellidos. Según el art. 10 del Código Civil alemán, para la determinación de los apellidos debería regir la normativa del Estado del que el interesado es nacional, en este caso, la ley de Alemania, que no reconoce un apellido conformado por los apellidos de ambos progenitores. Si el menor fue inscrito con unos apellidos en Dinamarca, y se inscribiera con otros diferentes en Alemania, la falta de homogeneidad entre los regímenes legales disuade el ejercicio del derecho a circular y residir libremente en el territorio de los Estados miembros, provocando importantes perjuicios para los afectados en su entorno profesional, así como en su vida privada.

Los argumentos sobre los que se resolvió la cuestión son prácticamente idénticos a los del asunto García Avelló. La legislación comunitaria reconoce que las disposiciones que rigen la materia de los apellidos son competencia exclusiva estatal, lo cual no exime del deber de preservar el ordenamiento jurídico europeo cuando no se trata de situaciones puramente internas, como es el caso. El Tribunal expone que toda legislación de los Estados miembros, de la que se derive un tratamiento desfavorable para algunos nacionales, como consecuencia de haber ejercitado su libertad de circular y residir en otro Estado miembro ex art. 18.1 TEC, se traduce en un obstáculo a dicha libertad. La única diferencia respecto al asunto anterior es que en este caso no se produce ninguna discriminación por razón de nacionalidad ex art. 12 TCE por la denegación de la inscripción por parte de las autoridades alemanas, debido a que, tanto los padres, como su hijo, son nacionales alemanes y el Derecho que rige la determinación del apellido en Alemania, es el alemán, como consecuencia de que la norma de conflicto alemana redirige a dicho Derecho[16]. El Tribunal resolvió indicando, que independientemente de que el criterio de conexión legal alemán para la determinación del apellido sea la nacionalidad, en ningún caso puede llegar a constituir un presupuesto suficiente para denegar el reconocimiento e inscripción de los apellidos de Leonhard Grunkin-Paul, por no guardar

---

16 Ap. 21-22. STJUE 14 de octubre de 2008.

correspondencia con el régimen de conexión de determinación de los apellidos, que rige en la legislación danesa.

Otro caso particular, pero con el mismo denominador común que los anteriores, fue el cambio de apellido sobre el que resolvió la Sala Segunda del TJUE, en la sentencia de 8 de junio de 2017. El interesado, Mircea Florian Freitag, ostentaba la doble nacionalidad rumana y alemana. Inicialmente, el apellido determinado fue el de su progenitor, el Sr. Pavel, nacional rumano, al igual que la progenitora, pero tras el divorcio de estos, la madre del demandante contrajo matrimonio con un nacional alemán, el Sr. Freitag, que posteriormente adoptó a Mircea, adquiriendo de esta manera la nacionalidad alemana, y el consiguiente cambio de apellido. Pero, transcurridos unos años, Mircea inició un procedimiento de cambio de apellido en Rumanía, mientras residía de forma habitual en Alemania, que resultó en la adquisición de su primer apellido, Pavel, por lo que presentó una solicitud de reconocimiento del nuevo apellido en el Registro Civil de Wuppertal. A consecuencia de la singularidad del caso, el asunto derivó en el planteamiento de una cuestión prejudicial al TJUE, sobre la compatibilidad de la negativa al reconocimiento mencionado, con los art. 18 y art. 21 TFUE.

La vinculación del asunto con el Derecho de la Unión es evidente, al residir el interesado en Alemania, por haber ejercitado su derecho a la libre circulación entre el territorio de los Estados miembros, y ostentar la nacionalidad de dos de ellos, la alemana y la rumana. Como hemos venido indicando en diversas ocasiones, la legislación en materia de determinación de los apellidos es competencia estatal, no de la UE, pero no por ello, el margen de apreciación de los Estados miembros es absoluto, en el sentido de que su normativa pueda limitar el ejercicio de los derechos y libertades del ordenamiento jurídico de la Unión. El Tribunal advirtió de la inseguridad que generaría que una persona esté inscrita en diferentes registros de varios Estados, con apellidos distintos, lo que incide de forma directa con su identidad, la cual se vería obligada a probar cada vez que ejerciera su derecho a circular y residir libremente ex art. 21 TFUE. Por lo tanto, ante un escenario como el presentado, una actuación conforme al sentido del art. 21 TFUE, sería aquella en que las autoridades del Registro Civil de Wuppertal, procedieran al reconocimiento e inscripción del cambio de apellido de Mircea, y en el caso de que fuera denegado, no podrían supeditarlo a las condiciones que establezca el Derecho alemán, como que el apellido en favor del cual se va a realizar el cambio, haya sido obtenido durante un periodo de residencia habitual del interesado en Rumanía, sin considerar que se trata del apellido que adquirió con su nacimiento.

La competencia de los Estados miembros para establecer la legislación en materia de apellidos alcanza la determinación de la lengua en la que se pueden transcribir el nombre y los apellidos en los documentos acreditativos del estado civil. La STJUE de 12 de mayo de 2011, dio respuesta a las cuestiones prejudiciales que se plantearon como consecuencia de los siguientes hechos: en el primer certificado de nacimiento de la Sra. Malgožata Runevic-Vardyn, nacional lituana, expedido por el Registro civil de Vilinius en 1977, figuraban su nombre y apellidos de conformidad con las normas de grafía lituana, y de idéntica forma, en el segundo certificado de nacimiento y en su pasaporte lituano, expedidos en 2003 y 2002 respectivamente. La interesada trabajó y residió de forma habitual en Polonia, solicitó en el Registro civil de Varsovia la expedición de un certificado de nacimiento polaco, en el que establecieron su nombre y apellidos acorde a las normas de grafía polaca. Posteriormente, contrajo matrimonio con el Sr. Lukasz Pawel Wardyn, en el certificado de matrimonio que emitió el Registro civil de Vilinius, figuraba el nombre de la demandante en lengua polaca, pero el apellido en lengua lituana "Runevic-Vardyn", en vez de "Runevic-Wardyn". La Sra. Malgožata presentó una solicitud en el Registro civil de Vilnius para la modificación del nombre y apellido que figuraban en su certificado de nacimiento lituano, así como en el certificado de matrimonio que expidieron, de conformidad con la grafía polaca. Las autoridades lituanas denegaron dicha solicitud, justificándolo en la normativa lituana que rige la materia.

La relación del asunto respecto al Derecho de la UE es clara desde el momento en el que conocemos las nacionalidades de los interesados, ambas de dos Estados miembros, lo que implica que ostenten el estatuto de ciudadano de la Unión, y gocen del derecho a ejercer la libertad de circulación y residencia en el territorio de los Estados miembros.

Atendiendo a las circunstancias del caso, el Tribunal indicó que la imposición de las autoridades lituanas, consistente en que la transcripción del apellido de la Sra. Malgožata, que figura en su certificado de matrimonio conforme a las normas de grafía lituanas, no constituye una restricción a la libertad del art. 21 TFUE, ni un tratamiento desfavorable ex art. 18 TFUE, salvo si se produjeran "graves inconvenientes de orden administrativo, profesional y privado", que pudieran limitar el disfrute de dichas libertades. Ante estas circunstancias, la oposición de las autoridades lituanas a la modificación solicitada por la interesada únicamente podría justificarse cuando concurrieran razones objetivas y proporcionadas al fin que la legislación del Estado miembro en cuestión pretendiera garantizar, como podría ser, por ejemplo, la protección de la lengua oficial nacional.

El deber de los Estados miembros de no restringir al ciudadano de la UE, el ejercicio de la libertad de circulación y residencia se encuentra vinculado con el deber de garantizar el derecho a la vida privada y familiar ex art. 8 CEDH. Uno de los elementos que conforman la vida privada de los individuos es el apellido, por lo que, si se llegara a demostrar que la negativa sobre la que viene versando la cuestión, puede incidir en el derecho al respeto de la vida privada y familiar, o sobre intereses nacionales, corresponderá al órgano jurisdiccional competente asegurar una ponderación adecuada de los intereses afectados.

4. CONCLUSIONES

La regulación de la libre circulación de personas dentro de la Unión siempre ha sido una prioridad desde los inicios de las

Comunidades Europeas, para favorecer los desplazamientos de los nacionales de los Estados miembros, a los territorios de otros Estados miembros.

En consonancia con la idea del TJUE sobre el estatuto de la ciudadanía de la Unión, que constituye el estatuto fundamental de los nacionales de los Estados miembros, los límites a los que se puede someter el ejercicio del derecho a la libertad de circulación están tasados –orden público, salud pública y seguridad pública -, y en el caso de que fueran alegados por un Estado miembro tras la aplicación de una medida nacional que prive de su disfrute, deberán de estar lo suficientemente justificados y ser lo estrictamente necesarios, sin incurrir en vulneraciones de dicho derecho, ni de otros. Si no se impusiera esta exigencia, el ámbito de actuación que se concede a los Estados miembros alcanzaría la propia sustancia de la libertad, su eficacia estaría supeditada, no al Derecho de la Unión, sino a las decisiones que tomen las autoridades nacionales en virtud de su Derecho nacional, y más cuando se trata de ámbitos que son competencia de los Estados, como es el caso de la determinación del apellido.

En las diferentes sentencias expuestas, hemos observado como el TJUE reitera en varias ocasiones la importancia del apellido, tanto en el ámbito público, como privado, debido a que constituye un aspecto imprescindible para definir la identidad de la persona, por lo que toda exigencia probatoria de la misma por parte de un Estado miembro a sus nacionales, o a nacionales de otros Estados miembros que hubieran disfrutado de la libre circulación, podría constituir un elemento disuasorio del ejercicio. Es esencial que los órganos jurisdiccionales ante los que se plantean cuestiones, en las que concurren tanto intereses nacionales, como intereses de la UE, se realice una ponderación objetiva y de conformidad con el principio de proporcionalidad.

5. BIBLIOGRAFÍA

ARENAS HIDALGO, N.: "XXXII. La libertad de circulación en el territorio de los Estados", La Europa de los derechos. El Convenio Europeo de Derechos Humanos (dir. F. RUBIO LLORENTE), Madrid, 2014, pp. 930-959.

ARRESE IRIONDO, N.: "La libre circulación y la libertad de residencia", La ciudadanía de la Unión Europea y la Libertad de Circulación de los Familiares Extranjeros, LETE argitalexea, Bilbao, 2012, pp. 19-48.

ELVIRA PERALES, A.: "Capítulo I. La libertad de circulación en la Unión Europea" y "Capítulo II. Límites a la libertad de circulación", La libertad de circulación de personas en la Unión Europea. Límites por razón de orden público, (dirs. M. ARAGÓN REYES Y P. GONZÁLEZ-TREVIJANO), Centro de Estudios Políticos y Constitucionales, Madrid, 2017, pp. 19-35.

"Capítulo II. Límites a la libertad de circulación", La libertad de circulación de personas en la Unión Europea. Límites por razón de orden público, (dirs. M. ARAGÓN REYES y P. GONZÁLEZ-TREVIJANO), Centro de Estudios Políticos y Constitucionales, Madrid, 2017, pp. 37-59.

JIMÉNEZ DE PARGA MASEDA, P.: "El proceso de afirmación de la libre circulación de las personas económicamente inactivas en el mercado interior", El derecho a la libre circulación de las personas físicas en la Europa comunitaria, Tecnos, Madrid, 1994, pp. 49-102.

MARTÍNEZ ALARCÓN, M. L.: "Artículo 45. Libertad de circulación y residencia", La Carta de Derechos Fundamentales de la Unión Europea. Diez años de jurisprudencia, Tirant lo Blanch, Valencia, 2019, pp. 1319-1396.

RODRÍGUEZ MATEOS, P. – JIMÉNEZ BLANCO, P. – ESPINIELLA MENÉNDEZ, Á.: "Capítulo I. Identificación de la situación de extranjería", Régimen jurídico de los extranjeros y de los ciudadanos de la UE, Aranzadi, Navarra, 2017, pp. 27-96.

Legislación

Convenio para la Protección de los Derechos Humanos y de las Libertades Fundamentales.

Tratado de Funcionamiento de la Unión Europea.

Carta de Derechos Fundamentales de la Unión Europea.

Reglamento (CEE) nº 1612/68 del Consejo, de 15 de octubre de 1968, relativo a la libre circulación de los trabajadores dentro de la Comunidad.

Directiva 2004/38/CE del Parlamento Europeo y del Consejo, de 29 de abril de 2004, relativa al derecho de los ciudadanos de la Unión y de los miembros de sus familias a circular y residir libremente en el territorio de los Estados miembros.

Real Decreto 240/2007, de 16 de febrero, sobre entrada, libre circulación y residencia en España de ciudadanos de los Estados miembros de la Unión Europea y de otros Estados parte en el Acuerdo sobre el Espacio Económico Europeo.

Jurisprudencia

STJCE de 3 de julio de 1980, C-157/79, asunto Regina c. Stanislaus Pieck.

STJCE de 2 de octubre de 2003, C-148/02, asunto Carlos García Avello c. Bélgica.

STJUE 14 de octubre de 2008, C-353/06, asunto Stefan Grunkin y Dorothee Regina Paul.

STJUE de 23 de noviembre de 2010, C-145/09, asunto Land Baden-Württemberg y Panagiotis Tsakouridis.

STJUE de 12 de mayo de 2011, C-391/2009, asunto Malgožata Runevic-Vardyn, Lukasz Pawel Wardyn c. Lituania.

STJUE de 22 de mayo de 2012, C-348/09, asunto P.I. c. Alemania.

STJUE 4 de octubre de 2012, C-249/11, asunto Hristo Byankov c. Bulgaria.

STJUE de 24 de junio de 2015, C-373/13, asunto H.T. c. Alemania.

STJUE de 8 de junio de 2017, C-541/2015, asunto Mircea Florian Freitag c. Alemania.

STJUE de 2 de mayo de 2018, asuntos acumulados C-331/16 K. c. Staatssecretaris van Veiligheid en Justitie y C-366/16 H.F. c. Belgische Staat.

Conclusiones abagodo general

Conclusiones AG F.G. Jacobs, presentadas el 22 de mayo de 2003, C-148/02, Carlos García Avello c. Bélgica.

Conclusiones AG Yves Bot, presentadas el 23 de noviembre de 2010, C-145/09, Land Baden-Württemberg c. Panagiotis Tsakouridis.

Posibilidad de la reagrupación familiar por refugio de una menor no acompañada: consideraciones por la ley española y brasileña

FERNANDA PANTALEÃO DIRSCHERL
Universidad de León

Resumen:

El estudio presenta algunas breves diferencias y similitudes entre los ordenamientos brasileños y español, de forma a comprender los reglamentos y como son aplicables las cuestiones de reagrupación por perspectiva interna y externa de ellos. Como ejemplo, realiza análisis de un caso de una refugiada menor no acompañada que llegó a Bélgica, y si es o no posible hacerla, demandada por su padre, de forma a comprender por la perspectiva de las leyes que son aplicables en España. Alguna de las conclusiones generales sobre las leyes y sentencias de reagrupación es la dificultad y obstáculos que se ponen en eses casos, como cuando se analiza la nacionalidad del reagrupante y en relación con la función del vínculo con el familiar que se pretende reagrupar.

Palabras-clave: reagrupación familiar, menor no acompañado, directiva 2003/86/CE, refugiada

1. INTRODUCCIÓN

La globalización ha facilitado y transformado las relaciones no solamente económicas y políticas, sino también las jurídicas. Esas modificaciones fueron necesarias, puesto que las personas han cambiado el modo de vivir, tanto individual como en el sistema familiar.

A modo de ejemplo, los migrantes y los refugiados, si están casados o/y tienen hijos, desean seguir manteniendo su estatuto familiar mismo cuando modifican el domicilio para otro país. En ambos casos, las personas con familias desean, también, trasladar sus familiares, y, normalmente, el país de destino hay leyes que establecen derechos y deberes para ellos en ese sentido, así como pueden ser signatarios de tratados y convenciones internacionales con relación a la protección de la extranjería.

En los casos en que el inmigrante llega a un país con su familia, que se trata del análisis del estudio, se centra una investigación sobre la reagrupación familiar, que es una vinculación directa de dos derechos. De un lado, el derecho a la "vida en familia"; y del otro, la "intimidad familiar", de manera que se cumpla la exigencia de que el inmigrante pueda convivir en el país de acogida con su familia y que, para ello, se hace imprescindible que la misma pueda trasladarse al país receptor.

El objeto de la investigación propuesta gira en torno a cómo Brasil y España garantizan la reagrupación familiar de los extranjeros. Consiste en analizar la protección de los derechos familiares, como la vida en familia e intimidad familiar, en el contexto del ordenamiento brasileño y español, partiendo de las situaciones de migración. Se trata de llevar a cabo una comparación entre los dos sistemas jurídicos y reflexionar sobre las ventajas e inconvenientes de cada uno de ellos y la eventual proyección de los aspectos positivos.

De modo breve, en este trabajo se utilizará el método inductivo, en el que se analizará algunas similitudes y diferencias entre los ordenamientos de ambos países, y examinará una sentencia con un caso de refugiada menor no acompañada y la posibilidad, o no, de reagrupación familiar.

2. BREVES NOTAS DE LA REAGRUPACIÓN FAMILIAR: BRASIL Y ESPAÑA

Reagrupación familiar es el derecho de las personas que viven en un país y pueden obtener autorización para determinados miembros de su familia, que residen en un país distinto, de modo que sea posible trasladar a sus familiares consigo con los permisos de entrada y residencia en el país que ahora vive[1], desde que se cumplan determinadas condiciones[2], y por consiguiente se puedan también vivir con el extranjero con condiciones más favorables que otros[3].

Ese instituto es vinculado directamente con los derechos a la vida en familia y a la intimidad familiar, de modo que la persona pueda convivir con su familia en el país de acogida y que, para ello, se hace imprescindible que la misma pueda trasladarse al país que se inmigra[4].

La reagrupación familiar es un ejemplo de la interrelación entre el Derecho de Extranjería y el Derecho Internacional Privado, y esa puede ser vista como una consecuencia de la emigración de nacionales para otros países. Actualmente, es entendido como un fenómeno creciente e imparable de personas de "países menos

---

1 LAPIEDRA ALCAMI, R., "La familia en la unión europea: el derecho a la reunificación familiar", *Iuris Tantum Revista Boliviana de Derecho,* 20, 2015, 214-240, p. 216.

2 Cada país indica normas y reglamentos con los requisitos que deben ser observados para la reagrupación familiar.

3 LA SPINA, E., "La protección de la unidad familiar en contextos de crisis migratoria: Historia de dos casos", *UNIVERSITAS. Revista De Filosofía, Derecho Y Política,* 25, 2017, 163-186, p. 167.

4 ESPUGUES MOTA, C.A., "El derecho de extranjería como banco de pruebas del derecho internacional privado: el derecho a la reagrupación familiar en la ley orgánica 4/2000, de 11 de enero, sobre derechos y libertades de los extranjeros en España y su integración social". *Anuario Argentino de Derecho Internacional,* Córdoba, Argentina: Asociación Argentina de derecho internacional, 2000. 83-115, p. 96.

desarrollados[5] – casi siempre – al falso paraíso de las naciones más avanzadas económica y socialmente"[6].

La protección a la familia se justifica, puesto que es un elemento natural y fundamental de la sociedad[7] y su protección enmarca dentro de la tutela internacional, dado que es un derecho humano, siendo un derecho simplemente por ser una persona, por la

---

5 Es importante destacar que el fin de la colonización en América solo ocurrió en el siglo XIX, y que la descolonización, a nivel internacional, sucedió posteriormente la Segunda Guerra Mundial, con el inicio de la necesidad de adelantar el fin de existencia de colonias, especialmente en los continentes asiático y africano. Sin embargo, también es imperativo decir que el fin de esta colonización no promovió una ruptura con la estructura colonial. Como afirma Henrique Weil Afonso, hubo un intercambio de términos y entró en vigor el paradigma del desarrollo, que aún sustentaba el *statu quo* a través de una nueva clasificación de las personas, es decir, subdesarrolladas (antiguas colonias/Sur Global) y desarrolladas (antiguas colonias/Norte Global). (*Cfr.* WEIL AFONSO, H. "A questão desenvolvimentista na segunda metade do século XX: um olhar desde as TWAIL (Third World Approaches to International Law)", *Quaestio Iuris,* Rio de Janeiro, 12, 3, 2019, 101-124.) De hecho, es importante cuestionar el término subdesarrollado, especialmente en relación con la cuestión de la descolonialidad. Este término se relaciona con sociedades que son consideras primitivas, de alguna manera irracionales, que necesitan de un progreso intelectual, racional, económico, cultural y social, una visión eurocéntrica que refuerza la idea de que Occidente, especialmente Europa Occidental, entiende que tiene una base histórica una misión civilizadora, en la que se debe llevar desarrollo al resto del mundo. FRIZZO BRAGATO, F. "Para além do discurso eurocêntrico dos Direitos Humanos: contribuições da descolonialidade", *Novos Estudos Jurídicos,* 19, 1, 2014, 201–230.

6 ESPUGUES MOTA, C.A., "El derecho de extranjería como banco de pruebas del derecho internacional privado: el derecho a la reagrupación familiar en la ley orgánica 4/2000, de 11 de enero, sobre derechos y libertades de los extranjeros en España y su integración social". *Anuario Argentino de Derecho Internacional,* Córdoba, Argentina: Asociación Argentina de derecho internacional, 2000. 83-115, p. 84.

7 FERNÁNDEZ SÁNCHES, P. A., "El derecho de reagrupación familiar de los extranjeros", *Derecho y conocimiento,* 1, 2001, 375-395.

propia naturaleza y dignidad, siendo inherente y que han sido consagrados y garantizados por la sociedad política[8].

Puesto que es un derecho humano y está en el contexto internacional, la protección a la familia es una obligación, aunque genérica, de los Estados, que deben hacer políticas internas conexas con la regulación de convivencia o circunstancias del propio derecho de familia[9].

En ese contexto, tanto Brasil como España poseen reglas de protección a la familia, y buscan garantizar non solo los derechos de los nacionales y de los inmigrantes que viven en el país, pero también de sus familiares.

Para que se entienda las leyes de reagrupación familiar en los dos países, se debe comprender el origen de los familiares reagrupables, junto a los ordenamientos jurídicos.

En caso de España, la ley relaciona con reglamentos integrados a la Unión Europea, en ese caso es posible dividir los inmigrantes en dos grupos. En el primero, hay los procedentes del ámbito extracomunitario y de los países no pertenecientes a la Unión Europea o el Espacio Económico Europeo. Mientras que en el segundo, se trata de la nacionalidad del reagrupante, en que son aquellos familiares que non son españoles, pero viven en España con un ciudadano español[10].

El término reagrupación familiar en España se refiere al agrupamiento de personas de la familia del inmigrante, la definición

---

8 ERRÁZURIZ TORTORELLI, C., "Sobre la protección internacional de la familia", *Revista chilena de derecho,* 21, 2, 1994, 365-370, p. 365-366.

9 ERRÁZURIZ TORTORELLI, C., "Sobre la protección internacional de la familia", *Revista chilena de derecho,* 21, 2, 1994, 365-370, p. 365.

10 BUSTAMANTE FERNÁNDEZ, M.T. *El derecho a la reagrupación familiar en el ordenamiento jurídico español y los obstáculos a su realización efectiva. Análisis crítico de la interpretación en vía administrativa y judicial de los requisitos para la reagrupación familiar en el régimen general de la LO 4/2000 y el específico del RD 240/2007* Máster Thesis, Universidad Nacional de Educación a Distancia (España), Facultad de Derecho, 2023.

observa personas del ámbito extracomunitario, que vive en España, que no es nacional y no posee la nacionalidad española. Puesto que el Real Decreto 240/2007, de 16 de febrero, dispone sobre las condiciones para el ejercicio de los derechos de circulación y residencia en España de ciudadanos de los Estados miembros de la Unión Europea y de otros Estados de Espacio Económico Europeo[11].

De este modo, el análisis de la reagrupación con relación a la España tendría dos aproximaciones, un grupo en que se verifica los procedentes del ámbito extracomunitario y de países no pertenecientes a Unión Europea o al Espacio Económico Europeo. La segunda aproximación es del grupo de nacionalidad del reagrupante, o sea, los extranjeros extracomunitarios que residen legalmente en España[12].

En el estudio de María Teresa Bustamante Fernández[13] hay análisis también de la reagrupación sobre los ciudadanos de la Unión Europea, bien como de los españoles que desean que sus familiares extracomunitarios vivan con ellos en España. Pero en

---

11 Real Decreto 240/2007, de 16 de febrero, sobre entrada, libre circulación y residencia en España de ciudadanos de los Estados miembros de la Unión Europea y de otros Estados parte en el Acuerdo sobre el Espacio Económico Europeo. *Boletim Oficial del Estado*, núm. 51, de 28 de febrero de 2007.

12 BUSTAMANTE FERNÁNDEZ, M.T. *El derecho a la reagrupación familiar en el ordenamiento jurídico español y los obstáculos a su realización efectiva. Análisis crítico de la interpretación en vía administrativa y judicial de los requisitos para la reagrupación familiar en el régimen general de la LO 4/2000 y el específico del RD 240/2007* Master Thesis, Universidad Nacional de Educación a Distancia (España), Facultad de Derecho, 2023.

13 BUSTAMANTE FERNÁNDEZ, M.T. *El derecho a la reagrupación familiar en el ordenamiento jurídico español y los obstáculos a su realización efectiva. Análisis crítico de la interpretación en vía administrativa y judicial de los requisitos para la reagrupación familiar en el régimen general de la LO 4/2000 y el específico del RD 240/2007* Master Thesis, Universidad Nacional de Educación a Distancia (España), Facultad de Derecho, 2023.

ese caso se entiende que el concepto de reagrupación familiar tiene una noción impropia para el derecho español.

La reagrupación familiar en España es un derecho derivado, que fue proclamado por normas en materia de derechos y libertadores en el Derecho Internacional. Es posible comprender la aplicación por el artículo 10.2 de la Constitución española[14] y también su interpretación de acuerdo con las normas de la Declaración Universal de Derechos Humanos y de tratados y acuerdos internacionales de materias ratificadas por España.

Pero las normas internacionales son interpretativas, y no normas autónomas de validez. De este modo, el derecho de la reagrupación viene de la apreciación de reglas internacionales, y si reconoce por vía convencional como un "derecho que dimana directamente del derecho a la vida familiar y a la protección a la familia".[15]

Dos de las regulaciones en España a ser, inicialmente, observadas en caso de reagrupación familiar son de nacionales de terceros países por medio de la directiva 2004/38/CE, que dispone del derecho de circulación y residencia libre de los ciudadanos y sus familiares en territorios de Estados miembros[16]. Así como la Directiva 2003/86/CE[17] establece el modo en que los países deben

---

14 Constitución española, de 26 de diciembre de 1978. *Boletín Oficial del Estado,* núm. 311, de 29 de diciembre de 1978.

15 GOIG MARTÌNEZ, J. M., "El derecho a la reagrupación familiar de los inmigrantes", *Teoría y Realidad Constitucional,* 14, 2ª semestre 2004, 239-271, p. 240-241.

16 Directiva 2004/38/CE del parlamento europeo y del consejo de 29 de abril de 2004 relativa al derecho de los ciudadanos de la Unión y de los miembros de sus familias a circular y residir libremente en el territorio de los Estados miembros, por la que se modifica el Reglamento (CEE) n.º 1612/68 y se derogan las directivas 64/221/CEE, 68/360/CEE, 72/194/CEE, 73/148/CEE, 75/34/CEE, 75/35/CEE, 90/364/CEE, 90/365/CEE y 93/96/CEE. *Boletim Oficial del Estado,* núm. 158, de 30 de abril de 2004.

17 Directiva 2003/86/CE del Consejo, de 22 de septiembre de 2003, sobre el derecho a la reagrupación familiar. *Boletim Oficial del Estado,* núm. 251, de 3 de octubre de 2003.

reconocer y regular el derecho a la reagrupación familiar, en este caso hay una atención especial a los refugiados.

La reagrupación familiar está directamente relacionada con la vida privada y familiar de las personas, de modo que deben ser analizados, también, el Convenio para la Protección de los Derechos Humanos y las Libertades Fundamentales, adicionalmente la Carta de Derechos Fundamentales de la Unión Europea. Esas dos normas poseen artículos respecto a la vida privada y familiar a ser considerados en consonancia con las reglas españolas.

Sin embargo, en España se entiende que la reagrupación familiar es un derecho jurídico, no un derecho subjetivo, eso porque se establece un marco constitucional en encajar como derecho de configuración legal[18], con regulación en la Ley Orgánica 4/2000 de 11 de enero de derechos y libertades de los extranjeros en España y su integración social. Esa Ley se aplica cuando no exista una ley más específica, como en casos de los ciudadanos de UE y EEE, cuya aplicación es del Real Decreto 240/2007, o de las personas solicitantes de Protección Internacional, que se sujetan a las disposiciones de la Ley 12/2009.

En Brasil, la Constitución Federal no dispone específicamente de reagrupación familiar, no obstante, hay artículos que indican la protección a la familia, y para el derecho brasileño esa agrupación tiene especial protección del Estado[19]. En la ley brasileña, el tema es tratado específicamente es la Ley de Migración, Ley n.° 13.445, de 24 de mayo de 2017[20], que indica cómo funciona la política migratoria brasileña con sus principios y directrices.

---

18 VARGAS GÓMEZ-URRUTIA, M., "Reconstituyendo la familia inmigrante en el estado miembro de acogida ¿Atrapados en un laberinto legal?", en *Protección de menores y Derecho Internacional Privado,* Comares, Granada, 2019, pp. 271-292, p.73.

19 Constituição da República Federativa do Brasil de 1988. Brasília, 5 de outubro de 1988. *Diário Oficial da União,* de 05 de outubro de 1988.

20 Lei n.° 13.445, de 24 de maio de 2017. Institui a Lei de Migração. *Diário Oficial da União,* de 25 de maio 2017.

En relación con la regulación junto al derecho internacional, Brasil hay reglas que están más relacionadas con cuestiones de derechos de los refugiados, en ese sentido el país es signatario del Estatuto de los refugiados, Convención firmada en 1951[21] y también del Protocolo de 1967[22], que indica formas de garantizar el derecho de buscar y recibir refugio en otro país que no de su origen.

Una diferencia del tema entre Brasil y España es el tratamiento de denominación, el termo en España se refiere a los inmigrantes que viven en España y que quieren trasladar su familia. En Brasil la denominación se trata de personas que viven en territorio brasileño, ciudadanos o extranjeros, y quieren trasladar familiares que son extranjeros.

Esa breve analicé índica algunas de las diferencias entre los dos ordenamientos, sin embargo, es necesario investigar la práctica, como ocurren las decisiones en los tribunales y cortes para la reagrupación familiar por la perspectiva de las leyes de los países, para que se comprenda cuál son los requisitos y obstáculos.

3. ANÁLISIS DE UNA SENTENCIA DE REAGRUPACIÓN EN EUROPA

La sentencia de este estudio es una petición[23] de decisión prejudicial planteada por el Raad voor Vreemdelingenbetwistigen, el

21 UNHCR. <<Convención sobre el Estatuto de los Refugiados de 1951>> [en línea], (1951), <https://www.acnur.org/media/convencion-sobre-el-estatuto-de-los-refugiados-de-1951>. [Consulta 04/09/2023]

22 ACNUR. <<Protocolo de 1967 relativo ao estatuto dos refugiados>> [en línea] (1967), <https://www.acnur.org/fileadmin/Documentos/portugues/BD_Legal/Instrumentos_Internacionais/Protocolo_de_1967.pdf>. [Consulta: 04/09/2023]

23 Infocuria Jurisprudencia. <<Conclusiones Del Abogado General - Asunto C-230/21>> [en línea], (2022), https://curia.europa.eu/juris/document/document.jsf?text=&docid=261005&pageIndex=0&docla

Consejo del Contencioso de Extranjería en Bélgica, y su sentencia con el número de recurso C-230/21[24], con la siguiente jurisprudencia: Procedimiento prejudicial — Espacio de libertad, seguridad y justicia — Política de inmigración — Directiva 2003/86/ CE — Artículo 2, letra f) — Artículo 10, apartado 3, letra a) — Concepto de “menor no acompañado” — Derecho a la reagrupación familiar — Refugiado menor casado en el momento de su entrada en el territorio de un Estado miembro — Matrimonio infantil no reconocido en ese Estado miembro — Convivencia con el cónyuge que reside legalmente en ese Estado miembro

La petición presenta un cuestionamiento que fue la tratativa para argumentación y fundamentación de la sentencia, en que se trata de una refugiada menor de edad que esté casada, y que se cuestiona si se “¿impide que pueda ser considerada «menor no acompañado» y pueda beneficiarse del derecho a la reagrupación familiar con su ascendiente, conforme a las disposiciones de la Directiva 2003/86/CE?”

Destacase que el caso es delicado, puesto que el tema posee particularidades relacionadas con los matrimonios de menores, como que se constituyen una relación forzada, situación que hay una inferencia en vulnerabilidad grave de derechos fundamentales, particularmente de niños y mujeres.

Ese estudio analiza la situación que trata de la petición de un demandante, llamado de X, de la Palestina, con dos hijos menores de edad, que fueran denominados como de Y y Z.

---

ng=ES&mode=lst&dir=&occ=first&part=1&cid=2483722. [Consulta: 09/09/2023]

24 Infocuria Jurisprudencia. <<Sentencia del Tribunal de Justicia - Asunto C-230/21>> [en línea], (2022), <https://curia.europa.eu/juris/document/document.jsf?text=&docid=268030&pageIndex=0&doclang=ES&mode=lst&dir=&occ=first&part=1&cid=2483722> [Consulta: 09/09/2023]

Uno de los hijos del demandante es una refugiada menor no acompañada que llegó en Bélgica[25] y para que se pueda comprender las particularidades es importante hacer un breve resume sobe el caso.

Esa hija había contraído un matrimonio en el Líbano, siendo que era menor de edad ya cuando de la boda[26]. Su cónyuge era titular de residencia en vigor en Bélgica.

Su llegada en Bélgica fue en agosto de 2017 y el Servicio Público Federal de Justicia, Bélgica, la consideró una menor extranjera no acompañada, tenido asignado una tutora el día siguiente. También la Oficina de Extranjería no reconoció el matrimonio celebrado en Líbano, con fundamento en los artículos 21 y 27 del Código de derecho internacional Privado belga, una vez que el matrimonio infantil es considerado incompatible con el orden público[27].

De este modo, ella presentó una solicitud de protección internacional y ha obtenido el estatuto de refugiada en septiembre de 2018, el año siguiente de su entrada. En diciembre del

---

25 A pesar de la llegada de la refugiada ser en Bélgica, los decretos y analicé que serán realizadas relacionarse con la España, de modo que es importante como jurisprudencia y como precedente para un posible caso español en futuro. De este modo serán hechos comentarios también sobre leyes españolas específicas, como el Código Civil o Constitución Española.

26 Segundo la sentencia, la hija era nacida en 2 febrero de 2001, y tenía 15 años en diciembre de 2016, cuando ha contraído matrimonio en el Líbano.

27 De igual forma, ocurre en España, una vez que de acuerdo con la Constitución española (Constitución española, de 26 de diciembre de 1978. *Boletín Oficial del Estado*, núm. 311, de 29 de diciembre de 1978) son considerados mayores de edad aquellos con dieciocho años o más, y de acuerdo con el Código Civil (Real Decreto de 24 de julio de 1889 por el que se publica el Código Civil. Gaceta de Madrid, núm. 206, de 25 de julio de 1889.) uno de los requisitos del matrimonio, conforme el artículo 46, es que no pueden contraer matrimonio los menores de edad no emancipados.

mismo año, la demandante en el litigio principal presentó una solicitud de visado para reagrupación familiar con la hija menor de edad nacida en 2001, y por razones humanitarias para sus hijos menores Y y Z.

La hija del demandante tuvo una niña, de nacionalidad belga, en agosto de 2019.

En junio las solicitudes de visado presentadas por lo demandante fueron denegadas, en noviembre de 2019 el órgano jurisdiccional remitente anuló las decisiones, pelo en marzo de 2020 los citados visados fueran denegados nuevamente.

Los fundamentos para la denegación es que de acuerdo con la Ley de Extranjería de Bélgica[28] y la Directiva 2003/86[29] los cónyuges y los hijos menores solteros que constituye el núcleo familiar y como el matrimonio de la hija es válido en su país de origen, ella ya no pertenece al núcleo familiar de los progenitores.

Por las circunstancias, el procedimiento fue suspendido y planteado al Tribunal de Justicia con dos cuestiones prejudiciales, la primera "¿Debe interpretarse el Derecho de la Unión, y en parti-

---

28 En España, el artículo 17 indica cuáles son los familiares reagrupables, en casos de hijos son aquellos con menos de 18 años, biológicos o adoptivos, sé hijo de solo una de las parejas, la pareja que solicita debe tener la custodia integral o tener y ejercer la otorga, y en caso de hijo por adopción debe acreditarse que la resolución por donde acordó reúne los elementos necesarios para tener efecto en España. Para la reagrupación del hijo mayor de edad significa que ese es una persona con discapacidad. Conforme la Ley Orgánica 4/2000, de 11 de enero, sobre derechos y libertades de los extranjeros en España y su integración social. *Boletín Oficial del Estado,* núm. 10, de 12 de enero de 2000. Así se entiende que la hija menor de edad podría ser reagrupable, no obstante, hay el cuestionamiento, pues que ya es casada y así no estaría más con la protección y guarda de los padres, pero es menor de edad, y no hay regla expresa sobre el estado civil del hijo menor de edad para que se haga la reagrupación familiar.

29 La directiva es la misma que es usada en España para analizar los casos de reagrupación familiar.

cular el artículo 2, letra f), en relación con el artículo 10, apartado 3, letra a), de la Directiva [2003/86], en el sentido de que un refugiado "menor no acompañado" que reside en un Estado miembro debe no estar casado, según su legislación nacional, para que se le conceda el derecho a la reagrupación familiar con ascendientes en línea directa?".

Y la segunda cuestiona es que "En caso de respuesta afirmativa, ¿puede ser considerado "menor no acompañado", en el sentido de los artículos 2, letra f), y 10, apartado 3, de la Directiva [2003/86], un refugiado menor de edad cuyo matrimonio contraído en el extranjero no se reconoce por razones de orden público?".

La Sentencia del Tribunal de Justicia de la Unión Europea (STJUE)[30] presenta la conclusión de que el derecho a la reagrupación familiar no puede interpretarse en el sentido de que un menor que reside en un Estado miembro debe no estar casado para ser considerado un menor 'no acompañado' y por consiguiente poder beneficiarse del derecho a la reagrupación familiar de sus ascendientes de primer grado y línea directa. Por esa conclusión, no se responde la segunda pregunta.

Con esas informaciones es necesario destacar tres puntos importantes con base en la sentencia del caso de Bélgica, pero que se puede hacer analogía con la ley de extranjería de España junto a la Directiva 2003/86/CE.

El primero es que la autorización de entrada y residencia con fines de reagrupación familiar se permite a sus ascendientes en línea directa y de primer grado, también que los hijos menores del progenitor reagrupante solo podrán entrar y residir en la Unión Europea en virtud de la reagrupación familiar si no están casados,

30 Infocuria Jurisprudencia. <<Sentencia del Tribunal de Justicia - Asunto C-230/21>> [en línea], (2022), <https://curia.europa.eu/juris/document/document.jsf?text=&docid=268030&pageIndex=0&doclang=ES&mode=lst&dir=&occ=first&part=1&cid=2483722> [Consulta: 09/09/2023]

y que deben fijarse las condiciones, pero en casos de menor no acompañado busca facilitar la reagrupación familiar.

El termo "no debe estar casado" en la sentencia no deja claro la analicé de la situación jurídica del estado civil sobre menores de edades que buscan la reagrupación familiar.

En las conclusiones del abogado general se deja claro la preocupación con la real protección debido a que muchos de esos matrimonios son forzados, o que deja los niños y mujeres en mayor vulnerabilidad, y que sé no se reconoce el matrimonio extranjero por cuestiones de orden pública en el país de acogida debe ser entendido de que el matrimonio no pose efectos jurídicos en ese país, y, por lo tanto, debe ser garantido el derecho de reagrupación familiar.

En una breve analicé, en teoría, debería ser de la posibilidad de reagrupación familiar por ser un menor de otro país desacompañado[31]. Por el ordenamiento brasileño, dado que la legislación también no reconoce matrimonios con un menor, salvo si emancipado, tendría un conflicto de interés para el reconocimiento del matrimonio con el recibimiento, en que se debe analizar por las reglas de protección de los niños como vulnerables de [32].

4. CONCLUSIONES

A pesar de toda la discusión, la analicé de la sentencia no se limita a sencillos argumentos, una vez que se debe entender que el menor no acompañado está en desamparo y no hay ninguna relación familiar en el país de acogida como soporte familiar, y se la recusa es por el refugiado menor no acompañado reagrupante

---

31 Lei n.º 13.445, de 24 de maio de 2017. Institui a Lei de Migração. *Diário Oficial da União*, de 25 de maio 2017.

32 Lei n.º 8.069, de 13 de julho de 1990. Dispõe sobre o Estatuto da Criança e do Adolescente e dá outras providências. *Diário Oficial da União*, de 13 de julho de 1990.

estar casado. Eso colocaría a este menor en una situación de especial vulnerabilidad, puesto que, a falta de su cónyuge y de sus ascendientes, se vería privado de toda red familiar en el Estado miembro en el que se encuentre.

El caso analizado en este estudio fue de uno que posee relaciones con leyes de España y que puede ser usado como precedente para futuras sentencias.

A respetó que el derecho a la reagrupación familiar de los extranjeros residentes no es un derecho absoluto, sino que tiene condiciones a ser analizadas, como previa situación de estado civil, tener vivienda digna, recursos económicos suficientes, incluso estar integrado, o sea acreditar conocimiento del idioma. Y que estas condiciones son diferentes no solo en función de la nacionalidad del reagrupante sino también en función del vínculo con el familiar que pretende reagrupar, se verifica que hay obstáculos aparte de la ley en sí.

De esta manera, es necesario analizar con más profundamente el sistema jurídico de los dos países y comprender los requisitos que se ponen para la reagrupación familiar, y también verificar los obstáculos que se ponen para aplicabilidad, una vez que para la aplicación de las legislaciones se ponen frecuentemente demasiadas.

Necesario, del mismo modo, buscar la existencia de métodos de aplicación de los propios ordenamientos para solución, y por añadidura analizar se hay normas de los dos países que puedan ser fuentes de inspiración para aplicación con más garantías de derechos en el otro.

5. BIBLIOGRAFÍA

ACNUR. <<Protocolo de 1967 relativo ao estatuto dos refugiados>> [en línea] (1967), <https://www.acnur.org/fileadmin/Documentos/portugues/BD_Legal/Instrumentos_Internacionais/Protocolo_de_1967.pdf>. [Consulta: 04/09/2023]

BUSTAMANTE FERNÁNDEZ, M.T. *El derecho a la reagrupación familiar en el ordenamiento jurídico español y los obstáculos a su realización efectiva. Análisis crítico de la interpretación en vía administrativa y judicial de los requisitos para la reagrupación familiar en el régimen general de la LO 4/2000 y el específico del RD 240/2007* Máster Thesis, Universidad Nacional de Educación a Distancia (España), Facultad de Derecho, 2023.

Constituição da República Federativa do Brasil de 1988. Brasília, 5 de outubro de 1988. *Diário Oficial da União,* de 05 de outubro de 1988.

Constitución española, de 26 de diciembre de 1978. *Boletim Oficial del Estado,* núm. 311, de 29 de diciembre de 1978.

Directiva 2003/86/CE del Consejo, de 22 de septiembre de 2003, sobre el derecho a la reagrupación familiar. *Boletim Oficial del Estado,* núm. 251, de 3 de octubre de 2003.

Directiva 2004/38/CE del parlamento europeo y del consejo de 29 de abril de 2004 relativa al derecho de los ciudadanos de la Unión y de los miembros de sus familias a circular y residir libremente en el territorio de los Estados miembros, por la que se modifica el Reglamento (CEE) n.º 1612/68 y se derogan las directivas 64/221/CEE, 68/360/CEE, 72/194/CEE, 73/148/CEE, 75/34/CEE, 75/35/CEE, 90/364/CEE, 90/365/CEE y 93/96/CEE. *Boletim Oficial del Estado,* núm. 158, de 30 de abril de 2004.

ERRÁZURIZ TORTORELLI, C., "Sobre la protección internacional de la familia", *Revista chilena de derecho,* 21, 2, 1994, 365-370.

ESPUGUES MOTA, C.A., "El derecho de extranjería como banco de pruebas del derecho internacional privado: el derecho a la reagrupación familiar en la ley orgánica 4/2000, de 11 de enero, sobre derechos y libertades de los extranjeros en España y su integración social". *Anuario Argentino de Derecho Internacional,* Córdoba, Argentina: Asociación Argentina de derecho internacional, 2000. 83-115.

FERNÁNDEZ SÁNCHES, P. A., "El derecho de reagrupación familiar de los extranjeros", *Derecho y conocimiento,* 1, 2001, 375-395

FRIZZO BRAGATO, F. "Para além do discurso eurocêntrico dos Direitos Humanos: contribuições da descolonialidade", *Novos Estudos Jurídicos,* 19, 1, 2014, 201–230.

GOIG MARTÌNEZ, J. M., "El derecho a la reagrupación familiar de los inmigrantes", *Teoría y Realidad Constitucional,* 14, 2ª semestre 2004, 239-271.

Infocuria Jurisprudencia. <<Conclusiones Del Abogado General - Asunto C230/21>> [en línea], (2022), https://curia.europa.eu/juris/document/document.jsf?text=&docid=261005&pageIndex=0&doclang=ES&mode=lst&dir=&occ=first&part=1&cid=2483722. [Consulta: 09/09/2023]

Infocuria Jurisprudencia. <<Sentencia del Tribunal de Justicia - Asunto C230/21>> [en línea], (2022), <https://curia.europa.eu/juris/document/document.jsf?text=&docid=268030&pageIndex=0&doclang=ES&mode=lst&dir=&occ=first&part=1&cid=2483722> [Consulta: 09/09/2023]

LA SPINA, E., "La protección de la unidad familiar en contextos de crisis migratoria: Historia de dos casos", *UNIVERSITAS. Revista De Filosofía, Derecho Y Política,* 25, 2017, 163-186.

LAPIEDRA ALCAMI, R., "La familia en la unión europea: el derecho a la reunificación familiar", *Iuris Tantum Revista Boliviana de Derecho,* 20, 2015, 214-240.

Lei n.° 13.445, de 24 de maio de 2017. Institui a Lei de Migração. *Diário Oficial da União,* de 25 de maio 2017.

Lei n.° 8.069, de 13 de julho de 1990. Dispõe sobre o Estatuto da Criança e do Adolescente e dá outras providências. *Diário Oficial da União,* de 13 de julho de 1990.

Ley Orgánica 4/2000, de 11 de enero, sobre derechos y libertades de los extranjeros en España y su integración social. *Boletín Oficial del Estado,* núm. 10, de 12 de enero de 2000.

Real Decreto 240/2007, de 16 de febrero, sobre entrada, libre circulación y residencia en España de ciudadanos de los Estados miembros de la Unión Europea y de otros Estados parte en el Acuerdo sobre el Espacio Económico Europeo. *Boletim Oficial del Estado,* núm. 51, de 28 de febrero de 2007.

Real Decreto de 24 de julio de 1889 por el que se publica el Código Civil. Gaceta de Madrid, núm. 206, de 25 de julio de 1889.

UNHCR. <<Convención sobre el Estatuto de los Refugiados de 1951>> [en línea], (1951), <https://www.acnur.org/media/convencion-sobre-el-estatuto-de-los-refugiados-de-1951>. [Consulta 04/09/2023]

VARGAS GÓMEZ-URRUTIA, M., "Reconstituyendo la familia inmigrante en el estado miembro de acogida ¿Atrapados en un laberinto legal?", en *Protección de menores y Derecho Internacional Privado,* Comares, Granada, 2019, pp. 271-292.

WEIL AFONSO, H. "A questão desenvolvimentista na segunda metade do século XX: um olhar desde as TWAIL (Third World Approaches to International Law)", *Quaestio Iuris,* Rio de Janeiro, 12, 3, 2019, 101-124.

El consumidor vulnerable conforme a la Ley 4/2022 y sus posibles consecuencias jurídicas en el área contractual de consumo

MISAEL ALBERTO ANDRADE VEGA
Universidad de Salamanca

Resumen:

El articulo tiene por objeto describir y analizar el concepto de consumidor vulnerable, el cual fue incorporado al ordenamiento jurídico español por medio de la Ley 4/2022, de 25 de febrero, de protección de los consumidores y usuarios frente a situaciones de vulnerabilidad social y económica. Además, por medio del presente artículo, describiremos los elementos de este nuevo concepto, sus requisitos y los posibles efectos jurídicos en las relaciones contractuales de consumo.

Palabras Clave: consumidor vulnerable, Ley 4/2022, situaciones de vulnerabilidad, equilibrio en la relación contractual, efectos jurídicos.

1. INTRODUCCIÓN

El concepto de consumidor vulnerable se encuentra regulado en el artículo 3.2 de la TRLGDCU, el que fue incorporado en un comienzo al ordenamiento jurídico español por el Real Decreto Ley 1/2021 de fecha 19 de enero[1], el que fue posteriormente derogado por la Ley 4/2022, de 25 de febrero, de protección de los consumidores y usuarios frente a situaciones de vulnerabilidad social y económica.

---

1 Real Decreto-ley 1/2021, de 19 de enero, de protección de los consumidores y usuarios frente a situaciones de vulnerabilidad social y económica.

A diferencia de lo que pasa con el consumidor medio en las relaciones de consumo, el que se caracteriza por ser normalmente es atento, perspicaz, capaz de captar y comprender la información[2], nos encontramos con el denominado consumidor vulnerable, que es aquel que por determinadas circunstancias especiales, no tiene la capacidad de captar y comprender la información precontractual que se le entrega, ni apreciar con claridad las consecuencias jurídicas de sus relaciones de consumo, debiendo el ordenamiento jurídico centrarse en el resguardo de este, así como en el refuerzo de sus capacidades.

Como analizaremos más adelante, la vulnerabilidad que afecta a un consumidor puede tener distintos orígenes. Es así, como se ha planteado que la vulnerabilidad puede ser de carácter endógena, es decir, inherente a la persona, la que podría ser de carácter permanente, como son las que afectan a todos aquellos que padecen de una *discapacidad mental, física o psicológica.*[3]

Así también, la vulnerabilidad que puede afectar a un consumidor puede ser de carácter externa, es decir, que es originada por situaciones externas o por circunstancias particulares que afecten al consumidor, por ejemplo, el no saber utilizar bien las tecnologías, el no manejar bien un idioma, la falta de educación, su situación social o económica, la zona geográfica en la que vive o reside, entre otras.

Es por lo anterior, que la conceptualización de este consumidor vulnerable es un poco más compleja que la del consumidor medio, ya que, en este caso, son muchas las situaciones las que pueden incidir en que una persona sea considerada o no vulnerable.

Es por lo mismo, que tanto la legislación comunitaria y recientemente la legislación española, han ido incorporando en sus al-

---

2 CÁMARA LAPUENTE, S., "Libro primero. Disposiciones generales" en *Comentarios al texto refundido de la Ley de consumidores y usuarios,* tomo I, Tirant Lo Blanch, Valencia, 2022, pp 61-2018.

3 HERNÁNDEZ DÍAZ-AMBRONA, M., Consumidor Vulnerable, Colección de Derecho de Consumo, Editorial Reus S.A, Madrid, 2015, Págs. 23.

gunos cuerpos normativos esta nueva categoría de consumidor. El objetivo es dotar de una mayor protección a este tipo de consumidores, los cuales, al estar afectos a una situación de especial de vulnerabilidad, puedan tomar decisiones o aceptar condiciones contractuales que en otras circunstancias no aceptarían

Es tanta la relevancia que ha tomado la figura del consumidor vulnerable, que la nueva agenda del consumidor, que comprende el periodo del 2020 al año 2025, tiene cinco objetivos centrales y prioritarios, siendo estos: a) la transición ecológica, b) la transformación digital, c) la tutela y el respeto de los derechos de los consumidores, d) l*as necesidades específicas de determinados grupos de consumidores* y e) la cooperación internacional[4]. Unos de estos objetivos planteados se refieren a las necesidades de determinados grupos, vinculándose estrechamente tal objetivo con los consumidores vulnerables.

Es interesante como la Comunicación de la Comisión al Parlamento Europeo y al Consejo, relativo a la nueva agenda del consumidor, resalta que a raíz de la crisis sanitaria covid-19, las relaciones de consumo mutaron totalmente, en atención a que la movilidad de las personas cambio, por lo que estas comenzaron a comprar todo vía online[5]. Debo agregar que, en la actualidad la forma de comprar de los consumidores sigue siendo en un gran porcentaje online y las compras presenciales se comenzaron a desarrollar principalmente en el comercio local.

Es pertinente recordar que las normas de consumo tienen como finalidad restablecer el equilibrio entre en consumidor y el profesional o empresario, ya que, en dicha relación, el consumidor es la parte débil de la misma, y por lo mismo requiere protección. En ese sentido, la nueva agenda del consumidor 2020-2025, hace hincapié, que sin perjuicio de la protección que se le ha

---

4 Comunicación de la Comisión al Parlamento Europeo y al Consejo, relativo a la nueva agenda del consumidor, de fecha 13 de noviembre del año 2020.

5 *Idem.*

dispensado al consumidor, existen ciertos grupos de consumidores que, en determinadas condiciones o situaciones, se pueden encontrar en una situación de vulnerabilidad en sus relaciones de consumo.

Es por lo anterior, que la comunicación plantea que el acceso a las compras online pudo haber generado exclusión en un grupo determinado de consumidores como lo son los adultos mayores, las personas con discapacidad o quienes no cuenten con herramientas tecnológicas o internet, vulnerabilidad que se acrecentó con la crisis sanitaria covid-19[6].

Además, plantea que es una realidad que dentro de los adultos mayores existen personas que no se encuentran familiarizadas con las nuevas tecnologías y las compras online, debiendo este grupo etario capacitarse a fin a de que no existan personas desconectadas ni excluidas de estas nuevas herramientas.

Por otro lado, nueva agenda del consumidor visibiliza como grupo vulnerable a los niños o menores, los que son objeto de prácticas comerciales engañosas. Lo que se plantea al respecto en este grupo, es que se debe invertir en educación desde muy temprana etapa escolar, capacitándolos en cultura financiera, a fin de que aprendan a no endeudarse y a tomar buenas decisiones en sus finanzas personales[7].

Lo relevante de esta nueva agenda del consumidor que comprende el periodo 2020-2025, es que la Unión Europea centro su atención y sus esfuerzos en estos grupos o personas vulnerables, las que participan activamente en el mercado de consumo de bienes y servicios, con el objeto de reforzar su protección en las relaciones de consumo y restablecer el equilibrio en contractual, ya que, en el caso de este tipo de consumidores, la asimetría contractual es más pronunciada.

---

6 Comunicación de la Comisión al Parlamento Europeo y al Consejo, relativo a la nueva agenda del consumidor, de fecha 13 de noviembre del año 2020.

7 *Idem.*

Es por anterior, que el legislador español incorpora por primera vez el concepto de consumidor vulnerable al artículo 3.2 del TRLGDCU, mediante el Real Decreto Ley 1/2021[8], de fecha 19 de enero, el que fue posteriormente derogado por la actual Ley 4/2022, de fecha 25 de febrero, de protección de los consumidores y usuarios frente a situaciones de vulnerabilidad social y económica.

Dichos cuerpos normativos, surgen como una respuesta del Estado español al cumplimiento del mandato constitucional establecido en el artículo 51.1 de la CE[9]., donde los poderes públicos deben garantizar la defensa de los consumidores y usuarios, a través de procedimientos eficaces, la salud, seguridad y los legítimos intereses económicos de estos.

1.1. El concepto de consumidor vulnerable conforme a la Ley 4/2022 y sus posibles consecuencias jurídicas

El artículo 3 del TRLGDCU fue modificado por primera vez por el Real Decreto Ley 1/2021, incorporando en el párrafo 2 el concepto de consumidor vulnerable. Cabe destacar que, dicho Real Decreto Ley, no modificaba en nada el concepto de consumidor y usuario, el que se mantenía en los mismos términos.[10]

---

8 Real Decreto-ley 1/2021, de 19 de enero, de protección de los consumidores y usuarios frente a situaciones de vulnerabilidad social y económica.

9 Articulo 51 N°1 de la Constitución Española "*Los poderes públicos garantizarán la defensa de los consumidores y usuarios, protegiendo, mediante procedimientos eficaces, la seguridad, la salud y los legítimos intereses económicos de los mismos*".

10 MARÍN LÓPEZ, J., "El concepto de Consumidor Vulnerable en el Texto Refundido de la Ley General para la Defensa de los Consumidores y Usuarios", *Revista Cesco* N°37, año 2021, pág. 112.

Posteriormente, la Ley 4/2022 modifica nuevamente el artículo 3.2[11] del TRLGDCU e incorpora un nuevo concepto de consumidor vulnerable, el cual se mantiene en términos muy similares al establecido Real Decreto Ley 1/2021.

El articulo 3.2 nos entrega un concepto general de consumidor vulnerable, ya que dicho articulado comienza señalando que pueden existir otros conceptos de este consumidor, los cuales pueden ser establecidos o definidos en las normativas sectoriales respectivas.

El nuevo concepto de consumidor vulnerable contempla sólo a las personas físicas, por lo que se excluyen a las personas jurídicas y a los entes sin personalidad jurídica que actúen fuera de una actividad profesional o empresarial y sin ánimo de lucro[12]. REYES LÓPEZ, M., plantea que el concepto de consumidor vulnerable establecido en el artículo 3.2 del TRLGDCU, marca una diferencia del criterio establecido en el párrafo 1 del artículo 3 TRLGDCU, en cual se contempla como consumidores tanto a las personas jurídicas como a determinados entes sin personalidad, a los que la doctrina y la jurisprudencia les han atribuido dicha condición.[13]

---

11 Artículo 3.2 del TRLGDCU " *Asimismo, a los efectos de esta ley y sin perjuicio de la normativa sectorial que en cada caso resulte de aplicación, tienen la consideración de personas consumidoras vulnerables respecto de relaciones concretas de consumo, aquellas personas físicas que, de forma individual o colectiva, por sus características, necesidades o circunstancias personales, económicas, educativas o sociales, se encuentran, aunque sea territorial, sectorial o temporalmente, en una especial situación de subordinación, indefensión o desprotección que les impide el ejercicio de sus derechos como personas consumidoras en condiciones de igualdad.»*

12 CÁMARA LAPUENTE, S., "Libro primero. Disposiciones generales" en *Comentarios al texto refundido de la Ley de consumidores y usuarios,* tomo I, Tirant Lo Blanch, Valencia, 2022, pp. 61-2018.

13 REYES LÓPEZ, M., *Manual de Derecho privado de consumo,* 3 edición, La Ley, Madrid, septiembre de 2022.

Otro elemento para ser calificado como un consumidor vulnerable, es que solo se es *respecto de relaciones concretas de consumo,* lo que significa, por un lado, que un consumidor puede ser vulnerable respecto de una determinada relación de consumo, pero respecto de otra no lo es. CAMARA LAPUENTE, S[14]., plantea que ello se refiere a que el concepto de consumidor vulnerable es de carácter dinámico, por lo que se debe ir evaluando en cada relación de consumo, por lo toda persona en un momento de su vida se puede calificar como vulnerable.

Lo anterior, está estrechamente vinculado con lo establecido en la exposición de motivos de la Ley 4/2022, que establece que la vulnerabilidad no es un concepto estático o que permanece fijo durante el tiempo, al contrario, este va cambiando. En relación con ello, las circunstancia que determinan a una persona como vulnerable, la puede calificar como tal en un determinado ámbito del consumo y en otro ámbito quizás no lo sea.

En ese sentido se ha planteado[15] que el artículo 3.2 del TRLGDCU, establece dos criterios para calificar el dinamismo de la vulnerabilidad de un consumidor. El primero de ellos, se refiere a que la vulnerabilidad puede ser individual o colectiva, por sus características, necesidades o circunstancias personales, económicas, educativas o sociales; este tipo de vulnerabilidad se da normalmente en grupos o colectivos, como lo son las mujeres, niños, personas con discapacidad, con falta de educación formal o en los adultos mayores.

El segundo criterio para calificar el dinamismo de la vulnerabilidad, es él que puede darse en un determinado contexto territorial, sectorial o temporal, por lo que la situación de vulnerabilidad que afecta a un consumidor puede ser cambiante, por ejemplo, un consumidor que un determinado territorio no tiene energía

---

14 CÁMARA LAPUENTE, S., "Libro primero. Disposiciones generales" en *Comentarios al texto refundido de la Ley de consumidores y usuarios,* tomo I, Tirant Lo Blanch, Valencia, 2022, pp. 61-2018.

15 *Idem.*

eléctrica, es vulnerable desde el punto de vista energético en ese territorio, pero en otro contexto sectorial o territorial no lo es; o un migrante es vulnerable en el extranjero y en su país no lo es.

En consecuencia, muchas pueden ser las razones o causas que inciden en que un consumidor o usuario se encuentre en una situación de vulnerabilidad, circunstancias que pueden vincularse con aspectos económicos, origen nacional o étnico, sexo, edad, personas con algún tipo de enfermedad, población migrante, víctimas de violencia de género, discapacidades, entre otras situaciones, las que inciden en sus relaciones de consumo, principalmente generado una desigualdad en el ejercicio de sus derechos.

Por otro lado, lo que cualifica a un consumidor como vulnerable, es que este al encontrarse en una situación especial de subordinación indefensión o desprotección, el ejercicio de sus derechos no los puede ejercitar en un plano de igualdad. Es decir, no es que no pueda ejercitar tales derechos, sino que los ejerce en desigualdad en la razón de la situación especial que lo afecta.

Cuando el artículo 3.2 se refiere a que el consumidor se encuentra en una situación especial se subordinación, indefensión o desprotección, quiere decir, que se encuentra afecto a una situación personal, familiar, económica, financiera, social, educativa, territorial o sectorial, entre otras.[16] En ese mismo sentido, CAMARA LA PUENTE plantea que la finalidad y el fundamento para calificar a un consumidor como vulnerable, es restaurar el ejercicio de sus derechos en condiciones de igualdad ante situaciones especiales de subordinación indefensión o desprotección.[17]

---

16 MARÍN LÓPEZ, J., "El concepto de Consumidor Vulnerable en el Texto Refundido de la Ley General para la Defensa de los Consumidores y Usuarios", *Revista Cesco* N°37, año 2021, pág. 113.

17 CÁMARA LAPUENTE, S., "Libro primero. Disposiciones generales" en *Comentarios al texto refundido de la Ley de consumidores y usuarios,* tomo I, Tirant Lo Blanch, Valencia, 2022, pp. 61-2018.

Por otro lado, llama la atención que desde un punto de vista semántico el artículo 3.2 del TRLGDCU se refiera a "*persona vulnerable*" y no a "*consumidor vulnerable*". MARÍN LÓPEZ, señala que le hubiera parecido lógico y coherente que se utilice en ambos párrafos el concepto de "consumidor"[18]. En ese sentido, desde el punto vista gramatical no resulta claro que el artículo 3.1 del TRLGDCU utilice el término de "*consumidor*" y el luego el artículo 3.2 se refiera a "*persona vulnerable*".

Debido a lo anterior es que surge la interrogante si el consumidor vulnerable es un tipo o subtipo de consumidor del artículo 3.1 del TRLGDCU. Una posible interpretación es que el consumidor vulnerable sea una especie de consumidor conforme a lo establecido en el artículo 3.1 del TRLGDCU, ya que el artículo 3.2 se refiere a las "relaciones concretas de consumo". Por otro lado, nada impide que este consumidor adquiera un bien o servicio con el propósito ajeno a su actividad profesional.

MARÍN LÓPEZ señala que el consumidor vulnerable no es una persona consumidora conforme a los términos del artículo 3.1 del TRLGDCU, argumentando que "*un consumidor vulnerable es el que se encuentra en la situación de inferioridad o desprotección que describe el art. 3.2, aunque no celebre un contrato un empresario al margen de su actividad empresarial o profesional*".[19]

Respecto a lo anterior, en ninguna parte del concepto de consumidor vulnerable se establece que este es una especie de consumidor o un subtipo conforme a lo establecido en el 3.1 del TRLGDCU.

Por otro lado, lo novedoso del concepto de consumidor vulnerable establecido por la Ley 4/2022, es que dicha definición incluye otros parámetros, no solamente el económico para calificar a una persona como vulnerable, como lo son la edad, sexo, situa-

---

18 MARÍN LÓPEZ, J., "El concepto de Consumidor Vulnerable en el Texto Refundido de la Ley General para la Defensa de los Consumidores y Usuarios", *Revista Cesco* N°37, año 2021, pág. 113.

19 *Ibidem,* pp. 116-117.

ción social, origen étnico, circunstancias educacionales, lugar de residencia, entre otras.

Tradicionalmente se calificaba a un consumidor como vulnerable debido a los de ingresos económicos del consumidor. Un claro ejemplo de ello es el consumidor vulnerable en el sector eléctrico, el cual conforme al Real Decreto Ley 897/2017[20], de fecha 6 de octubre, en el que se regula la figura del consumidor vulnerable, el bono social y otras medidas de protección, se establecen los parámetros básicos vinculado a los ingresos económicos para que el consumidor sea calificado como vulnerable y pueda recibir el bono social.

En cuanto a las posibles consecuencias jurídicas de este nuevo concepto, es interesante que el legislador al incorporar la definición de consumidor vulnerable al ordenamiento jurídico español hace una serie de modificaciones al TRLGDCU, centrándose en reforzar la protección de los consumidores vulnerables en la etapa precontractual de las relaciones de consumo.

Es así como fortalece específicamente el deber de información previa al contrato, con el objeto de mantener el equilibrio contractual entre las partes. Un claro ejemplo de ello, es que modifica el artículo 17 donde se presta especial atención al Derecho de información, formación y educación de las personas consumidoras vulnerables; el articulo 18 en el cual se refuerza las exigencias relativas a los etiquetados y presentación de bienes y servicios respecto a este tipo de consumidores, a fin de que sean de fácil acceso y comprensión; lo mismo ocurre con el refuerzo que hace el legislador en el artículo 19.6 del TRLGDCU, centrando su atención a las prácticas comerciales destinadas a los consumidores vulnerable o el articulo 20.2 relativo a las exigencias que debe cumplir la información necesaria en las ofertas comerciales de bienes y servicios, cuando su destinatarios sean los consumidores vulnerables.

---

20 Real Decreto 897/2017, de 6 de octubre, por el que se regula la figura del consumidor vulnerable, el bono social y otras medidas de protección para los consumidores domésticos de energía eléctrica.

Se debe hace presente, que el nuevo concepto de consumidor vulnerable no establece cambios cuando este actúa como contratante, es decir, no existe ningún refuerzo en la etapa contractual respecto a este tipo de consumidores. REYES LÓPEZ, M., plantea que en la normativa actual respecto a la etapa contractual de consumo no hay lugar para el consumidor vulnerable.[21]

Una clara manifestación de lo anterior es, que la Ley 4/2022 no modifico ni estableció nada en particular respecto del consumidor vulnerable en materias como control de contenido, control de transparencia, cláusulas abusivas o condiciones generales de la contratación. Es decir, el legislador en las materias señaladas hace el mismo tratamiento jurídico, tanto para el consumidor medio como para el consumidor que se encuentra afecto a una situación especial de vulnerabilidad.

En ese sentido, considero lamentable que la incorporación de este consumidor vulnerable al ordenamiento jurídico español no haya servido para generar un cambio en el nivel de protección que requieren las personas vulnerables. Es visible que conforme a los artículos que modifica la Ley 4/2022 al TRLGDCU no exista un tratamiento jurídico diferenciado para el consumidor vulnerable en temas tan importante como lo son control de incorporación, control de contenido, en la etapa de ejecución del contrato o en la post contractual.

2. CONCLUSIONES

1. La incorporación de la figura del consumidor vulnerable al ordenamiento jurídico mediante la Ley 4/2022, vino a reforzar los deberes de información precontractual con el objeto de mantener el equilibrio que debe existir entre las partes contratantes. Sin perjuicio de lo anterior, en ningún caso la

---

21 REYES LÓPEZ, M., *Manual de Derecho privado de consumo,* 3 edición, La Ley, Madrid, septiembre de 2022.

incorporación de este nuevo tipo de consumidor, significo un refuerzo en la etapa contractual en materias tan importantes como lo son el control de incorporación, control de transparencia, control de contenido o cláusulas abusivas.

2. Se aprecia, desde el punto de vista semántico o gramatical la falta de coherencia interna en la redacción del artículo 3 del TRLGDCU, ya que el apartado 2 utiliza el término "persona *consumidora vulnerable*" y en el apartado 1 usa la palabra "*consumidor*", debiendo en ambos apartados usarse el mismo término. De ahí que surja la discusión si esta persona vulnerable es realmente un "*consumidor* "conforme al párrafo 1 o simplemente no lo sea en dichos términos.
3. En cuanto al concepto de consumidor vulnerable establecido en el artículo 3.2 del TRLGDCU, se advierte su carácter general y posibilidad de coexistencia con otras concepciones particulares establecidas por las respectivas normativas sectoriales. Dicha definición, no se encuentra comprendida en el planteamiento del artículo 3.1, ya que no se exige que este sea una clase, tipo o subtipo de consumidor, ni tampoco se establece que estos deben actuar con un propósito ajeno a una actividad profesional o empresarial.
4. Es interesante como el legislador al consagrar el concepto de consumidor vulnerable en el artículo 3.2, no sólo establece un parámetro económico para calificar a una persona como tal, sino que incorpora otros factores como lo son la edad, sexo, situación social, origen étnico, circunstancias educacionales, lugar de residencia. Unido a ello, también es importante resaltar que la calificación de vulnerable de un consumidor no es estática en el tiempo, es decir, puede ir variando de acuerdo con las circunstancias personales, sociales y económicas de cada consumidor.
5. A la vista de todo ello, si se quiere por el legislador español que esa previsión sea algo más que una mera prescripción programática, se ha de fijar un régimen jurídico en el que esa figura del consumidor vulnerable se le anuden conse-

cuencias jurídicas bien desde la perspectiva sustantiva, bien desde el plano de la facilidad probatoria, bien desde la legitimación especial para lograr una tutela judicial efectiva o de resolución arbitral de los conflictos contractuales de consumo.

3. BIBLIOGRAFÍA

BERCOVITZ RODRÍGUEZ-CANO, A., *El Principio de Protección de los Consumidores,* Editorial Aranzadi, Madrid, Julio 2018.

CÁMARA LAPUENTE, S., "Libro primero. Disposiciones generales" en *Comentarios al texto refundido de la Ley de consumidores y usuarios* (Cañizares Laso, A., Dir.) tomo I, Tirant Lo Blanch, Valencia, 2022.

CÁMARA LAPUENTE, S., *Contratos y Protección Jurídica del Consumidor,* Editorial Olejnick, año 2018.

HERNÁNDEZ DÍAZ-AMBRONA, M, *Consumidor Vulnerable,* Colección de Derecho de Consumo, Editorial Reus S.A, Madrid, año 2015.

MARÍN LÓPEZ, J., "El concepto de consumidor vulnerable en el Texto Refundido de la Ley General para la Defensa de los Consumidores y Usuarios", *Revista Cesco N°37/2021,* págs. 9-16.

REYES LÓPEZ, M., *Manual de Derecho privado de consumo,* 3 edición, La Ley, Madrid, septiembre de 2022.

Deberes precontractuales de información: atipicidad y límites

CARLOS TAMANI RAFAEL
Universidad de Salamanca

Resumen:

El artículo indaga la pertinencia de la división de los deberes precontractuales de información entre atípicos y típicos, como criterio divisorio para un correcto análisis de esta figura. Siendo que posteriormente indaga sobre la utilidad de la buena fe para identificar cuando estamos frente a deberes de información atípicos a efectos de determinar el surgimiento de responsabilidad por su incumplimiento.

Palabras clave

Precontractual, buena fe, atipicidad, deberes de información, responsabilidad

1. INTRODUCCIÓN

La etapa precontractual, cuenta con diversos deberes que vinculan a las partes durante dicha etapa, así es aceptado que existen deberes de confidencialidad, de custodia, de información, de realizar las tratativas con seriedad y de apartarse de estas con lealtad y honestidad.

Siendo que, entre los deberes precontractuales referidos, han adquirido una gran relevancia hoy en día los de información, en atención a la importancia en las relaciones de consumo. Por lo que su estudio se convierte en un gran espacio de reflexión y de análisis para determinar de mejor manera los criterios a tener en consideración al evaluar su cumplimiento y sus límites.

En esa línea es que, en el presente trabajo, realizaremos un breve análisis de la buena fe y su lugar en el derecho civil español, siguiendo con una justificación de la división entre deberes típicos y atípicos de información, concluyendo con el establecimiento de algunos criterios para efectos de identificar a los deberes atípicos.

2. BUENA FE CONTRACTUAL

2.1. Derecho Romano

La buena fe es un principio jurídico cuyo contenido ha ido mutando con el tiempo[1], estando su significado vinculado con la época y lugar en que va a ser aplicada. Por ello no se planteará una definición omnicomprensiva de todas las situaciones a las que se hace referencia con dicho término. Sin perjuicio de lo señalado, se puede afirmar que existen dos tipos de buena fe: (i) objetiva, es decir, un estándar de conducta, un arquetipo, por el que las partes deben regir su conducta durante la vida del contrato y, (ii) subjetiva, referida al conocimiento o creencia de que se está realizando una conducta correcta, independientemente de que lo sea realmente[2]. Es menester precisar que en el presente trabajo se analizará la buena fe objetiva y a ella nos referiremos en las líneas siguientes.

---

1 Cfr. ZIMMERMANN, R. y WHITTAKER, S. (eds.), *Good faith in the European Contract Law,* Cambridge, Cambridge University Press, 2000; CASTRESANA HERRERO, A., *Fides, bona fides: un concepto para la creación del Derecho,* Madrid, Tecnos, 1991; PETRUCCI, A., *Fondamenti romanistici del diritto europeo. La disciplina generale del contratto,* Torino, G. Giappichelli Editore, 2018, pp. 59-89; y, SALAZAR REVUELTA, M., «Evolución del principio romano de la *fides* hacía la *fides bona* y su inclusión en las relaciones jurídicas del derecho privado europeo», en CARVAJAL, P.; MIGLIETTA, M. (eds.), *Estudios Jurídicos en Homenaje al Profesor Alejandro Guzmán Brito,* tomo IV, Alessandria, Edizione dell'Orso, 2018, pp. 149-209.

2 ZIMMERMANN, R. y WHITTAKER, S., «Good faith in European Contract Law», en ZIMMERMANN, R. y WHITTAKER, S. (eds.), op. cit., p. 30.

El camino de la buena fe comienza en el derecho romano, en ese tránsito de la *fides* a la *bona fides*. La expresión *fides* hace referencia a una cualidad moral romana que se identificaba con las expresiones, «hacer lo que se dice», «cumplir lo que se dice o promete», «tener palabra». Dicha conducta debido a su reiteración en el tiempo generaba confianza en su titular[3], es decir, le daba una buena reputación. La *fides*, como tal, no ostentaba un cariz legal, aunque puede apreciarse el germen que haría que surgieran consecuencias jurídicas de esa «confianza en la palabra dada».

Aunque no existe una postura unívoca respecto al momento exacto o la razón de la transformación de la *fides* en *bona fides*[4], lo cierto es que dicha transformación generó cambios importantes en el mundo legal y social romano. La *fides* va a salir del ámbito moral, para modelar las figuras jurídicas de su tiempo, así, puede verse su influencia en algunos contratos en los que constituye deberes que acompañan al cumplimiento de su obligación, tales como, (i) *mandatarius*, debía comportarse lealmente durante su mandato, (ii) tutor, quien tenía que administrar los negocios a su cargo, como si fueran suyos, (iii) *fiducia*, aun adquiriendo la propiedad del bien cedido debía cumplir con los términos fidu-

---

3 «Si esa "lealtad a la palabra dada" o esa misma "fidelidad a los compromisos asumidos" se mantiene de forma duradera en el sujeto –titular de la *fides*– y en sus relaciones con los demás, el "hombre de palabra" que "cumple habitualmente sus compromisos" será considerado por los demás "hombre de buena reputación"; la *fides* se aproxima aquí al complejo *bona fama* con el sentido de "buena estima", "estimación general" de la que disfruta el sujeto que hace de la "lealtad a la palabra dada" su norma de conducta. (…) La *fides*, pues, como cualidad que define al "hombre de palabra", "al que es fiel a sus compromisos", genera en las relaciones humanas con los demás una "confianza" en la honesta y leal conducta de la persona, titular de la *fides*"», CASTRESANA HERRERO, A., op. cit., p. 30. Cfr. D'ORS, A., *Derecho Privado Romano,* décima edición, Navarra, Ediciones Universidad de Navarra, 2004, p. 66.

4 SCHERMAIER, M. J., «*Bona fides* in Roman contract law», en ZIMMERMANN, R. y WHITTAKER, S. (eds.), op. cit., p. 77.

ciarios; (iv) *societas,* los actos de disposición de uno de los socios tenían efectos contra todos los demás[5].

En las relaciones de los romanos con otros pueblos la *bona fides* va a tener un papel importante en tanto en las relaciones entre romanos y extranjeros no se aplicaban las formalidades de la contratación romana (*ius civile*), consiguiéndose el mismo resultado a través del recurso de la *bona fides* (*ius gentium*)[6]. Así la contratación se realizaba en tanto existía confianza en el cumplimiento de la palabra dada, no requiriéndose formalidades adicionales. Cabe precisar que la *bona fides* no generaba obligaciones, pero en el marco de un proceso podía hacer surgir responsabilidad *ex fide bona*[7].

Al adoptarse el sistema formulario en el derecho procesal romano, era posible plantear acciones basadas en *oportere ex fide bona*, permitiendo al juez escapar de la rigidez de las *legis actiones,* valorándose la controversia en toda su extensión, tomando en cuenta la posición de ambas partes en el contrato y verificando que su conducta fuera conforme a la *bona fides*[8].

Conforme a lo señalado la *bona fides* cumplió con las siguientes funciones en el derecho romano: (i) criterio para la calificación de la conservación del contrato y su ejecución, (ii) criterio para interpretar la voluntad de las partes y, (iii) criterio para integrar el contrato conforme a lo intereses de las partes[9].

Si bien luego del final del periodo clásico, la noción de *aequitas* fue restando importancia a la *bona fides* –ello entre otras razones debido a que ésta última se encontraba fuertemente vinculada al

---

5 SCHERMAIER, M. J., op. cit., p. 80.

6 CASTRESANA HERRERO, A., op. cit., pp. 56-63.

7 Ibídem, pp. 66-67.

8 Ibídem, p. 70; SCHERMAIER, M. J., op. cit., pp. 84-85. Existieron también manifestaciones de la buena fe en el ámbito precontractual, pero de ellas hablaremos en la parte correspondiente.

9 PETRUCCI, A., op. cit., p. 60.

proceso formulario–, las instituciones legales transformadas por ella se convirtieron en parte de la tradición jurídica europea[10].

En el medioevo europeo se realizaron diversas investigaciones en torno a textos romanos, siendo que los juristas anteriores a Baldus entendían que la «buena fe y equidad» se refería a tres conductas que se debían seguir durante la vida del contrato: (i) fidelidad de cada parte a la palabra dada, (ii) ninguna parte debe aprovecharse de su contraparte, sea porque la engaña o porque le hace celebrar un contrato poco beneficioso y, (iii) las partes deben cumplir con las obligaciones que una persona honesta cumpliría, incluso si ello no fue explicitado[11]. Cabe indicar que igual que en la época romana, los juristas de este periodo no se preocuparon en desarrollar una teoría unificada de la «buena fe y equidad», sino que más bien intentaron entender y explicar su funcionamiento a partir de textos romanos, desarrollando una lista de casos de aplicación de la buena fe, para emplearla en la solución de controversias.

A contrario de esta corriente, Baldus –influenciado por la lectura de Aristóteles y Tomas de Aquino–, replanteó lo señalado hasta el momento. Partiendo de una visión unitaria de la «buena fe y equidad», afirmó que esta tenía como sustrato común de todas sus manifestaciones el principio que «nadie debía enriquecerse a costa de otro». Esto es, que debía existir una causa que justificara la existencia del contrato, la cual podía variar dependiendo de si nos encontramos frente a un acto conmutativo o de una liberalidad. Ello no dejaba de lado la vinculación a la palabra dada, sino que la hacía oponible solo en el caso que existiera una causa que justificara el contrato (conmutativo o gratuito)[12].

---

10 SCHERMAIER, M. J., op. cit., p. 89; SALAZAR REVUELTA, M., *op. cit.*

11 Para un desarrollo detallado de los alcances de cada situación, ver: GORDLEY, J., «Good faith in the medieval *ius commune*», en ZIMMERMANN, R. y WHITTAKER, S. (eds.), op. cit., pp. 94-106.

12 GORDLEY, J., op. cit., pp. 108-114.

Esta forma de entender la buena fe ponía particular énfasis en la economía del contrato para entender que el acuerdo se había realizado o ejecutado de buena fe. Así, por ejemplo, de darse el caso que desapareciese la equivalencia de las prestaciones el exigir el cumplimiento podría ser considerado de mala fe, en tanto se trataría de un «enriquecimiento a costa de otro». Si bien hoy se ha dejado de lado la noción de buena fe como equivalencia de los bienes intercambiados, siendo más bien una regla que evalúa la distribución de los riesgos entre ambas partes y no solo el equilibrio económico, no deja de ser relevante el esfuerzo realizado por Baldus en la medida que generó una doctrina unitaria respecto de la noción de buena fe.

2.2. Derecho Civil Español

Para no detenernos por cuestiones de espacio, en las vinculaciones entre el derecho romano, el derecho castellano y el español, iremos directamente a la influencia del Código Napoleón en el Derecho Civil Español.

Así, el Código Civil de 1889, si bien influenciado por el *Code*, se aparta un poco de dicho modelo al establecer que el contrato es obligatorio en atención a la buena fe, el uso y la ley, omitiendo la referencia a la equidad[13]. Así su artículo 1259, indica lo siguiente:

> "Los contratos se perfeccionan por el mero consentimiento, y desde entonces obligan no sólo al cumplimiento de lo expresamente pactado, sino también a todas las consecuencias que, según su naturaleza, sean conformes a la buena fe, al uso y la ley".

Al respecto, se ha indicado que de dicho artículo se desprende su función integradora y correctiva de la voluntad privada, en tanto sirve para completar el sentido de la voluntad de las partes y en tanto excluye efectos que las partes no hubieran

---

13 FACCO, J. H., *Vicisitudes de la Buena Fe Negocial. Reflexiones histórico-comparadas*, Bogotá, Universidad Externado de Colombia, 2017, p. 182.

considerado relevantes para evitar afectaciones a los intereses de los contratantes[14].

Adicionalmente, en el derecho civil español a través de la jurisprudencia se ha empleado la buena fe como un límite a la autonomía privada y como un criterio de interpretación de la voluntad de las partes, así, podemos mencionar algunos casos de aplicación de la buena fe: (i) la excepción de incumplimiento contractual, (ii) la falta de conformidad, (iii) la diligencia exigible en la ejecución del contrato, (iii) el deber de informar del desistimiento en los contratos de distribución y, (iv) la responsabilidad precontractual[15].

En particular en el caso del rol de la buena fe en la etapa precontractual, se afirma que, si bien no existe un precepto que obligue a utilizarlo como criterio en esta etapa, se puede desprender que, en atención a lectura conjunta de diversos artículos del código civil y el desarrollo jurisprudencial, existe una valoración de la conducta de las partes en los tratos preliminares, siendo relevante si la conducta es de mala o buena fe[16].

---

14 DE LOS MOZOS, J. L., *El Principio de la Buena Fe. Sus aplicaciones prácticas en el Derecho Civil Español,* Barcelona, Bosch, 1965, pp. 122-123.

15 Vid. CARRASCO PERERA, A., *Derecho de contratos,* segunda edición, Pamplona, Editorial Aranzadi, 2017, pp. 507-520; ATAZ LÓPEZ, J. y SAELELLES CLIMENT, J. R., «La libertad contractual y sus límites», en BERCOVITZ, R. (dir.), *Tratado de contratos,* tomo I, segunda edición, Valencia, Tirant lo Blanch, 2013, pp. 185-189. Para un análisis del alcance del art. 1258 del CC, ver: GARCÍA VICENTE, J. R., «Comentarios al artículo 1258», en BERCOVITZ, R. (dir.), *Comentarios al código civil,* tomo VI, Valencia, Tirant lo Blanch, 2013, pp. 9034-9040; ALMAGRO NOSETE, J., «Comentario al art. 1258», en Sierra, Ignacio (coord.), *Comentario del código civil,* tomo 6, Barcelona, Bosch, 2000, pp. 515-520.

16 DE LOS MOZOS, J. L., *op. cit.*, pp. 222-224.

2. TIPICIDAD Y ATIPICIDAD DE DEBERES PRECONTRACTUALES DE INFORMACIÓN

A efectos de analizar de mejor manera el tema de los deberes precontractuales de información, consideramos conveniente hacer nuestra la división planteada por una doctrina sobre la necesidad de dividirlos entre típicos y atípicos[17].

Así, sin que sea necesario explicar con demasía la naturaleza de la división, ésta se fundamenta en la existencia o no de regulación. Es decir, en el caso de los deberes típicos, es la ley la que los determina expresamente, existiendo una mayor claridad sobre lo que se pide que se informe a las partes del contrato. De otro lado, en el caso de los deberes atípicos, estos no se encuentran determinados por ley alguna, siendo que surgirán dudas sobre si estamos o no frente a ellos.

Cabe indicar que la división planteada no es excluyente, es decir, es posible que incluso en escenarios de tipicidad se pueda plantear supuestos atípicos, considerando que siempre las listas de información planteadas por el legislador son incompletas.

La utilidad de esta división está vinculada a comprender que en escenarios de tipicidad la pregunta en principio está vinculada a sí se ha cumplido o no con el mandato normativo. Siendo que en dichos casos también es más probable que existan deberes atípicos en atención a que ya nos encontramos en una situación que, desde la perspectiva del legislador, está desbalanceada y por eso requiere esa intervención.

Asimismo, su utilidad está dada por comprender de mejor manera que en los casos de atipicidad, nos encontramos en escenarios de mayor libertad y autocontrol de las partes. Esto es, que se deberá tener más rigor al momento de identificar si corresponde o no considerar la presencia de deberes de información.

---

[17] DE LA MAZA GAZMURI, I., "Tipicidad y atipicidad de los deberes precontractuales de información", en *Revista de Derecho de la Pontificia Universidad Católica de Valparaiso,* XXXIV, pp. 75-99.

Finalmente, la división propuesta, y aquí vamos un poco más allá de la doctrina que estamos siguiendo, puede establecer un rol diferenciado de la buena fe. Siendo que en el caso de los deberes típicos ésta será relevante en la medida que la información debe ser brindada de manera honesta y solidaria. Y, en el caso de los deberes atípicos su rol es de generar criterios para su determinación, como se verá enseguida.

3. BUENA FE COMO CRITERIO PARA IDENTIFICAR DEBERES ATÍPICOS

Como se precisó previamente, la buena fe es en el derecho civil español, un criterio tanto interpretativo como integrador. Es en ese sentido que cobra particular importancia en el ámbito de la determinación de los deberes de información precontractual.

Así, valga recordar que la buena fe objetiva exige a las partes del contrato tener una conducta honesta, solidaria y transparente, tanto durante la etapa precontractual, como en las posteriores. De esa forma, estas características podrían ser útiles para determinar el surgimiento de deberes que tiendan a que las partes cumplan con dicho estándar de conducta.

En concreto, la buena fe contractual nos obliga a evaluar algunas preguntas, como son ¿qué?, ¿cuánto?, ¿cómo?, y ¿cuándo?

Sobre las primeras dos preguntas, hacemos referencia a ¿qué debe informarse?, y ¿cuánto debe informarse? Siendo que, en términos sencillos, podría afirmarse simplemente que se debe informar lo relevante. Sin embargo, hay que tomar en consideración que para estos efectos es menester en primer término evaluar el deber de autoinformarse de las partes. Por lo que, es relevante establecer si por la naturaleza de la información, esta debía ser obtenida por la parte de manera autónoma[18].

---

18 DE LA MAZA GAZMURI, I., *Los límites del deber precontractual de información,* Navarra, Thomson Reuters, 2010, pp. 326 y ss.

Así, por ejemplo, en el caso de los vendedores de productos, les corresponde conocer las características del bien, su precio, sus defectos, entre otros. Siendo que, en dicho caso, luego no podría aducirse por parte del vendedor de un producto desconocimiento sobre su precio correcto o sobre sus beneficios o perjuicios, en atención a su deber de autoinformarse.

De lo señalado, se desprende que la pregunta de cuánto deberá informarse estará vinculada al límite de a dónde llega el deber de autoinformarse. De esa manera se deberá informar todo lo que supere dicho deber, teniendo en consideración aquello que sea relevante para la contratación concreta. Otro factor para tener en consideración es el costo de acceso a la información en atención al mercado concreto y al rol que se tiene en la operación económica en específico.

Respecto de las dos últimas preguntas, hacemos referencia a ¿cómo debe informarse?, y ¿cuándo debe informarse? Sobre ello, se puede contestar en primer término que debe realizarse de manera clara y entendible, lo que, en el caso de los contratos de consumo, está vinculado con la regulación de las cláusulas generales de contratación y las cláusulas abusivas. En este caso la buena fe obliga a una redacción que permita que los consumidores puedan comprender de manera adecuada las condiciones establecidas, sin que el lenguaje sea enrevesado o extremadamente técnico.[19].

De otro lado, respecto al momento, la información debe ser entregada de manera previa a la contratación, lo que podría resultar ser evidente, pero la connotación es necesaria en tanto solo será vinculante lo que ha sido informado previamente. Siendo que de querer incorporarse alguna estipulación adicional que no hubiera sido informada previamente, deberá ser autorizada expresamente.

---

[19] LLOBET I AGUADO, J., *El deber de información en la formación de los contratos*, Madrid, Marcial Pons, 1996.

Finalmente, debe ser evaluado en cualquier caso la relevancia del mercado en el que nos encontremos respecto a la manera en que se hará llegar la información, pudiendo ser de forma verbal o escrita, aunque claro está utilizando para ello medios digitales o tradicionales. Así, no hay que perder de vista la importancia que tienen hoy los medios digitales de contratación y que pueden hacer variar la manera en que se traslada la información. En cualquier caso, en particular en el caso de la contratación de consumo, hay que tener muy en cuenta la existencia de un grado adicional de formalidad que obliga a las partes a dejar constancia de la información que se brinda.

4. CONCLUSIONES

1. La buena fe es un principio que no tiene una definición unívoca, pero que en el tiempo se ha consolidado como un criterio interpretativo e integrador que sirve para evaluar no solo la etapa de ejecución y post contractual, sino que también, inclusive la etapa precontractual.

2. La buena fe en el derecho civil español, si bien no cuenta con un reconocimiento expreso del rol de la buena fe, se desprende de diversos artículos del código civil y de su desarrollo jurisprudencial, que tiene un rol interpretativo e integrado, que obliga a las partes a tener una conducta honesta, transparente y solidaria.

3. La división de los deberes precontractuales de información entre típicos y atípicos, es relevante tanto para efectos de su mejor tratamiento, como de su más correcta determinación y análisis.

4. La buena fe puede servir de criterio relevante para determinar si existe o no un deber precontractual de información atípico, en atención a la respuesta concreta a las preguntas de ¿qué?, ¿cuánto?, ¿cómo?, y ¿cuándo? Siendo que será relevante tomar en consideración el deber de autoinforma-

ción, el costo de la información y la regulación sobre las cláusulas generales de contratación.

5. BIBLIOGRAFÍA

ALMAGRO NOSETE, J., «Comentario al art. 1258», en Sierra, Ignacio (coord.), *Comentario del código civil,* tomo 6, Barcelona, Bosch, 2000, pp. 515-520.

ATAZ LÓPEZ, J. y SAELELLES CLIMENT, J. R., «La libertad contractual y sus límites», en BERCOVITZ, R. (dir.), *Tratado de contratos,* tomo I, segunda edición, Valencia, Tirant lo Blanch, 2013, pp. 185-189.

CARRASCO PERERA, A., *Derecho de contratos,* segunda edición, Pamplona, Editorial Aranzadi, 2017.

CASTRESANA HERRERO, A., *Fides, bona fides: un concepto para la creación del Derecho,* Madrid, Tecnos, 1991.

DE LA MAZA GAZMURI, I., Los límites del deber precontractual de información, Navarra, Thomson Reuters, 2010.

"Tipicidad y atipicidad de los deberes precontractuales de información", en *Revista de Derecho de la Pontificia Universidad Católica de Valparaiso,* XXXIV, pp. 75-99.

DE LOS MOZOS, J. L., *El Principio de la Buena Fe. Sus aplicaciones prácticas en el Derecho Civil Español,* Barcelona, Bosch, 1965.

D'ORS, A., *Derecho Privado Romano,* décima edición, Navarra, Ediciones Universidad de Navarra, 2004, p. 66.

FACCO, J. H., *Vicisitudes de la Buena Fe Negocial. Reflexiones histórico-comparadas,* Bogotá, Universidad Externado de Colombia, 2017.

GARCÍA VICENTE, J. R., «Comentarios al artículo 1258», en BERCOVITZ, R. (dir.), *Comentarios al código civil,* tomo VI, Valencia, Tirant lo Blanch, 2013, pp. 9034-9040.

LLOBET I AGUADO, J., El deber de información en la formación de los contratos, Madrid, Marcial Pons, 1996.

PETRUCCI, A., *Fondamenti romanistici del diritto europeo. La disciplina generale del contratto,* Torino, G. Giappichelli Editore, 2018.

QUIÑONEZ ESCÁMEZ, A., «Buena fe y lealtad contractual», en SÁNCHEZ LORENZO, S. (ed.), *Derecho contractual comparado. Una perspectiva europea y transnacional,* tomo I, tercera edición, Pamplona, Editorial Aranzadi, 2016, pp. 133-195.

SALAZAR REVUELTA, M., «Evolución del principio romano de la *fides* hacía la *fides bona* y su inclusión en las relaciones jurídicas del derecho privado europeo», en CARVAJAL, P.; MIGLIETTA, M. (eds.), *Estudios Jurídicos en Homenaje al Profesor Alejandro Guzmán Brito,* tomo IV, Alessandria, Edizione dell'Orso, 2018.

ZIMMERMANN, R. y WHITTAKER, S. (eds.), *Good faith in the European Contract Law,* Cambridge, Cambridge University Press, 2000.

DERECHO CONSTITUCIONAL

El multilingüismo en España más allá de las lenguas cooficiales: análisis jurídico del diasistema asturleonés

ÁLVARO ROSALES FERNÁNDEZ
Universidad de León

Resumen:

La Constitución de 1978 constituye un cambio de paradigma en la historia de la regulación del multilingüismo en España, al asumir compromisos tendentes a corregir la discriminación sufrida por los hablantes de lenguas minoritarias. El complejo marco jurídico viene dado por una combinación de preceptos constitucionales y compromisos internacionales válidamente asumidos, que vuelcan su contenido a través de la institución del principio dispositivo. Toda vez que, se encomienda a través del mandato estatutario, el desarrollo del bilingüismo en aquellas comunidades que cuenten con lenguas distintas del castellano, colmando así el bloque de constitucionalidad. Sin embargo, el desarrollo estatutario, legal y jurisprudencial no ha dado respuesta a todas las cuestiones que suscitan los derechos lingüísticos. En este sentido, la existencia de varias lenguas españolas (entre ellas, el asturleonés) carentes de la máxima tutela o cooficialidad, obliga a realizar una reinterpretación normativa que permita avanzar en el cumplimiento del principio de igualdad.

Palabras clave: Derechos lingüísticos, principio dispositivo, igualdad, cooficialidad, asturleonés.

1. INTRODUCCIÓN

España, lejos de ser un Estado monolingüe, cuenta con siete grupos lingüísticos[1] que persisten con distintos grados de vitalidad. Esta riqueza cultural hunde sus raíces en la historia medieval

---

[1] Encontramos, al gallegoportugués, asturleonés, castellano, euskera, aragonés, aranés y catalán/valenciano. También considera TASA (2017,

peninsular y se manifiesta como un rasgo más de la pluralidad; aunque el multilingüismo no haya sido visto siempre como patrimonio a proteger, sino como un obstáculo a la unidad del estado.

La existencia de un enconado debate ideológico y político alrededor del plurilingüismo explica, tanto las ambivalentes regulaciones jurídicas de nuestra historia, como la no aceptación pacífica del marco lingüístico emanado de nuestra actual constitución[2]. Ello, obedece a pugnas identitarias y nacionalistas que consideran la lengua como el paradigma del estado nación. Avanzar en el marco de los derechos lingüísticos supone, por tanto, la oportunidad de superar históricos conflictos territoriales y políticos, y ofrecer una solución duradera en aras de la convivencia social. Por el contrario, retroceder a la imposición como forma de entender el Estado, nos lleva a mantener situaciones históricas de discriminación, y a favorecer la bipolaridad y la ruptura democrática.

En este sentido, la práctica totalidad de los debates existentes alrededor de las lenguas distintas del castellano, pasan, por esclarecer los límites a la cooficialidad; o, dicho de otro modo, por establecer un marco más o menos amplio del bilingüismo, o de relación entre el castellano y las demás lenguas territoriales. Sin embargo, apenas se repara en el hecho de que existan lenguas sin estatus jurídico de protección pleno, al habérseles negado la cooficialidad.

Si bien puede explicarse desde la política (ausencia de movimientos nacionalistas periféricos que las reivindiquen), como desde la sociolingüística (falta de conciencia lingüística, diglosia, autoodio); de sus graves consecuencias (rotura de transmisión generacional, falta de espacios donde desenvolver la lengua), se deriva la pérdida de derechos lingüísticos, discriminación y su ulterior desaparición. Es por ello, que debemos contribuir a ofrecer

---

pp. 53 y 54) lenguas autóctonas al dariya o árabe marroquí, tamazight o bereber rifeño, caló y haquetía (judeoespañol).

2 PONS (2013, p. 95) cita estos condicionantes, añadidos a la apertura de nuestro modelo.

una visión más amplia de los derechos lingüísticos en consonancia con el principio de igualdad.

2. EL PLURILINGÜISMO EN EL ORDENAMIENTO JURÍDICO ESPAÑOL.

La búsqueda de amplios consensos estuvo presente durante toda la fase de elaboración del texto constitucional. Del mismo modo que ocurriera en cuestiones como la Jefatura del Estado, o la definición del sistema económico; las decisiones en torno al modelo territorial no fueron pacíficas, habiéndose suscitado numerosos debates en torno a este complejo asunto.

Ahora bien, la discusión del modelo lingüístico, intrínsecamente relacionado con el debate territorial, adquirió unas notas características propias.

Esto es, nuestro modelo territorial se caracteriza por la indeterminación; toda vez, que no se establecieron expresamente los territorios que conformaban el Estado, y se dejaba abierta la posibilidad de la generalización del autogobierno. Cuestiones como el equilibrio entre centro y periferia o las pugnas nacionalistas de toda índole llevaron al constituyente a no ser capaz de dar lugar a un modelo cerrado. Esta cuestión trasladada al ámbito lingüístico ocasionaba que la lengua distinta del castellano quedase vinculada al territorio, y que su protección[3] dependiera del autogobierno de cada uno de ellos. Si bien, la indefinición territorial y competencial se vino supliendo a través de convenciones constitucionales, dado el carácter pactista de los Estatutos entre Comunidad Autónoma y Estado Central. En definitiva, una vez fueron declarados cooficiales el catalán, el gallego y el euskera, se

---

3 Así, SOLOZÁBAL (2013 p. 44), entiende que el constituyente fijó "la protección del pluralismo a través de la cooficialidad, en virtud de la técnica de la garantía institucional.

cerró políticamente[4] la posibilidad de declarar cooficiales el resto de las lenguas peninsulares.

Sin embargo, la existencia de otras lenguas distintas de las anteriores ha venido obligando a realizar numerosas interpretaciones del texto constitucional, con la finalidad de encontrar un encaje jurídico a la tutela y protección de estas. Aunque, se ha venido produciendo una jerarquización[5] entre las lenguas españolas difícilmente justificable a través del principio de igualdad.

2.1. Marco constitucional de los derechos lingüísticos.

La Constitución Española declara en su preámbulo la voluntad de "Proteger a todos los españoles y pueblos de España en el ejercicio de los derechos humanos, sus culturas y tradiciones, lenguas e instituciones". Este *desiderátum* encuentra su concreción normativa en el artículo 3, referido al marco lingüístico; donde, tras declarar la oficialidad del castellano en el apartado 1°, establece el mandato[6] de cooficialidad del resto de lenguas españolas por parte de las Comunidades Autónomas en sus respectivos territorios, y cierra el artículo el apartado 3° mediante la fórmula del

---

4 Se refiere PÉREZ (2013 pp. 361 y 367), a la expresa negativa de que el asturiano fuera cooficial, por parte de Manuel Fraga Iribarne, en la Comisión de Asuntos Constitucionales y Libertades Públicas durante la tramitación de la Constitución. Hecho motivado, por considerar el asturiano una variante similar al panocho de Murcia y no una "lengua propiamente dicha".

5 TASA (2017, passim), dedica todo el artículo a delimitar nuestro sistema lingüístico, como un modelo basado en la jerarquización en la práctica, que deberíamos de abandonar.

6 Entiende GÁLVEZ (2018, p. 134) que estamos ante un verdadero mandato, y no una mera posibilidad para el estatuyente. Refuerza esta idea, el hecho de que, durante el transcurso de los debates constitucionales, se introdujeran dos enmiendas (n.° 235 y 736) que pretendían cambiar la palabra "serán", por "podrán ser". Siguiendo esta lógica, la no cooficialidad de varias lenguas españolas sería injustificable, situándolas ante una anomalía constitucional.

respeto entre todas las modalidades lingüísticas, y su valoración como patrimonio cultural.

Lo cierto es que de la anterior regulación se desprenden una serie de conceptos que determinan nuestro modelo. Así, existe una verdadera jerarquía entre castellano y resto de lenguas españolas, que ha venido condicionando los límites de la cooficialidad[7]. En otro orden de cosas, existe una atribución competencial de la regulación lingüística a las CCAA[8], que ha venido generando en la práctica modelos singulares en cada Comunidad. Asimismo, la vinculación regulatoria limitada al territorio[9] de cada Autonomía, supone en la práctica alejar nuestro modelo de aquellos en donde se regula por dominio lingüístico (Suiza).

Ahora bien, el apartado tercero, ha generado dudas de interpretación del conjunto del artículo; surgiendo así, numerosas posiciones doctrinales que se reparten desde valorar el modelo lingüístico como de triple jerarquía, hasta considerar que, solo debería haber un nivel ideal de protección para las lenguas[10].

---

7 El Tribunal Constitucional ha reiterado que el único deber constitucional de conocimiento es aquel relativo al castellano (*Ibidem*, p. 133).

8 En concreto, la atribución se encuentra referida al fomento de la enseñanza de las lenguas como competencia autonómica (art. 148.1.17ª CE). Aunque no debemos ver una competencia exclusiva todo lo referido al ámbito lingüístico, sino, valorarla como una reserva estatutaria que defina "la normación de los aspectos definitorios o constitutivos" (SOLOZÁBAL, 2013, p. 37).

9 La competencia lingüística autonómica es de base exclusivamente territorial (*Ibidem*, p. 49).

10 Sin ser exhaustivos, encontramos posiciones accidentalistas como la de GÁLVEZ (2018, p. 138), que, pese a entender que existe un mandato de cooficialidad, existen CCAA que no han regulado la protección de sus lenguas mediante esta figura, debiendo tener en este apartado una habilitación constitucional. Por otro lado, TASA (2017, p. 75), insiste en alcanzar el máximo nivel de protección para todas las lenguas con la mayor de las igualdades posibles.

2.2. *Derecho autonómico y principio dispositivo*

Nuestro modelo territorial se basa en la incorporación del principio dispositivo[11] como elemento que permitía tanto resolver la cuestión de la determinación del mapa territorial, como la concreción del rango competencial que podía ir alcanzando cada Comunidad a través de las reformas que pudieran proponer de sus Estatutos. La cooficialidad de la lengua propia puede interpretarse como una de las manifestaciones concretas de dicho principio[12].

Es cierto, que la mera declaración de cooficialidad despliega unos efectos comunes[13], pero, a partir de ahí, cada Comunidad decidirá el alcance y los medios de su modelo de normalización. Así el principio dispositivo operaría como modulador del grado de cooficialidad[14]. Hasta el momento seis Comunidades[15] han declarado la cooficialidad de sus lenguas propias. Existiendo solamente un ejemplo de una lengua que en un primer momento

---

11 Si bien, el principio dispositivo, tanto para el ámbito territorial (determinación del mapa, acceso al autogobierno, rango competencial) como para el ámbito lingüístico tuvieron como antecedentes la regulación constitucional republicana de 1931. PONS (2013, p. 95) destaca la influencia del precedente del art. 4 republicano como inspirador de la actual regulación constitucional.

12 Aunque GÁLVEZ (2018, p. 134) insiste en el carácter imperativo de dicha cláusula, lo que lo alejaría de la plena virtualidad del principio dispositivo o de voluntariedad.

13 Explica BARTOLOMÉ (2022, p. 17), que la oficialidad exige la declaración estatutaria expresa, teniendo como consecuencia que la lengua oficial se encuentre allí en igualdad con el castellano.

14 Es ahí donde se desplegaría el principio dispositivo, permitiendo que cada Comunidad con lengua propia pueda definir tanto alcance, como régimen de cooficialidad en su territorio (*Ibidem,* p. 17).

15 Cataluña (art. 6 EAC, Ley 1/1998), Valencia (art. 6 EACV, Ley 4/1983) y Baleares (art. 4 EAIB, Ley 3/1986), declararon la cooficialidad del catalán/valenciano, Galicia (art. 5 EAG, Ley 3/1983) el gallego; Euskadi (art. 6 EAC, Ley 10/1982) y Navarra (art. 9 LO 13/1982, Ley 18/196) el euskera.

no gozaba de dicha protección y que adquirió dicho estatus con posterioridad, el aranés[16].

Sin embargo, ha surgido un problema derivado del principio de territorialidad; y es, varias lenguas fuera de las fronteras donde son cooficiales, no gozan de este nivel de protección[17]. Esta cuestión, sumada a la cuestión de lenguas que no gozan del máximo nivel de tutela, ha sido resuelta por parte del estatuyente, al amparo del art. 3.3 CE, creando en la práctica un tercer nivel regulatorio[18], que despliega distintos efectos jurídicos que la cooficialidad.

2.3. Los compromisos internacionales asumidos por España.

El estudio del marco regulatorio no se agota con las anteriores precisiones, sino que requiere de un enfoque amplio, teniendo en cuenta la normativa internacional existente en la materia. Todo ello, dada la asunción de dichos compromisos a través de lo dispuesto en los artículos 10.2 y 96 CE[19].

En este sentido, encontramos la Declaración Universal de los Derechos Humanos y el Pacto Internacional de Derechos Civiles y Políticos, además de toda una extensa normativa derivada de

---

16 La nueva redacción del art. 6.5 EAC en 2006 elevó a cooficial al aranés (occitano) en el ámbito de la Val d'Arán, siendo la Ley 35/2010, la encargada de desarrollar su cooficialidad.

17 Este es el caso del gallego en Asturias (Ley 1/1998), Castilla y León (art. 5.3 EACyL), y Extremadura (declaración como BIC de la Fala de Xálima), el catalán en Aragón (art. 7 EAAr, Ley 3/2013) y el valenciano en el Jarche de Murcia donde carece de protección autonómica.

18 Amparados en el principio dispositivo, las Comunidades de Asturias (art. 4 EAPA, Ley 1/1998) y Castilla y León (art. 5.2 EAC) respecto del asturleonés y Aragón (art. 7 EAAr, Ley 3/2013) sobre la lengua aragonesa, han decidido optar por una protección inferior, descartando la cooficialidad.

19 Como expone APARICIO (1998, p. 45), los tratados internacionales ratificados no solo forman parte del ordenamiento interno (*ex* art. 96 CE), sino, que para los que sean de naturaleza relativa a materias de derechos fundamentales, se les confiere una especial fuerza (*ex* art. 10.2 CE).

este marco[20]. Sin embargo, la ausencia de una Carta de Derechos Lingüísticos internacional que declare los derechos lingüísticos como derechos humanos[21], no ha impedido cierta regulación.

Así, el Consejo de Europa elaboró la Carta Europea de Lenguas Minoritarias en 1992, que España firmó, y ratificó[22]. De él se deriva la aplicación desigual respecto de las lenguas cooficiales y las lenguas con reconocimiento estatutario limitado; a través de una serie de compromisos diferenciados. Respecto del asturleonés, han sido numerosos los requerimientos del Consejo de Europa encaminados a recabar información específica de su situación sociolingüística, e instando a las administraciones a permitir el acceso al sistema educativo de la lengua[23]. También fue contundente la UNESCO, al incluirlo en el Atlas de las lenguas del mundo en peligro, como lengua en peligro de extinción.

---

20 El art. 2 de la DUDH, y los art. 24, 26 y 27 del PIDCP confieren al ámbito lingüístico un espacio a la política que los Estados firmantes han de seguir en relación con los derechos humanos. Asimismo, encontramos distintas referencias lingüísticas en: la Convención sobre los Derechos del Niño (arts. 29 c. y 30), la Convención sobre la lucha contra la discriminación en la esfera de la educación (Principio II, 1), el Pacto Internacional de Derechos Económicos, Sociales y Culturales (art. 2), la Convención para la Salvaguarda del Patrimonio Cultural Inmaterial (art. 2.2. a.), la Convención sobre la protección y promoción de la diversidad de las expresiones culturales (art. 6), el Convenio para la protección de los Derechos Humanos y de las libertades fundamentales (arts. 5, 6 14), además de en su Protocolo n°12 (art. 1), y, la Convención-marco para la protección de las Minorías Nacionales (arts. 5, 10, 11, 12, 13, 13 y 14). (*Ibidem*, pp. 44-47) y BARTOLOMÉ (2022, pp. 78-82).

21 MAY (2010, passim) muestra la necesidad de que el marco internacional avance por esta línea.

22 El Convenio entró en vigor en 1998, ratificándolo España en 2001. Este instrumento impone a España el máximo nivel de protección respecto de las lenguas cooficiales; quedando reservado un nivel limitado de protección para las demás lenguas, (BARTOLOME, 2020, pp. 99-100).

23 Este procedimiento de seguimiento trianual ha concluido con cinco informes relativos a España (2005, 2008, 2012, 2016 y 2019), de los que todos hacen referencia al asturiano, mientras que los tres últimos se refieren ya al leonés (*Ibidem*, p. 100).

3. EL ASTURLEONÉS DE AYER A HOY.

El asturleonés es la lengua romance surgida a partir del latín vulgar en el espacio geográfico del solar ástur y consolidado en torno a las fronteras del Reino de León[24]. Sin embargo, el hecho de encontrarse entre el dominio gallegoportugués y el castellano (ambas con mucho mayor prestigio y proyección), y pertenecer al mismo continuo dialectal ibérico que ellas (con las similitudes y coincidencias lingüísticas que de ello se deriva), ha venido suponiendo para las distintas variedades y modalidades asturleonesas una verdadera traba para la identificación como una lengua autónoma de las vecinas.

Otros factores como la ruralización y la identificación con estratos sociales bajos y con bajos niveles educativos de los hablantes de asturleonés, han ido configurando progresivamente una serie de prejuicios colectivos con efectos devastadores. De esta guisa, los propios hablantes carecen de autoestima lingüística, reservando su lengua propia para una cantidad muy escasa de usos, siempre relacionados con el ámbito familiar, y muchas veces, sin tener ni siquiera consciencia de estar hablando algo distinto a un "mal castellano"[25].

Esta situación diglósica ha marcado el carácter de toda una sociedad a lo largo de siglos, y configura hoy un verdadero reto para la supervivencia del idioma[26]. El incumplimiento generaliza-

---

24 GARCÍA (2018, p. 183), la define como la *"llingua románica autóctona falada ente los dominios llingüísticos gallegoportugués y castellanu nel occidente de la península ibérica".*

25 CARMONA (2011, p. 78), expresa vehementemente sobre la situación del estremeñu que "una mitología cancerígena ha devorado durante años el pensamiento de los extremeño hablantes creyendo que lo suyo era un mal castellano y que en su pueblo se habla incorrectamente y distinto del de al lado, llegando a la terrible conclusión de que llevan toda la vida expresándose sin saber decir las cosas". Este hecho se manifiesta en distintos grados en todo el dominio.

26 Hay que tener en cuenta los estudios sociolingüísticos que cita GARCÍA (2018, p. 186) donde, pese a existir un proceso de sustitución lingüís-

do por parte de las administraciones implicadas en su protección supone una traba más para generar un cambio de paradigma. Sin embargo, y pese a la crítica situación de relevo generacional de hablantes patrimoniales, se está configurando un movimiento amplio de reivindicación lingüística, que, a través de numerosas asociaciones[27], están abriendo nuevos espacios para esta lengua minoritaria de España y Portugal.

3.1. Origen y evolución del dominio lingüístico.

Lo cierto, es que el origen del asturleonés es similar al del surgimiento del resto de lenguas romances. Esto es, como evolución del particular latín vulgar hablado en cada rincón de la romania tras la rotura geográfica que supuso la caída del imperio romano. Y similar al del resto de romances peninsulares, en un momento de división política entre los reinos cristianos y el Al-Ándalus bajo control islámico; donde la fragmentación política y social favoreció el surgimiento de distintos dialectos latinos que fueron evolucionando paralelamente hasta la final consolidación del romance como medio escrito, sustituyendo al latín[28]. El Reino de León, como heredero del Asturorum Regnum (Reino de los Ástures) o Reino de Asturias, estuvo caracterizado por la existencia de varios

---

tica, coexisten actitudes positivas de los hablantes, las cuales, pueden servir como base sobre la que comenzar a actuar en la dignificación y promoción del asturleonés de acuerdo con la regulación legal y estatutaria en Castilla y León.

27 En este sentido se pueden citar entre otras, el trabajo realizado por: Iniciativa pol Asturianu, Xunta pola defensa del Asturianu, Alcuentru, Faceira, el Teixu, Furmientu, Associaçon de Lhengua i Cultura Mirandesa u OSCEC.

28 Esta cristalización de las lenguas romances fue modelada a través de la nivelación, al punto de que, como expresa CARMONA (2011, p. 77) "entre los hijos y nietos del latín, al ser una familia tan numerosa, hay veces en que algunos miembros no se conocen y pueden, por desgracia, que nunca lo lleguen a hacer, pues desaparecen antes de que se repare en ellos".

romances (gallego, leonés y castellano), que pese a tener rasgos comunes, presentaban notables diferencias. Sin embargo, la lengua de prestigio, o la lengua de la corte era la lengua asturleonesa, por encontrarse desde el año 910 en la ciudad de León el epicentro del poder político del Reino.

Fue el siglo XIII el momento en el que los distintos reinos fueron abandonando paulatinamente la escritura latina, no siendo el Reino de León una excepción. La existencia de numerosos textos oficiales (principalmente fueros o cartas pueblas) escritos en asturleonés, además de otra normativa jurídica (fuero juzgo), y documentación privada (protocolos notariales) atestiguan la importancia social y política que gozaba dicho romance en aquel momento histórico[29].

Sin embargo, la incorporación de la Corona Leonesa a la Corona Castellana a partir del año 1230 supuso un punto de inflexión en relación con la situación de prestigio social del asturleonés. Por ello, se fue abandonado progresivamente el uso de los rasgos leoneses por ser percibidos como antiguos y pertenecientes a estratos sociales bajos. Esta situación se debía a que el centro de poder político se fue desplazando hacia el área de influjo castellana, y la nobleza leonesa, abandonó rápidamente el uso de la lengua propia para no verse perjudicados dentro de las dinámicas políticas del nuevo estado medieval.

La pérdida paulatina de espacios y de influencia en favor de la lengua oficial supuso asimismo el retroceso geográfico del dominio lingüístico[30] por encontrarse en situación de contacto

---

29 La vinculación del prestigio de la lengua al poder político es tal, que, una vez perdida la condición de lengua cortesana, y establecida la hegemonía castellana, la pérdida de espacios para el leonés es irreparable. De esta manera solamente sería reservada con el paso del tiempo para el jaronismo, en el teatro, paso previo para la desaparición de una lengua, FERNÁNDEZ (2019, p 141).

30 Detalla GARCÍA (2018, p. 184), que históricamente el dominio lingüístico tuvo mayor extensión, quedando atestiguado a través de la pervivencia de rasgos y elementos léxicos fuera del área de influencia actual.

fronterizo. Aunque, el surgimiento de géneros literarios como el Sayagués[31] en la edad moderna atestiguan el mantenimiento de la lengua en los sustratos sociales bajos y rurales en la sociedad zamorana y salmantina; la cual llegó a mantenerse hasta finales del siglo XIX y principios del XX[32] en la mayor parte de ambas provincias.

La construcción de los estados nación a lo largo del siglo XIX y la consolidación de estos a través de la generalización de una lengua común han venido provocando un forzado proceso de homogeneización cuyos efectos aún pueden notarse hoy en día. El hecho de que no se haya prestado una atención especial a lenguas como el asturleonés en la actualidad, forma parte de este proceso de sustitución cultural y lingüístico, y debe analizarse y responderse de manera adecuada y con conocimiento exhaustivo de su realidad social.

3.2. La fragmentación lingüística, social y administrativa del asturleonés

El uso histórico como lengua franca del castellano supuso también para el dominio asturleonés la pérdida de factores de nivelación lingüística interna, lo cual explica, que existan marcadas

---

31 Este género según FERNÁNDEZ (2019, pp. 137 y 138) buscaba la hilaridad del público, exageraba rasgos fonéticos del dialecto de los protagonistas de la obra; terminando así, por representar a las hablas meridionales (al sur del río Duero) del Reino de León.

32 LLORENTE (1947, p. 30), expone que, pese al avance de la lengua oficial (el proceso de castellanización era claro), los dialectos leoneses de Salamanca aún se conservaban en "las generaciones rústicas y viejas". Es más, según su relato, puede considerarse la generación de los años 40, como la del comienzo de la sustitución lingüística en comarcas occidentales de la provincia de Salamanca (La Ribera), al considerar a los jóvenes instruidos como bilingües.

diferencias entre algunas de sus variedades internas[33]. Lo cual, ha venido favorecido por la rotura geográfica del dominio lingüístico, existiendo numerosas islas lingüísticas a demasiados kilómetros de distancia entre ellas. Además, el hecho de que las distintas variedades de asturleonés se hayan venido hablando en dos países distintos y 4 CCAA ha cristalizado en numerosos tratamientos[34] normativos, que impiden visibilizar el dominio lingüístico en su conjunto y proponer medidas eficaces coordinadas para su normalización y promoción que, en definitiva, permitan su supervivencia.

3.2.1. El asturianu.

El Principado de Asturias es el territorio donde se concentra el mayor número de hablantes patrimoniales de asturleonés[35], motivo por el cual, el glotónimo asturiano es el más conocido de todos los existentes para denominar a la lengua. También ha influido de manera notable el hecho de que el asturiano, en su variedad central, ha gozado de una tradición literaria importante en los

---

33 Por ello, FERNÁNDEZ (2019, p. 68) incide en que "debido al aislamiento entre los distintos dialectos leoneses, hablados en comarcas que distan decenas de kilómetros entre sí, con accidentes orográficos muy pronunciados que dificultan la comunicación entre los valles, la realidad lingüística leonesa parece indicar que un enfoque polinómico en las medidas de protección pueda ser factible y exitoso".

34 Se refiere TASA (2017, p. 56) al asturleonés con las denominaciones de asturianu, llionés, montañés (cántabru) y estremeñu; a las que se suma el mirandés en Portugal. Mientras que a nivel filológico se divide entre oriental, central y occidental, MERLAN (2008, p. 78)

35 En torno a 350.000 personas hablan asturiano, mientras que el resto de los hablantes de las distintas variantes alcanzan cifras muy inferiores (mirandés, 4.500; leonés entre 25.000 y 50.000). MERLÁN (2018, pp. 78 y 79) y GARCÍA (2018, p. 184).

últimos siglos[36], que ha contrastado con el uso tradicionalmente dado al resto de variantes del dominio lingüístico.

Estas circunstancias muestran un rasgo particular de la sociolingüística asturiana, que es de mayor normalización y prestigio social que en los demás territorios. Lo cual, ha influido notablemente a nivel político y social, siendo Asturias el paradigma de las reivindicaciones lingüísticas por la cooficialidad de su lengua propia. Sin embargo, el tratamiento ofrecido a nivel estatutario desde la promulgación de su Estatuto de Autonomía ha sido el de protección y reconocimiento limitado sin declarar la cooficialidad. De manera que, si bien la Ley de Uso emula en algunos aspectos a las citadas leyes de normalización lingüística de las Comunidades con lenguas cooficiales, no puede producir los mismos efectos que estas.

En los últimos años, las reivindicaciones acerca de la reforma estatutaria han tomado protagonismo, siendo la XI legislatura cuando más cerca se ha estado de producir el mencionado cambio. Aunque finalmente, una enconada negociación política entre los partidos favorables a la cooficialidad impidió alcanzar un consenso, y el debate quedó pospuesto tras los resultados electorales de mayo de 2023 que dieron paso a la XII legislatura.

3.2.2. El llionés.

La situación que vive la lengua leonesa en León, Zamora y Salamanca no puede compararse a la existente en Asturias. En primer lugar, el espacio geográfico donde se habla asturleonés es más limitado, y se reserva a áreas rurales alejadas de los núcleos urbanos

---

36 Como explica GARCÍA (2018, p. 188) “nes tierres de Lleón y Miranda la producción lliteraria escrita va a ser inexistente hasta feches cercanes, magar habría de xuru una lliteratura popular de tresmisión oral. De fechu onde la lliteratura popular será de tresmisión oral. Nun s’atopó daqué asemeyao a la que se producía n’Asturies dende metá del sieglu XVII con A. González Reguera y cola continuidá d’autores y obres”.

de poder; por lo que el peso demográfico de los hablantes es muy inferior. También es característico el uso de glotónimos locales o comarcales para referirse a la lengua en detrimento de la denominación leonés[37] o llionés, utilizado en primer término solamente en el ámbito académico.

El hecho de que el Estatuto de Autonomía de Castilla y León no recogiera ninguna mención a la lengua leonesa en su primera redacción denota la histórica falta de interés por parte de la administración autonómica. Sin embargo, el escenario abierto en el año 2007 durante el proceso de reforma estatutaria invitaba a valorar un cambio de las políticas lingüísticas de la Comunidad. En ese sentido se produjo la inclusión de un precepto en el Estatuto que reconocía al leonés como parte del patrimonio lingüístico y se asumía el compromiso de la regulación del uso, promoción y protección.

Sin embargo, 17 años después, la falta de regulación comprometida y las anecdóticas actuaciones a favor de la lengua, refuerzan la idea de que la inclusión en el Estatuto en aquel momento respondía a una necesidad política[38] y no a una verdadera voluntad de reconocer y regular derechos lingüísticos. Ahora bien, la crítica situación en la que se encuentra el idioma ha ido moldeando la mentalidad colectiva, que con el paso del tiempo se ha mostrado más favorable a desarrollar políticas lingüísticas que protejan el leonés.

---

37 Es más, la consolidación del glotónimo leonés no estuvo exento de polémica. En este sentido, una de las primeras asociaciones que trabajaron sobre la lengua (Academia de la Llengua Lleunesa), trató de generalizar el glotónimo lleunés, con la consiguiente crítica en los medios de prensa locales. FERNÁNDEZ (2019, p. 63).

38 En este sentido se expresa SEIJAS VILLADANGOS (2008, p. 302) al relatar la coyuntura política en la que se encontraba en aquel momento el PSOE; el cual dependía en el Ayuntamiento de León del pacto con el partido regionalista Unión del Pueblo Leonés. Lugar donde, además, estaba comprometida una política lingüística municipal favorable al leonés.

3.2.3. El mirandés

La lengua mirandesa[39] es desde 1998 reconocida como la segunda lengua oficial de Portugal[40]. Ahora bien, el modelo territorial y lingüístico de nuestro país vecino no es similar al nuestro, por lo que los efectos de esta oficialidad no son similares a los de cualquiera de nuestras lenguas cooficiales[41].

Es más, Portugal, aunque firmó la CELM, aún no ha emitido el instrumento específico de ratificación, por lo que el seguimiento a través del organismo europeo aún no ha sido posible. Por este motivo, la mayor parte de las reivindicaciones políticas en relación con el asturleonés en Portugal, pasan por desarrollar la oficialidad en consonancia con el mayor número de compromisos posibles que permite la Carta, desarrollando verdaderos derechos lingüísticos.

3.2.4. El estremeñu o castúo.

En el año 1921 Luis Chamizo escribió el "Miajón de los Castúos", en la cual describía a los "castúos" o labradores extremeños, mostrando su habla popular. Pese a que existen controversias filológicas acerca de denominar a la lengua asturleonesa en Extremadura[42] como castúo, se ha venido aceptando popularmente, al igual que la denominación de estremeñu o altoestremeñu.

---

39 MERLÁN (2018, p. 779), explica que, En Portugal, las variedades asturleonesas, clasificadas antes por los lingüistas como *dialectos* (o como *hablas* / port. *falares*), permanecen en el extremo nordeste portugués, en el distrito de Bragança.

40 Mediante la *Lei nº 7/99 de 29 de Janeiro, de Reconhecimento oficial de direitos linguísticos da comunidade mirandesa.*

41 Al punto que, comparativamente con el marco español, verdaderamente no llegaría (por sus efectos) aquí a ser considerada como una lengua oficial, (BARTOLOMÉ, 2020, p. 101).

42 CARMONA (2011, p. 81) explica la diferencia filológica, siendo el estremeñu el asturleonés de Extremadura, y el castúo como el habla de transición con el castellano propio del este.

El siglo XX supuso un cambio en la percepción de la lengua propia, existiendo una serie de autores que escribían y mostraban el estremeñu. Ahora bien, la generalizada desposesión y ruralización de Extremadura impidieron dotar del suficiente prestigio al estremeñu que eliminara los históricos prejuicios que acompañaban a las clases populares de Extremadura.

La situación única de multilingüismo extremeña llevó al estatuyente a reconocerla desde la primera redacción de su Estatuto. Aunque, la falta de ambición y de determinación a la hora de establecer una política lingüística, evitó que se realizara una mención expresa de cada lengua de Extremadura.

De esta mera atribución de promoción cultural se han derivado la mayor parte de las actuaciones del ejecutivo y de las administraciones locales. Aunque, como ha venido ocurriendo en la mayor parte del dominio lingüístico asturleonés, las principales acciones parten de la sociedad civil a través del asociacionismo.

3.2.5. El cántabru o montañes.

La fuerte castellanización de la lengua montañesa o cántabra[43], además de la cercanía con el área primigenia de influencia castellana han llevado históricamente a negar su pertenencia al grupo asturleonés y a denominarla un mero dialecto septentrional del castellano, lo cual ha supuesto una verdadera traba a la hora de promover los derechos lingüísticos en Cantabria.

El fuerte retroceso de la lengua propia en Cantabria no ha venido acompañado de políticas de protección ni de recuperación por parte de la administración autonómica, que sistemáticamente la han negado, no existiendo ningún tipo de reconocimiento estatutario ni legal.

---

43 Destaca EALO (2004, p. 1) esta situación desde que Menéndez Pidal se refirió a la lengua cántabra en el año 1906; aunque, entiende que aún hoy en día pervive el asturleonés.

Los movimientos de reivindicación trataron de impulsar una proposición normativa con la finalidad de declarar al cántabru como un Bien de Interés General, similar a la Fala de Xálima en Extremadura, pero la Consejería de Cultura, entendió que no existía una lengua cántabra ni había motivos suficientes para considerarla un BIC[44]. Si tuvieron éxito en el año 2018 al realizar enmiendas a la normativa educativa, propiciando que se incluyera el cántabru dentro del currículo de la asignatura optativa de la ESO de Cultura Cántabra, lo cual ha sido percibido como un primer paso en el reconocimiento administrativo del idioma.

3.3. El horizonte de las lenguas minoritarias.

Pese a resultar paradigmática la situación del asturleonés para acercarnos a la situación en su conjunto de las lenguas españolas carentes de cooficialidad; lo cierto es que no es la única, y su recorrido podría estar ligado a la suerte de otras de ellas, como puede ser el caso del citado aragonés. De esta manera, una reinterpretación del texto constitucional, o el avance de los derechos lingüísticos en el marco de la CELM, se antoja crucial para la supervivencia de las lenguas españolas más minoritarias. Pero no sólo para ellas, sino para dar cumplimiento al mandato del principio de igualdad, que actualmente se encuentra vulnerado.

En este sentido, existen numerosas alternativas para avanzar en esta línea, como puede ser la revisión del instrumento de ratificación de la CELM, que generalice las medidas contempladas ahora solo para las lenguas cooficiales[45]; la elaboración de una ley de lenguas que permita ofrecer unas bases comunes a todas las CCAA con lenguas distintas del castellano; o incluso la apertura de una Convención Constitucional que comprometa a los

---

44 Se refiere a este infructuoso debate TASA (2017, p. 56).

45 Es precisamente la consideración del asentamiento de un mapa asimétrico de lenguas minoritarias lo que según RUIZ (2022, p. 55), justificaría avanzar en la homogeneización.

distintos actores políticos a asumir la cooficialidad[46] de todas las lenguas distintas del castellano.

4. CONCLUSIONES

El reconocimiento de la diversidad lingüística en España, junto con el reconocimiento a la autonomía de las nacionalidades y regiones, han supuesto un cambio sustancial del modelo de Estado en España hace ya casi 45 años. Sin embargo, el diseño abierto del modelo propició vacíos regulatorios que actualmente no han sido resueltos, y han de tomarse en consideración. Resulta poco justificado el cumplimiento del principio de igualdad de los españoles en relación con la protección y reconocimiento de algunas lenguas. Habiéndose creado en la práctica un complejo sistema de jerarquía entre ellas que acentúa las diferencias, niega la cooficialidad y permite en las situaciones más extremas la discriminación entre los hablantes de lenguas minoritarias.

El recurrente debate acerca de los derechos lingüísticos en España supone una oportunidad para avanzar en la protección de una serie de lenguas ajenas habitualmente del foco mediático, como es el caso del asturleonés. Por ello, lejos de ver la regulación de las lenguas como un ámbito específico; hay que verlo como un objetivo central del constituyente que, siguiendo el preámbulo constitucional, nacido del fruto de un amplio consenso que trataba de cerrar históricos debates acerca del encaje de los distintos pueblos de España en la Constitución, les proporcionó una serie de derechos y de garantías institucionales que permiten aún hoy día velar por su cumplimiento.

---

46 El mayor obstáculo al que se enfrentan las lenguas minoritarias sería precisamente al de su condición definitoria como lengua no oficial del Estado. *Ibídem* (p. 45)

5. BIBLIOGRAFÍA

APARICIO PÉREZ, M. A., "Lengua y modelo de Estado" en *Revista de Derecho Político,* N.º 43, 1997, pp. 29-48.

BARTOLOMÉ PÉREZ, N., "Los reximenes xurídico-lingüísticos del asturllionés: estudiu comparativu del tratamientu legal del mirandés, el llionés y l'asturianu" en *Añada: revista d'estudios llioneses,* N.º 2, xineiru-diciembre 2020, pp. 97-114.

Derechu Llingüísticu del Principáu d'Asturies. Normativa y xurisprudencia, Gobiernu del Principáu d'Asturies, Uviéu, 2022.

CARMONA GARCÍA, I., El estremeñu, en Hápax, nº4, 2011, pp. 77-102.

EALO, C., "Situación actual de las hablas de origen astur-leonés en Cantabria" en *Rivista Alcuentros,* N.º 3 estíu-tardíu 2004.

FERNÁNDEZ CHAPMAN, C., "A vueltas con la recuperación del leonés" en *Añada: revista d'estudios llioneses,* N.º 1, xineiru-diciembre 2019, pp. 59-70.

Estigma e ideología lingüística alrededor del leonés, en *Lletres Asturianes,* N.º 121, 2019, pp. 135-150.

GÁLVEZ SALVADOR, M.J., "Artículo 3" en Comentario a la Constitución Española. 40 aniversario. Libro-homenaje a Luis López Guerra, Tomo I (Preámbulo a artículo 96), Tirant lo Blanch, Valencia, 2018, pp. 131-139.

GARCÍA GIL, H., "La nuesa llingua nel restu del dominio ástur" en *Informe sobre la llingua asturiana,* Academia de la Llingua Asturiana, Oviedo, 2018, pp. 183-192.

LLORENTE MALDONADO DE GUEVARA, A., *Estudio sobre el habla de La Ribera (comarca salmantina ribereña del Duero).* Ediciones Universidad de Salamanca, 1947.

MAY, S., "Derechos lingüísticos como derechos humanos", en *Revista de Antropología Social,* N.º 19 2010, pp. 131–159.

MERLÁN A., "El asturiano en el Principado de Asturias y en la Tierra de Miranda" en *La España multilingüe. Lenguas y políticas lingüísticas de España,* Praesens Verlag, Wien, 2008, pp. 77-107.

PÉREZ FERNÁNDEZ, J. M., "Potencial regulación del estatuto y usos de otras lenguas y modalidades lingüísticas" en España en *Lenguas y Constitución Española,* Tirant lo Blanch, Valencia, 2013, pp. 363-400.

PONS PARERA, E., "Transición española y pluralismo lingüístico en España" en *Espaço Jurídico: Journal of Law,* Vol. 14, N.º 3, 2013, pp. 93-112.

RUIZ VIEYTEZ, E. J., "El futuro de las lenguas minoritarias europeas: un análisis normativo", en *Cuadernos Europeos de Deusto,* N.º Especial 4, julio 2022, pp. 37-67.

SEIJAS, E., "Derechos de los castellanos y leoneses (análisis de la regulación de derechos del Estatuto de Autonomía de Castilla y León)" en *Derechos y principios rectores en los Estatutos de Autonomía*, Atelier, Barcelona, 2008, pp. 287-322.

SOLOZÁBAL ECHEVARRIA, J.J., "El modelo lingüístico constitucional como conjunto categorial específico" en *Lenguas y Constitución Española*, Tirant lo Blanch, Valencia, 2013, pp. 35-50.

TASA FUSTER, V., "El sistema español de jerarquía lingüística. Desarrollo autonómico del artículo 3 de la Constitución: Lenguas cooficiales, otras lenguas españolas y modalidades lingüísticas. Teoría y praxis" en *Revista de Derecho Político*, N.° 100, septiembre-diciembre 2017, pp. 51-79.

DERECHO ECLESIÁSTICO

El derecho a la intimidad, a la información y a decidir libremente en el contexo de la medicina personalizada de precisión

MARINA MORLA GONZÁLEZ
Universidad de León

1. MEDICINA PERSONALIZADA DE PRECISIÓN. CONCEPTO

La sociedad actual asiste a la revolución de nuevas y sofisticadas tecnologías que tienen cabida, al igual que en muchas otras industrias, en la industria del cuidado de la salud.

El cada vez más fácil acceso a dispositivos que permiten un monitoreo continuo y en tiempo real de los patrones de salud del usuario ha abierto la puerta a un aumento exponencial de la demanda de los mismos. Aunque inicialmente este tipo de dispositivos se concebían con finalidades recreativas, lo cierto es que hoy en día cada vez son más las personas que hacen uso de ellos para su cuidado personal y el control de su alimentación, actividad y bienestar[1].

La medicina personalizada de precisión nace asentada, precisamente, en el empleo de tecnologías sofisticadas e internet, medio para un cruce masivo de datos a través de sistemas de in-

---

1 HAGHI, M., THUROW, K. y STOLL, R., Wearable Devices in Medical Internet of Things: Scientific Research and Commercially Available, *Healthcare Informatics Research,* 23(1), 2017, pp. 4 – 15, p. 6.

teligencia artificial con el objetivo de proporcionar información contrastada, precisa y objetiva sobre la salud de un determinado paciente en relación con sus concretas características, especialmente, en lo que se refiere al diagnóstico o al éxito o fracaso de un tratamiento[2].

Esta medicina permite el cruce de información generada y recopilada a través de dispositivos médico-tecnológicos de uso personal con otro tipo de información sanitaria del paciente, como su genética. El procesamiento de grandes cantidades de información a través de sistemas de inteligencia artificial supone un avance sustantivo de una medicina tradicional, basada en la observación y experimentación, a una medicina personalizada, predictiva, preventiva participativa[3].

Personalizada, porque permite ajustarse a las particulares características de cada paciente, y no tratar todas las enfermedades o todos los pacientes por igual. *Predictiva,* porque el empleo de sistemas de inteligencia artificial que facilita un cruce masivo de datos en tiempo real favorece l formulación de previsiones con alto grado de precisión y objetividad sobre cómo determinado pa-

---

2 FUNDACIÓN INSTITUTO ROCHE., *Propuesta de competencias en Medicina Personalizada de Precisión de los profesionales sanitarios,* disponible en: https://www.institutoroche.es/static/archivos/INFORME_MARCO_COMPETENCIAS_MPP_web.pdf, última consulta: 25/11/2022.

3 ERIKAINEN, S. et al., Patienthood and Participation in the Digital Era, *Digital Health,* 5, 2019, pp. 1–10, pp. 2 y 3; TURCU, C. E. y TURCU, C. O., Internet of Things as Key Enabler for Sustainable Healthcare Delivery, The 2nd International Conference on Integrated Information, *Procedia Social and Behavioral Sciences,* (73), 2013, pp. 251 – 256, p. 255; MEHL, G. et al, Harnessing mHealth in Low-Resource Settings to Overcome Health System Constraints and Achieve Universal Access to Healthcare, en L. A. MARSCH, S. E. LORD y J. DALLERY (eds.), *Behavioral Healthcare and Technology,* Oxford University Press: USA, 2015, pp. 239 – 263, p. 242; DE MONTALVO JÄÄSKELÄINEN, F., El uso secundario de los datos de salud en el marco del desarrollo de la e-health, en C. GIL MEMBRADO (dir. y coord.), *E-Salud, autonomía y datos clínicos,* Dykinson: Madrid, 2021, pp. 217 - 259, p. 218;

ciente reaccionará ante un concreto tratamiento, o si tiene más o menos probabilidades de desarrollar una u otra enfermedad. *Preventiva*, porque la información arrojada por el cruce masivo de datos sanitarios y no sanitarios permite la anticipación de situaciones adversas, y así tomar decisiones con la premura necesaria para prevenir una situación desfavorable. Y, por último, *participativa*, porque el paciente se convierte en un agente activo, empoderado con información precisa para tomar la decisión que más respete su concepto de calidad de vida[4].

Algunos de los dispositivos médico-tecnológicos que se enmarcarían en el contexto de la medicina personalizada de precisión los constituyen los glucómetros inteligentes, que permiten detectar el nivel de azúcar en sangre y enviar una alarma al smartphone del paciente ante la percepción de índices preocupantes o incluso administrar, de forma automática, la dosis de medicamento recomendada[5]; los electrocardiogramas portátiles, que a través de un dispositivo conectado por bluetooth al smartphone permiten al usuario realizar desde su domicilio electrocardiogramas con el objetivo de detectar funcionamientos anómalos del ritmo cardiaco, e incluso avisar a una ambulancia si detectan algún una actividad cardíaca alarmante comunicándole la geolocalización del paciente[6], dispensadores de medicación electrónicos, que avisan al paciente del momento de extracción e ingesta de la dosis y se encuentran en comunicación con la farmacia para notificar la finalización del tratamiento y necesidad de reposición[7], robots asistenciales para el cuidado de personas mayores[8], o los medi-

---

4 CAMPS CERVERA, V., Una vida de calidad: Reflexiones sobre bioética, Ares y Mares: Barcelona, 2001, p. 184.

5 DARIO. Disponible en: https://www.dariohealth.com/diabetes-management/

6 KARDIA. Disponible en: https://kardia.com/kardiamobile

7 ADHERETECH. Disponible en: https://www.adheretech.com/how-aidia-works/

8 MYMABU. Disponible en: http://mymabu.com/

camentos digitales, la última frontera cruzada por el empleo de tecnologías para el cuidado de la salud.

Los medicamentos digitales son píldoras medicamentosas con un sensor integrado del tamaño de 1mm x 1mm x 0,3mm conectado de forma inalámbrica a otro sensor portado por el paciente, generalmente, un parche. Cuando el paciente ingiere la pastilla, el sensor cortocircuita con los fluidos del estómago enviando una señal al parche, con información acerca de qué medicamento ha sido ingerido, en qué dosis, y en qué momento. El parche recoge, además, otra información de salud relevante, como la frecuencia cardíaca, tiempo de actividad diaria, calidad de descanso, etc. Y toda la información recopilada por el parche es encriptada y enviada vía bluetooth a la aplicación del smartphone del paciente. En esta aplicación, la información se despliega de forma clara para facilitar su comprensión, y permite al usuario incorporar otro tipo de información que no recoge el sistema, como la experimentación de efectos secundarios. Además, si la aplicación no detecta la ingesta del sensor, envía una alarma al paciente notificándole de dicha falta de ingesta. Más allá de las oportunidades que presenta este sistema de transmisión de información para la gestión del tratamiento por parte del paciente, lo más particular es que toda la información recopilada en el smartphone es enviada automáticamente al portal sanitario de su facultativo. De esta forma, el profesional sanitario puede conocer, en tiempo real, si su paciente está siguiendo correctamente el tratamiento y sus efectos[9].

Los medicamentos digitales han supuesto un giro de 180 grados a la concepción del seguimiento del paciente bajo los patrones de una medicina tradicional. Esto se produce no por la información que el sistema es capaz de recoger sino por cómo esta información es recogida, esto es, a través de un medio tecnológico invasivo de la incolumidad no solo física, sino también moral, del paciente.

---

9 OTSUKA PHARMACEUTICAL Co., Ltd., disponible en: https://www.*Otsuka*.co.jp/en/, última consulta: 23/11/2022.

Todos los dispositivos médicos computacionales que funcionan a través de internet con el objetivo de realizar una monitorización de las pautas sanitarias del paciente se enmarcan en el concepto *Internet de las cosas* (del anglosajón, Internet of Things)[10]. El internet de las cosas es la última generación de sistemas de comunicaciones inalámbricas, y hace referencia a la conectividad de varios objetos entre sí y con el exterior a través de internet, sin que para ello sea necesaria la intervención humana[11].

---

10 DIMITROV, D. V., Medical Internet of Things and Big Data in Healthcare, *Healthcare Informatics Research,* 22 (3), 2016, pp. 156 – 163, p. 156; HAGHI, M., THUROW, K. y STOLL, R., Wearable Devices in Medical... cit., p. 4; PEDERSEN, I., Will the Body Become a Platform? Body Networks, Datafied Bodies, and AI Futures, en I. PEDERSEN y A. ILIADIS (eds.), *Embodied Computing: Wearables, Implantables, Embeddables, Ingestibles,* The MIT Press, Massachusetts Institute of Technology: Massachusetts, 2020, pp. 21 – 47, p. 24 y 25; GREGORIO, F. et al., *Signal Processing Techniques for Power Efficient Wireless Communication Systems, Signals and Communication Technology,* Switzerland: Springer, 2020, p. 218; SHACKELFORD, S. J., *The Internet of Things: what everyone needs to know,* Oxford University Press: USA, 2020, p. 21.

11 Hoy en día, ya pueden encontrarse un amplio espectro de dispositivos portables con sensores incorporados que generan información digital que comunican a dispositivos inteligentes como *smartphones* u otras tecnologías conectadas a una red wifi. Así, relojes inteligentes, tobilleras o complementos inteligentes para el calzado, anillos inteligentes, ropa inteligente, gafas inteligentes, auriculares u otro tipo de tecnología conectada al oído, y dispositivos tecnológicos para el cuidado de la salud, como audífonos, gafas de contacto inteligente o parches inteligentes. LUPTON, D., Wearable Devices: Sociotechnical Imagineries and Agential Capacities, en I. PEDERSEN y A. ILIADIS (eds.), *Embodied Computing: Wearables, Implantables, Embeddables, Ingestibles,* The MIT Press, Massachusetts Institute of Technology: Massachusetts, 2020, pp. 50 – 69, p. 50; GREGORIO, F. et al., *Signal Processing Techniques for Power Efficient Wireless...* cit., p. 217; IDRAKUMARI, R. et al., The growing role of Internet of Things in healthcare wearables, en V. ELIMIA BALAS, V. KUMAS SOLANKI, R, KUMAR (eds.), *Emergence of Pharmaceutical Industry Growth with Industrial IoT Approach,* Elsevier: London, 2020, pp. 163 – 194, pp. 163 - 166.

El internet de las cosas ha superado la barrera de los objetos para integrarse ya en el propio cuerpo humano. Así, a través de sensores portados, insertados en la piel o ingeridos por el usuario, el internet de las cosas se ha transformado en el internet de los cuerpos[12].

Los objetivos de este tipo de avances aplicados en la monitorización de los patrones de salud del individuo son fundamentalmente tres: el primero, lograr obtener una información objetiva del usuario y con unos índices de precisión no conocidos hasta ahora, el segundo, tratar al paciente de forma remota, esto es, sin necesidad de que constantemente acuda a la consulta del médico, y el tercero, abordar uno de los problemas sanitarios más serios y responsable de un elevado malgasto sanitario, esto es, la mala adherencia a los tratamientos terapéuticos.

Sin embargo, todas las oportunidades que ofrece esta medicina personalizada de precisión caminan de la mano de una serie de desafíos particulares para la garantía y protección de los derechos fundamentales de pacientes y profesionales, especialmente, en el derecho a la intimidad y protección de datos personales, en el derecho a la información asistencial y en el derecho a decidir libremente sobre la propia salud.

2. EL COMPLEJO PROBLEMA DE LA ADHERENCIA A LOS TRATAMIENTOS

De acuerdo con la Organización Mundial de la Salud (OMS), la adherencia a los tratamientos para enfermedades crónicas oscila en torno al 50%, es decir, aproximadamente la mitad de los pacientes que padecen este tipo de patologías, no son diligentes a la hora de seguir las pautas de ingesta indicadas por sus facultativos. La adherencia es definida como "la medida en la que el comportamiento de un paciente corresponde con las recomen-

---

12 SHACKELFORD, S. J. *The Internet of Things. What...* cit., pp. 27 y 28.

daciones acordadas con su profesional sanitario"[13]. La cada vez más preocupante situación de resistencia a antibióticos a nivel mundial es reflejo de este problema, pues deriva de un incorrecto seguimiento de los mismos. En efecto, la OMS acierta cuando señala que la mala adherencia a tratamientos sanitarios constituye "un problema mundial de alarmante magnitud" [14].

Lograr un seguimiento preciso de los índices de adherencia de un paciente supone un factor esencial para poder diseñar un tratamiento efectivo y eficiente, de tal manera que los efectos sobre la salud del paciente puedan atribuirse únicamente a su terapia, y no a alteraciones en la forma en la que la está siguiendo. Hasta ahora, las estrategias tradicionales no han propuesto un método infalible para el control de la adherencia, por ejemplo, a través del abordaje directo del paciente a través de cuestionarios y trato personalizado, el control por el profesional de las dosis remanentes, o los pastilleros o botes inteligentes de pastillas. Sin embargo, todos estos métodos presentan desventajas y su uso no implica que el paciente realmente haya seguido las pautas de ingesta[15].

Una incorrecta adherencia deriva en un malgasto sanitario de tratamientos financiados que no llegan a cumplir su función. Además, el paciente crónico que no sigue correctamente las instrucciones de ingesta tiene más probabilidades de sufrir recaídas, hospitalizaciones e intervenciones –que implican, asimismo, un coste económico importante–, y el peor de los casos, un empeoramiento de su estado de salud que puede desencadenar un des-

---

13 Traducción propia, extraída de OMS, *Adherence to long term therapies. Evidence for action,* World Health Organization: Geneva, 2003, p. 18.

14 JAAM, M. et al., A Qualitative Exploration of Barriers to Medication Adherence among Patients with Uncontrolled Diabetes in Qatar: Integrating Perspectives of Patients and Health Care Providers, *Patient Preference and Adherence,* 12, 2018, pp. 2205–2216, p. 2206; OMS, *Adherence to long term therapies...* cit., p. 7.

15 Ibid., p. 4.

enlace fatal[16]. En último término, un profesional que detecta una falta de resultados tras meses de tratamiento desconoce si ello se deriva a que ese tratamiento no es el más adecuado para ese específico paciente o si, más bien, se debe a que el paciente no está siguiendo correctamente las instrucciones indicadas[17 18 19].

La mala adherencia se observa, esencialmente, cuando el paciente es el responsable de autoadministrarse el tratamiento, independientemente de la severidad de la enfermedad. El fenómeno de la mala adherencia encuentra sus causas en diversos factores, relacionados con el paciente[20], con la enfermedad[21], con las ca-

---

16 RODRÍGUEZ, C. (8 de febrero de 2018), ¿Por qué es importante investigar la adherencia al tratamiento en la práctica clínica?, *Adherencia & Cronicidad & Pacientes,* disponible en: https://www.adherencia-cronicidad-pacientes.com/adherencia/por-que-es-importante-investigar-la-adherencia-al-tratamiento-en-la-practica-clinica/, última consulta: 28/4/2022.

17 YANG, G. et al., *Body sensor networks,* Springer: London, 2014m p. 8; PFIZER, *La adherencia al tratamiento: Cumplimiento y constancia para mejorar la calidad de vida,* disponible en: http://envejecimiento.csic.es/documentos/documentos/pfizer-adherencia-01.pdf., última consulta: 28/4/2022.

18 DUNBAR-JACOB, J. et al., Adherence in Chronic Disease, *Annual Review of Nursing Research,* 18, 2000, pp. 48 - 90, pp. 54 y 55.

19 OMS, *Adherence to long term…* cit., pp. 11 - 13.

20 En este sentido, pueden encontrarse razones que derivan en una mala adherencia en el entorno cultural, educativo y social del paciente. También será un factor importante su personalidad, pues puede albergar creencias en relación con su tratamiento que le llevan a no seguir correctamente las pautas, puede haber entendido equivocadamente las instrucciones de seguimiento, puede tener dificultades a la hora de acceder al medicamento o, simplemente, puede olvidarse de tomar la dosis en el momento correcto.

21 Así, las enfermedades que son de tipo crónico presentan unos índices de adherencia inferiores a otras que no lo son. Esto puede ser especialmente relevante si nos encontramos ante una enfermedad infecciosa, por ejemplo, una adherencia deficiente a antirretrovirales puede dar lugar a mutaciones del virus y resistencias a la medicación, lo cual se traduce en un serio problema de salud pública.

racterísticas del tratamiento[22], con la atención sanitaria recibida o con la prestación de servicios sanitarios[23 24].

Hasta la fecha, no ha sido posible lograr un método que permita conocer, con precisión, si el paciente está siguiendo correctamente las instrucciones de ingesta y consecuentemente, qué efectos a lo largo del período de tratamiento se deben al tratamiento o más bien a los patrones de ingesta o de comportamiento del paciente. Los métodos directos, como los inyectables o la observancia de la ingesta de la pastilla directamente por el profesional no siempre funcionan (los inyectables no son posibles para todo tipo de tratamientos, son dolorosos y resulta complicado calcular la correcta dosis), y no permiten conocer las causas reales de una incorrecta adherencia[25 26]. Los métodos indirectos, como los pastilleros, tampoco permiten asegurar que el paciente esté siguiendo las pautas de ingesta[27].

---

22 Si este produce efectos secundarios adversos; dependiendo de su farmacodinámica, farmacocinética, forma de administración y características organolépticas; así como el precio, pueden ser factores que contribuyan a una adherencia deficiente al tratamiento.

23 En este caso, influirán factores como el tiempo dedicado al paciente por su profesional, dificultades en la comunicación entre ambos, o la monitorización que puede hacerse del paciente crónico.

24 HADDAD, P. M. et al., Nonadherence With Antipsychotic Medication. *Dovepress,* 5, 2014, pp. 43–62, p. 48; y DILLA, T. et al., Adherencia y Persistencia Terapéutica: Causas, Consecuencias y Estrategias de Mejora, *Atención Primaria,* 41 (6), 2009, pp. 342 - 348, p. 344.

25 Sobre la materia: HADDAD, P. M. et al., Nonadherence With Antipsychotic... cit.

26 PAGÈS-PUIGDEMONT, N. y VALVERDE-MERINO, M. A., Métodos para medir la adherencia terapéutica, *Ars Pharmaceutica,* 59 (3), 2018, pp. 163 - 172, pp. 164 y 165.

27 En la literatura pueden encontrarse diferentes tipos de cuestionarios: Cuestionario ARMS-e, el Test de Batalla, The Beliefs about Medicines Questionnarie (BMQ), Brief MEdication Questionnaire, Drug Attitude Inventory (DAI), Test de Haynes-Sackett (o test de cumplimiento autocomunicado), Hill-Bone Compliance Scale, The Medication Adherence

Es entonces cuando las nuevas tecnologías han irrumpido en un terreno en el que se presentan como una oportunidad para el abordaje de este problema. Dispositivos computacionales como los botes inteligentes de pastillas o los medicamentos digitales están desarrollados, específicamente, para el abordaje de este problema. De manera complementaria, además, pueden facilitar el diálogo entre médico y paciente cuando este acude a su consulta y reforzar la autonomía del individuo, pues empoderan al paciente en tanto que proporcionan una información continuada a este sin necesidad de visitar al profesional, otorgándole así una sensación de mayor control sobre su salud[28]. De esta manera, estos dispositivos no solo suplen el tiempo no dedicado por el profesional, sino que ayudan al paciente a conocer cómo sus hábitos afectan a su enfermedad. La prerrogativa para un uso eficaz de estos dispositivos es que el paciente alimente de manera continua a la tecnología con datos heterogéneos (no solo de salud), para que el dispositivo pueda interpretar esa información y así formular recomendaciones de cambios en sus hábitos del cuidado de su salud[29] .

No obstante, a pesar de las oportunidades que ofrece una medicina asistida por nuevas tecnologías para controlar el comportamiento del paciente, este tipo de avances se enfrentan con obstáculos difíciles de superar, consistentes, esencialmente, en la protección de derechos fundamentales especialmente afectados en la relación asistencial: el derecho a la intimidad y protección

---

Report Scale (MARS), Test de Morisky-Green, The Simplified MEdication Adherence Questionnaire (SMAQ). Ibid., pp. 165 - 170.

28 HO, A. y QUICK, O., Leaving Patients to Their Own Devices? Smart Technology, Safety and Therapeutic Relationships, *BMC Medical Ethics*, 19 (18), 2018, pp. 1 - 6, p. 2.

29 PETRAKAKI, D. et al., Between Empowerment and Self-Discipline: Governing Patients' Conduct through Technological Self-Care', *Social Science and Medicine*, 213, 2018, pp. 146–53, p. 150; y DE MONTALVO JÄÄSKELÄINEN, F., El uso secundario de los datos de salud en el marco… cit., p. 226.

de datos del paciente, el derecho a la información, y el derecho a decidir libremente sobre la propia salud.

3. EL DERECHO A LA INTIMIDAD Y PROTECCIÓN DE DATOS DEL PACIENTE EN EL ENTORNO DIGITAL

Tanto el Reglamento 2016/679 como la Ley Orgánica de Protección de Datos y Garantía de los Derechos Digitales regulan los derechos de acceso, rectificación, cancelación, oposición, limitación del tratamiento y portabilidad[30].

---

30 a) Derecho de acceso: de acuerdo con el artículo 15 Reglamento 2016/679 y el art. 13 LOPDGDD, "el interesado tendrá derecho a obtener del responsable del tratamiento confirmación de si se están tratando o no datos personales que le conciernen y, en tal caso, derecho a los datos personales" así como a información sobre los fines del tratamiento, de qué datos se trata, destinatarios, etc.
b) Derecho de rectificación: de acuerdo con el art. 16 Reglamento 2016/679 y el art. 14 LOPDGD, el interesado tiene derecho a rectificar aquellos datos personales inexactos o incompletos que se estén tratando.
c) Derecho de supresión: el artículo 17 Reglamento 2016/679 y el art. 15 LOPDGDD recogen el derecho de supresión o derecho al olvido, de acuerdo con el cual, el interesado tiene derecho a exigir al responsable del tratamiento suprimir, sin dilación indebida, sus datos personales del interesado si se da alguna de las circunstancias contempladas en el artículo 17.1 Reglamento 2016/679.
d) Derecho a la limitación del tratamiento: son los artículos 18 Reglamento 2016/679 y 16 LOPDGDD los que recogen el derecho del interesado a limitar al responsable del tratamiento una limitación en el tratamiento de sus datos, en circunstancias tales como la impugnación de la exactitud de los datos hasta que el responsable verifique la exactitud de los mismos, cuando el tratamiento sea ilícito, cuando el responsable ya no necesite los datos pero el interesado los necesite para ejercer algún tipo de reclamación, y cuando el interesado se haya opuesto al tratamiento hasta que se verifique si los motivos del responsable para tratarlos prevalecen sobre los intereses del titular de la información.

Merece aquí especial estudio la referencia a los derechos a la supresión rectificación, especialmente en el marco de una terapia digital para el diagnóstico o tratamiento de un paciente. Cabe, en este sentido, hacer mención a dos casuísticas particulares: la supresión de datos recogidos por un dispositivo médico-tecnológico de monitorización del paciente, y la supresión o rectificación de datos incorporados a la historia clínica electrónica integrada.

3.1. Derecho de supresión de los datos recogidos por un dispositivo médico-tecnológico

El derecho del paciente a suprimir sus datos de salud recogidos por un dispositivo médico-tecnológico en el marco de un tratamiento terapéutico puede encontrarse recogido en el artículo 17b del Reglamento 2016/679 con relación al artículo 8.5 de la Ley de Autonomía del Paciente.

En las cláusulas legales que incorpore el contrato de adhesión elaborado por la empresa tecnológica que diseña el componente tecnológico del tratamiento habrán de contener la información al interesado acerca de sus derechos de acceso, rectificación, cancelación o supresión y oposición. El paciente deberá formular por escrito la solicitud de revocación de su consentimiento al tratamiento terapéutico médico-tecnológico a fin de ejercer su derecho a la revocación de datos personales que el sistema de transmisión de información haya recogido. Asimismo, deberá formular una solicitud de supresión de datos al responsable del

---

e) Derecho a la portabilidad de los datos: son los artículos 20 Reglamento 2016/679 y 17 LOPDGDD los que recogen el derecho del interesado a que transmita los datos proporcionados a un responsable del tratamiento a otro responsable dentro de una serie de circunstancias (art. 20.1 Reglamento 2016/679).

f) Derecho de oposición: de acuerdo con este derecho, el interesado tiene derecho a oponerse a que sus datos sean tratados sobre la base del art. 6.1 e) y f) Reglamento 2016/679, incluida la elaboración de perfiles del interesado (art. 21 Reglamento 2016/679 y 18 LOPDGDD).

fichero en el que se traten los datos personales, a través de cualquier medio que permita acreditar que dicha solicitud ha sido recibida. También deberá acreditar su identidad acompañando a su solicitud el DNI o pasaporte. Es posible que el desarrollador del dispositivo haya incorporado algún tipo de formulario online o cualquier otro sistema de atención al cliente para hacer el trámite más sencillo al interesado. En todo caso, el trámite será gratuito, disponiendo el responsable del plazo de un mes (prorrogable por dos meses más) desde la recepción de la solicitud para suprimir los datos del interesado. Además, si los datos del interesado han sido facilitados a terceros, el responsable del tratamiento deberá comunicar dicha solicitud de datos personales a cada uno de los destinatarios, y el todo caso, informará al interesado sobre los destinatarios de sus datos a petición de aquel[31].

3.2. Derecho de supresión y rectificación de datos incorporados a la historia clínica electrónica integrada

Todo paciente tiene derecho a acceder a la información incorporada en su historia clínica. Desde la existencia de dispositivos tecnológicos de uso médico autorizado existe la denominada historia clínica electrónica integrada, esto es, aquella historia clínica que incorpora información recopilada no solo en consulta o a través de pruebas clínicas, sino también aquella recogida y almacenada por dispositivos tecnológicos de uso médico autorizado.

Todo profesional que atienda al paciente puede incorporar a su historia clínica información relacionada con la salud de este, debiendo respetar, en todo caso, un debido respeto al deber de confidencialidad sobre toda la información a la que pueda acceder[32].

---

31 BERROCAL LANZAROT, A. I., *Derecho de supresión de datos o derecho al olvido,* Reus: Madrid, 2017, p. 283.

32 FERNÁNDEZ SANTIAGO, C., Historia clínica electrónica (HCE): el análisis de una herramienta sanitaria y de gestión desde una perspec-

La concurrencia de diferentes profesionales en la asistencia sanitaria recomienda la construcción de tres niveles de acceso a la historia clínica del paciente, de acuerdo con el informe "Informatización y confidencialidad de la historia clínica" elaborado por el Grupo de Trabajo de Bioética de la Sociedad Española de Medicina de Familia y Comunitaria (SEMFYC). Así, en un primer nivel, se encuentran los datos básicos que el paciente conoce que pueden ser empleados por cualquier profesional que intervenga en el proceso asistencial, en un segundo nivel los datos cuyo acceso exige la autorización expresa del paciente, y en un tercer nivel, datos a los que el paciente no podrá acceder, relativos a las informaciones subjetivas realizadas por los profesionales o informaciones que vinculen a terceros[33].

El paciente dispone de ese derecho de acceso a su historia clínica, si bien, no goza del derecho de supresión o rectificación de los datos recogidos en la misma si los mismos son verídicos. Solamente en el caso de que dicha información sea errónea podrá ejercer ese derecho a supresión o rectificación de datos de su historia clínica (artículo 8.3 del Apéndice de la Recomendación núm. R5, de 13 de febrero de 1997, del Comité de Ministros del Consejo de Europa a los estados miembros).

3.3. Secreto médico derivado de los desarrolladores de las aplicaciones y dispositivos médico-tecnológicos

El secreto profesional médico hace referencia a todas aquellas "confidencias que, por razón de su profesión, el médico reciba de sus clientes, conducentes a recibir a cambio un consejo, o un

---

tiva jurídica, en S. ADROHER BIOSCA y F. DE MONTALVO JÄÄSKELÄINEN (dirs.), *Los Avances del Derecho ante los Avances de la Medicina*, Aranzadi: Navarra, 2008, pp. 715 – 730, p. 722.

33 GRUPO DE TRABAJO DE BIOÉTICA DE LA SEMFYC, Declaración de la Sociedad Española de medicina de familia y Comunitaria acerca de «informatización y confidencialidad de la historia clínica», *Cuadernos de Bioética*, 17 (1), 2006, pp. 107-112, p. 111.

servicio correspondiente a esta profesión, no debiendo quedar restringido tan solo a aquellas manifestaciones que el enfermo hace a su médico, sino a todas aquellas que el médico observe y conozca relacionadas con la enfermedad"[34].

Dicho deber de confidencialidad no solo atañe a los profesionales sanitarios (artículos 7 y 16.6 de la Ley de Autonomía del Paciente) que asistan al paciente, sino que se extiende también a todos aquellos otros profesionales que pudieran tener acceso a información del mismo, como administrativos, celadores, personal de limpieza, informáticos, etc. A estos profesionales les atañe un secreto médico derivado[35]. En el contexto de una medicina digitalizada y asistida por dispositivos tecnológicos para la asistencia al paciente, cabe acudir al artículo 5 de la LOPDGDD, que regula un deber de confidencialidad de los responsables encargados del tratamiento de datos, que será complementario al deber de secreto profesional que sobre ellos recaiga. Dicha obligación, además, persiste más allá de la finalización de la relación del obligado con el responsable o encargado del tratamiento[36].

---

34 FERNÁNDEZ COSTALES, J., El contrato de servicios médicos, Civitas: Madrid, 1988, p. 217.

35 LÁZARO GONZÁLEZ, I. E. y MOLINERO MORENO, E., Confidencialidad de los datos sanitarios del menor versus obligación de los padres de proteger a los hijos, en S. ADROHER BIOSCA y F. DE MONTALVO JÄÄSKELÄINEN (dirs.), *Los Avances del Derecho ante los Avances de la Medicina*, Aranzadi: Navarra, 2008, pp. 491 – 508, p. 495; SÁNCHEZ CARO, J., y ABELLÁN GARCÍA, F., *Derechos y deberes de los pacientes. Ley 41/2002 de 14 de noviembre: consentimiento informado, historia clínica, intimidad e instrucciones previas*, Comares: Granada, 2003, pp. 41 a 44.

36 Existen otras normas con una regulación más restringida sobre el secreto profesional, como la Ley 55/2003, de 16 de diciembre, del Estatuto Marco del personal estatutario de los servicios de salud (art 19, ap. I) y j), o la Ley 14/2006, de 26 de mayo, sobre técnicas de reproducción humana asistida (arts. 3.6, 15.1 y 18), la Ley 14/2007, de 3 de julio, de investigación biomédica (art. 5), la Ley Orgánica 2/2010, de 3 de marzo, de salud sexual y reproductiva y de la interrupción voluntaria del embarazo (art. 20.1), el Real Decreto Legislativo 1/2015, de 24 de julio, por el que se aprueba el Texto Refundido de la Ley de garantías

Así, todos aquellos desarrolladores de dispositivos y apps que los pacientes se dispongan a utilizar a lo largo de su tratamiento deberán guardar un debido secreto profesional sobre los datos a los que pudieren acceder para garantizar un correcto funcionamiento del dispositivo[37] [38], en la misma medida en la que dicho deber de confidencialidad recae sobre el profesional sanitario.

4. EL DERECHO A LA INFORMACIÓN ASISTENCIAL DEL PACIENTE EN EL ENTORNO DIGITAL

Para que el individuo pueda tomar una decisión libre sobre todas las cuestiones que afectan a su salud, es necesario que este posea información sanitaria sobre tu estado de salud. El fundamento propio del derecho a la información sanitaria recae en el derecho de la libertad de conciencia, en tanto en cuanto su respeto supone garantizar la libre formación de la conciencia del individuo, así como el derecho a mantener, cambiar o abandonar libremente creencias, ideas u opiniones, sin presiones o coacciones externas, lo cual es expresión del libre y pleno desarrollo de la personalidad[39].

---

y uso racional de los medicamentos y productos sanitarios (arts. 106.2, 110.19ª y 112.21ª). Por otra parte, como derecho derivado y de manera mucho más específica, el Código de Deontología Médica recoge estas obligaciones en sus artículos en el Capítulo V (arts. 27 a 31).

37 DE LORENZO ABOGADOS, *El secreto médico derivado*, disponible en: https://www.delorenzoabogados.es/blog/?p=52, última consulta: 19/11/2022.

38 MORLA GONZÁLEZ, M., Medicamentos digitales. La autonomía del paciente a debate, *Dilemata*, (29), pp. 121 – 134, p. 126; POLLICINO, O. et al., M-Health at the Crossroads between the Right to Health and the Right to Privacy, en M. IENCA, O. POLLICINO, L. LIGUORI, E. STEFANINI, R. ANDORNO (eds.), *Information technology, life sciences and human rights*, Cambridge University Press: UK, 2022, pp. 11 – 25, p. 15.

39 LLAMAZARES FERNÁNDEZ, D., *Derecho de la Libertad de Conciencia, vol. I. Conciencia, tolerancia y laicidad.* Cuarta edición. Civitas: Navarra, 2011, p. 22; TARODO SORIA, S., *Libertad de conciencia y derechos de usuario de*

El derecho a la información puede verse recogido en el artículo 10 del Convenio de Oviedo, que protege el "derecho a conocer toda la información obtenida respecto a su salud. No obstante, deberá respetarse la voluntad de una persona de no ser informada". De forma más específica, también puede encontrarse regulado en los artículos 2, 4, 5, 10, 12 y 13 de la Ley de Autonomía del Paciente.

El derecho a conocer la información que atañe a la propia persona, sobre el estado de su salud (positivo o negativo), qué se le va a hacer o por qué se le va a aplicar el tratamiento en cuestión (información asistencial), es quizá uno de los derechos menos respetados en el ámbito clínico[40]. Se trata de un derecho autónomo e independiente del derecho a decidir, del cual es titular el paciente que asiste a la consulta con el objetivo de obtener un diagnóstico o someterse a un tratamiento. Este derecho al a información no debe obviarse ni si quiera en el supuesto de que el tratamiento haya sido impuesto al paciente[41].

La omisión de este derecho da lugar a una vulneración al derecho de la libertad de conciencia, derivando en responsabilidad para el profesional sanitario[42].

---

los servicios sanitarios, Servicio editorial de la Universidad del País Vasco: Bilbao, 2005, p. 291.

40 COBREROS MENDAZONA, E., *Los tratamientos sanitarios obligatorios y el derecho a la salud (estudio sistemático de los ordenamientos italiano y español),* Instituto Vasco de Administración Pública: Bilbao, 1988, p. 273, ROMEO CASABONA, C. M., *El médico y el Derecho Penal.* Bosch: Barcelona, 1981, p. 326. Según este último: se trata de "un aspecto dentro del amplio y variado campo del tratamiento médico-quirúrgico que permanece totalmente desconocido en la literatura jurídica y al que la práctica médica no le reconoce toda la importancia y trascendencia jurídica que puede llegar a tener".

41 COBREROS MENDAZONA, E., *Los tratamientos sanitarios obligatorios...* cit., p. 273.

42 Esta circunstancia es una manifestación más de la espiritualización del derecho. En este sentido, el voto particular elevado por el Juez BRANDEIS en el caso *Olmstead v. United States,* donde ya advertía que el objeto

4.1. Objeto de la información en un entorno digital

El contenido mínimo de la información que ha de proporcionarse al paciente que asiste a consulta abarca, como mínimo, la naturaleza de la intervención, la finalidad, riesgos y consecuencias de la misma (artículos 5.2 del Convenio de Oviedo y 4.1. LAP). Por lo que respecta a los riesgos de la intervención o las alternativas a la misma, la información no solo se debe referir a los riesgos inherentes por el tipo de intervención, sino también a "los riesgos referentes a las características individuales de cada paciente, derivados de la edad o de la concurrencia de otras patologías". Ade-

---

básico de la protección del derecho (*privacy*) excede a la esfera física del individuo. Se trata de un razonamiento ya expuesto en su artículo BRANDEIS, L. D. y WARREN, S. D., The right of privacy, *Harvard Law Review*, 4 (5), 1890, pp. 193 – 220.

En la jurisprudencia española pueden encontrarse diversos pronunciamientos. En este sentido, el Tribunal Supremo cuando afirmó "...que la falta o insuficiencia de la información debida al paciente constituye en sí misma una infracción de la "*lex artis ad hoc*", que lesiona su derecho de autodeterminación al impedirle elegir con conocimiento y de acuerdo con sus propios intereses y preferencias entre las diversas opciones vitales que se le presentan, y que como tal causa un daño moral, cuya indemnización no depende de que el acto médico en sí mismo se acomodara o dejara de acomodarse a la praxis médica, sino de la relación causal existente entre ese acto y el resultado dañoso o perjudicial que aqueja al paciente" en STS 16 de mayo de 2012, RJ 2012\678; En igual sentido las SSTS de 2 de octubre de 1997, RJ 1997/7405, FJ 1; de 13 de abril de 1999, RJ 1999/2583, FJ 4; de 26 de septiembre del 2000, RJ 2000/8126, FJ 1, de 26 de marzo de 2002, RJ 2002/3956; de 14 de octubre de 2002, RJ 2003/359; de 26 de febrero de 2004, RJ 2004/3889; de 14 de diciembre de 2005, RJ 2006/4186; de 23 de febrero de 2007, RJ 2007/884; de 10 de octubre de 2007, RJ 2007/7321; de 1 de febrero de 2008, RJ 2008/1349; de 19 de junio de 2008, RJ 2008/4257; de 30 de septiembre de 2009, RJ 2009/5481; de 16 de marzo de 2011, RJ 2011/2170; de 19 de mayo de 2011, RJ 2011/4464; de 25 de mayo de 2011, RJ 2012/415; de 4 de octubre de 2011, RJ 2011/353654; de 2 de enero de 2012, RJ 2012/1; entre otras.

más, ante una petición del paciente de información adicional, el profesional sanitario habrá de atenderla oportunamente[43].

En el caso de que se trate de una terapia digital a través de un dispositivo médico-tecnológico el profesional sanitario deberá informar no solo de los eventuales riesgos sanitarios que comporte el empleo del dispositivo (por ejemplo, un eventual fallo de funcionamiento del dispositivo)[44], sino también de los riesgos asociados a las características particulares del dispositivo (por ejemplo, qué riesgos puede implicar un incorrecto uso del dispositivo). Estos extremos son de gran relevancia, en la medida en la que el paciente puede mostrar cierta carencia de competencias digitales.

El asunto plantea problemas relevantes cuando se trata de extender esta interpretación a una terapia digital. Así, mientras informar sobre las consecuencias o riesgos clínicos relevantes derivados del uso del principio activo del compuesto medicamentoso del tratamiento es inteligible para el profesional, informar sobre las consecuencias de la intervención "tecnológica" no lo es tanto. Esta cuestión exige, por tanto, determinar si el profesional sanitario debe, además de informar acerca de aquellos extremos requeridos desde un punto de vista clínico tradicional, informar también sobre aspectos relevantes y riesgos típicos de la cesión de datos que asume el paciente cuando acepta los términos y condiciones de uso para acceder al tratamiento, y de las eventuales consecuencias de un fallo tecnológico.

A priori, parece que lo más adecuado sería asumir que informar acerca de aspectos técnicos y jurídicos de la parte tecnológica

---

43 MICHAUD, J., (4 de abril 1997), Informe explicativo del Convenio relativo a los derechos humanos y la biomedicina, autorizada su publicación por el Comité de Ministros del Consejo de Europa el 17 de Diciembre de 1996, *Diario Médico*, ap. 35, disponible en: https://www.chospab.es/comite_etica/documentos/DOCUMENTOS_INTERNACIONALES/Informe_Explicativo_Convenio_Oviedo.pdf.

44 KLUGMAN, C. M. et al., The Ethics of Smart Pills and Self-Acting Devices: Autonomy, Truth-Telling, and Trust at the Dawn of Digital Medicine, *American Journal of Bioethics*, 18(9), 2018, pp. 38 – 47, p. 43.

del tratamiento excede de las competencias exigibles al profesional sanitario, y que esta labor debería recaer, por tanto, en la empresa desarrolladora del dispositivo que elabora los términos y condiciones de uso, o bien en el equipo jurídico del hospital. No obstante, la cuestión no deja de plantear dudas por cuanto la normativa vigente obliga al profesional a aportar al paciente toda la información relativa al tratamiento que se le va a administrar.

4.2. El riesgo de saturación informativa

La revolución tecnológica que vive nuestra sociedad ha facilitado que todos los individuos que poseen conexión a internet y un dispositivo tecnológico al alcance de su mano puedan acceder al momento a grandes cantidades de información de toda índole, no solo la que se encuentra disponible en la red, sino también a toda la información que ellos mismos generan a través de dispositivos que permiten monitorizar sus patrones de comportamiento (por ejemplo, relojes inteligentes, apps de bienestar, o terapias digitales).

En este escenario persiste el riesgo de que los pacientes consulten esa información con el objetivo de autodiagnosticarse y cuidar su salud[45]. Es necesario incidir en los estándares de utilidad

---

45 Pongamos por ejemplo a un paciente que, buscando información dietética en internet, decide solicitar a su médico la prueba de la alergia al gluten. El médico, tras realizarle una serie de preguntas, detecta que el paciente carece de manifestaciones clínicas o signos atribuibles a la enfermedad de la celiaquía o sensibilidad al gluten, por lo que considera que las pruebas no están indicadas. Es importante que el médico respete la autonomía del paciente, sin embargo, los principios de beneficencia y no maleficencia, así como la necesidad de reducir costes de la atención sanitaria, aconsejan que se eviten las pruebas diagnósticas innecesarias. Por ello, el médico habrá de abordar cuidadosamente al paciente sobre su interés de la práctica de determinadas pruebas, informándole debidamente sobre su estado de salud con el objetivo de tranquilizarle. Por el contrario, si el paciente manifestase sintomatología, puede sentirse agobiado por la información que ha encontrado en

y fiabilidad de la información a la que este acceda, pues solo si toma decisiones en base a informaciones que provienen de fuentes poco fiables se verá vulnerada su autonomía, en la medida en la que sus decisiones no han sido adecuadamente informadas.

El problema con determinados tratamientos complejos, como lo son las terapias digitales, es determinar qué información ha de ser adecuada proporcionar al paciente para que este tome una decisión debidamente informada. Es importante no pasar la cuestión por alto, por cuanto una sobrecarga de información excesivamente compleja bajo el requerimiento de informarle debida y suficientemente puede derivar en una situación de angustia o confusión que, lejos de favorecer su bienestar y proteger su autonomía, la limita, impidiéndole tomar decisiones de manera responsable[46].

Cuando la información a proporcionar es una información compleja, por ejemplo, en el caso de que se trate de una terapia

---

internet. El trabajo del médico en ese caso deberá consistir en redirigir las intenciones del paciente, explorar la motivación del paciente para solicitar la prueba y su pertinencia, encontrándose en un equilibrio entre aliviar y abordar sus preocupaciones. En este escenario la confianza entre médico y paciente será una pieza clave, pues la misma puede tener un efecto terapéutico. Dado que el volumen de información en internet puede ser abrumador, los médicos tienen el deber de proporcionar al paciente fuentes verificadas médicamente.
Los pacientes crónicos y sus cuidadores pueden tener necesidades complejas que no pueden abordarse por completo durante las citas con sus médicos, acudiendo a internet para obtener más respuestas a sus preguntas. Dependiendo del trastorno crónico, el médico puede estar obligado a remitir al paciente a un equipo multidisciplinar para crear un plan de atención integral o a un profesional especialista para determinar la pertinencia de determinada intervención. MUNDLURU, S. N. et al., "But Doctor, I Googled It!": The "Three Rs" of Managing Patients in the Age of Information Overload, *Clinics in Dermatology*, 37 (1), 2019, pp. 74 – 77, pp. 75 y 76.

46 BUCHNER, B. y FREYE, M., Informed Consent in German Medical Law: Finding the Right Path between Patient Autonomy and Information Overload, *SSRN Electronic Journal*, 2022, p. 15.

que implique la administración de píldoras digitales, es imperativo tomar en consideración las capacidades de comprensión del paciente, así como su alfabetización digital, para reforzar su autonomía en la medida de lo posible. En todo caso, es necesario que la información se proporcione en términos sencillos y claros, y no sobrecargar de información innecesaria al paciente[47].

Así, si el profesional se dispone a recetar una terapia digital a su paciente, será perentorio informar no solo de las cuestiones relacionadas con el compuesto activo, sino también acerca de las implicaciones del empleo del sistema de recogida y transmisión de información que emplea el tratamiento. No solo deberá informar hacer de los eventuales riesgos para la salud observados en su uso, o interacciones con otros medicamentos o con las funciones vitales del sujeto; también deberá informar4 acerca de la trascendencia de la aceptación de los términos y condiciones de uso, por cuanto la misma puede implicar una cesión de datos de salud a empresas que operan en un mercado privado con intereses que pueden presentarse cambiantes y alejados del principal interés clínico, que es cuidar de la salud del paciente.

La complejidad de este tipo de informaciones plantea la cuestión de si reducir la cantidad de información proporcionada limita necesariamente la autonomía, o si, por el contrario, lo que limita la autonomía es precisamente proporcionar una información exhaustiva sobre cuestiones complejas que el paciente no alcanza a comprender. En este sentido, cabe decir que no es determinante en la protección de la autonomía del individuo la cantidad de información que se proporciona, sino más bien, qué información se proporciona y cómo, pues solo tomando en consideración las capacidades de comprensión del destinatario de la información se logrará un efectivo refuerzo de la autonomía.

---

[47] YAMAGISHI, K., When a 12.86% Mortality is More Dangerous than 24.14%: Implications for Risk Communication, *Applied Cognitive Psychology*, 11 (6), 1997, pp. 495 – 506, pp. 504 y 505; TVERSEKY, A. y KAHNEMAN, D. The Framing and Decisions and the Psychology of Choice. *Science*, 211(4481), 1981, PP. 453 – 458, pp. 457 y 458.

5. EL DERECHO A DECIDIR LIBREMENTE. PARTICULARIDADES EN EL CASO DE LOS MENORES Y DE LAS PERSONAS CON DISCAPACIDAD

A diferencia del derecho a la información sanitaria, enfocada a la libre formación de la conciencia del sujeto en materia de salud, el derecho a decidir libremente sobre la salud está dirigido a garantizar que el individuo adopte libremente las decisiones sobre su salud que considere más congruentes con sus propias convicciones, es decir, adecuar su comportamiento a lo que le dicte su conciencia, y no ser obligado a actuar en contra[48]. El consentimiento informado otorgado por el paciente es un acto formal que garantiza el cumplimiento y respeto de este derecho, manifestación directa del principio de autonomía. La normativa sobre derechos del paciente está basada en el principio de autonomía, que inspira e informa cualquier actuación médica y garantiza y protege la validez y eficacia jurídica de las decisiones que libre, reflexionada y voluntariamente haya adoptado el paciente sobre las alternativas de las que dispone para tratar su salud. Así, las decisiones tomadas por el paciente, en ejercicio de su autonomía, han de ser respetadas por los profesionales[49].

Este derecho a decidir sobre las cuestiones que afectan a la propia salud se encuentra regulado en los artículos 5 a 9 del Convenio de Oviedo y artículos 4 a 13 de la Ley de Autonomía del Paciente. Del mismo modo que sucede con el derecho a la información, el derecho a decidir también genera obligaciones sobre terceros, en este caso, los profesionales sanitarios, quienes debe-

---

48 TARODO SORIA, S., *Libertad de conciencia y derechos de usuario...* cit., p. 311 y LLAMAZARES FERNÁNDEZ, D., *Derecho de la Libertad de Conciencia, vol. I...* cit., p. 21.

49 BERROCAL LANZAROT, A. I., El consentimiento informado como derecho de los pacientes en la nueva Ley 41/2002, de 14 de noviembre, en J. C. ABELLÁN SALORT (coord.). *La praxis del consentimiento informado en la relación sanitaria: aspectos biojurídicos,* Difusión jurídica y temas de actualidad: Madrid, 2007, pp. 39 – 137, p. 80; y COBREROS MENDAZONA, E., *Los tratamientos sanitarios obligatorios...* cit., p. 281.

rán respetar las decisiones adoptadas libre y voluntariamente por el paciente.

5.1. Manifestaciones del derecho a decidir

El derecho a decidir libremente sobre la propia salud se asienta en el principio de autonomía de la persona, y muestra tres manifestaciones: derecho a decidir entre las alternativas terapéuticas disponibles, derecho a negarse al tratamiento, o derecho a decidir de forma anticipada a través de las instrucciones previas.

5.1.1. Derecho a decidir entre las alternativas terapéuticas disponibles

El paciente, después de haber recibido información suficiente y adecuada, puede optar libremente entre las alternativas terapéuticas disponibles. Esta manifestación del derecho a decidir libremente sobre las cuestiones que atañen a la propia salud encuentra su regulación en el art. 2.3 LAP.

Se subraya la importancia que tiene la información para que el consentimiento sea válido, pues aquella es presupuesto de validez. No obstante, en el caso de que el paciente haya rechazado recibir información, el profesional no debe omitir su deber de recabar el consentimiento con carácter previo a la intervención (art. 9.1 LAP).

Una de las formas de ejercitar este derecho es expresando el consentimiento, libre y voluntario, a someterse a una de las alternativas terapéuticas disponibles entre todas las opciones. El consentimiento ha de estar libre de vicios que lo invaliden (error, violencia, intimidación, dolo; cuya presencia determinan la nulidad del consentimiento –art. 1265 y ss. CC–), y ha de emitirse de manera voluntaria, es decir, tras valorar oportunamente las opciones y características de cada una de las alternativas.

5.1.2. Derecho a negarse al tratamiento

El rechazo al tratamiento es una forma de ejercicio del derecho a decidir. Así lo contempla la LAP en su art. 2.4, a su vez que recoge la excepción a esta posibilidad en los casos determinados por la ley. La oposición a seguir un tratamiento, al igual que el consentimiento para someterse a una de las alternativas terapéuticas disponibles, ha de ser debidamente respetada por el profesional, pues es fruto del ejercicio del derecho a decidir del paciente, y de nuevo, consecuencia necesaria del ejercicio del derecho de la libertad de conciencia del que es titular y, por ende, de su autonomía.

La medicina personalizada de precisión ofrece tratamientos que pueden probar una eficacia superior a los tratamientos convencionales. No obstante, el paciente sigue disponiendo de su prerrogativa de rechazarlo. La LAP establece una consecuente obligación a la negativa al tratamiento: la firma del alta voluntaria.

5.1.3. Derecho a planificar anticipadamente la atención.

Las instrucciones previas son una forma de ejercicio del derecho a decidir, un consentimiento o rechazo informado anticipado. La función de las instrucciones previas puede desplegarse en tres situaciones diferentes[50]:

a) Situación de urgencia vital: una situación urgente, crítica, vital e irreversible respecto a la vida, que exige tomar decisiones en consideración a los deseos de sujeto en cuestión cuando en ese momento no es posible obtener el consentimiento del individuo.

b) Situación de incapacidad: las instrucciones se hacen valorando una futura situación de incapacidad sobrevenida.

---

50 SÁNCHEZ CARO, J., y ABELLÁN GARCÍA, F., *Derechos y deberes de los pacientes...* cit., p. 92.

c) *Post mortem*: las instrucciones contemplan las voluntades acerca de decisiones futuras, tras la muerte del sujeto como, por ejemplo, sobre el destino de su cuerpo o de sus órganos vitales.

Las instrucciones previas se formalizan en el documento de instrucciones previas, que contiene tres apartados básicos, a saber: (1) manifestación de los valores personales y objetivos vitales del otorgante, (2) instrucciones sobre la aplicación o rechazo de tratamientos y medidas a adoptar en situaciones concretas, por ejemplo, el destino de los órganos y tejidos tras el fallecimiento y (3) la designación de un representante que actuará como interlocutor con el equipo médico para orientar su actuación y garantizar el cumplimiento de las instrucciones indicadas por el paciente[51].

---

[51] Ibid., p. 505, y SEOANE, J. A., Derecho y planificación anticipada de la atención… cit., p. 286. No obstante, es interesante mencionar que el Real Decreto 1723/2012, de 28 de diciembre, por el que se regulan las actividades de obtención, utilización clínica y coordinación territorial de los órganos humanos destinados al trasplante y se establecen requisitos de calidad y seguridad, establece en su artículo 9.1. a), como requisito para la extracción de órganos con fines de trasplante, "que la persona fallecida de la que se pretende obtener órganos, no haya dejado constancia expresa de su oposición a que después de su muerte se realice la obtención de órganos. Dicha oposición, así como su conformidad si la desea expresar, podrá referirse a todo tipo de órganos o solamente a alguno de ellos y será respetada". Este Real Decreto no establece ninguna ulterior autorización para proceder a la extracción y trasplante de órganos del interesado si este lo manifestó de esta manera en vida. Solamente será la oposición expresa del fallecido -y la constatación mediante la consulta con sus familiares de dicha oposición- la que evitaría dicho proceso. GALLEGO RIESTRA, S., Las instrucciones previas y su regulación jurídica, en M. GASCÓN ABELLÁN y M. D. C. GONZÁLEZ CARRASCO, J. CANTERO MARTÍNEZ (coords.), *Derecho sanitario y bioética. Cuestiones actuales*, Tirant lo Blanch: Tirant lo Blanch: Valencia, 2011, pp. 493 – 521, p. 506. Cosa diferente es que la Organización Nacional de Trasplantes haya dictaminado el criterio de solicitud de autorización a la familia como un trámite "necesario e ineludible" en todo proceso de extracción de órganos, incluso a costa de una voluntad diferente expresada en vida por parte del fallecido.

5.2. Particularidades del derecho a decidir del menor

La cuestión de la capacidad del menor para tomar decisiones sobre su propia salud comenzó a ser objeto de regulación tras la aprobación del Convenio de Oviedo, en tanto que este prima la capacidad natural frente a la jurídica cuando dispone en el artículo 6.2 que "la opinión del menor será tomada en consideración como un factor que será tanto más determinante en función de su edad y su grado de madurez".

La normativa interna española se ha erigido sobre ese pretexto, pues establece que siempre habrá de autorizar una intervención sobre la salud de un menor su representante legal y en todo caso se tomará en consideración la opinión de aquel. De la lectura de los apartados 3 y 4 del artículo 9 de la Ley de Autonomía del Paciente, puede extraerse que: a) la mayoría de edad legal para tomar decisiones en el ámbito sanitario son los 16 años, b) la condición de menor emancipado habilita para tomar decisiones sobre la propia salud, y c) en todo caso habrá que estar al grado de madurez del menor, pues si este presenta signos de capacidad intelectual y emocional para comprender la trascendencia de la intervención, podrá decidir por sí mismo[52].

Cuando se trata de una eventual prescripción de una terapia que incorpore un sistema de recogida y transmisión de información del menor, habrá que estar a lo dispuesto en el Reglamento 2016/679, cuyo artículo 8 dispone que "cuando se aplique el artículo 6, apartado 1, letra a), en relación con la oferta directa a niños de servicios de la sociedad de la información, el tratamiento

---

En este sentido: MORLA-GONZÁLEZ et al., European and comparative law study regarding family's legal role in deceased organ procurement, *Revista General de Derecho Público Comparado,* (29), pp. 1 – 33, p. 14; DOMÍNGUEZ-GIL, B. et al., Decrease in refusals to donate in Spain despite no substantial change in the population's attitude towards donation, *Organ, Tissues & Cells,* (13), 2010, pp. 17 - 24, p. 18.

52 En este sentido, SSTC 53/1985, de 11 de abril, RTC 1983\800 y 120/1990, de 27 de junio, RTC 1990\443.

de los datos personales de un niño se considerará lícito cuando tenga como mínimo 16 años. Si el niño es menor de 16 años, tal tratamiento únicamente se considerará lícito si el consentimiento lo dio o autorizó el titular de la patria potestad o tutela sobre el niño, y solo en la medida en que se dio o autorizó". Este artículo habrá de leerse en consonancia con el Considerando 71, que excluye de la posibilidad de que un menor pueda ser objeto de una decisión "que puede incluir una medida, que evalúe aspectos personales relativos a él, y que se base únicamente en el tratamiento automatizado y produzca efectos jurídicos en él o le afecte significativamente de modo similar".

Es decir, a la hora de considerar el interés superior del menor habrán de tenerse en cuenta los riesgos mencionados sobre la posibilidad de exposición de la intimidad a terceros agentes del sector especialmente interesados en obtener información de salud de los pacientes.

5.3. Particularidades del derecho a decidir por las personas con discapacidad. Especial referencia a los apoyos a la autonomía de la persona con discapacidad de acuerdo con la Ley 8/2021

El Convenio de Oviedo remite a la legislación interna para resolver los planteamientos de los mayores de edad que han sido incapacitados legalmente (art. 6.3 del Convenio de Oviedo)[53]. El Convenio, de esta manera, establece unos mínimos sobre los cuales podrá construirse la normativa interna: por un lado, si la persona mayor de edad no tiene capacidad para expresar su consen-

---

53 Art. 6.3 Convenio de Oviedo. "Cuando, según la ley, una persona mayor de edad no tenga capacidad, a causa de una disfunción mental, una enfermedad o un motivo similar, para expresar su consentimiento para una intervención, ésta no podrá efectuarse sin la autorización de su representante, una autoridad o una persona o institución designada por la Ley. La persona afectada deberá intervenir, en la medida de lo posible, en el procedimiento de autorización."

timiento, necesitará hacerlo a través de un representante, y por otro, que el mayor de edad sin capacidad legal deberá intervenir en la medida de lo posible en el procedimiento de autorización.

El artículo 9.3 de la Ley de Autonomía del Paciente contempla los clásicos supuestos de incapacidad de la normativa civil, a saber, incapacidad natural: "cuando el paciente no sea capaz de tomar decisiones, a criterio del médico responsable de la asistencia, o su estado físico o psíquico no le permita hacerse cargo de su situación" –en este caso, si el paciente carece de representante legal, el consentimiento lo prestarán las "personas vinculadas a él por razones familiares o de hecho"– e incapacidad legal, es decir, cuando el paciente tenga la capacidad modificada judicialmente mediante sentencia.

No obstante, lo contemplado expresamente en la Ley de Autonomía del Paciente, no puede pasarse por alto la recientemente aprobada Ley 8/2021, de 2 de junio de 2021, por la que se reforma la legislación civil y procesal para el apoyo a las personas con discapacidad en el ejercicio de su capacidad jurídica. Conviene subrayar que esta ley ha modificado diversos preceptos correspondientes a la legislación civil y procesal, pero no ha introducido ninguna reforma en lo que respecta al ejercicio de la autonomía en el ámbito sanitario en la LAP. Así, esta ley elimina las figuras de tutor, patria potestad prorrogada y patria potestad rehabilitada del ordenamiento civil para los mayores de edad, y establece que el procedimiento de provisión de apoyos para la persona no podrá terminar nunca en la declaración de incapacidad de aquella ni en la privación de derechos del interesado.

Con el nuevo panorama de apoyos a la discapacidad, solo cabe considerar la eventualidad de una incapacidad natural del sujeto (si este se encuentra en un estado de inconsciencia o un estado en el que es manifiesto que está impedido para tomar decisiones sobre su salud –por ejemplo, un estado vegetativo–). En este caso el deber de información del médico tendrá como destinatarias a las personas vinculadas a él por razones familiares o de hecho (art. 5.3 LAP). A la hora de tomar una decisión sobre la situación del paciente, el profesional deberá comprobar si el paciente había otorgado un documento de instrucciones previas que contemplase el proceder ante tal situación (art. 11 LAP). De no encontrarse otorgado tal documento, recaerá sobre dicha persona vinculada al interesado por razones familiares o de hecho ejercer ese derecho a decidir. La decisión adoptada por sustitución habrá de respetar dos principios: (1) ser adecuada a las circunstancias y proporcionada a las necesidades que haya que atender, siempre a favor del paciente y con respeto a su dignidad personal (art. 9.5 LAP), y redundar en su beneficio directo (art. 6 Convenio de Oviedo); así como que (2) se haga partícipe en la medida de lo posible al paciente de la toma de decisiones en todo el proceso (art. 9.5 LAP).

En el supuesto de que el paciente no se encuentre inmerso en una incapacidad natural, sino que solo encuentra su autonomía disminuida debido a su patología, la Ley 8/2021, le confiere una serie de medidas de apoyo que le permitan ejercer su autonomía plenamente a la hora de tomar decisiones. En este sentido, la ley recoge como alternativas los mandatos preventivos, la guarda de hecho[54], la autocuratela, o curatela, que, por regla general, nunca asumirán funciones representativas, a menos que el juez estime que así sea necesario –circunstancia excepcional de acuerdo con la nueva ley–, en cuyo caso, el curador en salud podrá ejercer el derecho a la toma de decisiones. En todo caso, y de acuerdo con la modificación introducida en el art. 249 III CC, será necesario, previamente a tomar una decisión en representación del paciente, hacer un esfuerzo considerable para determinar la voluntad de aquel sobre la decisión a tomar. De realizar dicho esfuerzo sin éxito, podrá procederse en el sentido indicado por el curador de salud.

---

54 Sobre la guarda de hecho en el nuevo sistema de apoyos a las personas con discapacidad, DE VERDA Y BEAMONTE, J. R., La guarda de hecho de las personas con discapacidad, en N. ÁLVAREZ LATA, (coord.), Asociación de Profesores de Derecho Civil, *El nuevo sistema de apoyos a las personas con discapacidad y su incidencia en el ejercicio de su capacidad jurídica*, Aranzadi: Navarra, 2022, pp. 81 – 123, pp. 87 y ss.

En caso de que se hayan otorgado funciones representativas en el ámbito de salud a su curador, será aconsejable que el juez disponga las provisiones necesarias en relación con el régimen de autorización para el tratamiento de datos sensibles del afectado que tendrá que respetar aquel. En todo caso, de acuerdo con la modificación introducida en el artículo 249 III CC, será necesario hacer un esfuerzo considerable para conocer la voluntad del paciente en relación con el tratamiento de sus datos de salud. En caso de que no sea posible, será el curador quien dispondrá de la prerrogativa de otorgar dicho consentimiento. No obstante, el curador habrá de velar al mismo tiempo por el interés del afectado en respetar sus valores, considerando cuál sería la voluntad de este a la hora de autorizar el uso de dispositivos conectados que rastrean y monitorizan sus constantes vitales y movimientos si pudiera decidir por sí mismo. Es posible que exista, en este sentido, un conflicto de intereses, pues puede resultar complicado conciliar la voluntad del afectado de no usarlos, con la necesidad observada por el curador –probablemente, familiar encargado de su cuidado– de usarlos, pues estos pueden proporcionarle información en tiempo real sobre el estado de salud de su ser querido y, por ende, tranquilidad a lo largo del tratamiento[55].

A la hora de valorar la situación en la que se encuentre inmersa la persona que presente signos de discapacidad será necesario tomar en consideración las tradicionales escalas de valoración de la capacidad con el objetivo de determinar hasta qué punto será posible realizar el mencionado "esfuerzo considerable" para conocer su voluntad. En este sentido, si el objetivo del tratamiento del paciente es la administración de una terapia que implique la formalización de un contrato de adhesión con una empresa tecnológica, parece aconsejable una revisión de la escala móvil de la

---

55 ALKORTA IDIAKEZ, I., La protección del derecho a la autodeterminación informativa de los mayores en entornos conectados, en E. ATIENZA MACÍAS (coord.) e I. ALKORTA IDIAKEZ (dir.), Soluciones tecnológicas para los problemas ligados al envejecimiento, Dykinson: Madrid, 2020, pp. 13 – 56, p. 50.

capacidad habitualmente empleada para la evaluación de las capacidades del paciente a fin de que incorpore algunas de las competencias contempladas en el MacArthur Competence Assesment Tool (comprensión, apreciación, razonamiento y elección)[56].

En todo caso, será imperativo tener en cuenta los valores del paciente para que los apoyos a la discapacidad adoptados vayan en consonancia con aquellos, en aras de respetar lo máximo posible su autonomía.

6. BIBLIOGRAFÍA

ALKORTA IDIAKEZ, I., La protección del derecho a la autodeterminación informativa de los mayores en entornos conectados, en E. ATIENZA MACÍAS (coord.) e I. ALKORTA IDIAKEZ (dir.), Soluciones tecnológicas para los problemas ligados al envejecimiento, Dykinson: Madrid, 2020, pp. 13 – 56, p. 50.

BERROCAL LANZAROT, A. I., *Derecho de supresión de datos o derecho al olvido,* Reus: Madrid, 2017, p. 283.

El consentimiento informado como derecho de los pacientes en la nueva Ley 41/2002, de 14 de noviembre, en J. C. ABELLÁN SALORT (coord.). *La praxis del consentimiento informado en la relación sanitaria: aspectos biojurídicos,* Difusión jurídica y temas de actualidad: Madrid, 2007, pp. 39 – 137.

BRANDEIS, L. D. y WARREN, S. D., The right of privacy, *Harvard Law Review,* 4 (5), 1890, pp. 193 – 220.

BUCHNER, B. y FREYE, M., Informed Consent in German Medical Law: Finding the Right Path between Patient Autonomy and Information Overload, *SSRN Electronic Journal,* 2022.

CAMPS CERVERA, V., Una vida de calidad: Reflexiones sobre bioética, Ares y Mares: Barcelona, 2001.

COBREROS MENDAZONA, E., *Los tratamientos sanitarios obligatorios y el derecho a la salud (estudio sistemático de los ordenamientos italiano y español),* Instituto Vasco de Administración Pública: Bilbao, 1988.

---

56 SCHAEFER, L. A., MacArthur Competence Assessment Toosl, en J.S. KREUTZER, J. DELUCA, B. CAPLAN (eds.), *Encyclopedia of Clinical Neuropsychology,* Springer: New York, 2011, pp. 1502 – 1505,

DE LORENZO ABOGADOS, *El secreto médico derivado,* disponible en: https://www.delorenzoabogados.es/blog/?p=52, última consulta: 19/11/2022.

DE MONTALVO JÄÄSKELÄINEN, F., El uso secundario de los datos de salud en el marco del desarrollo de la e-health, en C. GIL MEMBRADO (dir. y coord.), *E-Salud, autonomía y datos clínicos,* Dykinson: Madrid, 2021, pp. 217 – 259.

DE VERDA Y BEAMONTE, J. R., La guarda de hecho de las personas con discapacidad, en N. ÁLVAREZ LATA, (coord.), Asociación de Profesores de Derecho Civil, *El nuevo sistema de apoyos a las personas con discapacidad y su incidencia en el ejercicio de su capacidad jurídica,* Aranzadi: Navarra, 2022, pp. 81 – 123.

DILLA, T. et al., Adherencia y Persistencia Terapéutica: Causas, Consecuencias y Estrategias de Mejora, *Atención Primaria,* 41 (6), 2009, pp. 342 – 348.

DIMITROV, D. V., Medical Internet of Things and Big Data in Healthcare, *Healthcare Informatics Research,* 22 (3), 2016, pp. 156 – 163.

DOMÍNGUEZ-GIL, B. et al., Decrease in refusals to donate in Spain despite no substantial change in the population's attitude towards donation, *Organ, Tissues & Cells,* (13), 2010, pp. 17 – 24.

DUNBAR-JACOB, J. et al., Adherence in Chronic Disease, *Annual Review of Nursing Research,* 18, 2000, pp. 48 – 90.

ERIKAINEN, S. et al., Patienthood and Participation in the Digital Era, *Digital Health,* 5, 2019, pp. 1–10, pp. 2 y 3; TURCU, C. E. y TURCU, C. O., Internet of Things as Key Enabler for Sustainable Healthcare Delivery, The 2nd International Conference on Integrated Information, *Procedia Social and Behavioral Sciences,* (73), 2013, pp. 251 – 256.

FERNÁNDEZ COSTALES, J., El contrato de servicios médicos, Civitas: Madrid, 1988.

FERNÁNDEZ SANTIAGO, C., Historia clínica electrónica (HCE): el análisis de una herramienta sanitaria y de gestión desde una perspectiva jurídica, en S. ADROHER BIOSCA y F. DE MONTALVO JÄÄSKELÄINEN (dirs.), *Los Avances del Derecho ante los Avances de la Medicina,* Aranzadi: Navarra, 2008, pp. 715 – 730.

FUNDACIÓN INSTITUTO ROCHE., *Propuesta de competencias en Medicina Personalizada de Precisión de los profesionales sanitarios,* disponible en: https://www.institutoroche.es/static/archivos/INFORME_MARCO_COMPETENCIAS_MPP_web.pdf, última consulta: 25/11/2022.

GALLEGO RIESTRA, S., Las instrucciones previas y su regulación jurídica, en M. GASCÓN ABELLÁN y M. D. C. GONZÁLEZ CARRASCO, J.

CANTERO MARTÍNEZ (coords.), *Derecho sanitario y bioética. Cuestiones actuales,* Tirant lo Blanch: Tirant lo Blanch: Valencia, 2011, pp. 493 – 521.

GREGORIO, F. et al., *Signal Processing Techniques for Power Efficient Wireless Communication Systems, Signals and Communication Technology,* Switzerland: Springer, 2020.

GRUPO DE TRABAJO DE BIOÉTICA DE LA SEMFYC, Declaración de la Sociedad Española de medicina de familia y Comunitaria acerca de «informatización y confidencialidad de la historia clínica», *Cuadernos de Bioética,* 17 (1), 2006, pp. 107-112.

HADDAD, P. M. et al., Nonadherence With Antipsychotic Medication. *Dovepress,* 5, 2014, pp. 43–62.

HAGHI, M., THUROW, K. y STOLL, R., Wearable Devices in Medical Internet of Things: Scientific Research and Commercially Available, *Healthcare Informatics Research,* 23(1), 2017, pp. 4 – 15.

HO, A. y QUICK, O., Leaving Patients to Their Own Devices? Smart Technology, Safety and Therapeutic Relationships, *BMC Medical Ethics,* 19 (18), 2018, pp. 1 – 6.

IDRAKUMARI, R. et al., The growing role of Internet of Things in healthcare wearables, en V. ELIMIA BALAS, V. KUMAS SOLANKI, R, KUMAR (eds.), *Emergence of Pharmaceutical Industry Growth with Industrial IoT Approach,* Elsevier: London, 2020, pp. 163 – 194.

JAAM, M. et al., A Qualitative Exploration of Barriers to Medication Adherence among Patients with Uncontrolled Diabetes in Qatar: Integrating Perspectives of Patients and Health Care Providers, *Patient Preference and Adherence,* 12, 2018, pp. 2205–2216.

KLUGMAN, C. M. et al., The Ethics of Smart Pills and Self-Acting Devices: Autonomy, Truth-Telling, and Trust at the Dawn of Digital Medicine, *American Journal of Bioethics,* 18(9), 2018, pp. 38 – 47.

LÁZARO GONZÁLEZ, I. E. y MOLINERO MORENO, E., Confidencialidad de los datos sanitarios del menor versus obligación de los padres de proteger a los hijos, en S. ADROHER BIOSCA y F. DE MONTALVO JÄÄSKELÄINEN (dirs.), *Los Avances del Derecho ante los Avances de la Medicina,* Aranzadi: Navarra, 2008, pp. 491 – 508.

LLAMAZARES FERNÁNDEZ, D., *Derecho de la Libertad de Conciencia, vol. I. Conciencia, tolerancia y laicidad.* Cuarta edición. Civitas: Navarra, 2011.

LUPTON, D., Wearable Devices: Sociotechnical Imagineries and Agential Capacities, en I. PEDERSEN y A. ILIADIS (eds.), *Embodied Computing: Wearables, Implantables, Embeddables, Ingestibles,* The MIT Press, Massachusetts Institute of Technology: Massachusetts, 2020, pp. 50 – 69.

MEHL, G. et al, Harnessing mHealth in Low-Resource Settings to Overcome Health System Constraints and Achieve Universal Access to Healthcare, en L. A. MARSCH, S. E. LORD y J. DALLERY (eds.), *Behavioral Healthcare and Technology*, Oxford University Press: USA, 2015, pp. 239 – 263.

MICHAUD, J., (4 de abril 1997), Informe explicativo del Convenio relativo a los derechos humanos y la biomedicina, autorizada su publicación por el Comité de Ministros del Consejo de Europa el 17 de Diciembre de 1996, *Diario Médico*, ap. 35, disponible en: https://www.chospab.es/comite_etica/documentos/DOCUMENTOS_INTERNACIONALES/Informe_Explicativo_Convenio_Oviedo.pdf.

MORLA GONZÁLEZ, M., Medicamentos digitales. La autonomía del paciente a debate, *Dilemata*, (29), pp. 121 – 134.

MORLA-GONZÁLEZ et al., European and comparative law study regarding family's legal role in deceased organ procurement, *Revista General de Derecho Público Comparado*, (29), pp. 1 – 33.

MUNDLURU, S. N. et al., "But Doctor, I Googled It!": The "Three Rs" of Managing Patients in the Age of Information Overload, *Clinics in Dermatology*, 37 (1), 2019, pp. 74 – 77.

OMS, *Adherence to long term therapies. Evidence for action*, World Health Organization: Geneva, 2003.

OTSUKA PHARMACEUTICAL Co., Ltd., disponible en: https://www.*Otsuka*.co.jp/en/, última consulta: 23/11/2022.

PAGÈS-PUIGDEMONT, N. y VALVERDE-MERINO, M. A., Métodos para medir la adherencia terapéutica, *Ars Pharmaceutica*, 59 (3), 2018, pp. 163 – 172.

PEDERSEN, I., Will the Body Become a Platform? Body Networks, Datafied Bodies, and AI Futures, en I. PEDERSEN y A. ILIADIS (eds.), *Embodied Computing: Wearables, Implantables, Embeddables, Ingestibles*, The MIT Press, Massachusetts Institute of Technology: Massachusetts, 2020, pp. 21 – 47.

PETRAKAKI, D. et al., Between Empowerment and Self-Discipline: Governing Patients' Conduct through Technological Self-Care', *Social Science and Medicine*, 213, 2018, pp. 146–53.

POLLICINO, O. et al., M-Health at the Crossroads between the Right to Health and the Right to Privacy, en M. IENCA, O. POLLICINO, L. LIGUORI, E. STEFANINI, R. ANDORNO (eds.), *Information technology, life sciences and human rights*, Cambridge University Press: UK, 2022, pp. 11 – 25.

RODRÍGUEZ, C. (8 de febrero de 2018), ¿Por qué es importante investigar la adherencia al tratamiento en la práctica clínica?, *Adherencia & Croni-*

cidad & Pacientes, disponible en: https://www.adherencia-cronicidad-pacientes.com/adherencia/por-que-es-importante-investigar-la-adherencia-al-tratamiento-en-la-practica-clinica/, última consulta: 28/4/2022.

ROMEO CASABONA, C. M., *El médico y el Derecho Penal.* Bosch: Barcelona, 1981.

SÁNCHEZ CARO, J., y ABELLÁN GARCÍA, F., *Derechos y deberes de los pacientes. Ley 41/2002 de 14 de noviembre: consentimiento informado, historia clínica, intimidad e instrucciones previas*, Comares: Granada, 2003.

SCHAEFER, L. A., MacArthur Competence Assessment Toosl, en J.S. KREUTZER, J. DELUCA, B. CAPLAN (eds.), *Encyclopedia of Clinical Neuropsychology*, Springer: New York, 2011, pp. 1502 – 1505,

SEOANE, J. A., Derecho y planificación anticipada de la atención: panorama jurídico de las instrucciones previas en España, *Derecho y salud*, 14 (2), 2006, pp. 285 – 295.

SHACKELFORD, S. J., *The Internet of Things: what everyone needs to know*, Oxford University Press: USA, 2020.

TARODO SORIA, S., *Libertad de conciencia y derechos de usuario de los servicios sanitarios*, Servicio editorial de la Universidad del País Vasco: Bilbao, 2005.

YAMAGISHI, K., When a 12.86% Mortality is More Dangerous than 24.14%: Implications for Risk Communication, *Applied Cognitive Psychology*, 11 (6), 1997, pp. 495 – 506, pp. 504 y 505; TVERSEKY, A. y KAHNEMAN, D. The Framing and Decisions and the Psychology of Choice. *Science*, 211(4481), 1981, pp. 453 – 458.

YANG, G. et al., *Body sensor networks*, Springer: London, 2014m p. 8; PFIZER, *La adherencia al tratamiento: Cumplimiento y constancia para mejorar la calidad de vida*, disponible en: http://envejecimiento.csic.es/documentos/documentos/pfizer-adherencia-01.pdf., última consulta: 28/4/2022.

DERECHO FINANCIERO

El intercambio proactivo de información fiscal relevante en el marco de los modelos de cumplimiento cooperativo[1]

ARTURO ALDEA GAMARRA
Universidad de Valladolid

Resumen:

Los modelos de cumplimiento cooperativo de las obligaciones fiscales constituyen una alternativa cada vez más presente en la mayoría de los sistemas tributarios nacionales. Uno de sus componentes o pilares estructurales viene representado por el intercambio proactivo de información fiscal relevante. Si bien muchos ordenamientos ya regulan institutos jurídicos que en cierto modo pueden servir para dar cumplimiento a esta función, en el marco de las relaciones cooperativas se están tratando de desarrollar instrumentos propios que incorporen las características específicas requeridas por esta nueva forma de proceder: proactividad, voluntariedad, agilidad, etc. A lo largo de este trabajo se van a describir las principales herramientas existentes en este ámbito y cuáles de ellas se encuentran presentes en el panorama español.

PALABRAS CLAVE: revelación, *disclosure*, cumplimiento cooperativo, consultas previas, información fiscal.

1. CONSIDERACIONES INTRODUCTORIAS

En el panorama fiscal actual, y a consecuencia del agotamiento que han ido experimentando los mecanismos o métodos tradicio-

1 Esta comunicación se realiza en el marco del Proyecto de Investigación sobre «El Derecho tributario en la era del Compliance» (PID2020-118261RB-I00) financiado por el Ministerio de Ciencia e Innovación y con cargo a la convocatoria de contratos predoctorales UVa 2021 cofinanciada por el Banco Santander

nales de cumplimiento, se puede observar cómo las distintas autoridades tributarias nacionales han tenido cada vez más en cuenta la alternativa constituida por los programas de cumplimiento cooperativo. En algunos Estados, ya desde hace algunos años, se muestran como una opción plenamente consolidada en lo que a la organización del cumplimiento fiscal se refiere, tanto para las empresas contribuyentes como para las propias Administraciones públicas, lo que habla por sí solo de la importancia creciente que este fenómeno ha ido adquiriendo en los últimos tiempos. El cumplimiento cooperativo o, en inglés, *cooperative (tax) compliance* se puede considerar, en unos términos muy sucintos, como un nuevo modelo de afrontar el cumplimiento de las obligaciones tributarias a través de unas relaciones entre los contribuyentes y la Administración basadas en la confianza mutua, la transparencia, el diálogo y las actuaciones preventivas y de asistencia y colaboración.

De entre todos estos componentes indicados, en el presente documento se va a tratar de analizar la nota de transparencia y, más en concreto, las implicaciones materiales y actuaciones específicas en que se va a traducir en la realidad fáctica. En cuanto a su consideración conceptual, por razones de brevedad y concisión, simplemente se ha de mencionar que la transparencia se puede concebirse como ese marco continuo donde tienen lugar los actos individuales de divulgación y, en igual sentido, describe de alguna manera la forma en que las partes abordan las cuestiones que son susceptibles de representar un grado importante de riesgo o incertidumbre fiscal. No se circunscribe a un momento específico o determinado, sino que sucede en el diálogo constante que se produce entre las autoridades fiscales y los contribuyentes. En el documento esbozado por el Foro de Grandes Empresas en el año 2016 que lleva por título «Propuesta para el reforzamiento de las buenas prácticas de transparencia fiscal empresarial de las empresas adheridas al Código de Buenas Prácticas Tributarias», de una manera ciertamente ilustrativa, se define la transparencia fiscal como «la forma en la que las empresas comunican su actitud ante los impuestos y el importe de los impuestos pagados, así como la forma en la que aportan, a sus accionistas y al resto de interesados en su actividad, claridad sobre su tributación y seguridad de que ofrecen un cumplimiento fiscal responsable en los países en los que operan».

2. LA REVELACIÓN DE INFORMACIÓN O *DISCLOSURE*

Teniendo lo anterior en cuenta, tal y como se establece en el modelo neerlandés de cumplimiento cooperativo (*Horizontal Monitoring*), se contemplan dos vías o formas mediante las que los contribuyentes pueden proporcionar transparencia a las autoridades tributarias: los marcos de control fiscal (MCF) y la revelación o suministro proactivo de información relevante (*disclosure*).

Dejando a un lado todo lo referido a los sistemas internos de control y gestión de riesgos (fiscales) de las empresas, cuyo análisis requeriría un trabajo de mucha más extensión, por «revelación» se ha de entender aquella actividad o compromiso adquirido por los obligados tributarios de informar a las autoridades por adelantado o proactivamente sobre cualquier tipo de posición fiscal (incierta) que pueda suscitar un desacuerdo con las mismas, ya sea referido a la calificación de los hechos o a la interpretación de la propia normativa.

El término «disclosure», según el diccionario Cambridge[2], se traduciría al castellano como «revelación» o «divulgación», sin embargo, la mayor parte de la doctrina española, no resultando en modo alguno desacertado, ha optado por referirse a él aludiendo al objeto directo de dicha acción: la información. Aunque a fin de cuentas la diferencia sea nimia, quizás la palabra información refleja de una forma más ilustrativa el papel fundamental que juega esta en el desarrollo del nuevo modelo de cumplimiento cooperativo, tanto para las Administraciones tributarias, en la

---

2 Cambridge Dictionary. (2019). Traducción de disclosure – Diccionario Inglés-Español https://dictionary.cambridge.org/es/diccionario/ingles-espanol/disclosure

evaluación y gestión de riesgos, como para los contribuyentes, otorgando certidumbre temprana y seguridad jurídica.

Estas actuaciones de revelación, por mor del compromiso voluntario que se adquiere, van más allá de lo que se preceptúa a nivel legal. De este modo, la provisión de información deberá llevarse a cabo de manera espontánea y anticipada, permitiendo y haciendo posible el trabajo y la resolución de conflictos en tiempo real. En términos materiales, se tendrá que incluir cualquier dato que las autoridades tributarias precisen para realizar una evaluación de riesgos plenamente informada, es decir, cualquier operación o posición que implique un grado importante de incertidumbre o imprevisibilidad sobre sus consecuencias fiscales o sobre la que haya sido advertida previamente por la Administración una preocupación particular. El contribuyente debe ser consciente de que habrá de informar siempre que atisbe una diferencia de interpretación, entre su criterio y el que manejen las autoridades tributarias, que pueda conducir a un resultado fiscal significativamente diferente o conflictivo. A este respecto, no solo habrán de comunicarse actuaciones que entrañen riesgos fiscales, sino que también se debe incluir la opinión de los propios contribuyentes acerca de las consecuencias jurídicas de las mismas y la postura adoptada o que se propongan adoptar en consecuencia.

En cuanto a la delimitación precisa del contenido que debe conformar el objeto de revelación, en el *Study into the Role of Tax Intermediaries* del año 2008, ante las inquietudes y consultas de los Estados que por aquel entonces participaron en su elaboración, se estableció que en modo alguno procedería que aquel estuviera taxativamente regulado, sino que más bien debía inspirarse en principios generales y premisas abiertas. En este sentido, se puso como ejemplo a una serie de países que no habían utilizado marcos basados en reglas para establecer el nivel apropiado de divulgación[3]. Lo ideal sería que esta divulgación alcanzara tanto

3 En este sentido, véase el Anexo 8.1 del OCDE (2008). Study into the Role of Tax Intermediaries. *OECD Publishing*. < http://www.oecd.org/tax/administration/39882938.pdf >, págs. 41 y 77 y ss.

la estrategia fiscal de las organizaciones como la gestión ordinaria de los riesgos de incumplimiento que realizan las mismas, debiendo incluirse en todo caso la revelación de determinadas políticas corporativas como la planificación fiscal, los precios de transferencia o la presencia en territorios de baja o nula tributación, así como las explicaciones que fueran pertinentes sobre los procesos de gobierno corporativo y el control de los riesgos fiscales[4].

Desde otra perspectiva, si se atiende a la naturaleza del desempeño que podrá tener este cometido, por un lado, se observan Estados que han promulgado normas de carácter obligado relativas a la comunicación de información, si bien enfocadas sobre todo a la notificación de políticas concretas como la planificación fiscal agresiva, con independencia incluso de si los contribuyentes se encuentran incluidos o no en algún programa de cumplimiento cooperativo (Canadá, Reino Unido o Estados Unidos, entre otros); y, por otro, se advierten países que, por el contrario, no han establecido ningún tipo de normativa acerca de la comunicación de información sobre riesgos, teniendo en estos casos dicha labor una naturaleza más de carga[5].

Finalmente, teniendo en cuenta el punto de vista temporal, una cuestión de suma importancia es determinar en qué preciso momento debe producirse la divulgación de información y, en este sentido, se pueden distinguir tres posibles escenarios o alternativas: (1) Momento en que se realiza la transacción; (2) Momento en que la transacción debe ser declarada; y (3) Momento en que tiene lugar la comprobación de la misma. La revelación de información es un concepto ineludiblemente ligado a la transparencia, ya que aquella es a la vez causa y consecuencia de esta, y viceversa. Sin embargo, a diferencia de la transparencia que, como se ha señalado en el epígrafe anterior, no puede localizarse en

---

4 CÓRDOBA OCAÑA, E., «La relación cooperativa entre Administración y contribuyentes: transparencia, gestión del riesgo fiscal y seguridad jurídica», en *El fraude fiscal en España*, Thomson Reuters-Aranzadi, Cizur Menor: Navarra, 2018, pág. 1002.

5 OCDE (2008). *Study into the Role of Tax Intermediaries.* Ob. Cit., pág. 47.

un instante concreto, el momento adecuado para informar debe ser «antes de que haya que presentar la declaración y en tiempo real», posibilitando así la discusión o el diálogo sobre los hechos de manera anticipada[6].

Normalmente, y sin perjuicio de las particularidades que encerrará cada modelo nacional, el suministro de información se va a llevar a cabo entre los equipos de trabajo o, más concretamente, las personas de contacto designados por las partes en ambos lados de la relación cooperativa. No obstante, como vamos a ver, existen también instrumentos que, sin constituir su finalidad específica, pueden dar cumplimiento a esta clase de cometidos.

3. PROCEDIMIENTOS DE CONSULTA PREVIA

Uno de los métodos principales que, a fin de cuentas, se utilizan para articular o cumplir este cometido de provisión de información son las consultas previas o preliminares. En la mayoría de los ordenamientos tributarios nacionales ya se dispone de instrumentos de este tipo al margen de los programas de cumplimiento cooperativo; sin embargo, en el seno de estos suelen articularse procedimientos similares revestidos de características específicas a los que se comprometen a acudir los contribuyentes participantes en ellos siempre que atisben puntos de vista potencialmente diferentes o conflictivos para con las autoridades fiscales.

Para tratar de describir un proceso más o menos homogéneo y extrapolable a la mayoría de los Estados se va a tomar como modelo el programa neerlandés de *Horizontal Monitoring* que, en (casi) todo lo que tiene que ver con el cumplimento cooperativo, se encuentra altamente desarrollado. Así, pues, los contribuyentes o, en su caso, sus asesores fiscales podrán plantear consultas de

---

6 MENÉNDEZ FERNÁNDEZ, J.: «La relación cooperativa como modelo de administración tributaria: su aplicación en la administración tributaria española», *REAF asesores fiscales*, 2018, pág. 37.

este tipo cuando prevean o sospechen una diferencia de criterio con la Administración tributaria en lo que a la calificación fiscal de los hechos o la interpretación y aplicación de la ley se refiere. A través de ellas se pretende proporcionar y obtener seguridad jurídica por adelantado con el propósito de reforzar la calidad de las declaraciones fiscales y evitar que se produzcan sorpresas inesperadas, siendo igualmente reveladoras sobre la profesionalidad y compromiso de las partes en el seno de la relación cooperativa. Las consultas preliminares se plantearán preferiblemente o a ser posible en tiempo real y, en todo caso, antes o en el momento de presentar la declaración fiscal a más tardar. Se entiende que las mismas deberán versar necesariamente sobre *«relevant tax issues»* o «cuestiones fiscales relevantes», interpretándose este último término tanto en sentido cuantitativo –alcance económico– como cualitativo –complejidad o trascendencia del asunto en sí–. Se deberán formular sobre la base de casos reales y concretos (no hipotéticos), incluyéndose una descripción clara de los hechos y circunstancias pertinentes y la opinión o punto de vista acerca de la solución o consecuencias jurídicas aplicables a los mismos. Las autoridades podrán solicitar más información para la valoración del asunto si lo consideran necesario y emitirán su respuesta tan pronto como sea posible, prescindiendo de cuál sea la opción que mayor o menor recaudación implique[7]. La nota diferenciadora que debe caracterizar este proceso con respecto a lo que se estila fuera de las relaciones cooperativas es la inmediatez. Tanto los

---

7 Se ha de indicar que, desde hace algunos años, en el marco del proyecto plurianual «Refuerzo de las cadenas administrativas» o «*Strengthening Administrative Chains*», se trabaja en una alternativa futura para proporcionar claridad y certeza por adelantado y ayudar a los contribuyentes y *Tax Service Providers* (TSP) a evitar errores en la gestión y la presentación de declaraciones. La *Netherlands Tax and Customs Administration* (NTCA) aspira conseguir esto conformando una cadena ininterrumpida y cerrada, que englobe a todas las partes intervinientes, donde los procesos administrativos estén interconectados entre sí y se desarrollen con mayor celeridad y sin errores. HEIN, R.: «The tax control framework», en *Tax Assurance*, Wolters Kluwer, 2022, pág. 82.

contribuyentes, cuando se les presente una cuestión o asunto conflictivo, como las autoridades, a la hora de resolver los casos planteados, deberán obrar con la máxima celeridad o agilidad posible en consonancia con los principios del cumplimiento cooperativo.

En el caso español, más allá de las contestaciones a consultas escritas reguladas en los arts. 88 y 89 LGT, se puede localizar una herramienta similar o equivalente en la disposición 2.3 del Código de Buenas Prácticas Tributarias (CBPT)[8]. Se trata de un mecanismo

---

8 Existe una figura en el derecho foral vasco que se asemeja más al mecanismo de consulta establecido por el CBPT que cualquier otro instrumento previsto en el ordenamiento nacional. Se trata de las **Propuestas Previas de Tributación** (PPT) cuya regulación se recoge en el Decreto Foral 101/2005, de 21 de junio, del Territorio Histórico de Bizkaia, por el que se desarrollan los procedimientos relativos a consultas tributarias escritas, propuestas previas de tributación y cláusula anti-elusión; el Decreto Foral 80/2005, de 28 de diciembre, del Territorio Histórico de Álava, del Consejo de Diputados, que aprueba las normas de procedimiento aplicables a las consultas tributarias escritas, a las propuestas previas de tributación y a la declaración de cláusula anti-elusión; y el Decreto Foral 49/2006, de 5 de diciembre, del Territorio Histórico de Gipuzkoa, por el que se desarrollan los procedimientos relativos a consultas tributarias escritas y propuestas previas de tributación y se crea la Comisión Consultiva Tributaria. La regulación de esta figura en las tres provincias vascas es bastante similar y tiene como fundamento de base los procedimientos de vinculación administrativa previa previstos en los artículos 82 de las Normas Forales Generales Tributarias de Guipúzcoa y Álava y en el artículo 84 de la Norma Foral General Tributaria de Vizcaya: «Los obligados tributarios podrán solicitar que, con anterioridad a la realización del hecho imponible o a la conclusión del período voluntario de declaración, la Administración tributaria se pronuncie de manera vinculante respecto a las consecuencias tributarias que para los citados obligados se deriven de la realización de determinados hechos, actos o negocios jurídicos o de la realización de determinadas operaciones». Las PPT vendrían a constituir un mecanismo previo de consulta de carácter vinculante y declarativo que se refiere no tanto a la interpretación de una concreta norma, sino más bien a la determinación de las consecuencias fiscales de operaciones con especial trascendencia o complejidad. En palabras de MERINO JARA, «un supuesto de cuantificación anticipada de la deuda tributaria» que supone «una

manifestación de los denominados acuerdos fiscales en la medida en que suponen una conjunción de voluntades de la administración y el contribuyente de naturaleza declarativa que precisan una situación jurídica indeterminada futura». Su ámbito objetivo se restringe a las operaciones de especial transcendencia o complejidad. En particular, se hace referencia a los siguientes tipos: (1) Operaciones de reestructuración empresarial (fusiones, escisiones, aportaciones de activos, canje de valores, no dinerarias e, incluso, de ramas de actividad); (2) Operaciones de reorganización de patrimonios de personas físicas; (3) Operaciones a escala internacional; (4) Proyectos de inversión llevados a cabo por personas físicas que desarrollen actividades empresariales o profesionales y superen los 450.000€; (5) Operaciones que generen derecho a la aplicación de deducciones o bonificaciones en el IRPF, IS o IRNR cuyo importe sea mayor que 250.000€; y (6) Negocios jurídicos que superen los 600.000€. Esta enumeración no representa un listado cerrado de posibles operaciones, sin embargo, se necesitará la previa autorización del órgano competente a efectos de verificar la oportunidad de someter a consulta otro tipo actividades. En cuanto a su ámbito subjetivo, no se realiza otra consideración que la de obligados tributarios en general, de manera que se entiende que podrán ser tanto personas físicas como jurídicas, por sí mismos o por medio de sus representantes. La solicitud de la propuesta deberá realizarse antes de que se consume el hecho imponible y en ella habrán de constar una serie de datos identificativos del contribuyente o, en su caso, de su representante junto con los siguientes documentos: (1) Antecedentes y circunstancias de la operación que faciliten la comprensión de las causas y del eventual resultado de la misma; (2) Descripción pormenorizada de los elementos que contribuyan a determinar la deuda tributaria; (3) Cuantificación exacta de la incidencia de la operación en el resultado total de la deuda; (4) Conceptos tributarios y periodos impositivos que puedan resultar afectados por la operación; y (5) Cualquier otro dato que sea de interés para la Administración. La resolución de la PPT se efectuará en el plazo de seis meses para Guipúzcoa y Vizcaya y tres meses en el caso de Álava. No se podrá plantear recurso o reclamación contra la misma, sino que estos habrán de interponerse contra el acto administrativo que se dicte ulteriormente. En ningún caso se entenderán aceptados los criterios ni la cuantificación expresados en la propuesta cuando no se resuelva en el plazo previsto por la norma. Finalmente, esta resolución podrá ser objeto de intercambio a efectos informativos con otros Estados o entidades internacionales o supranacionales. PABLOS MATEOS, F.: «De

informal de consulta operado a instancias de las empresas cuyo fin es proporcionar mayor seguridad jurídica a los contribuyentes cooperativos, con la rapidez requerida por el caso, a través de un procedimiento mediante el que la Agencia Tributaria comunicará los criterios administrativos que considere aplicables a determinadas operaciones o negocios específicos. Fundamentalmente, se diferencia del método legalmente regulado en que (1) no se expresa como tal ningún grado de vinculatoriedad para los órganos encargados de la aplicación de los tributos en lo relativo a las respuestas que se proporcionen; (2) las contestaciones van a proceder directamente de la Agencia Tributaria y no de la DGT (Ministerio de Hacienda y Función Pública); y (3) va a estar dotado de una mayor rapidez en contraste con la lentitud que presentan las consultas escritas en la práctica, ya que los plazos de resolución inicialmente previstos para sendos procedimientos son de 3 y 6 meses, respectivamente.

Con todo, tal y como apunta SANZ GÓMEZ, existen dos diferencias fundamentales por las que en Países Bajos esta clase de instrumentos funcionan como «auténticos mecanismos de control tributario» y no solo sirven para «la información o asistencia». En concreto: (1ª) Se parte de un análisis previo del MCF de la empresa para constatar su capacidad de detectar todos los asuntos o cuestiones potencialmente conflictivos; y (2ª) La discusión sobre este tipo de operaciones se dispone de forma sistemática y obligatoria para todas las organizaciones que han suscrito un «acuerdo de cumplimiento». En el caso español, si bien se aprecian visos de seguir este camino (como, por ejemplo, el control del grado de cumplimiento del CBPT a través del informe anual de gobierno corporativo), hoy por hoy no se dan los requisitos o el rigor pre-

---

las relaciones cooperativas al cumplimiento cooperativo: las propuestas previas de tributación en el País Vasco», *Documentos - Instituto de Estudios Fiscales*, núm. 11, 2019, pág. 7.

dicables respecto del sistema neerlandés y, en consecuencia, no se alcanza un nivel de garantía equiparable[9].

4. SOLICITUDES DE INFORMACIÓN (ADICIONAL) A LOS CONTRIBUYENTES

En el marco de todas estas actuaciones de revelación de información, y como contrapunto de los mecanismos de consulta previa descritos en el apartado anterior, resulta muy habitual también que se establezca en favor de las autoridades la potestad o facultad de solicitar información (adicional) a los contribuyentes referida a su situación fiscal[10]. En muchos ordenamientos tributarios nacionales, de manera análoga a lo que sucedía con las consultas, ya se prevén obligaciones legales de este tipo relativas a la obtención de información fiscal por parte de los poderes públicos; ahora bien, en el seno de las relaciones cooperativas esto adquiere un cariz distinto y diferencial por cuanto se entiende que se llevará a cabo con mayor armonía y correspondencia entre las partes.

Tomando nuevamente como referencia el modelo de *Horizontal Monitoring*, se dispone o habrá de disponer que los contribuyentes faciliten los datos solicitados de manera correcta, clara y en un plazo razonable; y, a su vez, las autoridades (NTCA) limitarán la cantidad de información requerida con arreglo al principio de juego limpio (principios de buena administración o *algemene beginselen van behoorlijk bestuur*), verbigracia, absteniéndose de exigir informes que contengan asesoramiento o documentos de índole similar,

---

9 SANZ GÓMEZ, R.: «La "relación cooperativa" entre la Administración y los grandes contribuyentes como estrategia de prevención del fraude fiscal», *Crónica tributaria*, núm. extra-3, 2013, págs. 38.

10 La conjugación tanto del mecanismo de consulta previa anteriormente descrito como de esta facultad de solicitar información (adicional) se pretende que conforme un canal bidireccional de comunicación especializado en el marco de las relaciones cooperativas.

sin perjuicio, claro está, de que los propios obligados tributarios decidan aportarlos voluntariamente.

La razón de que esto sea así radica en que no se puede concebir de otro modo, pues las Administraciones tributarias siempre van a depender de la información obrante en poder de los contribuyentes y, aun en un programa de cumplimiento cooperativo, será necesario (en ocasiones) corregir o equilibrar esa asimetría informativa crónica. Las autoridades necesitan disponer de información actualizada, pertinente y fiable para obtener un conocimiento completo del contribuyente y de la operación en cuestión y, en consecuencia, poder realizar una correcta identificación y gestión de los riesgos fiscales de forma efectiva[11]. Una actitud más proclive a la colaboración por parte de los obligados tributarios propicia que la labor de obtención de información sea una tarea más sencilla y requiera menos recursos, incrementándose así el nivel de eficiencia. En el otro lado de la balanza, para incentivar tales conductas, se deberán ofrecer garantías y seguridad jurídica a los contribuyentes en orden a procurar certeza temprana y en tiempo real sobre las operaciones que realicen en el tracto ordinario, contribuyendo así también a la rápida resolución de los conflictos que puedan surgir en el desarrollo de la relación.

Para completar las alusiones al CBPT en este sentido, se ha de destacar que en su disposición 3.3 se recoge la instrumentación de un canal específico a través del que la AEAT puede solicitar determinada información a las empresas que hayan suscrito los compromisos del Código, en particular, «información detallada sobre sus operaciones relevantes, así como del tratamiento e impacto fiscal de las mismas». Si bien sobre el papel constituye un mecanismo distinto de las obligaciones de información recogidas en el art. 93 LGT, se puede observar con gran nitidez una línea paralela común en ambas formulaciones, debiendo recordarse que

---

11 CALDERÓN CARRERO, J. M. y QUINTAS SEARA, A.: *Cumplimiento tributario cooperativo y Buena gobernanza fiscal en la era BEPS*, Thomson Reuters-Aranzadi, Cizur Menor: Navarra, 2015, pág. 115.

en muchas ocasiones el cumplimiento cooperativo no pretende modificar los instrumentos ya previstos en el ordenamiento, sino reforzar su eficacia a través de la cooperación y la confianza.

Por sentar algunas diferencias, se puede considerar en términos generales que el mecanismo contemplado en el CBPT tiene un carácter más amplio en casi todas sus facetas. De este modo, si se atiende al aspecto temporal, el tenor literal del compromiso no establece de modo categórico ninguna previsión al respecto, todo lo contrario, deja abierto un amplio margen de posibilidades; *sensu contrario,* el art. 93.2 LGT se remite a los «plazos que reglamentariamente se determinen», deduciéndose que su virtualidad va a estar mucho más limitada. Teniendo esto en cuenta, será razonable entender que la información solicitada podrá serlo tanto de operaciones que aún no se han llevado a cabo (control *a priori*) como de operaciones que ya se han realizado (control *a posteriori*). Se trata de una interpretación coherente y ajustada a los principios y la lógica de las relaciones cooperativas. Si se adelantan los controles administrativos a la fase de planificación de las operaciones, se favorecerá el contraste anticipado de pareceres sobre la calificación de las mismas, en este caso, a instancias de la AEAT. Del mismo modo, si la Administración tiene dudas o sospechas sobre el tratamiento fiscal que se le ha dado a una operación, podrá hacer uso de este instrumento para valorar la situación existente antes de entablar un procedimiento de inspección que resulte más costoso. En cuanto al concreto ámbito material de este instrumento, se prevé que el alcance del compromiso vaya más allá de las actuaciones de obtención de información estipuladas legalmente. Concretamente, en el Anexo que se incorpora al CBPT en el año 2015 se establece un listado de las materias o aspectos que pueden ser objeto de solicitud [apdo. 2][12]. Las empre-

---

12 «Conclusiones relativas al desarrollo y seguimiento de la aplicación del `Código de Buenas Prácticas Tributarias´ en el marco del modelo de relación cooperativa entre la Agencia Tributaria y las Empresas» aprobadas en la sesión plenaria del 2 de noviembre de 2015 que se anexo al propio CBPT.

sas y la Agencia Tributaria fijarán de mutuo acuerdo el contenido y alcance de esta información. A tales efectos, y para todos los procedimientos de aplicación de los tributos en general, se articulará por ambas partes de la relación un formato estandarizado de comunicación, preferiblemente a través de medios electrónicos, mediante el que llevar a cabo la aportación de documentación [apdos. 3.b) y d) Anexo 2015][13].

---

13 En el año 2016 el Foro de Grandes Empresas (FGE) esbozó un documento titulado «Propuesta para el reforzamiento de las buenas prácticas de transparencia fiscal empresarial de las empresas adheridas al Código de Buenas Prácticas Tributarias» que ha tratado de ser el desarrollo y la continuación del mecanismo previsto en el apartado 3.3 del mismo. A través de lo que se ha llamado «Informe de Transparencia Fiscal» se ha pretendido ahondar en esta línea de actuación casi inédita con el propósito de potenciar la apertura y mejorar la comunicación entre las partes. Se trata de una herramienta novedosa que en cierta manera ha permitido materializar o concretar determinados conceptos que, inicialmente y por su propia naturaleza, estaban dotados de una abstracción o generalidad tal que hacía difícil –lo que ahora poco a poco se va alcanzando– su interiorización en ambos extremos de la relación. La puesta en práctica de este instrumento ha tenido y tiene repercusiones para las dos partes. La Agencia Tributaria espera obtener de forma voluntaria información acerca de las operaciones y transacciones fronterizas llevadas a cabo por las empresas que puedan implicar posiciones fiscales inciertas o dudosas. Los contribuyentes cooperativos, por su parte, aspiran alcanzar una mejora reputacional y, sobre todo, un diálogo más intenso con las autoridades que les provea de mayor certeza y seguridad jurídica en sus decisiones de negocio. Una actitud transparente por parte de las empresas necesariamente se habrá de traducir en una Administración tributaria más predecible que permita a aquellas adaptar sus actuaciones a los procedimientos de control que se lleven a cabo en el marco de las relaciones cooperativas y, con ello, reducir los costes indirectos derivados del cumplimiento de la normativa fiscal. A fin de cuentas, transparencia a cambio de certeza o seguridad jurídica de forma anticipada. El «Informe de Transparencia Fiscal» se puede y debería tomar como punto de partida sobre el que construir un auténtico programa integrado de cumplimiento cooperativo. Su elaboración y tratamiento se deberán realizar por verdadero convencimiento de que es algo positivo y efectivo y no con un mero afán especu-

5. NOTAS CONCLUSIVAS

El cumplimiento cooperativo pretende instaurar un orden renovado en el modo de acometer, valga la redundancia, el cumplimiento de las obligaciones fiscales. Se trata de una nueva forma de organizar o conjugar las piezas del tablero partiendo en muchos casos de unos mismos presupuestos y desafíos que históricamente vienen permaneciendo inalterados. En este sentido, en lo relativo al intercambio de información, resulta patente que, por la propia posición natural que ocupan las partes en la relación jurídico-tributaria, se adolece de una asimetría en cuanto al dominio o poder de disposición que se ejerce sobre la misma.

Mediante las actuaciones que se han ido describiendo, y en beneficio de todos, lo que se trata de conseguir es «restaurar el equilibrio en el flujo de información entre la Administración y los contribuyentes permitiendo a ambas partes una toma de decisiones informada que proporcione certidumbre temprana y predictibilidad, convirtiéndose así en un medio eficaz para incentivar una conducta cumplidora»[14]. Sobre este parecer, en el informe publicado por la OCDE en febrero del año 2011 con el título *Tackling Aggressive Tax Planning through Improved Transparency and Disclosure* se advertía que «un sistema que comienza por la comunicación abierta de información no solo permite una solución más expeditiva de los conflictos y una garantía legal más sólida, sino que conlleva potencialmente una reducción importante de los cos-

---

lativo, pues su utilidad podría comprometerse si se obra de este modo. Resulta necesario el compromiso y un paso adelante de las partes para no defraudar las expectativas puestas en esta iniciativa y comenzar a consolidar el modelo de relaciones cooperativas que se pretende erigir. Hasta la fecha la mayoría de los informes presentados anualmente, que no son muchos, han cumplido la función para la que fueron ideados y responden positivamente a las expectativas depositadas en ellos.

14 CÓRDOBA OCAÑA, E., «La relación cooperativa entre Administración y contribuyentes: transparencia, gestión del riesgo fiscal y seguridad jurídica», Ob. Cit., págs. 994 y 997.

tes mediante la mejor atribución de recursos a los gobiernos y al contribuyente»[15].

La experiencia acumulada hasta el momento viene demostrando que resulta imprescindible la voluntad de comunicar, el deseo propio de actuar en el marco de una relación abierta y transparente a través de la divulgación completa y veraz de información sobre potenciales riesgos tributarios[16].

6. BIBLIOGRAFÍA

CALDERÓN CARRERO, J. M. y QUINTAS SEARA, A.: *Cumplimiento tributario cooperativo y Buena gobernanza fiscal en la era BEPS*, Thomson Reuters-Aranzadi, Cizur Menor: Navarra, 2015.

CÓRDOBA OCAÑA, E., «La relación cooperativa entre Administración y contribuyentes: transparencia, gestión del riesgo fiscal y seguridad jurídica», en *El fraude fiscal en España*, Thomson Reuters-Aranzadi, Cizur Menor: Navarra, 2018, págs. 993-1038.

GONZÁLEZ DE FRUTOS, U.: «La relación cooperativa: un nuevo horizonte en el diálogo entre las grandes empresas y la Agencia Tributaria», *Crónica tributaria*, núm. 134, 2010, págs. 65-96.

HEIN, R.: «The tax control framework», en *Tax Assurance*, Wolters Kluwer, 2022, págs. 75-104.

MENÉNDEZ FERNÁNDEZ, J.: «La relación cooperativa como modelo de administración tributaria: su aplicación en la administración tributaria española», *REAF asesores fiscales*, 2018.

OCDE (2008). Study into the Role of Tax Intermediaries. *OECD Publishing.* http://www.oecd.org/tax/administration/39882938.pdf >

OCDE (2011). Tackling Aggressive Tax Planning through Improved Transparency and Disclosure. *OECD Publishing*, < http://www.oecd.org/tax/exchange-of-tax-information/48322860.pdf >

---

15 OCDE (2011). Tackling Aggressive Tax Planning through Improved Transparency and Disclosure. *OECD Publishing*, < http://www.oecd.org/tax/exchange-of-tax-information/48322860.pdf >, pág. 12.

16 OCDE (2013). La relación cooperativa: Un marco de referencia: De la relación cooperativa al cumplimiento cooperativo. *Publicaciones OCDE.* < http://dx.doi.org/10.1787/9789264207547-es >, pág. 24.

OCDE (2013). La relación cooperativa: Un marco de referencia: De la relación cooperativa al cumplimiento cooperativo. *Publicaciones OCDE.* < http://dx.doi.org/10.1787/9789264207547-es >

PABLOS MATEOS, F.: «De las relaciones cooperativas al cumplimiento cooperativo: las propuestas previas de tributación en el País Vasco», *Documentos - Instituto de Estudios Fiscales,* núm. 11, 2019.

ROZAS VALDÉS, J.A.: «Los sistemas de relaciones cooperativas: una perspectiva de derecho comparado desde el sistema tributario español», *Documentos - Instituto de Estudios Fiscales,* núm. 6, 2016.

SANZ GÓMEZ, R.: «La "relación cooperativa" entre la Administración y los grandes contribuyentes como estrategia de prevención del fraude fiscal», *Crónica tributaria,* núm. extra 3, 2013, págs. 33-44.

DERECHO INTERNACIONAL

La seguridad y salud en el trabajo como nuevo derecho laboral fundamental

CARMEN MARTÍNEZ SAN MILLÁN
Universidad de Valladolid

Resumen:

La Declaración de la OIT relativa a los principios y derechos fundamentales en el trabajo de 1998 sistematiza los derechos laborales considerados como fundamentales. Entre ellos encontramos el derecho de asociación y negociación colectiva, la abolición del trabajo forzoso e infantil, la no discriminación en el empleo, y, desde la enmienda aprobada en la centésima décima reunión de la Conferencia Internacional del Trabajo de junio de 2022, la seguridad y salud en el trabajo. Este capítulo tiene por objeto analizar las implicaciones y consecuencias prácticas de la inclusión del derecho a la seguridad y salud en el trabajo en la Declaración de la OIT de 1998.

Palabras clave: Derecho del Trabajo, Derecho Laboral Fundamental, OIT, Declaración de 1998, seguridad y salud en el trabajo.

1. INTRODUCCIÓN

La Declaración de la Organización Internacional del Trabajo (OIT) relativa a los principios y derechos fundamentales en el trabajo y su seguimiento del año 1998[1], en adelante Declaración de 1998, constituye el primer instrumento jurídico que sistematiza los derechos laborales internacionalmente reconocidos que, en la actualidad, son considerados como fundamentales. Fruto de un

---

1 OIT: «Declaración relativa a los Principios y Derechos Fundamentales en el Trabajo y su Seguimiento», adoptada por la Conferencia Internacional del Trabajo en su 86ª reunión, Ginebra, (1998). <https://www.ilo.org/wcmsp5/groups/public/—ed_norm/—declaration/documents/normativeinstrument/wcms_716596.pdf>. [Consulta: 03/08/2023].

compromiso global en favor de la protección de los derechos más elementales de todos los trabajadores del mundo, la aprobación de dicha Declaración por parte de la Conferencia Internacional del Trabajo (CIT) supuso un impulso del número de ratificaciones de los convenios que desarrollan estos derechos y una mejora de su tutela en el territorio de los Estados miembros de la Organización.

En el momento de la adopción de la Declaración de 1998, el «núcleo duro» de los derechos laborales reconocidos a nivel internacional lo formaba la libertad de asociación y la libertad sindical y el reconocimiento efectivo del derecho de negociación colectiva, la eliminación de todas las formas de trabajo forzoso u obligatorio, la abolición efectiva del trabajo infantil y la eliminación de la discriminación en materia de empleo y ocupación. No obstante, desde el pasado 10 de junio de 2022, la seguridad y salud en el trabajo se ha integrado en el contenido de esta Declaración y los Convenios núm. 155 sobre seguridad y salud de los trabajadores de 1981 y núm. 187 sobre el marco promocional para la seguridad y salud en el trabajo del año 2006 se incluyen entre los convenios fundamentales de la OIT.

Este capítulo pretende atestiguar el camino recorrido por la seguridad y salud en el trabajo hasta convertirse en un derecho laboral fundamental, así como analizar el impacto y las consecuencias prácticas de tal consideración. Para ello, en primer lugar, estudiaremos la Declaración de la OIT de 1998 como instrumento jurídico internacional que consagra la categoría de derechos laborales fundamentales, considerados todos ellos como derechos humanos, y su importancia en el momento de su adopción y en la actualidad. Posteriormente, nos centraremos en el derecho a unas condiciones laborales seguras y saludables, prestando especial atención a las causas que han originado que dicho derecho laboral haya sido reconocido internacionalmente como fundamental, a su desarrollo y contenido, y a las perspectivas de futuro. Como tendremos ocasión de comprobar, la posibilidad de incluir la seguridad y salud en el trabajo en el contenido de la Declaración de la OIT de 1998 ha formado parte de la agenda de la CIT desde, incluso, antes de la propia adopción de la Declaración. Sin embargo, no ha sido sino hasta la llegada de la pandemia de la COVID-19 y la manifestación de sus consecuencias en las relaciones laborales nacionales y transnacionales cuando el debate en torno a la consideración de la seguridad y salud en el trabajo como derecho laboral fundamental ha cogido impulso y ha llegado a buen término.

2. LA DECLARACIÓN DE LA OIT RELATIVA A LOS PRINCIPIOS Y DERECHOS FUNDAMENTALES EN EL TRABAJO Y SU SEGUIMIENTO DE 1998

La base normativa de la categoría de derechos laborales fundamentales la encontramos en la Declaración de la OIT, aprobada por la CIT el 18 de junio de 1998. Esta Declaración supone la culminación de un proceso que, en el seno de la OIT, tiene sus orígenes en propuestas destinadas a establecer un procedimiento de control de cumplimiento similar al del Comité de Libertad Sindical (CLS) creado en 1951 para otros derechos laborales considerados como fundamentales por la propia Organización[2].

Dentro de la OIT, el término "derechos laborales fundamentales" se empleó por vez primera en el informe del Director General para la CIT de 1994[3], en el que Michel Hansenne incluyó diferentes propuestas para protegerlos de manera más efectiva. Además, en este Informe se señala la importancia de adaptar las normas laborales a las necesidades reales de los trabajadores, poniendo como ejemplo, precisamente, las condiciones laborales

---

2 KELLERSON, H., "La Declaración de la OIT de 1998 sobre los principios y derechos fundamentales: un reto para el futuro", *Revista Internacional del Trabajo,* 137, 1998, 223-227, p. 223.

3 OIT: «Preservar los valores, promover el cambio. La justicia social en una economía que se mundializa: Un programa para la OIT» (1994), <https://www.ilo.org/public/libdoc/ilo/P/09651/09651(1994).pdf>. [Consulta: 03/08/2023].

seguras y saludables. Fuera de la OIT, en otros foros y organizaciones internacionales, también se emitían declaraciones en las que se incluía el término «derechos laborales fundamentales». Quizá, el hecho de que ninguna de estas declaraciones incluyese el derecho a unas condiciones de trabajo seguras y saludables dentro de los derechos laborales fundamentales hizo que en el borrador final de la Declaración este no apareciese. Así, la Declaración de la OIT relativa a los principios y derechos fundamentales en el trabajo y su seguimiento fue adoptada por la CIT el 18 de junio de 1998 con 273 votos a favor, ninguno en contra y 43 abstenciones, provenientes en su mayoría de países árabes y asiáticos[4].

La Declaración de la OIT 1998, estructurada en un preámbulo, 5 párrafos y un anexo, sistematiza los derechos laborales fundamentales y afirma el compromiso de los Estados miembros de la OIT de respetarlos, promoverlos y hacerlos realidad. El segundo párrafo segundo y, quizá, el más relevante de la Declaración, establece que "todos los Miembros, aun cuando no hayan ratificado los convenios aludidos, tienen un compromiso que se deriva de su mera pertenencia a la Organización de respetar, promover y hacer realidad, de buena fe y de conformidad con la Constitución, los principios relativos a los derechos fundamentales que son objeto de esos convenios, es decir: (a) a libertad de asociación y la libertad sindical y el reconocimiento efectivo del derecho de negociación colectiva; (b) la eliminación de todas las formas de trabajo forzoso u obligatorio; (c) la abolición efectiva del trabajo infantil; (d) la eliminación de la discriminación en materia de empleo y ocupación; y [ahora] (e) un entorno de trabajo seguro y saludable"[5]. Cabría preguntarse, ¿por qué estos derechos y no otros? Ya hemos comprobado que, con anterioridad, existía un consenso mundial en torno a los derechos laborales que se

---

4 SWEPSTON, L., "La OIT y los Derechos Humanos: del Tratado de Versalles a la Nueva Declaración relativa a los Principios y Derechos Fundamentales en el Trabajo", *Diario La Ley,* 581, 2002, 1-5, p. 4

5 OIT: «Declaración relativa a los Principios y Derechos Fundamentales en el Trabajo y su Seguimiento», cit.

consideran fundamentales. Además, estos derechos, a diferencia de otros, se encuentran contenidos en la Constitución de la OIT. No obstante, nada impide que en el futuro se puedan identificar otros nuevos y se haga necesaria la revisión de la Declaración de 1998, siempre que sea políticamente posible. Otra cuestión a resolver es: ¿cuál es el contenido de los derechos laborales fundamentales? Aunque el segundo párrafo de la Declaración de 1998 únicamente enumere los derechos laborales que actualmente se consideran fundamentales, esto no quiere decir que esta serie de derechos carezca de contenido, pues este viene dado por los diez convenios fundamentales de la OIT que les sirven de base. Si bien algunos autores han criticado esta falta de precisión en el texto de la Declaración, para otros autores esta indefinición es necesaria porque si se hubiesen especificado tanto como los propios convenios fundamentales en los que se basan, muchos Estados que no han ratificado dichos Convenios tampoco habrían firmado la Declaración[6] (Langille 2005, 426).

La mayor parte de la doctrina ha defendido el importante valor de la Declaración de 1998 al ser constitutiva de la confirmación de la universalidad de los derechos laborales fundamentales en un contexto en el que la globalización económica los estaba mermando. Según Hillary Kellerson, se trata de la representación de una decisión colectiva de perseguir justicia social, buscando la equidad, la erradicación de la pobreza y el progreso de la sociedad[7]. Sin embargo, la Declaración de 1998 no se halla exenta de críticas. Una primera crítica tiene que ver con el contenido de la Declaración, pues al enumerar únicamente cinco derechos como fundamentales, la OIT dejó otros derechos humanos laborales fuera del alcance de la Declaración, y esto es importante, no solo simbólicamente, sino también prácticamente, pues el procedimiento de control de la Declaración obliga a los Estados a informar sobre sus obligaciones en virtud de los convenios funda-

---

6 LANGILLE, B. A., "Core Labour Rights - The True Story (reply to Alston)", *European Journal of International Law*, 16, 2005, 409-437, p. 426.

7 KELLERSON, H., *op. cit.*, p. 227.

mentales independientemente de que los hayan ratificado o no, pero nada les obliga a informar sobre el resto de Convenios no ratificados dentro de este procedimiento de control[8]. Una segunda crítica tiene que ver con el mecanismo de seguimiento contenido en el Anexo de la Declaración de 1998. Que el mecanismo de seguimiento sea promocional y se centre en la prevención y no en el castigo de los incumplimientos hace a algunos autores afirmar que dicho mecanismo constituye más bien "la decoración de un escaparate"[9].

A pesar de las críticas, la valoración de la Declaración de la OIT de 1998 ha de ser, en todo caso, positiva. Su adopción se basa en un consenso que ya existía dentro y fuera de la OIT[10] y ha positivado la categoría de derechos laborales fundamentales y reforzado su promoción[11]. Además, estos derechos laborales universalmente reconocidos ven reforzada con la Declaración su naturaleza de derechos humanos[12]. Por último, el hecho de que esta serie de derechos se encuentren contenidos en una declaración y no en un tratado internacional aporta flexibilidad y evita el "legalismo" al que se encuentran sometidos el resto de derechos laborales en el seno de la OIT[13]. Precisamente, esta flexibilidad es la que ha permitido que el pasado 10 de junio de 2022 se enmendase el tex-

---

8 MANTOUVALOU, V., "Are Labour Rights Human Rights?", *European Labour Law Journal*, 3, 2012, 151-172, p. 154.

9 ALSTON, P., "Core Labour Standards and the Transformation of the International Labour Rights Regime", *European Journal of International Law*, 15, 2004, 457-521, p. 518.

10 TREBILCOCK, A., "La Declaración de la OIT relativa a los Principios y Derechos Fundamentales en el Trabajo y su Seguimiento", en *Las Normas Internacionales del Trabajo. Un enfoque global*, Oficina Internacional del Trabajo, Ginebra, 2002, 715-725, p. 722.

11 MAUPAIN, F., "Revitalization not Retreat: The Real Potential of the 1998 ILO Declaration for the Universal Protection of Workers' Rights", *European Journal of International Law*, 16, 2005, 439-465, p. 439.

12 LANGILLE, B. A., *op. cit.*, p. 422.

13 ALSTON, P., *op. cit.*, p. 460.

to de la Declaración para incluir la seguridad y salud en el trabajo como nuevo derecho laboral fundamental.

3. LA SEGURIDAD Y SALUD EN EL TRABAJO COMO NUEVO DERECHO LABORAL FUNDAMENTAL

3.1. El camino hacia la consagración de unas condiciones de trabajo seguras y saludables como nuevo derecho laboral fundamental

La inclusión de la seguridad y salud en el trabajo dentro del «núcleo duro» de los derechos laborales internacionalmente reconocidos era cuestión de tiempo. Desde hace más de un siglo, quizá no normativamente pero sí políticamente, este ha sido considerado uno de los principios básicos de las relaciones laborales. Dentro de la OIT, el preámbulo de su Constitución de 1919 afirma que la «protección del trabajador contra las enfermedades, sean o no profesionales, y contra los accidentes del trabajo» es una de las mejoras de las relaciones laborales que es «urgente» acometer[14]. Por su parte, la Declaración de Filadelfia de 1944, relativa a los fines y objetivos de la OIT, establece que «la Conferencia reconoce la obligación solemne de la Organización Internacional del Trabajo de fomentar, entre todas las naciones del mundo, programas que permitan (...) proteger adecuadamente la vida y la salud de los trabajadores en todas las ocupaciones»[15]. Vemos, por tanto,

---

[14] OIT: «Constitución de la Organización Internacional del Trabajo», Parte XIII del Tratado de Paz de Versalles, Versalles (1919). <https://www.ilo.org/dyn/normlex/es/f?p=1000:62:0::NO:62:P62_LIST_ENTRIE_ID:2453907:NO>. [Consulta: 03/08/2023].

[15] OIT: «Declaración relativa a los Fines y Objetivos de la Organización», Declaración de Filadelfia, adoptada por la Conferencia Internacional del Trabajo en su 26ª reunión, Filadelfia (1944). <https://www.ilo.org/legacy/spanish/inwork/cb-policy-guide/declaraciondefiladelfia1944.pdf>. [Consulta: 03/08/2023].

como la seguridad y salud en el trabajo forma parte de los objetivos constitucionales de la OIT desde su creación.

A pesar de que en el momento de la adopción de la Declaración relativa a los principios y derechos fundamentales en el trabajo y su seguimiento la consideración de la incorporación de unas condiciones de trabajo seguras y saludables al elenco de derechos laborales fundamentales estuvo siempre presente, finalmente no salió adelante. La férrea oposición del grupo de empresarios en los debates dificultó la posibilidad de que, en aquel momento, las condiciones de trabajo seguras y saludables pudiesen ser consideradas como un derecho fundamental de los trabajadores de todo el mundo.

No obstante, dos décadas después de la adopción de la Declaración de 1998, el panorama de las relaciones laborales ha cambiado. Nos encontramos en un contexto en el que alrededor de 2 millones de personas mueren al año en el trabajo y 360 millones de personas sufren accidentes laborales[16], constituyendo cifras que aumentan año a año. Además, desde el año 2019, la pandemia mundial de la COVID19 ha acelerado el proceso de adaptación de las normas laborales a las necesidades reales de los trabajadores, entre las que sobresale un entorno de trabajo seguro frente a enfermedades mortales altamente contagiosas. Asimismo, la reafirmación de la salud mental como parte indisoluble de la salud en general de los trabajadores ha promovido avances en su protección a nivel normativo. Finalmente, la lucha contra la violencia ejercida sobre mujeres y niñas ha tenido su fiel reflejo en la normativa interna e internacional y en el mundo del trabajo, en el que la abolición del acoso laboral se ha convertido en parte integrante e importante del derecho a la seguridad y salud en el trabajo.

---

16 OIT: «WHO/ILO Joint Estimates of the Work-related Burden of Disease and Injury, 2000–2016», Ginebra (2021) <https://www.ilo.org/wcmsp5/groups/public/---ed_dialogue/---lab_admin/documents/publication/wcms_819788.pdf>. [Consulta: 03/08/2023].

Dada la creciente importancia de la promoción de unas condiciones de trabajo seguras y saludables, la enmienda de la Declaración de la OIT de 1998 para la inclusión de la seguridad y salud en el trabajo dentro del grupo de derechos laborales fundamentales se convirtió en uno de los principales objetivos del mandato de Guy Ryder desde que fuese elegido del Director General en el año 2016. La primera vez que se propuso el reconocimiento formal del derecho a la seguridad y salud en el trabajo como derecho laboral fundamental fue en el año 2017, momento en el que la Unión Europea afirmó que la OIT debía explorar la posibilidad de incluir la seguridad y la salud en el trabajo entre los principios y derechos fundamentales en el trabajo[17]. No obstante, el Consejo de Administración de la OIT no consideró oportuno en su 331ª reunión de seguimiento de la resolución relativa al segundo debate sobre los principios y derechos fundamentales en el trabajo discutir acerca de la posible enmienda de la Declaración de 1998. El impulso definitivo vino de la mano de la 108ª Conferencia Internacional del Trabajo del año 2019 en la que se celebraba el centenario de la Organización y en la que se adoptó la Declaración del centenario de la OIT para el futuro del trabajo[18]. En la Parte II.D) de la citada Declaración se confirma la naturaleza fundamental de las condiciones de trabajo seguras y saludables para el trabajo decente, añadiendo, por tanto, dichas condiciones al conjunto de derechos laborales fundamentales internacionalmente reconocidos. Al tiempo que se adopta esta Declaración del centenario de la OIT, la CIT adopta también una resolución

---

17 OIT: «Reports of the Committee for Fundamental Principles and Rights at Work», adoptado por la Conferencia Internacional del Trabajo en su 106ª reunión, Ginebra (2017). <https://www.ilo.org/wcmsp5/groups/public/—ed_norm/—relconf/documents/meetingdocument/wcms_558378.pdf#page=47>. [Consulta: 03/08/2023].

18 OIT: «Declaración del centenario de la OIT para el futuro del trabajo», adoptada por la Conferencia Internacional del Trabajo en su 108ª reunión, Ginebra (2019). <https://www.ilo.org/wcmsp5/groups/public/@ed_norm/@relconf/documents/meetingdocument/wcms_711699.pdf>. [Consulta: 03/08/2023].

complementaria[19], en cuyo primer párrafo exhorta al Consejo de Administración a retomar, lo antes posible, el debate para incluir condiciones de trabajo seguras y saludables en el marco de los principios y derechos fundamentales en el trabajo de la OIT. El Consejo de Administración se reunió en cuatro ocasiones para examinar las diversas posibilidades y elaborar un borrador de enmienda. En la 334ª reunión del Consejo de Administración celebrada el pasado 14 de marzo de 2022, se incorporó como punto del orden del día de la CIT celebrada en junio un proyecto de resolución para enmendar la Declaración de la OIT de 1998 para incluir el derecho a la seguridad y salud en el trabajo. Un mes más tarde, en abril de 2022 se llevaron a cabo dos rondas informales de consultas tripartitas con el objetivo de perfeccionar el texto del proyecto de enmienda que podría servir como base para las posteriores discusiones de la Conferencia. Finalmente, el 10 de junio de 2022 la CIT en su 110ª reunión aprobó la enmienda de la Declaración de la OIT de 1998 relativa a los principios y derechos fundamentales del trabajo para incluir en su texto el derecho a un entorno de trabajo seguro y saludable.

3.2. Contenido del derecho a un entorno de trabajo seguro y saludable

Determinar el contenido que un entorno de trabajo seguro y saludable habría de tener para ser considerado un derecho laboral fundamental no fue tarea fácil para el Consejo de Administración y los demás órganos encargados de elaborar la propuesta.

En primer lugar, la propia terminología de la enmienda supuso un escollo. Dada la imposibilidad de llegar a un acuerdo previo sobre cómo habría de denominarse a este nuevo derecho laboral

---

19 OIT: «Resolution on the ILO Centenary Declaration for the Future of Work», adoptada por la Conferencia Internacional del Trabajo en su 108ª reunión, Ginebra (2019). <https://www.ilo.org/wcmsp5/groups/public/—ed_norm/—relconf/documents/meetingdocument/wcms_711659.pdf>. [Consulta: 03/08/2023].

fundamental, el Anexo del VII Informe sobre la inclusión de las condiciones de trabajo seguras y saludables en los principios y derechos fundamentales en el trabajo de la OIT[20] en el que aparece reflejada la propuesta que finalmente se discutió en el seno de la 110ª reunión de la CIT propuso dos alternativas: "entorno de trabajo seguro y saludable" o "condiciones de trabajo seguras y saludables". Finalmente, la Propuesta de resolución para la inclusión de un entorno de trabajo seguro y saludable entre los principios y derechos fundamentales del trabajo aprobada por la CIT el 3 de junio de 2022[21] optó por el término "entorno de trabajo seguro y saludable".

En segundo lugar, concretar cuáles habrían de ser los convenios relativos a seguridad y salud en el trabajo que, desde la aprobación de la enmienda, se pasarían a considerar fundamentales también supuso una tarea complicada. Finalmente, con un gran apoyo, solo los convenios núm. 155 sobre seguridad y salud de los trabajadores de 1981 y núm. 187 sobre el marco promocional para la seguridad y la salud en el trabajo del año 2006 han pasado a considerarse como fundamentales tras la enmienda de la Declaración de la OIT de 1998. El Convenio núm. 155 sobre seguridad y salud de los trabajadores de 1981 tiene naturaleza holística, pues, este se aplica a todos los trabajadores de todas las ramas de actividad económica. Por su parte, el Convenio núm. 187 sobre el marco promocional para la seguridad y la salud en el trabajo del año 2006, amplía las obligaciones de los Estados miembros e introduce la necesidad de prevenir las lesiones, enfermedades y muertes ocasionadas por el trabajo. Precisamente, el enfoque preventivo, más que el correctivo, es la idea central en torno a la

---

20 OIT: «Inclusion of safe and healthy working conditions in the ILO's framework of fundamental principles and rights at work», cit.

21 OIT: «Proposed resolution on the inclusion of a safe and healthy working environment in the ILO's framework of fundamental principles and rights at work», adoptada por la Conferencia Internacional del Trabajo en su 110ª reunion, Ginebra (2022). <https://www.ilo.org/wcmsp5/groups/public/—ed_norm/—relconf/documents/meetingdocument/wcms_847432.pdf>. [Consulta: 03/08/2023].

cual gira todo el contenido del derecho a un entorno de trabajo seguro y saludable, pues "la protección plena de los trabajadores contra los riesgos para su salud no es comprensible sin una legislación que consagre unos principios preventivos e incluya previsiones respecto a la evaluación de riesgos, la planificación de medidas para evitar o reducir al máximo los riesgos y los sistemas de gestión de dichos riesgos"[22].

3.3. Perspectivas de futuro de la consideración de la seguridad y la salud en el trabajo como un derecho laboral fundamental

Al igual que ocurrió con el resto de derechos laborales fundamentales tras la adopción de la Declaración de la OIT de 1998, su enmienda para la inclusión de un entorno de trabajo seguro y saludable conllevará una serie de consecuencias futuras muy positivas en la protección y promoción de este nuevo derecho fundamental, tanto dentro de la OIT, en términos de adhesión a los convenios fundamentales que lo desarrollan, de seguimiento y, en última instancia, de cumplimiento efectivo en el territorio de cada Estado miembro, como fuera de la OIT, dado que existen muchos otros instrumentos jurídicos internacionales que toman como referencia la Declaración de 1998 al hablar de derechos laborales fundamentales.

Quizá, el primer aspecto en el que se vea reflejada de manera evidente la importancia de la reciente consideración de la seguridad y salud en el trabajo como derecho laboral fundamental sea en el aumento en el corto plazo de las ratificaciones de los convenios que lo desarrollan, ahora considerados fundamentales. En la actualidad, tal y como se puede apreciar en el Gráfico 1, el Convenio núm. 155 ha sido ratificado por 75 Estados miembros de la OIT, mientras que el Convenio núm. 187 ha ido ratificado por 58 de los 187 Estados miembros de la Organización.

---

22 PÁRAMO MONTERO, P. y BUENO PAREJA, C., *Tendencias legislativas en seguridad y salud en el trabajo con enfoque preventivo*, Oficina de País de la OIT para la Argentina, Buenos Aires, 2018, p. 204.

<u>Gráfico 1</u>: Evolución del número de ratificaciones de los convenios fundamentales de la OIT relativos a seguridad y salud en el trabajo (1981-2022).

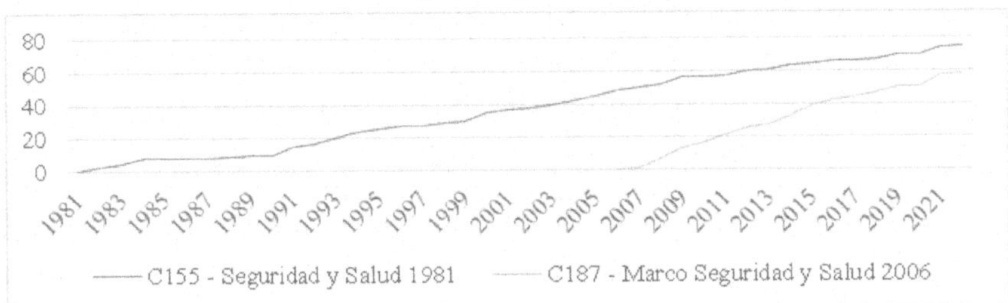

Fuente: Elaboración Propia.

Estos índices de ratificación están muy lejos de alcanzar los que poseen el resto de convenios fundamentales de la OIT, que, en algunos casos, cuentan con la ratificación de la totalidad de miembros de la Organización. En el Gráfico 2 podemos observar la evolución del número de ratificaciones de todos los convenios fundamentales de la OIT, incluidos los relativos a seguridad y salud en el trabajo, desde el año 1930, año de adopción del Convenio núm. 29 sobre trabajo forzoso, hasta el año 2022.

<u>Gráfico 2</u>: Evolución del número de ratificaciones de los convenios fundamentales de la OIT (1930-2022).

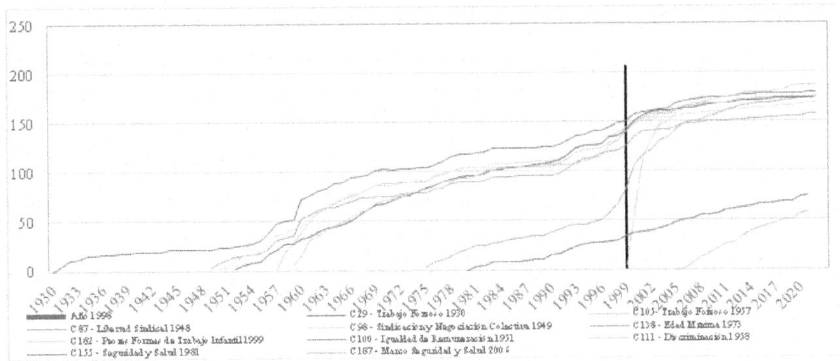

Fuente: Elaboración Propia.

Como se aprecia en el Gráfico 2, si bien el número de ratificaciones de los Convenios núm. 155 y núm. 187 sobre seguridad y salud en el trabajo es significativamente inferior al del resto de convenios fundamentales, nada impide su crecimiento exponencial como consecuencia de la enmienda a la Declaración de 1998 aprobada el pasado 10 de junio de 2022. La prueba de la anterior afirmación la constituye el Convenio núm. 138 sobre la edad mínima del año 1973, que en el año 1996 contaba con apenas 51 ratificaciones y en el año 2000, dos años después de la adopción de la Declaración de la OIT de 1998, alcanzó las 105 ratificaciones. Por tanto, cabe esperar que, en los próximos años, el número de ratificaciones de los Convenios núm. 155 y 187 sobre seguridad y salud en el trabajo aumente exponencialmente hasta situarse en cifras similares a las del resto de convenios fundamentales de la OIT.

En cuanto al seguimiento, la Declaración de 1998 recoge en un anexo el mecanismo de su seguimiento, cuyo objetivo "es alentar los esfuerzos desplegados por los Miembros de la Organización con vistas a promover los principios y derechos fundamentales consagrados en la Constitución de la OIT y la Declaración de Filadelfia, que la Declaración reitera"[23]. Según este mecanismo de seguimiento, los Estados miembros de la OIT, independientemente de si han ratificado los Convenios núm. 155 y 187 sobre seguridad y salud en el trabajo, están obligados a presentar una memoria anual que es examinada por el Consejo de Administración en la que dan cuenta de los esfuerzos realizados en este ámbito. Por tanto, a partir de ahora cabe esperar que, por un lado, el número de memorias anuales presentadas en el próximo periodo aumente, y, por otro lado, que dichas memorias incluyan información detallada sobre la situación de cumplimiento de los Convenios núm. 155 y 187 en el territorio de los Estados que aún no los han ratificado, lo que permitirá elaborar campañas promocionales más efectivas.

---

23 OIT: «Declaración relativa a los Principios y Derechos Fundamentales en el Trabajo y su Seguimiento», cit.

Finalmente, un aumento en la promoción como consecuencia de un correcto seguimiento y un incremento del número de ratificaciones de los Convenios núm. 155 y 187 relativos a la seguridad y salud en el trabajo, conllevarán, ineludiblemente, a una mejora en la aplicación de estas normas en el territorio de los Estados miembros de la OIT. Una vez ratificados dichos Convenios, es la Comisión de Expertos en Aplicación de Convenios y Recomendaciones (CEACR) quien, periódicamente, evalúa su oportuna aplicación. En su último informe[24], la CEACR, en relación con el derecho a un entorno de trabajo seguro y saludable, destaca la falta de información detallada relativa a los accidentes laborales. Cabe esperar que, con la incorporación de este derecho al grupo de derechos laborales fundamentales, la información ofrecida por los gobiernos de los Estados miembros de la OIT que han ratificado los Convenios mejore cuantitativa y cualitativamente y evidencie un mayor esfuerzo por conseguir la correcta aplicación de dichos convenios y la efectiva protección del derecho a un entorno de trabajo seguro y saludable.

La consideración de unas condiciones de trabajo seguras y saludables como nuevo derecho laboral fundamental también va a tener consecuencias fuera del ámbito de la OIT. Numerosos instrumentos jurídicos internacionales hacen mención en su articulado a los derechos laborales fundamentales e imponen obligaciones a las partes contratantes de protección de dichos derechos. Conviene prestar atención, en particular, a los acuerdos de libre comercio concluidos entre Estados y bloques comerciales regionales. Desde la década de 1990, numerosos Estados desarrollados, entre los que destacan Estados Unidos y la Unión Europea, vienen incluyendo cláusulas laborales en sus acuerdos de libre

---

[24] OIT: «Informe de la Comisión de Expertos en Aplicación de Convenios y Recomendaciones: Aplicación de las normas internacionales del trabajo, 2022», adoptado por la Conferencia Internacional del Trabajo en su 110ª reunión, Ginebra (2022). <https://www.ilo.org/wcmsp5/groups/public/—ed_norm/—relconf/documents/meetingdocument/wcms_836655.pdf>. [Consulta: 03/08/2023].

comercio con países en vías de desarrollo. La configuración y el contenido de estas cláusulas laborales ha ido evolucionando a lo largo del tiempo, haciéndose todas ellas cada vez más precisas y detalladas[25]. Si bien los primeros acuerdos simplemente mencionan "principios laborales internacionalmente reconocidos", los acuerdos comerciales estadounidenses y europeos más recientes integran en su texto la necesidad de ratificar sin reservas y cumplir con la Declaración de la OIT de 1998, enumerándose, incluso, los derechos laborales fundamentales que dicha Declaración sistematiza. Cabe esperar que la enmienda a la Declaración de la OIT de 1998 aprobada el pasado 10 de junio de 2022 para incluir el derecho a un entorno de trabajo seguro y saludable como nuevo derecho laboral fundamental afecte de manera directa a las obligaciones contraídas por los Estados como parte de los mencionados acuerdos de libre comercio, en el sentido de que estas obligaciones se verían incrementadas al tener que ratificar y cumplir con lo dispuesto en los Convenios núm. 155 y 187 de la OIT[26].

4. CONCLUSIONES

La categorización de ciertos derechos humanos laborales como fundamentales tiene su origen en la Declaración de la OIT de 1998. Desde entonces, algunos principios contenidos en su

---

[25] EBERT, F., "Disposiciones Laborales en Acuerdos Comerciales de la UE. Potencial para Canalizar la Creación de Capacidad relativa a las Normas del Trabajo", *Revista Internacional del Trabajo*, 135, 2016, 441-468, p. 444.

[26] No obstante, el texto de la enmienda de la Declaración de 1998 contiene una cláusula de salvaguardia que establece que "nada de lo dispuesto en esta resolución se interpretará en el sentido de que afecta de forma no intencionada los derechos y obligaciones de un Estado miembro derivados de acuerdos de comercio e inversión existentes entre Estados". Vid. OIT: «Proposed resolution on the inclusion of a safe and healthy working environment in the ILO's framework of fundamental principles and rights at work», cit.

Constitución y en la Declaración de Filadelfia de 1944, a saber: la libertad de asociación y negociación colectiva, la eliminación de todo trabajo forzoso u obligatorio, la abolición del trabajo infantil, la no discriminación en el empleo y la seguridad y salud en el trabajo, y positivados en diferentes convenios internacionales de derechos humanos pasan a considerarse derechos laborales fundamentales y a gozar de un seguimiento más exhaustivo. En este capítulo hemos llegado a la conclusión de que la adopción de una declaración de este tipo tuvo repercusiones muy positivas a nivel interno e internacional y sirvió para dar un paso más en el logro de la justicia social, esencial para garantizar una paz universal y permanente, para alcanzar un consenso moral, político y legal en el seno de la comunidad internacional en relación a los derechos laborales que deben ser considerados fundamentales, y para reforzar su naturaleza de derechos humanos.

La enmienda de la Declaración de la OIT de 1998 aprobada por la CIT el pasado 10 de junio de 2022 para incluir el derecho a unas condiciones de trabajo seguras y saludables como nuevo derecho laboral fundamental no constituye más que la reafirmación de un principio preexistente en el seno de la Organización con el que sus Estados miembros ya se comprometieron al adoptar la Constitución de 1919. No obstante, esta enmienda evidencia, aún más si cabe, la naturaleza dinámica del Derecho laboral transnacional y la determinación de la OIT de mantener su relevancia en un mundo que cambia rápidamente. Finalmente, con la consideración de la seguridad y salud en el trabajo como nuevo derecho laboral fundamental, cabe esperar que su promoción y cumplimiento efectivo mejoren en el corto plazo, haciendo las relaciones laborales más seguras y saludables para los trabajadores de todo el mundo.

5. BIBLIOGRAFÍA

ALSTON, P., "Core Labour Standards and the Transformation of the International Labour Rights Regime", *European Journal of Int. Law,* 15, 2004, 457-521.

EBERT, F., "Disposiciones Laborales en Acuerdos Comerciales de la UE. Potencial para Canalizar la Creación de Capacidad relativa a las Normas del Trabajo", *Revista Internacional del Trabajo,* 135, 2016, 441-468.

KELLERSON, H., "La Declaración de la OIT de 1998 sobre los principios y derechos fundamentales: un reto para el futuro", *Revista Internacional del Trabajo,* 137, 1998, 223-22.

LANGILLE, B. A., "Core Labour Rights - The True Story (reply to Alston)", *European Journal of International Law,* 16, 2005, 409-437.

MANTOUVALOU, V., "Are Labour Rights Human Rights?", *European Labour Law Journal,* 3, 2012, 151-172.

MAUPAIN, F., "Revitalization not Retreat: The Real Potential of the 1998 ILO Declaration for the Universal Protection of Workers' Rights", *European Journal of International Law,* 16, 2005, 439-465.

PÁRAMO MONTERO, P. y BUENO PAREJA, C., *Tendencias legislativas en seguridad y salud en el trabajo con enfoque preventivo,* Oficina de País de la OIT para la Argentina, Buenos Aires, 2018.

SWEPSTON, L., "La OIT y los Derechos Humanos: del Tratado de Versalles a la Nueva Declaración relativa a los Principios y Derechos Fundamentales en el Trabajo", *Diario La Ley,* 581, 2002, 1-5.

TREBILCOCK, A., "La Declaración de la OIT relativa a los Principios y Derechos Fundamentales en el Trabajo y su Seguimiento", en *Las Normas Internacionales del Trabajo. Un enfoque global,* Oficina Internacional del Trabajo, Ginebra, 2002, 715-725.

¿Renovarse o morir? La capacidad de adaptación del derecho internacional a la luz de los impactos del cambio climático

ESTELA MARTÍN PASCUAL
Universidad de Salamanca

Resumen:

A pesar de que el cambio climático es una preocupación común de toda la humanidad, las negociaciones de la Comunidad internacional para hacerle frente, articuladas en torno a la Convención Marco de las Naciones Unidas sobre Cambio Climático, no han logrado evitar que se produzcan efectos adversos para el conjunto de la sociedad y las naciones, si bien de distinta magnitud y naturaleza en función de las vulnerabilidades propias. De esta forma, no es de extrañar que en tan solo dos meses se haya producido una "oleada" de solicitudes de opiniones consultivas con el objetivo de que algunos de los Tribunales más relevantes del panorama internacional, como son la Corte Internacional de Justicia o el Tribunal Internacional de Derecho del Mar, esclarezcan cuáles son las obligaciones estatales en esta materia.

Palabras clave: cambio climático, Derecho internacional, Convención Marco de Naciones Unidas sobre Cambio Climático, opinión consultiva, obligaciones nacionales

1. INTRODUCCIÓN

Como indicara hace tiempo RIPERT, el derecho, que debe ser un elemento de estabilidad, se convierte en un fenómeno peligroso cuando es un factor de inmovilismo o de bloqueo: "la transformación de las condiciones materiales de vida lleva a un cambio de costumbres, y la evolución de las costumbres termina haciendo insoportable a los hombres mantener las viejas reglas y haciéndoles desear otras más adecuadas a su vida"[1].

---

1 RIPERT, G., *Les Forces Créatrices du Droit*, Librairie générale de droit et de jurisprudence, Paris, 1955, pp. 45-46 (*traducción propia*).

En este sentido, y a pesar de que el cambio climático ha sido calificado como una preocupación común de la humanidad[2], su abordaje a través de distintos instrumentos jurídicos, bajo las bases sentadas por la Convención Marco de Naciones Unidas sobre Cambio Climático (en adelante, CMNUCC), se ha revelado, cuando menos, insuficiente[3]. Y ello a pesar de que el Protocolo de Kioto y el Acuerdo de París han diferido enormemente en su articulación, tratando el segundo de ellos de expiar el "pecado original" del primero. Sin embargo, ese cambio de enfoque entre ambos textos jurídicos no ha sido suficiente para lograr que los Estados cumplan con sus compromisos internacionales, lo que los hace,

---

2 Así se reconoce, por ejemplo, en el preámbulo de la propia Convención Marco de Naciones Unidas sobre Cambio Climático, siguiendo la estela de la Resolución *sobre la protección del clima mundial para las generaciones presentes y futuras* (A/RES/43/53, de 6 de diciembre de 1988, que en su punto primero reconoce "que los cambios climáticos constituyen una preocupación común de toda la humanidad, dado que el clima es un elemento esencial de la vida en la Tierra").

3 El último informe del Programa de Naciones Unidas para el Medioambiente (PNUMA) sobre la brecha de emisiones del año 2022 concluye que las políticas existentes apuntan a un aumento de la temperatura de 2,8° C para finales de siglo, lo que pone de relieve una brecha entre los compromisos nacionales y los esfuerzos para implementarlos ("Emissions Gap Report 2022: The closing window — Climate crisis calls for rapid transformation of societies", PNUMA y CONCITO, Nairobi, 2022, disponible en <https://www.unep.org/emissions-gap-report-2022>). Del mismo modo, el reciente informe de síntesis de la CMNUCC sobre el primer balance mundial, previsto en el art. 14 del Acuerdo de París para determinar el avance colectivo en el cumplimiento de su propósito y de sus objetivos a largo plazo ("Technical dialogue of the first global stocktake: Synthesis report by the co-facilitators on the technical dialogue", doc. FCCC/SB/2023/9), publicado el 8 de septiembre de 2023, reconoce que, si bien el Acuerdo de París ha impulsado una acción climática casi universal, las medidas adoptadas no son suficientes para mantener la temperatura media global en los límites marcados por el Acuerdo. El informe puede ser consultado en <https://unfccc.int/documents/631600>.

hasta cierto punto, papel mojado para aquellos países que se ven más azotados por los efectos perversos del cambio climático.

Es por ello que, en un corto periodo de tiempo, se han planteado sendas solicitudes de opiniones consultivas a la Corte Internacional de Justicia (CIJ) y al Tribunal Internacional de Derecho del Mar (TIDM)[4] para que traten de arrojar luz sobre las obligaciones concretas que los Estados deben cumplir en relación con el cambio climático. De esta forma lo que se buscaría por parte de los Estados más castigados por las consecuencias del fenómeno sería pasar de un Derecho negociado y consensuado por las Partes de la CMNUCC (y, para ellos, inefectivo), a un Derecho impuesto por los altos tribunales[5].

2. EL MARCO JURÍDICO INTERNACIONAL DEL CAMBIO CLIMÁTICO

2.1. La adaptación de los instrumentos jurídicos a las características del cambio climático: la Convención Marco de Naciones Unidas sobre Cambio Climático

La solución de un desafío global de tamaña magnitud como es el del cambio climático pasa, necesariamente, por la intervención concertada de toda la Comunidad internacional, en la medida en

---

4 En el ámbito regional, Colombia y Chile también han solicitado, en enero de 2023, una opinión consultiva a la Corte Interamericana de Derechos Humanos sobre el alcance de las obligaciones estatales en el marco del Derecho internacional de los derechos humanos para abordar la emergencia climática. La solicitud se encuentra disponible en línea en el siguiente enlace https://www.minrel.gob.cl/minrel/site/docs/20230118/20230118172718/solicitud_corte_idh.pdf.

5 Véase, en este sentido, BODANSKY, D., "Advisory opinions on climate change: Some preliminary questions", *Review of European, Comparative & International Environmental Law*, vol. 32, nº. 2, 2023, pp.185-192, p. 186.

que el problema ha alcanzado una envergadura tal que la naturaleza, por sí misma, ya no es capaz de revertirlo.

En este sentido, y como señala RODRIGO, el reto que tiene por delante el Derecho Internacional –en cuanto instrumento jurídico que ayuda a institucionalizar la acción colectiva de la Comunidad internacional–, consiste en hacer compatibles, por un lado, la universalidad de la respuesta (esto es, conseguir reunir el compromiso de todos los Estados para lograr la mayor limitación de las emisiones de gases de efecto invernadero que sea posible) y, por otro lado, una diferenciación de los esfuerzos de reducción que sea percibida como más equitativa[6], puesto que se debe respetar uno de los principios fundamentales en el ámbito del Derecho internacional del cambio climático, como es el de las responsabilidades comunes pero diferenciadas y las capacidades respectivas[7].

En consecuencia, ante un fenómeno como el del cambio climático, cuyos impactos futuros variarán en función de que los países reduzcan o aumenten sus emisiones de gases de efecto invernadero, la cuestión central es cómo diseñar instrumentos jurídicos que sean sensibles a las diferentes situaciones y circunstancias de los Estados de una forma equitativa y dinámica (esto es, flexibles y capaces de adaptarse fácilmente a cualquier cambio de situación con respecto a las novedades científicas y técnicas disponibles, así como a las distintas actitudes nacionales) a lo largo del tiempo.

---

6 RODRIGO, A. J., "El Acuerdo de París sobre cambio climático: un nuevo tipo de tratado de protección de intereses generales", en BORRÀS PENTINAT, S. y VILLAVICENCIO CALZADILLA, P. (eds.), *El Acuerdo de París sobre el cambio climático: ¿un acuerdo histórico o una oportunidad perdida?*, Thomson Reuters Aranzadi, Pamplona, 2018, pp. 69-98, p. 73.

7 Este principio se estableció en el principio nº.7 de la Declaración de Río de 1992, pero únicamente en lo que se refiere a su parte primera (las responsabilidades comunes pero diferenciadas). Más adelante, la CMNUCC añadió ese segundo elemento completando el principio en su Preámbulo y el art. 3.1: "Las Partes deberían proteger el sistema climático en beneficio de las generaciones presentes y futuras, sobre la base de la equidad y de conformidad con sus responsabilidades comunes pero diferenciadas y sus respectivas capacidades").

De esta forma y, hasta el momento, las soluciones multilaterales adoptadas para luchar contra este problema (abordando sus causas y tratando de mitigar las emisiones de gases de efecto invernadero), se han tomado bajo el paraguas del principal marco legal internacional para abordar el cambio climático, constituido por la CMNUCC[8], adoptada en Nueva York el 9 de mayo de 1992.

Estamos, por tanto, ante un Convenio marco, una tipología de tratado internacional "camaleónico"[9], que enuncia los principios generales que han de guiar la cooperación de los Estados Parte en el tema de que se trate. En este caso, la CMNUCC reconoce la existencia de un problema[10] (el cambio climático) y establece un objetivo[11] (estabilizar las concentraciones de gases de efecto invernadero a un nivel que impida interferencias antropogénicas

---

8 Fue una de las tres convenciones que nacieron de la Conferencia de las Naciones Unidas sobre Medio Ambiente y Desarrollo, celebrada en Río de Janeiro los días 3-14 de junio de 1992 (comúnmente conocida como «Cumbre de la Tierra o Cumbre de Río»), junto con el Convenio sobre la diversidad biológica y la Convención sobre la lucha contra la desertificación.

9 MARTÍN ARRIBAS se decantaba por esta calificación para describir los Tratados marco (Véase MARTÍN ARRIBAS, J. J., "La degradación de la capa de ozono: un enorme desafío para la comunidad internacional", *Revista Española de Derecho Internacional*, vol. XLVI, nº. 2, 1994, pp. 533-555, p. 542).

10 En el preámbulo de la Convención, se reconoce que "los cambios del clima de la Tierra y sus efectos adversos son una preocupación común de toda la humanidad [...]".

11 Tal objetivo aparece referido en el art. 2 de la citada CMNUCC, en los siguientes términos: "El objetivo último de la presente Convención y de todo instrumento jurídico conexo que adopte la Conferencia de las Partes, es lograr, de conformidad con las disposiciones pertinentes de la Convención, la estabilización de las concentraciones de gases de efecto invernadero en la atmósfera a un nivel que impida interferencias antropógenas peligrosas en el sistema climático. Ese nivel debería lograrse en un plazo suficiente para permitir que los ecosistemas se adapten naturalmente al cambio climático, asegurar que la producción de alimentos no se vea amenazada y permitir que el desarrollo económico prosiga de manera sostenible".

peligrosas en el sistema climático), pero no contiene compromisos específicos y concretos de reducción de emisiones de gases de efecto invernadero, sino que constituye un marco de negociación para la celebración de futuros acuerdos que concreten las obligaciones. Es decir, necesita de instrumentos posteriores que la perfilen y la actualicen.

Esta falta de obligaciones concretas, que se debe a la naturaleza de este instrumento jurídico, ha llevado a caracterizar a la Convención como *soft law*. Pero no debemos confundirnos. Como reconoce Gutiérrez Espada, sus disposiciones pueden ser generales, sí, pero también son jurídicamente vinculantes[12].

2.2. El primer desarrollo de la Convención: el Protocolo de Kioto

El primero de esos desarrollos que necesitaba la CMNUCC para verse concretada fue el Protocolo de Kioto (1997), cuya entrada en vigor se produjo el 16 de febrero de 2005, momento en el cual se lograron reunir las ratificaciones correspondientes a 55 Partes que sumaran el 55% de las emisiones globales (*ex* art. 25 del Protocolo).

Un elemento capital de este instrumento jurídico es que estableció obligaciones concretas de reducción de emisiones, pero única y exclusivamente para los países del Anexo I del Protocolo (Estados Parte desarrollados). Consecuentemente, los países en desarrollo quedaban fuera de la ecuación de mitigación de emisiones, perdiéndose la vocación de universalidad de la Convención.

Entre otras circunstancias, esta diferenciación tan marcada a la hora de dar forma y materializar el principio de las responsabilidades comunes pero diferenciadas en el Protocolo de Kioto

---

12 GUITIÉRREZ ESPADA, C., "La contribución del Derecho internacional del medio ambiente al desarrollo del Derecho internacional contemporáneo", *Anuario de Derecho Internacional*, vol. XIV, 1998, pp. 113-200, p. 172.

provocó que este Tratado haya sido considerado como un fracaso. Esto es así en la medida en que al dejar fuera de la obligación de reducir las emisiones de gases de efecto invernadero a los países en desarrollo, países como China o la India (cuyas emisiones de gases de efecto invernadero estaban aumentando) continuaron emitiendo sin límites. Por su parte, Estados Unidos, uno de los mayores emisores mundiales, se negó a ratificarlo y, además, otros países como Canadá, Japón o Rusia terminaron por retirarse del Tratado.

2.3. El segundo desarrollo de la Convención: el Acuerdo de París

En el año 2015 tuvo lugar el segundo y más reciente de los desarrollos concretos de la CMNUCC. Este se produjo en el seno de la vigésimo primera Conferencia de las Partes de la Convención (más conocida como la COP21), que el 12 de diciembre de 2015 dio luz verde a la adopción del Acuerdo de París[13]. Hasta la fecha, 195 Partes han firmado el Acuerdo y 192 lo han ratificado, con la salvedad de Irán, Libia y Yemen[14].

Un aspecto muy destacable del Acuerdo de París, a diferencia de su antecesor de Kioto, es la extraordinaria rapidez con la que los Estados procedieron a ratificarlo, lo que podría leerse como una muestra clara del reconocimiento de la existencia de una preocupación compartida por la Comunidad internacional y la necesidad de actuar de consuno para frenar los perniciosos efectos del cambio climático.

---

13 Este Tratado fue adoptado el 12 de diciembre de 2015 y entró en vigor el 4 de noviembre de 201, treinta días después de que se alcanzase el doble umbral establecido para ello en el articulado del propio Acuerdo: debían ratificarlo, al menos, 55 Partes en la Convención cuyas emisiones representasen, en su conjunto, un 55% del total de las emisiones mundiales de gases de efecto invernadero (art. 21).

14 El estado de ratificación del Acuerdo de París puede consultarse en <https://unfccc.int/process/the-paris-agreement/status-of-ratification>.

Esa preocupación, empero, no vino acompañada de compromisos igualmente firmes para enfrentar el problema. A la vista del escaso éxito alcanzado por la rigidez del Protocolo de Kioto, los líderes de los Estados parte de la CMNUCC decidieron dar un cambio de rumbo a la hora de modelar el principio de las responsabilidad comunes pero diferenciadas y, en este caso, se optó por abandonar el enfoque restringido característico de Kioto y decantarse, decididamente, por la universalidad; eso sí, diferenciada, en la medida en que el párrafo cuarto del art. 4 del Acuerdo de París reconoce que son los países desarrollados quienes deben encabezar los esfuerzos de mitigación.

Unido a ello, otra característica del texto adoptado en París que difiere del de Kioto es la naturaleza de la obligación ante la que nos encontramos. Mientras que este último imponía a los Estados Parte (desarrollados) una obligación de resultado (reducir sus emisiones en el porcentaje fijado), el Acuerdo de París establece una obligación de comportamiento. En este caso, presentar las contribuciones determinadas a nivel nacional, esto es, sus estrategias de desarrollo a largo plazo para cumplir el objetivo marcado en el Tratado[15].

Esta cuestión se encuentra estrechamente relacionada con otro aspecto distintivo de este instrumento, en lo que se conoce como el enfoque *bottom-up*. Es decir, mientras que en el caso del Protocolo de Kioto se adoptaba un enfoque *top-down*, descendente, centralizado, que implicaba que las partes negociaran, en primer lugar, la cantidad total de emisiones de gases de efecto invernadero que se debían reducir y, después, tuvieran que dividirla entre los Estados que quedarían vinculados a dicha obligación de miti-

---

15 Las contribuciones determinadas a nivel nacional son también conocidas como NDC, por sus siglas en inglés (*Nationally Determined Contributions*), y presentan las políticas climáticas de los países y sus acciones para reducir las emisiones de gases de efecto invernadero, que pueden ir desde medidas de mejora de la eficiencia energética o el fomento de las energías renovables, hasta la mejor gestión del uso de la tierra o la mejora en la planificación urbana y de los transportes, entre otras.

gación, en el caso del Acuerdo de París se optó por un enfoque diferente. Este enfoque *bottom-up* es, *a sensu contrario*, ascendente y autoimpuesto, lo que implica, en definitiva, que lograr o fracasar en el objetivo marcado dependerá de la suma de los esfuerzos que de forma unilateral esté dispuesto a realizar cada Estado parte a través de esas contribuciones nacionales[16].

Pero estas flexibilidades de las que goza el Acuerdo de París no impidieron que uno de los grandes emisores mundiales notificara, el 4 de noviembre de 2019, al Secretario General de las Naciones Unidas, su decisión de retirarse del Acuerdo; aunque el último cambio de presidencia de la Casa Blanca se tradujo también en un cambio de rumbo climático. Hablamos, efectivamente, de los Estados Unidos de América[17].

3. PROBLEMAS SIN RESOLVER

Esta posibilidad de retirarse de un tratado internacional que regula un interés común es un gran inconveniente que evidencia los desafíos a los que se enfrenta el derecho internacional, todavía preso de la soberanía de los estados, ante los retos y la necesidad

16 ALVARES GARCÍA, A., "Nuevos desarrollos en materia de acción climática", en GILES CARNERO, R. (coord.), *Desafíos de la acción jurídica internacional y europea frente al cambio climático*, Atelier, Barcelona, 2018, pp. 25-42, p. 28.

17 La retirada se haría efectiva el 4 de noviembre de 2020, de acuerdo con el art. 28 del propio Tratado, que la contempla en los siguientes términos: "Cualquiera de las Partes podrá denunciar el presente Acuerdo mediante notificación por escrito al Depositario en cualquier momento después de que hayan transcurrido tres años a partir de la fecha de entrada en vigor del Acuerdo para esa Parte. 2. La denuncia surtirá efecto al cabo de un año contado desde la fecha en que el Depositario haya recibido la notificación correspondiente o, posteriormente, en la fecha que se indique en la notificación [...]". Al año siguiente, y tras la victoria del presidente Biden, el gobierno de EEUU depositó de nuevo el instrumento de aceptación del Acuerdo el día 20 de enero.

de articular una respuesta global frente a un problema común de toda la humanidad.

Además de ello, y a pesar de la importancia del protocolo de Kioto y el acuerdo de parís como grandes hitos de la gobernanza climática internacional para limitar el fenómeno y promover la adaptación, estos instrumentos jurídicos no dan respuesta a las necesidades reales de muchas personas y estados. Esto es así en la medida en que tratan de regular las causas de aquel, pero no de abordar jurídicamente los impactos de sus perniciosos efectos.

Baste con pensar, como botón de muestra, en las implicaciones jurídicas que la subida del nivel del mar tiene para los estados ribereños en forma de recesión de las líneas de base que sirven para determinar los espacios marítimos bajo jurisdicción nacional; o qué ocurre con la condición de estados en el caso de los pequeños estados insulares de baja altitud que se elevan una media de 2 metros sobre el nivel del mar, y que pueden terminar siendo devorados por el océano; por no hablar de su población, cuyos derechos más fundamentales se están viendo afectados por la degradación del entorno debido a los impactos del cambio climático, favoreciendo los movimientos migratorios que, erróneamente, los medios de comunicación acostumbran a denominar "refugiados climáticos"[18].

---

[18] Entre otras muchas referencias en este sentido, pueden verse MARCELLES, F. y MARTÍNEZ, R., "*Reconocer y proteger a los refugiados climáticos*", El País, 27 de octubre de 2015, disponible en <https://elpais.com/internacional/2015/10/26/actualidad/1445872107_049759.html>; FRESNEDA, C., "Ioane, el primer refugiado climático", El Mundo, 7 de febrero de 2020, disponible en <https://www.elmundo.es/cronica/2020/02/06/5e39c0ff21efa0097e8b457a.html>; OTTO, C., "Refugiados climáticos: una realidad invisible", El Confidencial, 19 de septiembre de 2017, disponible en <https://www.elconfidencial.com/alma-corazon-vida/2017-09-19/refugiados-climaticos-cambio-climatico_1445450/>; o BUIL DEMUR, A., "De Isle de Jean Charles a Schriever, nuevo hogar para los primeros refugiados climáticos de EEUU", Euronews, 2 de septiembre de 2022, disponible en <https://es.euronews.com/2022/09/02/de-isle-de-jean-charles-a-schriever-nue-

La aparición de todos estos desafíos a los que el derecho internacional todavía no es capaz de dar respuesta ha provocado, en primer lugar, que la comisión de Derecho internacional lleve trabajando varios años[19] sobre la cuestión de la subida del nivel del mar en relación con todos aquellos aspectos del derecho internacional que tienen conexión con la idea de la estatalidad o la condición de estado (como el territorio o la población).

En segundo lugar, esos problemas para los cuales (por el momento) no hay una solución clara han conducido a la Asamblea General de las Naciones Unidas a remitir una solicitud de opinión consultiva a la Corte Internacional de Justicia sobre las obligaciones de los Estados en materia de cambio climático, gracias a la adopción –por consenso– de su Resolución 77/276 de 29 de marzo de 2023[20]. Las preguntas concretas que se han sometido a consideración de la Corte han sido las siguientes:

---

vo-hogar-para-los-primeros-refugiados-climaticos-de> [Última consulta: 30/09/2023].

19 La Comisión tomó la decisión de incluir la cuestión de la elevación del nivel del mar en relación con el Derecho internacional en el año 2018 ("Informe de la Comisión de Derecho Internacional", 70º periodo de sesiones, 2018, doc. A/73/10, p. 328).

20 A instancias de Vanuatu, que tomó el testigo de la carrera hacia la consecución de una opinión consultiva de la Corte iniciada años atrás por Palau. Recordemos que la competencia que tiene la Asamblea General de iniciar este procedimiento se la atribuye el art. 96 de la Carta de las Naciones Unidas., La solicitud fue presentada a la Corte por el Secretario General de las Naciones Unidas el día 12 de abril de 2023, y su Presidenta fijó como fecha límite para que los Estados y organizaciones puedan presentar declaraciones escritas con información relativa a las cuestiones sometidas a la Corte (ex. Art. 66.2 Estatuto de la Corte), el día 22 de enero de 2024 y, a partir de ahí y hasta el 22 de abril de 2024, se aceptarán comentarios escritos sobre las declaraciones escritas que se hayan presentado (art. 66.4 Estatuto). Entre las organizaciones que han recibido la autorización de la Corte hasta el momento para participar en el procedimiento a través de la presentación de información sobre la cuestiones objeto de consulta se encuentran la Unión Internacional para la Conservación

"¿Cuáles son las obligaciones que tienen los Estados en virtud del derecho internacional de garantizar la protección del sistema climático y otros elementos del medio ambiente frente a las emisiones antropógenas de gases de efecto invernadero en favor de los Estados y de las generaciones presentes y futuras?

¿Cuáles son las consecuencias jurídicas que se derivan de esas obligaciones para los Estados que, por sus actos y omisiones, hayan causado daños significativos al sistema climático y a otros elementos del medio ambiente, con respecto a: (1) los Estados, incluidos, en particular, los pequeños Estados insulares en desarrollo, que, debido a sus circunstancias geográficas y a su nivel de desarrollo, se ven perjudicados o especialmente afectados por los efectos adversos del cambio climático o son particularmente vulnerables a ellos; y (2) los pueblos y las personas de las generaciones presentes y futuras afectados por los efectos adversos del cambio climático?".

Si tomamos en consideración las últimas cuestiones que han sido sometidas al estudio de la Corte a través de procedimientos consultivos[21], podemos esperar que este órgano pronuncie su opi-

---

de la Naturaleza, la Comisión de los Pequeños Estados Insulares sobre Cambio Climático y Derecho Internacional, la Unión Europea, la Unión Africana, la Organización de Países Exportadores de Petróleo, la Organización de Estados de África, el Caribe y el Pacífico, el Grupo de Avanzada de Melanesia y la Agencia de Pesca del Foro de las Islas del Pacífico. Sobre esta solicitud de opinión consultiva a la Corte, pueden resultar de interés, entre otros, los trabajos de BODANSKY, D., *op. cit.*; o SPIJKERS, O., "United Nations General Assembly request for an advisory opinion of the International Court of Justice on the obligations of States in respect of climate change", *Chinese Journal of Environmental Law*, vol. 7, nº. 1, 2023, pp. 3–18.

21 Las tres últimas opiniones consultivas (sobre las consecuencias legales de la separación del archipiélago de Chagos de Mauricio en 1965, sobre la conformidad con el derecho internacional de la declaración unilateral de independencia de Kosovo, y sobre la sentencia del Tribunal Administrativo de la Organización Internacional del Trabajo) le han llevado a la Corte un trabajo de alrededor de dos años, mientras que

nión para el año 2025, dando así respuesta a una serie de interrogantes jurídicos con respecto a las obligaciones que pesan sobre los Estados en base al régimen internacional del cambio climático, y que supondrían un límite, en ese sentido, a su soberanía.

Y, en tercer lugar, y ante una posible negativa de la Asamblea General a someter estas cuestiones a la Corte, algunos pequeños Estados insulares –a través de la creación de la Comisión de Pequeños Estados Insulares sobre Cambio Climático y Derecho del Mar creada, podríamos decir, *ad hoc*–[22], presentaron una solicitud

---

solicitudes anteriores se resolvieron, en términos generales, en un año desde que fueron registradas.

22 A este respecto, el artículo 2.2 del Tratado por el que se crea la Comisión la faculta, precisamente, para solicitar opiniones consultivas al TIDM: "Having regard to the fundamental importance of oceans as sinks and reservoirs of greenhouse gases and the direct relevance of the marine environment to the adverse effects of climate change on Small Island States, *the Commission shall be authorized to request advisory opinions from the International Tribunal for the Law of the Sea* ("ITLOS") on any legal question within the scope of the 1982 United Nations Convention on the Law of the Sea, consistent with Article 21 of the ITLOS Statute and Article 138 of its Rules" (*énfasis añadido*). El Tratado puede ser consultado en la web de las Naciones Unidas, a través del siguiente enlace: https://treaties.un.org/Pages/showDetails.aspx?objid=08000002805c2ace y, sobre dicho texto jurídico, pueden consultarse los comentarios doctrinales de FREESTONE, D., BARNES, R. y AKHAVEN, P., "Agreement for the Establishment of the Commission of Small Island States on Climate Change and International Law (COSIS)", *The International Journal of Marine and Coastal Law*, vol. 37, nº. 1, 2022, pp. 166–178; MATERNA, M., "Agreement for the Establishment of the Commission of Small Island States on Climate Change and International Law", *International Legal Materials,* vol. 61, nº. 5, 2022, pp. 739-744; TANAKA, Y., "The role of an advisory opinion of ITLOS in addressing climate change: Some preliminary considerations on jurisdiction and admissibility", *Review of European, Comparative & International Environmental Law,* vol. 32, nº. 2, 2023, pp. 206-216; BARNES, R., "An advisory opinion on climate change obligations under international law: a realistic prospect?", *Ocean Development and International Law,* nº. 53, 2022, pp. 180-213; o MIRON, A., "COSIS request for an advisory opinion: a poisoned apple for the IT-

de opinión consultiva al TIDM el 12 de diciembre de 2022[23], con respecto a las obligaciones de los Estados parte de la Convención de Montego Bay para prevenir, reducir o controlar la contaminación del medio marino, por un lado y, por otro, para proteger y preservar el medio marino, todo ello en relación con los impactos del cambio climático, incluido el calentamiento de los océanos, el aumento del nivel del mar y la acidificación de los océanos, que son causados por las emisiones antropogénicas de gases de efecto invernadero a la atmósfera.

En virtud de la gran similitud que se observa entre las cuestiones elevadas tanto a la CIJ como al TIDM, cabría preguntarse si la más reciente solicitud de opinión consultiva a la Corte eliminaría la virtualidad del análisis del Tribunal de Hamburgo. Desde nuestra perspectiva[24], la decisión de ambos tribunales en este caso sería complementaria. Es decir, en la medida en que el TIDM centraría su pronunciamiento, sin duda, en las obligaciones concretas que pesan sobre los Estados parte de la Convención de Naciones Unidas sobre Derecho del Mar en relación con los efectos del cambio climático en el océano, y la Corte trataría de esclarecer, de modo genérico, las obligaciones nacionales en virtud del Derecho Internacional con relación al cambio climático, contaríamos con dos opiniones consultivas –una más amplia y genérica sobre Derecho internacional, no limitada a ninguna norma o Tratado, y otra más

---

LOS?", *The International Journal of Marine and Coastal Law,* vol. 38, nº. 2, 2023, pp. 249-269.

23 La solicitud de la opinión consultiva se encuentra disponible en la web del Tribunal (https://www.itlos.org/en/main/cases/list-of-cases/request-for-an-advisory-opinion-submitted-by-the-commission-of-small-island-states-on-climate-change-and-international-law-request-for-advisory-opinion-submitted-to-the-tribunal/) [Última consulta: 20/09/2023].

24 En este punto nos alineamos con la tesis de JIMÉNEZ PINEDA, E., "Hacia una opinión consultiva sobre cambio climático: a propósito de la solicitud de dictamen de la Comisión de Pequeños Estados Insulares al Tribunal Internacional del Derecho del Mar", *Revista Electrónica de Estudios Internacionales,* nº. 45, 2023, 23 pp. p. 6.

delimitada o perfilada, basada en las normas sobre Derecho del mar recogidas en la Convención de Montego Bay–, que se complementarían entre sí.

4. CONCLUSIONES

En definitiva, el cambio climático representa uno de los desafíos más urgentes y complejos a los que se enfrenta la humanidad en la actualidad. El Derecho internacional ha mostrado su capacidad de adaptación y evolución para hacer frente a estos desafíos. Sin embargo, la realidad nos muestra que aún queda mucho por hacer. Debemos continuar fortaleciendo los marcos legales internacionales existentes, promover una mayor cooperación entre los países y fomentar la implementación efectiva de las medidas, pues solo a través de un enfoque global, colectivo y solidario, podremos proteger nuestro planeta y asegurar un futuro sostenible para las generaciones venideras.

Pero, en el ínterin de ese proceso, las opiniones consultivas que arrojarán la CIJ y el TIDM pueden ser un punto de apoyo importante tanto para los actores más preocupados por los devastadores efectos del cambio climático (no lo podemos olvidar, en un momento en el que la litigación climática está en auge), como para los Estados más vulnerables, preocupados por los daños que están sufriendo en sus elementos territorio y población, y que deben velar por su seguridad.

5. BIBLIOGRAFÍA

ALVARES GARCÍA, A., "Nuevos desarrollos en materia de acción climática", en GILES CARNERO, R. (coord.), *Desafíos de la acción jurídica internacional y europea frente al cambio climático*, Atelier, Barcelona, 2018, pp. 25-42

BARNES, R., "An advisory opinion on climate change obligations under international law: a realistic prospect?", *Ocean Development and International Law*, nº. 53, 2022, pp. 180-213

BODANSKY, D., "Advisory opinions on climate change: Some preliminary questions", *Review of European, Comparative & International Environmental Law,* vol. 32, nº. 2, 2023, pp.185-192

FREESTONE, D., BARNES, R. y AKHAVEN, P., "Agreement for the establishment of the Commission of Small Island States on Climate Change and International Law (COSIS)", *The International Journal of Marine and Coastal Law,* vol. 37, nº. 1, 2022, pp. 166–178

GUITIÉRREZ ESPADA, C., "La contribución del Derecho internacional del medio ambiente al desarrollo del Derecho internacional contemporáneo", *Anuario de Derecho Internacional,* vol. XIV, 1998, pp. 113-200

JIMÉNEZ PINEDA, E., "Hacia una opinión consultiva sobre cambio climático: a propósito de la solicitud de dictamen de la Comisión de Pequeños Estados Insulares al Tribunal Internacional del Derecho del Mar", *Revista Electrónica de Estudios Internacionales,* nº. 45, 2023, 23 pp.

MARTÍN ARRIBAS, J. J., "La degradación de la capa de ozono: un enorme desafío para la comunidad internacional", *Revista Española de Derecho Internacional,* vol. XLVI, nº. 2, 1994, pp. 533-555

MATERNA, M., "Agreement for the establishment of the Commission of Small Island States on Climate Change and International Law", *International Legal Materials,* vol. 61, nº. 5, 2022, pp. 739-744

MIRON, A., "COSIS request for an advisory opinion: a poisoned apple for the ITLOS?", *The International Journal of Marine and Coastal Law,* vol. 38, nº. 2, 2023, pp. 249-269

RIPERT, G., *Les Forces Créatrices du Droit,* Librairie générale de droit et de jurisprudence, Paris, 1955

RODRIGO, A. J., "El Acuerdo de París sobre cambio climático: un nuevo tipo de tratado de protección de intereses generales", en BORRÀS PENTINAT, S. y VILLAVICENCIO CALZADILLA, P. (eds.), *El Acuerdo de París sobre el cambio climático: ¿un acuerdo histórico o una oportunidad perdida?,* Thomson Reuters Aranzadi, Pamplona, 2018, pp. 69-98

SPIJKERS, O., "United Nations General Assembly request for an advisory opinion of the International Court of Justice on the obligations of States in respect of climate change", *Chinese Journal of Environmental Law,* vol. 7, nº. 1, 2023, pp. 3–18

TANAKA, Y., "The role of an advisory opinion of ITLOS in addressing climate change: Some preliminary considerations on jurisdiction and admissibility", *Review of European, Comparative & International Environmental Law,* vol. 32, nº. 2, 2023, pp. 206-216

"Emissions Gap Report 2022: The closing window — Climate crisis calls for rapid transformation of societies", PNUMA y CONCITO, Nairobi, 2022

"Informe de la Comisión de Derecho Internacional", 70° periodo de sesiones, 2018, doc. A/73/10

"Technical dialogue of the first global stocktake: Synthesis report by the co-facilitators on the technical dialogue", doc. FCCC/SB/2023/9, de 8 de septiembre de 2023.

Resolución sobre la protección del clima mundial para las generaciones presentes y futuras, doc. A/RES/43/53, de 6 de diciembre de 1988

Saharauis, situación jurídica: primera aproximación

ALEJANDRO DÍEZ GUTIÉRREZ
Universidad de León

Resumen:

La mayor parte de las solicitudes de apátridas en España son de origen saharaui, la razón de ello se debe a los vínculos existentes entre España y el Sáhara, pues fue una colonia española hasta que en 1976 España lo abandonó, sin que se produjera una sucesión de Estados en dicho territorio, abocando a los saharauis a una situación de apatridia. A día de hoy el Sáhara es un Territorio No Autónomo del cual España sigue siendo su potencia administradora, existiendo una disparidad de criterios tanto doctrinales como jurisprudenciales, en torno a si llegó a ser parte de España o no.

Palabras clave: Sáhara Occidental - apatridia - territorio nacional – autodeterminación - sucesión de Estados

1. INTRODUCCIÓN

El pasado año 2022 se superó la cifra de 100 millones de personas sujetos de desplazamientos forzosos, suponiendo con ello un hito negativo en la historia de la humanidad. Dicha cifra se ha debido a diversas situaciones, tales como las guerras, las vulneraciones de derechos humanos, los regímenes violentos, así como las consecuencias derivadas del cambio climático, entre otras. Una parte de los desplazados ha tratado de que le sea reconocida la protección internacional, así como la condición de apátridas. Respecto de los primeros, el número de solicitudes de protección internacional en España en el año 2022 ha resultado ser de 118.842, de un total de 963.067 solicitudes en la Unión Europea, lo que nos posiciona en el tercer país con mayor número de solicitudes, por detrás de Francia y Alemania. En relación con las solicitudes para el reconocimiento del estatuto de apátrida, fueron presentadas en España 1.084, y el 95,4% provinieron de originarios saharauis[1].De hecho, se debe tener en cuenta que un 94,59% de las solitudes de los últimos años son de origen saharaui, pudiendo dictaminarse que la población apátrida residente en España es esencialmente saharaui[2].

Por ello, resulta necesario profundizar en la situación concreta del Sáhara Occidental para así poder comprender la razón por la cual son la mayor comunidad apátrida existente en nuestro país, y también con el objetivo de comprender y analizar su *status* jurídico. Para alcanzar dichos objetivos previamente se debe tener una breve noción del contexto histórico del Sáhara Occidental, que se detallará a continuación.

2. Contexto histórico Sáhara Occidental[3]

La presencia de España en el Sáhara se remonta al siglo XIV, cuando el Reino de Castilla firmó con el de Portugal el Tratado de Alcaçovas-Toledo el 4 de septiembre de 1479, mediante el cual se otorgaba al primero parte del territorio del Sáhara (la costa entre el cabo Güer y el cabo Bojador)[4]. Sin embargo, el proceso de colonización destaca en torno al año 1877, siendo posteriormente

---

1 CEAR, *Informe 2023: Las personas refugiadas en España y Europa,* Madrid, 2023, 1-133.

2 HERNÁNDEZ MORENO, N., *Apatridia en España. Estatuto jurídico y mecanismos para su prevención,* 1ªEd., Tirant Lo Blanch, Valencia, 2022, 292; OAR, *Asilo en cifras 2021,* Ministerio del Interior, Gobierno de España, 2022, 131-132.

3 MORGENTHALER GARCÍA, L., "El español en el Sahara Occidental: entre el olvido y el desorden", *Estudios de Lingüística del español,* 37, 2016, 198-199; GIMENO MARÍN, J.C., Sahara Occidental: última colonia de África, *Tensões Mundiais Fortaleza,* Vol. 13, Núm. 25, 2017,18; JIMÉNEZ SÁNCHEZ, C., El Conflicto del Sáhara Occidental: El Papel del Frente Polisario, 1ª Ed., Tirant Lo Blanch, Valencia, 2021, 17-95.

4 ÉRAOUI, Z., "Sahara Occidental: El Conflicto Olvidado", *Revista de Estudios,* Universidad Costa Rica, Núm. 17, 2003, 217.

en la década de los años 80 del siglo XIX, a raíz de la Conferencia de Berlín de 1884, cuando las distintas potencias de la época se repartieron las diversas regiones de África[5].

El 27 de noviembre de 1912 España y Francia alcanzaron un acuerdo mediante el que delimitaron las fronteras del Sáhara Español, así como las colonias francesas de Argelia, Marruecos y Mauritania. Sin embargo, no fue hasta el año 1956 cuando comenzó la "etapa de provincialización", consistente en el intento de llevar a cabo una asimilación jurídica entre España y el Sáhara, aplicando para ello la normativa española en dicho territorio. De hecho, con la finalidad de conformar el Sáhara como una provincia española se constituyó un Decreto de 21 de agosto de 1956, para así demostrar que no existían colonias españolas en el Sáhara[6]. La asimilación jurídica se instauró mediante el Decreto de 10 de enero de 1958, y la Ley 8/61 de 19 de abril de 1961, completándose más tarde a través de los Decretos del 14 de diciembre de 1961 y de 29 de noviembre de 1962. Es en esta década de los años 60 cuando la Organización de las Naciones Unidas (ONU) decide que debe ponerse fin al colonialismo, por lo que emite la Resolución 1514 (XV) de 1960 mediante su Asamblea General, en la cual se hace alusión al derecho a la libre determinación de los pueblos. España, sin embargo, evadió dicha Resolución, por lo que, en 1963, se reconoció al Sáhara Occidental como Territorio No Autónomo, siendo España su potencia administradora[7].

El período de colonización conllevó que los saharauis se agruparan y constituyeran el Frente Popular de Liberación de Sakiet

---

5 Acta General de la Conferencia de Berlín, de 26 de febrero de 1885: [https://www.dipublico.org/3666/acta-general-de-la-conferencia-de-berlin-26-de-febrero-de-1885/].

6 MENDOZA SERRANO, R., *Situación jurídica del Sahara Occidental en base al Derecho Internacional*, CEDESPAZ, 2008, 5.

7 ÉRAOUI Z., *op.cit.*, 218; PÉREZ MILLA, J., "Travesía hacia la nacionalidad española: oasis y desiertos en el Sahara", *Revista General de Legislación y Jurisprudencia*, Núm. 3, 2011, 418-419; JIMÉNEZ SÁNCHEZ, C., *op.cit.*,19-25.

el Hamra y Río de Oro, conocido como Frente Polisario[8]. Ello, conllevó un clima de hostilidades que dio pie a negociaciones sobre el régimen político a aplicar sobre el Sáhara, por parte de sus potencias vecinas Mauritania y Marruecos, y España. Sin embargo, fruto de las discrepancias existentes entre estos, decidieron someter la cuestión a la Corte Internacional de Justicia, que resolvió en Dictamen Consultivo, el 16 de octubre de 1975, considerando en primer lugar que el Sáhara Occidental no debe entenderse como *terra nullius*, precisamente porque ya existía una organización social y política en dicho territorio, lo que conlleva una identidad propia. La segunda cuestión analizada entiende que entre algunas de las tribus habitantes del Sáhara y el Sultán de Marruecos existía un cierto vínculo de lealtad, lo que fue aprovechado por este país para invadir el Sáhara, a través de la marcha Verde, dirigida por el Rey Hasán II, expulsando con ello a los españoles[9].

Una vez invadido el territorio saharaui, se firmó la "Declaración de Principios de Madrid", que supuso la retirada de España respecto del Sáhara, siendo este ocupado por Marruecos y Mauritania. Dicho Acuerdo fue criticado, puesto que España no podía extinguir sus responsabilidades para con el Sáhara, sin que antes

---

8 FUENTE COBO, I., "La dimensión militar y diplomática del conflicto del Sahara" en *El conflicto del Sahara Occidental*, Ministerio de Defensa e Instituto de Estudios Internacionales y Europeos "Francisco de Vitoria", Universidad Carlos III de Madrid, 2006, 33.

9 SOLANO JIMÉNEZ, M. Y., "Los saharauis: el éxodo de un pueblo sin rostro", *Revista Academia y Virtualidad*, Vol.2, Núm. 1, Universidad Militar Nueva Granada, Colombia, 2009, 132; JIMÉNEZ MANCHA, J. C., "Comentario a la sentencia del Tribunal Supremo de 29 de mayo de 2020 (207/2020): Inaplicabilidad del artículo 17.1.c) del CC a los nacidos en territorio no autónomo del Sáhara durante la dominación colonial de España. Controversia sobre la consideración del Sáhara Occidental como "territorio español" y sobre si los saharauis tenían la nacionalidad española en ese momento" en *Comentarios a las sentencias de unificación de doctrina civil y mercantil*, Vol. 12, Dykinson, Madrid, 2020, 212-213; JIMENEZ SÁNCHEZ, C., *El Conflicto del Sáhara Occidental: El Papel del Frente Polisario*, 1° Ed., Tirant Lo Blanch, Valencia, 2021, 27-37.

este pueblo hubiera alcanzado su autodeterminación e independencia, dado que nuestro país únicamente era potencia administradora del Sáhara[10], además, debía considerarse nulo por ir en contra de la libre determinación de los pueblos, quebrantando por ende una norma imperativa *ius cogens*, y teniendo en cuenta que los Estados que firmaron el Acuerdo carecen de legitimación para poder disponer del Sáhara[11].Tras un período de inestabilidad, el 27 de febrero de 1976, se proclamó la independencia de la República Árabe Saharaui Democrática (RASD) por parte del Frente Polisario, con la idea de conformar un Estado independiente, libre, soberano, democrático, árabe, Islámico, y progresista, con forma de República[12]. Coincidiendo con dicha proclamación, España abandonó el territorio saharaui. Para ello, se sirvió de la Ley de 19 de noviembre de 1975 sobre Descolonización del Sáhara. Más tarde, en 1979, Mauritania abandonó también el Sáhara, quedando únicamente Marruecos como potencia ocupante del mismo. Actualmente, el Sáhara sigue siendo un "Territorio No Autónomo", encontrándose pendiente su descolonización, y residiendo gran parte de saharauis en campamentos de refugiados en Argelia, esperando a que llegue el día en que puedan celebrar su referéndum de autodeterminación[13].

---

10 MAHMUD AWAH, B., "Bujari Uld Ahmed Uld Barical-la, el ilustre saharaui del s. XX" en *Sáhara Occidental: Del abandono colonial a la construcción de un estado*, 1ª Ed., Pregunta ediciones, Zaragoza, 2019, 34.

11 JIMÉNEZ SÁNCHEZ, C., *op. cit.*, 38-50.

12 Carta de Proclamación de la Independencia y Constitución de la República Árabe Saharaui Democrática.

13 RIQUELME CORTADO, R., "Marruecos frente a la (des)colonización del Sáhara Occidental", *Anuario Mexicano de Derecho Internacional*, Vol. XIII, 2013, 205-210; LÓPEZ BARONI, M.J., "Apátridas saharauis en España: Europa y su memoria", *Anuario Mexicano de Derecho Internacional*, Vol. XIV, 2014, 384; JIMÉNEZ SÁNCHEZ, C., *op. cit.*, 49-50.

3. SITUACIÓN JURÍDICA

Para poder comprender la situación del Sáhara es necesario partir de la Ley 40/1975 sobre descolonización del Sáhara, según la cual se entiende que han existido similitudes en el régimen de administración de este territorio con el de las demás provincias, pero que realmente nunca ha llegado a formar parte del territorio nacional. Dicha consideración entra en conflicto con la provincialización del Sáhara, perseguida mediante el Decreto de la Presidencia de 10 de enero de 1958 y la Ley 8/61 de 19 de abril sobre Organización del Régimen Jurídico del Sáhara, normas que interpretan al Sáhara como otra provincia del Estado Español, con su correspondiente derecho de representación en las Cortes y en otros organismos públicos. Es más, el Sáhara pasa a ser conocido como la provincia número 53 con capital en El Aaiún, y con un sistema administrativo, laboral y judicial bastante similar al de otras provincias[14].

En este contexto habría que añadir el hecho de que en el Sáhara no se produjo una verdadera sucesión de Estados, lo que conllevó dejar a su población en una situación de indefensión, que se mantiene a día de hoy, no siendo reconocido como Estado por gran parte de la Comunidad Internacional, y derivando a que los saharauis acabasen cayendo en una situación de apatridia, pues no se les reconoció ni nacionalidad propia ni nacionalidad española. Dicha inseguridad proviene en especial de que, tras la Ley de descolonización del Sáhara, se dictó un Real Decreto 2258/1976 de 10 de agosto, sobre opción de la nacionalidad espa-

---

14 En 1971 se promulgó una Orden sobre el régimen que afectaba a los funcionarios españoles de ascendencia saharaui de la Administración Civil de la Provincia del Sáhara, dictaminando en su artículo 14.1 que una de las causas de pérdida de su condición sería la pérdida de su nacionalidad española: MARTÍNEZ ESCRIBANO, C., "La nacionalidad de las personas nacidas en el antiguo Sáhara Español", *Derecho Privado y Constitución*, Núm. 38, 2021, 53-54.

ñola por parte de los naturales del Sáhara[15]. Esta norma daba la oportunidad de optar por la nacionalidad española a los saharauis residentes en territorio nacional, que se encontrasen provistos de documentación española, e igualmente a los que se hallasen fuera del territorio nacional y tuviesen un pasaporte español, un documento nacional de identidad bilingüe, o estuviesen recogidos en los registros de la representación española en el extranjero. Este derecho debía ejercitarse en el plazo de 1 año desde que el Real Decreto entrase en vigor. La principal consecuencia derivada de no ejercitarlo en plazo consistió en la pérdida de la posibilidad de tener la nacionalidad española, lo que fue y ha sido ampliamente criticado tanto por la doctrina como por la jurisprudencia. De este modo, GONZÁLEZ URIEL interpreta que esta norma va en contra del art. 3.1 del CC, pues las normas han de valorarse en función del contexto social del momento, por lo que cabe resaltar que el plazo de 1 año que concedía la normativa para hacer valer el derecho de opción es escaso, y más bien parece una alternativa rápida adoptada por España para poner fin a todo lo concerniente a la descolonización, derivando en que antiguos nacionales españoles, como eran los saharauis, terminasen bajo dominio marroquí, al perder lo que en términos de SOROETA LICERAS, era la oportunidad de "plenificar" una nacionalidad que ya poseían, como era la española, siendo con ello, abocados a una apatridia colectiva[16].

---

15 ORTEGA GIMÉNEZ, A., "Nacionalidad española de los habitantes del Sáhara Occidental. Comentario a la Sentencia de la Audiencia Provincial de Barcelona, de 11 de noviembre de 2019", *Cuadernos de Derecho Transnacional*, Vol. 12., Núm. 2, 2020, 1111; MARTÍNEZ ESCRIBANO, C., *op. cit.*, Núm. 38, 2021, 54.

16 SOROETA LICERAS, J., "La problemática de la nacionalidad de los habitantes de los territorios dependientes y el caso el Sáhara Occidental", *Anuario español de derecho internacional*, Núm.15, 1999, 659-660; GONZÁLEZ URIEL, D., "Cuestiones jurídicas sobre el Sáhara Occidental (Libre determinación de Estado y nacionalidad de su población)", *Revista Galega de Administración Pública*, Núm. 46, 2013, 377-378.

De igual modo que los juristas critican dicho Real Decreto, la jurisprudencia del Tribunal Supremo comparte su opinión; así puede vislumbrarse en la Sentencia de dicho Tribunal de 17 de octubre de 1984[17]. En la misma se comenta que optar no es lo mismo que obtener, y es que la primera alternativa se facilita a quiénes han sido naturales de una provincia que por aquel entonces fue española, como ocurrió en el Sáhara, y tienen documentación nacional de identidad. Y dice a continuación la resolución, y a las que se les ha concedido "la posibilidad de elegir entre la nacionalidad española, o aceptar la nacionalidad del país que adquirió la soberanía sobre los territorios saharauis, pero siempre, insistimos, dentro de un contexto de previa consideración de españoles". En base a lo ya expuesto, debemos valorar si la situación analizada encierra una vulneración del art. 14 de la Constitución Española (derecho de igualdad), vinculada con los arts. 10 (derechos a la dignidad y desarrollo de la personalidad), 11.2 (prohibición de la privación de la nacionalidad a los españoles de origen), 24 (derecho

---

En igual sentido se ha manifestado VARGAS GÓMEZ-URRUTIA, quien también opina, compartiendo con ello el voto particular emitido respecto de la sentencia del Tribunal Supremo de 29 de mayo de 2020 por la magistrada PARRA LUCÁN, que el objeto de la norma de 1976 ya aludida, era eliminar cualquier relación existente con los saharauis, llegando a considerar que en vedad era una carta de naturaleza especial emitida por el Ministerio de Justicia, al no disponer los requisitos esenciales del derecho de opción, tales como la renuncia a la nacionalidad propia, el juramento de fidelidad ante el Jefe del Estado, o la inscripción en el registro civil competente. Lo cual, daba atender que se iba producir una sucesión de Estados, que no se ha dado. Es más, a través de la norma comentada, se acabó por privar de nacionalidad española a los que ya lo eran, teniendo en cuenta el ordenamiento de ese tiempo. VARGAS GÓMEZ-URRUTIA, M., "Nacimiento en el Sáhara Occidental durante la etapa colonial y cuestiones de nacionalidad (STS 207/2020, de 29 de mayo. Sala de lo civil. Pleno)", *Cuadernos de Derecho Trasnacional*, marzo, Vol. 13, Núm. 1, 2021, 1123-1131.

17 Sentencia del Tribunal Supremo de 17 de octubre de 1984, ponente José María RUIZ-JARABO FERRÁN.

a la tutela judicial efectiva), así como con el art. 96 (incorporación de los tratados internacionales) de la Constitución[18].

Es necesario partir de la sentencia de la Sala Primera del Tribunal Supremo de 28 de octubre de 1998[19] para poder entender la complejidad de la problemática suscitada en relación con la nacionalidad de los saharauis. Precisamente, a través de ella, podemos resaltar la contradicción existente en la legislación española relativa a la colonia del Sáhara Occidental, puesto que en el transcurso del período de colonización se buscó lograr una asimilación o equiparación jurídica entre este territorio respecto de las demás provincias de España, es decir, como parte misma del territorio metropolitano, y por ende, del propio territorio español. La resolución analizada del 98 considera de hecho que la asimilación del Sáhara fue completada, y que si bien es cierto podían existir algunas diferencias a nivel social y jurídico privado, se trataba de "simples modalidades forales" presentes a nivel provincial. A continuación, esta sentencia hace alusión a la Ley de 19 de abril de

---

18 Dicha preocupación es tratada por TALEBBUIA HASSAN, que a mayores opina que el Real Decreto de 1976 va en contra del principio de jerarquía normativa, pues tata de alcanzar un resultado que el Ordenamiento Jurídico prohíbe (tal como indica el art. 6 del Código Civil). Asimismo, considera que puede que la Administración haya actuado con abuso de derecho y uso antisocial de este, dado que incumplió sus obligaciones de proteger y auxiliar al Sáhara, establecidas en los arts. 73 y 74 de la Carta de las Naciones Unidas. Entiende que la norma resultaba en la práctica difícil de llevar a cabo dada la inestabilidad política y el conflicto bélico que afectaba al país, y más teniendo en cuenta, que gran parte de la comunidad saharaui se vio obligada a desplazarse a Argelia. De nuevo, alude a que la norma encerraba una privación de la nacionalidad española respecto de los saharauis: TALEBBUIA HASSAN, S. «Nacionalidad española de los saharauis: comentario a la sentencia del Tribunal Supremo 207/2020, 2020, Abogacía Española Consejo General» [en línea], (2020), <https://www.abogacia.es/actualidad/opinion-y-analisis/nacionalidad-espanola-de-los-saharauis-comentario-a-la-sentencia-del-tribunal-supremo-207-2020/ >. [Consulta: 16/10/2022.]

19 Sentencia del Tribunal Supremo núm. 1026/1998, de 28 de octubre (recurso de casación núm. 617/1996). *Tol 5157182.*

1961, la cual perseguía la homogenización del territorio nacional, por ello, se establece una remisión a la sentencia del Tribunal Supremo de 22 de febrero de 1977 (*Tol 4247375*), que entiende El Aaiún como que "era una provincia española y la palabra España comprendía todo el territorio nacional". Esta consideración se contrapone con la Ley de descolonización del Sáhara de 1976, dado que, en el preámbulo de la misma, establece que, aunque el Sáhara presentase analogías al régimen provincial en lo que se refiere a su administración, no llegó a ser parte del territorio nacional. La sentencia, a continuación, dispone que los saharauis sí que poseían la nacionalidad española, al dictaminar que "los naturales del territorio colonial carecen de una nacionalidad distinta de los del Estado colonizador, dado que no poseen una organización estatal propia". Si bien es cierto, también considera que coexisten varios estatutos jurídicos en la población, estableciendo restricciones al "*status civitatis*" de los colonizados, distinguiendo por un lado los nacionales-ciudadanos, y, por otro lado, los nacionales-súbditos[20].

En contraposición a la consideración expuesta en la sentencia ya aludida, dictada por la Sala Primera del Tribunal Supremo, nos encontramos con la jurisprudencia emanada de la Sala Tercera de dicho tribunal, en concreto, es necesario hacer alusión a la resolución de 7 de noviembre de 1999[21], que vuelve a tratar la controver-

---

20 Esta resolución hace hincapié en que el Real Decreto 2258/1976 diferenciaba a los saharauis que residían en territorio nacional, en otras palabras, en territorio metropolitano, a los que para optar se les requería encontrarse provistos de "documentación general española", considerada esta con carácter genérico referente a cualquier documento del que se pueda constatar un vínculo con España; de aquellos que residían fuera del territorio nacional, que poseerán documentación específica, como el documento nacional de identidad bilingüe emitido por las autoridades españolas, el pasaporte español, o también de modo alternativo estén en el Registro de las representaciones españolas en el extranjero.

21 Sentencia del Tribunal Supremo de 7 de noviembre de 1999 (recurso de casación núm. 6266/1995). *Tol 1715647*.

sia suscitada acerca de si el Sáhara llegó a ser parte del territorio nacional a los efectos de la adquisición de la nacionalidad española, partiendo que en este supuesto en concreto el recurrente no cumplía el criterio o requisito de nacer en territorio español, puesto que en particular, y contrariando a la jurisprudencia de la Sala Primera, la Sala Tercera entiende que el Sáhara nunca llegó a ser parte del territorio nacional, ello, de acuerdo con lo dispuesto en la exposición de motivos de la Ley 40/1975. En esta sentencia el tribunal, con el fin de despejar dudas, profundiza en la teoría general del Estado; la misma distingue por un lado el territorio metropolitano del territorio colonial, partiendo de que el término de "territorio español" tiene una doble acepción. En un lado nos encontraríamos con una consideración amplia, la que comprendería todos los espacios físicos sometidos a la autoridad española y a sus leyes, abarcando, por tanto, las posesiones. Por el otro lado, también se encuentra una acepción más restringida, lo que se entiende como ciertamente territorio nacional, que excluye tanto las posesiones como las colonias y los protectorados. De este modo la sentencia precisa que el territorio se conoce como el "ámbito espacial sobre el que el derecho internacional reconoce soberanía al Estado"; debiéndose diferenciar el metropolitano del colonial[22]. Teniendo en cuenta la existencia de esta distinción, el tribunal determina que tanto el Sáhara como Ifni y Guinea se trataban de territorios españoles que no llegaron a formar parte del territorio nacional, considerando que únicamente se llamará territorio nacional al que "poblado de una colectividad de ciudadanos españoles en la plenitud de sus derechos, constituye una unidad administrativa de la Administración local española [...] y que, cualquiera que sea su organización, no goce de otra personalidad internacional ni de otro derecho de autodeterminación que

22 El metropolitano se puede entender como aquel que es esencial, infungible, inalienable, imprescriptible y vinculado, por lo que el Estado lo necesita para ser en sí mismo Estado, disponiendo de protección reforzada por ello. Sin embargo, el territorio colonial es fungible, alienable, prescriptible, accidental, de libre disposición, y está protegido de forma ordinaria.

el que a la nación corresponda como un todo". De todo ello, se extrae, según lo expuesto, que el Sáhara ha de considerarse como un territorio español, pero no como un territorio nacional; siendo un espacio o lugar sujeto a la autoridad española[23].

3.1. Sentencia del Tribunal Supremo número 207/2020 de 29 de mayo

La controversia emanada entorno a si el Sáhara Occidental llegó a formar parte del Estado español se ha mantenido hasta nuestros días, tratando de resolverse en la polémica sentencia del Tribunal Supremo de 29 de mayo de 2020 (*Tol 7951165*). En ella se dictamina que el Sáhara no constituía parte de España en lo referente al art. 17 CC, en concreto al apartado 17.1.c) CC, que versa sobre la nacionalidad de origen, concluyendo por ende que no son nacionales de origen los que hayan nacido en el Sáhara Occidental antes de su descolonización, correspondiéndoles la condición de apátridas. Este tribunal considera que lo más adecuado es cumplir lo establecido en la ley sobre descolonización del Sáhara y también en el Real Decreto de 1976, analizado previamente. De acuerdo con ambos se extrae que el Sáhara fue una colonia española, pero que no fue España a los efectos de la nacionalidad de origen, de tal modo que resuelve que "no son nacidos en España quienes nacieron en un territorio durante la etapa en que fue colonia española". Además, esta afirmación sigue en cierto modo la estela de otras resoluciones de la Sala Tercera del Tribunal

---

23 En esta resolución se menciona que la provincialización fue más bien una forma de mejorar la organización administrativa, y no tanto una asimilación jurídica. Además, una razón esencial por la que no se puede entender el Sáhara como territorio nacional tiene que ver con que tanto la entrada como la residencia y permanencia en las colonias y territorios coloniales están sujetas a una autorización administrativa, lo que confronta el derecho de fijar la residencia, propio del *status civitatis*.

Supremo de 20 de noviembre de 2007[24] y de 18 de julio de 2008[25], las cuales proceden a reconocer como apátridas a los nacidos en el Sáhara Occidental.

Respecto de dicha resolución se ha emitido un voto particular por la magistrada PARRA LUCÁN, al que se adhirieron los magistrados SALAS CARCELLER y SARAZÁ JIMENA. En el mismo se menciona que el hecho de que el territorio colonial tenga un régimen jurídico distinto al del Estado administrador no equivale a que sus ciudadanos sean privados de sus derechos, lo que entienden que se produjo con el Real Decreto 2258/1976. En concreto la privación de la nacionalidad española iría en contra del art. 11.2 CE, que impide dicha privación a los nacionales de origen. Además, recuerda que en 1982 cuando se introdujo el art. 17.1.c) CC, se utilizaban indistintamente los términos "España" y "territorio español"[26].

---

24 Sentencia del Tribunal Supremo de 20 de noviembre de 2007 (recurso de casación núm. 10503/2003). *Tol 1256603.*

25 Sentencia del Tribunal Supremo de 18 de julio de 2008 (recurso de casación núm. 555/2005). *Tol 1352995.*

26 Al igual que en la jurisprudencia, la doctrina también resulta contradictoria, pues algunos autores como JIMÉNEZ MANCHA se manifiestan a favor de la opinión mayoritaria del Tribunal Supremo, considerando que para poder valorar la nacionalidad de los saharauis y de sus descendientes nacidos en el Sáhara en período colonial es necesario acudir a la normativa propia de aquel momento, interpretando que los saharauis nunca han poseído la nacionalidad española. Aunque opina que, si en algún momento hubiesen poseído la nacionalidad española, el derecho de opción iría en contra del ordenamiento jurídico: JIMÉNEZ MANCHA, J.C., "Comentario de la sentencia del Tribunal Supremo de 29 de mayo de 2020 (207/2020): Inaplicabilidad del art. 17.1.c) del CC a los nacidos en territorio no autónomo del Sáhara durante la dominación colonial de España. Controversia sobre la consideración del Sáhara Occidental como "territorio español" y sobre si los saharauis tenían la nacionalidad española en ese momento" en *Comentarios a las sentencias de unificación de doctrina civil y mercantil*, Vol.12, 2020, Dykinson, Madrid, 203-218. Por otro lado, VARGAS GÓMEZ-URRUTIA comparte el criterio del voto particular, al entender que el Derecho Inter-

De acuerdo con esta resolución, se ha establecido una corriente jurisprudencial que no considera posible el reconocimiento de la nacionalidad española a los saharauis a través de la nacionalidad de origen, debiendo acudir al estatuto de apátridas[27].

4. CONCLUSIONES

Una vez se ha profundizado en la situación jurídica del Sáhara Occidental, partiendo de su contexto histórico-político, se pueden extraer las siguientes conclusiones:

---

nacional no puede privar de derechos a los habitantes de los territorios coloniales, y considera que el estatuto de apátrida se asemeja en cierto modo a la condición de nacional, pero resulta insuficiente: VARGAS GÓMEZ-URUTIA, M., *op. cit.*, 1123-1131. Igualmente, comparte el voto particular TALEBBUIA HASSAN, recordando que el Código Civil vigente en el período colonial decía en su artículo 17 "son españolas las personas nacidas en territorio español", recordando que en la ley del Registro Civil de 1957 se utilizaban indistintamente "territorio español" y "España": TALEBBUIA HASSAN, S., *op. cit.*, s/p.

27 A pesar de ello, es preciso mencionar que actualmente se encuentra en tramitación una Proposición de Ley sobre concesión de la nacionalidad española a los saharauis que nacieron bajo soberanía española, la cual pretende ofrecer varias vías posibles de acceso a la nacionalidad española, buscando con ello, reparar en parte el daño ocasionado al Sáhara y a su gente. Las vías previstas son la concesión de la nacionalidad por carta de naturaleza a los saharauis nacidos en el Sáhara occidental bajo soberanía española, antes del 26 de febrero de 1976 por ende, aun no teniendo residencia legal en España, debiendo acreditar su condición como saharauis. La segunda vía es un derecho de opción para los descendientes en primer grado de consanguinidad de los saharauis naturalizados por la anterior vía. Y la última posibilidad se basa en la modificación del art. 22 CC con el fin de que prevea un plazo reducido de 2 años para conceder la nacionalidad por residencia a los saharauis. Proposición de ley: [https://www.congreso.es/public oficiales/L14/CONG/BOCG/B/BOCG-14-B-237-1.PDF] ; Acuerdo subsiguiente a la toma en consideración: [https://www.congreso.es/public oficiales/L14/CONG/BOCG/B/BOCG-14-B-237-3.PDF].

Primera: Los saharauis son la mayor comunidad apátrida residente en España: La razón de ello radica en los vínculos y los lazos que existen entre el Sáhara y España. Precisamente, emanan del período colonial, dado que el Sáhara fue una colonia española hasta 1975, siendo abandonado por España de modo definitivo en 1976, momento en que resultó ser invadido por su país vecino, Marruecos.

Segunda: El Sáhara es un Territorio No Autónomo: Esta afirmación se debe a que España evadió las resoluciones de las Naciones Unidas en materia de descolonización, de tal modo que, en el Sáhara, cuando España lo abandonó, no se produjo una verdadera Sucesión de Estados, dejando a su gente en una clara situación de inestabilidad jurídica y política, razón por la que ya se ha expuesto que la mayoría acabaron cayendo en una situación de apatridia. Debido a la no Sucesión de Estados, España sigue siendo a día de hoy la potencia administradora del Sáhara, pudiendo obtener este territorio su ansiada autonomía mediante la celebración de un referéndum de autodeterminación que parece muy lejos de poder realizarse.

Tercera: ¿El Sáhara llegó a ser parte de España?: Esta cuestión ha sido ampliamente debatida, tanto a nivel jurisprudencial como doctrinal, dado que el Sáhara llegó a considerarse como la provincia número 53 del Estado Español, fruto de la labor de provincialización y de asimilación jurídica llevada a cabo con respecto a este territorio. De hecho, la Sala Primera del Tribunal Supremo, en su sentencia de 28 de octubre de 1998 sentó una corriente que entendía que la asimilación del Sáhara con el resto de las provincias españolas era completa, considerando, de acuerdo con la Sentencia de este Tribunal de 22 de febrero de 1977, que España comprendía todo el territorio nacional, lo que incluía el Aaiún, dado que era una provincia como las demás. Sin embargo, la Sala Tercera del TS sienta otra corriente jurisprudencial a través de su sentencia de 7 de noviembre de 1999, la cual parte de la distinción entre territorio colonial y territorio metropolitano, interpretando que el Sáhara era un territorio español, pero que no llegó a formar parte del territorio nacional. Recientemente, el TS ha resuelto en la polémica sentencia de 29 de mayo de 2020 que nacer en el Sáhara no equivalía a nacer en España en lo referente a la nacionalidad de origen. A pesar de ello, esta resolución presenta un voto particular muy interesante que manifiesta que el Código Civil en su redacción de 1982 en lo que a la nacionalidad de origen se refiere, no hacía distinciones entre nacer en "España" o en "territorio español".

Cuarta: En base a lo analizado y escrito previamente, considero que España tiene una deuda pendiente con el Sáhara y con su gente, en primer lugar, porque ocupamos su territorio, Y posteriormente les abandonamos, buscando eliminar cualquier vínculo de conexión con ellos, despojándoles de su consideración como españoles. Y para tratar de reparar nuestra conducta, actualmente está en tramitación parlamentaria una ley que busca facilitarles el acceso a la nacionalidad española, aunque la mayoría espera poder celebrar en un futuro su referéndum de autodeterminación para poder poseer una identidad propia.

5. BIBLIOGRAFÍA

CEAR, *Informe 2023: Las personas refugiadas en España y Europa*, Madrid, 2023.

ÉRAOUI, Z., "Sahara Occidental: El Conflicto Olvidado", *Revista de Estudios*, Universidad Costa Rica, Núm. 17, 2003, 217-227.

FUENTE COBO, I., "La dimensión militar y diplomática del conflicto del Sahara" en *El conflicto del Sahara Occidental*, Ministerio de Defensa e Instituto de Estudios Internacionales y Europeos "Francisco de Vitoria", Universidad Carlos III de Madrid, 2006, 11-144.

GIMENO MARÍN, J.C., Sahara Occidental: última colonia de África, *Tensões Mundiais, Fortaleza*, Vol. 13, Núm. 25, 2017,17-35.

GONZÁLEZ URIEL, D., "Cuestiones jurídicas sobre el Sáhara Occidental (Libre determinación de Estado y nacionalidad de su población)", *Revista Galega de Administración Pública*, Núm. 46, 2013, 343-384.

HERNÁNDEZ MORENO, N., *Apatridia en España. Estatuto jurídico y mecanismos para su prevención*, 1ªEd., Tirant Lo Blanch, Valencia, 2022.

JIMÉNEZ MANCHA, J. C., "Comentario a la sentencia del Tribunal Supremo de 29 de mayo de 2020 (207/2020): Inaplicabilidad del artículo 17.1.c) del CC a los nacidos en territorio no autónomo del Sáhara durante la dominación colonial de España. Controversia sobre la consideración del Sáhara Occidental como "territorio español" y sobre si los saharauis tenían la nacionalidad española en ese momento" en *Comentarios a las sentencias de unificación de doctrina civil y mercantil,* Vol. 12, Dykinson, Madrid, 2020, 199-218.

JIMÉNEZ SÁNCHEZ, C., *El Conflicto del Sáhara Occidental: El Papel del Frente Polisario,* 1ª Ed., Tirant Lo Blanch, Valencia, 2021.

LÓPEZ BARONI, M.J., "Apátridas saharauis en España: Europa y su memoria", *Anuario Mexicano de Derecho Internacional,* Vol. XIV, 2014, 381-433.

MAHMUD AWAH, B., "Bujari Uld Ahmed Uld Barical-la, el ilustre saharaui del s. XX" en *Sáhara Occidental: Del abandono colonial a la construcción de un estado,* 1ª Ed., Pregunta ediciones, Zaragoza, 2019, 19-26

MARTÍNEZ ESCRIBANO, C., "La nacionalidad de las personas nacidas en el antiguo Sáhara Español", *Derecho Privado y Constitución,* Núm. 38, 2021,49-79.

MENDOZA SERRANO, R., *Situación jurídica del Sahara Occidental en base al Derecho Internacional,* CEDESPAZ, 2008.

MORGENTHALER GARCÍA, L., "El español en el Sahara Occidental: entre el olvido y el desorden", *Estudios de Lingüística del Español,* 37, 2016, 197-215.

OAR, *Asilo en cifras 2021,* Ministerio del Interior, Gobierno de España, 2022.

ORTEGA GIMÉNEZ, A., "Nacionalidad española de los habitantes del Sáhara Occidental. Comentario a la Sentencia de la Audiencia Provincial de Barcelona, de 11 de noviembre de 2019", *Cuadernos de Derecho Transnacional,* Vol. 12., Núm. 2, 2020, 1110-1118.

PÉREZ MILLA, J., "Travesía hacia la nacionalidad española: oasis y desiertos en el Sahara", *Revista General de Legislación y Jurisprudencia,* Núm. 3, 2011, 417- 454.

RIQUELME CORTADO, R., "Marruecos frente a la (des)colonización del Sáhara Occidental", *Anuario Mexicano de Derecho Internacional,* Vol. XIII, 2013, 205-265.

SOLANO JIMÉNEZ, M. Y., "Los saharauis: el éxodo de un pueblo sin rostro", *Revista Academia y Virtualidad,* Vol.2, Núm. 1, Universidad Militar Nueva Granada, Colombia, 2009, 127-143.

SOROETA LICERAS, J., "La problemática de la nacionalidad de los habitantes de los territorios dependientes y el caso el Sáhara Occidental", *Anuario español de derecho internacional,* Núm.15, 1999, 645-676.

TALEBBUIA HASSAN, S. «Nacionalidad española de los saharauis: comentario a la sentencia del Tribunal Supremo 207/2020, 2020, Abogacía Española Consejo General» [en línea], (2020), <https://www.abogacia.es/actualidad/opinion-y-analisis/nacionalidad-espanola-de-los-saharauis-comentario-a-la-sentencia-del-tribunal-supremo-207-2020/ >. [Consulta: 16/10/2022.]

VARGAS GÓMEZ-URRUTIA, M., "Nacimiento en el Sáhara Occidental durante la etapa colonial y cuestiones de nacionalidad (STS 207/2020, de 29 de mayo. Sala de lo civil. Pleno)", *Cuadernos de Derecho Trasnacional*, marzo, Vol. 13, Núm. 1, 2021, 1123-1131.

Reflexiones epistemológicas y metodológicas de las producciones en el campo jurídico. Un análisis a partir de los estándares de evaluación de revistas argentinas.

DANIELA BARDEL
Universidad Nacional del Centro de la provincia de Buenos Aires- CONICET

Resumen:

En el presente trabajo nos planteamos como objetivo general reflexionar sobre las condiciones epistemológicas y metodológicas de las producciones del campo jurídico. En consecuencia, resultan objetivos específicos: 1. Analizar cuáles son los criterios que se ponderan para la publicación de un artículo en el área jurídica en Argentina. 2. Determinar qué posiciones metodológicas subyacen en el establecimiento de los criterios 3. Inferir qué posiciones epistemológicas se inducen de los criterios. Para ello, nos valdremos de los estándares de evaluación de Revistas Argentinas incluidas en el núcleo básico del Consejo Nacional de Investigaciones Científicas y Técnicas (CONICET) de Argentina.

Palabras claves: investigación jurídica; criterios de calidad; revistas jurídicas argentinas; epistemología jurídica; metodología jurídica.

1. INTRODUCCIÓN

El estatus epistemológico y metodológico de la ciencia jurídica ha sido y es pasible de diversos posicionamientos[1]. A pesar de

---

1 Entre muchos puede verse: NINO, C., *Consideraciones sobre la dogmática jurídica (con referencia particular a la dogmática penal)*, Universidad Nacional Autónoma de México, México, 1989; AARNIO, A., "El significado del elemento teórico en la investigación jurídica", *Anuario de Filosofía Jurídica y Social*, 2, Buenos Aires, Abeledo Perrot, 1982, 223-240; HABA, E., "Sobre

las divergencias, la producción académica ha acompañado siempre al desarrollo del objeto jurídico, y ha producido una fuente propia: la doctrina, la cual es también susceptible de interpretarse con diversos alcances, esto es, como fuente de conocimiento o como fuente de decisión, aumentando su funcionalidad en el marco de las prácticas de argumentación.

Sobre este complejo panorama, y más allá que la Universidad se asienta sobre las funciones básicas de enseñanza, investigación y extensión, a raíz de los estándares de acreditación para las carreras de Abogacía aprobados en Argentina en el año 2017 la cuestión ha adquirido relevancia en tanto, las instituciones deben establecer políticas de investigación, y los/as docentes deben realizar tareas que se traduzcan en resultados cuantificables de producciones académicas[2]. En este marco deviene necesaria la reflexión acerca de los criterios de calidad que debe cumplir un resultado de investigación para poder ser "publicado", para a partir de los mismos, volver a pensar las condiciones epistemológicas y metodológicas de su producción. Como se ha remarcado, puede considerarse el carácter científico de una contribución por el grado de visibilidad de la misma, y es mayor cuanto más expuesta está a la

---

el derecho como <<técnica>> o <<tecnología>>. Apostillas a una polémica entre dos visiones cientificistas sobre las posibilidades del discurso jurídico", *Doxa,* 17-18, 1995, 491-498; VERNENGO, R., "Ciencia jurídica o técnica política: ¿es posible una ciencia del derecho?, *Doxa,* 3, 1986, 289-295; ATIENZA, M., "Sobre la jurisprudencia como técnica social. Respuesta a Roberto J. Vernengo", *Doxa,* 3, 1986, 297-311; VERNENGO, R., "Réplica a la respuesta de M. Atienza", *Doxa,* 3, 1986, 313-314; SASTRE ARIZA, S., "Algunas consideraciones sobre la ciencia jurídica", *Doxa,* 24, 2001, 1-56; COURTIS, C., "El juego de los juristas. Ensayo de caracterización de la investigación dogmática", en Courtis, C. (coord.), *Observar la ley: ensayos sobre metodología de la investigación jurídica,* Trotta, Madrid, 2006, 105-134; SARLO, O., "El marco teórico en la investigación dogmática", en Courtis C. (coord.), *Observar la Ley. Ensayos sobre metodología de la investigación jurídica,* Trotta, Madrid, 2006, 175-208.

2 Estándares de acreditación para las carreras de Abogacía Res. 3401-E/2017. Estándares de acreditación para el título de Abogado y Anexo.

crítica. Por ello, los órganos de comunicación académica son fundamentales en la producción de conocimiento. De aquí también el carácter social y público del mismo[3].

En este trabajo entonces, nos planteamos como objetivo general reflexionar sobre las condiciones epistemológicas y metodológicas de las producciones del campo jurídico. En consecuencia, resultan objetivos específicos: 1. Analizar cuáles son los criterios que se ponderan para la publicación de un artículo en el área jurídica en Argentina. 2. Determinar qué posiciones metodológicas subyacen en el establecimiento de los criterios (problemas, preguntas de investigación, objetivos, propósitos, marcos conceptuales, metodología, fuentes). 3. Inferir qué posiciones epistemológicas se inducen de los criterios[4].

Para el desarrollo del trabajo se analizan las pautas vigentes establecidas en revistas seleccionadas pertenecientes al núcleo básico del Consejo Nacional de Investigaciones Científicas y Técnicas (CONICET), entendiendo que por su inclusión cumplen requisitos de calidad. Para la muestra se priorizan las revistas de carácter general, es decir, las que no están enfocadas a un área o rama jurídica en particular, o se refieren a disciplinas conexas como la Historia o la Enseñanza[5].

---

3 BERNASCONI RAMÍREZ, A., "El carácter científico de la dogmática jurídica", *Revista de Derecho (Valdivia)*, XX, 1, 2007, 14 y 20.

4 No nos introducimos en este espacio en la discusión descriptiva o prescriptiva sobre el carácter científico de la investigación jurídica. Tampoco abordamos las distinciones que pueden surgir en el interior de la misma, aunque como se verá en el punto de metodología si consideramos apropiada la diferenciación entre problemas de falibilidad técnica, fáctica y axiológica a efectos de una mejor comprensión metodológica, y consideramos a la dogmática jurídica como un tipo de investigación característica del campo, que puede, según sus alcances abordar los tres tipos de problemas.

5 Se han considerado las pautas de las siguientes revistas: Revista de la Facultad de Derecho (Facultad de Derecho-Universidad Nacional de Córdoba); Revista Electrónica Instituto de Investigaciones Jurídicas y Sociales Ambrosio L. Gioja (Universidad de Buenos Aires); Revista

Esta contribución tiene como propósito dar a conocer, sistematizar y reflexionar sobre los criterios de calidad vigentes para la publicación de artículos académicos en el área jurídica en Argentina, teniendo presente lo señalado por Aarnio sobre la función social que lleva adelante la investigación jurídica y su impacto en el concepto de democracia, en tanto, es necesario contar con medios para valorar las argumentaciones referentes al orden de las conductas que se postulan y evaluar así el criterio de legitimidad[6].

2. LOS CRITERIOS DE CALIDAD DE LOS PRODUCTOS ACADÉMICOS

2.1. Criterios de calidad en las Ciencias Sociales

Desde las Ciencias Sociales, y particularmente en los estudios de tipo cualitativos se reconocen los siguientes criterios de calidad en una investigación[7]:

Perspectivas de las Ciencias Económicas y Jurídicas (Facultad de Ciencias Económicas y Jurídicas- Universidad Nacional de La Pampa); Revista *Prudentia Iuris* (Facultad de Derecho de la Pontificia Universidad Católica Argentina); Revista Jurídica Austral (Facultad de Derecho de la Universidad Austral). Agradezco a los/as Directores/as por suministrarme la información.
Este trabajo no se enfoca entonces al análisis de los criterios de las revistas pertenecientes a editoriales privadas.

6 AARNIO, A., "Sobre la racionalidad de la racionalidad. Algunas observaciones sobre la justificación jurídica", *Anales de la Cátedra F. Suárez,* 23-24, 1983-1984, 17.

7 A partir de una adecuación de los criterios tradicionales de las Ciencias Sociales, más enfocados a investigaciones de tipo cuantitativas. Seguimos en este punto a MENDIZÁBAL, N., "Los componentes del diseño flexible en la investigación cualitativa", en Vasilachis de Gialdino, I. (coord.), *Estrategias de investigación cualitativa,* Gedisa, Barcelona, 2006, 90-96.

1. Credibilidad: como tal supone reflexionar sobre la corrección del conocimiento producido y optar por estrategias para lograrlo. Para ello se recomienda cumplir con procedimientos tales como: a) el compromiso con el trabajo de campo; b) la obtención de datos ricos teóricamente; c) la revisión por parte de otros/as investigadores.

2. Transferibilidad: entendida como la posibilidad de trasladar los resultados del estudio. En el supuesto particular de la investigación jurídica puede pensarse en la utilización de los hallazgos por los *policy makers* en un sentido amplio, y así mismo por el uso por parte de los operadores jurídicos también en un sentido extenso (jueces, funcionarios administrativos, legisladores, docentes e investigadores).

3. Seguridad: hace referencia a la circunstancia de seguir procedimientos pautados para la obtención de los datos, y a la justificación de los mismos.

4. Confirmabilidad: apunta a la posibilidad que otro investigador ratifique que las conclusiones se adecuan o surgen de los datos. En este punto, por ejemplo, se ha señalado que las proposiciones de la dogmática jurídica son científicas en tanto sean verificables, dependiendo esta circunstancia de las siguientes condiciones: a) que la discusión del Derecho positivo nacional sea conectada con algún problema jurídico general que trascienda el orden jurídico estatal de que se trate; b) el nivel de exposición de esa discusión a la revisión por parte de la comunidad de especialistas en condiciones de emitir un juicio de verificación; c) el tamaño de esa comunidad de expertos[8].

---

8 BERNASCONI RAMÍREZ, A., *op. cit.*, 9 y ss. Señala el autor "Poner una proposición de doctrina a la consideración de los pares permite que éstos recorran el itinerario del autor, analizando los principios por él invocados, las normas y hechos que ha traído a colación, y la coherencia entre principios, datos y conclusiones, en una suerte de replicación mental que conducirá, a la confirmación de las proposiciones revisadas, si las juzga persuasivas, o a su refutación, en caso contrario, o la modi-

Como resalta Flick no cabría esperar encontrar una solución unívoca y universal a la cuestión de la calidad en el nivel de los criterios de la investigación cualitativa. No obstante, el autor resalta la importancia de tener en consideración en el proceso de difusión de la investigación los siguientes aspectos: a) la transparencia, respecto a cómo se procedió y cómo se arribó a las conclusiones, brindando a los/as lectores la información necesaria para establecer si ellos/as habrían hecho lo mismo y llegado a las mismas conclusiones, facilitando de esta manera el control por parte de la comunidad académica; b) la retroalimentación y los controles de los miembros; y c) la adaptación de las presentaciones a las audiencias teniendo presente los destinatarios específicos a los que se espera llegar[9]. Vale recordar aquí los aportes de Perelman en relación con que la justificación siempre va dirigida hacia alguna persona imaginaria o real[10].

De esta manera, si bien no se puede afirmar la identificación de reglas claras para evaluar la calidad de un producto académico, si se han reconocido una serie de pautas que permiten valorar la aptitud de una producción, en el esquema particular que nos ocupa, para poder ser publicada en una revista.

2.2. Criterios identificados a través del análisis de las pautas de las revistas analizadas

Podemos sistematizar en tres áreas las cuestiones evaluadas: los aspectos formales; las cuestiones metodológicas; y el aporte al

---

ficación de ellas para redefinir su alcance". BERNASCONI RAMÍREZ, A., *ibidem*, 21.

9 FLICK, U., *El diseño de la investigación cualitativa*, Morata, Madrid, 2007, 93-95.

10 AARNIO, A., "Sobre la racionalidad de la racionalidad. Algunas observaciones sobre la justificación jurídica", cit., 7. Cabría en base a esta circunstancia analizar las diversas audiencias en función del tipo de revistas, vinculadas por ejemplo a las Universidades (como en el presente caso) o a editoriales privadas.

conocimiento. Al mismo tiempo, el resultado final a través de las recomendaciones que efectúa el/la evaluador/a. A tal efecto, y para mayor claridad en la exposición las detallaremos a través de una tabla. Vale aclarar que no todos los criterios se encuentran en todas las guías, pero se optó por utilizar un criterio cumulativo que muestre el panorama más extenso.

ASPECTOS FORMALES	Corrección ortográfica
	Uso adecuado de la gramática y la sintaxis
	Comprensión de lectura
	Estructura en apartados y subapartados con la debida numeración
	Cumplimiento de pautas editoriales
	Título adecuado al contenido del trabajo
	Resumen y palabras claves adecuados al desarrollo del trabajo
ASPECTOS METODOLÓGICOS	Planteo del problema: inserción del tema estudiado en una discusión actual y/u original.
	Planteamiento de una hipótesis/tesis
	Objetivo del trabajo y desarrollo del mismo en el texto
	Argumentación adecuada
	Utilización de datos e interpretación convincente
	Marco teórico determinado
	Suficiencia de apoyo teórico
	Lógica y claridad expositiva
	Respaldo bibliográfico suficiente, actualizado y con reconocimiento de autoras mujeres
	Conclusiones y hallazgos en concordancia con el objetivo

ASPECTOS DE APORTES AL CONOCIMIENTO[11]	Aporte de nuevos datos e información
	Aporte de nuevas interpretaciones o argumentaciones
	Argumentación y contraargumentación adecuadas (aunque no se comparta el punto de vista del autor/a)
	Aporte teórico-conceptual
	Aporte metodológico
	Revisión exhaustiva y crítica de investigaciones previas (análisis bibliográfico o estado del arte)
	Solución propuesta congruente con el problema planteado
RECOMENDACIONES FINALES	Publicación sin recomendaciones
	Publicación con cambios opcionales
	Publicación con recomendaciones e indicaciones de las mismas (a evaluar por la Dirección de la Revista o a verificar por el árbitro)
	No publicación

3. ANÁLISIS DE LOS CRITERIOS IDENTIFICADOS

A continuación, efectuaremos un análisis y reflexión sobre las áreas identificadas como estándares a evaluar para decidir la publicación del producto académico.

3.1. Aceptabilidad de la comunidad académica y construcción colectiva del conocimiento

Como ya había sido señalado por el análisis de Ruiz Manero en base a los trabajos de Aarnio, los criterios de aceptabilidad de un aporte académico en la disciplina jurídica pueden considerarse basados en dos aspectos. El primero, dado por el consenso, esto es, la aceptabilidad racional en la comunidad jurídica y el

---

11 En una revista se evalúa la pertinencia del trabajo en relación a la misión de la revista.

segundo, la potencia resolutoria de la construcción que se postula, esto es, su capacidad para resolver problemas. En este sentido, se puede advertir la particularidad de la investigación jurídica en la propuesta de soluciones para la dilucidación de problemas jurídicos[12].

El primero de los criterios no está exento de problemas, tales como la autoridad del intérprete[13], para lo cual necesariamente debe asegurarse un mecanismo de revisión por pares ciegos, teniendo presente que también debería considerarse esta circunstancia en relación con las exigencias de referencias de determinados autores/as, si esto implica un recurso a la autoridad. Además, el completo anonimato de los/as autores, para lo cual deben tenerse presente, por ejemplo, las formas indirectas de revelamiento de la autoría, como sucede con el exceso de las "autocitas". De esta manera, se asegura la evaluación del producto académico en función de sí mismo, y no de la calidad de sus miembros que pueden ocupar posiciones jurídicas relevantes, tanto al intervenir como autores/as o evaluadores/as

Otro de los problemas vinculado a este criterio de aceptabilidad, son los acuerdos axiológicos subyacentes en la comunidad jurídica que permitan ubicar la decibilidad en el plano de la racionalidad[14]. En este aspecto se destaca, la indicación de la pauta de evaluar argumentos/contraargumentos, más allá de la posición personal que mantenga el/la evaluador/a.

---

12 RUIZ MANERO, J., "Consenso y rendimiento como criterios de evaluación en la dogmática jurídica (en torno a algunos trabajos de Aarnio)", *Doxa,* 2, 1985, 210-211. En relación a la constitución de dicha comunidad académica vale tener presente la consideración nacional o internacional de los sujetos que la conforman y el uso de los idiomas para participar del diálogo científico, como, por ejemplo, el inglés. Puede verse BERNASCONI RAMÍREZ, A., *op., cit.*, 24, 29 y ss. Así mismo, vale tener presente la conformación con perspectiva de género.

13 RUIZ MANERO, J., *op., cit.,* 221-222.

14 RUIZ MANERO, J., *ibidem,* 222.

Como afirma Aarnio una forma de justificar la propia justificación jurídica consiste en reconstruir los factores subyacentes sociales, culturales y filosóficos, encontrando aquí posibilidades de desarrollo la teoría de la argumentación. Por medio de los elementos que la teoría ofrece, es posible argumentar por qué es factible una justificación jurídica contextualmente suficiente y al mismo tiempo, por qué es una condición necesaria para que una sociedad funcione correctamente[15].

En relación con la construcción colectiva del conocimiento queremos detenernos en el aspecto de las recomendaciones finales, en las cuales se indica la recomendación de publicación, publicación con modificaciones o no publicación. En tanto, a través de las recomendaciones puede darse el sentido de construcción colectiva del conocimiento, proporcionándole al autor/a la oportunidad de corregir o mejorar aspectos de su trabajo. En este sentido, las recomendaciones deberían funcionar para permitir el avance del conocimiento, y lograr construir así un criterio de calidad[16].

3.2. Sobre la metodología

Todas las guías analizadas contienen referencias a las cuestiones metodológicas, variando en la explicitación de diferentes puntos. Así, algunas refieren al tema y problema de investigación, los objetivos que se plantean, la utilización de un marco conceptual y la coherencia entre los componentes. La presencia de un proble-

---

15 AARNIO, A., "Sobre la racionalidad de la racionalidad. Algunas observaciones sobre la justificación jurídica", cit., 9.

16 Nos permitimos transcribir este párrafo de Mendizábal "En un contexto de honestidad, se requiere del investigador humildad para recibir las críticas, en general atinadas, de los auditores. Por otro lado, estos últimos deben comprometerse solidariamente para valorar los aspectos relevantes y corregir los más débiles, a fin de garantizar la calidad teórica y metodológica, el estilo literario de la comunicación y la relevancia social del estudio". MENDIZÁBAL, N., *op., cit.,* p. 94.

ma de investigación lo consideramos central y en relación con el mismo los objetivos cognoscitivos que se plantea el/la autor/a. En vínculo con ellos, podrán evaluarse los aportes al conocimiento que proporciona el producto. La presencia del marco conceptual es insoslayable, en relación con su necesidad para la propia construcción del problema y los objetivos.

No se encontraron referencias explícitas a la consideración sobre el tipo de metodología implementada, habitualmente de tipo cualitativa en las investigaciones jurídicas, ni a las fuentes que utiliza el/la autor/a, ni al tipo de técnicas de investigación. No obstante, en una de las guías si se evalúa la utilización de datos e interpretación convincente.

En este punto vale destacar dos tipos de consideraciones. De un lado, el tipo de problema que se aborda en el producto; y de otro lado el margen de valoración de quienes se desempeñan como evaluadores/as. En la primera, resulta esclarecedor distinguir entre problemas de falibilidad técnica o normativa (antinomias, lagunas, problemas semánticos, funcionamiento normativo, etc.), falibilidad fáctica (eficacia, impacto, etc.) y falibilidad axiológica (análisis de las soluciones jurídicas desde la perspectiva axiológica o de moral crítica), para evaluar la pertinencia de la metodología utilizada. En la segunda consideración, se ha de considerar que quienes intervienen como pares evaluadores son convocados por su *expertise* en la temática. Y en razón de ello, estarán en condiciones de advertir el uso pertinente de las fuentes y las técnicas de investigación, las cuales pueden encontrarse vinculadas o en relación con el propio problema, y así ser más propias de una rama jurídica, de una investigación socio-jurídica, o perteneciente a la teoría o filosofía del Derecho[17].

Las guías si tienen presente el desarrollo de argumentaciones/contraargumentaciones y el uso adecuado y suficiente de la bi-

---

17 En este aspecto una investigación complementaria podría indagar en cómo los/as evaluadores ponderan estos aspectos.

bliografía, cuestión sobre la que volveremos *infra* al abordar las cuestiones epistemológicas.

3.3. Sobre la epistemología

La presencia del elemento argumentativo como criterio de evaluación sobre la tesis que se propone como aporte de conocimiento por el/la autor/a, da cuenta de la importancia de la justificación o las razones en el campo de la investigación jurídica. Esto entendemos puede estar relacionado, con la presencia de un conocimiento práctico, y con las funciones que de modo tradicional se le reconocen a la dogmática jurídica, como es su papel directivo. Así se ha entendido que la tarea social de la ciencia jurídica es producir información respecto de normas válidas, en la cuales se incluyen afirmaciones -como opiniones o recomendaciones- que no pueden ser caracterizadas estrictamente como proposiciones sobre normas, pero que constituyen una parte adecuada de la función social de esta investigación[18].

Como recuerda Álvarez del Cuvillo la profundización en el Derecho como objeto de conocimiento precede al surgimiento de la ciencia moderna y está vinculada en sus orígenes a las necesidades inmediatas de la práctica. De esta manera, en la Roma clásica la principal función de los jurisconsultos consistía en responder (*respondere*) a las preguntas formuladas por particulares, magistrados y jueces en el contexto de conflictos reales. Así, el estudio académico del Derecho se ha construido en conexión con las necesidades de la *praxis*, lo cual ha condicionado su desenvolvimiento[19].

Al mismo tiempo, podemos inducir que para el empleo de los argumentos se valora la utilización de diversas "fuentes", en tan-

---

18 AARNIO, A., "Sobre la racionalidad de la racionalidad. Algunas observaciones sobre la justificación jurídica", cit., 2-3.

19 ÁLVAREZ DEL CUVILLO, A., "Reflexiones epistemológicas sobre la investigación académica en las disciplinas de Derecho Positivo", *Revista Telemática de Filosofía del Derecho,* 21, 2018, 88-89.

to funcionen como razones para sostener las afirmaciones que se postulan. Puede pensarse entonces, en un uso amplio del término fuentes, que muestra una situación particular en la investigación jurídica, dado que el concepto presenta un problema típico del lenguaje: su ambigüedad. En este sentido, "fuente" en el Derecho significa "origen" -dejando de lado las cuestiones de vaguedad o textura abierta para no complejizar la afirmación-; y al mismo tiempo "fuente" en el marco de un proceso de investigación da cuenta del lugar de obtención de los datos, que puede ser una fuente del Derecho. Para ejemplificar, las fuentes reales del Derecho, como la Constitución Nacional, un Tratado Internacional, la ley, un decreto, la jurisprudencia o la costumbre, son al mismo tiempo fuentes de la investigación. Pero v.gr., un proyecto de ley o el Derecho Comparado no son una fuente real del Derecho, pero si pueden funcionar como fuentes de la investigación[20].

Paralelamente todas las fuentes del Derecho son necesariamente interpretadas para su funcionamiento. Como apunta Álvarez del Cuvillo toda interpretación supone, en última instancia, alguna referencia a elementos o presupuestos de algún modo externos al texto de las normas y a consensos de la comunidad de hablantes o de juristas. Por tanto, la ciencia jurídica debería desvelar y someter a control racional estos procesos, en vez de ocultarlos, coadyuvando de esta manera a la calidad de sus producciones[21].

---

20 El concepto de fuentes del Derecho y su clasificación presenta una complejidad no susceptible de abordarse en este espacio. Es tributaria a la propia concepción del Derecho, y en un sentido más amplio a la cultura jurídica. En el argumento que presentamos, siguiendo los desarrollos de la teoría trialista del mundo jurídico, apuntamos a la distinción entre las fuentes reales (formales o materiales); las fuentes de conocimiento (como la doctrina jurídica) y las fuentes indirectas (el conjunto de fuerzas que repercuten en la producción de una fuente real). Puede verse GOLDSCHMIDT, W., *Introducción Filosófica al Derecho*, 6°ed., Lexis Nexis, 2005.

21 ÁLVAREZ DEL CUVILLO, A., *op. cit.*,96. Con referencia a Viehweg.

A su vez, como recalca Aarnio generalmente en los "casos controvertidos" el uso de las fuentes del Derecho no es suficiente para alcanzar un resultado que logre la aceptabilidad racional de la comunidad jurídica. En este caso, el/ la interprete ha de acudir a alguna evidencia empírica, o a un conjunto de valores. La justificación se vuelve así un conjunto de argumentos empíricos y morales[22].

El elemento de bibliografía es otro punto a destacar. Aparece en todas las guías la utilización suficiente y actualizada de la misma, es decir, del marco teórico sobre el tema que se aborda. Esto reflexionamos, se encuentra vinculado también además de con el necesario dominio sobre el estado del arte del tema de investigación, con la utilización de las producciones de la dogmática jurídica o de la ciencia jurídica como argumento para la construcción del posicionamiento que plantea el/la autor/a. Parece acertado evaluar en términos de suficiencia y actualización este ítem, dada la gran cantidad de bibliografía existente. De este modo, distinguir entre lo trascendente teóricamente y lo reiterativo o superfluo es un reto a enfrentar en esta área del conocimiento[23]. Destacamos también en este aspecto los problemas de accesibilidad: tales como la disponibilidad de libros académicos o a adecuadas bases de datos bibliográficos; y los problemas de calidad: dada por la "literatura gris" conformada por ensayos, artículos no arbitrados o informes contratados[24].

---

22 AARNIO, A., "Sobre la racionalidad de la racionalidad. Algunas observaciones sobre la justificación jurídica", cit., 13.

23 VILLABELLA ARMENGOL, C., "La investigación científica en la ciencia jurídica. Sus particularidades", *Revista del Instituto de Ciencias Jurídicas de Puebla A.C*, 23, 2009, 19. En este aspecto resulta interesante la reflexión sobre la "corriente principal" de la literatura pertinente, y su vínculo con la producción de los países de mayor desarrollo científico del Derecho; o los patrones de citas. Al respecto puede verse BERNASCONI RAMÍREZ, A., *op. cit.*,15

24 BERNASCONI RAMÍREZ, A., ibidem, 29.

Como se mencionará se destacan como aportes al conocimiento el brindar nuevos datos, interpretaciones, argumentaciones. Siguiendo a Álvarez del Cuvillo la buena argumentación amplifica la comprensión del destinatario del mensaje respecto a la cuestión polémica debatida. En este entendimiento, el aporte no es tanto el juicio de valor emitido por el/la jurista, como opinión cualificada por el conocimiento de la materia, sino la argumentación en la que el juicio de valor se inserta y el impacto que pueda tener en la audiencia, la cual puede verse persuadida, reforzada en sus posiciones iniciales o ante el acceso a nuevas posibilidades que hasta el momento no se había planteado[25].

También se destaca el aporte de nuevas conceptualizaciones o teorías. La construcción de conceptos dogmáticos ha sido un desarrollo típico de esta área de conocimiento, por ejemplo, los conceptos de "dolo", "compraventa", "acto administrativo", y a partir de los mismos la elaboración de teorías generales de una parte del ordenamiento jurídico (o rama jurídica). En otras palabras, estos conceptos no provienen directamente de las normas jurídicas, sino que son una elaboración de los/as estudiosos del Derecho. Los conceptos dogmáticos, conforme Ross, son instrumentos que nos permiten hacer referencia abreviadamente a un conjunto de normas: contenidos proposicionales que vinculan una calificación jurídica a una conducta[26].

Se han señalado como características de la investigación teórica su expresión a través de un lenguaje argumentativo, su propósito de construir una teoría o fundamentar o reformular una que ya existe, resultados que contienen un marcado sesgo ideológico en el sentido que una teoría es siempre una creación ideal del ser humano, una construcción racional simbólica derivada de paradigmas teóricos asumidos, adquiriendo sus aportes el perfil

---

25 ÁLVAREZ DEL CUVILLO, A., *op. cit.*, 114.

26 NUÑEZ VAQUERO, J., "Dogmática Jurídica", *Eunomía. Revista en Cultura de la Legalidad*, 6, 2014, 253.

de conceptualizaciones, teorías, revisiones críticas del sistema de conocimiento[27].

4. CONCLUSIONES

A partir de esta comunicación intentamos arribar a un análisis sobre las consideraciones metodológicas y epistemológicas en el campo de la producción jurídica a partir de los estándares de evaluación utilizados por revistas pertenecientes al núcleo básico de CONICET, y al mismo tiempo lograr un acercamiento a los criterios de calidad en la producción jurídica.

Podemos destacar que los criterios de calidad de las Ciencias Sociales de credibilidad, transferibilidad, seguridad y confirmabilidad pueden pensarse también como constructivos para evaluar las producciones del Derecho. Emerge en este contexto como un punto de relevancia la comunidad de expertos como decisores en la aceptabilidad de los productos (a través de la evaluación) y la construcción colectiva del conocimiento (a través de las recomendaciones). La relevancia de la comunidad de expertos presenta sus propios interrogantes, como es la propia conformación (nacional, internacional, con presencia equitativa de mujeres, etc.), y los peligros de funcionar como autoridad o como posición axiológica hegemónica. La apertura a una comunidad de expertos más amplia contribuiría a una mayor crítica, y, en consecuencia, a una mayor calidad y legitimidad de los productos.

En relación con las cuestiones metodológicas y epistemológicas emergen con un valor preponderante la presencia de una adecuada argumentación; y el aporte de nuevas interpretaciones, conceptualizaciones, teorías. Deviene importante remarcar en este aspecto la justificación de las afirmaciones como modo de legitimidad de las producciones académicas, teniendo presente la función de la investigación jurídica y los criterios que avalan

---

27 VILLABELLA ARMENGOL, C., *op. cit.*, 16.

a quienes crean conocimiento que en definitiva puede regular conductas. La transparencia en el uso de los argumentos parece ineludible en este sentido, si no se pretende arribar a conclusiones como si fuesen dogmas revelados.

Finalmente, la calidad está también vinculada a las condiciones institucionales y situadas desde donde se produce la investigación, y a las políticas que se diseñan e implementan. El carácter periférico o central de los centros de producción o comunicación de los productos son aspectos que no pueden soslayarse cuando se piensa en la calidad de la investigación, dado que condicionan las posibilidades.

5. BIBLIOGRAFÍA

AARNIO, A., "El significado del elemento teórico en la investigación jurídica", *Anuario de Filosofía Jurídica y Social,* 2, Buenos Aires, Abeledo Perrot, 1982, 223-240.

– "Sobre la racionalidad de la racionalidad. Algunas observaciones sobre la justificación jurídica", *Anales de la Cátedra F. Suárez,* 23-24, 1983-1984, 1-17.

ÁLVAREZ DEL CUVILLO, A., "Reflexiones epistemológicas sobre la investigación académica en las disciplinas de Derecho Positivo", *Revista Telemática de Filosofía del Derecho,* 21, 2018, 77-133.

ATIENZA, M., "Sobre la jurisprudencia como técnica social. Respuesta a Roberto J. Vernengo", *Doxa,* 3, 1986, 297-311.

BERNASCONI RAMÍREZ, A., "El carácter científico de la dogmática jurídica", *Revista de Derecho (Valdivia),* XX, 1, 2007, 9-37.

COURTIS, C., "El juego de los juristas. Ensayo de caracterización de la investigación dogmática", en Courtis, C. (coord.), *Observar la ley: ensayos sobre metodología de la investigación jurídica,* Trotta, Madrid, 2006, 105-134.

FLICK, U., *El diseño de la investigación cualitativa,* Morata, Madrid, 2007, 88-98.

GOLDSCHMIDT, W., *Introducción Filosófica al Derecho,* 6°ed., Lexis Nexis, 2005.

HABA, E., "Sobre el derecho como <<técnica>> o <<tecnología>>. Apostillas a una polémica entre dos visiones cientificistas sobre las posibilidades del discurso jurídico", *Doxa,* 17-18, 1995, 491-498.

MENDIZÁBAL, N., "Los componentes del diseño flexible en la investigación cualitativa", en Vasilachis de Gialdino, I. (coord.), *Estrategias de investigación cualitativa,* Gedisa, Barcelona, 2006, 65-105.

NINO, C., *Consideraciones sobre la dogmática jurídica (con referencia particular a la dogmática penal),* Universidad Nacional Autónoma de México, México, 1989.

NUÑEZ VAQUERO, J., "Dogmática Jurídica", *Eunomía. Revista en Cultura de la Legalidad,* 6, 2014, 245-260.

RUIZ MANERO, J., "Consenso y rendimiento como criterios de evaluación en la dogmática jurídica (en torno a algunos trabajos de Aarnio)", *Doxa,* 2, 1985, 209- 222.

SARLO, O., "El marco teórico en la investigación dogmática", en Courtis C. (coord.), *Observar la Ley. Ensayos sobre metodología de la investigación jurídica,* Trotta, Madrid, 2006, 175-208.

SASTRE ARIZA, S., "Algunas consideraciones sobre la ciencia jurídica", *Doxa,* 24, 2001, 1-56.

VERNENGO, R., "Ciencia jurídica o técnica política: ¿es posible una ciencia del derecho?, *Doxa,* 3, 1986, 289-295.

"Réplica a la respuesta de M. Atienza", *Doxa,* 3, 1986, 313-314.

VILLABELLA ARMENGOL, C., "La investigación científica en la ciencia jurídica. Sus particularidades", *Revista del Instituto de Ciencias Jurídicas de Puebla A.C,* 23, 2009, 5-37.

DERECHO MERCANTIL

Gepeto era una inteligencia artificial. Consideraciones sobre inteligencia artificial, derechos de autor y pastiche.

ANTONIO ALONSO-BARTOL BUSTOS
Universidad de Salamanca

Resumen:

La IA supone un reto transversal para el mundo del derecho y el derecho de autor no es ninguna excepción. En el fondo, esta nueva tecnología plantea un reto que tiene un elemento competitivo evidente, pues los humanos nos enfrentamos a un nuevo competidor que hasta hace unos pocos años ni siquiera imaginábamos. Este es el motivo que sustenta numerosas demandas frente a creadores de Inteligencia Artificial intentando frenar su desarrollo. Aquí cobra especial relevancia la nueva excepción de pastiche recogida en el Artículo 70 del Real Decreto Ley 24/2021. Esta nueva norma proporciona un marco legal para la creación de pastiche, pero su aplicación a la IA es una cuestión compleja, pues es necesario determinar si la utilización de la obra preexistente cumple los requisitos de la excepción y si la utilización de la obra preexistente perjudica indebidamente los intereses legítimos del autor de la obra preexistente.

Palabras clave: Inteligencia Artificial, Derecho de Autor, Pastiche, Derecho de la competencia.

1. INTRODUCCIÓN

La Inteligencia Artificial, como toda innovación tecnológica, supone un cambio económico y social. Se ha abierto ante nosotros un nuevo mercado en el que intervienen nuevos actores. Los años 2022 y 2023 han traído enormes avances en esta materia, acompañados de fuertes reacciones por parte de diversos sectores de la sociedad. La principal preocupación que subyacía en las distintas reacciones era el miedo a la nueva estructura del merado.

El reto que abordaremos es cómo integrar esta nueva tecnología en el complejo mundo de los derechos de autor, pues el rechazo social frente a la IA puede ser peligroso al tener mucho que aportar si es bien utilizada[1].

Podemos encontrar diversas estrategias para proteger la IA en el marco de las normas de derecho de autor, pero en este capítulo vamos a analizar si realmente hay un acto de explotación y en la posibilidad de aplicar la excepción de pastiche tal y como está regulada en el Artículo 70 del RDL 24/2021, norma que proviene del Artículo 17.7 de la Directiva de Derechos de Autor en el Mercado Único Digital (DDAMUD, en adelante).

2. PLANTEAMIENTO DEL PROBLEMA

El derecho de autor es solamente una parte de la solución al problema, pues algunos de los elementos con los que los ingenieros informáticos trabajan para entrenar a sus IAs están protegidos por derechos de autor. El parecido entre el proceso de aprendizaje para desarrollar competencias creativas en un humano y una IA es una de las principales incógnitas[2]. Es importante conocer cómo funciona el proceso creativo, dado que nos va a permitir analizar como las IAs interactúan con las obras de su entorno y obtienen sus resultados[3].

---

1 Vid. RICHTER, Vanessa; KATZENBACH, Christian; SCHÄFER, Mike. Imaginaries of AI. *Handbook of Critical Studies of Artificial Intelligence*, 2023.

2 Vid. SCHÖNBERGER, Daniel. Deep copyright: up-and downstream questions related to artificial intelligence (AI) and machine learning (ML). in *Droit d'auteur*, 2018, vol. 4, p. 145-173.

3 Nos vamos a abstener de calificar estos resultados como obras, pues la doctrina manifiesta sus dudas al respecto. En este sentido, Vid. MUÑOZ FERRANDIS, Carlos; DUQUE LIZARRALDE, Marta. Opening Sourcing AI: Intellectual Property at the Service of Platform Leadership. *J. Intell. Prop. Info. Tech. & Elec. Com. L.*, 2022, vol. 13, p. 224

Los expertos[4] sostienen que el proceso de aprendizaje se desarrolla de la siguiente forma. En primer lugar, se proporciona a la IA una obra que habrá sido previamente almacenada en sus servidores. Esta obra va a ser analizada aislando conceptos abstractos para irlos descomponiendo, añadiéndoles ruido. Así se llegará a un escenario en el que dicho elemento es absolutamente irreconocible. En segundo lugar, la IA, partiendo de un escenario semejante al de la imagen con ruido, intentará llegar a un resultado similar, repitiendo el proceso tantas veces como sea necesario. La IA no busca una creación idéntica, sino entender el concepto o la idea subyacente para poder dar su propia versión. En definitiva, estamos ante un proceso de aprendizaje similar al humano.

Las estrategias de transmisión de conocimiento pueden cambiar, pero la esencia siempre es la misma. Todos, máquinas y humanos, aprendemos a través de la imitación, tomamos lo que otros han dicho o hecho previamente y lo replicamos. Fruto de este proceso, los humanos aprehendemos esos conceptos y aprendemos a aplicarlos. Incorporamos esos conceptos a nuestro acervo para darles nuestro estilo personal.

La principal conclusión que debemos extraer de este análisis es que la IA solamente utiliza conceptos ideales de los elementos que componen nuestro entorno para que cuando se le pida una determinada creación, pueda dar un resultado coherente. Para este proceso de aprendizaje necesita acceder a las obras de terceros. No podemos negarle a la IA lo que nos hemos permitido a nosotros mismos.

---

4 Vid. SOHL-DICKSTEIN, Jascha, et al. Deep unsupervised learning using nonequilibrium thermodynamics. En *International Conference on Machine Learning*. PMLR, 2015. p. 2256-2265. Esta autora proporciona un diagrama muy ilustrativo que ayudará al lector a entender el proceso.

3. ¿ES EL DERECHO DE AUTOR LA SOLUCIÓN?

Las principales reivindicaciones de los autores frente a los desarrolladores de IA basadas en el derecho de autor se centran en la utilización de obras durante el proceso de aprendizaje. Quizá no sea la solución más efectiva, pero, sin duda, debe ser abordada, lo que nos obliga a comparar las creaciones generadas por IA con obras concretas, saliendo del marco general en el que tenemos más problemas que es el consumo masivo. Muy al contrario, nos centraremos en las reivindicaciones que puede plantear un autor de forma individual frente a una IA concreta.

La estructura de este apartado será la siguiente: primero estudiaremos la relevancia de los derechos exclusivos a esta materia y, segundo, la aplicabilidad de la excepción de pastiche.

3.1. Los actos de explotación realizados por la IA en su proceso de aprendizaje, si los hubiere.

El título utilizado ya da importantes pistas sobre la premisa de la que partimos, pues parece que no existe ningún acto de explotación en el proceso de aprendizaje[5]. La doctrina europea sobre esta cuestión comenzó con la Sentencia del TJUE en el asunto C-5/08, "Infopaq", donde el tribunal declaró que habría un acto de reproducción cuando "*los elementos así reproducidos son la expresión de la creación intelectual de su autor*"[6].

---

[5] Vid. DREXL, Josef, et al. Artificial Intelligence and Intellectual Property Law-Position Statement of the Max Planck Institute for Innovation and Competition of 9 April 2021 on the Current Debate. *Max Planck Institute for Innovation & Competition Research Paper*, 2021, no 21-10. Disponible en: https://www.ip.mpg.de/fileadmin/ipmpg/content/stellungnahmen/MPI_PositionPaper__SSRN_21-10.pdf. Estos autores no consideran que exista ningún acto de explotación, sino existe un daño potencial al derecho moral a la integridad de la obra.

[6] Vid. Sentencia del Tribunal de Justicia de la Unión Europea de 16 de julio de 2009, Asunto C-5/08, "Infopaq" (ECLI:EU:C:2009:465).

Es cierto que, los desarrolladores tienen que hacer un acto de reproducción de las distintas obras, suponiendo que sean creaciones protegibles, en sus servidores para que la IA pueda analizarlas y aprender de ellas. A estos efectos, necesitan tener acceso a las imágenes que posteriormente se van a utilizar para alimentar y entrenar a la IA, siendo lo más fácil acceder a imágenes que sean de libre acceso, bien porque estén en un banco de imágenes de acceso libre, bien porque sean obras que ya hayan caído en el dominio público o estén libres de derechos como es el caso de Wikipedia[7]. Sin embargo, podemos encontrarnos con otras situaciones donde los desarrolladores paguen la cuota de un banco de obras[8] para tener acceso a todo su contenido, descargarlo y entrenar a la IA.

En este punto, surge un problema relacionado con el contenido de las licencias y si podemos considerar que la utilización de las obras para alimentar a una IA es un acto de explotación en sí mismo que requiere de autorización. La posición mantenida en este capítulo ya ha sido adelantada, pero en la práctica vemos como los operadores jurídicos han adoptado posiciones más conservadoras tendentes a evitar riesgos que puedan poner en entredicho el ejercicio de la actividad empresarial. Así, cada vez es más habitual observar cláusulas en las que se indica expresamente que el uso para alimentar y entrenar IAs está vetado como las de Getty Images[9], que lo han prohibido, y las de DeviantArt[10], que considera que no tiene la facultad expresa de prohibir este uso a sus clientes, demostrando cierto derrotismo en sus capacidades de control de la actividad de sus usuarios. Por esto, ofrece la po-

---

7 Wikipedia utiliza en la mayoría de sus textos licencias creative commons que permiten hacer este tipo de usos. Para más información, Vid. https://es.wikipedia.org/wiki/Wikipedia:Derechos_de_autor

8 En el caso de la demanda presentada contra STABILITY AI LTD, STABILITY AI INC, MIDJOURNEY, INC, estas IAs utilizaban el banco de imágenes gestionado por DEVIANTART, INC. No obstante, también podemos hablar de bancos de partituras, de grabaciones fonográficas o audiovisuales, así como bancos de textos.

9 Vid. https://www.gettyimages.es/eula

10 Vid. https://www.deviantart.com/about/policy/service/

sibilidad de introducir ciertos mecanismos internos que pongan de manifiesto que las creaciones que están en la plataforma no se pueden utilizar con este objetivo. No obstante, aunque no lo hemos transcrito por no saturar de información al lector, posteriormente incluyen una descarga de responsabilidad indicando expresamente que, a pesar de las medidas adoptadas, podrá llegar el punto en el que se utilicen las obras para estos procesos de aprendizaje automatizado.

Ninguna de las dos posiciones parece motivada por un análisis profundo de la situación jurídica de las obras utilizadas en el proceso, si no, como ya decíamos, por un análisis de riesgos legales. El problema es que en el camino están reconociendo a los autores la existencia de un derecho exclusivo sobre la utilización de sus obras en este tipo de proceso sin que exista un reconocimiento legislativo, ni judicial.

Hay actos de reproducción, eso es algo innegable[11], pues dentro del proceso tecnológico de entrenamiento de la IA es necesario hacerlo, pero debemos explorar vías para eximirlos del *ius prohibendi*. Es cierto que este tipo de actuaciones no pueden considerarse, *per se*, una reproducción provisional, pues no forman parte de un proceso tecnológico para transmitir la obra ni estamos ante una utilización autorizada por el autor ni por la ley de forma expresa[12]. Ahora bien, tienen una cercanía teleológica evidente, dado que el objetivo de este proceso no es explotar la obra, sino aprender de ella. Realmente no hay una voluntad de aprovechar económicamente la obra, sino todo lo contrario. El objetivo es

---

11 Vid. CASPERS, Marco; GUIBAULT, Lucie. A right to 'read' for machines: Assessing a black-box analysis exception for data mining. *Proceedings of the Association for Information Science and Technology*, 2016, vol. 53, no 1, p. 1-5.

12 Podríamos explorar si existe una autorización implícita del legislador a este tipo de utilización de la obra, pero al no haber sido tenida en cuenta en el momento de elaborar la norma en el Parlamento Europeo, estaríamos haciendo una interpretación demasiado forzada de la cuestión.

que la IA sea autónoma y aprenda a producir nuevas creaciones por su cuenta que puedan competir con las creadas por un humano. En este sentido, la Sentencia del TJUE en el Asunto Pelham[13] es muy clara al indicar que solamente habrá un acto de reproducción si hay un elemento identificable o un elemento original[14].

El concepto de originalidad utilizado por los tribunales de los Estados Miembros se ha construido sobre la doctrina del TJUE interpretando el concepto de obra y, en particular, el de originalidad[15]. El 13 de noviembre de 2018, el TJUE emitió una Sentencia en el Caso C-310/17, "Levola Hengelo" donde resolvió, de nuevo, sobre el concepto europeo de originalidad y reiteró una frase que ya habían propuesto en la Sentencia Infopaq: "*la expresión de la propia creación intelectual del autor*". Anteriormente, hemos hecho referencia a la necesidad de que una determinada obra sea fruto de una actividad intelectual libre, puesto que este es el fundamento de la existencia de los derechos de propiedad intelectual. No obstante, además de una actividad intelectual, debe haber algo más. Esos elementos creados e incorporados a una creación posterior deben ser más que reconocibles por el público[16].

La normativa de derechos de autor pretende garantizar al autor un monopolio sobre la explotación de su obra en cualquier medio y lugar, pero también sobre modificaciones de la obra. De

---

13 Vid. Sentencia del Tribunal de Justicia de la Unión Europea el 29 de julio, 2019, asunto C-476/17, "Pelham".

14 Además, debemos tener en cuenta que el TJUE ya señaló en su Sentencia de 22 de enero de 2015 en el Asunto C-419-13, Art & Allposters International BV y Stichting Pictoright señaló que no existe el derecho de adaptación. En este sentido, Vid. MARGONI, Thomas. Artificial Intelligence, Machine learning and EU copyright law: Who owns AI? *Machine Learning and EU Copyright Law: Who Owns AI*, 2018.

15 Vid. MARGONI, Thomas, La armonización de la legislación de derechos de autor de la UE: el estándar de originalidad. In *Gobernanza mundial de la propiedad intelectual en el siglo 21*. Springer, Cham, 2016. pp. 85 a 105.

16 Vid. GHIDINI, Gustavo. *Rethinking intellectual property: balancing conflicts of interest in the constitutional paradigm.* Edward Elgar Publishing, 2018.

esta forma, la protección que ofrece también tiene como objetivo la transmisión de información entre la obra y el consumidor, así como sobre su procedencia[17]. Para conseguir que esta protección sea efectiva será necesario que haya un elemento de la obra que sea reconocible por el público y que le lleve a adquirir una copia. El consumidor encuentra una expresión donde puede reconocer claramente la labor del autor, su genio creativo.

Por lo tanto, como se hizo en los Asuntos Infopaq y All Posters debemos examinar si las creaciones concretas de una IA incluyen elementos que el público puede llegar a atribuir a un creador humano en concreto. La situación sería comparable a una persona que crea una obra de arte plástico en la que incluye, por ejemplo, alguna de las meninas de Picasso o los girasoles de Van Gogh. En esos casos, una persona que tuviera un mínimo de información entendería que en esa obra se han utilizado elementos creativos elaborados por otra persona que no es el autor. El análisis será el mismo con independencia de la fama o renombre del autor cuyos elementos hayan sido tomados.

Para resolver esta cuestión, la dicotomía idea/expresión nos va a dar la solución al problema planteado, pues hunde sus raíces en la intersección entre el derecho de la competencia y el derecho de autor, concretando el canon de originalidad. La originalidad tiene una función muy importante como excepción interna a los derechos de autor, pues sirve de filtro para que determinados elementos queden fuera del monopolio jurídico al ser tan abstractas que su protección sería equivalente a monopolizar un sector concreto del mercado. Así, los estilos, como los idiomas, las notaciones musicales o los colores, no son material sujeto a derechos de autor solo porque son ideas. Si alguno de estos elementos fuera monopolizable, cercaría el mercado restringiendo la competencia, algo que debe evitarse a toda costa.

---

17 Vid. DOPICO GÓMEZ-ALLER, Jacobo. Interrogantes sobre la libertad de expresión a la altura de 2022 en Teoría y Derecho. *Revista de pensamiento jurídico, Tirant lo Blanch,* 2022.

En este sentido, lo único que aparece en las creaciones que genera la IA son conceptos o ideas que ha aprendido de las obras de terceros, no elementos concretos obtenidos de esas obras y que puedan ser calificados de originales. Las obras de terceros se utilizan como simples *inputs*[18] o fuentes de información, no como obras utilizadas para su explotación económica[19]. Así, las reproducciones de la obra que se pueden hacer carecen de cualquier relevancia económica para el titular de derechos y, en consecuencia, no deben ser perseguidas.

3.2. El pastiche en las creaciones generadas por Inteligencia Artificial.

Nuestro ordenamiento jurídico ha incorporado recientemente una nueva excepción que se ha denominado "pastiche" (Artículo 17.7 de la DDAMUD), un concepto bastante amplio que todavía está por definir jurídicamente. De hecho, será interesante ver cómo el TJUE aplica esta nueva excepción y, sobre todo, saber dónde están las notas diferenciadoras respecto de la excepción de parodia, una institución con mucho más recorrido jurisprudencial. Se trata de un concepto abstracto, con aristas relacionadas con el humor y lo "políticamente correcto", que requieren concreción[20].

---

18 Vid. SCHÖNBERGER Daniel, Deep Copyright: Up-and Downstream-Questions Related to Artificial Intelligence (AI) and Machine Learning (ML) in *Droit d'auteur,* 2018, vol. 4, p. 145-173.

19 Vid. GEIGER, Christophe; FROSIO, Giancarlo; BULAYENKO, Oleksandr. Crafting a text and data mining exception for machine learning and big data in the digital single market. *Intellectual Property and Digital Trade in the Age of Artificial Intelligence and Big Data,* 2018, p. 97-111; y MARGONI, Thomas; KRETSCHMER, Martin. A deeper look into the EU text and data mining exceptions: harmonisation, data ownership, and the future of technology. *Data Ownership, and the Future of Technology (July 14, 2021),* 2021.

20 Vid. JONGSMA, Daniël. Parody After Deckmyn–A Comparative Overview of the Approach to Parody Under Copyright Law in Belgium, Fran-

La DDAMUD señala que el límite solamente se aplicará a los usuarios de los prestadores de servicios de contenidos en línea y únicamente para la difusión de contenido dentro de los servicios prestados por estos intermediarios técnicos. Así, podría parecer que esta excepción no es aplicable a nuestro supuesto de forma generalizada, pero el legislador español ha decidido ser creativo introduciendo requisitos específicos para su aplicación[21], a la vez que ha incrementado el ámbito de aplicación de la excepción de forma notable.

No obstante, la necesidad de este nuevo precepto es cuestionable, pues el Artículo 5.3.k) de la DDASI ya recoge los términos parodia y pastiche, luego podríamos entender que la excepción de pastiche que reitera el Artículo 17.7 de la DDAMUD ya estaba previsto en nuestro Artículo 39 del TRLPI. De hecho, en países de nuestro entorno la excepción existente antes de la transposición del Artículo 17.7 de la DDAMUD ya incluía el pastiche[22]. Podríamos entender, también, que el legislador español realizó una incorporación parcial de la excepción de parodia prevista en la DDASI que ahora pretende completar con el Artículo 70 del RDL 24/2021.

La técnica legislativa no es la mejor, pues el Artículo 17.7 de la DDAMUD no estaba pensado para introducir nuevas excepciones en nuestro ordenamiento, sino que pretendía dar carácter obligatorio a estas excepciones en determinadas circunstancias. Como señala el Considerando 70 de la DDAMUD, se trata de pro-

---

ce, Germany and The Netherlands. *IIC-International Review of Intellectual Property and Competition Law*, 2017, vol. 48, no 6, p. 652-682.

21 Ocurrió lo mismo con el límite de parodia recogido en el Artículo 5.3.k) de la DDASI.

22 Vid. LÓPEZ MAZA, Sebastián. Artículo 39. Parodia en BERCOVITZ RODRÍGUEZ-CANO, Rodrigo, et al. Comentarios a la ley de propiedad intelectual. *Madrid (Tecnos)*, 2017 señala que en Francia y en Reino Unido ya se recoge como caricatura, parodia o pastiche.

teger los derechos fundamentales[23] de los usuarios de este tipo de servicios y, en definitiva, dar una justificación legal al contenido generado por usuarios[24]. Por lo tanto, a la hora de aplicarlo a la IA, tendremos que moderar el argumento vinculado al derecho fundamental a la libertad de expresión, pues en este ámbito estará ausente.

Al margen de estas consideraciones, el Artículo 70 del RDL 24/2021 recoge una definición del pastiche tomada del diccionario de la RAE, algo que el Artículo 17.7 de la DDAMUD no hacía y termina con una frase muy relevante para nuestro estudio: "*este límite será también aplicable a usos diferentes de los digitales*", ampliando así su ámbito de aplicación[25].

Antes de entrar en el ámbito de aplicación del pastiche a usos "distintos de los digitales" debemos saber en qué consiste esta téc-

---

23 Se trata de un elemento compartido con la parodia. En este sentido, Vid. CÁMARA ÁGUILA, Pilar. El concepto de parodia en derecho comunitario: la sentencia del tribunal de justicia UE de 3 de septiembre de 2014. En APARICIO VAQUERO, Juan Pablo et al. *Estudios sobre la ley de propiedad intelectual: últimas reformas y materias pendientes,* Dykinson, 2016, p. 109-119. En el mismo sentido, Vid. ÖSTLUND, Eric. Transforming European Copyright: Introducing an Exception for Creative Transformative Works into EU Law. 2014, disponible en: https://www.diva-portal.org/smash/get/diva2:688462/FULLTEXT01.pdf, quien señala que la Comisión Europea ya adelantó esta posibilidad en el Libro Verde "Derechos de autor en la economía del conocimiento", 2008.

24 Vid. FERNÁNDEZ-DÍEZ, Ignacio Garrote. ¿Puede crearse un nuevo límite en la ley de propiedad intelectual española para dar cobertura a los contenidos generados por los usuarios? En APARICIO VAQUERO, Juan Pablo et al. *Estudios sobre la ley de propiedad intelectual: últimas reformas y materias pendientes,* Dykinson, 2016, p. 257-295.

25 Vid. BERCOVITZ RODRÍGUEZ-CANO, Rodrigo. La parodia en Revista Doctrinal Aranzadi Civil-Mercantil Núm. 7/2014 parte Tribuna, *Editorial Aranzadi, S.A.U., Cizur Menor, 2014,* donde expone que los Estados Miembros solamente pueden hacer una transposición limitada de los límites y excepciones porque quien puede lo más puede lo menos.

nica creativa. La doctrina[26] considera que el pastiche es un concepto alegal, nacido de la cultura popular[27], que presenta un tipo de creación artística en la que se mezclan distintos elementos de obras preexistentes. No obstante, no se trata del escenario de una obra colectiva, donde las creaciones incorporadas a la obra nueva no se han creado para la creación de esta o, al menos, se han incorporado con la autorización del titular de los derechos mediante un contrato de cesión.

El diccionario de la RAE recoge una definición que para un jurista puede resultar chocante pues no se ajusta a conceptos jurídicos: "*Imitación o plagio que consiste en tomar determinados elementos característicos de la obra de un artista y combinarlos, de forma que den la impresión de ser una creación independiente*". Podemos ver que el legislador español ha tomado la definición dada por la RAE y la ha trasladado al BOE, una técnica legislativa cuestionable cuando la terminología popular no coincide con la legal.

Partiendo de esta conceptualización del pastiche incorporada al Artículo 70 de RDL 24/2021, podemos destacar cuatro aspectos esenciales del pastiche: debe tratarse de una obra divulgada, el autor del pastiche debe transformar una obra combinando elementos característicos de otra obra, el resultado[28] debe dar la impre-

---

26 Vid. HUDSON, Emily. The pastiche exception in copyright law: a case of mashed-up drafting? *Intellectual Property Quarterly*, 2017, vol. 2017, no 4, p. 346-368 y VEGA GARCÍA, Paula. Las nuevas excepciones al derecho de autor en la Unión Europea: en favor del empleo de la tecnología digital en la investigación y la educación. *Revista de Derecho Privado*, 2022, no 43, p. 389-397.

27 Vid. PÉREZ-GÓMEZ, Miguel Ángel. Entre la forgerie y el pastiche: la obra tributo a Tintín de Yves Rodier. *CuCo: cuadernos de cómic, 15, 10-30.*, 2020.

28 No vamos a utilizar el concepto "obra resultante" pues la protección de las creaciones generadas por IA no está resuelta y, por lo tanto, no está claro si lo podemos calificar como obra. Además, el TJUE en su Sentencia de 3 de septiembre de 2014 en el Asunto C-201/13, "Deckmyn" señaló que no es necesario que el resultado de la parodia fuera una obra. En este sentido, Vid. CÁMARA ÁGUILA, Pilar. El concepto de parodia en derecho comunitario: la sentencia del tribunal de justicia

sión de que estamos ante una creación independiente sin causar riesgo de confusión y el resultado no puede inferir un daño a la obra original o a su autor.

3.2.1. El pastiche debe realizarse tomando elementos de una obra ya divulgada.

El concepto de divulgación no es complicado de concretar, pues el Artículo 4 del TRLPI nos dice cuándo se entiende que una obra está divulgada. Los problemas surgen por la terminología utilizada y por la coherencia interna del límite. La formulación inicial habla de transformación de una obra divulgada. Este planteamiento del supuesto de hecho nos provoca dos dudas.

En primer lugar, habla de "obra" en singular, dando a entender que los elementos característicos que se toman son únicamente de una obra. Sin embargo, posteriormente, habla de obras y prestaciones originales, en plural. Debemos superar esta interpretación reduccionista y considerar que esta excepción también se aplica cuando el autor toma elementos de distintas obras. No estamos ante una cuestión menor, dado que las IAs creativas analizan una gran cantidad de obras para obtener información de ellas. De esta forma, si adoptamos una postura limitativa, impediríamos la actividad de estos instrumentos tecnológicos al obligarlos a tomar elementos de una única obra.

En segundo lugar, existen problemas de coherencia interna sobre el tipo de objetos protegidos que se pueden tomar. Al hablar solo de obra[s], parece estar excluyendo los derechos conexos regulados en el Libro II del TRLPI. Sin embargo, en las líneas finales, al regular el cuarto requisito, habla de obras o prestaciones. De nuevo, nos encontramos ante otro problema para aplicarlo a las creaciones generadas por IA, pues no siempre van a

---

UE de 3 de septiembre de 2014. En APARICIO VAQUERO, Juan Pablo et al. *Estudios sobre la ley de propiedad intelectual: últimas reformas y materias pendientes*, Dykinson, 2016, p. 109-119.

tomar elementos protegidos como obras originales, sino que hay otros que pueden estar protegidos por derechos conexos como los existentes sobre grabaciones fonográficas y audiovisuales, meras fotografías, los derechos conexos del editor periodístico, los derechos del editor de una obra cuyos derechos han caducado, e, incluso, programas de ordenador. Como en el caso anterior, creo que debemos optar por una opción integradora y que amplíe el ámbito objetivo de la excepción, pues la literalidad del precepto lo admite.

Una cuestión curiosa es que no se exige que el creador del pastiche deba tener un acceso lícito a la obra como sí hace en el límite de copia privada (Artículo 31.2.b) del TRLPI). Bien es cierto que en otros límites que requieren la realización de copias de las obras tomadas como la cita (Artículo 32.1 del TRLPI) o ilustración docente (Artículos 32.3 y 32.4 del TRLPI) también habla simplemente de la mera divulgación de la obra. La doctrina tiende a considerar que, a pesar de no mencionarse el acceso lícito, está implícito o, al menos, recogido en la regla de los tres pasos[29]. No obstante, en el caso de la parodia (Artículo 39 del TRLPI y 5.5 de la DDASI), donde tampoco aparece este requisito, la interpretación doctrinal ha sido distinta[30]. Ahora bien, no podemos extrapolarla a la aplicación del pastiche a la IA, pues la parodia habla de la evocación de una obra y bastaría con conocerla[31]. Por

---

29 Vid. XALABARDER PLANTADA, Estudio sobre las limitaciones y excepciones del derecho de autor para actividades educativas en América del norte, Europa, los países Cáucaso, Asia central e Israel. *Ginebra: WIPO. Retrieved, 12*(06), 2010.

30 Vid. LÓPEZ MAZA, Sebastián. Artículo 39. Parodia en BERCOVITZ RODRÍGUEZ-CANO, Rodrigo, et al. Comentarios a la ley de propiedad intelectual. *Madrid (Tecnos),* 2017, pp. 778 y 779 quien menciona que basta con que la obra sea conocida.

31 Vid. CÁMARA ÁGUILA, Pilar. El concepto de parodia en derecho comunitario: la sentencia del tribunal de justicia UE de 3 de septiembre de 2014. En APARICIO VAQUERO, Juan Pablo et al. *Estudios sobre la ley de propiedad intelectual: últimas reformas y materias pendientes,* Dykinson, 2016, pp. 118-119.

el contrario, la IA tiene que acceder a una copia de la obra para analizarla.

En definitiva, podemos afirmar que las IAs creativas toman elementos de multitud de obras originales y/o prestaciones ya divulgadas en los términos expuestos anteriormente. Ahora bien, deberán demostrar que han tenido un acceso lícito a dicha obra y/o prestación para poder acogerse a este límite.

3.2.2. El pastiche debe ser el resultado de la combinación de elementos característicos de la obra u obras preexistentes.

La principal duda que nos puede surgir es el concepto de elementos característicos. Se trata de un concepto utilizado por la RAE, pero que no tiene un encuadre claro en los términos utilizados por la normativa de derechos de autor. La cuestión en la que nos vamos a centrar es la relación que guarda con los elementos originales de la obra.

En el apartado anterior ya hicimos consideraciones suficientes sobre el concepto de originalidad y no vamos a reproducirlos. Simplemente debemos quedarnos con la idea de que son elementos propios de la obra que reflejan la personalidad del autor al ser fruto de su autonomía en la toma de decisiones creativas. Tenemos una vasta doctrina jurisprudencial sobre lo que se considera o no una obra y cuáles son sus elementos originales. Por este motivo, sorprende que el legislador hable de elementos característicos y no de originales.

Lo cierto es que la IA no toma ningún elemento original de obras de terceros, sino meros aspectos ideales. Ante esta situación cabe preguntarse si la intención del legislador es ampliar el ámbito objetivo de protección de los derechos de autor a cuestiones que técnicamente no son originales. Las ideas ya están fuera del ámbito del monopolio jurídico, pero podría estar haciendo referencia a cuestiones que están en una gran zona de grises como ocurre con los estilos que son atribuibles a un determinado autor, pensemos en autores visuales como, por ejemplo, Banksy. Esta redacción implica un solapamiento con el tercer requisito, que ya habla del riesgo de confusión con las obras originales de las que procede.

Parece que estamos ante un problema de adaptación de los usos analógicos del pastiche a la realidad digital, quizás uno de los motivos por los que el legislador de la Unión Europea optó por no dar una definición precisa del pastiche. Esta modalidad artística ha estado ligada tradicionalmente a técnicas como el collage, el mash-up, el arte fan o el sampling[32]. Estas metodologías artísticas, efectivamente, están construidas sobre la toma de materiales ajenos, materiales que sí pueden ser considerados originales como personajes[33] o fragmentos relevantes de obras[34]. En definitiva, se están realizando actos de reproducción parcial. Sin embargo, cuando hablamos de creaciones generadas por IA, estas no toman elementos originales de otras obras, simplemente aprenden de ellas a identificar conceptos generales no protegidos. No obstante, esta disparidad queda resuelta por el principio "*qui potest plus, potest minus*" (quien puede lo más, puede lo menos). Así, si este límite permite tomar elementos originales, aunque los denomine

---

32 Más dudas cabrían sobre la posibilidad de incluir las *covers* de obras sin contar con la autorización del autor, pues la combinación de elementos característicos es, cuanto menos, cuestionable. En este sentido, Vid. DE TORRES FUEYO, Javier. Opá, ¿ze puede o no imitá? Comentario al Auto del Juzgado de lo Mercantil núm. 1 de Madrid de 26 de julio de 2006, sobre un cover de imitación de "Opá, yo viazé un corrá". *Revista Aranzadi de derecho de deporte y entretenimiento*, 2006, no 18, pp. 611-615.

33 Vid. ROSATI, Eleonora. Copyright protection of fictional characters: is it possible? how far can it go?, *IPKitten*, 2019 (disponible en: https://ipkitten.blogspot.com/2019/11/copyright-protection-of-fictional.html) y KEY, Thomas. The Ninth Circuit rules that The Moodsters characters are ineligible for copyright protection, denies panel and en banc rehearings: Daniels v. Walt Disney Company, *IPKitten*, 2020 (disponible en: https://ipkitten.blogspot.com/2020/05/the-ninth-circuit-rules-that-moodsters.html).

34 Vid. Sentencia del TJUE de 29 de julio de 2019 en el Asunto C-476/17, "Pelham", donde el Tribunal concluye que se está tomando un fragmento relevante y reconocible de la grabación de origen.

característicos, debería permitir la actividad realizada por la IA que simplemente aprehende conceptos y los aplica.

Además, podemos acudir a la doctrina del uso transformativo, una de las aplicaciones prácticas del *fair use* propio de EE. UU.[35] Esta doctrina parte de que no podemos cerrar una nueva técnica artística y todo un nuevo mercado por el simple hecho de que se hagan usos transformativos[36]. La finalidad es que los mercados culturales avancen y obtener nuevos productos que puedan satisfacer las necesidades de los consumidores. Por este motivo, para que este uso sea libre, debe existir un elemento que supere la obra de origen añada algún elemento que de un carácter completamente nuevo a la obra[37]. El concepto utilizado por el Tribunal Supremo de los EE. UU. es "*supersede the object*", que podríamos traducir como "desbancar el objeto". Esta expresión no debemos interpretarla en el sentido de que la creación que resulta del uso transformativo supera artísticamente a aquella en la que se inspira y se desprende de los elementos que la individualizaban.

Aplicada a la IA, esta doctrina complementa el análisis realizado, pues nos permite afirmar que el derecho exclusivo no se verá afectado cuando se toman elementos, característicos u originales de otras obras, pero estos son irrelevantes en la creación resultante porque el beneficiario de la excepción ha añadido otros más importantes para el público.

---

35 Para más información sobre el *fair use* y su aplicación práctica en EE. UU. Vid. BEEBE, Barton. An empirical study of US copyright fair use opinions, 1978-2005. *U. Pa. L. Rev.*, 2007, vol. 156, p. 549.

36 Vid. ÖSTLUND, Eric. Transforming European Copyright: Introducing an Exception for Creative Transformative Works into EU Law. 2014.

37 Vid. MURRAY, Michael D. What is Transformative? An Explanatory Synthesis of the Convergence of Transformation and Predominant Purpose in Copyright Fair Use Law. *Chicago-Kent Journal of Intellectual Property Law, Forthcoming, Valparaiso University Legal Studies Research Paper*, 2012, no 12-09.

3.2.3. El pastiche debe dar la impresión de una creación independiente y no crear riesgo de confusión.

Cayo Julio César es uno de los personajes más famosos de la historia de la antigua Roma y una de las frases más célebres que se recuerdan, aunque adaptada dice lo siguiente: "*la esposa de César no solo debe ser honesta, sino parecerlo*". Esta frase nos da buena cuenta de la diferencia entre parecer y ser. Aplicado a las creaciones independientes, el Artículo 9.2 del TRLPI nos habla de lo que son las creaciones independientes, pero en el marco de las obras compuestas. Así, son obras independientes aquellas en las que no hay un hilo conductor entre sí por contraposición a las obras colectivas en las que hay un coordinador que establece unos patrones comunes y determina elementos originales para cada una de las partes que componen la totalidad de la obra.

No obstante, puede interpretarse que el legislador no se refiere concretamente a este tipo de creación independiente y que quiere establecer un concepto autónomo para los pastiches. Si seguimos este camino, la interpretación más razonable nos lleva a incorporar el riesgo de confusión a este requisito y a distinguir entre lo que es una reproducción y una adaptación.

El concepto de confusión es más común en el derecho marcario y en el derecho de la competencia desleal, pero su objetivo principal es evitar que los consumidores tengan una información incorrecta sobre el origen empresarial de una prestación comercial[38]. Se produce cuando hay características objetivas que le llevan a pensar que existe una conexión entre ambos, pudiendo inferir que proceden, en nuestro caso, del mismo autor[39].

---

38 Vid. RUIZ MUÑOS, Miguel y GONZÁLEZ, Blas A. Capítulo VII. Derecho de marcas en LASTIRI SANTIAGO, Mónica y RUIZ MUÑOZ, Miguel. *Derecho de la propiedad intelectual: derecho de autor y propiedad industrial.* Tirant lo Blanch, 2017.

39 Vid. AHIJÓN LANA, Rodrigo y RODRÍGUEZ DOMÍNGUEZ, Fernando. *Tratamiento jurisprudencial y análisis crítico de la casuística de los Tribu-*

Uno de los principales comentarios a la hora de analizar las creaciones generadas por IA es su dificultad para distinguirlas de una creación humana[40]. No obstante, ello no es suficiente como para apreciar un riesgo de confusión, pues se hace en abstracto entre humanos e IAs, lo que escapa del análisis que aquí nos ocupa, pues nos lleva a problemas propios del futuro laboral de los artistas que el derecho de autor difícilmente va a solucionar. Como podemos apreciar, no estamos ante un riesgo de confusión sobre la procedencia empresarial sino, con el parecido con otro producto concreto y determinado. Por este motivo, la doctrina señala que siempre va a existir un mínimo grado de parasitismo[41], pues se estarían tomando elementos creativos atribuibles a otra persona. No obstante, en el caso de la IA no podemos hablar de parasitismo, pues no está tomando elementos creativos, sino aprendiendo de ellos. En algunos casos se podrán parecer, pero la incorporación de elementos propios con los que se combinan los "prestados" impide hablar de parasitismo, pues los transforma de tal forma que quedan irreconocibles.

Por consiguiente, debemos determinar cuáles son los parámetros de análisis para saber si basta con que exista cierta similitud o es necesario que se realice una inclusión parcial de la obra de procedencia. Teniendo en cuenta que esta excepción se va a aplicar, entre otros, a la IA, no sería coherente mantener que existe riesgo de confusión cuando se incluye un fragmento de la obra de procedencia. Esta situación, si la IA funciona correctamente

---

nales españoles en infracciones en casos de lookalike en ORTEGA BURGOS, Enrique. Propiedad Industrial 2021, 2021, pp. 37-57.

40 Vid. https://www.eldiario.es/cultura/arte/imagenes-creadas-inteligencia-artificial-nuevo-juguete-cuestiona-limites-arte-humano_1_9095191.html. En este artículo se pone de manifiesto que hay personas especializadas en crítica de arte y en creación artística que no son capaces de discernir o, por lo menos, generan dudas más que razonables sobre la procedencia de obras creadas por IA.

41 Vid. LÓPEZ MAZA, Sebastián. Artículo 39. Parodia en BERCOVITZ RODRÍGUEZ-CANO, Rodrigo, et al. Comentarios a la ley de propiedad intelectual. *Madrid (Tecnos)*, 2017, p. 779.

nunca debería llegar a producirse, pues ello supondría que el proceso de aprendizaje ha fracasado. Ahora bien, hay situaciones en las que el riesgo de confusión será inevitable como ocurre con el *deepfake*[42] y que necesariamente deben tener una solución distinta a la aquí planteada.

Además, también debemos considerar que esta excepción no solo se va a aplicar a la IA, sino que, de hecho, está planteada para usos distintos como los mash-ups, el fan art, los collages o, incluso, el sampling[43]. Estas técnicas artísticas utilizan fragmentos de obras ajenas y, precisamente, esto es lo que la excepción de pastiche pretende proteger.

En definitiva, la solución más lógica a la vista de los supuestos de hecho que están cubiertos por la excepción es entender que debe haber una similitud que lleve a asociar las dos obras y a que los consumidores no sean capaces de diferenciar la una de la otra. Se trataría de una afectación directa al núcleo del derecho de au-

---

42 Vid. SUÁREZ JAQUETI et HINOJAL CUADRADO, El uso del *deepfake* en producciones audiovisuales: consideraciones jurídicas en ORTEGA BURGOS, Enrique. Propiedad Industrial 2022, 2022, pp. 249-266. Estas autoras consideran que esta técnica no puede estar cubierta dentro de la excepción de parodia porque el riesgo de confusión es inherente a su uso y, precisamente, lo busca. Las autoras se centrar en analizar el límite de parodia, pero sus consideraciones son extrapolables al límite de pastiche al analizar precisamente el riesgo de confusión. No obstante, es posible advertir a los consumidores de que lo que ven ha sido generado por IA para no crear confusión. En consecuencia, no siempre estaremos fuera del ámbito de aplicación de esta excepción.

43 Vid. BOSHER, Hayleigh. 21 and illegal in all states? The German Pelham court confirms when sampling is ilegal. *The IPKat*, 2020. Disponible en: https://ipkitten.blogspot.com/2020/05/guest-post-21-and-illegal-in-all-states.html
En el mismo sentido, Vid. REDA, Felix. German Federal Supreme Court defends press freedom in two high-profile copyright cases, no resolution of sampling dispute, *Kluwer Copyright Blog*, 2020. Disponible en: https://copyrightblog.kluweriplaw.com/2020/05/01/german-federal-supreme-court-defends-press-freedom-in-two-high-profile-copyright-cases-no-resolution-of-sampling-dispute/

tor y a una vulneración de la finalidad teleológica de este límite. El objetivo es que cualquier tercero pueda tomar un elemento de una obra para incorporarlo a una creación propia sin necesidad de abonar una remuneración, peros siempre y cuando ello no afecte al monopolio económico protegido. Así, si existiera este riesgo de confusión, estaríamos perjudicando el público principal al que aspira el titular originario.

El apartado anterior nos permite ver que esta situación no se va a producir. La IA aprende de conceptos preexistentes y de las distintas modalidades de expresar una idea, pero con este proceso de aprendizaje incorpora elementos nuevos que hacen irrelevantes los elementos de las obras preexistentes al ser irreconocibles.

3.2.4. El daño a la obra o a su autor y la regla de los tres pasos

La inclusión del límite de pastiche guarda cierto grado de confusión por su relación con el límite de parodia ya existente en nuestro ordenamiento, pues comparten diversos elementos en común. Uno de ellos es el requisito final sobre el daño a la obra original o a su autor, exigencia que la doctrina[44] asocia a la regla de los tres pasos.

Este requisito siempre es complejo de analizar, puesto que lo que puede hacer daño a la obra o a su autor es una cuestión tremendamente subjetiva y lo que un autor puede interpretar como una burla, un tercero puede interpretarlo de otra forma[45]. Anteriormente hemos criticado los términos utilizados por el legisla-

---

44 Vid. COBERÁ MARTÍNEZ, José Miguel. Artículo 39. Parodia en PALAU RAMÍREZ, Felipe y PALAO MORENO, Guillermo (Dirs.) Comentarios a la ley de propiedad intelectual, *Tirant lo Blanch,* Valencia, 2017, p. 701.

45 Vid. ROLDÁN AGUIRRE, Iker. Parodia VS. Imitación y vulneración de derechos de propiedad intelectual e imagen: SJMer de Barcelona, núm. 7, de 22 mayo 2019 (JUR 2019, 163513). *Revista Aranzadi Doctrinal,* 2019, no 7, p. 14.

dor español a la hora de configurar esta nueva excepción, pero aquí debemos manifestar una opinión distinta. Utilizando los mismos conceptos que con la parodia es más fácil que los órganos jurisdiccionales puedan extender su doctrina previa sobre la materia al pastiche[46].

Ahora bien, volviendo al análisis de la IA debemos valorar cómo se podría aplicar este criterio subjetivo a nuestro supuesto de hecho. El pastiche realizado no debe afectar a los derechos morales del autor en relación con su obra. Así, en este caso no vamos a tener problemas, pues el aprendizaje no comporta la utilización de fragmentos de la obra, ni su modificación o alteración.

No obstante, aunque hemos considerado que en el proceso de entrenamiento no se modifican las obras de las que aprende, esta opinión no es pacífica. Por este motivo, podría interpretarse también que se está afectando al derecho moral a la integridad[47] de la obra pues se estarían tomando pequeños elementos de la obra, previa fragmentación de la misma. Todo proceso de aprendizaje siempre implica una mínima apropiación de elementos.

No creo que esta sea una interpretación acertada, pues no solo dejaría sin protección el desarrollo de la IA, sino que podría afectar de forma indeseada a todos los procesos educativos humanos. Estaríamos restringiendo de forma exagerada el límite, incluso más allá de las exigencias de la regla de los tres pasos.

---

46 Para más información, Vid. En este sentido, Vid. LÓPEZ MAZA, Sebastián. Artículo 39. Parodia en BERCOVITZ RODRÍGUEZ-CANO, Rodrigo, et al. Comentarios a la ley de propiedad intelectual. *Madrid (Tecnos)*, 2017, pp. 781 y ss.

47 Vid. KYRYLENKO, Anastasiia. A musical box infringes author's moral rights, says the French Cassation Court, *The IPKat*, 2023 y DREXL, Josef, et al. Artificial Intelligence and Intellectual Property Law-Position Statement of the Max Planck Institute for Innovation and Competition of 9 April 2021 on the Current Debate. *Max Planck Institute for Innovation & Competition Research Paper*, 2021, no 21-10. Disponible en: https://www.ip.mpg.de/fileadmin/ipmpg/content/stellungnahmen/MPI_PositionPaper__SSRN_21-10.pdf

La doctrina también considera que la parodia/pastiche no debe afectar injustificadamente a los intereses económicos del autor principal. No obstante, esta cuestión ya la analizamos en el apartado anterior, luego no procede solapar el contenido de los distintos requisitos.

En definitiva, sin descartar la mínima posibilidad de que exista una infracción a los derechos morales, consideramos que una IA, como regla general, no causará un daño a los intereses de la obra ni a la obra.

4. CONCLUSIONES

Este estudio nos permite obtener dos conclusiones principales. En primer lugar, podemos afirmar que durante el proceso de entrenamiento de una Inteligencia Artificial no se afecta al monopolio jurídico de los autores cuyas obras son utilizadas. El objetivo de este proceso no es copiar las obras, sino aprender de ellas analizándolas, motivo por el cual no se puede entender que estén tomando elementos originales de las mismas.

En segundo lugar, la posición anterior se ve reforzada por la posibilidad de aplicar la excepción de pastiche. El Artículo 70 del RDL 24/2021 no está pensado para ser aplicado a las creaciones generadas por IA, sino para el contenido generado por usuario y otras utilizaciones analógicas de obras preexistentes. Hemos planteado serias dudas de que este precepto sea conforme a la DDAMUD, norma del que proviene, pero hasta que sea modificado es el que debemos aplicar.

Este precepto establece una serie de requisitos que las creaciones generadas cumplen. Un IA aprende de elementos característicos u originales de creaciones ya divulgadas. La excepción está pensada para proteger a usuarios que reproducen elementos originales de terceros. La IA cumple esta exigencia, pues si se pueden tomar elementos protegidos, con mayor razón se podrá aprender de ellos sin reproducirlos. Además, la IA genera resultados que difícilmente se pueden confundir con las obras de las que ha aprendido, dado que, al no reproducir fragmentos originales de obras de terceros, el riesgo de confundirlas es lejano, aunque no imposible. A estos efectos, la doctrina del uso transformativa dentro del *fair use* se torna muy útil para explicar y justificar esta utilización de las obras de terceros, pues no afecta al público potencial de la obra.

En resumen, es necesario hacer una labor interpretativa para concluir de forma definitiva si la IA entra o no en el supuesto de hecho del pastiche. Esta tarea deberá realizar el TJUE para dar un marco común a todos los Estados Miembros.

5. BIBLIOGRAFÍA

ALONSO BARTOL BUSTOS, Antonio (2022). El sabor como obra original y la tortilla de autor© en CARBAJO CASCÓN, Fernando (Dir.) y JIMÉNEZ SERRANÍA, Vanessa (Coord.) *Competencia, propiedad intelectual y tutela de consumidores en el sector agroalimentario,* Tirant Lo Blanch, Valencia

AMOR CORDERO, Carmen; CONDE NOGUEIRA, Mar. Los conceptos de usuario informado y grado de libertad del diseñador en materia de diseño industrial y de singularidad competitiva en materia de competencia desleal. Análisis de la Sentencia del Tribunal Supremo de 5 de mayo de 2017 y repercusión posterior. *Comunicaciones en propiedad industrial y derecho de la competencia,* 2018, no 85,

ARSUAGA CORTÁZAR, José La contratación de productos financieros y de inversión. Tratamiento jurisprudencial. Las acciones de nulidad con fundamento en el error vicio del consentimiento. En *Jurisprudencia sobre hipotecas y contratos bancarios y financieros: Análisis de la jurisprudencia reciente sobre préstamos, créditos, cláusulas de préstamos hipotecarios, contratos bancarios, tarjetas, productos financieros y usura.* Tirant lo Blanch, 2019. p. 1299-1304

ÅSTRÖM, Josef; REIM, Wiebke; PARIDA, Vinit. Value creation and value capture for AI business model innovation: a three-phase process framework. *Review of Managerial Science,* 2022, p. 1-23

BALDWIN, Peter. The copyright wars. En *The Copyright Wars.* Princeton University Press, 2014

BERGEL SAINZ DE BARANDA, Yolanda. La compraventa de obras de arte: problemas de derecho privado. *La compraventa de obras de arte,* 2010

Beyond Intent: Establishing Discriminatory Purpose in Algorithmic Risk Assessment, March 10th, 2021, 134 Harv. L. Rev. 1760

BODEN, Margaret A. Computer models of creativity. *AI Magazine*, 2009, vol. 30, no 3

CABRAL, Luis, et al. The EU digital markets act: a report from a panel of economic experts. *Cabral, L., Haucap, J., Parker, G., Petropoulos, G., Valletti, T., and Van Alstyne, M., The EU Digital Markets Act, Publications Office of the European Union, Luxembourg*, 2021

CALABRESI, Guido. Transaction Costs, Resource Allocation and Liability Rules–A Comment. *The Journal of Law and Economics*, 1968, vol. 11, no 1, p. 67-73

CASTRO Y BRAVO, Federico de. *El negocio jurídico.* Instituto Nacional de Estudios Jurídicos, 1971

COOTER, R., & ULEN, T. (2016). *Law and economics.* 6th Edition

CRAWFORD, Kate. *The atlas of AI: Power, politics, and the planetary costs of artificial intelligence.* Yale University Press, 2021.

DEAZLEY, Ronan; BENTLY, Lionel; KRETSCHMER, Martin. Commentary on the Stationers' Royal Charter 1557. 2008.

DREXL, J. (Ed.). (2010). *Research handbook on Intellectual property and Competition law.* Edward Elgar

Eric A. A theory of contract law under conditions of radical judicial error. *Nw. UL Rev.*, 1999, vol. 94, p. 749

EZRACHI, Ariel; STUCKE, Maurice E. Las plataformas digitales inhiben la innovación para abordar los problemas más apremiantes de la actualidad. *USApp–American Politics and Policy Blog*, 2022

FOLGADO, Avelino. Evolución histórica del concepto del Derecho Subjetivo: estudio especial de los teólogos-juristas del siglo XVI. *Anuario jurídico y económico escurialense*, 1960, no 1,

GARCÍA VIDAL, Ángel. Propiedad intelectual y minería de textos y datos: estudio de los artículos 3 y 4 de la Directiva (UE) 2019-790. 2020.

GEIGER, Christophe. The social function of intellectual property rights, or how ethics can influence the shape and use of IP law. En *Methods and perspectives in intellectual property*. Edward Elgar Publishing, 2013. p. 153-176.

GEIGER, Christophe; GRIFFITHS, Jonathan; HILTY, Reto M. Declaration on a balanced interpretation of the "three-step test" in copyright law. *IIC*, 2008, vol. 39, no 6, p. 707-713

GEIGER, Christophe; IZYUMENKO, Elena. Towards a European" Fair Use" Grounded in Freedom of Expression. *Am. U. Int'l L. Rev.*, 2019, vol. 35, p. 1

GHIDINI, Gustavo. *Rethinking intellectual property: balancing conflicts of interest in the constitutional paradigm.* Edward Elgar Publishing, 2018

HILTY, Reto; RICHTER, Heiko. Position statement of the Max Planck Institute for Innovation and Competition on the proposed modernisation of European copyright rules part B exceptions and limitations (Art. 3–Text and Data Mining). *Max Planck Institute for Innovation & Competition Research Paper*, 2017, no 17-02

HUDSON, Emily. The pastiche exception in copyright law: a case of mashed-up drafting? *Intellectual Property Quarterly*, 2017, vol. 2017, no 4, p. 346-368

HUSOVEC, Martin. The essence of intellectual property rights under Article 17 (2) of the EU Charter. *German Law Journal*, 2019, vol. 20, no 6, p. 840-863

IBÁÑEZ COLOMO, Pablo. The Draft Digital Markets Act: a legal and institutional analysis. *Journal of European Competition Law & Practice*, 2021, vol. 12, no 7, p. 561-575.

JONGSMA, Daniël. Parody After Deckmyn–A Comparative Overview of the Approach to Parody Under Copyright Law in Belgium, France, Germany and The Netherlands. *IIC-International Review of Intellectual Property and Competition Law*, 2017, vol. 48, no 6, p. 652-682

KELLER, Paul. Protecting creatives or impeding progress? Machine learning and the EU copyright framework, *Kluwer Copyright Blog*, 20 de febrero de 2023.

KLEIN, Bethany; MOSS, Giles; EDWARDS, Lee. *Understanding copyright: Intellectual property in the digital age.* Sage, 2015

LANDES, W. M., & POSNER, R. A. (1989). "An economic analysis of copyright law". *The Journal of Legal Studies*, 18(2), 325-363

LARA GONZÁLEZ, Rafael; ECHAIDE IZQUIERDO, Juan Miguel. *Consumo y derecho: elementos jurídico-privados de derecho del consumo.* ESIC Editorial, 2006

LASSALLE RUIZ, J. M. (2001). *John Locke y los fundamentos modernos de la propiedad*

LEMLEY, Mark A.; CASEY, Bryan. Fair learning. *Tex. L. Rev.*, 2020, vol. 99, p. 743

LITVINOFF, Saul. Vices of Consent, Error, Fraud, Duress and an Epilogue on Lesion. *La. L. Rev.*, 1989, vol. 50, p. 1

LIU Jiabo. *Las industrias del derecho de autor y el impacto de la destrucción creativa: la expansión del derecho de autor y la industria editorial.* Routledge, 2012

MACMILLAN, Catharine. *Mistakes in contract law.* Bloomsbury Publishing, 2010

MARGONI, Thomas. The harmonisation of EU copyright law: the originality standard. *Global governance of intellectual property in the 21st century: reflecting policy through change,* 2016, p. 85-105

MARGONI, Thomas; KRETSCHMER, Martin. The Text and Data Mining exception in the Proposal for a Directive on Copyright in the Digital Single Market: Why it is not what EU copyright law needs. *CREATe, UK Copyright and Creative Economy Centre, University of Glasgow,* 2018

MCGUINNESS, Phillipa (ed.). *Copyfight.* NewSouth, 2015

MOSSOFF, Adam. The Use and Abuse of IP at the Birth of the Administrative State. *U. Pa. L. Rev.,* 2008, vol. 157, p. 2001

MUÑOZ FERRANDIS, Carlos; DUQUE LIZARRALDE, Marta. Opening Sourcing AI: Intellectual Property at the Service of Platform Leadership. *J. Intell. Prop. Info. Tech. & Elec. Com. L.,* 2022, vol. 13

NAVAS NAVARRO, Susana, et al. Nuevos desafíos para el Derecho de autor. Robótica, inteligencia artificial, Tecnología. 2019

OLSSON, J. (2009). *Wordcrime: Solving crime through forensic linguistics.* A&C Black y QUERALT S. (2021) *Atrapados por la lengua: 50 casos resultados por la lingüística forense.* Larousse

PATRY, William. *Moral panics and the copyright wars.* Oxford University Press, 2009

PEERS, Steve; PRECHAL, Sacha. Article 52–scope and interpretation of rights and principles. In *The EU Charter of Fundamental Rights.* Nomos Verlagsgesellschaft mbH & Co. KG, 2014. p. 1498-1565

PÉREZ-GÓMEZ, Miguel Ángel. Entre la forgerie y el pastiche: la obra tributo a Tintín de Yves Rodier. *CuCo: cuadernos de cómic, 15, 10-30.,* 2020.

PHILIP, Kavita. What is a technological author? The pirate function and intellectual property. *Postcolonial Studies,* 2005, vol. 8, no 2

POLLACK, Malla. Intellectual Property Protection for the Creative Chef, or How to Copyright a Cake: A Modest Proposal. *Cardozo L. Rev.,* 1990, vol. 12

PRIYA, Kanu. Intellectual Property and Hegelian Justification. *NUJS L. Rev.,* 2008, vol. 1

REEBS, Caroline M. Sweet or sour: Extending copyright protection to food art. *DePaul J. Art Tech. & Intell. Prop. L,* 2011, vol. 22,

REICHMAN, Jerome H. Más allá de las líneas históricas de demarcación: derecho de la competencia, derechos de propiedad intelectual y comercio internacional después de la Ronda Uruguay del GATT. *Arroyo. J. Int'l L.*, 1993, vol. 20

RICKETSON, Sam; GINSBURG, J. C. Berne Convention and beyond: International copyright and neighbouring rights agreements from 1886 to the present. *New York: Oxford University Press*, 2006.

ROBERT GUILLÉN, S. (2018). *Alta cocina y derecho de autor.* Editorial Reus

ROSATI, Eleonora. The exception for text and data mining (TDM) in the proposed Directive on Copyright in the Digital Single Market: technical aspects. *European Parliament*, 2018

ROSATI, Eleonora. UK Government axes plans to broaden existing text and data mining exception, *TheIPKat*, 3 de febrero de 2023.

SAG, Matthew. The new legal landscape for text mining and machine learning. *J. Copyright Soc'y USA*, 2018, vol. 66

SAIZ GARCÍA, Concepción. *Objeto y sujeto del derecho de autor*, Tirant lo Blanch, Valencia, 2000

SCHÖNBERGER, Daniel. Deep copyright: up-and downstream questions related to artificial intelligence (AI) and machine learning (ML). in *Droit d'auteur*, 2018, vol. 4, p. 145-173

SCHROEDER, Jeanne L. Unnatural rights: Hegel and intellectual property. *U. Miami L. Rev., 2005*, vol. 60

SCHUMPETER, Joseph A. The theory of economic develop.

HENNING-BODEWIG, Frauke. *Unfair competition law: European Union and member states.* Kluwer Law International BV, 2006ent: An inquiry into profits, capital, credit, interest, and the business cycle. 1934

SEFTON-GREEN, Ruth (ed.). Mistake, fraud and duties to inform in European contract law. Cambridge university press, 2005

SGANGA, Caterina; SCALZINI, Silvia. Del abuso de derecho al uso indebido de los derechos de autor en Europa: una nueva doctrina para la legislación de derechos de autor de la UE. *IIC-International Review of Intellectual Property and Competition Law*, 2017, vol. 48, n. ° 4, pp. 405-435

SMITH, Adam. *La riqueza de las naciones*, 1776

SOHL-DICKSTEIN, Jascha, et al. Deep unsupervised learning using nonequilibrium thermodynamics. En *International Conference on Machine Learning.* PMLR, 2015. p. 2256-2265

SOLANA, Diego. Derecho de la Moda. Algunos apuntes jurisprudenciales. *Diario La Ley*, 2017, no 9090

STROWEL, Alain; KIM Hee-Eun. El impacto equilibrado del Derecho general de la UE en la jurisprudencia europea en materia de propiedad intelectual. *La europeización del derecho de la propiedad intelectual: hacia una metodología jurídica europea. OUP, Oxford,* 2012, pp. 121-142.

TEILMANN-LOCK, Stina. *The object of copyright: a conceptual history of originals and copies in literature, art and design.* Routledge, 2015

TOLSTOI, Leon (2012). *¿Qué es el arte?* Editorial MAXTOR

VEGA GARCÍA, Paula. Las nuevas excepciones al derecho de autor en la Unión Europea: en favor del empleo de la tecnología digital en la investigación y la educación. *Revista de Derecho Privado,* 2022, no 43, p. 389-397.

XALABARDER, Raquel. Copyright exceptions for teaching purposes in Europe. *IN3: UOC. (Working Paper Series: WP04-004),* 2004

PELIKÁNOVÁ, Radka MacGregor. THE ANALYSIS OF THE CASE LAW OF THE COURT OF JUSTICE OF EU ON THE UNFAIR COMMERICAL PRACTICES. *Acta academica,* 2019, vol. 19, no 1, p. 47-58

VELENTZAS, John; BRONI, Georgia; PITOSKA, Elektra. Unfair commercial practices on marketing-advertising and consumer protection in EU member states. *Procedia Economics and Finance,* 2012, vol. 1, p. 411-420

CRUZ GONZÁLEZ, Marcos. Relaciones entre competencia desleal y propiedad intelectual e industrial: la doctrina de la "complementariedad relativa" del Tribunal Supremo Español. En *Reflexiones sobre derecho privado patrimonial,* N° 1 – 2020, Ratio Legis, 2020, pp. 191-214

CARBAJO CASCÓN, Fernando. El uso publicitario de marcas de moda ajenas en internet:(complementariedad entre propiedad intelectual y competencia desleal). *Cuadernos del Centro de Estudios en Diseño y Comunicación. Ensayos,* 2022, no 154, p. 101-126

DOMÍNGUEZ PÉREZ, Eva M., et al. Sentencia del Tribunal Supremo (Sala de lo Civil, Sección 1. ª), n. º 94/2017, de 15 de febrero de 2017 [roj: sts 541/2017]. 2017.

BERCOVITZ RODRÍGUEZ-CANO, Alberto. *Apuntes de derecho mercantil: derecho mercantil, derecho de la competencia y propiedad industrial.* ARANZADI/CIVITAS, 2022.

GARCÍA–CRUCES, José Antonio. La prohibición de los actos de engaño y omisiones engañosas. En *Tratado de derecho de la competencia y de la publicidad.* Valencia: Tirant lo Blanch, 2014

MASSAGUER FUENTES, José. Las prácticas comerciales engañosas en la Directiva 2005/29/CE sobre las prácticas comerciales desleales. *Actualidad Juridica–Úria Menendez,* 2006, no 13

CORBERÁ MARTÍNEZ, José Miguel. Capítulo II ACTOS CONCRETOS DE COMPETENCIA DESLEAL (II): ENGAÑO, CONFUSIÓN, DENIGRACIÓN, COMPARACIÓN, IMITACIÓN Y PUBLICIDAD ILÍCITA (arts. 5, 6, 7, 9, 10, 11, 15 y 18 LCD). En *Actos de competencia desleal y su tratamiento procesal: un estudio práctico de la Ley de competencia desleal (LCD).* Tirant lo Blanch, 2020.

Tensiones e inconsistencias en el derecho de marca europeo ¿ha fagocitado la marca las normas de competencia desleal?

MARCOS CRUZ GONZÁLEZ
Universidad de Salamanca

Resumen:

La reciente expansión del derecho de marca, tanto en lo que se refiere a su objeto de protección como a su ámbito de tutela, ha puesto a este particular sector del ordenamiento mercantil en contacto cada vez más estrecho con otras normas reguladoras del mercado. En el presente trabajo proponemos que dicha expansión ha conducido a la absorción de buena parte del Derecho contra la Competencia Desleal bajo la disciplina marcaria.

Palabras clave: marca, competencia desleal, expansión, solapamiento, interfaz.

1. INTRODUCCIÓN

En los últimos años, la marca ha venido experimentando desde el nivel internacional una destacable tendencia expansiva, esencialmente sobre la base de dos grandes aspectos: por un lado, su objeto de protección[1], así como, por el otro, su ámbito de protección[2].

---

1 El cual habría ido evolucionando desde los simples signos denominativos a toda una nueva gama de especies de las denominadas “marcas no convencionales”, dentro de las cuales, quizá, las más habituales han sido las tridimensionales, las sonoras y las olfativas

2 Por todo, GARCÍA PÉREZ R., *La expansión del derecho de Marca. De la marca como indicación de procedencia empresarial a la multifuncionalidad jurídica de la marca*, Marcial Pons, Madrid, 2021, p. 9.

Por lo que atañe a este último, el ámbito de protección se habría expandido desde los supuestos de "doble identidad" a casos cada vez más alejados; primero a través del riesgo de confusión, ampliado con el de asociación, al que contiene[3], para acabar finalmente otorgando protección más allá del riesgo de confusión en los casos de marca renombrada. Esta tutela, conforme se aleja del núcleo duro de protección marcaria, se presenta como más difusa y orientada al caso concreto.

Por lo demás, puede identificarse una segunda tendencia favorable a la expansión de la marca como expediente de tutela: la continua rebaja gradual de los requisitos de acceso a la protección marcaria. En este sentido, el tradicional requisito de "distintividad" habría sufrido una degradación, habiendo transitado de la capacidad para indicar un origen comercial cierto hacia una comprensión más relajada, que conecta distintividad con diferenciación en el mercado, omitiendo la nota de origen empresarial y dejándola, todo lo más, apuntada de forma implícita.

Esta expansión ha conducido a incrementar de un modo muy decidido los solapamientos entre Derecho de marca y otros expedientes de tutela del competidor, llegando incluso a inducir un cierto desplazamiento aplicativo respecto de determinadas normas de competencia. El Derecho de la Competencia se configura en Europa como un *oberbegriff* que acoge en su seno dos grandes sectores de normas: de un lado el Derecho *Antitrust*, centrado en comportamientos estructuralmente dañinos para la competencia y, por otro, el Derecho contra la Competencia Desleal, sector centrado puramente en el comportamiento de los operadores y que presenta un carácter no necesariamente unitario, sino fracturado, abarcando todas aquellas normas que comparten el común objeto de ordenar la competencia como proceso (se aprecia en su lógica una impronta ordoliberal clara) y la consecución de un nivel suficiente de disciplina en los mercados. La implantación en Europa del Derecho *Antitrust* tras la Segunda Guerra Mundial acabó por

3 STJCE DE 11 DE NOVIEMBRE DE 1997, AS. C-251/95, SABEL v. Puma.

restar protagonismo a la Competencia Desleal, convertida hoy en una legislación de remiendos[4], sin un espacio propio dentro de las normas del Mercado[5], pero que se mantiene fuertemente unida a Propiedad Intelectual (PI en adelante), a Derecho *Antitrust* y, recientemente, a la protección del consumidor, asumiendo un rol supletorio y de naturaleza intersticial.

Las relaciones entre Competencia Desleal y PI vienen desde antiguo, habiendo operado la Competencia Desleal como motor de expansión de la segunda a costa de su propio sacrificio[6], lo que le ha conferido un papel mucho más discreto en la actualidad, centrado en la complementariedad (*ergänzung*[7]) y limitado a casos "marginales" desde la perspectiva teórica y normativa[8]. El principal obstáculo a la Competencia Desleal como parte integral del

---

4 NIRK R., "Zur Rechtsfigur des wettbewerbsrechtlichen Leistungsschutzes", *GRUR*, Heft 3, 1993, pp. 247-255, p. 252.

5 KUR A., "What to protect, and How? Intellectual Property, Unfair Competition or protection sui generis", en LEE, WESTKAMP, KUR and OHLY *Intellectual Property, Unfair Competition and Publicity*, Edward Elgar, Cheltenham/Northampton, 2014, p. 13.

6 Así se ha dicho que la Competencia Desleal ha operado como "Schrittmacher" (ULMER E., *Urheber-und Verlagsrecht*, 3. Auflage, Springer, Berlin, 1980, p. 40), como "Jungbrunnen" (FEZER K.H., *Markenrecht. Kommentar zum Markengesetz, zur Pariser Verbandsubereinkunft und zum Madrider Markenabkommen. Dokumentation des nationalen, europaischen und internationalen Kennzeichenrechts*, 4. Auflage, C.H. Beck, Munich, 2009, § 2, p. 43), o como "incubadora" (KUR A., "What to protect, and How? Unfair Competition, Intellectual Property, or protection sui generis", cit., p. 19).

7 En contra del uso de esta terminología KÖHLER H., "Der ergänzende Leistungschutz Plädoyer für eine gesetzliche Regelung", *WRP*, Heft 11, 1999, pp. 1075-1082, p. 1075.

8 Esta nueva configuración parece partir de la base del carácter *numerus clausus* de los expedientes de protección *ex* PI reconocidos únicamente por vía legal. Ahora bien, ello no significa que no puedan aflorar nuevas necesidades de tutela a las que la ley no esté adaptada. Cfr. OHLY A., "Gibt es einen Numerus clausus der Immaterialgüterrechte?", VV.AA. *Perspektiven des Geistigen Eigentums und Wettbewerbsrechts. Festschrift für Gerhard Schricker*, CH Beck, Munich, 2005, pp. 105-121.

sistema de competencia vendría manifestado por los países del *common law*[9].

Por su parte, la forma en cómo se ha operado la expansión marcaria, con recurso a herramientas analíticas y valorativas *ad hoc* aplicadas sobre elementos ajenos a la marca en sí (lo que en este trabajo identificamos como "esquemas aplicativos de Competencia Desleal") ha conducido a un desdibujamiento entre ambas disciplinas[10], pudiéndose identificar una cierta "influencia concurrencial en el Derecho de Marca"[11], algo que nosotros nos atrevemos a describir como un acto de fagocitosis más que de influencia.

---

9 HENNING-BODEWIG F., "Die Bekämpfung unlauteren Wettbewerbs in den EU-Mitgliedstaaten: eine Bestandsaufnahme", *GRUR Int.*, 2010 Heft 4, pp. 273-287, pp. 280-281; Sin embargo, DAVIS J., "Unfair Competition Law in the United Kingdom", HILTY R. y HENNING-BODEWIG F., *Law Against Unfair Competition*, Springer, Berlin/Heidelberg, 2007, pp. 183-185, nos da cuenta de cómo tras la STJUE de 12 de noviembre de 2002, C-206/01, Arsenal v. Reed, el poder judicial de Reino Unido se vio obligado a admitir un mínimo de competencia desleal como parte del *common law*. Sin embargo, como nos relata el propio Davis: la noción de competencia desleal sigue siendo una muy estrecha en el Reino Unido. No puede tampoco omitirse que la figura del "*passing-off*" guarda indudables concomitancias con algunos supuestos de Competencia Desleal más importantes.

10 GARCÍA PÉREZ R., *La expansión del derecho de marca. De la marca como indicación de procedencia empresarial a la multifuncionalidad jurídica de la marca*, cit., p. 275.

11 OHLY A. y KUR A., "Lauterkeitsrechtliche Einflüsse auf das Markenrecht", *GRUR*, Heft 5, 2020, pp. 457-471.

2. DESCRIBIENDO LA COMPETENCIA DESLEAL. IDENTIFICANDO EL DERECHO CONTRA LA COMPETENCIA DESLEAL, SU NATURALEZA Y POSICIÓN DENTRO DEL MARCO LEGAL MERCANTIL.

Posiblemente la mejor forma de sintetizar el papel actual de las normas de Competencia Desleal[12] sea partir de su concepción como *Marktverhaltensrecht*[13] o Derecho (objetivo) del comportamiento competitivo en el mercado[14]. Intervendrá de ordinario ante la patología del proceso competitivo, la cual se podrá diagnosticar siempre que se cumplan dos aspectos concretos: el primero, referido al proceso competitivo, exige que quien realice la conducta cuente con un estatus subjetivo de competidor; el segundo se referirá a la propia idea de patología y se define como la existencia de un cierto grado de perjuicio para el funcionamiento del mercado[15], lo que supone que no será tutelable el competidor

---

12 Aproximación que pretendemos realizar desde el Derecho Español (naturalmente) pero sobre todo desde el Derecho Alemán, punta de lanza del Derecho de la Competencia Desleal continental.

13 HILTY M. RETO, "The Law Against Unfair Competition and its Interfaces", in HILTY M. R., and HENNING-BODEWIG F., *Law Against Unfair Competition*, Springer, Berlin/Heidelberg, 2007, p. 4.

14 PAZ-ARES RODRÍGUEZ J.C., "Constitución económica y competencia Desleal", *Anuario de Derecho Civil*, Vol. 34, N.159, 1981, pp. 927-958, p. 934.

15 La determinación de la naturaleza patológica del comportamiento no sigue un esquema unitario en todos los países. Así, por ejemplo, Alemania determina las conductas relevantes a través de una yuxtaposición y equilibrio de intereses contrapuestos entre clases distintas de participantes en el mercado. El parágrafo 1 de la Unlauterer Wettbewerb Gesetz (UWG), contiene el denominado "Schutzzwecktrias" o tríada de objetivos de protección (traducción propia), que posteriormente es desgranado como la composición de intereses de competidores, consumidores y los generales del mercado. En cambio, en España, puede argumentarse que se considera patológico el comportamiento que se aleja de un estándar de normalidad implícito en una mezcla de principios constitucionales, el habitual desenvolvimiento en el mercado y los propios efectos que la conducta tiene sobre la competencia; cfr. en

frente a actos meramente molestos no perjudiciales para la competencia en sí[16].

Esta configuración convierte a la Competencia Desleal en un medio para un fin, esto es, el sistema en su conjunto se orienta a la protección de la Competencia como institución o bien en sí mismo[17], operado a través de la protección individual del sujeto competidor. En este contexto, intereses distintos a los puramente subjetivos de uno y otro competidor pueden ser relevantes para el enjuiciamiento, con un límite necesario: excluir – en principio – los intereses extra-concurrenciales[18]. Este foco en la competencia

---

este último sentido BERCOVITZ A., "Significado de la Ley y requisitos generales de la acción de Competencia Desleal", en BERCOVITZ A., *La Regulación contra la Competencia Desleal en la Ley de 10 de enero de 1991*, BOE, Cámara de Comercio e Industria de Madrid, 1992, p. 14.

16 Especialmente claro a este respecto en la doctrina española se muestra CARBAJO CASCÓN F., "La Competencia Desleal (I). Cláusula general e ilícitos por Competencia Desleal. La Publicidad Comercial Desleal" en CARBAJO CASCÓN F., *Manual Práctico de Derecho de la Competencia*, Tirant lo Blanch, Valencia, 2017, p. 345; sin embargo, este requisito no aparece de forma expresa en la tradición germánica, lo que ha conducido a autores muy destacados, como, *verbi gratia*, HILTY M. R. "The Law Against Unfair Competition and its Interfaces", cit., pp. 21-24, a considerar las normas de competencia desleal únicamente bajo la perspectiva de la protección de inversiones.

17 FONT GALÁN J.I. y MIRANDA SERRANO L. M., *Competencia Desleal y Antitrust. Sistema de Ilícitos*, Marcial Pons, Barcelona, 2005, pp. 24 y 25; también CARBAJO CASCÓN F., "La Competencia Desleal (I). Cláusula general e ilícitos por Competencia Desleal. La Publicidad Comercial Desleal", cit., p. 344.

18 SCHRICKER G., "Hundert Jahre Gesetz gegen den unlauteren Wettbewerb- Licht und Schatten ", *GRUR Int.*, Heft 4, 1996, pp. 473-479, p. 476. Ahora bien, un matiz importante lo encontraremos en la posible "concurrencialización" de intereses ajenos a la competencia. Por ejemplo, la protección del medio ambiente está en proceso de concurrencialización.

como objeto de tutela lo aleja de las normas de PI[19] y lo acerca al Derecho Antitrust, operando como "*Vorfeld*" (antesala) de éste[20].

Este acercamiento al *Antitrust* no rompe, sin embargo, sus conexiones con la PI, actuando aún como "incubadora"[21] de ésta, en aquellos casos en que se produce un alineamiento entre la lógica concurrencial de la Competencia Desleal y esa otra que subyace a la PI, tratando de resolver el fallo de mercado mediante el incentivo legal a la producción de innovación en situaciones en que el mercado no la induce de modo suficiente por sí mismo, permitiendo, incluso, el desarrollo de nuevos mercados en los que competir[22]. La diferente perspectiva de uno y otro expediente jurídico acaba por converger en cuanto al medio útil: la protección – subjetiva – del competidor. Surge aquí entre una y otra normativa en liza lo que se ha dado en denominar como convergencia asimétrica[23], no habiendo norma que subordine una solución a la otra[24]. Así, aunque la puesta en contacto entre ambas disciplinas no parezca problemática *a priori*[25], se hace necesario garantizar la

---

19 Pues para la Propiedad Intelectual, la protección del titular sí constituye un fin en sí mismo. La dimensión concurrencial vendría después, a la hora de graduar la protección, generando el sistema más eficiente (o menos ineficiente, como se prefiera) posible.

20 OHLY A. y SATTLER A., "120 Jahre UWG im Spiegel von 125 Jahren GRUR", *GRUR*, Heft 12, 2016, pp. 1229-1239, p. 1231.

21 KUR A., "What to protect, and How? Unfair Competition, Intellectual Property, or protection sui generis", cit., p. 19.

22 HILTY R, "The Law Against Unfair Competition and its Interfaces", cit., pp. 21-24.

23 KUR A., "Funktionswanderl von Schutzrechten: Ursachen und Konsequenzen der inhaltlichen Annäherung und Überlagerung von Schutzrechtstypen", en SCHRICKER G., DREIER T. y KUR A., *Geistiges Eigentum im Dienst der Innovation,* Nomos, 2001, pp.23-50, p. 34.

24 FEZER K.H., *Lauterkeitsrecht. Kommentar zum Gesetz gegen den unlauteren Wettbewerb,* Band I, C.H. Beck, Múnich, 2010, p. 111.

25 HENNING-BODEWIG F., "Das ungeklärte Verhältnis der IP-Rechte zum Lauterkeitsrecht", in AA.VV. *Die Internationale Durchsetzung von Schutzrechten: Festschrift für Sabine Rojahn zum 70. Geburstag,* C.H. Beck, 2021, pp. 319-334, p. 319.

compatibilidad de ambos sistemas, asegurando que la Competencia Desleal no intervenga creando derechos subjetivos, sino garantizando la operatividad de la competencia[26].

Llegado este punto, la doctrina española ofrece un marco inmejorable para dilucidar el papel medial de la Competencia Desleal entre el Derecho *Antitrust* y la PI. En este contexto, el profesor BERCOVITZ nos indica la existencia de una relación de inmanencia del ilícito inmaterial respecto del ilícito desleal[27]. Por su parte, MIRANDA SERRANO y FONT-GALÁN permiten considerar el ilícito *antitrust* como un subtipo del ilícito desleal[28], lo que permitiría, conforme al esquema de BERCOVITZ entender que el ilícito *antitrust* es también inmanente a la Competencia Desleal, de modo que tanto PI como *Antitrust* pueden concebirse como "burbujas flotando en un mar de competencia desleal", cuyo conflicto normativo puede resolverse sobre la base del principio de especialidad[29].

---

26 Se suele expresar esta diferencia haciendo referencia a que la Competencia Desleal no se centra en la conducta en sí, sino en el "cómo" se desarrolla aquella. Cfr. JÄNICH V., *Lautersheitsrecht*, Academia Iuris, Vahlen Verlag, 2018, p. 4; también OHLY in OHLY/SOSNITZA *UWG kommentar*, CH Beck, 7. Auflage, 2016, p. 148.

27 BERCÓVITZ RODRÍGUEZ-CANO A., "Significado de la ley y requisitos generales de la acción de competencia desleal", en *La Regulación contra la Competencia Desleal en la Ley de 10 de enero de 1991*, cit., p. 20; cuya base teórica germinal puede buscarse en BERCOVITZ RODRÍGUEZ-CANO A., "La formación del derecho de la competencia", *ADI*, Tomo II, 1975, p. 61-82, y cuya expresión moderna más conocida aparece en BERCÓVITZ RÓDRIGUEZ-CANO A., *Apuntes de Derecho Mercantil. Derecho Mercantil, Derecho de la Competencia y Propiedad Industrial*, Thomson Reuters Aranzadi, Cizur Menor, Navarra, 2019 (20 Edición), p. 390, bajo la figura de los círculos concéntricos.

28 FONT GALÁN J.I. y MIRANDA SERRANO L. M., *Competencia Desleal y Antitrust. Sistema de Ilícitos*, cit., pp. 48, 55 y 63.

29 En realidad, el interfaz es más complejo, no bastando con aplicar, sin más, la norma considerada especial, subordinando el derecho general. En este mismo sentido, MASSAGUER FUENTES J., *Comentario a la Ley de Competencia Desleal*, Civitas, Madrid, 1999, pp. 166 y 167, habla

De este modo, el Derecho contra la Competencia Desleal, se nos muestra como un sistema orientado a la regulación general del mercado que, teniendo como objetivo proteger a la competencia en sí frente a actos generados por su propio desenvolvimiento, acoge en su seno regulaciones especiales orientadas a fines específicos, quedando, finalmente, desplazada por aquellas, por resultar más apropiadas para tales fines de protección.

3. EXPANSIONISMO MARCARIO "MADE IN EUROPE": TENDENCIAS CONTRAPUESTAS Y RIESGOS ENCUBIERTOS

3.1.- La doble tendencia en la aproximación expansionista del Derecho de marcas: motivos dominicales para un análisis fáctico.

Por su parte, a diferencia de lo que ocurre para el Derecho de la Competencia Desleal[30], el Derecho europeo ha demostrado

---

de un punto intermedio necesario entre la acumulación absoluta y la aplicación de un principio de especialidad; en la misma vena KÖHLER H., "Der ergänzende Leistungschutz Plädoyer für eine gesetzliche Regelung", *WRP*, Heft 11, 1999, pp. 1075-1082, p. 1075, critica la idea de complementariedad en la aplicación de las normas de competencia desleal, abogando por una comprensión más amplia y abierta del interfaz; en fin, BÄRENFÄNGER J., *Das Spannungsfeld von Lauterkeitsrecht und Markenrecht unter dem neuen UWG. Symbiotische Theorie zum Kennzeichen- und Lauterkeitsrecht*, Nomos, 2010, p.179, propone una coordinación entre competencia desleal y los regímenes de PI, de modo que las respuestas proporcionadas desde uno y otro sector no se contradigan la una a la otra.

30 En general, puede decirse que la Competencia Desleal ha sido en buena parte omitida por el legislador europeo. Salvedad hecha a la Dir. 2005/29/CE, de prácticas comerciales desleales en una línea más cohonestada con el consumidor y la reciente Dir. 2019/633/UE de prácticas desleales en la cadena agroalimentaria, no existe norma europea sobre Competencia Desleal ni, por tanto, se encuentra ésta armonizada.

ser un entorno más que fértil para el crecimiento de la marca, algo que ha generado dos importantes y contrapuestas tendencias en el Derecho europeo de Marcas. Por un lado, aparece una acusada tendencia a la "propertización" de la marca (típica de los derechos de PI) y que desplaza a la disciplina desde su origen próximo a las normas de competencia, otorgándole la "dignidad" de derecho exclusivo. Esta tendencia debiera haber convertido a la protección del signo frente a las intromisiones ilegítimas de terceros competidores en el fin exclusivo de la disciplina[31]; lo que significaría que la protección del consumidor a través de la marca únicamente pueda ser un reflejo de la tutela subjetiva del titular registral del signo[32], extramuros de los objetivos funcionales de la institución. Dado el enfoque dominical de la marca, centrada ahora en la garantía de la inversión (publicitaria) realizada en ella[33], la lógica jurídica conduce a considerar que el ámbito de protección de la marca deba venir determinado por el grado e intensidad de las inversiones comerciales realizadas sobre el signo[34].

Esta lógica fundamental que sigue la marca encaja mal con el enfoque fáctico con el que su tutela se ha ido completando tanto

---

31 HACKER F., "Methodenlehere und Gewerblicher Rechtschutz – dargestellt am Beispiel der markenrechtlichen Verwechslungsgefahr", *GRUR*, Heft 7, 2004, pp. 537-548, p. 545.

32 GARCÍA PÉREZ R., *La expansión del Derecho de Marca. De la marca como indicación de la procedencia empresarial a la multifuncionalidad jurídica de la marca*, cit., p. 151.

33 Para HILTY M. RETO, "The Law Against Unfair Competition and its Interfaces", cit., p. 30, la marca sería un sistema intermedio pero fuerte de protección de inversiones. El planteamiento, parcialmente criticado por KUR A., "What to protect, ¿and how? Unfair Competition, Intellectual Property, or protection sui generis" cit., p. 28, es consistente con las raíces profundamente clavadas en el Derecho de la Competencia que exhibe el derecho de marca, lo que lo ubicaría como el sistema más próximo a la tutela concurrencial y al mercado y, por tanto, menos "denso".

34 FEZER K.H., "Entwicklungslinien und Prinzipien des Markenrechts in Europa – Auf dem Weg zur Marke als einem immaterialgüterrechtlichen Kommunikazionszeichen", *GRUR*, Heft 6, 2003, pp. 457-468, p. 464.

desde el plano legal como en la jurisprudencia del TJUE. El sistema de la UE se afana en empujar el Derecho de marca hacia la percepción concreta del mercado a cada momento, empezando por el ajuste de la perspectiva valorativa al estándar del consumidor[35] y, dada la centralidad del consumidor para el Derecho de la Competencia, en general la marca ha acabado por convertirse en "elemento esencial para un sistema de competencia no distorsionada"[36]. Ello es tanto como arrancar a la marca del ámbito abstracto e intelectual de los derechos de PI y materializarla forzosamente sobre el mercado y su disciplina.

De este modo, y al contrario de lo que sería propio de las jurisdicciones nacionales – donde la infracción marcaria adopta un carácter tradicionalmente formal o registral, en el DUE asume un carácter fáctico o concreto[37], donde la tutela se concede no sólo

---

35 DALGAARD LAUSTSEN R., *The Average Consumer in Confusion-based Disputes in European Trademark Law and Similar Fictions*, Springer, Suiza, 2021, p. 266.

36 STJCE de 17 de octubre de 1990, C-10/89, HAG II (ECLI:EU:C:1990:359). Ello, no obstante, la primera conexión entre marca y competencia no distorsionada se encuentra proclamada en el primer considerando de la Dir. 89/104/CEE, de 21 de diciembre de 1988 relativa a la aproximación de las leyes de los Estados Miembros en relación con las marcas, aunque allí parece estarse haciendo referencia, más bien, a la conexión entre competencia no distorsionada y armonización legislativa, no tanto en relación con la marca. Cfr. KNAAK R., "Trademark Protection and Undistorted Competition", *Max Planck Institute for Intellectual Property and Competition Law Research paper series*, Research paper Nº 11-12, pp.1-16, p. 3.

37 Confirmando lo que apuntaba MONTEAGUDO MONEDERO M., "El riesgo de confusión en derecho de marcas y en derecho contra la competencia desleal", *ADI*, XV, 1993, pp. 73-108, específicamente para el Derecho español; también GARCÍA PÉREZ R., *La expansión del Derecho de Marca. De la marca como indicación de la procedencia empresarial a la multifuncionalidad jurídica de la marca*, cit., pp. 93 (en particular N.P. 85), considera que esta distinción es común tanto para España como también para Alemania y no tanto en el ámbito de la marca de la UE (cfr. p. 133).

teniendo en cuenta la comparación de similitud formal, fonética y conceptual entre signos y el parecido entre prestaciones (contenido formal del juicio), sino también contrastando ese parecido en el contexto material de comercialización[38].

Esta "materialización" del juicio de infracción marcario ha expandido su ámbito analítico a circunstancias ajenas estrictamente a signo/prestación afectados, dando cabida a evidencias de tipo fáctico o material propias del "contexto de comercialización", realidad ajena al Derecho de marca y, en puridad, más propia de la perspectiva *"more economic approach"* que caracteriza al Derecho de la Competencia europeo[39].

Este proceder habría permitido al legislador de la unión armonizar de facto las normas de comportamiento en el mercado, evitando la laboriosa compatibilización de las normas nacionales de Competencia Desleal, con un coste adicional de intercambiar normas de protección orientadas a la integridad y funcionalidad de los mercados, por normas estatutarias centradas en los intereses subjetivos del titular de la exclusiva[40]. De este modo, si considerásemos junto a OHLY que la forma más adecuada para evitar las tendencias expansivas del Derecho de PI pasa por partir el sistema en dos, configurando un núcleo duro de protección abstracta y

---

38 Muy clara la STGUE de 28 de mayo de 2020, T- 677/18, Galletas Gullón v. EUIPO (Oreo), pár. 114, donde el Tribunal general atiende a cómo el consumidor puede reaccionar ante el parecido entre signos y productos, dado un contexto de comercialización concreto y específico.

39 Cfr. PODSZUN R., "Der more economic approach im Lauterskeitsrecht", *WRP*, Heft 5, 2009, pp. 509-517; también, WOLLMANN H., "Der more economic approach die UWG-Novelle 2007 und deren Bedeutung für das Zusammenspiel von Lauterkeits- und Kartellrecht", VV. AA., *Festschrift für Irmgard Griss*, Jan Sramek Verlag, 2011, pp. 771-787.

40 HACKER F., "Methodenlehere und Gewerblicher Rechtschutz – dargestellt am Beispiel der markenrechtlichen Verwechslungsgefahr", *GRUR*, cit., p. 545; y FEZER K.H., "Entwicklungslinien und Prinzipien des Markenrechts in Europa – Auf dem Weg zur Marke als einem immaterialgüterrechtlichen Kommunikazionszeichen", *GRUR*, cit., p. 464.

formalista proporcionada por el Derecho de PI sobre la base del sistema registral y conceder un segundo nivel de protección más débil y voluble con recurso a las normas de Competencia Desleal, como una suerte de mal menor[41], la UE se ubica en las antípodas del modelo, donde se recurre a "esquemas" propios del derecho contra la Competencia Desleal para extender la protección a supuestos grises cada vez más alejados del centro registral del derecho exclusivo. Bajo este segundo sistema, el riesgo a camuflar con argumentos pretendidamente procompetitivos intereses dominicales del titular se vuelve tangible.

3.2. ¿Dónde habría fagocitado la Marca los Esquemas propios de la Competencia Desleal?

3.2.1. El juicio de confusión

Un primer punto del juicio de infracción donde se aprecia claramente la influencia concurrencial en el Derecho de Marcas[42] sería el supuesto de riesgo de confusión. En este sentido, aunque no existe evidencia suficiente que pruebe que el riesgo de confusión marcario deriva de aquel otro presente en la Competencia Desleal (más allá del precedente histórico que constituye el art. 19 bis CUP[43]), es posible admitir junto a BEIER que la confusión en sentido marcario no es sino uno de los posibles escenarios en los que

---

41 OHLY A., "The freedom of imitation and its limits- A European perspective", *IIC*, Vol. 41, 2010, pp. 506-524, p. 522.

42 OHLY A. y KUR A., "Lauterkeitsrechtliche Einflüsse auf das Markenrecht", *GRUR*, cit., pp. 457-471.

43 Que puede describirse de la mejor forma como una cláusula general (de competencia desleal) en una "cáscara de nuez"; Cfr. HENNING-BODEWIG F., "International Unfair Competition Law", en HILTY M. R. y HENNING- BODEWIG F., *Law Against Unfair Competition*, cit., p. 56.

el origen comercial de la prestación puede ser confundido[44]. De este modo y atendiendo nuevamente a la relación de inmanencia que nace de la concentricidad postulada por BERCOVITZ[45], puede presentarse el riesgo de confusión de marcas como una subespecie de conducta confusoria genérica, sí perseguida desde el Derecho contra la Competencia Desleal; conducta que puede encuadrarse como engañosa o confusoria[46] y que se escinde de la primera en lo que se refiere a los medios a través de los cuales se ejecuta: un signo que goza de la protección registral de marca.

A partir de este planteamiento será sencillo colegir que la figura del riesgo de confusión propio del ámbito de la marca no debe ser considerado sino una modulación iterativa de un juicio de confusión más amplio propio de la Competencia Desleal[47]. De ello se deduce que el riesgo de confusión de Competencia Desleal lleva en su seno a aquel propio de la marca, si bien entre ambos habría una diferencia de enfoque, y es que la marca imprime un carácter peculiar o *sui generis* al juicio de infracción basado en confusión, siendo posible identificar en él dos momentos diferentes[48]: una

---

44 BEIER F.K., "Gedanken zur Verwechslungsgefahr und ihrer Feststellung im Prozeß", *GRUR*, Heft 9, 1974, pp. 514-521, p. 517.

45 BERCÓVITZ RÓDRIGUEZ-CANO A., *Apuntes de Derecho Mercantil. Derecho Mercantil, Derecho de la Competencia y Propiedad Industrial*, cit., p. 390.

46 En realidad, siguiendo a ULMER E. *Das Recht des unlauteren Wettbewerbs in den Mitgliedstaaten der EWG*, Teil I, Beck/Heymanns, 1965, p. 101, puede interpretarse que la confusión es una submodalidad de engaño, caracterizada por referirse exclusivamente al origen comercial del producto.

47 Así, cuando el error se induce a partir del uso de un signo consistente en o similar a una marca registrada, dicho uso se califica como infracción de marca, mientras que cuando tenga lugar sobre otros pretextos distintos al de un signo protegido, el juicio valorativo de la conducta habrá de ser ejecutado mediante recurso a los esquemas generales aplicativos propios del Derecho contra la competencia desleal.

48 Con ello se invierte el planteamiento formulado por NEMECZECK H., "Wettbewerbliche Eigenart und die Dichotomie des mittelbaren Leistungschutzes", *WRP*, Heft 11, 2010, pp. 1315-1321, p. 1321, que identificaba un "momento inmaterial" como parte de la valoración concu-

primera aproximación de corte registral y formalista conformada por la triple comparación (gráfica, conceptual y auditiva) de los signos; seguida, en segundo lugar, de una aproximación más económica resultado de trasladar la comparativa abstracta a un contexto de comercialización en el mercado, algo que se logra a través de la figura del consumidor medio y del apalancamiento de su perspectiva sobre el juicio valorativo.

Es, en realidad, el consumidor medio como constructo jurisprudencial[49] que tiene asignada la función de parámetro hermenéutico en uno y otro caso el que permite coordinar y conectar ambas perspectivas, de modo que uno y otro juicio se presentarían como dos caras de una misma moneda, dos perspectivas sobre la misma conducta competitiva, de manera que será lógico que ambos acaben solapándose o plegándose si quiera parcialmente. Ahora bien, no debemos perder de vista que los desvalores a que atienden son diversos en cada caso.

Empero, el recurso al consumidor medio como patrón hermenéutico es fruto de ulteriores complejidades. Pues, a medida en que la marca comienza a preocuparse por las consecuencias económicas de su propia existencia, recurre a las normas de Competencia Desleal como mecanismo de auto-confinamiento. De este modo, la marca se reconstruye a partir de la imagen que ve de sí misma reflejada por el espejo que es el mercado, lo que aconseja tratar con sumo cuidado prácticas unificadoras, al tener lugar a costa de la vigencia y existencia del Derecho de la Competencia Desleal, implicando el riesgo de acabar perdiendo la herramienta más importante para contener al Derecho de Marca[50].

---

rrencial de la imitación bajo el Derecho alemán contra la Competencia Desleal.

49 DALGAARD LAUSTSEN R., *The Average Consumer in Confusion-based Disputes in European Trademark Law and Similar Fictions,* cit., p. 285.

50 De ahí la influencia del Derecho de la competencia desleal que OHLY A. y KUR A., "Lauterkeitsrechtliche Einflüsse auf das Markenrecht", *GRUR,* cit. p. 471, denuncian puede apreciarse en el sistema de tutela de la marca. Desde nuestra perspectiva, esa influencia opera de modo

3.2.2. La protección de la marca renombrada

Un segundo punto donde la Competencia Desleal, más que como freno (caso anterior), opera como expansión de la tutela será en la protección de las marcas renombradas[51]. En este sentido, el art. 9.2.c del Reg. (UE) 2017/1001, de 14 de junio, sobre la marca de la UE (así como art. 10.2.c de la Dir. 2015/2436, de 16 de diciembre, de aproximación de las legislaciones en materia de marcas autoriza a las legislaciones a ello) otorga protección a las marcas "renombradas[52]", condicionada a que el uso infractor de dicha marca se haga "sin justa causa" y genere una "ventaja desleal" a partir de su carácter distintivo o su renombre, o bien sea perjudicial para los mismos.

Que nos encontremos fuera del contexto propio del riesgo de confusión, de modo que no se encuentra limitada por la similitud de productos (o servicios) ni de los signos, implica que la conducta pueda ser ilícita cuando desencadene uno de dos posibles resultados: bien produzca un efecto de conseguir una ventaja des-

---

similar a como lo harían los "anticuerpos competitivos" a los que se refiere GHIDINI G., *Rethinking Intellectual Property. Balancing Conflicts of Interest in the Constitutional Paradigm*, Edward Elgar, Cheltenham/ Nordhampton, 2018, p. 69, en relación con el sistema de patentes. En este sentido, puede apuntarse que, si bien en el caso de la patente los anticuerpos son endógenos, para la marca tales anticuerpos provienen desde fuera y se internalizan por la innegable perspectiva o dimensión concurrencial que tienen los signos para el mercado.

51 Ello matiza las relaciones existentes entre marca y competencia desleal en el sentido de no ser unidireccionales, sino bidireccionales, algo acorde a lo que BÄRENFÄNGER J., *Das Spannungsfeld von Lauterkeitsrecht und Markenrecht unter dem neuen UWG*, cit., p. 176, identifica como modelo simbiótico de interacción.

52 Concepto que dista de ser del todo claro dada la diversidad de las versiones lingüísticas. En efecto, si bien para la versión inglesa se habla de "*trademark with a reputation*", la versión española hace referencia a "renombrada" y la alemana a "*bekannt*" (en el sentido de conocida o reconocida).

leal del carácter distintivo o renombre del signo registrado; o bien cause un perjuicio para cualquiera de dichos parámetros.

Es el primer escenario el que nos resulta de mayor interés (por la referencia expresa a "ventaja desleal") por lo que nos centraremos exclusivamente en su análisis.

En este sentido, de entre las muchas fórmulas con que el legislador europeo pudo redactar este apartado referente al resultado ilícito, ambos, Reglamento y Directiva, eligen exactamente las mismas palabras, ninguna de las cuales es propia del Derecho de Marcas. A pesar de que es posible interpretar "ventaja desleal" como referida a la proposición de "sin justa causa", lo que construiría un ilícito absolutamente autónomo, pero completamente en blanco, consideramos que es preferible interpretar este particular lenguaje como una llamada a ajustar la infracción de la marca renombrada a partir, nuevamente, de esquemas propios de la Competencia Desleal.

Sobre cómo pueda llevarse esto a la práctica de un modo factible, ya hemos considerado en otro lugar la posibilidad de configurar la infracción de la marca renombrada como dependiente del carácter leal o desleal de la ventaja no amparado por una justa causa (donde justa significa procompetitiva). De manera que, una vez determinado que la conducta conformada por el uso del signo es desleal, la ventaja obtenida con ella lo será automáticamente también y, con ello, el comportamiento quedará cualificado como infracción de la marca renombrada, al ser el signo en liza el medio utilizado para la comisión del acto perjudicial[53].

Ello supondría que la infracción de la marca renombrada se llevaría a cabo tomando como base la valoración concurrencial

---

53 CRUZ GONZÁLEZ M., "Cadena de distribución agroalimentaria, marcas y competencia desleal: una reflexión a partir de la guerra de las galletas" in CARBAJO CASCÓN F. (dir.) y JIMENEZ SERRANÍA V. (coord.), *Competencia, Propiedad Intelectual y tutela de los consumidores en el sector agroalimentario,* Tirant-lo-blanch, Valencia, 2022, pp.1385-1427, p.1425.

de la conducta desde la perspectiva del Derecho contra la Competencia Desleal y cualificándola en función del medio a través del cual se ha desarrollado en el mercado.

4. CONCLUSIONES

Esperamos haber podido demostrar en las páginas que preceden algunas de las complejidades generadas por la expansión del Derecho de Marca auspiciado desde el ámbito de la UE, una extensión que pretende equilibrarse con el recurso a esquemas propios del Derecho contra la Competencia Desleal, flexibles y favorables para el mercado. Si esta es una línea de trabajo que acabará dando fruto o se malogrará está aún por ver. Sin embargo, debe llamarse la atención sobre los potenciales problemas de acabar fundiendo o fagocitando a la competencia desleal desde el Derecho de Marca, pues deja la vía libre para que el riesgo de disfrazar pretensiones de naturaleza dominical a través de argumentos competitivos se haga tangible.

En este mismo sentido, deberá prestarse especial atención en relación con la tendencia a la rebaja de los requisitos de acceso a la protección exclusiva. Aunque el recurso a mecanismos de análisis procompetitivos mitigue el riesgo de sobreprotección, puede conducir a que se considere distintivo lo meramente diferente, exacerbando así el riesgo que se pretende atajar.

La lógica dominical que subyace a la marca y los efectos meramente reflejos que su protección tiene sobre el consumidor y el mercado, aconsejan no precipitarse a la hora de continuar el camino del solapamiento normativo.

Aunque es posible que sea ya demasiado tarde para salvar a la Competencia Desleal de las fauces de la marca, no debe olvidarse la lección frente al voraz apetito del signo distintivo, pues es probable que otro derecho de PI acabe siendo su próxima víctima y el Diseño Industrial parece ser el siguiente en el menú.

5. BIBLIOGRAFÍA

BÄRENFÄNGER J., *Das Spannungsfeld von Lauterkeitsrecht und Markenrecht unter dem neuen UWG. Symbiotische Theorie zum Kennzeichen- und Lauterkeitsrecht,* Nomos, 2010.

BEIER F.K., "Gedanken zur Verwechslungsgefahr und ihrer Feststellung im Prozeß", *GRUR,* Heft 9, 1974, pp. 514-521.

BERCÓVITZ RODRÍGUEZ-CANO A., Apuntes de Derecho Mercantil. Derecho Mercantil, Derecho de la Competencia y Propiedad Industrial, Thomson Reuters Aranzadi, Cizur Menor, Navarra, 2019 (20 Edición).

BERCOVITZ RODRÍGUEZ CANO A., "Significado de la Ley y requisitos generales de la acción de Competencia Desleal", en BERCOVITZ A., La Regulación contra la Competencia Desleal en la Ley de 10 de enero de 1991, BOE, Cámara de Comercio e Industria de Madrid, 1992.

BERCOVITZ RODRÍGUEZ- CANO A., "La formación del derecho de la competencia", *ADI,* Tomo II, 1975, p. 61-82.

CARBAJO CASCÓN F., "La Competencia Desleal (I). Cláusula general e ilícitos por Competencia Desleal. La Publicidad Comercial Desleal" en CARBAJO CASCÓN F., *Manual Práctico de Derecho de la Competencia,* Tirant lo Blanch, Valencia, 2017.

CRUZ GONZÁLEZ M., "Cadena de distribución agroalimentaria, marcas y competencia desleal: una reflexión a partir de la guerra de las galletas" in CARBAJO CASCÓN F. y JIMENEZ SERRANÍA V., *Competencia, Propiedad Intelectual y tutela de los consumidores en el sector agroalimentario,* Tirant-lo-blanch, Valencia, 2022, pp.1385-1427.

DALGAARD LAUSTSEN R., *The Average Consumer in Confusion-based Disputes in European Trademark Law and Similar Fictions,* Springer, Suiza, 2021.

DAVIS J., "Unfair Competition Law in the United Kingdom", HILTY R. y HENNING-BODEWIG F., *Law Against Unfair Competition,* Springer, Berlin/Heidelberg, 2007, pp. 183-185.

FEZER K.H., *Lauterkeitsrecht. Kommentar zum Gesetz gegen den unlauteren Wettbewerb,* Band I, C.H. Beck, Múnich, 2010.

FEZER K.H., *Markenrecht. Kommentar zum Markengesetz, zur Pariser Verbandsubereinkunft und zum Madrider Markenabkommen. Dokumentation des nationalen, europaischen und internationalen Kennzeichenrechts,* 4. Auflage, C.H. Beck, Munich, 2009.

FEZER K.H., "Entwicklungslinien und Prinzipien des Markenrechts in Europa – Auf dem Weg zur Marke als einem immaterialgüterrechtlichen Kommunikazionszeichen", *GRUR,* Heft 6, 2003, pp. 457-468.

FONT GALÁN J.I. y MIRANDA SERRANO L. M., *Competencia Desleal y Antitrust. Sistema de Ilícitos,* Marcial Pons, Barcelona, 2005.

GARCÍA PÉREZ R., La expansión del derecho de Marca. De la marca como indicación de procedencia empresarial a la multifuncionalidad jurídica de la marca, Marcial Pons, Madrid, 2021.

GHIDINI G., *Rethinking Intellectual Property. Balancing Conflicts of Interest in the Constitutional Paradigm,* Edward Elgar, Cheltenham/Nordhampton, 2018.

HACKER F., "Methodenlehere und Gewerblicher Rechtschutz – dargestellt am Beispiel der markenrechtlichen Verwechslungsgefahr", *GRUR,* Heft 7, 2004, pp. 537-548.

HENNING-BODEWIG F., "Das ungeklärte Verhältnis der IP-Rechte zum Lauterkeitsrecht", in AA.VV. Die Internationale Durchsetzung von Schutzrechten: Festschrift für Sabine Rojahn zum 70. Geburstag, C.H. Beck, 2021, pp. 319-334.

HENNING-BODEWIG F., "Die Bekämpfung unlauteren Wettbewerbs in den EU-Mitgliedstaaten: eine Bestandsaufnahme", *GRUR Int.*, 2010 Heft 4, pp. 273-287.

HENNING-BODEWIG F., "International Unfair Competition Law", en HILTY M. R. y HENNING- BODEWIG F., Law Against Unfair Competition, Springer, Berlin/Heidelberg, 2007, pp. 53-60.

HILTY M. RETO, "The Law Against Unfair Competition and its Interfaces", in HILTY M. R., and HENNING-BODEWIG F., *Law Against Unfair Competition,* Springer, Berlin/Heidelberg, 2007, pp. 1-51.

JÄNICH V., Lauterskeitsrecht, Academia Iuris, Vahlen Verlag, 2018.

KNAAK R., "Trademark Protection and Undistorted Competition", *Max Planck Institute for Intellectual Property and Competition Law Research paper series,* Research paper N° 11-12, pp.1-16.

KÖHLER H., "Der ergänzende Leistungschutz Plädoyer für eine gesetzliche Regelung", *WRP,* Heft 11, 1999, pp. 1075-1082.

KUR A., "What to protect, and How? Intellectual Property, Unfair Competition or protection sui generis", en LEE, WESTKAMP, KUR and OHLY *Intellectual Property, Unfair Competition and Publicity,* Edward Elgar, Cheltenham/Northampton, 2014, pp. 11-32.

KUR A., "Funktionswanderl von Schutzrechten: Ursachen und Konsequenzen der inhaltlichen Annäherung und Überlagerung von Schutzrechtstypen", en SCHRICKER G., DREIER T. y KUR A., *Geistiges Eigentum im Dienst der Innovation,* Nomos, 2001, pp.23-50.

MASSAGUER FUENTES J., *Comentario a la Ley de Competencia Desleal*, Civitas, Madrid, 1999.

MONTEAGUDO MONEDERO M., "El riesgo de confusión en derecho de marcas y en derecho contra la competencia desleal", *ADI*, XV, 1993, pp. 73-108.

NEMECZECK H., "Wettbewerbliche Eigenart und die Dichotomie des mittelbaren Leistungschutzes", *WRP*, Heft 11, 2010, pp. 1315-1321.

NIRK R., "Zur Rechtsfigur des wettbewerbsrechtlichen Leistungsschutzes", *GRUR*, Heft 3,1993, pp. 247-255.

PAZ-ARES RODRÍGUEZ J.C., "Constitución económica y competencia Desleal", *Anuario de Derecho Civil*, Vol. 34, N.159, 1981, pp. 927-958.

OHLY A. y KUR A., "Lauterkeitsrechtliche Einflüsse auf das Markenrecht", *GRUR*, Heft 5, 2020, pp. 457-471.

OHLY A. y SATTLER A., "120 Jahre UWG im Spiegel von 125 Jahren GRUR", *GRUR*, Heft 12, 2016, pp. 1229-1239.

OHLY in OHLY/SOSNITZA UWG kommentar, CH Beck, 7. Auflage, 2016.

OHLY A., "The freedom of imitation and its limits- A European perspective", *IIC*, Vol. 41, 2010, pp. 506-524.

OHLY A., "Gibt es einen Numerus clausus der Immaterialgüterrechte?", VV.AA. *Perspektiven des Geistigen Eigentums und Wettbewerbsrechts. Festschrift für Gerhard Schricker*, CH Beck, Munich, 2005, pp. 105-121.

PODSZUN R., "Der more economic approach im Lauterskeitsrecht", *WRP*, Heft 5, 2009, pp. 509-517.

SCHRICKER G., "Hundert Jahre Gesetz gegen den unlauteren Wettbewerb-Licht und Schatten", *GRUR Int.*, Heft 4, 1996, pp. 473-479.

ULMER E., *Urheber-und Verlagsrecht*, 3. Auflage, Springer, Berlin, 1980.

ULMER E. Das Recht des unlauteren Wettbewerbs in den Mitgliedstaaten der EWG, Teil I, Beck/Heymanns, 1965.

WOLLMANN H., "Der more economic approach die UWG-Novelle 2007 und deren Bedeutung für das Zusammenspiel von Lauterkeits- und Kartellrecht", VV. AA., *Festschrift für Irmgard Griss*, Jan Sramek Verlag, 2011, pp. 771-787.

Protección jurídica de la moda

JULIA LAGO MUÑOZ
Universidad de Salamanca

Resumen:

El objetivo de mi trabajo de investigación es la profundización en las diversas herramientas jurídicas que el Derecho de la Propiedad Intelectual proporciona para la protección de los derechos de los creadores de diseños de moda.

Cuestiones como la calificación de obras de arte de los diseños de moda materializados en prendas de vestir y complementos o su encuadre como diseño industrial registrado o no registrado tienen implicaciones tanto jurídicas como económicas.

Palabras clave: moda, derecho de autor, diseño, tecnología, arte.

1. INTRODUCCIÓN

La industria de la moda tiene una influencia relevante en la economía española[1] y europea[2], además de desempeñar un papel esencial en la vida social y cultural.

---

1 En 2021, el peso de la moda sobre el Producto Interior Bruto (PIB) español elevó hasta el 2,7%, según datos del Informe Económico de la Moda en España, https://www.modaes.com/entorno/la-moda-recupera-relevancia-en-la-economia-espanola-y-eleva-su-peso-en-el-pib-al-27 , 16 de diciembre de 2022. Puede consultarse en https://www.modaes.com/informes

2 Según datos de Statista, la moda online ha experimentado un crecimiento continuo en los últimos años en el mundo y Europa no ha sido una excepción. Solo en 2020, los ingresos procedentes de este mercado en el Viejo Continente se incrementaron en más de 23.000 millones de euros en 2020, situándose en torno a los 118.000 a cierre de año. Esta tendencia positiva se prevé que se mantenga en el próximo quinquenio hasta superar los 172.800 millones en 2025.

En 2021, el peso de la moda sobre el Producto Interior Bruto (PIB) español elevó hasta el 2,7%, según datos del Informe Económico de la Moda en España publicado en diciembre de 2022.

Si bien es cierto que la ropa tiene en principio una función tan básica como es proteger el cuerpo humano, no puede olvidarse el componente de la creatividad que interviene a la hora de confeccionar las prendas: la moda presenta una faceta artística, en la que entran en juego la innovación, cuestiones de derecho de la competencia y, como no podía ser de otra manera, el derecho de la propiedad intelectual y las herramientas que brinda para proteger tales creaciones. Se trata de un tema de plena actualidad, constantemente surgen asuntos que enfrentan a diseñadores más o menos célebres con otras empresas o incluso con particulares.

2. DESARROLLO

Cabe distinguir dos vías principales para lograr una protección eficaz de la creatividad característica de la industria de la moda: el derecho de autor y los derechos de propiedad industrial tales como diseños industriales -registrados y no registrados-, marcas, patentes y modelos de utilidad. Existe un debate abierto y en constante actualización gracias a la labor jurisprudencial de los tribunales españoles y europeos acerca de la compatibilidad entre las distintas protecciones que otorgan los derechos mencionados y la adecuación de estos para conseguir una protección justa y equilibrada[3].

La irrupción de las nuevas tecnologías no nos es ajena, ni a los juristas ni mucho menos a las empresas textiles. Ya son muchas, nacionales e internacionales, las que se han lanzado a crear

---

3 La Sentencia del Tribunal de Justicia de 12 de septiembre de 2019 en el asunto Cofemel v. G-Star Raw supuso un punto de inflexión en cuanto a la posibilidad de proteger diseños de moda mediante el derecho de autor.

diseños mediante técnicas de inteligencia artificial, a presentar sus colecciones, comercializar sus creaciones en el Metaverso o desarrollar NFTs[4]. Como señala JIMÉNEZ SERRANÍA[5], *"...existe un verdadero interés por parte de las empresas del sector en esta expansión digital. Por un lado, supone la creación de nuevos productos, mercados y servicios virtuales y por otra la obtención de nuevas formas de financiación."*

El medio digital MODAES expuso en un artículo de 8 de mayo de 2023[6] el uso de la IA generativa que las firmas de moda están llevando a cabo para agilizar y optimizar procesos y abaratar costes. Los defensores de estas tecnologías arguyen que se encuentran al servicio de la creatividad humana, comparando el momento presente con aquel en que internet llegó a nuestras vidas. Estas plataformas producen contenido a partir de datos desestructurados (texto en bruto, imágenes y vídeo) que se encuentran en acceso abierto, lo cual ha dado lugar a un debate ético (la máquina no sustituye a la persona, es esta quien la controla y del ser humano depende la utilización racional de la tecnología). Si bien numerosas marcas ya emplean estas herramientas en sus procesos creativos, el abuso de las mismas ya está dando lugar a infracciones: es el caso de la utilización de contenidos sin consentimiento ni mención del autor de los mismos. Se plantean por tanto nuevos desafíos para el derecho de cara a la regulación y sanción de estas conductas derivadas del abanico de posibilidades que las herramientas de IA ofrecen a las marcas.[7]

---

4 A título meramente ejemplificativo, podemos mencionar a Adidas, Nike, Zara, Balmain o Dolce&Gabbana.

5 JIMÉNEZ SERRANÍA, V: "Metaverso y moda", en Cuadernos del Centro de Estudios en Diseño y Comunicación. Ensayos, ISSN-e 1668-0227, Nº. 181, 2023 (Ejemplar dedicado a: Sostenibilidad y Protección del Diseño), págs. 273-294

6 https://www.modaes.com/back-stage/mas-alla-de-chatgpt-como-la-ia-generativa-esta-cambiando-la-moda

7 https://www.modaes.com/back-stage/inteligencia-artificial-el-nuevo-amigo-de-la-moda

Con la realización de mi trabajo de investigación trato de indagar acerca de las herramientas jurídicas que el Derecho de la Propiedad Intelectual proporciona así como su adecuación para la protección de los derechos de los creadores de diseños de moda, y poner de manifiesto que la calificación de obras de arte de los diseños de moda materializados en prendas de vestir y complementos o su encuadre como diseño industrial registrado o no registrado tienen implicaciones tanto jurídicas como económicas.

Como afirma MARISCAL GARRIDO, *"el recurso al Derecho de autor, (...) es una tentación muy golosa para cualquier diseñador o empresa que opere en el sector de la moda. Como veremos enseguida, las formalidades exigidas para la adquisición de estos derechos son muy livianas, el alcance de la exclusiva puede ser muy amplio, y la duración de la protección extraordinariamente larga. De ahí la tendencia actual a llevar al terreno de los derechos de autor ámbitos y aportaciones que dudosamente alcanzan la naturaleza de obra intelectual o artística. Pero en el otro lado de la balanza hay que tener presente que la invocación del derecho de autor implica para las empresas un conjunto de obligaciones que pueden tener un efecto bumerán y volverse contra ellas. Al fin y al cabo, donde hay «obra» hay «derecho moral» de autor y entre las facultades irrenunciables que integran este último se encuentran el reconocimiento de la paternidad, la integridad de la obra o el arrepentimiento. Conviene sopesar las ventajas e inconvenientes que puede tener, según el punto de vista, echar mano del Derecho de autor como paraguas tutelar en el sector de la moda."*[8]

En la búsqueda de respuestas a la cuestión de la compatibilidad entre las distintas protecciones que otorgan los derechos mencionados y la adecuación de los mismos para conseguir una protección justa de las creaciones textiles, resulta clave el análisis de los pronunciamientos de los tribunales. Dada la pertenencia de nuestro país a la Unión Europea, el núcleo de mi tesis no es

---

8 MARISCAL GARRIDO-FALLA, P.: La defensa de la moda a través de los derechos de autor, en
Ortega Burgos, & Enciso Alonso-Muñumer, M. (Eds.). (2020). Fashion Law : (Derecho de la Moda) (2a edición revisada y ampliada). Thomson Reuters Aranzadi.

otro que la Sentencia del Tribunal de Justicia (Sala Tercera) de 12 de septiembre de 2019 Cofemel – Sociedade de Vestuário SA contra G-Star Raw CV, tras una petición de decisión prejudicial planteada por el Tribunal Supremo de Portugal, y la realización de un análisis acerca de la evolución jurisprudencial posterior a la publicación de la mencionada sentencia.

A tenor de esta resolución, que bucea en los conceptos de obra y originalidad y los requisitos que debe reunir una creación -o en este caso un diseño de moda- para calificarse con tales términos, *"el hecho de que un modelo genere un efecto estético no permite, por sí mismo, determinar si dicho modelo constituye una creación intelectual que refleje la libertad de elección y la personalidad de su autor y que cumpla, por tanto, el requisito de originalidad descrito"*[9]. Lo que el Tribunal de Justicia concluyó en Cofemel fue que un modelo como los de prendas de vestir controvertidos en el litigio principal genere, más allá de su finalidad práctica, un efecto visual propio y considerable desde el punto de vista estético no justifica que se califique de «obra» en el sentido de la Directiva 2001/29, y por lo tanto *"el artículo 2, letra a), de la Directiva 2001/29 debe interpretarse en el sentido de que se opone a que una normativa nacional confiera protección con arreglo a los derechos de autor a modelos como los modelos de prendas de vestir controvertidos en el litigio principal, en atención a que, más allá de su finalidad práctica, generan un efecto visual propio y considerable desde el punto de vista estético"*.[10]

---

9 Sentencia del Tribunal de Justicia de la Unión Europea (Sala Tercera) de 12 de septiembre de 2019, en el asunto C-683/17.

10 El Asunto traía causa de una decisión prejudicial planteada por el Tribunal Supremo portugués en el marco del litigio entre las empresas Cofemel y G-Star Raw, dos sociedades que operan en el sector del diseño, la producción y la comercialización de prendas de vestir. El asunto comenzó con la interposición por parte de G-Star el 30 de agosto de 2013, de una demanda en la que solicitaba que se ordenase a Cofemel el cese de la vulneración de sus derechos de autor y de la comisión de actos de competencia desleal en su perjuicio, que Cofemel la indemnizase por el perjuicio sufrido y, en caso de nueva infracción, le abonase una multa coercitiva diaria hasta su cese. Cofemel alegó, en particular, que

Un diseño atrayente influye en buena medida en la decisión de compra. Los diseños industriales cumplen una función crucial

---

dichos modelos de prendas de vestir no podían calificarse de «obras» que fueran susceptibles de acogerse a tal protección. La demanda se estimó parcialmente en primera instancia. Cofemel interpuso recurso de apelación, en cuya resolución el órgano judicial entendió que los modelos de prendas de vestir G-Star controvertidos eran obras susceptibles de acogerse a la protección conferida con arreglo a los derechos de autor y declaró que algunas de las prendas de vestir producidas por Cofemel vulneraban los derechos de autor de GStar. el Supremo Tribunal de Justiça (Tribunal Supremo de Portugal), ante el que Cofemel interpuso recurso de casación, estimó acreditado que los modelos de prendas de vestir de G-Star controvertidos en el marco de dicha casación fueron creados por diseñadores empleados por G-Star o por diseñadores que actúan por cuenta de esta; que estos modelos son fruto de concepciones y procesos de fabricación reconocidos como innovadores en el mundo de la moda, y que los mismos incluyen varios aspectos específicos reproducidos en parte por Cofemel para la confección de las prendas de vestir de su marca. A continuación, señala que el artículo 2, apartado 1, letra i), del Código de los derechos de autor y de los derechos afines a los derechos de autor incluye nítidamente las obras de artes aplicadas, los dibujos o modelos industriales y las obras de diseño en el listado de obras que pueden acogerse a la protección con arreglo a los derechos de autor, pero no precisa qué grado de originalidad se exige para que determinados objetos puedan calificarse de obras de ese tipo. Indica, igualmente, que no existe consenso en la jurisprudencia y la doctrina portuguesas a propósito de esta cuestión, que constituye el núcleo del litigio entre Cofemel y G-Star. Por este motivo, el tribunal remitente se pregunta si, a la luz de la interpretación de la Directiva 2001/29 adoptada por el Tribunal de Justicia en las sentencias de 16 de julio de 2009, Infopaq International (C-5/08, EU:C:2009:465), y de 1 de diciembre de 2011, Painer (C-145/10, EU:C:2011:798), procede considerar que la protección dispensada con arreglo a los derechos de autor se extiende a tales obras del mismo modo que a cualquier obra literaria y artística, y, por lo tanto, a condición de que presenten la cualidad de originales, en el sentido de constituir el resultado de una creación intelectual propia de su autor, o si es posible condicionar el reconocimiento de dicha protección a la existencia de un grado específico de valor estético o artístico. En estas circunstancias, el Supremo Tribunal de Justiça (Tribunal Supremo) decidió suspender el procedimiento y plantear al Tribunal de Justicia dos cuestiones prejudiciales.

tanto para las pequeñas y medianas empresas (pymes) como para las empresas más grandes, cualquiera que sea su sector de actividad. En el sector de la moda, es probable que un diseño atractivo favorezca la decisión del consumidor para adquirir una prenda de vestir, unos zapatos o un bolso. Resulta indiscutible la necesidad de otorgar protección a los diseños a través de la figura del diseño registrado -o no-, pero la discusión sobre la adecuación de su protección mediante el derecho de autor sigue plenamente vigente. Como ha señalado CARBAJO, *"la forma estético-industrial y la forma artística se entremezclan hasta llegar en no pocas ocasiones a confundirse plenamente, apareciendo la dificultad de distinguir entre diseños industriales (estética funcional) y diseños artísticos (estética funcional artística) que pueden considerarse obras de arte aplicado a la industria; y lo mismo sucede con signos gráficos utilizados a modo de marca de productos o servicios y como reclamo publicitario que pueden llegar a considerarse obras de arte plástico. La estética se convierte en reclamo, identificando el producto y distinguiéndolo en el mercado, de forma que una creación de forma industrial puede considerarse diseño industrial, obra de arte aplicado e incluso puede llegar a utilizarse de facto o de iure como marca de productos (marca gráfica o tridimensional), del mismo modo que un signo distintivo creado para designar productos o servicios puede también considerarse una obra de arte plástico si reúne características artísticas originales."* El concepto de obra de arte aplicado resulta especialmente pertinente cuando hablamos de creaciones de moda, ya que implica que creaciones industriales de forma o distintivas puedan ser consideradas creaciones artísticas en origen o de forma sobrevenida, y a la inversa: las creaciones artísticas en origen pueden luego emplearse con fines industriales distintivos o estéticos y optar a una protección múltiple a través de distintos derechos de propiedad intelectual.

En líneas generales, existe coincidencia entre la doctrina española en considerar como obra de arte aplicada la obra plástica —creación de imagen que se manifiesta mediante la forma y el color— con un destino o finalidad práctico industrial.[11]

---

11 BERCOVITZ RODRÍGUEZ-CANO, Rodrigo, "Comentario al artículo 10 LPI", en BERCOVITZ RODRÍGUEZ-CANO, Rodrigo (Coord.), Comen-

3. CONCLUSIONES

Si bien es posible reconocer el carácter de obra de arte a algunos diseños de moda, puede no resultar conveniente la protección de los mismos por derecho de autor, por motivos de política económica como la desincentivación de la innovación y en último término la afectación a la competencia que una protección tan intensa y extensa en el tiempo podría suponer para el mercado.

Se hace necesario un análisis exhaustivo de las normas y la jurisprudencia en la materia para determinar bajo qué condiciones y en qué supuestos aplicar la protección extendida a los diseños de moda redundará en beneficios no solo para los creadores sino para el conjunto del mercado.

4. BIBLIOGRAFÍA

BERCOVITZ RODRÍGUEZ-CANO, Rodrigo (Coord.), Comentarios a la Ley de Propiedad Intelectual, 4ª ed., Tecnos, Madrid, 2017, p. 183.

CARBAJO CASCÓN, FERNANDO: BIENES INMATERIALES HÍBRIDOS Y CONCURRENCIA DE PROTECCIONES: FORMAS DE TUTELA DE LAS OBRAS APLICADAS A LA INDUSTRIA, Pe. i. revista de propiedad intelectual, ISSN 1576-3366, nº 55 (enero-abril 2017)

JIMÉNEZ SERRANÍA, V: "Metaverso y moda", en Cuadernos del Centro de Estudios en Diseño y Comunicación. Ensayos, ISSN-e 1668-0227, Nº. 181, 2023 (Ejemplar dedicado a: Sostenibilidad y Protección del Diseño), págs. 273-294.

ORTEGA BURGOS, E. & ENCISO ALONSO-MUÑUMER, M. (Eds.). (2020). Fashion Law (Derecho de la Moda) (2a edición revisada y ampliada). Thomson Reuters Aranzadi.

Sentencia del Tribunal de Justicia de la Unión Europea (Sala Tercera) de 12 de septiembre de 2019, en el asunto C-683/17 (Cofemel v. G-Star Raw)

Sentencia del Tribunal de Justicia (Sala Cuarta) de 16 de julio de 2009, asunto C-5/08 (Infopaq)

tarios a la Ley de Propiedad Intelectual, 4ª ed., Tecnos, Madrid, 2017, p. 183.

Sentencia del Tribunal de Justicia (Sala Tercera) de 1 de diciembre de 2011, asunto C145/10 (Painer)

Sentencia del Tribunal de Justicia (Gran Sala) de 2 de mayo de 2012, asunto C-406/10 (SAS)

Informes económicos MODAES: https://www.modaes.com/files/publicaciones/free/2023/informeacme_2023/#page=10

Statista: Ingresos procedentes de la moda online en la UE https://es.statista.com/estadisticas

DERECHO PENAL

Non bis in idem en sanciones penales, administrativas y deportivas[1]

YAGO MARCANO GÓMEZ
Universidad de Valladolid

Resumen:

El principio *non bis in idem* representa un pilar fundamental en nuestro sistema jurídico. Este principio prohíbe la imposición de múltiples sanciones o la persecución repetida de un individuo por los mismos hechos. Su relevancia se extiende a diversos campos del Derecho, como el ámbito penal, el administrativo y el deportivo, entre otros. A pesar de las similitudes y diferencias entre estos ámbitos, en ocasiones resulta difícil determinar su aplicación de forma precisa. Sin embargo, resulta crucial para preservar la integridad de los procedimientos legales en estos tres contextos, al prevenir la duplicidad de sanciones y garantizar la uniformidad en la interpretación y aplicación de la Ley. En este capítulo, nos proponemos abordar brevemente los desafíos que surgen en este ámbito y establecer algunas directrices para su aplicación.

Palabras clave: *Non bis in idem*, deporte, ilícito, sanción, bien jurídico protegido.

1. INTRODUCCIÓN

En este capítulo, analizaremos la problemática que surge al aplicar el principio *non bis in idem* en sanciones penales, administrativas y disciplinarias deportivas, considerando los aspectos legales y prácticos necesarios, y explorando cómo las diferentes jurisdicciones abordan estas cuestiones.

---

1 Este trabajo se ha realizado en el marco del Proyecto de Investigación sobre «El Derecho tributario en la era del Compliance» (PID2020-118261RB-I00), financiado por el Ministerio de Ciencia e Innovación/ Agencia Estatal de Investigación.

Por razones de sistemática, el estudio de este principio, y su efecto sobre los diferentes ámbitos ya mencionados, deberemos afrontarlo partiendo desde conceptos generales, hasta supuestos más específicos. Así, como punto de referencia, analizaremos cómo este principio afecta en el ámbito del Derecho administrativo sancionador y en el del Derecho penal. La coordinación entre estos ordenamientos y la determinación de cuándo se considera que existe duplicidad de sanciones pueden ser cuestiones complejas. Para ello, desarrollaremos brevemente el concepto *non bis in idem*, para después ver su aplicabilidad y los problemas que ésta plantea, en los ámbitos objeto de estudio.

2. CONCEPTO

Etimológicamente, *non bis in idem* significa no dos veces sobre lo mismo. En consecuencia, diremos, con carácter general, que el principio *non bis in idem* consiste en no castigar a la misma persona (física o jurídica) más de una vez por la comisión de un mismo hecho punible[2]. A su vez, este principio se puede entender tanto desde una vertiente procesal o procedimental, como desde otra material. La primera alude a la prohibición de que un individuo se vea sometido a un doble procedimiento, ya sea de forma simultánea o sucesiva, sobre una misma causa[3]. Por su parte, la segunda

---

2 El primer texto internacional en el que encontramos recogido este derecho es en el art. 14.7 del Pacto Internacional de Derechos Civiles y Políticos (Nueva York, 19 de diciembre de 1966) que fue ratificado por España (Boletín Oficial del Estado de 30 de abril de 1977), y que establece que: «Nadie puede ser procesado o penado de nuevo por una infracción por la cual ya ha sido definitivamente absuelto o condenado de acuerdo con la ley y el procedimiento penal de cada país».

3 Encontramos el Fundamento de esta vertiente por primera vez en el Fundamento jurídico 4º de la STC 77/1983, que afirma que: «conduce también a la imposibilidad de que, cuando el ordenamiento permite una dualidad de procedimientos, y en cada uno de ellos ha de producirse un enjuiciamiento y una calificación de unos mismos hechos, el enjuiciamiento y la calificación que en el plano jurídico puedan pro-

se refiere a la prohibición de que pueda imponerse más de una sanción, es decir, acumular dos o más sanciones, bien sean estas penales o administrativas, cuando concurra la triple identidad de sujeto, hecho y fundamento[4].

El mencionado principio, aunque no se recoge específicamente en la Constitución de 1978, se entiende que deriva del art. 25.1 CE que recoge los principios de legalidad y tipicidad de las infracciones[5]. De esta manera, el Tribunal Constitucional en la STC 2/1981, de 30 de enero, lo abordó en el Fundamento jurídico cuarto: «El principio general del derecho conocido por *non bis in idem* supone, en una de sus más conocidas manifestaciones, que no

---

ducirse se hagan con independencia, si resultan de la aplicación de normativas diferentes, pero que no pueda ocurrir lo mismo en lo que se refiere a la apreciación de los hechos, pues es claro que unos mismos hechos no pueden existir y dejar de existir para los órganos del Estado. Consecuencia de lo dicho, puesto en conexión con la regla de la subordinación de la actuación sancionadora de la Administración a la actuación de los Tribunales de Justicia es que la primera, como con anterioridad se dijo, no puede actuar mientras no lo hayan hecho los segundos, debiendo en todo caso respetar, cuando actúe a posteriori, el planteamiento fáctico que aquéllos hayan realizado»; en el ámbito europeo, unos mismos hechos solo pueden ser enjuiciados una vez, aun cuando sean varias las normas infringidas, vid., STEDH de 10 de febrero de 2009, Sergey Zolotukhin contra Rusia, rec. n.º 14939/03.

4 Esta vertiente la vemos por primera vez en la STC 2/1981 cuando afirma que no debe haber duplicidad de sanciones cuando haya identidad de sujeto, hecho y fundamento, en su fundamento jurídico cuarto.

5 Para algunos autores como García Albero y García Arán, la configuración de este principio sigue abierta. Vid. R. GARCÍA ALBERO, *Non bis in idem: Material y concurso de leyes penales*, Cedecs, Barcelona, 1995, p. 73; M. GARCÍA ARÁN en F. MUÑOZ CONDE Y M. GARCÍA ARÁN, *Derecho penal. Parte General*, Tirant lo Blanch, Valencia, 2022, p. 99; aunque como ya se ha dicho, este principio no encuentra plasmación expresa en la Constitución, sí que ha sido acogido en numerosas leyes especiales, por ejemplo, en el art. 31.1 de la Ley 40/2015: «No podrán sancionarse los hechos que hayan sido sancionados penal o administrativamente, en los casos en los que no se aprecie identidad del sujeto, hecho y fundamento».

recaiga duplicidad de sanciones administrativa y penal en los casos en que se aprecie la identidad del sujeto, hecho y fundamento sin existencia de una relación de supremacía especial de la Administración relación de funcionario, servicio público, concesionario, etc. Que justificase el ejercicio del *ius puniendi* por los Tribunales y a su vez de la potestad sancionadora de la Administración. No obstante, podemos señalar que, si bien no se encuentra recogido expresamente en los artículos 14 a 30 de la Constitución va íntimamente unido por los principios de legalidad y tipicidad de las infracciones recogidos principalmente en el art. 25 CE. Por otro lado, es de señalar la tendencia de la legislación española reciente, en contra de la legislación anterior, es la de recoger expresamente el principio de referencia».

3. DOBLE TIPIFICACIÓN ILÍCITOS PENALES Y ADMINISTRATIVOS

3.1. Prioridad de la Jurisdicción penal

En la inmensa mayoría de los países de nuestro entorno jurídico, es habitual encontrar coincidencias entre los catálogos de infracciones administrativas y delitos; ciertas conductas castigadas por la Administración ya se encuentran tipificadas en el correspondiente Código Penal, lo que significa que existe una doble tipificación. Lo que inmediatamente nos lleva a plantearnos cómo soluciona nuestro ordenamiento la cuestión para no vulnerar el principio *non bis in idem.*

Así, como punto de partida, debe quedar claro que, si la Ley explícitamente autoriza la doble punición de una misma conducta, con un mismo sujeto y fundamento, tanto en vía penal como administrativa, no cabrá ninguna objeción, no habrá ningún inconveniente desde el punto de vista constitucional. Esto es válido siempre y cuando el resultado final punitivo no sea manifiestamente desproporcionado[6]. Como ya hemos señalado previamente, tal criterio deriva del principio de legalidad, en el que se fundamenta el principio *non bis in idem*[7].

Por otro lado, cabe destacar los casos en los que el fundamento de los delitos e infracciones administrativas es diferente[8]. Esto es, que el bien jurídico protegido por el delito no sea el mismo que el protegido por la infracción administrativa[9]. En estos casos, sería posible acumular las sanciones porque en la triple identidad de sujeto, hecho y fundamento, este último es distinto. Más adelante veremos la importancia de este precepto en el ámbito deportivo.

---

6 El Tribunal de Justicia de la Unión Europea (TJUE) acepta la tramitación del segundo proceso punitivo bajo la consideración de cuatro condiciones esenciales: en primer lugar, que la normativa que rige la acumulación tenga como propósito principal la consecución de un objetivo de interés general que la justifique; en segundo lugar, que los procedimientos acumulados persigan sanciones complementarias entre sí; en tercer lugar, que los procedimientos sean gestionados con la coordinación necesaria para evitar que la acumulación empeore notoriamente la situación de los involucrados; y finalmente, que existan disposiciones normativas que aseguran que el conjunto de sanciones impuestas sean estrictamente proporcionales a la gravedad de la conducta en cuestión. En este sentido, vid., SSTJUE de 20 de marzo de 2018, Menci, asunto C-524/15, y Garlsson Real Estate y otros, asunto C-537/16.

7 En este sentido, M. GÓMEZ TOMILLO e I. SANZ RUBIALES, *Derecho administrativo sancionador. Parte General*, Aranzadi, 5ª ed., Pamplona, 2023, p. 230.

8 De forma mayoritaria, cuando se habla de fundamento, nos referimos al bien jurídico protegido.

9 Por ejemplo, en el caso de las infracciones disciplinarias se admite la doble sanción al mismo sujeto por los mismos hechos, cuando el bien jurídico protegido por la Jurisdicción penal no es el mismo que el protegido por la Administración. Vid., entre otras, SAN 72423/2018, (Sala de lo Contencioso-Administrativo) de 21 de febrero, en su Fundamento jurídico 4º.

Llegados a este punto, es necesario poner de relieve la prioridad de la Jurisdicción penal frente a la Administración[10]. Sin la intención de entretenernos en demasía en este apartado, esta supremacía se fundamenta, entre otros factores, en la naturaleza más garantista del proceso penal con respecto del procedimiento administrativo sancionador, además de proporcionar una mayor facilidad para la investigación y la averiguación de la verdad material[11]. Por otro lado, es importante destacar que el ejercicio del poder sancionador por parte de la Administración representa una excepción al principio de separación de poderes, ya que la función de juzgar corresponde a los jueces. Esta excepción se justifica en la incapacidad de la Jurisdicción penal de abordar todos los ilícitos existentes en las sociedades contemporáneas[12]. Finalmente, es relevante señalar que, en términos generales, las sanciones penales son más severas que las administrativas, si bien es cierto, que, en ocasiones, existen excepciones en las que la sanción administrativa puede ser más grave que la penal[13].

3.2. La cambiante jurisprudencia constitucional

Como anticipamos previamente, el principio *non bis in idem* presenta situaciones conflictivas. Entre ellas destacan las situaciones en las que la Administración toma la iniciativa de punir, debido a la intención de garantizar la imposición de una sanción motivada por la desconfianza hacia un posible proceso penal fu-

---

10 Así lo defiende, entre otros, L. MORILLA CUEVAS, *Derecho Penal Parte General. Fundamentos conceptuales y metodológicos del Derecho Penal. Ley Penal,* Dykinson, Madrid, 2004, p. 136.

11 En esta línea se pronuncia, M. GÓMEZ TOMILLO, «Non bis in idem en los casos de dualidad de procedimientos penal y administrativo. Especial consideración de la jurisprudencia del TEDH», en *Indret: Revista para el Análisis del Derecho,* 2020, p. 436.

12 Ibid., p. 445.

13 En este sentido, E. CORDERO QUINZACARA, «El derecho administrativo sancionador y su relación con el derecho penal», en *Revista de Derecho* 25, 2012, p. 140.

turo. En la práctica, es común que se impongan sanciones de índole administrativa, y una vez que dicha sanción deviene firme, se evalúa la posibilidad de imponer sanciones de naturaleza penal. Frente a esta situación conflictiva, a lo largo de los años, la doctrina constitucional ha ido variando su criterio.

Así, en la controvertida Sentencia del Tribunal Constitucional 177/1999, se introdujo el requisito cronológico al principio *non bis in idem*. Según esta Sentencia, en situaciones de duplicidad de sanciones, se debe otorgar preferencia a la primera sanción sobre la segunda, conforme al aforismo latino *prior in tempore potior iure*. Se otorgaba, de esta forma, prioridad al criterio temporal de las sanciones en lugar de considerar su naturaleza penal o administrativa[14]. Conforme a esta sentencia, la idea de que los actos sancionatorios de la Administración deben estar subordinados a los dictados de la Autoridad judicial, con la condición de que, en caso de conflicto entre la Jurisdicción penal y la Administración, se debe dar prioridad a la primera, queda desestimada en favor de la subordinación a la sanción que cronológicamente en el tiempo haya sido la primera en adquirir firmeza, ya sea de índole penal o administrativa[15]. En consecuencia, dado que por lo general el proceso penal suele ser más prolongado en el tiempo debido a las garantías inherentes al mismo, la acción penal quedaba supeditada a la facultad sancionadora de la Administración.

Más adelante, el Tribunal Constitucional cambió radicalmente de parecer con la STC 2/2003 y decidió volver a darle prioridad a

---

14 Un estudio mayor sobre esta Sentencia lo encontramos en, I. SANZ RUBIALES, «Potestad sancionadora administrativa, *non bis in idem* y primacía del orden penal (Comentarios a la STC 177/1999, de 11 de octubre)», en *Revista del Poder Judicial 59*, 2000.

15 Vid., Fundamento jurídico cuarto, STC 177/1999: «Irrogada una sanción, sea ésta de índole penal o administrativa, no cabe, sin vulnerar el mencionado derecho fundamental, superponer o adicionar otra distinta, siempre que concurran las tan repetidas identidades de sujeto, hechos y fundamento».

la Jurisdicción penal[16], convalidando lo que se conoce como técnica del descuento, que, en resumidas palabras, consiste en descontar la sanción administrativa de la sanción penal, en aras de evitar la duplicidad punitiva[17]. Esta solución, aunque ciertamente respeta de forma muy significativa la idéntica naturaleza entre infracciones administrativas y delitos, sin embargo, sigue sin ser del todo válida. Principalmente, porque, aunque la técnica del descuento haya sido acogida con satisfacción en España, no resuelve convenientemente la controversia en aquellos casos en los que las sanciones impuestas sean de naturaleza heterogénea. Piénsese en el caso en el que la sanción administrativa sea pecuniaria y la penal, privativa de libertad. En tales casos, se estaría de alguna forma obligando al juez penal a imponer una pena homogénea, y que tal vez, no hubiese acordado[18]. De igual forma, también puede suceder que la infracción administrativa sea más grave que la penal. Aun cuando esta situación sea excepcional, puede darse el caso[19]. En las ocasiones en las que esto ocurriera, nada se podría descontar.

---

16 Así, en su Fundamento jurídico noveno estableció que: «casos de concurrencia normativa aparente, de disposiciones penales y administrativas que tipifican infracciones, sólo la infracción penal es realmente aplicable, lo que determina que el único poder público con competencia para ejercer la potestad sancionadora sea la jurisdicción penal».

17 La STC 2/2003 supuso un auténtico cambio de criterio, actualmente es el método utilizado en España; debemos destacar el caso: A and B v. Norway, de la Corte Europea de Derechos Humanos, donde entendemos que se convalida la técnica del descuento; En esta misma línea se pronuncia, M. GÓMEZ TOMILLO, «*Non bis in idem...*», op. cit., p,434.

18 En este sentido, en mayor profundidad, M. GÓMEZ TOMILLO e I. SANZ RUBIALES, *Derecho administrativo sancionador...*, op. cit. pp. 239-240.

19 En palabras de Gómez Tomillo, «nos parecen particularmente aflictivas la prohibición de contratar con la Administración o la inhabilitación o la suspensión para el ejercicio de una profesión, oficio, empleo o cargo, entre otras. En una sociedad en que el trabajo representa un bien muy escaso, la pérdida del derecho a trabajar puede ser para algunos individuos tan grave o más que la pérdida del derecho a la libertad ambulatoria», vid., M. GÓMEZ TOMILLO, «Principios constituciona-

Desde nuestro punto de vista, ambas posturas comentadas, aunque intentan resolver el problema de la duplicidad de sanciones, no proporcionan soluciones generales aplicables a todos los escenarios[20]. Así, respecto a las sentencias comentadas, como solución alternativa proponemos que debe primar la sanción penal, con independencia de la sanción administrativa ya impuesta. Esta última sería nula de pleno derecho, si bien esta nulidad podría hacerse valer por medio de un recurso extraordinario de revisión[21].

De esta forma, partiendo de la supremacía de la Jurisdicción penal sobre la Administración, como asume la jurisprudencia de nuestro Tribunal Constitucional, en palabras de Picón Arranz, «se estaría primando la vertiente material del «*non bis in idem*» sobre la formal o procesal puesto que ésta última alcanza su máximo fundamento al servicio de la primera»[22].

4. INCIDENCIA DEL PRINCIPIO *NON BIS IN IDEM* EN LA DISCIPLINA DEPORTIVA

4.1. Derecho Administrativo y deporte

Llegados a este punto y después de haber analizado brevemente cómo se aplica el principio *non bis in idem* en las relaciones entre el Derecho administrativo sancionador y el Derecho penal,

---

les nucleares del Derecho penal y Matices característicos del Derecho Administrativo Sancionador», en *Revista de Derecho aplicado LLM UC*, 2020 p. 6.

20 En este sentido, Vid. A. PICÓN ARRANZ, «El principio «*non bis in idem*» en la protección del medioambiente», en *Revista Vasca de Administración Pública* 114, 2019, p. 386.

21 Visión, que, entre otros, sostiene Gómez Tomillo en M. GÓMEZ TOMILLO e I. SANZ RUBIALES, *Derecho administrativo sancionador...*, op. cit. p. 240.

22 A. PICÓN ARRANZ, «El principio «*non bis in idem*» en la...», op. cit., p. 388.

nos interesa ahora centrarnos en cómo se debe utilizar este principio en el Derecho del deporte.

Con carácter previo, debemos destacar como las federaciones deportivas han establecido normas de autorregulación de carácter jurídico y subjetivo[23]. Así, un aspecto de considerable complejidad radica en la duplicidad de órdenes cuando se presenta un hecho teóricamente ilícito, que puede ser objeto de enjuiciamiento tanto en el ámbito penal como en el disciplinario deportivo, o incluso en el ámbito administrativo y en el disciplinario deportivo. Lo normal en estas situaciones debería ser que al presentar una denuncia o querella y ser ésta admitida, se suspendiera el procedimiento administrativo[24]. Sin embargo, en la práctica esto no siempre es así, dado que el proceso disciplinario deportivo suele ser más rápido que el proceso penal. En consecuencia, la sanción deportiva también será previa a la penal[25].

Por poner algunos ejemplos relacionados con el Derecho administrativo en el deporte[26], cabe resaltar en este contexto que la Ley 19/2007, de 11 de julio, contra la violencia, el racismo, la xenofobia y la intolerancia en el deporte, aborda expresamente el problema de la posible concurrencia de procesos penales, administrativos y disciplinarios deportivos[27]. En concreto, el art. 38.1 de

---

23 Vid., entre otros, Estatutos de la RFEF, o el Código Disciplinario de la RFEF.

24 En este sentido, J.M. SUÁREZ LÓPEZ en I.F. BENÍTEZ ORTUZAR (Coord.), *Tratamiento jurídico penal y procesal del dopaje en el deporte*, Dykinson, Madrid, 2016, p. 127; También en, J.M. SUÁREZ LÓPEZ, «Las consecuencias del principio *non bis in idem* en la Ley Orgánica de Protección de la Salud del Deportista y Lucha contra el Dopaje en España», en MORILLAS CUEVA, L. (Dir.): Estudios sobre Derecho y deporte, Dykinson, Madrid, 2008.

25 Vid., J. M. RÍOS CORBACHO, *Violencia, deporte y Derecho penal*, Ed. Reus, Madrid, 2014, p. 289.

26 Si bien en el ámbito administrativo existen infinidad de ejemplos.

27 Aunque en la legislación actual resulta complicado encontrar un concepto o una definición específica de disciplina deportiva, nos quedamos con la dada por Carretero Lestón que se atreve a conceptuarla

dicha Ley establece la primacía del orden penal sobre los demás, fundamentándose en que en caso de que se inicie un proceso penal, aun habiéndose iniciado previamente un procedimiento administrativo o disciplinario por los mismos hechos, estos últimos no podrán emitir una resolución hasta que exista una sentencia firme o un auto de sobreseimiento penal[28].

En la misma línea debemos hacer especial énfasis en el enfoque adoptado por la Ley Orgánica 11/2021, de 28 de diciembre, de lucha contra el dopaje en el deporte, que establece la obligación de suspender el proceso administrativo sancionador en cualquier caso[29]. Esto contribuye a evitar discrepancias en la evaluación de

---

«como el sistema de normas que permite imponer sanciones a sujetos subordinados al ordenamiento jurídico-deportivo por la comisión de infracciones previamente tipificadas », J.L. CARRETERO LESTÓN, «La disciplina deportiva: concepto, contenido y límites», en *Revista española de Derecho deportivo*, 1994, p. 12.

28 El citado art. 38.1 de la Ley 19/2007 dice así: «La incoación de un proceso penal no será obstáculo para la iniciación, en su caso, de un procedimiento administrativo y disciplinario por los mismos hechos, pero no se dictará resolución en éstos hasta tanto no haya recaído sentencia o auto de sobreseimiento firmes en la causa penal.
En todo caso, la declaración de hechos probados contenida en la resolución que pone término al proceso penal vinculará a la resolución que se dicte en los procedimientos administrativo y disciplinario, sin perjuicio de la distinta calificación jurídica que puedan merecer en una u otra vía.
Sólo podrá recaer sanción penal y administrativa y disciplinaria sobre los mismos hechos cuando no hubiere identidad de fundamento jurídico».

29 Así lo establece el art. 31.3 de la misma Ley: «Una vez emitido el informe, en caso de que el Juez proceda a continuar las actuaciones, lo comunicará a la Agencia Estatal Comisión Española para la Lucha Antidopaje en el Deporte. Tanto en este caso, como en cualquier otro supuesto en que el informe no se haya solicitado, la Agencia Estatal Comisión Española para la Lucha Antidopaje en el Deporte suspenderá todos los procedimientos sancionadores que se estuvieran tramitando respecto de los presuntos responsables de la infracción penal, desde el momento en que por aquella se aprecie que existe identidad de hechos»; un estudio que trata en mayor profundidad la materia del do-

los mismos acontecimientos por parte de diferentes Órganos del Estado, lo que sería completamente inadmisible. En definitiva, el enfoque actual que toma esta Ley se alinea estrechamente con lo que, en nuestra opinión, debería ser el criterio a seguir de *lege ferenda*[30].

4.2. Non bis in idem y sanciones deportivas

La organización de las competiciones deportivas oficiales representa una función pública con carácter monopolístico, encomendada a las federaciones deportivas[31]. Éstas, son entidades privadas con personalidad jurídica propia, a las que se atribuyen funciones públicas de carácter administrativo[32]. Por consiguiente, las

---

paje, es el de A. PICÓN ARRANZ, «El nuevo régimen sancionador del dopaje: Más sombras que luces», en *Revista Aragonesa de Administración Pública*, Zaragoza, 2022, pp. 235-255.

30 Siguiendo esta línea argumental, de acuerdo con la regulación vigente y más concretamente si nos fijamos en la Ley del Deporte y la Ley 39/2015, de 1 de octubre, del Procedimiento Administrativo Común de las Administraciones Públicas, es factible la acumulación de una pena y una sanción administrativa. Esta acumulación se basa en que, en casos de agresión, la sanción penal busca proteger la integridad física de la persona afectada, mientras que la sanción administrativa vela por el orden en el ámbito deportivo. Como venimos sosteniendo, lo verdaderamente relevante será determinar si el bien jurídico protegido es distinto o igual en cada uno de los ordenamientos. Como hemos podido también comprobar, la doctrina penal y, en ocasiones, la jurisprudencia, respaldan esta posibilidad.

31 E. GAMERO CASADO, «Naturaleza y régimen jurídico de las Federaciones deportivas», en *Revista jurídica de deporte y entretenimiento*, 2002, p. 26.

32 Según el artículo 43.1 de la Ley del Deporte, son entidades privadas asociativas sin ánimo de lucro; vid. STS de 6 de julio de 2001: «Debe tenerse en cuenta que, como declaró la Sentencia del Tribunal Constitucional 67/1985, de 24 de mayo y ha reiterado después una doctrina jurisprudencial consolidada, las Federaciones deportivas aparecen configuradas como asociaciones de carácter privado, a las que se atribuyen funciones públicas de carácter administrativo».

sanciones que impone una federación deportiva son de naturaleza privada, ya que como ya hemos dicho, son impuestas por entidades de carácter privado[33]. Aunque es cierto que estas sanciones se revisan por órganos administrativos, como el Tribunal del Deporte[34], entendemos que no es más que una decisión contingente que tomó el legislador, cuando perfectamente pudo optar por otra.

En cualquier caso, para entender mejor la manera en la que debe aplicarse el principio *non bis in idem* en este ámbito, es necesario esclarecer como algunas infracciones disciplinarias deportivas pueden ser simultáneamente delictivas[35]. Para ello tomaremos como ejemplo el Código Disciplinario de la Real Federación Española de Fútbol (en adelante, RFEF). Aquí encontramos ciertas conductas que verdaderamente aparecen descritas tanto en el Código Penal como en el Código Disciplinario que mencionamos. No obstante, con carácter general, entendemos que los bienes jurídicos protegidos por uno y otro Código suelen ser distintos, lo

---

33 En nuestro caso tomamos como ejemplo la RFEF, si bien, puede valer cualquier otra Federación deportiva.

34 Así lo establece el art. 43. 2 del Código Disciplinario de la RFEF: «Contra las resoluciones de los órganos de segunda instancia, que agotan la vía federativa, cabrá interponer recurso, en término máximo de quince días hábiles, ante el Tribunal Administrativo del Deporte»; no debemos olvidar que, el Tribunal Administrativo del Deporte es un órgano colegiado de ámbito estatal, adscrito orgánicamente al Consejo Superior de Deportes que, actuando con independencia de éste, decide en vía administrativa y en última instancia las cuestiones disciplinarias deportivas. Cuestión que, no deja de resultar chocante, ya que, en el caso de las Federaciones deportivas, las sanciones y decisiones que se adopten según sus Códigos y Reglamentos son de naturaleza privada.

35 Para Cuchi Denia, la aplicación del principio non bis in idem depende del sujeto que cometa la infracción, si bien, en nuestra opinión, habrá que fijarse tanto en el sujeto, como en el hecho y el fundamento, Vid., J.M. CUCHI DENIA, «La incidencia del Derecho penal en la disciplina deportiva: la aplicación del principio *non bis in idem*», en *Revista española de Derecho Deportivo*, 1997, pp. 172-176.

que *a priori* posibilita la doble punición[36]. Es el caso, por ejemplo, de la conducta descrita en el art. 147.1 CP, y por el art. 147.5 del Código Disciplinario de la RFEF[37]. Vemos con claridad como las

---

36 Muy relevante resulta la STJUE de 20 de marzo de 2018, Gran Sala, Asunto C-524/15-Luca Menci, en su párrafo 44, dónde establece lo siguiente: «Por lo que respecta a la cuestión de si la limitación del principio ne bis in idem derivada de una normativa nacional como la controvertida en el litigio principal responde a un objetivo de interés general, de los autos que obran en poder del Tribunal de Justicia se desprende que esta normativa pretende garantizar la percepción de la totalidad del IVA devengado. Dada la importancia que la jurisprudencia del Tribunal de Justicia concede, con el fin de lograr este objetivo, a la lucha contra las infracciones en materia de IVA (véase, en este sentido, la sentencia de 5 de diciembre de 2017, M.A.S. y M.B., C-42/17, EU:C:2017:936, apartado 34 y jurisprudencia citada), una acumulación de procedimientos y sanciones de carácter penal puede justificarse cuando, para alcanzar dicho objetivo, estos tengan objetivos complementarios relativos, en su caso, a distintos aspectos del mismo comportamiento infractor de que se trate, extremo que corresponde verificar al órgano jurisdiccional remitente». Cuando se refiere a «objetivos complementarios», debemos entenderlo como fundamentos distintos, y, en consecuencia, como bienes jurídicos protegidos diferentes.

37 El art. 147.1 CP establece que: «El que, por cualquier medio o procedimiento, causare a otro una lesión que menoscabe su integridad corporal o su salud física o mental, será castigado, como reo del delito de lesiones con la pena de prisión de tres meses a tres años o multa de seis a doce meses, siempre que la lesión requiera objetivamente para su sanidad, además de una primera asistencia facultativa, tratamiento médico o quirúrgico. La simple vigilancia o seguimiento facultativo del curso de la lesión no se considerará tratamiento médico»; por otro lado, el art. 147.5 del Código Disciplinario de la RFEF, establece que: «Tendrán la consideración de faltas muy graves y se sancionarán con multa de hasta 30.000 euros, pudiéndose apercibir de clausura, total o parcial, de las instalaciones deportivas e incluso acordar ésta por un período de cuatro encuentros a una temporada, sin perjuicio de las indemnizaciones que procedan, las agresiones que por parte del público se produzcan contra jugadores/as, entrenadores/as, delegados/as, integrante de club, el equipo arbitral, directivos/as, dirigentes y otras autoridades deportivas, y contra sus bienes, antes, durante o después del encuentro y dentro o fuera del recinto deportivo, cuando las mis-

conductas descritas se asemejan bastante al ser ambas referidas a las lesiones. Sin embargo, no podemos decir lo mismo respecto al bien jurídico que cada artículo protege. Así, los bienes jurídicos que se protegen con la pena que establece la legislación penal ante un hecho ilícito de lesiones, son la salud y la integridad tanto física como psíquica. En contraposición, el bien jurídico protegido por el artículo mencionado del Código Disciplinario de la RFEF, lo deducimos del tenor literal del mismo, esto es, el prestigio de la Competición y el buen orden deportivo.

No obstante, en ocasiones, el bien jurídico protegido por ambos Códigos puede coincidir. El ejemplo más claro, a nuestro modo de ver, lo encontramos en lo que cotidianamente denominamos «delitos de odio»[38]. De esta manera, consideramos que el bien jurídico protegido tanto por la conducta descrita en el art. 510.1 a) CP, como por el art. 69.2 c) del Código Disciplinario de la RFEF, es el mismo[39]. Aunque, ciertamente, las conductas descritas

---

mas sean de especial gravedad, produzcan daños materiales o lesiones personales de entidad o atenten contra el prestigio de la Competición o contra el buen orden deportivo».

38 En el Código Penal español no hay un delito de odio tipificado como tal, sino una serie de tipos que podrían calificarse de delitos odio.

39 El art. 510 CP, en su apartado 1 a) establece, que: «Serán castigados con una pena de prisión de uno a cuatro años y multa de seis a doce meses: a) Quienes públicamente fomenten, promuevan o inciten directa o indirectamente al odio, hostilidad, discriminación o violencia contra un grupo, una parte del mismo o contra una persona determinada por razón de su pertenencia a aquel, por motivos racistas, antisemitas, antigitanos u otros referentes a la ideología, religión o creencias, situación familiar, la pertenencia de sus miembros a una etnia, raza o nación, su origen nacional, su sexo, orientación o identidad sexual, por razones de género, aporofobia, enfermedad o discapacidad»; por otro lado, el art. 69.2 c) del Código Disciplinario de la RFEF, dice así: «También se consideran actos racistas, xenófobos e intolerantes en el fútbol: c) Las declaraciones, gestos o insultos proferidos en las instalaciones deportivas, que supongan un trato manifiestamente vejatorio para cualquier persona por razón de su origen racial, étnico, geográfico o social, así como por la religión, convicciones, capacidad, edad, sexo u orientación

no coinciden en su totalidad, ambas se refieren a la incitación al odio. A mayor abundamiento, la primera se encuentra en la Sección 1ª del Capítulo IV del Código Penal, referida a «los delitos cometidos con ocasión del ejercicio de los derechos fundamentales y de las libertades públicas garantizados por la Constitución»; y la segunda, del tenor literal de su redacción, vemos cómo va dirigida a proteger «los derechos, libertades y valores de las personas». En definitiva, resulta bastante coherente concluir que el bien jurídico protegido es el mismo y, por tanto, el principio *non bis in idem* ha de aplicarse en su plenitud[40].

De lo expuesto se deduce que, desde nuestra perspectiva, deben entenderse aplicables los principios generales del Derecho sancionatorio, exceptuándose, seguramente en las sanciones deportivas, el principio de reserva de ley[41]. Entre los principios men-

---

sexual, así como los que inciten al odio o atenten gravemente contra los derechos, libertades y valores de las personas».

40 A tenor de los ilícitos relativos a la incitación al odio, en la actualidad, encontramos un caso de sonora repercusión conocido como, el «caso Vinicius». Así el Comité de Competición de la RFEF, en la Resolución de 23 de mayo de 2023, ante la proliferación de cánticos de sesgo racista por parte de los aficionados del Valencia C.F., contra el jugador del Real Madrid C.F., Vinicius Jr., durante el transcurso del partido entre el Valencia C.F. y el Real Madrid C.F., considera, que, los comportamientos desplegados durante el partido responden a la conducta contemplada en el art. 69 del Código Disciplinario de la RFEF. En la misma resolución, acuerda, «Imponer al Valencia CF, SAD, una sanción de clausura parcial del recinto deportivo por un período de cinco partidos y una sanción pecuniaria de 45.000 €, por la comisión de las infracciones muy graves tipificadas en los artículos 69.1.c), 69.2.d) y 76.1 del Código Disciplinario de la RFEF», vid. Resolución de Competición de la RFEF, de 23 de mayo de 2023, disponible en: chrome-extension://efaidnbmnnnibpcajpcglclefindmkaj/https://rfef.es/sites/default/files/sanciones/RESOLUCIO%CC%81N%20VALENCIA%20CF-REAL%20MADRID%20CF%20230523.pdf. (Última vez consultado: 29/09/2023).

41 Respecto a los principios generales del Derecho sancionatorio, Vid., M. GÓMEZ TOMILLO, «Principios constitucionales nucleares del Derecho penal...», op. cit., pp. 16 y ss.; por otro lado, se entiende que se

cionados, por ser el objeto de estudio de este trabajo, destacamos el principio *non bis in idem*, singularmente en su vertiente material. En definitiva, si concurre la triple identidad de sujeto, hecho y fundamento, no podrá haber una doble sanción. Tan solo podrá existir duplicidad de sanciones, cuando se autorice expresamente por la Ley, o, cuando el fundamento, en la triple identidad antes mencionada sea distinto. Sin embargo, como ya hemos visto con los ejemplos expuestos *supra*, es más que cuestionable, en ocasiones, que el fundamento de la sanción penal y disciplinaria deportiva sea el mismo. Lo que, en definitiva, nos lleva a la conclusión de que, se habrá de estar al caso concreto, ya que lo realmente crucial será concretar el bien jurídico protegido[42].

Por último, como se mencionó más arriba, conforme a la jurisprudencia del Tribunal Constitucional, cuando existe un fundamento idéntico para ambas sanciones, el principio *non bis in idem* se aplica plenamente, evitando la duplicidad de sanciones[43]. Cuando es factible argumentar que existen fundamentos distin-

---

excluye el principio de reserva de ley, ya que, en el ámbito deportivo, encontramos, como ya hemos venido mencionando, que las Federaciones deportivas, recordemos de naturaleza privada, pueden ampliar el catálogo de infracciones disciplinarias deportivas. En este sentido, J.A. LANDABEREA UNZUETA, en E. GAMERO CASADO y A. MILLÁN GARRIDO (Dirs.), *Manual de Derecho del deporte*, Tecnos, Madrid, 2021, pp. 837-838.

42 En palabras de Ríos Corbacho, «no es lo mismo agredir a un oponente (lo que podría constituir un delito de lesiones), que celebrar un gol subido a la valla que delimita el terreno de juego, (lo que podría provocar desórdenes entre los aficionados)», J.M RÍOS CORBACHO, «La incidencia del Derecho penal en las lesiones deportivas», en *Revista Electrónica de Ciencia Penal y Criminología*, 2011, p. 4.

43 En la STC 177/99 se establece que «irrogada una sanción, sea ésta de índole penal o administrativa, no cabe, sin vulnerar el mencionado derecho fundamental, superponer o adicionar otra distinta, siempre que concurran las tan repetidas identidades de sujeto, hechas y fundamento. Es este núcleo esencial el que ha de ser respetado en el ámbito de la potestad punitiva genéricamente considerada, para evitar que una única conducta infractora reciba un doble reproche aflictivo».

tos entre la sanción administrativa y la sanción penal, entonces el principio *non bis in idem* no se aplica y, en consecuencia, la imposición de una doble sanción es constitucionalmente válida[44]. En nuestra opinión, este mismo criterio, es el que debe aplicarse en el caso de doble concurrencia de sanción penal y disciplinaria deportiva, o de sanción administrativa y disciplinaria deportiva[45].

---

44 En la SAN de 7 de octubre de 2004: El Fútbol Club Barcelona había sido sancionado por el Ministerio del Interior con una multa de 70.000 euros, aplicada en conformidad con la normativa destinada a la prevención de la violencia en los eventos deportivos, anteriormente contenida en la Ley de Deporte. Además, se le había impuesto una sanción de cierre del estadio por un período de dos partidos, acompañada de una multa adicional de 4.000 euros, de acuerdo con las regulaciones disciplinarias establecidas por el Comité de Competición de la Real Federación Española de Fútbol (RFEF). La Audiencia Nacional interpretó que estos dos castigos se fundamentan en la protección de dos bienes jurídicos distintos: por un lado, la prevención de la violencia en los eventos deportivos y, por otro lado, la correcta conducta en el ámbito deportivo. En consecuencia, se determinó, que no se infringe el principio *non bis in idem*; En relación con esta sentencia y el principio mencionado, Vid., J. M. DEL AMO SÁNCHEZ, «El caso Neymar: un breve análisis de la sentencia de la AP Barcelona de 12 de diciembre de 2022», en *Diario la Ley*, 2023, pp. 8-9.

45 Resulta interesante la SAP de Lugo, de 11 de febrero de 2003, en la que concurren una sanción deportiva y una administrativa. Así, en su Fundamento jurídico tercero, se afirmó que: «Respecto al principio *non bis in idem* invocado por el denunciado, señalar que el mismo no es aplicable al presente caso, puesto que la conducta por la que fue sancionado administrativamente en nada afecta a la que es objeto del presente enjuiciamiento, por tratarse de bienes jurídicos objeto de protección totalmente diferentes. Así, el expediente administrativo se incoó en base a la prevención de la violencia en los espectáculos deportivos, amparada en la Ley del Deporte de 15 de octubre de 1990, y los que son objeto de enjuiciamiento se constriñen a la falta de respeto a los agentes de la autoridad, hecha abstracción del espectáculo deportivo en el que se produjeron. En consecuencia, no existe superposición alguna que impida las actuaciones claramente diferenciadas en los dos ámbitos ya referidos».

5. CONCLUSIONES

La problemática a la que nos hemos referido durante todo el capítulo sugiere la necesidad de examinar cuidadosamente la relación entre el Derecho penal y el Derecho disciplinario-deportivo. Además, nos hace considerar la necesidad de abogar por una mayor claridad y coherencia en la aplicación de sanciones en el ámbito deportivo, tratando de evitar, como señala Cortés Bechiarelli, improvisaciones en las relaciones procesales entre la disciplina deportiva y la penal[46].

Las conclusiones a las que llegamos tras el breve análisis realizado del principio *non bis in idem* en nuestro sistema jurídico reflejan su trascendencia como un principio fundamental destinado a preservar la equidad y la justicia en nuestros ordenamientos. Al examinar sus implicaciones en los contextos penal, administrativo y deportivo, se resalta el rol crítico que este principio desempeña en la salvaguardia de los derechos individuales y la integridad de la seguridad jurídica en dichos ámbitos.

Asimismo, hemos comprobado como en los casos de doble tipificación, la jurisprudencia en España ha dado prioridad a la Jurisdicción penal sobre la Administración. Postura que compartimos, debido a la naturaleza más garantista del proceso penal con respecto del procedimiento administrativo sancionador.

La duplicidad de sanciones también se plantea en el ámbito deportivo, donde las organizaciones deportivas tienen sus propios procedimientos disciplinarios. Si bien, como hemos visto, el principio *non bis in idem* se aplica estrictamente, permitiendo únicamente la posibilidad de doble sanción si los fundamentos de las sanciones son diferentes. La clave para determinar la aplicabilidad del principio *non bis in idem* en el ámbito deportivo, a fin de cuentas, radica en si el bien jurídico protegido es o no el mismo.

---

46 E. CORTÉS BECHIARELLI, *El delito de dopaje,* Tirant lo Blanch, Valencia, 2007, p. 137.

6. REFERENCIAS BIBLIOGRÁFICAS

CARRETERO LESTÓN, J.L.: «La disciplina deportiva: concepto, contenido y límites», en *Revista española de Derecho deportivo,* 1994.

CORDERO QUINZACARA, E.: «El derecho administrativo sancionador y su relación con el derecho penal», en *Revista de Derecho* 25, 2012.

CORTÉS BECHIARELLI, E.: *El delito de dopaje,* Tirant lo Blanch, Valencia, 2007.

CUCHI DENIA, J.M.: «La incidencia del Derecho penal en la disciplina deportiva: la aplicación del principio non bis in idem», en *Revista española de Derecho Deportivo,* 1997.

DEL AMO SÁNCHEZ, J. M.: «El caso Neymar: un breve análisis de la sentencia de la AP Barcelona de 12 de diciembre de 2022», en *Diario la Ley,* 2023.

GAMERO CASADO, E.: «Naturaleza y régimen jurídico de las Federaciones deportivas», en *Revista jurídica de deporte y entretenimiento,* 2002.

GAMERO CASADO, E. y MILLÁN GARRIDO, A. (Dirs.): *Manual de Derecho del deporte,* Tecnos, Madrid, 2021.

GARCÍA ALBERO, R.: *Non bis in idem: Material y concurso de leyes penales,* Cedecs, Barcelona, 1995.

GARCÍA ARÁN, M. en MUÑOZ CONDE, F. y GARCÍA ARÁN, M.: *Derecho penal. Parte General,* Tirant lo Blanch, Valencia, 2022.

GÓMEZ TOMILLO, M.: «Non bis in idem en los casos de dualidad de procedimientos penal y administrativo. Especial consideración de la jurisprudencia del TEDH», en *Indret: Revista para el Análisis del Derecho,* 2020.

– «Principios constitucionales nucleares del Derecho penal y Matices característicos del Derecho Administrativo Sancionador», en *Revista de Derecho aplicado LLM UC,* 2020.

GÓMEZ TOMILLO, M. y SANZ RUBIALES, I.: *Derecho administrativo sancionador. Parte General,* Aranzadi, 5ª ed., Pamplona, 2023.

PICÓN ARRANZ, A.: «El principio «non bis in idem» en la protección del medioambiente», en *Revista Vasca de Administración Pública* 114, 2019.

- «El nuevo régimen sancionador del dopaje: Más sombras que luces», en *Revista Aragonesa de Administración Pública,* Zaragoza, 2022.

RÍOS CORBACHO, J.M.: «La incidencia del Derecho penal en las lesiones deportivas», en *Revista Electrónica de Ciencia Penal y Criminología,* 2011.

SANZ RUBIALES, I.: «Potestad sancionadora administrativa, non bis in idem y primacía del orden penal (Comentarios a la STC 177/1999, de 11 de octubre)», en *Revista del Poder Judicial 59,* 2000.

SUÁREZ LÓPEZ, J.M.: «Las consecuencias del principio "non bis in idem" en la Ley Orgánica de Protección de la Salud del Deportista y Lucha contra el Dopaje en España», en MORILLAS CUEVA, L. (Dir.): *Estudios sobre Derecho y deporte,* Dykinson, Madrid, 2008.

SUÁREZ LÓPEZ, J.M. en BENÍTEZ ORTUZAR, I.F. (Coord.): *Tratamiento jurídico penal y procesal del dopaje en el deporte,* Dykinson, Madrid, 2016, pp. 119-128. Disponible en: https://elibro-net.ponton.uva.es/es/ereader/uva/58277.

Dificultades en la prevención de la delincuencia de cuello blanco en atención a los modelos actuales del derecho penal

ALICIA RODRÍGUEZ SÁNCHEZ
Universidad de Salamanca

Resumen:

La Criminología se ha centrado en la "delincuencia de los marginales", lo que ha supuesto un abandono de la criminalidad de los más poderosos, provocando que las teorías para explicar esta criminalidad sean limitadas.

Tampoco, los fines de la pena y las teorías de la prevención aportan soluciones para el freno de estas modalidades delictivas que generan graves perjuicios sociales y económicos. El objetivo a priori es abordar la realidad de la delincuencia de cuello blanco, las dificultades conceptuales y las distintas posiciones doctrinales que se plantean entorno a este término, para determinar los motivos por los que no se presenta como un verdadero fenómeno criminal en el que se aprecian auténticos problemas con la prevención y la resocialización. Sin embargo, es demasiado utópico resumir en tan breve espacio tan importantes cuestiones y como consecuencia la investigación pivotará en mayor medida sobre los modelos preventivos con base en las características propias de la delincuencia de cuello blanco, que la convierten en un modelo de criminalidad único. Como consecuencia fallan así las formas de prevención general y especial, para las que tampoco se ha valorado en su creación las diferencias de género que existen en la autoría.

Palabras clave: delincuencia, prevención, cuello blanco, criminología, teoría.

1. INTRODUCCIÓN ¿QUÉ ES LA DELINCUENCIA DE CUELLO BLANCO?

Uno de los principales problemas con los que nos encontramos es la falta de definiciones del concepto delito de cuello blanco (White Collar Crime).

A pesar del trascurso del tiempo, en concreto en España, muy pocos autores se han detenido a moldear y estudiar esta tipología delictiva. Sin embargo, en otros países, si se han dedicado a este tema en profundidad y han permitido que exista una evolución del concepto.

Es bien cierto, que cada vez estos delitos tienen una mayor trascendencia social, sin embargo, muy lejos están aún de equipararse, en lo que a estudios se refiere, a la ya conocida como "delincuencia de la pobreza"[1]. Empero, continuamos sustentando la formulación de estas nuevas teorías bajo los mismos presupuestos que para la delincuencia de un bajo estatus, lo que es claramente un error.

El comienzo no es otro que analizando a Edwin Sutherland, quien en 1939, se refiere al término *delincuencia de cuello blanco*[2] por primera vez.

Desde este momento y hasta su muerte en 1950, desarrolló el concepto a partir del libro "Una autobiografía de un Trabajador de Cuello Blanco" (en referencia a empresarios y ejecutivos). Sutherland lo definió como un delito cometido por una persona de respetabilidad y estatus social alto en el curso de su ocupación[3], siendo la definición que se tomó como base para estos delitos.

Hay que remarcar que el autor con esta exposición hace una doble distinción, por un lado, deja fuera aquellos delitos comunes cometidos por personas de una clase social alta (por ejemplo, una violación o un homicidio) y, por otro lado, aquellas estafas o

---

1 Se entiende que aquellos que cometen delitos son personas pobres, de un estatus social bajo en una proporción mucho mayor que personas de una alta categoría social.

2 Lo hace en la 34° reunión de la *American Sociological Society* celebrada en 1939 en *Philadelphia,* donde esbozó la definición en calidad de presidente de esta.

3 SUTHERLAND, E.: *El delito de cuello blanco,* Memoria criminológica, Buenos Aires, Editorial B de f, 2009, p.9-10. Traducida del inglés por BELLOQUI, L.

defraudaciones que son cometidas por personas de bajo estatus o por las de alto estatus que no tienen relación con la ocupación laboral.

Con esta definición y la tesis del autor, se debió iniciar la preocupación por crear teorías nuevas sobre las que apoyar la comprensión de estos delitos, sin embargo, no fue así y la criminología se ha mantenido al margen a lo largo de los años.

Es inevitable preguntarse si la delincuencia de cuello blanco, por tanto, se puede explicar con alguna de las teorías que se han ido formulando desde distintas perspectivas para la delincuencia "pobre" o no, y si los presupuestos de la prevención general y especial son válidos para ella, así como los fines de la reinserción y reducación, siendo estas las finalidades fundamentales de la intervención penal. Lo significativo, es que de la delincuencia de cuello blanco no está asociada a la pobreza, ni a patologías sociales o personales que la acompañan[4], sin embargo, estos delitos pueden ser similares a un robo o un hurto cometido por una persona de bajo estatus, empero, la facilidad para cometerlos bajo el respaldo de un oficio la recarga de un mayor desvalor[5].

Muchas han sido las críticas sobre si el término "delincuencia de cuello blanco", caracteriza actos o actores, clases de infracciones o de ilícitos, incluso sobre si realmente la conducta descrita es criminal[6]. Diversos han sido también los autores que han comparado esta definición con otras existentes y la han asemejado a términos distintos, sin embargo, aunque sí similares, no recogían *el todo* del concepto de Sutherland, sino que se centraban únicamente en algún aspecto concreto.

---

4 Ibídem, p.12.

5 MARTÍN LÓPEZ, M.T.: *Introducción al estudio de la criminalidad de cuello blanco* (Tesis Doctoral), Universidad de Salamanca, Biblioteca Francisco de Vitoria, 1989.

6 SHAPIRO, S.: *Thinking About White-Collar Crime: Matters of Conceptualization anti Research,* University of Michigan Library, 1980, p.1.

Tras la muerte de Sutherland, su Escuela[7] se centró en el estudio concreto de la persona del delincuente (dejando al margen otras características que estaban alrededor como el entorno, el trabajo concreto o incluso el estatus social al que el autor le dio gran relevancia). Esto provocó que sus estudios fueran descriptivos, ya que su fin era documentar la existencia de los ilícitos llevados a cabo por grandes empresas que consideraban que debían ser responsables penalmente, olvidando, por tanto, a las personas individuales[8], acercándose al concepto de "personas jurídicas" actual.

Sutherland fue el que más se aproximó, desde la perspectiva social y criminológica, a la raíz del problema, el alto estatus del delincuente[9]. Muchos delincuentes comunes, de bajo o medio estatus, cometen delitos para su propio beneficio o valiéndose del trabajo que tienen como una facilidad, pero realmente lo significativo es la situación de poder, control y alta economía de la que ya dispone el delincuente y que desde un punto de vista objetivo sería innecesaria la ganancia extra enfrentándose a la ley.

La criminología en su afán de prevención del delito se alejó del fondo del problema por tratarse de personas que no disponen del perfil de delincuente común con el que se había trabajado hasta el momento. Además de operar la impunidad o temor hacia aquellos a quienes se dirige la actuación de control por parte de los órganos legislativos.

Nos encontramos, por tanto, ante una forma de delincuencia poderosa, que no encaja con los presupuestos comunes, ni con teorías sobre las que sustentar un estudio pormenorizado de las características y elementos que intervienen en estos delitos cada

---

7 Escuela de Chicago.

8 GUTIÉRREZ ZARZA, M.A.: "Investigación y enjuiciamiento de los «delitos de cuello blanco» en el sistema judicial norteamericano", *ADPCP*, Vol. L, 1997, p.584. Recuperado en: http://www.cienciaspenales.net/files/2016/09/14angelesgutierrez.pdf

9 SUTHERLAND, E.: *El delito de cuello blanco*...op. cit., p.9-10.

vez más comunes. Es esto uno de los motivos por los que no existe una prevención adecuada[10], ni un reproche social a la altura del desvalor del resultado. La expresión "delito de cuello blanco", es un punto de partida y no un resultado[11].

2. ACIERTOS Y ERRORES DE LAS PRINCIPALES TEORÍAS CRIMINOLÓGICAS HACIA LA DELINCUENCIA DE CUELLO BLANCO

Pese a que la lógica implique la posibilidad de explicar este tipo de criminalidad bajo los presupuestos que se formulan, se pasará a demostrar que, de ser cierto, tiene tantas matizaciones que lo hace de gran complejidad.

Primero, porque todas ellas se basan en la criminalidad de los pobres, en la que el objeto central es la falta de recursos económicos[12], las carencias sociales y personales – familias desestructuradas, falta de educación – y segundo, porque están formuladas la mayoría de ellas para delitos violentos; dos características que automáticamente no se cumplen en el grupo de delitos analizados en este documento. A continuación, se plantean varias teorías criminológicas que intentarán explicar el delito de cuello blanco, pero ya se adelanta que a pesar de que alguna se ha contemplado como posibilidad la desviación de la norma de los poderosos[13].

Las explicaciones del fenómeno criminal construidas a partir de factores biológicos y psicológicos suponen un salto cualitativo

---

10 CASAS HERVILLA, J.: *El desvalor material de la acción: una revisión del injusto a la luz de la concepción significativa de la acción.* Universidad Autónoma de Barcelona (Tesis Doctoral), 2015.

11 VIRGONILI, J y SIMONOTTI, J.M.: *Delitos de Cuello Blanco,* Buenos Aires, 1988, p.32.

12 CACIAGLI, M.: *Clientelismo, corrupción y criminalidad organizada: evidencias empíricas y propuestas teóricas (a partir de casos italianos),* Madrid,Centro de Estudios Constitucionales, 1996.

13 HIKAL, W: *Introducción a la criminología,* Managua, Ed. Jurídica, 2010.

en la cuestión criminal que no consiste únicamente en reconocer las influencias de factores sociales sobre la predisposición individual, sino en que el delito ya no es un fenómeno de patología individual, sino un resultado social[14] consecuencia de la *desorganización social*[15]. Esto desemboca en la tendencia de pensamiento en la que cualquiera puede ser delincuente y amplia el campo de estudio a todos los sujetos, reconociendo alejarse en cierto modo de la *delincuencia del pobre* y ampliar la perspectiva en la que la delincuencia de cuello blanco es un hecho posible.

Desde el punto de vista de la Teoría de la Anomia, parece ilógico verificar la delincuencia de cuello blanco o al menos sustentar su explicación ya que es la propia desestructuración social la que provoca la trasgresión de la norma, y como sabemos, este tipo de delincuencia no se caracteriza por producirse en grupos carentes de norma o contarios a ella ya que son ellos mismos los creadores. De esta forma, aparecen las necesidades del individuo culturales (o naturales para Durkheim) que son propias de la estructura cultural que incita y provoca las apetencias, de manera que la conducta desviada aparece como mecanismo de adaptación normal del individuo a disfunciones estructurales en el seno de la misma sociedad. Durkheim defendía que la "anomia" era una situación de crisis transitoria del poder social de regulación, debida al acelerado y desorganizado cambio social impuesto por el proceso de industrialización[16], mientras que para Merton es una disfunción estructural endémica, crónica, estable se inherente a cierto modelo de sociedad cuyas contradicciones internas producen una

---

14 VIRGONILI, J., y SIMONOTTI, J.M.: *Delitos de Cuello Blanco*, Buenos Aires, 1988, DCB/Criminología, p.2.

15 CLOWERS, R.S., y OHLIN, LE.: *Delinquency and opportunity. A theory of delinquent gangs*, Oxons, Routledge Tylor y Francis Group, 1960.

16 REYES MORRIS, V.: "Anomia y criminalidad: Un recorrido a través del desarrollo conceptual del término Anomia", *Revista Criminalidad.* Vol.50 no.1 enero/junio 2008. Bogotá.

tendencia a la misma, que incide de modo desigual en los diversos grupos sociales[17].

La formulación de Merton hace dos proposiciones útiles para su teoría en un intento de explicar cómo romper con la norma desde una perspectiva sociológica distinta, pero poco útil para demostrar y justificar la tipología delictiva que aquí nos compete. Las dos proposiciones que plantea bajo la teoría de anomia son, por un lado, que la elección vendrá condicionada, en cada caso, por el diverso grado de socialización de aquel y por el modo en que interiorizó los correspondientes valores y norma[18].Por otro lado, las contradicciones de la estructura cultural (objetivos) y la estructura social (medios institucionalizados) producen una tendencia a la anomia que afecta en particular a clases bajas.

Los sujetos se marcan metas personales basadas en los marcos de referencia y las expectativas, siendo los medios de control quienes establecen los cauces para alcanzarlos mediante la norma, la institucionalización... y no siempre coincide con las expectativas de los sujetos.

Cuando la norma, la forma y las expectativas coinciden no hay trasgresión, sin embargo, cuando se produce un desequilibrio pueden darse dos situaciones, o bien que se olviden las metas[19] y solo exista una adhesión a la conducta institucionalizada o que se separen de la norma sin seguir los procedimientos formalmente establecidos con el fin único y último de alcanzar los objetivos.

Pone de relieve que aquellos a quienes la sociedad no ofrece caminos legales (oportunidades) para acceder a los niveles del bienestar deseados, se verán presionados mucho más y mucho an-

17 MERTON R.: *Teoría y estructuras sociales.* México: Fondo de Cultura Económica, 1987.

18 GARCÍA-PABLOS DE MOLINA, A.: *Criminología, una introducción a sus fundamentos teóricos,* Valencia, Tirant lo Blanch, 2007.

19 Sociedad neo-fóbica, que basa su meta en la estabilidad y el conformismo.

tes que los demás a la comisión de conductas irregulares para la consecución de aquella meta codiciada[20].

En este punto y bajo tales presupuestos, se puede afirmar que de nuevo esta tipología delictiva está pensada para los colectivos más vulnerables que no tienen a su alcance conseguir las metas que no solo ellos se proponen, sino que la sociedad les muestra como posibles y que ven a otros colectivos llegar a ellas. Es un factor fundamental la colisión entre los fines sociales y las vías para alcanzarlos, pudiendo apreciar de esta manera Anomia; lo que significa que hay discrepancias entre lo culturalmente permitido y los caminos que la estructura social ha diseñado para alcanzarlos. En el caso que se desarrolla, la delincuencia de cuello blanco es difícil justificarla bajo la disfunción estructural a la que hace referencia Merton, pues, aunque es cierta la explicación esta incidencia desigual a nuestro grupo de estudio no perjudica.

A pesar de tener grandes dificultades para explicar la criminalidad de los poderosos desde esta perspectiva, se encuentra un punto de análisis en el sentido de cómo se interioriza la norma. Las contradicciones entre las estructuras sociales y culturas no afectan de la misma manera en la que lo hace la interiorización de normas y valores. Conocen la norma y las vías legales para alcanzar los fines perseguidos, que cada vez son más altos y las vías más difusas donde claramente entra en juego la interiorización de la norma[21]; no significa que no tengan un alto grado de socialización, sino que la elección de la forma en la que alcanzar sus objetivos pasa por lo ilegal al no tener asimilada la norma, en ocasiones creada por ellos mismos. De esta forma se entiende que lograr no solo los objetivos impuestos por la sociedad, sino por ellos mismos, es más primordial que la forma en la que se obtengan.

---

20 HUERTAS DIAZ, O.: "Anomia, normalidad y función del crimen desde la perspectiva de Robert Merton y su incidencia en la criminología". *Revista Criminalidad*, Vol.52, nº1, junio 2010, Colombia, p. 371.

21 REYES MORRIS, V.: "Anomia y criminalidad: Un recorrido a través del …op. cit.

La teoría de Sutherland de la asociación diferencial podría encajar para explicar el proceso de aprendizaje criminal de los más poderosos. La continua oportunidad de delinquir junto con las demás características del grupo y la facilidad para esconder los resultados de este lo hacen posible[22]. Es la primera vez que se apunta hacia la posibilidad de que los poderosos también delincan[23].

Las clases sociales económicamente poderosas, realizan conductas delictivas con frecuencia amparados por la respetabilidad y el estatus social alto, y se respalda que las tasas de criminalidad están ocultas y los niveles de impunidad son altos debido a los "hilos de poder" que las mismas personas tienen[24], desviando la atención y manipulando medios de comunicación[25].

El problema es que a pesar de que se ha seguido esta teoría -al menos en parte- por la criminología, no ha mantenido la evolución que se esperaba y no se ha tenido en cuenta a la hora del desarrollo de los sistemas penales y judiciales de los estados.

Para los delincuentes de cuello blanco, el prestigio social y económico es un refuerzo a pesar de obtenerlo mediante una violación de la ley. Mientras que para la mayoría de la población el delito produce un rechazo social, para estos sujetos supone un mayor prestigio. Sutherland mantiene que este grado de reputación social les hace seguir cometiendo delitos ya que no obtienen de ellos consecuencias negativas, sino únicamente una respuesta positiva tanto por parte de la sociedad, como por las mejoras que ellos reciben de forma económica, en puestos de trabajo, etcéte-

---

22 HIKAL, W.: "La teoría de la asociación diferencial para la explicación de la criminalidad y la articulación de una política criminal", *Derecho y Cambio social*, 2017. Recuperado en: https://www.derechoycambiosocial.com/revista049/LA TEORIA DE LA ASOCIACION DIFERENCIAL.pdf , p. 6.

23 GONZALEZ VIDAURRI, A., y SÁNCHEZ SANDOVAL, A.: *Criminología*, México, Porrúa, 2008.

24 RESTREPO FONTALVO, J.: *Tratado de Criminología*, México, Cárdenas Velasco Editores, 2002.

25 HIKAL, W.: La teoría de la asociación diferencial ...op. cit., p.7.

ra. Es una de las teorías que mayores puntos en común tienen con la delincuencia de cuello blanco y que permite conocer determinados comportamientos, esto es así por ser formulada por el propio Sutherland buscando una explicación a la tipología delictiva que describió.

El *labbelin aproach*, tiene consecuencias negativas a la hora de explicar la delincuencia de cuello blanco, pues quien no es etiquetado como delincuente, aunque puede serlo, es menos probable y aceptado por la sociedad, lo que también implica que no se le reconozca. Claramente, dificulta la demostración de los motivos por los que los poderosos delinquen[26].

Sin embargo, si es curioso, que quienes tienen el poder del etiquetamiento, son en ciertas ocasiones, los propios delincuentes de cuello blanco. Esta teoría propició un cambio en la interrelación del Derecho Penal y la Criminología. La etiqueta se trata del estatus que es otorgado desde el poder, desplazando el comportamiento tradicionalmente desviado, teniendo en cuenta no solo el fenómeno criminal, sino también el control social. El proceso no es igual, por lo que los sujetos son etiquetados desigualmente[27], desplazando a un problema político la cuestión criminal del cual proviene el carácter desigual. Esta teoría, basada en las etiquetas es muy difícilmente trasladable a la delincuencia de cuello blanco, ya que es complicado que se *auto-pongan* etiquetas socialmente negativas los propios sujetos.

La Teoría de la Elección Racional tiene importantes vinculaciones con la delincuencia de cuello blanco. Claramente, los sujetos activos toman la decisión de cometer el delito de forma racional, ya que encuadra dentro de sus ambiciones y tienen la oportunidad para ello.

---

26 CENTELLES, F.: *Teorías sociológicas clásicas,* Toledo, Cuadernos, Azacanes S.L, 1998, p.13.

27 ZÚÑIGA RODRIGUEZ, L.: *Política crimina,* Madrid, COLEX, 2001, p. 103.

Los conceptos más importantes de esta teoría se ven plasmados en los actos de los sujetos, en cuanto a, que tienen el propósito de cometer el delito, pero no cualquiera, sino uno específico y que probablemente no se cometería ningún otro, por tanto, la infracción de ley es concreta para determinadas tipologías delictivas. Además, la elección de cometer el delito es propia en base a una serie de decisiones en las que se comprueba que los beneficios obtenidos son los buscados y esto es amparado por el grupo de referencia, el cual participa, igualmente, en la comisión de algo forma. De esta manera, se puede explicar cómo sin la necesidad de carencias, únicamente apoyándose en el grupo de referencia y en los beneficios, se toma la decisión de cometer un delito.

Para la Teoría del Autocontrol, en el caso de la delincuencia de cuello blanco, ese autocontrol no es demandado por la sociedad, sino que el comportamiento se ve reforzado. No solo se puede entrar a valorar sus características personales, sino claramente la incidencia social en ellos. Pueden tener control suficiente para frenar la impulsividad hacia la comisión de delitos y obtener así los beneficios que buscan – o al menos los mecanismos para lograrlo – sin embargo, el refuerzo de la sociedad hacia sus comportamientos careciendo de reproche y la motivación de la avaricia[28] crean el escenario perfecto para que, por un lado, la impunidad sea real, y por otro, no necesiten de los mecanismos de autocontrol pues no se les exige lo mismo que a otros sujetos. En este caso, al igual que en la mayoría de comisión de delitos, se lleva a cabo para lograr lo que se desea y no se va a poder obtener legalmente. A ello hay que sumarle motivaciones como la euforia o el desafío, de manera que infringen la ley sin mayores consecuencias[29].

---

28 GEIS, G.: "El delito de cuello blanco como concepto analítico e ideológico ", en *Derecho penal y criminología como fundamento de la política criminal,* [BUENO ARÚS, F., (Dir.)], Estudios en homenaje al Prof. A. Serrano Gómez, Dykinson, Madrid, 2006, p. 320.

29 ZÚÑIGA RODRÍGUEZ, L.: "Culpables, millonarios e impunes: el difícil tratamiento del derecho penal del delito de cuello blanco", *IUS, Revista del instituto de Ciencias Jurídicas de Puebla,* N°35 JUNIO- ENERO,

En ocasiones estos delincuentes salen reforzados de la comisión de delitos y no se les insta al autocontrol, mientras que a los sectores más marginales se les exige un mayor control de la impulsividad. Es un ejemplo los símiles que se pueden hacer entre los drogodependientes y aquellos que se disputan las mayores ganancias en *Wall Street*, en ambos casos adictos e impulsivos, pero con una respuesta incomparable por parte de la sociedad[30].

Se puede por tanto concluir, que no carentes de autocontrol, siendo sus motivaciones muy similares a las de otros delincuentes, así la exigencia y el reproche social son muy distintos.

También, la criminología crítica aporta al tema cuando comienza a hacer especial referencia al carácter económico y las implicaciones que el dinero tiene en la delincuencia. Es de esta manera en la que se empiezan a manejar supuesto de lo que posteriormente se denominó delincuencia de cuello blanco.

Anteriormente se tomaba la economía como un factor diferencial de la delincuencia, ya que eran los pobres o los grupos más marginales quienes cometían delitos en la búsqueda de ampliar su "economía" personal. Con la propia autocrítica que se hace la criminología, entran en conflicto sus propias posiciones. Se cuestiona también la visión del Derecho como instrumento de protección de las clases dominantes, lo que es una posición insostenible[31].

Algunos rasgos de la Criminología crítica reseñables para el caso que compete en estos folios son, a modo de ejemplo, la necesidad de estudiar el delito desde la visión histórica y social y desde la perspectiva económica de los grupos, la especial relevancia que tiene la situación económica del delincuente (sin centrarse si

---

2015, México. Recuperado de http://www.scielo.org.mx/pdf/rius/v9n35/1870-2147-rius-9-35-00037.pdf (3/04/2019), p.46.

30 ZÚÑIGA RODRÍGUEZ, L.: "Culpables, millonarios e impunes: el difícil tratamiento del derecho penal del delito ...op, cit., p.46-47.

31 BARATTA, A.: *Criminología crítica y crítica del derecho penal*, Argentina, Ed. Siglo XXI, 1986.

pertenece a un grupo marginal o no) y que se propugna la necesidad de un programa de prevención basado en la realidad tras un estudio cualitativo[32]. Aquello que comenzó siendo una corriente novedosa[33] por tratar de incluir los delitos económicos alejándose de la única posibilidad que se contemplaba anteriormente en las que solo los más favorecidos delinquían, deja al descubierto interrogantes que no permiten concluir una base científica para las tipologías inmersas en estas páginas.

La criminología está siendo necesaria para colaborar a comprender al propio Derecho Penal que el delito no es solo un fenómeno jurídico, sino un problema social, dentro de la socialización del individuo dentro de la sociedad[34], lo que fomenta una mayor comprensión del delito, próxima a la realidad y no anclada en el mundo de valores de las concepciones positivistas jurídicas[35].

Ninguna de las teorías corresponde a la formulación de cuello blanco iniciada, por ello falla también la prevención.

3. PREVENCIÓN Y FINES DE LA PENA

No se discute si las penas concretas establecidas son las adecuadas o no, sino que las medidas que se toman para evitar la comisión están siendo fructíferas. Es decir, no se discute la culpabilidad del autor, sino frenar la incipiente crecida de estos delitos y, por tanto, vamos a tratar únicamente cuales son los problemas que suscita la prevención general partiendo de la base del conocimiento de lo que recoge este tipo de prevención.

---

32 SILVA, A.: *Conducta antisocial: Un enfoque psicológico,* México, Pax, 2003, p.12.

33 LOZANO GRACIA, A.: "Aspectos político- criminales de los delitos de cuello blanco" en *Delitos de Cuello Blanco,* [ROQUE DÍAZ, J.R., (Dir.)], Tlalpan, Instituto Nacional de Ciencias Penales, 2011, p.33.

34 LARRAURI, E.: *La herencia de la criminología crítica,* Madrid, Siglo XXI, 1991, p. 137.

35 ZÚÑIGA RODRIGUEZ, L., *Política criminal*...op, cit., p. 104.

3.1. Problemas de la prevención general y la Delincuencia de Cuello Blanco

Aunque tenemos teorías que se pueden ajustar a la delincuencia de cuello blanco, no se consiguen frenar ya que existe un problema más amplio.

Es evidente que la base teórica de la que se parte es incompleta e inexacta, primero porque no se han formulado teorías válidas y segundo porque no se hace un estudio pormenorizado de estos delitos y de las características intrínsecas a ellos que los hacen especiales.

A pesar de que muy pocos delitos de cuello blanco llegan a condena de prisión (aunque cada vez más), hay que estudiar si al menos, esa pena cumple la función que busca para el delito en particular, que, de no cumplirse, sería un problema ya que no la pena no cumple su función.

Si la investigación fiera mucho más amplia, se comprobaría como la prevención tampoco es eficaz para el 100% de los delitos[36], ni incluso para aquellos que lo son *tradicionalmente,* sin embargo, voy a asentar las bases de los errores, para que al menos, se intenten modificar de forma especial y particular para la delincuencia de cuello blanco y disminuir las tasas de esta.

Para el caso que se analiza, la prevención especial es muy importante, tanto la negativa como la positiva, ya que, en un sentido amplio, por un lado, va a marcar la pena a imponer y por otro, el intento de que el sujeto no vuelva a cometer dichos delitos.

En la actualidad, España, tiene un modelo penal basado en parte en los fines de la pena, tanto en la prevención general como en la especial sobre los que se sustentan los actos que se llevan a cabo dentro del procedimiento penal. Pese a los dos tipos de pre-

---

36 HASSEMER, W.: "Perspectivas del Derecho Penal futuro", *Revista Penal,* N° 1, 1998. Recuperado en: https://dialnet.unirioja.es/servlet/articulo?codigo=196205

vención, el verdadero énfasis se debe poner sobre la prevención general, para que en caso de que sea efectiva, estos delitos no se cometan (en este caso la prevención especial no sería necesaria). "Todos los intentos de fundamentación del Derecho Penal pasan por la prevención general, mientras que la retribución y la resocialización han quedado en un segundo plano"[37]. Son muchas las dudas sobre si la pena a imponer en los casos de la delincuencia de cuello blanco es la correcta o no, sobre si el beneficio de la prisión para estos casos es conveniente o si lo sería otro tipo de pena[38] y la difícil aplicación del artículo 25.2. de la Constitución[39].

En este caso, hay un doble parecer sobre, si los individuos que han roto la norma, deben ser sujetos de reinserción social. En contra posición, existe otra vertiente que asegura que, el pleno conocimiento de la ley les ha ayudado a romper con ella, situándose siempre dentro de las normas sociales salvo en ese caso concreto en el que buscaban su bien personal, por tanto, no es necesaria la reeducación de un sujeto educado *e insertado* en la sociedad.

En mi opinión en mucho más acertada la segunda posición que la primera. No son sujetos que necesiten de reinserción ya que son plenos conocedores de las normas penales y también de las sociales. El punto de trabajo no debe encontrarse en la pena, sino en un perfil más psicológico que cargue de ética y de respeto social a estos delincuentes.

Es visible que la ley penal no soluciona el problema y que el tiempo en prisión no va a ser fructífero, pero si lo puede ser programas en los que se modifiquen partes más personales, otorgando peso valores sociales y no solo personales.

---

37 SILVA SÁNCHEZ, J.M.: *Aproximación al Derecho Penal contemporáneo*, Barcelona, Bosch, 1992.

38 ARRIBAS LÓPEZ, E,: "¿Reeducación y reinserción social del delincuente de cuello blanco?", *Diario La Ley*, Nº 8464, 2015.

39 FERNÁNDEZ BERMEJO, D.: "El fin constitucional de la reeducación y reinserción social ¿un derecho fundamental o una orientación política hacia el legislador español? "*ADPCP*, Vol. LXVII, 2014.

Dentro de los márgenes de la prevención, lo verdaderamente preventivo es la denominada "general", en el sentido que su efecto es anterior a la comisión del hecho delictivo y es la que, a ojos, de la delincuencia de cuello blanco, en el momento actual, interesa más que no se cometa el hecho delictivo a que estas personas entren, por ejemplo, en prisión ya que es la principal pena que se contempla y que no soluciona el problema[40].

A pesar de que el camino a seguir es lógico, centrado en la protección de los bienes jurídicos[41], por el momento la prevención general plantea tantos problemas o más que la prevención especial y pese a ser conocedores que por el momento no es suficiente este modelo, es más sencillo modificarlo buscando mejoras a crear uno nuevo, ya que sería muy complicado pues se necesitan teorías y estudios complejos antes de formularlo.

Si los medios de prevención penal no son suficientes, se debe tender a buscar soluciones alternativas[42]. Muchas son las teorías que se han descrito para la prevención de la delincuencia, aunque poco se ha teorizado sobre la de cuello blanco, sin embargo, es momento de buscar alternativas.

La policía supone una institución que está en contacto con la población y mediante la que llegan numerosas denuncias, siendo la prevención una de sus funciones[43], aunque también hay que valorar una eventual corrupción por parte de la policía.

---

40 Las penas a imponer no contemplan la devolución de las cantidades de dinero, ni revertir la situación y dejarla como se encontraba en el momento anterior de la comisión, de esta forma, pueden ir presos, pero la calidad de vida de la sociedad ha sufrido una merma que no se recupera y que pasa a estar en propiedad privada del autor.

41 ARAGÓN, M.: *Constitución y democracia*, Madrid, Tecnos, 1990, p. 45.

42 TORRENTE en su libro Desviación y delito plantea a la policía como un posible mecanismo de disuasión delictiva.

43 TORRENTE, D.: *Desviación y delito*, Madrid, Alianza Editorial, 2001, p. 194, p. 235.

3.2. Problemas de la prevención general Positiva y la Delincuencia de Cuello Blanco

La intención en términos generales de que la colectividad no cometa delitos es de valorar, sin embargo, aparecen problemas en la forma en la que se lleva a cabo. Uno de los principales inconvenientes del Derecho a lo largo del tiempo es su vinculación con la Moral. Los dos campos se ven combinados en las teorías de la prevención general en las que aparecen las ideas de la orientación moral o la educación colectiva como instrumento del Derecho Penal.

Hay autores como HASSEMER, que señalan que con este tipo de prevención corre el peligro de instrumentalizar a determinados grupos sociales y menoscabar su dignidad al tratar al penado como objeto pedagógico[44]. Sin embargo, en la delincuencia de cuello blanco al no existir pena, no se produce tal afirmación y lo que es más llamativo aún es que en ocasiones nunca se llega a investigar el delito.

La principal crítica que se hace es que el efecto de fidelidad al derecho que pretende la prevención puede ser un efecto generable por la pena, pero convertirlo en un fin, contradice valores de un Estado Democrático al ser una expresión del Derecho Penal moralizante[45].

Para el caso de la delincuencia de cuello blanco, no hay una reafirmación de la norma, debido a las altas tasas de impunidad con las que nos encontramos. No se puede asumir que la norma pierde vigencia cuando los delincuentes la rompen, sino cuando el propio sistema es incapaz de frenar la lesión. La pacificación de la sociedad es una consecuencia de la canalización del conflicto a través de un procedimiento formalizado, en el que el Derecho

---

44 HASSEMER, W., y MUÑOZ CONDE, F.: *Introducción a la Criminología y a la Política Criminal*, Valencia, Tirant lo Blanch, 2012.

45 LUZÓN PEÑA, D.M.: *Prevención general, sociedad y psicoanálisis*, en Estudios Penales, Barcelona, PPU, 1991, p 265-278.

Penal intimida[46] aplicando un mal al individuo cuya pretensión es prevenir mediante la "amenaza de penas" futuras infracciones y lograr la protección de bienes jurídicos.

Para la delincuencia de cuello blanco, hay una doble visión, por un lado, la inaplicación de las leyes provoca que no se afiance lo que está permitido y lo que está prohibido para estos sujetos y, por otro lado, la impresión de impunidad que deja al resto de la población, creando un sentimiento de permisibilidad muy alto que puede generar que no se respeten las normas.

Al ser delitos cometidos por referentes sociales y que no sufren ningún tipo de castigo amplía la permisibilidad de la norma en términos generales, siendo así que no solo falla la prevención general positiva para la delincuencia de cuello blanco, sino que es trasladable a un sentimiento común para más delitos dejando sin eficacia este fin preventivo.

3.3. Problemas de la prevención general Negativa y la Delincuencia de Cuello Blanco

El efecto intimidatorio del Derecho Penal ha ido evolucionando desde la ejecución penal pública hasta el momento de la conminación penal típica.

La teoría de la prevención general negativa de la pena fue formulada por Feuerbach (a través de la coacción psicológica) y concibe al individuo como ser racional capaz de calcular la no conveniencia del delito. Esto ha supuesto determinados problemas que provocan que no sea eficaz.

Las teorías de la prevención son idóneas para asegurar las limitaciones garantistas internas a la función penal, pero no aseguran criterios de justicia, ni limitaciones externas que frenen el Derecho Penal, que lejos de mantener una modelo de calidad

---

46 DEMETRIO CRESPO, E.: *Prevención general e individualización judicial de la pena*, Buenos Aires, B de f, 2016, p.152.

y cantidad de penas, sugiere una máxima severidad punitiva, lo que aduce que la prevención general negativa, puede conducir al terror penal[47]. Existen críticas a este modelo de prevención en el sentido de que el hombre no tiene que ser un instrumento y ser utilizado como intermediario para los propósitos de otro (en este caso el Estado), pues nunca pierde la parte de la personalidad que le es innata[48].

Tampoco, se tiene en cuenta el honor de la persona, ya que se le amenaza directamente con la pena, de esta forma, la prevención general negativa está en contraposición con los derechos fundamentales protegidos y contemplados en la Constitución.

Otro de los problemas es la realidad empírica y el concepto poco estudiado que es el de la eficacia[49]. Para el caso de la delincuencia de cuello blanco, no cambia demasiado el panorama de dificultades que plantea este concepto de prevención vigente hoy en día en España. Ya he mencionado con anterioridad que en muchas ocasiones los sujetos activos de estos delitos son aquellos que formulan la ley y, por tanto, el delito y la pena. La erradicación del delito, sabemos que es inalcanzable por el momento, por lo que la eficacia se debe de medir en cuanto a la contención de este, sin embargo, para lo investigado en este documento, es mucho más inalcanzable ya que no cumple el fin bajo ningún supuesto.

No provoca ese miedo a la imposición de la pena y una eventual entrada en prisión en aquellos que además después de formularla, saben las grandes dificultades que se van a tener para imponerles una sanción, lo que deja sin validez alguna la prevención general negativa.

---

47 LÓPEZ BARJA DE QUIROGA, J.: "Legitimación de la pena, culpabilidad y prevención", *PJ*, nº46, 1997, p.106.

48 KANT, I.: *La metafísica de las costumbres*, Madrid, Tecnos,1994, p. 166. Traducción de CORTINA ORES, A.

49 SILVA SANCHEZ, J.M.: *Aproximación al Derecho Penal contemporáneo...*op. cit., p. 220.

Si es verdad que este fin no lo logra solo el Derecho Penal, sino en colaboración de otros medios de control social, por tanto, la conclusión del efecto preventivo no es por el aumento de la severidad de las penas, sino por la certeza de que estas se van a imponer a los culpables[50], lo que tampoco se produce para la delincuencia de cuello blanco ya que ese control social está dirigido por los propios delincuentes o por *sus amigos*.

Es más preventiva una pena aplicada con frecuencia a los culpables, que tener recogidas en los Códigos penas muy elevadas inaplicables en la mayoría de los casos, pero para la delincuencia de cuello blanco, no se produce ni una, ni la otra. A pesar de que muchos de los delitos que se pueden cometer al amparo de esta categoría delictiva están recogidos en la ley penal, las penas que se contemplan para ellos no son tan altas como para otros delitos cuyos resultados no son tan lesivos y como ya he puntualizado, los castigos se cumplen mínimamente ya que muy pocos llegan a sentencia y menos aún a pena de prisión.

Es complicado derivar de estas informaciones si la prevención general negativa es eficaz o no pues desconocemos si sin técnicas de prevención, las tasas serían mayores, menores o iguales, pero este tipo de prevención, además, tiene que estar íntimamente relacionado para que tenga incidencia con el conocimiento de la norma por parte del sujeto, que sea motivable hacia ella y que los medios sean idóneos[51], de nuevo encontramos problemas para la delincuencia de cuello blanco, en el sentido que la motivación y los medios fallan a pesar de si conocer la norma. La finalidad de disuadir a los delincuentes de futuras comisiones delictivas se ve truncada en el sentido que a estas personas no se las ve como potenciales agresores, ni siquiera se ha comenzado con un patrón de condenas para aquellos que se les investiga.

---

50 DEMETRIO CRESPO, E.: *Prevención general e individualización judicial…* op. cit., p.119.

51 FERRAJOLI, L.: *Derecho y Razón. Teoría del garantismo penal*, Madrid, Trotta, 1995.

4. CONCLUSIONES

El concepto de delito de cuello blanco fue principalmente desarrollado por Sutherland, aunque con posterioridad otros autores han continuado con la evolución, no hay una definición que sea unánime, sin embargo, el elemento del alto estatus social del delincuente es común a todas estas definiciones.

Existen unas características propias de la delincuencia de cuello blanco. El sujeto activo tiene un alto estatus tanto social como laboral y esa situación es la que se utiliza como medio o como forma para la comisión delictiva, que aporta un beneficio personal en detrimento del beneficio general. Se complica la situación en el sentido de que los perjudicados son difusos, las víctimas poco identificadas y la visión de veneración que tiene la ciudadanía del autor dificulta la persecución penal.

A pesar de que se conocía que las personas de alto estatus también cometían delitos, la criminología no ha formulado teorías para esta situación y se ha centrado en la criminalidad de las categorías marginales. Esto ha supuesto que exista una falta de base teórica para formular presupuestos para la delincuencia de cuello blanco. Algunas teorías aportan ideas para comprender estos delitos y facilitan la comprensión, pero ni el propio Sutherland al formular la teoría de la asociación diferencial, consiguió asentar las bases para la comprensión de la realidad de la delincuencia de cuello blanco.

La criminología crítica, modificó las bases bajo las que se había teorizado y se acerca más a la idea de delincuencia de cuello blanco, sin embargo, tampoco aporta claves para su comprensión. Esta falta de teorías psicológicas, sociológicas, criminológicas... dificulta que la respuesta penal sea la acertada y que las medidas para frenarla sean eficaces.

El principal fallo en cuanto a la erradicación de esta violencia gira en el sentido de que la prevención general y especial no están haciendo su función. La prevención especial es casi nula puesto que no hay demasiadas sentencias y para analizar sus consecuencias en las condenas que existen en demasiado pronto. Sin embargo, que existan pocas sentencias no significa que existan escasos delitos, lo que lleva a concluir que la prevención general no está concurriendo como efectiva.

Existen más mecanismos de prevención y punición que, aunque no son generales para la delincuencia de cuello blanco, sí lo son para delitos concretos.

5. BIBLIOGRAFÍA

ARAGÓN, M.: *Constitución y democracia*, Madrid, Tecnos, 1990.

ARRIBAS LÓPEZ, E.: "¿Reeducación y reinserción social del delincuente de cuello blanco?", *Diario La Ley*, N.º 8464, 2015.

BARATTA, A.: *Criminología crítica y crítica del derecho penal*, Argentina, Ed. Siglo XXI, 1986.

CACIAGLI, M.: *Clientelismo, corrupción y criminalidad organizada: evidencias empíricas y propuestas teóricas (a partir de casos italianos)*, Madrid, Centro de Estudios Constitucionales, 1996.

CASAS HERVILLA, J.: *El desvalor material de la acción: una revisión del injusto a la luz de la concepción significativa de la acción*. Universidad Autónoma de Barcelona (Tesis Doctoral), 2015.

CENTELLES, F.: *Teorías sociológicas clásicas*, Toledo, Cuadernos, Azacanes S.L, 1998.

CLOWERS, R.S., y OHLIN, LE.: *Delinquency and opportunity. A theory of delinquent gangs*, Oxons, Routledge Tylor y Francis Group, 1960.

DEMETRIO CRESPO, E.: *Prevención general e individualización judicial de la pena*, Buenos Aires, B de f, 2016.

FERNÁNDEZ BERMEJO, D.: "El fin constitucional de la reeducación y reinserción social ¿un derecho fundamental o una orientación política hacia el legislador español?" *ADPCP*, Vol. LXVII, 2014._

FERRAJOLI, L.: *Derecho y Razón. Teoría del garantismo penal*, Madrid, Trotta, 1995.

GARCÍA-PABLOS DE MOLINA, A.: *Criminología, una introducción a sus fundamentos teóricos*, Valencia, Tirant lo Blanch, 2007.

GEIS, G.: "El delito de cuello blanco como concepto analítico e ideológico ", en *Derecho penal y criminología como fundamento de la política criminal*, [BUE-

NO ARÚS, F., (Dir.)], Estudios en homenaje al Prof. A. Serrano Gómez, Dykinson, Madrid, 2006.

GONZALEZ VIDAURRI, A., y SÁNCHEZ SANDOVAL, A.: *Criminología,* México, Porrúa, 2008.

GUTIÉRREZ ZARZA, M.A.: "Investigación y enjuiciamiento de los «delitos de cuello blanco» en el sistema judicial norteamericano", *ADPCP,* Vol. L, 1997. Recuperado en: http://www.cienciaspenales.net/files/2016/09/14angelesgutierrez.pdf

HASSEMER, W., y MUÑOZ CONDE, F.: *Introducción a la Criminología y a la Política Criminal,* Valencia, Tirant lo Blanch, 2012.

HASSEMER, W.: "Perspectivas del Derecho Penal futuro", *Revista Penal,* N° 1, 1998. Recuperado en: https://dialnet.unirioja.es/servlet/articulo?codigo=196205

HIKAL, W.: *Introducción a la criminología,* Managua, Ed. Jurídica, 2010.

HIKAL, W.: "La teoría de la asociación diferencial para la explicación de la criminalidad y la articulación de una política criminal", *Derecho y Cambio social,* 2017. Recuperado en: https://www.derechoycambiosocial.com/revista049/LA_TEORIA_DE_LA_ASOCIACION_DIFERENCIAL.pdf

HUERTAS DIAZ, O.: "Anomia, normalidad y función del crimen desde la perspectiva de Robert Merton y su incidencia en la criminología". *Revista Criminalidad,* Vol.52, n°1, junio 2010, Colombia.

KANT, I.: *La metafísica de las costumbres,* Madrid, Tecnos,1994. Traducción de CORTINA ORES, A.

LARRAURI, E.: *La herencia de la criminología crítica,* Madrid, Siglo XXI, 1991.

LÓPEZ BARJA DE QUIROGA, J.: "Legitimación de la pena, culpabilidad y prevención", *PJ,* n°46, 1997.

LOZANO GRACIA, A.: "Aspectos político- criminales de los delitos de cuello blanco" en *Delitos de Cuello Blanco,* [ROQUE DÍAZ, J.R., (Dir.)], Tlalpan, Instituto Nacional de Ciencias Penales, 2011.

LUZÓN PEÑA, D.M.: *Prevención general, sociedad y psicoanálisis,* en Estudios Penales, Barcelona, PPU, 1991.

MARTÍN LÓPEZ, M.T.: *Introducción al estudio de la criminalidad de cuello blanco* (Tesis Doctoral), Universidad de Salamanca, Biblioteca Francisco de Vitoria, 1989.

MERTON R.: *Teoría y estructuras sociales.* México: Fondo de Cultura Económica, 1987.

RESTREPO FONTALVO, J.: *Tratado de Criminología,* México, Cárdenas Velasco Editores, 2002.

REYES MORRIS, V.: "Anomia y criminalidad: Un recorrido a través del desarrollo conceptual del término Anomia", *Revista Criminalidad.* Vol.50 no.1 enero/junio 2008, Bogotá.

RIVERA BEIRAS, I.: *Política criminal y sistema de penas: viejas y nuevas realidades punitivas,* Barcelona, Anthropos, 2005.

SÁNCHEZ BERNAL, J.: "Delincuencia de los poderosos y cohecho, modificaciones previstas en el Proyecto de Ley Orgánica de Reforma del Código Penal de 2013" en *El proyecto de reforma del Código Penal de 2013 a debate,* [GORJÓN BARRANCO, M.C., (Coord.), PÉREZ CEPEDA, A., (Dir.)], Ratio Legis, 2014.

SHAPIRO, S.: *Thinking About White-Collar Crime: Matters of Conceptualization anti Research,* University of Michigan Library, 1980.

SILVA SÁNCHEZ, J.M.: *Aproximación al Derecho Penal contemporáneo,* Barcelona, Bosch, 1992.

SILVA, A.: *Conducta antisocial: Un enfoque psicológico,* México, Pax, 2003.

SUTHERLAND, E.: *El delito de cuello blanco,* Memoria criminológica, Buenos Aires, Editorial B de f, 2009.Traducida del inglés por BELLOQUI, L.

TORRENTE, D.: *Desviación y delito,* Madrid, Alianza Editorial, 2001.

VIRGONILI, J y SIMONOTTI, J.M.: *Delitos de Cuello Blanco,* Buenos Aires, 1988.

VIRGONILI, J., y SIMONOTTI, J.M.: *Delitos de Cuello Blanco,* Buenos Aires, 1988, DCB/Criminología.

ZÚÑIGA RODRÍGUEZ, L.: "Culpables, millonarios e impunes: el difícil tratamiento del derecho penal del delito de cuello blanco", *IUS, Revista del instituto de Ciencias Jurídicas de Puebla,* N°35 junio- enero, 2015, México. Recuperado de http://www.scielo.org.mx/pdf/rius/v9n35/1870-2147-rius-9-35-00037.pdf

ZÚÑIGA RODRIGUEZ, L.: *Política crimina,* Madrid, COLEX, 2001.

Puzles de la proporcionalidad de las penas: proporcionalidad ordinal y cardinal[1]

WENDY PENA GONZÁLEZ
Universidad de Salamanca

Resumen:

El principio de proporcionalidad se suele plantear como una fórmula mágica para problemas diversos en el ámbito del Derecho penal, desde cuestiones como la pena de muerte hasta cuestiones como los delitos de bagatela y expresión. Existe, empero, un batiburrillo de ideas sobre los diferentes aspectos que afectan al principio de proporcionalidad y que determinan que su contenido no sea de tan fácil comprensión (y, por tanto, aplicación). El artículo expone las dos vertientes del principio de proporcionalidad en el Derecho penal: el principio de proporcionalidad general con su examen de triple adecuación y el principio de proporcionalidad de las penas. Poniendo el foco en este último, se analizan los elementos ordinal y cardinal en la teoría de Von Hirsch y la propuesta de Basso.

Palabras clave: proporcionalidad de las penas, proporcionalidad ordinal, proporcionalidad cardinal, proporcionalidad de las conductas, principio de proporcionalidad

1. INTRODUCCIÓN

En general, el principio de proporcionalidad en Derecho penal se suele plantear como una fórmula mágica para problemas diversos, desde cuestiones como la pena de muerte, la prisión permanente o la regulación en materia de terrorismo, hasta la existencia y expansión de delitos de bagatela y delitos de expresión.

---

1 Artículo desarrollado en el marco de un contrato predoctoral FPU19/02358, financiada por el Ministerio de Universidades y en el marco de una estancia Fulbright predoctoral, financiada por Fulbright España (Gobiernos de España y Estados Unidos).

Sin embargo, existe en realidad un batiburrillo de nociones mezcladas sobre el contenido que tiene el principio de proporcionalidad. Dentro de estas nociones es importante distinguir esencialmente dos vertientes del principio: el principio de proporcionalidad en general en lo que afecta al Derecho penal, y, por otra parte, el principio de proporcionalidad de las penas.

El principio de proporcionalidad general se aplica no sólo en Derecho penal, sino también en otras ramas del Derecho como el constitucional o el administrativo, y se refiere al examen del triple requisito de adecuación, necesidad y proporcionalidad en sentido estricto. Se vincula, por tanto, con la idea de racionalidad de la punición legislativa. Por su parte, el principio de proporcionalidad de las penas recoge la exigencia de que la pena sea proporcional con la gravedad del delito en cuestión. Pero incluso dentro de este principio de proporcionalidad de las penas existe abundante confusión sobre sus distintos elementos.

En este sentido, las posiciones teóricas sobre el principio son diversas y difieren en numerosos elementos (o, en ocasiones, no se pronuncian sobre ellos), lo que desde luego no contribuye a la efectividad del principio en la política criminal y en la práctica judicial, ni al desarrollo de propuestas firmes para garantizar la aplicación del principio. Por ello, es fundamental concretar el contenido del principio pronunciándose sobre los distintos elementos en los que hay divergencia a nivel doctrinal:

a) en los sujetos a la proporcionalidad de las penas (legislador, juzgadores, ambos);

b) en el objeto de la proporcionalidad de las penas (gravedad del delito –y aquí con divergencias sobre si debe comprender injusto, culpabilidad o ambos– y/o la potencial consecución de los fines perseguidos por la pena –aquí también con divergencias sobre estos–);

c) en los elementos ordinal y cardinal;

d) en los métodos de control: la comparación absoluta y relativa;

e) en si se pueden determinar penas fijas, deben establecerse marcos de pena o únicamente penas máximas/mínimas;

f) el nivel de protección del principio (si funciona como un mínimo de castigo, un máximo o ambos);

g) en el sentido del principio (si es fundamento de la pena, límite o ambos);

h) en la efectividad de la proporcionalidad (si tiene carácter de derecho, principio, etc.); y

i) en los niveles de desproporción exigidos para que haya vulneración de la requerida proporcionalidad de las penas.

En este breve análisis, se realizará un acercamiento a una de esas vertientes del principio de proporcionalidad: los elementos cardinal y ordinal.

2. EN PARTICULAR, LA PROPORCIONALIDAD ORDINAL Y LA CARDINAL

Las nociones de proporcionalidad cardinal y ordinal fueron introducidas por Von Hirsch como respuesta ante la vulneración sistemática del principio de proporcionalidad en el marco de los sistemas de pena indeterminada emergidos en los sistemas del *common law*, que carecían de normas que permitiesen construir un sistema ordenado de delitos según su gravedad[2].

2.1 La proporcionalidad ordinal y cardinal en la teoría de Von Hirsch[3]

Uno de los teóricos más importantes sobre el principio de proporcionalidad de las penas es el anglosajón Von Hirsch. Este autor

---

2 BASSO, Gonzalo (2019). *Determinación judicial de la pena y proporcionalidad con el hecho.* Madrid: Marcial Pons, p. 305.

3 BASSO, Gonzalo (2019). *Determinación judicial de la pena y proporcionalidad con el hecho,* Op. Cit., pp. 303 y ss. también utiliza la denominación

plantea una distinción entre dos aspectos del principio de proporcionalidad: el ordinal y el cardinal.

2.1.1. La proporcionalidad cardinal

La proporcionalidad cardinal supone el establecimiento de unos puntos de anclaje o de arranque del sistema penal, es decir, de establecer los límites mínimos y máximos que tienen las penas en un ordenamiento penal[4]. Se trata de establecer la magnitud general de las penas en un sistema.

Como señala Von Hirsch, si bien todos los puntos de partida son convenciones y por tanto dependerán de la tradición de la sociedad, no todas las convenciones son admisibles, y, por ejemplo, si se establecen penas desproporcionadamente altas para conductas de baja gravedad, se estarán vulnerando los derechos del condenado[5]. En consecuencia, afirma Von Hirsch que consideraciones normativas pueden alterar, y, por tanto, poner límite a las consideraciones sociales en la determinación de los puntos de anclaje de las penas en el sistema.

---

de proporcionalidad absoluta y relativa para referirse respectivamente a las nociones de proporcionalidad cardinal y ordinal. Sin embargo, aquí no se acoge porque las nociones de proporcionalidad absoluta y relativa se utilizan en el análisis del método de comparación, ubicándose, por tanto, dentro de la noción de responsabilidad ordinal aquí acogida.

4 VON HIRSCH, Andrew (1998). *Censurar y castigar.* Madrid: Trotta, pp. 45 y ss.; VON HIRSCH, Andrew (1992). "Proportionality in the Philosophy of Punishment", *Crime and justice*, vol. 16, pp. 77 y ss.

5 VON HIRSCH, Andrew (1998). *Censurar y castigar*, Op. Cit, p. 46. VON HIRSCH, Andrew (1992). "Proportionality in the Philosophy of Punishment", Op. Cit., p. 77. En el mismo sentido, RODRÍGUEZ MOURULLO, José (1978). *Derecho penal, parte general*, Madrid: Civitas, p. 77 indica que existe una «vinculación histórica de sentido axiológico» entre delito y pena.

Con posterioridad, se ha hecho referencia al principio de proporcionalidad cardinal como la determinación de la penalidad concreta aplicable a cada hecho delictivo dentro de la escala de penas en un ordenamiento penal[6]. De este modo, para evaluar la proporcionalidad cardinal y el nivel de severidad de castigos dentro de la escala general, se habría de atender tanto a los límites máximos y mínimos de castigo en la escala general como a los marcos penales específicos previstos para cada delito en dicha escala[7].

Esta vertiente del principio ha tenido muy poca relevancia en la práctica judicial y ha sido desatendida incluso por sus partidarios[8], principalmente porque al vincularse con el nivel general de severidad del sistema se considera extramuros de las atribuciones del juzgador en el marco restringido que le permite el sistema. Así, en la práctica el enfoque judicial se ha enfocado en la proporcionalidad ordinal[9].

2.1.2. La proporcionalidad ordinal

La proporcionalidad ordinal hace referencia a la proporcionalidad estricta entre gravedad del delito y gravedad de la pena, y requiere que la severidad de las penas sea adecuada a la gravedad de la conducta culpable[10]. Esto lleva consigo una triple exigencia. En primer lugar, existe una exigencia de paridad, según la cual dos conductas de similar gravedad requieren dos penas similares. En segundo lugar, existe un criterio de ordenación por rango, según el cual sólo puede haber un mayor castigo si la conducta es

---

6 BASSO, Gonzalo (2019). *Determinación judicial de la pena y proporcionalidad con el hecho.* Madrid: Marcial Pons, Op. Cit., p. 303.

7 Ibídem, p. 304.

8 Ibídem.

9 Ibídem.

10 VON HIRSCH, Andrew (1992). "Proportionality in the Philosophy of Punishment", Op. Cit., pp. 76 y ss.

más grave[11]. Además de ello, existe una exigencia de espaciamiento, esto es, que las diferencias de gravedad de las penas deben ser proporcionales a las diferencias de gravedad de los delitos[12].

En la práctica, es en esta vertiente de la proporcionalidad en la que han estado enfocados los esfuerzos judiciales, centrados en la realización de juicios de comparación entre la gravedad relativa de diversos hechos y la penalidad aplicable a los mismos dentro de los marcos legales de punición[13].

Para determinar la medida de la severidad de las penas, propone Von Hirsch atender a un elemento objetivo[14], que es la afectación al estándar de vida de las personas por las penas, debiéndose determinar los intereses afectados por la pena (capacidad de movimiento, económica, etc.) y posteriormente identificar el grado de afectación por parte de esos intereses al estándar de vida de una persona[15].

Para determinar la gravedad de los delitos, se debe atender a los intereses afectados por los delitos y graduarlos de acuerdo con su gravedad. Para ello se deben analizar los criterios de la daño-

---

11 VON HIRSCH, Andrew (1998). *Censurar y castigar,* Op. Cit., pp. 45 y ss.; VON HIRSCH, Andrew (1992). "Proportionality in the Philosophy of Punishment", Op. Cit., pp. 79 y ss.

12 VON HIRSCH, Andrew (1998). *Censurar y castigar,* Op. Cit, pp. 45 y ss.; VON HIRSCH, Andrew (1992). "Proportionality in the Philosophy of Punishment", Op. Cit., pp. 82 y ss.

13 BASSO, Gonzalo (2019). *Determinación judicial de la pena y proporcionalidad con el hecho,* Op. Cit.

14 Lo hace VON HIRSCH, Andrew (1992). "Proportionality in the Philosophy of Punishment", Op. Cit., pp. 82 y ss., en respuesta a las críticas de MORRIS, Norval y TONRY, Michael (1990). *Between prison and probation: intermediate punishments in a rational sentencing system.* New York: OUP, *passim,* donde los autores defienden que "un año no es un año"; es decir, que el sufrimiento inducido por la pena será diferente según a qué persona se aplique.

15 VON HIRSCH, Andrew (1992). "Proportionality in the Philosophy of Punishment", Op. Cit., pp. 68 y ss.

sidad de la conducta y la culpabilidad del autor[16]. Para dar contenido a estos criterios, inicialmente Von Hirsch acudía a la idea de afectación de la capacidad de elección, pero en la actualidad defiende que es la afectación al estándar de vida de las personas (en el sentido de Amartya Sen) lo que determina también la gravedad del delito[17].

2.1.3. La dinámica del principio (cardinal-ordinal)

La dinámica del principio de proporcionalidad, según Von Hirsch, integraría ambas cuestiones –la ordinal y la cardinal–. En primer lugar, se determinarían los puntos de anclaje (proporcionalidad cardinal), estableciendo mínimos y máximos de punición. En segundo lugar, se aplicaría la proporcionalidad ordinal, con sus criterios más restrictivos de paridad, ordenación por rango y espaciamiento[18].

Los criterios preventivos están subordinados a los requisitos de proporcionalidad ordinal y cardinal, lo que en muchas ocasiones hace su aplicación difícil, sino imposible[19]. En cuanto a la introducción de nociones preventivas, se comparte con el autor que nunca se tratará de algo tan general como la prevención o la disuasión de uno u otro tipo, debiéndose corresponder con ideas de justicia (igual que lo es la proporcionalidad) más complejas y relacionadas con el argumento de que los cánones de justicia ayuden a la gente a tener unas vidas más plenas y respetadas[20].

---

16 Ibídem, pp. 79 y ss.

17 VON HIRSCH, Andrew (1998). *Censurar y castigar*, Op. Cit., pp. 62 y ss.; VON HIRSCH, Andrew (1992). “Proportionality in the Philosophy of Punishment”, Op. Cit., p. 82.

18 Ibídem, p. 77.

19 Ibídem, pp. 84 y ss.

20 Ibídem.

2.1.4. ¿La dureza de la proporcionalidad?

Hay críticos que afirman que el proporcionalismo, a pesar de sus pretensiones de liberalismo, se adapta bien a penas severas[21]. Sin embargo, se comparte con Von Hirsch que, al poner el límite en la proporcionalidad, se reducen las tentaciones de aumentar los castigos con la esperanza de conseguir un impacto preventivo[22], se evita que empeore la pena la consideración de factores sociales de los delincuentes que vienen de un medio social desfavorecido (como indicadores del riesgo de delincuencia)[23], y también evita las formas más terroríficas del utilitarismo penal[24]. Von Hirsch defiende una perspectiva penológica proporcionalista frente al populismo punitivo, que no justifique un incremento penal y que permita un impacto menos desigual de las políticas criminales (sin enfocarse en determinados delitos que se consideran más preocupantes[25] –en la actualidad se podrían identificar en ese ámbito los delitos de bagatela, los de terrorismo y los de expresión–).

2.2 Reinterpretación sistemática de la proporcionalidad de Basso

Recientemente Basso ha puesto sobre la mesa la importancia de proceder a replantear el potencial de rendimiento práctico del concepto de proporcionalidad cardinal[26]. Significa Basso que se debe realizar un esfuerzo por tener en consideración los condicionamientos sistemáticos que surgen de consideraciones ajenas al concreto delito[27].

---

[21] VON HIRSCH, Andrew (1998). *Censurar y castigar,* Op. Cit., p. 147.

[22] Ibídem, p. 149.

[23] Ibídem, p. 152.

[24] Ibídem, p. 149.

[25] Ibídem, p. 157.

[26] BASSO, Gonzalo (2019). *Determinación judicial de la pena y proporcionalidad con el hecho,* Op. Cit., p. 305.

[27] Estos elementos sistemáticos comprenden, según BASSO, Gonzalo (2019). *Determinación judicial de la pena y proporcionalidad con el hecho,*

La consideración de estos elementos sistemáticos lleva al autor a la conclusión de que debe interpretarse de forma restrictiva el nivel de severidad general de castigos del sistema penal por parte del juzgador al determinar la pena. Se defiende, de este modo, que tanto las normas primarias de conducta como las secundarias de sanción deben ser interpretadas restrictivamente.

El hecho de que la reinterpretación sistemática de Basso de la proporcionalidad cardinal y ordinal sea asimétrica (es decir, sólo juegue para restringir la magnitud de las penas y no al revés) debe señalarse como un aspecto positivo, pues desde luego no sería legítimo que se tuviesen en cuenta elementos sistemáticos –por tanto, ajenos al injusto culpable– para agravar la pena. La interpretación restrictiva lleva consigo el incremento los umbrales de lesividad de lo que se considere materialmente típico, lo que debe llevar a restringir las posibilidades «de *ingresar* y *recorrer*»[28] el marco del delito. Se propone por parte del autor que los tribunales de instancia legitimen únicamente la imposición de penas que aparezcan como manifiestamente razonables y proporcionadas[29], lo que generalmente llevará consigo aplicar los segmentos de castigo inferiores de la escala[30]. En fin, se reinterpreta el contenido original de la magnitud del sistema penal y se pasa a considerar que el influye en el anclaje judicial de la pena individual en la escala abstracta.

En cuanto a la proporcionalidad ordinal, Basso propone dividir las operaciones valorativas judiciales en dos. Por una parte, la operación de ingresar en el marco penal, en la que se deberá verificar que la conducta tiene la gravedad material mínima para merecer el mínimo de pena[31] (por lo que no sólo se evalúa la

---

Op. Cit., pp. 305-344, consideraciones propias del campo dogmático, procesal, constitucional, del Derecho penal internacional y de las teorías de la pena.

28 Ibídem, p. 309. Cursiva en el original.

29 Ibídem, p. 321.

30 Ibídem, pp. 320-321.

31 Ibídem, pp. 347 y ss.

gravedad de la pena, sino también de la conducta). Por otra, se lleva a cabo la operación de recorrido del marco penal en la que se determinará qué pena es adecuada en relación con la gravedad del delito[32]. En ambas operaciones se incorporan las exigencias cardinales de interpretación restrictiva de las penas, por lo que las dos categorías se tratan como interrelacionadas.

El modelo propuesto por Basso se orienta, en fin, en sus propias palabras, a la persecución de castigos moderados en términos cardinales e igualitarios en términos ordinales[33].

3. TOMA DE POSTURA Y CONCLUSIONES

3.1 Las nociones de proporcionalidad cardinal y ordinal

Las nociones de proporcionalidad cardinal y ordinal y el desarrollo teórico que las acompaña, tanto en la versión original de Von Hirsch como en la contemporánea de Basso, son de verdadera utilidad para comprender y articular una noción aplicable y justa del principio de proporcionalidad de las penas.

Desde aquí se prefiere hablar de los elementos cardinal y ordinal de la proporcionalidad (y no de la proporcionalidad cardinal y la ordinal), pues no son dos conceptos absolutamente escindibles sino dos cuestiones que integran el desarrollo de un mismo principio.

3.2 Los elementos sistemáticos

La integración por Basso de elementos sistemáticos en la consideración evita desconocer las circunstancias que en el sistema penal afectan a la noción de justicia en de la proporcionalidad de las penas, pero –como el autor ya resalta– sólo se pueden tener en

---

32 Ibídem.

33 Ibídem, p. 385.

cuenta para restringir –nunca para agravar– la intensidad de las penas.

3.3 Un elemento coherentista o de proporcionalidad de las conductas

Se propone desde aquí la introducción en el análisis de un elemento que complemente la proporcionalidad de las penas (de proporcionalidad de las conductas o coherentista), que no se opone, sino que complementa la visión de los dos autores mencionados. Basso aborda la idea del análisis de la lesividad de la conducta en el marco de la proporcionalidad ordinal, condensando las ideas de la estela de la doctrina penal que hace alusión a esta cuestión en el marco de los principios de lesividad, *ultima* o *extrema ratio*, legalidad material, e incluso proporcionalidad (pero sin darle contenido claro en este último) y de la teoría jurídica del delito en relación con la tipicidad de la conducta materialmente poco lesiva. Definir con claridad este elemento de proporcionalidad de las conductas y desgranarlo como otro elemento del principio de proporcionalidad entre gravedad del delito y gravedad de la pena es importante para favorecer una mejor comprensión de cómo debería configurarse el principio de proporcionalidad de las penas y también su aplicación práctica.

Este principio de proporcionalidad de las conductas se refiere a la necesidad de considerar no sólo la proporcionalidad de las penas en comparación con la gravedad del delito, sino también el mínimo material de gravedad necesario en la conducta para que se aplique la pena mínima.

En la propuesta de Von Hirsch, el elemento de proporcionalidad de las conductas sería complementario con los elementos ordinal y cardinal. En relación con la propuesta de Basso, se relacionaría con sendos elementos ordinal y cardinal de la proporcionalidad (en el cardinal, con la propuesta de Basso del deber de interpretación restrictiva de las normas jurídico-penales; y en el ordinal, en relación con el requisito de gravedad material mínima para el acceso al marco penal al determinar la pena).

Queda pendiente analizar si este elemento de proporcionalidad de las conductas funciona sólo respecto al juzgador o también frente al legislador, cuál es la extensión de la protección del principio para las conductas (y, si en los casos de los dos destinatarios funciona de la misma manera).

3.4 La necesidad de tomarse en serio la proporcionalidad

De nada sirve la articulación teórica de los principios si después es ignorada en la práctica legislativa y judicial. Es cierto que, en el caso del principio de proporcionalidad, el batiburrillo de ideas que rodean al mismo no ha contribuido a su aplicación. Sin embargo, también lo es que la práctica de ignorar el principio por parte de legisladores populistas y los juzgadores penales (en todas las instancias posibles) hace que todos los esfuerzos doctrinales sean en vano. Darle contenido al principio es, desde luego, importante, pero no es suficiente.

4. BIBLIOGRAFÍA

AGUADO CORREA, T. (1999). *El principio de proporcionalidad en Derecho penal.* Madrid: EDERSA.

BAGARIC, Mirko y MCCONVILL, James (2005). «Giving Content to the Principle of Proportionality: Happiness and Pain as the Universal Currency for Matching Offence Seriousness and Punishment Severity», J. *CRIM. L.*, 69 (1) pp. 50-74.

BARNÉS, Javier (1998). «El principio de proporcionalidad: Estudio preliminar». *Cuadernos de derecho público,* nº5, pp. 15-50.

BASSO, Gonzalo (2019). *Determinación judicial de la pena y proporcionalidad con el hecho.* Madrid: Marcial Pons.

BERMAN, M. (2011). "Two Kinds of Retributivism". *Faculty Scholarship at Penn Carey Law.* 2353.

BERMAN, M. (2021). "Proportionality, Constraint, and Culpability" (2021). *Faculty Scholarship at Penn Carey Law.* 2804.

CANCIO MELIÁ, Manuel (2019). «Capítulo III: Los principios del Derecho penal». En LASCURAÍN SÁNCHEZ, Juan A. (Coord.). *Introducción al Derecho penal.* Madrid: Ediciones B.O.E., pp. 69-90.

DE LA MATA BARRANCO, Norberto J. (2007). *El principio de proporcionalidad penal,* Valencia: Tirant lo Blanch.

FERZAN, K. & ALEXANDER, L. (2012). *Crime and culpability.* Cambridge: CUP.

GARDNER, John (2007). "Crime: In Proportion and in Perspective". En GARDNER, John, *OFFENCES AND DEFENCES,* pp. 213-238.

LASCURAÍN SÁNCHEZ, Juan A. (1998). «La proporcionalidad de la norma penal», *Cuadernos de Derecho público,* 5, septiembre-diciembre, pp. 160-189.

MATRAVERS, Matt (2007). "The Place of Proportionality in Penal Theory: Or Rethinking Thinking about Punishment". En TONRY, Michael, *OF ONE-EYED AND TOOTHLESS MISCREANTS,* pp. 76-96.

MAYSON, Sandy M. y STEVENSON, Megan T. (2020). «Misdemeanors by the numbers". *Boston College Law Review,* vol. 61 (3), 75 páginas.

MILL, John S. (1859). *Sobre la libertad.* Madrid: Aguilar.

MORRIS, Norval (1982). *Madness and the criminal law.* Chicago: UCP.

MORRIS, Norval y TONRY, Michael (1990). *Between prison and probation: intermediate punishments in a rational sentencing system.* New York: OUP

MORRIS, Norval. (1981) "Punishment, Desert and Rehabilitation". En GROSS, Hyman y VON HIRSCH, Andrew (Eds.). *Sentencing.* Oxford: OUP.

NAVARRO FRÍAS, Irene. «El principio de proporcionalidad en sentido estricto: ¿principio de proporcionalidad entre el delito y la pena o balance global de costes y beneficios?», Indret, 2/10.

NIETO MARTÍN, Adán et al. (Dirs.). *Hacia una evaluación racional de las leyes penales.* Madrid: Marcial Pons, pp. 141-178.

PRIETO DEL PINO, Ana María (2016). «Los contenidos de racionalidad del principio de proporcionalidad en sentido amplio: el principio de subsidiariedad». En NIETO MARTÍN, Adán et al. (Dirs.). *Hacia una evaluación racional de las leyes penales.* Madrid: Marcial Pons.

RECCHIA, Nicola (2020). *Il principio de proporzionalità nel diritto penale.* Torino: Giappichelli.

ROBINSON, Paul H. (2008). *Distributive principles of criminal law.* Oxford: OUP.

RODRÍGUEZ MOURULLO, José (1978). *Derecho penal, parte general,* Madrid.

TONRY, Michael (1992). «Salvaging the sentencing guidelines in seven easy steps», *Federal sentengin reporter*, mayo-junio, pp. 355-359.

VIGANÒ, Francesco (2021). *La proporzionalità della pena.* Torino: G. Giappichelli Editore.

VON HIRSCH, Andrew (1992). "Proportionality in the Philosophy of Punishment", *Crime and justice*, vol. 16, pp. 55-98 (University of Chicago Press).

VON HIRSCH, Andrew. (1976). *Doing justice: The choice of punishments.* New York: Hill & Wang.

VON HIRSCH, Andrew. (1985). *Past or future crimes: deservdness and dangerousness in the sentencing of criminals.* New Brunswick: RUP.

WENDT, Rudolf (2013). "The Principle of "Ultima Ratio" And/Or the Principle of Proportionality". *Oñati Socio-legal Series* [en línea], 3 (1), pp. 81-94.

El delito de enriquecimiento ilícito y los derecho a la presunción de inocencia y a no autoincriminarse[1]

MARÍA QUINTAS PÉREZ
Universidad de Salamanca

Resumen:

Recientemente se introdujo en nuestro ordenamiento jurídico el delito de enriquecimiento ilícito. El objeto del mismo es agilizar la lucha contra la corrupción. Sin embargo, son muchas las dudas que plantea, no sólo a nivel dogmático sino también de constitucionalidad. Nuestro legislador proclama haber encontrado la solución para tales problemas al configura el delito como uno de desobediencia que sanciona la no contestación frente a un requerimiento por el que se le pide al investigado que explique el origen de su patrimonio. En el presente trabajo se presenta el delito del artículo 438 bis CP y se analiza uno de los puntos más problemáticos que plantea: su compatibilidad con el derecho a la presunción de inocencia y con el derecho a no autoincriminarse.

Palabras clave: enriquecimiento ilícito, incremento patrimonial injustificado, corrupción, presunción de inocencia y derecho a no autoincriminarse.

1. INTRODUCCIÓN

Desde enero de 2023 contamos en nuestro ordenamiento jurídico con el delito de enriquecimiento ilícito. El mismo se introdu-

1 Este trabajo ha sido realizado en el marco del proyecto de investigación "Configuración y efectos de los sistemas de gestión del riesgo legal" (PID2019-107743RB-I00), financiado por el Ministerio de Ciencia e Innovación, y la Ayuda para financiar la contratación predoctoral de personal investigador de la Junta de Castilla y León, cofinanciada por el Fondo Social Europeo.

jo mediante LO 14/2022, de 22 de diciembre, quedando opacado por otras reformas de calado como la derogación del delito de sedición y la modificación del de malversación. Su introducción se había propuesto con anterioridad por distintos grupos parlamentarios, pero nunca llegó a haber un debate parlamentario serio al respecto[2].

Este delito surge en los años 60 como una solución sustantiva a problemas procesales. Con él se intentan superar las dificultades para probar que un servidor público ha cometido un delito de corrupción, pues permite sancionar cuando su patrimonio es superior al que se correspondería con sus ingresos legítimos y, preguntado por el mismo, no acredita su origen[3]. Su tipificación fue impulsada por convenciones internacionales como la Convención de Naciones Unidas contra la corrupción de 2003, cuyo artículo 20 lo define como "el incremento significativo del patrimonio de un funcionario público respecto de sus ingresos legítimos que no pueda ser razonablemente justificado por él". Desde entonces, numerosos países de América Latina, Asia y África lo han incluido en sus ordenamientos jurídicos[4]. No obstante, las dudas de legitimidad siempre lo han acompañado. Una de las principales críticas a las que se enfrenta es que no están claros ni el bien jurídico protegido ni la conducta incriminada. A su vez, se cuestiona la necesidad de este delito al contar con figuras como el blanqueo de capitales, el fraude fiscal o el decomiso ampliado. Una de las cuestiones más preocupantes es que este tipo podría ir contra el derecho a la presunción de inocencia y contra el derecho a no de-

---

2 *Vid.* DEL CARPIO DELGADO, J., "El delito de enriquecimiento ilícito: análisis de la normativa internacional", *Revista General de Derecho Penal*, 23, 2015, pp. 58 y ss.

3 MUZILA L./ MORALES M./ MATHIAS M./ BERGER T., *Dispuestos a recibir sobornos: penalizando el enriquecimiento ilícito para luchar contra la corrupción*, Washington D.C., Banco Mundial, 2015, p. 9.

4 RODRÍGUEZ GARCÍA, N./ ORSI, O. G., "El delito de enriquecimiento en América Latina: tendencias y perspectivas", *Cuadernos de Política Criminal*, 116.II, 2015, pp. 216 y ss.

clarar contra uno mismo[5]. Ello en tanto que parece configurarse como un delito de sospecha que castiga el agotamiento de un delito que no se ha llegado a demostrar. Lo que se aprecia es un incremento en el patrimonio de un servidor público y se presume, salvo que se demuestre lo contario, que procede de la comisión de un delito de corrupción. Esto puede suponer situar al acusado ante tener que elegir entre negarse a dar explicaciones y ser condenado por enriquecimiento ilícito o confesar la procedencia criminal de ese patrimonio y ser condenado por el delito previo[6].

2. EL DELITO DEL ARTÍCULO 438 BIS CP

El nuevo tipo del artículo 438 bis del Código Penal, ubicado entre los fraudes y exacciones ilegales (Capítulo VIII), con los delitos contra la Administración Pública (Título XIX del Libro II)[7], es-

---

5 FABIÁN CAPARRÓS, E., "Apuntes críticos sobre la posible tipificación del delito de enriquecimiento ilícito en España", en: *Corrupción: compliance, represión y recuperación de activos,* Tirant lo Blanch, Valencia, 2019, pp. 604 y ss./ BLANCO CORDERO, I., "El delito de enriquecimiento ilícito desde la perspectiva europea. Sobre su inconstitucionalidad declarada por el Tribunal Constitucional portugués ", *Revista electrónica de la Asociación Internacional de Derecho Penal,* A-02:1, 2013, pp. 8 y ss. / HERNÁNDEZ BASUALTO, H., "El delito de enriquecimiento ilícito de funcionarios en el derecho penal chileno", *Revista de Derecho Pontificia Universidad Católica de Valparaíso,* Vol. II, núm. XXVII, Chile, Valparaíso, 2006, pp. 194 y 200.

6 FABIÁN CAPARRÓS, E., "Apuntes críticos..., op. cit., p. 608.

7 Cabe destacar que en el cuerpo de la norma no se indica denominación alguna. Sin embargo, en la exposición de motivos el legislador habla del "delito de enriquecimiento ilícito". Tal vez hubiera sido más apropiada la nomenclatura de "enriquecimiento injustificado" puesto que, en principio, el tipo no requiere que el incremento patrimonial tenga un origen ilícito, sino que se centra en la falta de justificación del incremento patrimonial. Es más, si se pudiera probar el origen delictivo, ya no se sancionaría por este delito sino por el delito base. FABIÁN CAPARRÓS, E., "Apuntes críticos..., op. cit., p. 600. / Por su parte, algunos autores, en consonancia con la idea de que se trata de un delito

tablece que: "la autoridad que, durante el desempeño de su función o cargo y hasta cinco años después de haber cesado en ellos, hubiera obtenido un incremento patrimonial o una cancelación de obligaciones o deudas por un valor superior a 250.000 euros respecto a sus ingresos acreditados, y se negara abiertamente a dar el debido cumplimiento a los requerimientos de los órganos competentes destinados a comprobar su justificación, será castigada con las penas de prisión de 6 meses a 3 años, multa del tanto al triplo del beneficio obtenido, e inhabilitación especial para empleo o cargo público y para el ejercicio del derecho de sufragio pasivo por tiempo de 2 a 7 años".

En la exposición de motivos el legislador señala que "España incorpora así una figura de vanguardia para la lucha contra la corrupción siguiendo diversas recomendaciones y tendencias internacionales y europeas". Lo cierto es que, al menos por ahora, en la Unión Europea y en el Consejo de Europa no existe ninguna norma que obligue a adoptar este delito[8]. Si bien España ratificó la Convención de la ONU contra la corrupción de 2003, las discrepancias existentes en torno a esta figura impidieron que su tipificación se estableciese como obligatoria. El mandato para los Estados firmantes fue valorar la incorporación del delito con sujeción a la Constitución y a los principios fundamentales de cada ordenamiento jurídico. Al respecto, nuestro país manifestó que un tipo así configurado iría en contra del derecho a la presunción de inocencia[9]. Por ello, nuestro legislador, recalca que, consciente

---

de desobediencia, se refieren a él como "delito de desobediencia por enriquecimiento injustificado de autoridades". Así, RAGA VIVES, A., "Del delito de enriquecimiento ilícito a la desobediencia por enriquecimiento injustificado de autoridades", *Revista General de Derecho Penal*, 39, 2023 y GONZÁLEZ URIEL, D., "La controvertida incorporación del mal llamado delito de enriquecimiento ilícito en el artículo 438 bis del código penal", *Revista Aranzadi Doctrinal*, 7, 2023.

8 Sobre la tipificación de este delito en Europa, V*id*. BLANCO CORDERO, I., "El delito de enriquecimiento ilícito desde..., op. cit.

9 OFICINA DE NACIONES UNIDAS CONTRA LA DROGA Y EL DELITO, «Informe sobre el examen del país del Reino de España. Examen

de la controversia generada al configurarlo como un delito de sospecha, ha optado por seguir el modelo portugués y configurarlo como un delito de desobediencia. No obstante, de la simple lectura del artículo 438 bis CP no se desprende de forma indubitada ni que estemos ante un delito de desobediencia ni que se haya seguido la estructura típica utilizada en el país vecino.

En Portugal este delito fue declarado inconsitucional en dos ocasiones por ausencia de bien jurídico protegido y por ir contra el derecho la presunción de inocencia, entre otros motivos[10]. En 2022 lo vuelven a tipificar[11] pero dándole una configuración que se aparta de la propuesta en la Convención y de la extendida en derecho comparado. Lo que se sanciona es, por una parte, la no presentación, una vez requerido para ello, de la declaración patrimonial que están obligados a presentar los cargos políticos y altos cargos públicos al inicio del ejercicio del cargo (artículo 18-A, apartado 1, denominado delito de desobediencia) y, por otra, la no presentación de la declaración patrimonial una vez finalicen en el mandato o la omisión en tales declaraciones "con intención de ocultar" de ciertos elementos que permitirían detectar un incremento patrimonial que podría ser ilícito (artículo 18-A, apartado 2, delito de ocultación intencional del patrimonio). Uno de los elementos que están obligados a declarar es el origen del incremento patrimonial, ello según lo previsto en el del artículo 14.6

---

por Bélgica y Lituania sobre la aplicación de parte de España de Capítulo III. "Penalización y aplicación de la ley" y del Capítulo IV. "Cooperación internacional" de la Convención de las Naciones Unidas contra la Corrupción Ciclo de examen 2010 – 2015», [en línea], <https://www.unodc.org/documents/treaties/UNCAC/CountryVisitFinalReports/2013_06_28_Spain_Final_Country_Report.pdf>. [Consulta: 21/09/2023], p. 4.

10 Acuerdos del Tribunal Constitucional de Portugal número 179/2012 de 19 de abril y número 377/2015 de 12 de agosto.

11 Mediante la Ley 4/2022 que amplía las obligaciones de información de los titulares de cargos políticos y altos cargos públicos, modificando la Ley 52/2019, de 31 de julio, que aprueba el régimen de ejercicio de las funciones de los titulares de cargos políticos y altos cargos públicos

de la Ley 52/2019. Entre otras diferencias, en el tipo español no se sanciona la falta de presentación de las declaraciones patrimoniales, ni existe normativa administrativa que prevea la obligación de declarar el origen del incremento patrimonial, sino que tal deber parece surgir del propio artículo 438 bis CP[12]. A su vez, no se exige la "intención de ocultar" el origen del incremento patrimonial.

En realidad, nuestro tipo se aproxima más al previsto en Argentina[13]. En este país todavía no se ha zanjado la discusión sobre cuál es el núcleo del injusto. Una parte de la doctrina considera que estamos ante un tipo omisivo en el que el fundamento del injusto consiste en la no justificación del incremento patrimonial una vez que el funcionario ha sido debidamente requerido para ello. Otro sector defiende que el núcleo del tipo es el enriquecimiento injustificado, postura adoptada por la jurisprudencia. Un tercer grupo (minoritario) entiende que se trata de un delito complejo en el que son necesarios tanto el enriquecerse y como el no justificar[14].

En España, algunos autores consideran que la conducta sancionada por el tipo es la negativa abierta a atender el requerimiento

---

12 QUINTERO OLIVARES, G., «Una guarnición: el enriquecimiento ilícito» [en línea], (2022), <https://almacendederecho.org/una-guarnicion-el-enriquecimiento-ilicito>. [Consulta: 21/09/2023].

13 El artículo 268 (2) del Código Penal argentino sanciona al servidor público que "al ser debidamente requerido, no justificare la procedencia de un enriquecimiento patrimonial apreciable suyo o de persona interpuesta para disimularlo, ocurrido con posterioridad a la asunción de un cargo o empleo público y hasta dos años después de haber cesado en su desempeño". Este delito se introdujo en 1964, reformado en 1999.

14 DONNA, E. A., "Enriquecimiento ilícito de funcionarios y empleados", en: *Derecho Penal. Parte Especial*, Tomo III, Rubinzal Culzoni, Santa Fe, 2007, pp. 382 y ss. / SANCINETTI, M. A., "El delito de enriquecimiento ilícito de funcionario público. Sobre la inconstitucionalidad del art. 268(2) del Código Penal argentino", en: *El Derecho penal hoy*, Editores del Puerto, Buenos Aires, 1995, p. 311.

formulado para explicar el origen del incremento patrimonial[15]. La sanción se fundamentaría en la obligación de los cargos públicos de rendir cuentas sobre su patrimonio, no en la sospecha de ilicitud del origen del mismo[16].

No obstante, esta postura presenta algunos problemas. Primeramente, que lo que debería preocupar es que la autoridad se enriquezca aprovechándose de su cargo[17]. En segundo lugar, para sustentar tal injusto debería existir un deber legal que obligue a las autoridades a demostrar la licitud del incremento patrimonial, norma que no existe en España y que consideramos que no pasaría el control de constitucionalidad, en tanto que iría contra el derecho a no autoincriminarse[18]. A su vez, de considerar que se sanciona el incumplimiento de un deber de información, el requerimiento debería considerarse contestado cualquiera que fuese la respuesta dada al mismo, es decir, aunque supusiera la

---

15 RAGA VIVES, A., "El nuevo delito de desobediencia por enriquecimiento injustificado de autoridades", en: *Comentarios a la LO 14/2022, de reforma del Código Penal,* Tirant lo Blanch, Valencia, 2023, p. 201. Si bien admite que la *ratio legis* de la norma pueda ser la sanción del delito previo cuya comisión no se puede probar.

16 DONNA, E. A., "Enriquecimiento ilícito…, op. cit., 382 y ss./ VILLEGAS GARCÍA, M. A., "El nuevo delito de "enriquecimiento ¿ilícito?" del artículo 438 bis del Código Penal", La Ley, 10278, 2023, pp. 8 y s. / GONZÁLEZ URIEL, D., "La controvertida…, op. cit. (versión online sin paginar).

17 CASTRO CUENCA, C. G., *Corrupción y delitos contra la administración pública. Especial referencia a los delitos cometidos en la contratación pública,* Universidad del Rosario, Bogotá, 2009, p. 507.

18 REYES ALVARADO, Yesid, "La imputación objetiva y el delito de enriquecimiento ilícito", *Cuadernos de Doctrina y Jurisprudencia Penal,* 6, 1997, 100. Añade que, aun considerando tal norma constitucional, tampoco sería admisible la sanción de la conducta descrita en tanto que, por sí misma, no pone en peligro los bienes jurídicos protegidos por los delitos contra la Administración pública. / CARO CORIA, D. C., "El delito de enriquecimiento ilícito", en: *Delitos de tráfico de influencias, enriquecimiento ilícito y asociación para delinquir: aspectos sustantivos y procesales,* Jurista, Lima, 2002, pp. 120 y 149.

admisión de la comisión de otro delito, lo que no parece que se admita[19]. Así mismo, de ser este el núcleo del tipo habría que sancionar a la autoridad que no contesta al requerimiento, aunque de otra forma (por ejemplo, por declaración de un tercero) se llegase a la convicción de que el origen del incremento era perfectamente legal[20]. Por otra parte, las penas a imponer serían desproporcionadas, pues son muy superiores a las previstas para otros delitos de desobediencia. Por ejemplo, la pena prevista para la desobediencia cometida por autoridad del artículo 410 CP es de multa de 3 a 12 meses e inhabilitación especial para empleo o cargo público por tiempo de 6 meses a 2 años y la prevista en el delito de desobediencia a la autoridad del art. 556 CP, de prisión de 3 mes a 1 año. A ello habría que añadir que este delito podría entrar en concurso con el delito previo del cual provienen los bienes, con el de blanqueo de capitales o con el de fraude fiscal, al proteger intereses diferentes. Al mismo tiempo, si la desobediencia es el fundamento, no se entiende por qué el legislador ha establecido la pena de multa en función del beneficio obtenido, pues de la no contestación al requerimiento no se obtendría ningún beneficio económico.

Esta falta de claridad en cuanto a la conducta sancionada podría ir contra el principio de legalidad, pero no es el único problema que plantea el delito. La configuración dada por el legislador español no solo no ha conseguido superar los problemas detectados en derecho comparado (como la ausencia de bien jurídico protegido) sino que agrega otros, como no saber quién puede realizar el requerimiento o cuándo se considera debidamente

---

19 SANCINETTI, M. A., "El delito de enriquecimiento..., op. cit., pp. 303 y 311.

20 OLAIZOLA NOGALES, I., "El delito de enriquecimiento ¿no justificado? ¿ilícito?", *Revista Penal*, 52, 2023, p. 190. / MIRÓ ESTRADÉ, J., "El nuevo delito de enriquecimiento ilícito como forma de desobediencia (art. 438 bis CP)", *La Ley Penal*, 161, 2023, p. 8 / CREUS, C./ BUOMPADRE, J. E., *Derecho Penal. Parte Especial*, Tomo II, 7ª ed., Astrea, Buenos Aires, 2007, pp. 341 y s. / SANCINETTI, M. A. "El delito de enriquecimiento...op. cit., pp. 311 y ss.

contestado el mismo[21]. Ante la imposibilidad de tratarlos todos en estas páginas, nos centraremos en la posible violación del derecho a la presunción de inocencia y del derecho a permanecer en silencio y a no declararse culpable.

3. ¿ES RESPETUOSO EL DELITO DE ENRIQUECIMIENTO ILÍCITO CON EL DERECHO A LA PRESUNCIÓN DE INOCENCIA Y A NO AUTOINCRIMINARSE?

El derecho a la presunción de inocencia es un derecho fundamental reconocido en el artículo 24. 2 de la Constitución española junto con otra serie de derechos que conforman el derecho a un proceso con todas las garantías. Este derecho presenta diferentes manifestaciones e incide tanto sobre la actividad judicial como sobre la legislación procesal y sustantiva. En lo que se refiere a la actividad judicial, este derecho implica que un ciudadano sometido a un proceso penal no pueda ser considerado culpable en tanto no exista una sentencia condenatoria, así como que la prueba de la concurrencia de los elementos de tipo delictivo corresponde a la parte acusadora[22]. Nuestro Tribunal Constitucional tiene señalado que para desvirtuar la presunción de inocencia es necesaria una "mínima actividad probatoria de cargo" realizada con todas las garantías. Si tal prueba se ha aportado, pero de ella no se deduce claramente la culpabilidad del acusado, este será absuelto por aplicación del principio *in dubio pro reo*[23]. Por su parte, el derecho a no autoincriminarse supone que nadie está obligado a declarar, a colaborar con la acusación, a aportar pruebas que

---

21 *Vid.* OLAIZOLA NOGALES, I., "El delito de enriquecimiento..., op. cit., pp. 189 y ss.

22 Sentencia Tribunal Constitucional 185/199, de 20 de junio *(Tol 82590)*.

23 MORENO CATENA, V. / CORTÉS DOMÍNGUEZ, V., V., *Derecho Procesal Penal*, 7ª ed., Tirant lo Blanch, Valencia, 2015, pp. 430 y s.

le incriminen ni a declarar su culpabilida[24]. No obstante, ningún derecho es ilimitable[25].

El delito de enriquecimiento ilícito se ha configurado de una forma diferente en los distintos ordenamientos jurídicos en los que se ha introducido y también se han llegado a conclusiones diferentes en cuanto a si es respetuoso o no con el derecho a la presunción de inocencia.

En Argentina, la Cámara Nacional de Casación Penal, en sentencia de 9 de junio de 2005, Caso Alsogaray, estableció que debe interpretarse que el núcleo del tipo es el incremento injustificado, entendido este como la incongruencia entre el incremento patrimonial y los ingresos legítimos, no como la falta de justificación por parte del funcionario una vez requerido. La acusación ha de probar que el servidor ha obtenido un incremento patrimonial y que el mismo no se corresponde con sus ingresos lícitos, de forma que no se invierte la carga de la prueba ni se lesiona el derecho a la presunción de inocencia. Tampoco considera lesionado al derecho a no autoincriminarse en tanto que entiende que las explicaciones o el silencio del acusado entran dentro del ejercicio de su derecho a la defensa y que la negativa a justificar no puede ser considerada como prueba del delito. En el mismo sentido, la Corte Constitucional colombiana[26] resolvió, en sentencia C-319/96, que este delito no supone la inversión de la carga de la prueba en tanto que la expresión "injustificado" no obliga al

---

24 LÓPEZ ORTEGA, J. J., "El derecho a no declarar contra sí mismo y a no confesarse culpable", en: *Comentarios a la Constitución española,* Tomo I, Fundación Wolters Kluwer, Boletín Oficial del Estado, Tribunal Constitucional y Ministerio de Justicia, Madrid, 2018, p. 832.

25 ASENCIO MELLADO, J. M., "La lucha contra la corrupción. El delito de enriquecimiento ilícito" en: *Estado de derecho frente a la corrupción urbanística,* La Ley, Madrid, 2007, p. 86.

26 El tipo previsto en Colombia (artículo 412 del Código Penal colombiano) no hace mención alguna a la falta de justificación. Sanciona al servidor público que obtenga, para sí o para otro, un incremento patrimonial injustificado.

funcionario a probar el carácter lícito de los ingresos, sino que es el Estado quien debe demostrar que el enriquecimiento es real e injustificado y que ha tenido lugar por razón del cargo.

En cuanto a la doctrina, hay autores que consideran que el modelo colombiano, en el que no se exige al acusado que explique el origen del incremento patrimonial, sería compatible con nuestra constitución. Así, FERNÁNDEZ LÓPEZ[27] sostiene que no habría inversión de la carga de la prueba puesto que siempre tendría que haber una mínima actividad probatoria de cargo por parte de la acusación. En cuanto al silencio del acusado, entiende que cuando haya indicios que avalen el origen ilícito cabe esperar que el acusado dé una explicación razonable. Pero, en todo caso, la ausencia de tal explicación o el silencio del acusado no puede ser el único elemento que sostente la condena, sino que actuarían como un indicio más, según lo establecido por la jurisprudencia del Tribunal Europeo de Derechos Humanos[28]. Añade que al ser

---

27 FERNÁNDEZ LÓPEZ, M., “Consideraciones procesales sobre el delito de enriquecimiento ilícito”, en: *Halcones y palomas: corrupción y delincuencia económica,* Castillo de Luna Ediciones Jurídicas, Madrid, 2015, p. 452.

28 Iniciada con la STEDH, de 8 de febrero de 1996, Caso Murray contra Reino Unido (*Tol 8567274*), adoptada por nuestro Tribunal Constitucional a partir de la sentencia 202/2000, de 24 de julio (*Tol 263380*). Cabe añadir que tal doctrina no está exenta de críticas. MORALES señala que establecer como límite al derecho al silencio el deber del acusado de dar una explicación vacía tal derecho de contenido. Apunta que, si no hay pruebas suficientes, nada tiene que explicar el acusado y, si las hay, el silencio es irrelevante para fundamentar la condena. MORALES, O., “El poder de las costumbres ¿Réquiem por el derecho al silencio?”, *Actualidad Jurídica Uría Menéndez,* 36, 2014, pp. 55 y ss. / Apunta NIEVA FENOLL que valorar el silencio del investigado o encausado como un elemento en el que fundar su culpabilidad supondría convertirlo en un objeto del proceso penal, como en el proceso inquisitivo. NIEVA FENOLL, J., *La valoración de la prueba,* Marcial Pons, Madrid, 2010, pp. 253 y ss. / *Vid.* DE NEYRA KAPPLER, “La valoración del derecho a guardar silencio en el proceso penal según la jurisprudencia nacional y europea”, *Revista de estudios europeos,* Extra 1, 2017, pp. 61 y ss.

el estándar de prueba aplicable al proceso penal que la culpabilidad ha de quedar acreditada *más allá de toda duda razonable*, en caso de duda sobre los elementos del tipo (titularidad de los bienes, desproporción y origen ilícito) la sentencia debería ser absolutoria.

No obstante, tales conclusiones no pueden ser trasladadas de forma automática al modelo argentino y, por consiguiente, al tipo español. En este sentido, señala ASENCIO MELLADO[29] que en este modelo la ley impone al encausado un deber de colaboración activa consistente en realizar una conducta que le permita probar su inocencia: justificar el origen lícito de los bienes. De esta forma, la conducta del encausado no consistiría sólo en el ejercicio de su derecho de defensa, sino que se establece una obligación procesal que supone la inversión de la carga de la prueba, algo no permitido por nuestra jurisprudencia.

Así mismo, el Tribunal Constitucional portugués, en el Acuerdo n.° 179/2012, consideró inconstitucional un delito de enriquecimiento ilícito por el que se sancionaba a quien, por sí o por persona interpuesta, adquiriera, poseyera o tuviera bienes, sin origen lícito determinado, que fueran incompatibles con sus rentas y patrimonios legítimos. Entendió que, al no ser necesaria la prueba del origen ilícito, la exigencia de que la culpabilidad quede acreditada *más allá de toda duda razonable* debería llevar a la absolución del acusado si el Ministerio Fiscal no consigue probar el origen de los bienes. Sin embargo, la forma en la que se ha configurado el delito lleva a pensar justo lo contrario, que la no demostración de la legalidad del origen del incremento patrimonial da lugar a la consumación del tipo. El incremento se presume ilícito, de forma que la duda sobre el origen del incremento determina la condena del imputado (y no su absolución), lo que entiende el Tribunal portugués que viola el derecho a la presunción de inocencia.

---

29 ASENCIO MELLADO, J. M., "La lucha contra la corrupción..., op. cit., pp. 111 y ss.

En el mismo sentido, el Tribunal Constitucional de Ucrania[30] lo declara inconstitucional al considerar que la construcción jurídica utilizada desorienta tanto a la acusación como a la defensa, ya que se centra en el hecho mismo de la presencia o ausencia de pruebas de la legalidad de la adquisición de activos por parte de una persona en una cantidad significativa, asociando la presencia de un delito de enriquecimiento a falta de prueba de la legalidad de la adquisición de tales bienes. Entiende que esto permitiría sancionar penalmente a una persona que adquirió de forma legal los activos, pero que no tiene forma de justificarlo. Añade que, en este delito, las dudas sobre la legalidad de la adquisición de un patrimonio por parte de una persona llevan a su condena por enriquecimiento ilícito cuando la Constitución señala que las dudas sobre la culpabilidad deberían llevar a la absolución.

Mención aparte merece el caso de Chile donde se produjo un empate entre los magistrados del Tribunal Constitucional que consideraron que el tipo era conforme a la constitución y aquellos que no[31]. Los argumentos a favor de la constitucionalidad son similares a los ya señados. Entre los argumentos en contra, los magistrados apelan a la dimensión sustantiva de la presunción de inocencia, la cual proscribe los tipos penales que supongan el castigo de presunciones de la ocurrencia de determinados hechos, de sospechas o de indicios de culpabilidad. Considera evidente que el tipo de enriquecimiento ilícito encierra la sospecha de que un enriquecimiento que no puede explicarse debe provenir de una actividad delictiva. Reprocha que mientras que respecto de cualquier otro delito este indicio (relativamente fundado) no es más que un motivo para iniciar una investigación que permita

---

30 Decisión de la Corte Constitucional de Ucrania caso núm.1-135/2018(5846/17). / *Vid.*, QUINTAS PÉREZ, M., «El delito de enriquecimiento ilícito, ucrania y el G7» [en línea], (2022), <https://cigg-usal.es/el-delito-de-enriquecimiento-ilicito-ucrania-y-el-g7/>. [Consulta: 23/09/2023].

31 Sentencia del Tribunal Constitucional de Chile Rol 12.797-2022, de 12 de enero de 2023.

ir más allá de la sospecha genérica y acreditar efectivamente la actividad delictiva que subyace al enriquecimiento, en el caso del tipo en cuestión, las dificultades justifican un atajo: "en vez de que el Estado acredite lo que sospecha, se le impone al sospechoso la tarea de demostrar su inocencia", lo que entienden que supone una manifiesta inversión de la carga de la prueba.

En este sentido, GÓRRIZ ROYO[32] señala que los delitos de sospecha no parten de una acción u omisión sino de una "situación", en este caso un resultado (incremento) que por sí misma no va contra una prohibición penal pero que se castiga por la sospecha que suscita (de la previa comisión de un delito de corrupción). Además, permiten imputar responsabilidad por el resultado (objetiva), son un reflejo del derecho penal de autor y suponen una grave vulneración del principio del hecho y, por tanto, del principio de culpabilidad (que exige probar un hecho como imputable a un autor) y de la presunción de inocencia en su vertiente sustantiva. Estos principios obligan a tipifican conductas demostrables, hechos externos concretos e imputables a un autor, y no formas de vida o presunciones incriminatorias, como sucede en el delito de enriquecimiento ilícito[33].

En cuanto al tipo del artículo 486 bis CP, se ha tratado de defender que, al configurarse como un delito de desobediencia, centrado en la ausencia de justificación del incremento patrimo-

32 GÓRRIZ ROYO, E. "Presunción de inocencia y delitos de sospecha: ¿otra vuelta de tuerca al delito del art. 166 CP en la reforma penal de 2013?", *Teoría & Derecho*, 14, 2013, p. 200.

33 Así también DE FARIA COSTA, J., "Crítica à tipificação do crime de enriquecimento ilícito: plaidoyer por um direito não iliberal e ético-socialmente fundado. Anotação ao Acórdão nº 179/2012-Processo nº 182/12", *Revista de Legislação e Jurisprudência*, 141 3973, 2012, pp. 256 y ss. /GONZÁLEZ, R. L., "El delito de enriquecimiento ilícito de funcionario y empleado público como delito de sospecha. Problemas constitucionales", *Revista de la facultad de Derecho y Ciencias Sociales y Políticas de la Universidad del Nordeste*, vol. 10, 19, 2016, p. 70.

nial, estos problemas quedan salvados[34]. No podemos estar de acuerdo. Se comparta que se trata de un delito de desobediencia o no, lo cierto es que no requiere, como elemento típico, que el incremento patrimonial tenga un origen ilícito, de forma que no parece que la acusación tenga probar este extremo[35]. Sin embargo, se le exige al investigado que explique el origen lícito de tal incremento para evitar la sanción penal.

Si bien es verdad que nuestro Tribunal Constitucional ha afirmado, en sentencia 161/1997, de 2 de octubre (*Tol 80.785*) la constitucionalidad de la tipificación como desobediencia grave de la negativa del conductor a someterse a la prueba de alcoholemia, no puede considerarse que estemos ante supuestos equiparables. En este caso no se obliga al sujeto emitir una declaración que exteriorice un contenido, sino a tolerar una pericia[36]. Así mismo, el Tribunal Europeo de Derechos Humanos tiene señalado que el derecho a no autoincriminarse no se vulnera por el uso de datos que puedan obtenerse por medios coactivos, pero que existan con independencia de la voluntad del sospechoso, como sería el caso de las pruebas tendentes a determinar los niveles de alcohol y drogas o la aportación de cierta documentación contable[37]. No obstante, sí se podría vulnerar por el uso en procedimientos punitivos de declaraciones o respuestas, puesto estas sí dependen de la voluntad del sujeto[38].

---

34 RAGA VIVES, A., “Del delito de..., op. cit., p.16.

35 OLAIZOLA NOGALES, I., El delito de enriquecimiento..., op. cit., p.194.

36 LÓPEZ ORTEGA, J. J., “El derecho a no declarar contra sí mismo y a no confesarse culpable”, en: *Comentarios a la Constitución española,* Tomo I, Fundación Wolters Kluwer, Boletín Oficial del Estado, Tribunal Constitucional y Ministerio de Justicia, Madrid, 2018, p. 833.

37 STEDH 17 de diciembre de 1996, caso Sanders vs reino Unido (*Tol 123777*).

38 *Vid.* NIETO MARTÍN, A. / BLUMENBERG, A. D., «“Nemo tenetur se ipsum accusare” en el derecho penal económico europeo», en: *Derechos fundamentales en el Derecho penal europeo,* Civitas, Navarra, 2010, pp. 404 y s. / El TJUE consideró en la sentencia Okem, asunto 374/87, de 18

A su vez, hay que tener en cuenta que el derecho a no declarar contra uno mismo también opera en el ámbito administrativo sancionador cuando es muy probable la posterior apertura de un procedimiento sancionador, ya sea penal o administrativo[39], de forma que resulta indiferente que el requerimiento se realice en vía administrativa.

En el caso del delito de enriquecimiento ilícito, el tipo exige una declaración en sentido estricto. A su vez, la respuesta al requerimiento puede implicar la admisión de una infracción administrativa o de un delito. Por tanto, no se respeta el derecho del investigado a permanecer en silencio, sino que este es obligado a responder a una pregunta que le podría llevar a autoincriminarse.

4. CONCLUSIONES

No apreciamos que la configuración del tipo de enriquecimiento ilícito dada por el legislador español suponga ninguna novedad respecto de la ya existentes en derecho comparado ni que haya logrado esquivar los problemas de legitimidad y las dudas de constitucionalidad que tradicionalmente acompañan a este delito.

El tipo del artículo 438 bis CP establece la obligación para las autoridades, bajo la amenaza de ser sancionadas penalmente, de que contesten a un requerimiento explicando el origen de un incremento patrimonial que parece que no se corresponderse con sus ingresos legítimos. Tal obligación supone obviar por completo

---

de octubre de 1989, que iba contra el derecho a la presunción de inocencia la realización de preguntas autoincriminatorias o que de alguna forma pudieran obligar a reconocer infracciones.

39 STJUE de 2 de febrero de 2021, asunto C-481/19 *(Tol 8289239)*. / TEDH, por ejemplo, en la sentencia de 8 de abril de 2004, Asunto Weh contra Austria (*Tol 4022441*). / PICÓN ARRANZ, A., "El derecho a la no autoincriminación en el procedimiento administrativo sancionador. Un estudio a la luz de la jurisprudencia del TJUE", *Revista de estudios europeos,* 79, 2022, pp. 379 y s.

el derecho al silencio del investigado y el derecho a no declarar contra uno mismo y a no autoincriminarse. Tampoco es respetuoso con el derecho a la presunción de inocencia en tanto que permite la inversión de la carga de la prueba y parece abocar a la condena en caso de duda sobre el origen de los bienes en vez de a la absolución.

La tipificación de este delito semeja inscribirse "en la tendencia actual de dejar de lado garantías básicas con tal de poder alcanzar a los delitos, en una especie de guerra santa contra la delincuencia", intentando, de esta forma contentar a la población, que pide mayores acciones en la lucha contra la corrupción[40]. Por muy grave que sea el problema de la corrupción y por muy sospechoso que resulte el incremento, no es admisible tratar de resolver un problema procesal desde el derecho sustantivo y sin respetar los derechos y garantías que el ordenamiento jurídico reconocer a todo acusado de un delito[41].

5. BIBLIOGRAFÍA

ASENCIO MELLADO, J. M., "La lucha contra la corrupción. El delito de enriquecimiento ilícito" en: *Estado de derecho frente a la corrupción urbanística*, La Ley, Madrid, 2007.

BLANCO CORDERO, I., "El delito de enriquecimiento ilícito desde la perspectiva europea. Sobre su inconstitucionalidad declarada por el Tribunal Constitucional portugués", *Revista electrónica de la Asociación Internacional de Derecho Penal*, A-02:1, 2013.

CARO CORIA, D. C., El delito de enriquecimiento ilícito, en: *Delitos de tráfico de influencias, enriquecimiento ilícito y asociación para delinquir: aspectos sustantivos y procesales*, Jurista, Lima, 2002.

---

40 DONNA, E.A., "Enriquecimiento ilícito de..., op. cit., pp. 387 y ss.

41 FABIÁN CAPARRÓS, E., "Apuntes críticos sobre la posible..., op. cit., pp. 600 y ss. / GONZÁLEZ, R. L., "El delito de enriquecimiento..., op. cit., p. 74.

CASTRO CUENCA, C. G., *Corrupción y delitos contra la administración pública. Especial referencia a los delitos cometidos en la contratación pública,* Universidad del Rosario, Bogotá, 2009.

CREUS, C./ BUOMPADRE, J. E., *Derecho Penal. Parte Especial,* Tomo II, 7ª ed., Astrea, Buenos Aires, 2007.

DE FARIA COSTA, J., "Crítica à tipificação do crime de enriquecimento ilícito: plaidoyer por um direito não iliberal e ético-socialmente fundado. Anotação ao Acórdão nº 179/2012-Processo nº 182/12", Revista de Legislação e Jurisprudência, 141 3973, 2012.

DE NEYRA KAPPLER, S., "La valoración del derecho a guardar silencio en el proceso penal según la jurisprudencia nacional y europea", *Revista de estudios europeos,* Extra 1, 2017.

DEL CARPIO DELGADO, J., "El delito de enriquecimiento ilícito: análisis de la normativa internacional", *Revista General de Derecho Penal,* 23, 2015.

DONNA, E. A., "Enriquecimiento ilícito de funcionarios y empleados", en: *Derecho Penal. Parte Especial,* Tomo III, Rubinzal Culzoni, Santa Fe, 2007.

FABIÁN CAPARRÓS, E., "Apuntes críticos sobre la posible tipificación del delito de enriquecimiento ilícito en España", en: *Corrupción: compliance, represión y recuperación de activos,* Tirant lo Blanch, Valencia, 2019.

FERNÁNDEZ LÓPEZ, M., "Consideraciones procesales sobre el delito de enriquecimiento ilícito", en: *Halcones y palomas: corrupción y delincuencia económica,* Castillo de Luna Ediciones Jurídicas, Madrid, 2015.

GONZÁLEZ URIEL, D., "La controvertida incorporación del mal llamado delito de enriquecimiento ilícito en el artículo 438 bis del código penal", *Revista Aranzadi Doctrinal,* 7, 2023.

GONZÁLEZ, R. L., "El delito de enriquecimiento ilícito de funcionario y empleado público como delito de sospecha. Problemas constitucionales", Revista de la facultad de Derecho y Ciencias Sociales y Políticas de la Universidad del Nordeste, vol. 10, 19, 2016.

GÓRRIZ ROYO, E. "Presunción de inocencia y delitos de sospecha: ¿otra vuelta de tuerca al delito del art. 166 CP en la reforma penal de 2013?", *Teoría & Derecho,* 14, 2013, p. 200.

HERNÁNDEZ BASUALTO, H., "El delito de enriquecimiento ilícito de funcionarios en el derecho penal chileno", *Revista de Derecho Pontificia Universidad Católica de Valparaíso,* Vol. II, núm. XXVII, Chile, Valparaíso, 2006.

LÓPEZ ORTEGA, J. J., "El derecho a no declarar contra sí mismo y a no confesarse culpable", en: *Comentarios a la Constitución española,* Tomo I, Fundación Wolters Kluwer, Boletín Oficial del Estado, Tribunal Constitucional y Ministerio de Justicia, Madrid, 2018.

MIRÓ ESTRADÉ, J., "El nuevo delito de enriquecimiento ilícito como forma de desobediencia (art. 438 bis CP)", *La Ley Penal*, 161, 2023.

MORALES, O., "El poder de las costumbres ¿Réquiem por el derecho al silencio?, *Actualidad Jurídica Uría Menéndez*, 36, 2014.

MORENO CATENA, V. / CORTÉS DOMÍNGUEZ, V., V., *Derecho Procesal Penal*, 7ª ed., Tirant lo Blanch, Valencia, 2015, pp. 430 y s.

MUZILA L./ MORALES M./ MATHIAS M./ BERGER T., *Dispuestos a recibir sobornos: penalizando el enriquecimiento ilícito para luchar contra la corrupción*, Washington D.C., Banco Mundial, 2015.

NIETO MARTÍN, A. / BLUMENBERG, A. D., «"Nemo tenetur se ipsum accusare" en el derecho penal económico europeo», en: *Derechos fundamentales en el Derecho penal europeo*, Civitas, Navarra, 2010.

NIEVA FENOLL, J., *La valoración de la prueba*, Marcial Pons, Madrid, 2010.

OFICINA DE NACIONES UNIDAS CONTRA LA DROGA Y EL DELITO, «Informe sobre el examen del país del Reino de España. Examen por Bélgica y Lituania sobre la aplicación de parte de España de Capítulo III. "Penalización y aplicación de la ley" y del Capítulo IV. "Cooperación internacional" de la Convención de las Naciones Unidas contra la Corrupción Ciclo de examen 2010 – 2015», [en línea], <https://www.unodc.org/documents/treaties/UNCAC/CountryVisitFinalReports/2013_06_28_Spain_Final_Country_Report.pdf>. [Consulta: 21/09/2023], p. 4.

OLAIZOLA NOGALES, I., "El delito de enriquecimiento ¿no justificado? ¿ilícito?", *Revista Penal*, 52, 2023.

PICÓN ARRANZ, A., "El derecho a la no autoincriminación en el procedimiento administrativo sancionador. Un estudio a la luz de la jurisprudencia del TJUE", *Revista de estudios europeos*, 79, 2022.

QUINTAS PÉREZ, M., «El delito de enriquecimiento ilícito, ucrania y el G7» [en línea], (2022), <https://cigg-usal.es/el-delito-de-enriquecimiento-ilicito-ucrania-y-el-g7/>. [Consulta: 23/09/2023].

QUINTERO OLIVARES, G., «Una guarnición: el enriquecimiento ilícito» [en línea], (2022), <https://almacendederecho.org/una-guarnicion-el-enriquecimiento-ilicito>. [Consulta: 21/09/2023].

RAGA VIVES, A., "Del delito de enriquecimiento ilícito a la desobediencia por enriquecimiento injustificado de autoridades", *Revista General de Derecho Penal*, 39, 2023.

RAGA VIVES, A., "El nuevo delito de desobediencia por enriquecimiento injustificado de autoridades", en: *Comentarios a la LO 14/2022, de reforma del Código Penal*, Tirant lo Blanch, Valencia, 2023.

REYES ALVARADO, Yesid, “La imputación objetiva y el delito de enriquecimiento ilícito”, *Cuadernos de Doctrina y Jurisprudencia Penal*, 6, 1997.

RODRÍGUEZ GARCÍA, N./ ORSI, O. G., “El delito de enriquecimiento en América Latina: tendencias y perspectivas”, *Cuadernos de Política Criminal*, 116.II, 2015.

SANCINETTI, M. A., “El delito de enriquecimiento ilícito de funcionario público. Sobre la inconstitucionalidad del art. 268(2) del Código Penal argentino”, en: *El Derecho penal hoy*, Editores del Puerto, Buenos Aires, 1995.

VILLEGAS GARCÍA, M. A., “El nuevo delito de “enriquecimiento ¿ilícito?” del artículo 438 bis del Código Penal ”, *La Ley*, 10278, 2023.

DERECHO PROCESAL

De las redes sociales a la oficina de desempleo: análisis y consecuencias de la prueba obtenida a través de TikTok

RODRIGO MIGUEL BARRIO
Universidad de Burgos

Resumen:

En la sociedad actual las redes sociales han ido adquiriendo un rol trascendental en el entramado de relaciones interpersonales. La presencia en estos espacios virtuales se ha equiparado con una manifestación de existencia, y en pos de tal fin, se comparten las vicisitudes cotidianas. No obstante, esta dinámica adquiere matices delicados cuando se examina desde la óptica laboral, pues los datos consignados en dichos medios pueden conllevar consecuencias de magnitud. Una publicación puede desencadenar la pérdida del empleo. El presente estudio encara el análisis de la prueba derivada de las publicaciones de las personas trabajadoras en sus perfiles de redes sociales, y más concretamente en TikTok, y su repercusión en el ámbito procesal. Con tal propósito, se efectuará un examen de la naturaleza de este elemento probatorio, el método de propuesta y aportación probatoria, las vías de aseguramiento ante posibles impugnaciones y el escenario relativo a su posible ilicitud, valorándose en qué circunstancias esta prueba será desestimada por vulnerar un derecho fundamental y en cuales no supondrá una intromisión injusta en la esfera privada de la persona trabajadora.

Palabras clave: proceso laboral, prueba, prueba tecnológica, prueba ilícita, TikTok.

1. INTRODUCCIÓN

Las plataformas de comunicación digital, comúnmente conocidas como redes sociales, han instaurado un cambio sustancial en los métodos de intercambio de información entre individuos y en la obtención de datos. En la actualidad, estas estructuras sociales están engendrando una transformación en el *modus operandi* de las relaciones interpersonales, proporcionando una mayor eficacia en la comunicación entre miembros de la sociedad. Emergen nuevas perspectivas a partir de la utilización de las redes sociales, dado que estas facultan a los profesionales a mantenerse actualizados respecto a las más recientes tendencias en el ámbito industrial. Esto conlleva la posibilidad de seguir el quehacer de empresas y organizaciones, contactar con dichas entidades, así como establecer contacto con colegas y coetáneos en el mismo campo laboral. Estas herramientas también fomentan el intercambio de ideas y facilitan la colaboración en proyectos, permitiendo la resolución conjunta de problemáticas. Se perfila que las redes sociales adquieren la función de vehículos de contacto, colaboración y, en términos generales, de oportunidad.

Para el personal empleado, un buen uso de estas estructuras le brinda la oportunidad de acceder a plataformas de aprendizaje, seminarios en línea, artículos informativos o cualquier otro recurso "educativo". La participación en estas dinámicas se configura como una oportunidad para fomentar las destrezas propias e incluso para construir y administrar una imagen (ya sea personal o corporativa). La irrupción y participación en las plataformas de redes sociales también conlleva dos ventajas de considerable envergadura: oportunidades de empleo y retroalimentación. En lo concerniente a la primera, un número sustancial de empresas ya utilizan estas plataformas para anunciar vacantes laborales. Inclusive, existen redes sociales profesionales como LinkedIn, concebidas específicamente para la búsqueda de empleo y el desarrollo de conexiones profesionales. El registro y la participación activa en estas redes pueden conducir a la consecución de puestos de trabajo, convirtiéndose en herramientas esenciales tanto para las empresas como para aquellos ciudadanos en búsqueda activa de empleo. En lo que concierne a la segunda ventaja, ambas partes involucradas pueden recopilar comentarios y opiniones de los clientes acerca de productos, servicios y el desempeño laboral. Esto resulta de gran utilidad para la mejora de productos, la adaptación empresarial y la profesionalización en mayor medida de los empleados.

No obstante, a pesar de las ventajas inherentes al uso de las redes sociales, también emergen riesgos significativos. En la actualidad, existe una intensa tendencia entre los ciudadanos de compartir en estas plataformas toda su información cotidiana, con la intención particular de alcanzar una amplia difusión. Esta conducta puede conllevar a la exposición de datos sensibles o información que sea contraria a los intereses de la empresa, como opiniones que menoscaben la imagen institucional o acciones que contradigan los principios de buena fe. Esta problemática es aplicable a diversas redes sociales, incluyendo Facebook, Twitter, TikTok (igualmente conocido en China como Duoyin) e Instagram.

En las siguientes líneas se llevará a cabo un análisis de la figura de la prueba derivada de las redes sociales, enfocándose especialmente en TikTok, que se ha convertido en la plataforma con el mayor aumento de usuarios y, por lo tanto, en objeto de atención preeminente. Se pretende responder a la pregunta central de esta investigación: ¿es procedente que un empleador recurra al contenido del perfil de un empleado en redes sociales para adoptar medidas disciplinarias en función de dicho contenido?; y en caso de respuesta afirmativa, ¿cómo podrá llevarse a cabo? Se examinará la naturaleza de esta prueba, su aportación, la necesidad de su aseguramiento y, por último, se evaluará la cuestión de su licitud o admisibilidad por parte del tribunal.

2. CONCEPTO DE PRUEBA

La prueba, conocida en términos latinos como "probatio", se centra en la demostración de una situación o realidad que ha ocurrido en el pasado[1]. Es un instrumento destinado a verificar

---

1 CORNEJO AGUIAR, J. S. y PIVA TORRES, G. E., *Teoría general de la prueba,* Corporación de estudios y publicaciones, Quito, 2020, p. 14.

la existencia de un hecho en un momento y lugar específicos, afectando a un conjunto determinado de sujetos. Desde una perspectiva procesal, se podría definir la prueba como una actividad orientada a permitir que el órgano juzgador valore los hechos controvertidos y resuelva la disputa. En este sentido, es importante diferenciar entre los términos "fuente de prueba", concepto metajurídico que engloba todos los elementos existentes en la realidad y previos al proceso jurisdiccional y, por otro lado, medio de prueba, situado en un plano judicial, representando las realidades que han sido depuradas para su aportación al proceso. Las primeras pueden tener un carácter ilimitado, competiendo a las partes la responsabilidad de su recopilación para su propuesta en sede judicial y, por tanto, transformación en medio. Por otro lado, los medios de prueba tienen un carácter limitado en función de los intereses procesales, ya que son cuidadosamente seleccionados por las partes y admitidos o rechazados por el tribunal. La prueba se transforma en un elemento para obtener un resultado probatorio, para dar a conocer un hecho acaecido[2].

En consonancia con la normativa, el art. 299 LEC enumera los distintos medios de prueba existentes. El primer apartado se limita a exponer los medios probatorios clásicos, pero para el propósito de este estudio resulta más relevante abordar los dos apartados restantes. De esta forma, el segundo de ellos regula los medios de "reproducción de la palabra, el sonido y la imagen, así como los instrumentos que permiten archivar y conocer o reproducir palabras, datos, cifras y operaciones matemáticas llevadas a cabo con fines contables o de otra clase". Por su parte, el tercer apartado contempla la posibilidad de propuesta y práctica de "aquel otro medio no expresamente previsto en los apartados anteriores", sirviendo como una herramienta para integrar en el proceso pruebas derivadas de avances tecnológicos que exceden las intenciones establecidas por el legislador[3]. Mientras que el pri-

---

2 TARUFFO, M., *La prueba de los hechos*, Trotta, Madrid, 2002, pp. 447-450.

3 MONTERO AROCA, J., *Introducción al derecho procesal laboral*, Marcial Pons, Madrid, 2000, p. 488, entiende que únicamente son medios de

mer apartado ofrece un *numerus clausus*, el tercero representa un *numerus apertus* que permite ampliar la noción de medio de prueba y no restringir estos nuevos instrumentos a su categorización como prueba documental. Esta última situación se observa de manera reiterada tanto en la doctrina[4] como en la jurisprudencia[5].

Puede concluirse el presente apartado resaltando que "todo lo que prueba, es prueba, aunque dogmáticamente no sea prueba"[6], siempre y cuando cumpla con los requisitos legales establecidos y esté vinculado con el procedimiento al cual va a servir. Su propósito es proporcionar una verificación acerca de unos hechos[7], de una realidad percibida, y servir de instrumento para su corroboración[8]. No busca obtener una "verdad", sino que es una actividad llevada a cabo en el ámbito judicial para comprobar las aseveraciones expuestas por los litigantes sobre los hechos controverti-

---

prueba los recogidos en el primer apartado, siendo las restantes meramente fuentes de prueba aportadas al proceso y que adaptan los clásicos medios de prueba para su práctica. En similar línea se manifiesta ABEL LLUCH, X., "Prueba electrónica", en X. Abel Lluch (dir.) y J. Picó i Junoy (dir.), *La prueba electrónica*, J.M. Bosch editor, Barcelona, 2011, pp. 21-230, esp. p. 64 que este tercer apartado no está haciendo alusión al término medio, sino a fuente.

4 Véase NORES TORRES, L.R., "Algunos puntos críticos sobre la repercusión de las redes sociales en el ámbito de las relaciones laborales. Aspectos individuales, colectivos y procesales", *Revista de información laboral*, n. 7, 2016, pp. 21-52, esp. p. 48.

5 Véase, a modo de ejemplo: STSJ, Sala de lo Social, Galicia, de 28 de enero de 2016, ECLI:ES: TSJGAL:2016:173; STSJ, Sala de lo Social, Madrid, de 27 de julio de 2018, ECLI:ES: TSJM:2018:8724.

6 MUÑOZ SABATÉ, L., *Curso superior de probática judicial, cómo probar los hechos en el proceso*, La Ley, Madrid, 2012, p. 57.

7 SENTÍS MELENDO, S., *La prueba*. Ediciones Ejea, Buenos Aires, 1947, p. 12.

8 MONTERO AROCA, J., *La Prueba en el Proceso Civil*, Civitas, Madrid, 2002, p. 38.

dos[9], y permitir al órgano judicial tomar una decisión acerca de las pretensiones expuestas.

3. LA RED SOCIAL TIKTOK COMO FUENTE Y MEDIO DE PRUEBA

El presente apartado va a subdivdirse en cuatro partes, en los cuales se efectuará una breve aproximación a la situación para, a posteriori, analizarse la naturaleza de este medio probatorio, su modalidad de aportación al proceso, las distintas medidas de aseguramiento que han de adoptarse ante posibles impugnaciones de la prueba y, en último lugar, un examen acerca de la licitud de este instrumento probatorio.

3.1 Una primera aproximación

Las plataformas de redes sociales han dado lugar a la aparición de nuevos paradigmas en el contexto de las relaciones contractuales, así como en materia probatoria. Ya no son estructuras para relacionarse, sino que se han convertido en fuentes probatorias; en herramientas al servicio del empleador para la detección de incumplimientos laborales, desempeñando un rol de instrumento probatorio[10]. El contenido que albergan ha adquirido relevancia en la modulación de las distintas sanciones. Aunque inicialmente no fueron previstas por el legislador, del análisis del art. 54.2 c) ET no se desprende la posibilidad de extinción del contrato de trabajo por despido disciplinario basado en ofensas realizadas por

---

9 ABEL LLUCH, X., "Sobre la prueba y el derecho a la prueba en el proceso civil", en X. Abel Lluch (Dir.) y J. Picó i Junoy (dir.), *Objeto y carga de la prueba civil*, J.M. Bosch Editor, Barcelona, 2007, pp. 17-46, esp. pp. 20-21.

10 NORES TORRES, L.R., "Algunos puntos críticos sobre la repercusión de las redes sociales en el ámbito de las relaciones laborales. Aspectos individuales, colectivos y procesales", op. cit., p. 30.

escrito en una red social, aunque pueden entenderse incluidas dentro del apartado siguiente como actuaciones transgresoras de la buena fe contractual. En el caso de la red social TikTok, debido a sus propias características, sí puede considerarse dentro del ámbito del apartado c), ya que las publicaciones son videos que pueden incorporar elementos auditivos, visuales o textuales. La empresa puede acceder a ellos al ser presentados por los empleados en sus perfiles personales de manera pública y utilizarlos como base para tomar medidas disciplinarias contra el empleado que haya incurrido en una infracción.

La parte empresarial puede acceder al perfil de la persona trabajadora, observar sus publicaciones y, en función de estas, adoptar medidas disciplinarias si considera que se ha cometido una acción en contra de los intereses de la empresa. Este tipo de controversias que pueden surgir y demostrarse a través de TikTok denotan la trascendencia de las redes sociales para la verificación de ciertos comportamientos que divulga voluntariamente cualquier persona empleada. A partir de esta premisa, se presentan dos escenarios que servirán de base para el desarrollo de las próximas secciones. El primero de ellos implica el despido de una trabajadora que, estando en una baja médica por lumbalgia, publicaba videos en TikTok en los que realizaba bailes[11]. Esta situación claramente contradice su estado de salud, dando lugar a dos posibilidades: la inexistencia de la lesión o la prolongación indebida de la baja a pesar de haberse recuperado completamente. En ambos casos, se vulnera la buena fe contractual, lo que conduce al tribunal a rechazar la impugnación del despido disciplinario.

El segundo escenario aborda el despido de un empleado que, mientras se encontraba en su lugar de trabajo, elaboraba videos para la mencionada red social en los que insultaba a los clientes, tanto en términos generales como a individuos específicos. En este caso, el tribunal considera que el video constituye una

---

11 STSJ, Sala de lo Social, Castilla y León, de 29 de septiembre, ECLI:ES:TSJCL:2022:3757.

infracción grave y que el despido disciplinario es una respuesta adecuada por parte de la empresa, ya que el trabajador afectó la reputación de los clientes y perjudicó la imagen del establecimiento, tanto ante los afectados directos como ante la sociedad en general que tuvo acceso a la publicación (FD.3)[12].

Ambos casos ejemplifican cómo los tribunales no son ajenos a la influencia de las redes sociales. TikTok ha emergido como un componente del conjunto de pruebas presentado ante los tribunales. Es parte del acervo probatorio, lo que demanda una evaluación detallada de este medio probatorio, incluyendo su naturaleza, presentación, preservación, implicaciones sobre derechos fundamentales, entre otros aspectos.

3.2 Naturaleza de la prueba obtenida en TikTok

Factor clave para el desarrollo de la prueba obtenida en una red social es la definición de su naturaleza. En este contexto, dos han sido los enfoques predominantes aplicados dentro de la jurisprudencia nacional: (1) considerar esta prueba como documental; (2) determinar esta prueba como tecnológica o electrónica. La elección entre estas opciones conlleva consecuencias divergentes, lo que da lugar a una división en la opinión.

Entender como documental a la prueba obtenida de TikTok conlleva automáticamente la aplicación del beneficio establecido en el art. 193.b) LRJS para el recurso de suplicación: la revisión de los hechos declarados probados. La justificación para esta interpretación se basa en la posibilidad de transcribir en formato textual, ya sea en forma física o digital, el contenido de audio o texto presentado en el video. También se puede presentar una captura de pantalla que inmortalice un fotograma específico del video relevante para el caso. La aportación de esta captura en forma de documento físico y/o digital ha generado posicionamientos

---

12 STSJ, Sala de lo Social, Principado de Asturias, de 18 de octubre de 2022, ECLI:ES: TSJAS:2022:2854.

dubitativos dentro de la jurisprudencia. Esta perspectiva abriría la posibilidad de aplicar el beneficio del art. 193.b) LRJS, lo que supone ciertas ventajas al volver a entrar en el fondo del asunto.

Empero, una doctrina cada vez más consolidada sostiene que la naturaleza de la prueba no deriva directamente de su forma de presentación, la cual puede ser muy diversa. En este sentido, Nores Torres[13] argumenta que no se puede generalizar sobre su naturaleza, sino que es necesario analizar cada caso de manera individual. En su opinión, si la prueba se basa en fotografías o comentarios, en concordancia con los arts. 324 y 333 LEC, debe de entenderse como prueba documental. Sin embargo, este autor pasa por alto la posibilidad de que la prueba consista en un video, lo cual sería ajeno a esta categorización.

No obstante, en este contexto, se sostiene una perspectiva diferente. Las características intrínsecas de la fuente probatoria demandan una evaluación específica. Su origen se encuentra en una red social, en un entorno tecnológico, que se aleja de la definición convencional de "documento". Por tanto, no es adecuado intentar adaptar esta última noción, en un intento de hipervalorización de la prueba documental, para abarcar todas las nuevas pruebas que resulten de avances tecnológicos y que no encuentren un ajuste inicial en las secciones normativas tradicionales. Sea un comentario escrito, una fotografía o un video (ya sea con imágenes o texto), si se han generado en esta plataforma virtual que es una red social, deben ser consideradas pruebas tecnológicas o electrónicas según el contexto en el que se originaron. La determinación de la naturaleza de la prueba no radica en la acción o la manera en que se presenta en el proceso, sino en su fuente de origen.

Esta perspectiva puede ser respaldada con mayor contundencia en el caso de la red social TikTok, dado que sus publicaciones

---

13 NORES TORRES, L.R., "Algunos puntos críticos sobre la repercusión de las redes sociales en el ámbito de las relaciones laborales. Aspectos individuales, colectivos y procesales", op. cit. p. 48.

son exclusivamente en formato de video. Del examen de los arts. 299.2 LEC y 90.1 LRJS se observa que se mencionan los "medios de reproducción de la palabra, el sonido y la imagen", una categoría en la cual un video de esta plataforma podría encajar. Por ende, un video que incluya imágenes estáticas o en movimiento y texto puede considerarse una prueba totalmente independiente de la categoría de documento. En este supuesto no existe duda alguna, cuestión que sí que pueden plantearse en materia de comentarios o fotografías. Empero, tanto en comentarios, fotos y videos, un factor esencial para su consideración como prueba tecnológica es el proceso específico de aportación y aseguramiento de las mismas, a consecuencia de su propio origen y de las posibilidades de impugnación de autenticidad o autoría de las publicaciones aportadas.

De esta forma, y a modo de corolario del presente apartado, ha de señalarse que no estaríamos ante una prueba documental, sino tecnológica. Esto resultaría en la inaplicabilidad del mencionado artículo 193.b) de la Ley Reguladora de la Jurisdicción Social (LRJS) y, por lo tanto, en la imposibilidad de revisar los hechos probados en suplicación[14].

3.3 Modo de aportación y necesidad de aseguramiento de la prueba

La aportación de la prueba obtenida en la red social no difiere en términos de requisitos y forma de los otros medios probatorios regulados en la normativa. Como ya se ha mencionado, es común y lógico proporcionar una captura de pantalla de los diversos *frames* del video en los cuales la parte que la presenta basa su argumento, o incluso una vista previa del mismo. Este requisito es significativo para asegurar que la captura de pantalla, realizada

---

14 STSJ, Sala de lo Social, Andalucía, de 6 de noviembre de 2014, ECLI:ES:TSJAND:2014:10747, FD. 1: "no justificándose la revisión fáctica del auto con documento alguno, ya que no pueden considerarse como tales las manifestaciones vertidas en Facebook".

por el dispositivo, resalte la imagen de la publicación y otros datos disponibles sobre ella en ese momento. Otorga seguridad acerca de la existencia del video en TikTok, las interacciones que tenía en el momento de la captura de pantalla y fecha de publicación. Empero, en todos estos casos, deberá de aportarse la publicación en un formato de video -ya sea AVI, MP4 o cualquier otro legible- para su reproducción en sede judicial. Es razonable que el archivo esté guardado en un medio físico, como un DVD o una memoria USB, para que quede registrado en las actas.

En aras de la práctica contradictoria en juicio de la prueba, aquel litigante que se beneficie de la misma deberá acudir a sede judicial con los soportes digitales adecuados para su reproducción en sala. Recae en la parte -usualmente parte demandada, pero también puede la parte actora- proponer y practicar esta prueba si hubiere alguna evidencia en la red social de la cual se quisiera beneficiar. Igualmente deberá de descargar el video de TikTok y acudir con los dispositivos necesarios para su reproducción, pudiendo ser a través de un ordenador portátil, una Tablet o un smartphone. Por último, puede ser usual también aportar en un documento físico un enlace de la publicación para que el órgano judicial acceda a ella, siempre y cuando el perfil se encuentre abierto o público y la publicación no haya sido eliminada por la persona autora. Se garantiza que ambos litigantes tengan la oportunidad de examinar y refutar la prueba de manera adecuada durante el proceso judicial.

En este escenario, es esencial tener en cuenta la alta posibilidad de que, una vez adoptada la medida disciplinaria contra la persona trabajadora, esta elimine el video controvertido de su perfil social, desapareciendo así la única prueba habida para justificar la actuación de la empresa. También es posible que el litigante argumente que el video propuesto como prueba ha sido alterado o que es imposible determinar su autoría. Por lo tanto, la parte que presenta la prueba debe tomar una serie de medidas para asegurar la autenticidad del video de TikTok.

Una de estas medidas es el uso de un *timestamp* o sello de tiempo, en el cual un software establece un momento temporal específico, sellando los datos y certificándolos mediante la firma electrónica de una persona ajena al litigio y al proceso[15]. Este sistema no es el más óptimo, puesto que no aborda la posibilidad de manipulaciones en el contenido ni garantiza la propiedad de la cuenta de TikTok por parte del trabajador.

Una opción más efectiva es presentar un acta notarial mediante la cual un notario certifica la existencia de la publicación, su contenido, veracidad, relación con la cuenta que lo subió y la fecha de publicación en la red social, así como las interacciones que ha tenido hasta ese momento. Este último aspecto es relevante para determinar el alcance de la difusión de la publicación y el posible daño a la imagen empresarial[16]. Empero, y al igual que con el anterior supuesto, existen limitaciones en cuanto a la seguridad total, ya que no puede garantizar la ausencia de alteraciones en el video ni establecer de manera concluyente la relación entre el titular de la cuenta y el empleado.

Es por ello que el peritaje informático se convierte en la opción más sólida para asegurar la autenticidad y autoría de la publicación. El perito certifica que una cuenta específica ha realizado tal publicación, así como mediante la dirección IP asignada delimita geográficamente el origen de la misma, pudiéndose determinar

---

15 BUENO DE MATA, F., "La validez de los pantallazos como prueba electrónica: comentarios y reflexiones sobre la STS 300/2015 y las últimas reformas procesales en materia tecnológica", *Diario la Ley*, n. 8728, 2016, pp. 1-9, esp. p. 6.

16 STSJ, Sala de lo Social, Castilla y León, de 29 de septiembre, ECLI:ES:TSJCL:2022:3757, FD. 2: "En cuanto a ello, la sentencia de instancia da como acreditada la realidad de los hechos imputados, es decir, realizar movimientos incompatibles con la situación de baja por IT de la actora, con lumbalgia, a través de la plataforma Tik-Tok y durante dicha baja, al estar la prueba informática acompañada de la correspondiente acta notarial que confirma la realidad y fecha de los mismos. Sin que, por otra parte, la actora haya desvirtuado, en forma alguna, dichas conclusiones".

prácticamente la persona física autora. Examina igualmente los metadatos del video para confirmar su autenticidad y efectuar la extracción del clip de audio y su análisis forense para detectar posibles cortes. La necesidad de este peritaje dependerá del restante acervo probatorio habido. Si las imágenes confirman hechos ya corroborados por otros medios de prueba sólidos, no será necesario. Sin embargo, el peritaje será esencial si la publicación en cuestión es la única y aislada evidencia, o si es la base sobre la cual se sustentan otros medios probatorios adicionales.

3.4 La ilicitud de la prueba obtenida en TikTok

La cuestión de la prueba ilícita[17] es una de las áreas más controvertidas en el ámbito probatorio. La obtención irregular de una fuente probatoria a través de una vulneración de un derecho fundamental supone la exclusión de dicha evidencia del proceso, su "inutilizabilidad procesal"[18], y la eliminación de cualquier material probatorio derivado que respalde los argumentos. Por esta

---

17 Siguiendo los arts. 11.1 LOPJ y 90.2 LRJS, puede definirse prueba ilícita como aquella obtenida, directa o indirectamente, vulnerando los derechos o libertades fundamentales. Esta definición engloba la locución "fuente de prueba" cuando manifiesta el término "obtención" así como "medio de prueba" cuando señala que "no surtirán efecto" (PICÓ I JUNOY, J., "La prueba ilícita y su control judicial en el proceso civil", en X. Abel Lluch (coord.) y J. Picó i Junoy (coord.), *Aspectos prácticos de la prueba civil,* J.M. Bosch editor, Barcelona, 2005, pp. 17-48, esp. p. 20). Manifiesta MIGUEL BARRIO, R., *La prueba tecnológica en el proceso laboral: tendencias y desafíos,* Dykinson, Madrid, 2023, que la prueba ilícita no es una cuestión pacífica, debiendo de ser debidamente diferenciada de otros términos similares, como prueba irregular o prueba prohibida, sin obviar los nuevos planteamientos jurisprudenciales nacientes, tal y como la doctrina Falciani (STC 97/2019, de 16 de julio de 2019, ECLI:ES:TC:2019:97), remitiéndonos a su estudio para el análisis de tales circunstancias (pp. 111-117).

18 MIRANDA ESTRAMPES, M., "La prueba ilícita: la regla de exclusión probatoria y sus excepciones", *Revista Catalana de Seguretat Pública,* n. 22, 2010, pp. 131-151, esp. p. 138

razón, es de vital importancia evaluar adecuadamente el origen y obtención de la misma, puesto que, como un frágil castillo de naipes, la invalidación de una prueba podría comprometer toda la argumentación de un litigante.

En los contextos relacionados con las redes sociales, el debate sobre este tema es más específico. Cuando una publicación es añadida en un perfil de una red social, ya se tiende a la publicidad del mismo[19], por lo que no habría una intromisión en la esfera privada si se descarga y utiliza un video que la misma persona ha publicado voluntariamente en su perfil. Empero, es necesario considerar el carácter público o restringido de la cuenta. El usuario puede haber ajustado el acceso según las diversas condiciones de uso y privacidad proporcionadas por la red social[20]. Por tanto, hay que determinar el estado del perfil para valorar si la prueba es lícita o, por el contrario, vulnera un derecho fundamental del usuario de la misma.

No cabe duda de que, si el perfil está configurado como abierto al público para cualquier sujeto que quiera visualizarlo, el acceso al mismo por la parte empresarial y la descarga del contenido no contravendrá norma alguna[21]. Su actuación no es irregular puesto que se efectúa dentro de un marco de divulgación, no existiendo intromisión indebida. La expectativa de privacidad desaparece en el momento en el que la persona usuaria publica el contenido libremente y de acceso abierto. Al aceptar las condiciones de tener un perfil público, ha permitido que cualquier individuo pueda

---

19 TALÉNS VISCONTI, E.E., "Aspectos jurídicos sobre los comentarios de los trabajadores proferidos a través de las redes sociales", *Trabajo y derecho: nueva revista de actualidad y relaciones laborales*, n. 23, 2016, pp. 1-15, esp. p. 8.

20 NORES TORRES, L. E., "Algunas cuestiones sobre la utilización de las redes sociales como medio de prueba en el proceso laboral", *Actualidad Laboral*, n. 3, 2014, pp. 314-320, esp. p. 316.

21 STSJ, Sala de lo Social, Asturias, de 14 de junio de 2013, ECLI:ES:TSJAS:2013:2110, FD.2.

ver su contenido, por lo que en estos casos no se podría considerar que la prueba sea ilícita.

La controversia surge de los casos en los que un perfil está configurado con restricciones de acceso, es decir, solo los usuarios que el titular del perfil ha autorizado pueden acceder a su contenido. Puede parecer evidente que obtener un video o acceder a un perfil sin autorización constituye una intrusión injusta en la esfera privada, pero esta cuestión debe ser cuidadosamente evaluada. La prueba será lícita cuando: (1) sabiendo que existe el video, se envíe una petición de acceso para poder disponer del mismo y el usuario del perfil la acepte; (2) un seguidor de la cuenta comparta el contenido en su propio perfil y la empresa pueda acceder al video a través de esta publicación compartida; (3) Un seguidor de la cuenta del empleado descargue el video y lo transmita directamente a la empresa; (4) Un seguidor de la cuenta proporcione a la empresa sus credenciales de acceso a la red social, permitiendo que esta acceda al perfil y obtenga la publicación[22].

A través de este análisis, se advierte la casi imposibilidad de considerar ilícita una prueba obtenida en una red social. Únicamente se entenderá que ha habido una transgresión injusta sobre la persona trabajadora si el acceso al perfil se ha cometido mediante algún acto ilícito[23], como el hackeo o manipulación no autorizada de la cuenta. De esta forma, es la violación de la privacidad del usuario a través de un acceso no permitido lo que conduce exclusivamente a la inadmisión de la prueba, ya que se entiende que vulnera el derecho a la intimidad de la persona trabajadora.

---

22 Véase STSJ, Sala de lo Social, Madrid, de 23 de enero de 2012, ECLI:ES:TSJM:2012:446, en la cual se valora como lícita la prueba cuando, aun en la red social Facebook, un contacto en común que tenían la empresa y el trabajador investigado, permitió el acceso a su propio perfil para que la empresa obtuviese las evidencias para adoptar la medida disciplinaria que estimare oportuna.

23 TALÉNS VISCONTI, E.E., "Aspectos jurídicos sobre los comentarios de los trabajadores proferidos a través de las redes sociales", op. cit., p. 9.

La cuestión sobre qué sucedería en caso de que el acceso a un perfil de TikTok se obtenga mediante engaño no está claramente establecida ni en la doctrina ni en la jurisprudencia. Piénsese en un escenario en el cual, debido a sospechas o simplemente un deseo de ejercer control en las publicaciones de su personal laboral, el ente empresarial crea un perfil falso para acceder al contenido. La respuesta a esta cuestión no es baladí, y puede ser muy variada conforme las anteriores posibilidades que hemos venido exponiendo. Se ha de valorar cuestiones como si el perfil de la persona trabajadora es público o restringido, si el nombre de la cuenta está suplantando la identidad de alguien conocido por el usuario o es un nombre aleatorio, y si la cuenta fue creada en respuesta a sospechas previas o simplemente como un medio de control general. Para Selma Penalva[24], la simple maquinación conlleva automáticamente una ilicitud de la prueba, aunque esta no sea de carácter informático y no suponga un atentado contra la privacidad. Miguel Barrio[25] sugiere que se deben analizar estas variables para determinar la legalidad de la acción, conllevando que si la cuenta era pública, no ha existido intromisión injusta. Si por el contrario la persona trabajadora restringió el perfil, habría que valorar si el nombre por el que se hace pasar la cuenta *Fake* es conocido o no para la persona trabajadora. Si fuese conocido, y suplantaría así la identidad de otro sujeto, la prueba es ilícita. Si por el contrario no es un *nickname* conocido, y ha aceptado la solicitud de seguimiento, la prueba sería válida. Si hubiere sospechas previas y razonables de irregularidades cometidas por la persona trabajadora a través de su perfil, la prueba debería superar el test o juicio ponderativo para que sea admitida como lícita, tal y como viene aplicando la jurisprudencia en otros medios probatorios.

---

24 SELMA PENALVA, A., "La información reflejada en las redes sociales y su valor como prueba en el proceso laboral. Análisis de los últimos criterios jurisprudenciales", *Revista General de Derecho del Trabajo y de la Seguridad Social*, n. 39, 2014, pp. 355-394, esp. p. 368.

25 MIGUEL BARRIO, R., *La prueba tecnológica en el proceso laboral: tendencias y desafíos*, op. cit., p. 275

En consecuencia, es necesario distinguir entre dos situaciones: la presencia o ausencia de sospechas previas. Si no existieran sospechas previas de la comisión de una irregularidad, la prueba será lícita si el nombre del perfil no suplanta la identidad de alguien conocido por el trabajador. En este caso, la conexión con un nombre desconocido ha sido voluntaria y el trabajador ha decidido compartir información con ese perfil. Por otro lado, si existieren sospechas razonables, podría admitirse el acceso a través de un perfil falso, incluso si este suplanta la identidad de otra persona para obtener la admisión de la prueba. La jurisprudencia laboral viene aplicando en materia probatoria la admisión de la prueba vulneradora de un derecho fundamental conforme al "Test Bărbulescu"[26] -ratificado a través del "asunto Ribalda"[27]-. Si la medida cumple con el test ponderativo[28] basado en la idoneidad, necesidad y proporcionalidad estricta de la prueba, esta sería

---

26 Sentencia de la Gram Sala del Tribunal Europeo de Derechos Humanos. Asunto *Bărbulescu* vs. Rumanía, de 5 de septiembre de 2017. El "Test Bărbulescu" basa su interés en la posibilidad de ponderación de las medidas de control empresarial y, por tanto, de valoración de la prueba vulneradora de un derecho fundamental, siempre y cuando (apdo. 120) la medida sea idónea para descubrir la actuación, esté justificada en un interés legítimo y haya un equilibrio entre los inconvenientes causados y las ventajas obtenidas.

27 Sentencia de la Gran Sala del Tribunal Europeo de Derechos Humanos. Asunto López Ribalda y otros vs. España, de 17 de octubre de 2019. Para un estudio pormenorizado véase MIGUEL BARRIO, R., "El juicio de proporcionalidad en la prueba de videograbación oculta a las personas trabajadoras: análisis de la situación ante la reciente jurisprudencia", *Revista de Trabajo y Seguridad Social. CEF*, n. 461-462, 2021, pp. 99-141.

28 El test de ponderación viene aplicándose por la jurisprudencia laboral nacional en reiteradas sentencias en base a la doctrinal constitucional. Véase STC 98/2000, de 10 de abril, ECLI:ES:TC:2000:98; STC 186/2000, de 10 de julio, ECLI:ES:TC:2000:186; STC 292/2000, de 30 de noviembre; STC 39/2016, de 3 de marzo, ECLI:ES:TC:2016:39.

admisible, sin obviar la posible responsabilidad que existiera por la suplantación de identidad[29].

4. A MODO DE REFLEXIÓN FINAL

En un mundo donde las redes sociales han permeado la cultura y la sociedad de manera profunda, su impacto en el ámbito laboral es innegable. Estas plataformas se utilizan para una amplia gama de interacciones y actividades, desde compartir información personal hasta búsqueda de empleo o colaboradores. Sin embargo, también han surgido situaciones controvertidas que involucran a los trabajadores y a las empresas. La publicación de contenido personal que pueda entrar en conflicto con los intereses de la empresa, o que pueda perjudicar su imagen o integridad, plantea desafíos en el entorno laboral.

En este contexto, la plataforma de redes sociales TikTok ha emergido como una fuente y medio de prueba en el ámbito laboral. Los videos compartidos en TikTok pueden trascender la plataforma misma y convertirse en evidencia utilizada para justificar medidas disciplinarias. Es importante reconocer que, si bien estos videos pueden ser considerados como fuentes de prueba, no encajan perfectamente en la categoría de prueba documental debido a sus características. Aun cuando todavía haya líneas doctrinales y jurisprudenciales que propugnan tal idea para defender la aplicación de los beneficios del art. 193.b) LRJS en materia de revisión de los hechos en el recurso de suplicación, su naturaleza tecnológica y formato de video sugieren que deben ser categorizados como pruebas tecnológicas.

La aportación de esta evidencia en el proceso legal requiere un proceso específico, incluyendo la captura de pantalla de la previsualización del video, la integración en soportes electrónicos

---

29 MIGUEL BARRIO, R., *La prueba tecnológica en el proceso laboral: tendencias y desafíos*, op. cit., p. 276

como memorias USB y su reproducción adecuada en la sala del juicio oral utilizando dispositivos digitales. Su germen tecnológico, así como su propio formato de video, lleva a una imposibilidad de determinar que la naturaleza de esta prueba es documental, siendo más acorde su encuadre en la novedosa categoría de prueba tecnológica.

Ante la posibilidad de impugnación de la misma, tanto en relación a la autoría del video como su posible manipulación, la parte litigante que se haga valer de la misma deberá de utilizar diferentes mecanismos de aseguramiento. El sistema de sellado de tiempo no parece una óptima posibilidad. En cambio, la jurisprudencia favorece la figura del acta notarial, a través del cual se acredite la veracidad del video y su relación con una cuenta determinada. Empero, la vía que ofrece mayores garantías es el peritaje informático, mediante el cual puede verificarse la inexistencia de falsificación en el contenido y la correlación entre cuenta específica y la dirección IP. Esta última deberá llevarse a cabo en aquellos escenarios donde no exista ninguna otra prueba adicional y se perfilen sólidas sospechas de impugnación de la misma.

Por último, la cuestión del acceso a un perfil de TikTok no debe ser concebida como una intrusión en la esfera de privacidad del trabajador en cuestión. Si la cuenta es de acceso público, se entiende que el titular consiente el acceso de cualquier persona. En cuanto a perfiles de acceso restringido, la inadmisibilidad de la prueba a consecuencia de su ilicitud radica únicamente en situaciones donde el acceso se obtenga mediante manipulaciones informáticas o violaciones de los protocolos de seguridad de la cuenta. En contraste, se admite aquella prueba que derive de actos como la compartición del contenido por parte de un tercero, ya sea a través de la misma plataforma u otros medios.

Así, y a modo de corolario, se ha de indicar que en la era digital la frontera entre la esfera personal y laboral se desdibuja mientras TikTok se alza como el nuevo escenario donde la vida virtual de los trabajadores cobra vida propia, desencadenando debates legales sobre la admisibilidad y ética de su uso como prueba en disputas laborales. En la encrucijada entre la innovación tecnológica y la tradición jurídica, TikTok emerge como testigo y protagonista de una revolución probatoria que desafía las fronteras de la privacidad y la autenticidad en el ámbito laboral.

5. REFERENCIAS BIBLIOGRÁFICAS

ABEL LLUCH, X., "Sobre la prueba y el derecho a la prueba en el proceso civil", en X. Abel Lluch (Dir.) y J. Picó i Junoy (dir.), *Objeto y carga de la prueba civil*, J.M. Bosch Editor, Barcelona, 2007, pp. 17-46.

ABEL LLUCH, X., "Prueba electrónica", en X. Abel Lluch (dir.) y J. Picó i Junoy (dir.), *La prueba electrónica*, J.M. Bosch editor, Barcelona, 2011, pp. 21-230.

BUENO DE MATA, F., "La validez de los pantallazos como prueba electrónica: comentarios y reflexiones sobre la STS 300/2015 y las últimas reformas procesales en materia tecnológica", *Diario la Ley*, n. 8728, 2016, pp. 1-9.

CORNEJO AGUIAR, J. S. y PIVA TORRES, G. E., *Teoría general de la prueba*, Corporación de estudios y publicaciones, Quito, 2020.

MIGUEL BARRIO, R., "El juicio de proporcionalidad en la prueba de videograbación oculta a las personas trabajadoras: análisis de la situación ante la reciente jurisprudencia", *Revista de Trabajo y Seguridad Social. CEF*, n. 461-462, 2021, pp. 99-141.

MIGUEL BARRIO, R., *La prueba tecnológica en el proceso laboral: tendencias y desafíos*, Dykinson, Madrid, 2023.

MIRANDA ESTRAMPES, M., "La prueba ilícita: la regla de exclusión probatoria y sus excepciones", *Revista Catalana de Seguretat Pública*, n. 22, 2010, pp. 131-151.

MONTERO AROCA, J., *Introducción al derecho procesal laboral*, Marcial Pons, Madrid, 2000.

MONTERO AROCA, J., *La Prueba en el Proceso Civil*, Civitas, Madrid, 2002

MUÑOZ SABATÉ, L., *Curso superior de probática judicial, cómo probar los hechos en el proceso*, La Ley, Madrid, 2012.

NORES TORRES, L. E., "Algunas cuestiones sobre la utilización de las redes sociales como medio de prueba en el proceso laboral", *Actualidad Laboral*, n. 3, 2014, pp. 314-320.

NORES TORRES, L.R., "Algunos puntos críticos sobre la repercusión de las redes sociales en el ámbito de las relaciones laborales. Aspectos individuales, colectivos y procesales", *Revista de información laboral*, n. 7, 2016, pp. 21-52.

PICÓ I JUNOY, J., "La prueba ilícita y su control judicial en el proceso civil", en X. Abel Lluch (coord.) y J. Picó i Junoy (coord.), *Aspectos prácticos de la prueba civil*, J.M. Bosch editor, Barcelona, 2005, pp. 17-48.

SELMA PENALVA, A., "La información reflejada en las redes sociales y su valor como prueba en el proceso laboral. Análisis de los últimos criterios jurisprudenciales", *Revista General de Derecho del Trabajo y de la Seguridad Social*, n. 39, 2014, pp. 355-394.

SENTÍS MELENDO, S., *La prueba*. Ediciones Ejea, Buenos Aires, 1947.

TALÉNS VISCONTI, E.E., "Aspectos jurídicos sobre los comentarios de los trabajadores proferidos a través de las redes sociales", *Trabajo y derecho: nueva revista de actualidad y relaciones laborales*, n. 23, 2016, pp. 1-15.

TARUFFO, M., *La prueba de los hechos*, Trotta, Madrid, 2002, pp. 447-450.

Investigación del fraude a los intereses financieros de la Unión Europea: retos pendientes de la coordinación entre la OLAF y la Fiscalía Europea[1]

ANA MARÍA VICARIO PÉREZ
Universidad de Burgos

Resumen:

La presente contribución tiene por objetivo analizar las similitudes y diferencias en las investigaciones administrativas y penales respectivamente acometidas por la OLAF y la Fiscalía Europea, en los supuestos de infracción a los intereses financieros de la Unión Europea. Junto con ello, se hará especial hincapié en la necesidad de compaginar la coexistencia de sendos organismos, de forma tal que se eviten duplicidades en sus funciones al tiempo que se complementan las investigaciones de uno y otro. En fin, ahondaremos en los retos pendientes por cuanto se refiere a su actuación coordinada.

Palabras clave: OLAF; Fiscalía Europea; intereses financieros; investigación; Unión Europea.

1. INTRODUCCIÓN

La protección de los intereses financieros de la Unión Europea se postuló pronto como uno de los objetivos prioritarios del proce-

---

1 Trabajo realizado en el marco del proyecto de investigación del plan estatal "El Derecho Procesal civil y penal desde la perspectiva de la Unión Europea: la consolidación del Espacio de Libertad, Seguridad y Justicia (Ref. PID2021-124027NB-I00)"; también en el marco del proyecto de investigación del plan estatal "Ganancias ilícitas y sistema de justicia penal: una perspectiva global" (Ref. PID2022-138796NA-I00).

so de integración económica. Ciertamente, la primigenia Comunidad Económica Europea nació en virtud del Tratado de Roma de 25 de marzo de 1957 con el firme propósito de conformar un mercado interior libre de obstáculos a la circulación de personas, mercancías, servicios y capitales[2]. Fiel reflejo de ello son los artículos 100 a 102 del reseñado Tratado, conforma a los cuales, el Consejo podrá, por unanimidad y a propuesta de la Comisión, aprobar Directivas atinentes a la aproximación de las legislaciones nacionales sobre el funcionamiento del mercado común, para la eliminación de cuantas barreras pudiesen impedir su desarrollo.

Ello no empero, la principal vía de protección de los intereses financieros comunitarios pasaba necesariamente por la adopción de previsiones legislativas nacionales que así lo garantizaran. Verdaderamente, pronto se hizo patente la necesidad de aunar los esfuerzos dirigidos a la protección del incipiente mercado común. Así, el Convenio relativo a la protección de los intereses financieros de las Comunidades Europeas, de 26 de julio de 1995 (Convenio PIF)[3], supuso sin género de duda un destacado hito en la prevención y lucha contra el atentado a los intereses comunitarios, detallando cuáles son las concretas acciones constitutivas de fraude[4], así como las sanciones a imponer en su caso. El Convenio PIF

---

2 Tratado Constitutivo de la Comunidad Económica Europea (TCEE), Roma, 25 de marzo de 1957, visto en su versión francesa en https://eur-lex.europa.eu/legal-content/FR/TXT/PDF/?uri=CELEX:11957E/TXT&from=ES (último acceso: 3 de junio de 2023).

3 Convenio establecido sobre la base del artículo K.3 del Tratado de la Unión Europea, relativo a la protección de los intereses financieros de las Comunidades Europeas, DOUE n. C 316, de 27 de noviembre de 1995, pp. 49 – 57.

4 Así, en materia de gastos, "*la utilización o a la presentación de declaraciones o de documentos falsos, inexactos o incompletos, que tengan por efecto la percepción o la retención indebida de fondos procedentes del presupuesto general de las Comunidades Europeas o de los presupuestos administrados por las Comunidades Europeas o por su cuenta; el incumplimiento de una obligación expresa de comunicar una información que tenga el mismo efecto; o el desvío de esos mismos fondos con otros fines distintos de aquéllos para los que fueron concedidos en un*

ha sido sustituido y actualizado por la Directiva (UE) 2017/1371 del Parlamento Europeo y del Consejo, de 5 de julio de 2017, sobre la lucha contra el fraude que afecta a los intereses financieros de la Unión a través del Derecho penal (Directiva PIF)[5].

En este contexto, hasta la entrada en vigor del Reglamento (UE) 2017/1939 del Consejo, de 12 de octubre de 2017, por el que se establece una cooperación reforzada para la creación de la Fiscalía Europea[6] y la efectiva implementación de esta última, la protección de los intereses financieros de la Unión Europea se basaba en las investigaciones judiciales y administrativas efectuadas por las autoridades competentes nacionales, sobre la base de las informaciones proporcionadas por la OLAF tras sus investigaciones administrativas. Con la aprobación del antedicho Reglamento, estas investigaciones de índole administrativa en el seno de la Unión han de convivir con las investigaciones penales atribuibles a los Fiscales Europeos Delegados, planteándose no pocos problemas de compatibilización de funciones.

---

principio". En materia de ingresos: "*la utilización o a la presentación de declaraciones o de documentos falsos, inexactos o incompletos, que tengan por efecto la disminución ilegal de los recursos del presupuesto general de las Comunidades Europeas o de los presupuestos administrados por las Comunidades Europeas o por su cuenta; el incumplimiento de una obligación expresa de comunicar una información que tenga el mismo efecto; o el desvío de un derecho obtenido legalmente que tenga el mismo efecto*" (art. 1.1 Convenio PIF).

5 DOUE n. L 198, de 28 de julio de 2017, pp. 29 – 41.

6 DOUE n. L 283, de 31 de octubre de 2017, pp. 1 – 71.

2. LA INVESTIGACIÓN DE FRAUDES A LOS INTERESES FINANCIEROS COMUNITARIOS. EL PAPEL DE LA OLAF Y LA FISCALÍA EUROPEA

2.1. Las investigaciones administrativas en el seno de la OLAF

En sustitución de la "Unidad de coordinación de la lucha contra el fraude" (UCLAF) integrada en la Secretaría General de la Comisión Europea y con el ánimo de remediar su ineficacia, puesta de manifiesto en el contexto de la crisis económica de los años 90[7], el nacimiento de la OLAF tuvo lugar por medio de la Decisión de la Comisión de 28 de abril de 1999 por la que se crea la Oficina Europea de Lucha contra el Fraude[8]. Ello con el fin de "*reforzar la lucha contra el fraude, la corrupción y cualquier otra actividad ilegal que vaya en detrimento de los intereses financieros de las Comunidades, así como a efectos de la lucha contra el fraude referente a cualquier otro hecho o actividad por parte de operadores que constituya una infracción de las disposiciones comunitarias*" (artículo 2). Fundamentada en el artículo 280 TCE (hoy artículo 325 TFUE), se erige en un organismo que, si bien integrado en la Comisión, está dotado de independencia para el acometimiento de investigaciones tanto internas, referidas a las propias instituciones, organismos y funcionarios europeos; como externas, dirigidas sobre cualquier persona (física o jurídica), organismo o administración nacional[9].

---

7 INGHELRAM, J. F. H., *Legal and Institutional Aspects of the European Anti-Fraud Office (OLAF)*, Europe Law Publishing, Groningen, 2011, p. 47.

8 DOUE n. L 136, de 31 de mayo de 1999, pp. 20 – 22.

9 La concesión a la OLAF de esta capacidad, supone el ejercicio por su parte de competencias conferidas de forma genérica a la Comisión en virtud de normas sectoriales, como es el caso del Reglamento (Euratom, CE) nº 2185/96 del Consejo, de 11 de noviembre de 1996, relativo a los controles y verificaciones in situ que realiza la Comisión para la protección de los intereses financieros de las Comunidades Europeas contra los fraudes e irregularidades, DOUE n. L 292, de 15 de noviembre de 1996, pp. 2 – 5; sobre el particular, INGHELRAM, J. F. H., *Legal*

En ambos casos, se trata de procedimientos de investigación de naturaleza administrativa.

Su regulación actual se encuentra en el Reglamento (UE, Euratom) 883/2013 del Parlamento Europeo y del Consejo, de 11 de septiembre de 2013, relativo a las investigaciones efectuadas por la Oficina Europea de Lucha contra el Fraude[10], precisamente bajo la fundamentación jurídica del artículo 325 TFUE.

De conformidad con lo dispuesto por el Reglamento (UE, Euratom) 883/2013, las investigaciones se iniciarán bien a instancia de un Estado miembro o de cualquier institución, organismo u órgano de la Unión, bien a iniciativa del propio Director General de la OLAF cuando tenga "sospecha suficiente" de la posible comisión de un acto de fraude. El artículo 5 Reglamento (UE, Euratom) 883/2013 contiene ciertos criterios a tomar en consideración a la hora de decidir sobre la apertura de las investigaciones. Así, se tendrán en cuanta las prioridades de investigación y el plan de gestión anual de la Oficina, la utilización eficiente de los recursos de la Oficina y la proporcionalidad de los medios empleados[11]. Estas previsiones fueron resultado de las críticas sostenidas por la Comisión con respecto a la parquedad de la regulación anterior,

---

and Institutional Aspects of the European Anti-Fraud Office (OLAF), op. cit. p. 65.

10 Reglamento (UE, Euratom) n ° 883/2013 del Parlamento Europeo y del Consejo, de 11 de septiembre de 2013, relativo a las investigaciones efectuadas por la Oficina Europea de Lucha contra el Fraude (OLAF) y por el que se deroga el Reglamento (CE) n ° 1073/1999 del Parlamento Europeo y del Consejo y el Reglamento (Euratom) n ° 1074/1999 del Consejo (DO L 248, de 18 de septiembre de 2013, pp. 1 – 22).

11 Ciertamente, el acometimiento de las investigaciones exige guardar una proporcionalidad entre los gastos incurridos en su desarrollo y las cantidades que han sido supuestamente objeto de fraude y que pueden ser recuperadas, LANCY, J., "Protection of the EU budget expenditure – recent tendencies", en C. Nowak (ed.), *Fight against EU fraud*, Lex Wolters Kluwer, 2011, pp. 41 – 72, esp. p. 42.

la cual se limitaba a señalar las competencias en torno a la decisión de la apertura de las investigaciones[12].

Iniciada la investigación, la misma se desarrollará bajo la supervisión del Director General, quien podrá decidir sobre la transmisión de las informaciones recabadas a las instituciones de la Unión o a las autoridades nacionales competentes cuando los hechos no constituyan un fraude a los intereses financieros comunitarios, siguiéndose así en lo sucesivo los cauces de investigación y sanción previstos por las propias instituciones o por la normativa nacional (respectivamente, artículo 5.5 Reglamento (UE, Euratom) 883/2013 con respecto a las investigaciones internas y artículo 5.6 Reglamento (UE, Euratom) 883/2013 con respecto a las investigaciones externas). Con respecto a las investigaciones externas, sin embargo, se plantea la problemática de que la información a las autoridades competentes de los Estados miembro sólo será preceptiva cuando la investigación en el seno de la OLAF se hubiese iniciado a instancia de aquéllas, pero no cuando derivó de la iniciativa del Director General. En opinión de la Comisión, ello "*puede acarrear el riesgo de pérdida de la información y de impunidad de los infractores. El legislador debe resolver dicho problema de pérdida de la información ya que puede privar a los Estados miembros de la posibilidad de utilizar tal información para sus propias investigaciones*" [13].

En cualquier caso, de considerarse procedente de conformidad con el principio de oportunidad la continuación de las investigaciones, su desarrollo será llevado a cabo por la propia Oficina, debiendo las instituciones o los Estados miembro prestar a este respecto la colaboración necesaria (artículo 7.3 Reglamento (UE,

---

12 Vid. Propuesta de Reglamento del Parlamento Europeo y del Consejo por el que se modifica el Reglamento (CE) nº 1073/1999 relativo a las investigaciones efectuadas por la Oficina Europea de Lucha contra el Fraude (OLAF), COM (2006) 244 final,

13 Dictamen 2/2017 que acompaña al Informe de evaluación de la Comisión sobre la aplicación del Reglamento (UE) 883/2013 del Parlamento Europeo y del Consejo, DOUE n. C 404, de 9 de noviembre de 2018, pp. 1 – 24.

Euratom) 883/2013). Por cuanto se refiere a las investigaciones externas, se aprecia en este punto una diferencia sustancial entre las correspondientes a la OLAF y las circunscritas a la esfera de la Fiscalía Europea. Como veremos en el punto siguiente al analizar las competencias de esta última, en su caso el Fiscal Europeo Delegado correspondiente al Estado miembro en cuestión será el encargado de efectuar cuantas averiguaciones y actuaciones sean precisas; por el contrario, las investigaciones en el ámbito de la OLAF se efectúan por su personal de manera centralizada, limitándose las autoridades nacionales, sean administrativas o jurisdiccionales, a una mera función de apoyo y colaboración[14]. Este personal tendrá acceso a cuanta información y documentación habida en el Estado miembro precise, en los mismos términos y condiciones en los que pueden acceder a tales contenidos las autoridades administrativas nacionales[15].

Culminada la investigación, es destacable el hecho de que no se confiere a la OLAF facultad sancionadora alguna, de forma que su actuación queda limitada a la elaboración de un informe referente a los hechos probados y a la calificación jurídica de la infracción a los intereses financieros comunes que los mismos han supuesto. Ello se hará acompañar de las oportunas recomendaciones de adopción de medidas por las autoridades nacionales o por las instituciones europeas afectadas[16].

---

14 Sobre esta cuestión nos pronunciamos en VICARIO PÉREZ, A.M., "Fiscalía Europea versus OLAF. Una propuesta en torno a la peculiar atribución de competencia sobre investigaciones contra personas jurídicas", *Revista Española de Derecho Europeo* 2022, n. 84, pp. 59 – 90, esp. p. 76.

15 LANCY, J., "Protection of the EU budget expenditure – recent tendencies", op. cit. p. 57.

16 Medidas que pueden ser disciplinarias, administrativas, financieras o judiciales, DIANESE, G. y GROZDEV, D., "Criminal and Administrative Procedures in Protecting the Financial Interests of the EU", *Eucrim* 2022, n. 4, pp. 279 – 282, esp. p. 280.

De este modo, son las propias instituciones o autoridades nacionales las que, en atención a los informes recibidos por la Oficina, decidirán sobre la apertura del proceso sancionador que en cada caso corresponda, el cual, en el caso de las investigaciones externas, podrá corresponderse con procesos de naturaleza administrativa, pero también penal en la medida en que los hechos constitutivos de fraude sean considerados como delito por la legislación interna[17].

A estos efectos, con respecto a las investigaciones externas, las informaciones proporcionadas por la OLAF constituirán elemento de prueba en los procesos administrativos o jurisdiccionales incoados, atribuyéndoseles un valor equivalente al conferido por la legislación nacional a los informes dictados por sus propias Administraciones, siempre y cuando en su desarrollo se hayan observado las garantías procesales de los investigados[18].

2.2. Investigaciones penales competencia de la Fiscalía Europea

El artículo 86 TFUE sentó la base jurídica para la aprobación del Reglamento (UE) 2017/1939 del Consejo, de 12 de octubre de 2017, por el que se establece una cooperación reforzada para la creación de la Fiscalía Europea. Con ello, se elimina la limitación penal de la competencia para la lucha contra el fraude comprendida en el artículo 325 TFUE[19], atribuyendo a la nueva

---

17 INGHELRAM, J. F. H., *Legal and Institutional Aspects of the European Anti-Fraud Office (OLAF)*, op. cit. p. 67.

18 WHITE, S., "EU anti - fraud: strategy and legislation in a period of consolidation", en C. Nowak (ed.), *Fight against EU fraud*, Lex Wolters Kluwer, 2011, pp. 15 – 40, esp. p. 17.

19 MARTÍN RODRÍGUEZ, P., "La necesaria protección penal de los intereses financieros de la Unión Europea", en S. Guerrero Palomares (dr.), L. Fontestad Portalés, A. Hernández López y P.R. Suárez Xavier (coords.), *Tratado sobre la Fiscalía Europea y el procedimiento penal especial de la L.O. 9/2021, de 1 de julio*, Aranzadi, Cizur Menor, 2023, pp. 55 – 85, esp. p. 59.

institución la facultad de investigar los delitos que afecten a los intereses financieros de la Unión (artículo 1), de forma tal que su ámbito de actuación de circunscribe a aquellas conductas calificadas de infracciones penales por los ordenamientos jurídicos de los Estados miembro[20]. Quedan fuera de su esfera de aplicación las infracciones administrativas, que siguen siendo investigadas por la OLAF.

Comenzado por la iniciativa para el desarrollo de las investigaciones penales, se puntualiza por el artículo 26.1 Reglamento (UE) 2017/1939 que, cuando de acuerdo con el Derecho nacional se aprecien motivos razonables de comisión delictiva, el Fiscal Europeo Delegado del Estado miembro en cuestión iniciará la investigación[21]. A estos efectos, se indica en el artículo 24.1 Reglamento (UE) 2017/1939 que "*Las instituciones, órganos u organismos de la Unión y las autoridades de los Estados miembros que sean competentes con arreglo al Derecho nacional aplicable informarán a la Fiscalía Europea, sin dilación indebida, de todo comportamiento constitutivo de delito respecto del cual esta pueda ejercer su competencia*".

En adición, se contempla en el artículo 27 Reglamento (UE) 2017/1939 el conocido como "derecho de avocación", por el cual, la autoridad judicial del Estado miembro que haya comenzado la investigación de un delito deberá abstenerse y remitir las actuaciones a la Fiscalía Europea, quien determinará si en efecto se corresponde con un delito de su esfera competencial.

Por cuanto se refiere a la realización de la investigación, la misma se atribuye al Fiscal Europeo Delegado del Estado miembro en cuyo territorio se haya dado la comisión delictiva, pudiéndose em-

---

20 PÉREZ MARÍN, M.A., "La competencia de la Fiscalía Europea: criterios materiales y territoriales para su determinación", *Revista Internacional Consinter de Direito* 2019, n. 8, pp. 255 – 284, esp. p. 263.

21 Si existen delitos conexos cometidos en el territorio de varios Estados miembro, será competente para la investigación el Fiscal Europeo Delegado correspondiente al país en cuyo territorio se hayan dado la mayor parte de los mismos.

prender por el mismo medidas de investigación tales como la inspección de locales, territorios, medios de transporte, domicilios, ropa, pertenecías personales y sistemas informáticos; el requerimiento de presentación de objetos y documentos; la exigencia de entrega de datos informáticos; la inmovilización de los instrumentos o de los productos del delito para evitar la frustración de una eventual posterior resolución judicial que ordene su decomiso; la interceptación de comunicaciones electrónicas; el seguimiento y localización por medios técnicos; o, en general, cualesquiera otras diligencias de investigación reconocidas por la legislación nacional (artículo 30 Reglamento (UE) 2017/1939)[22]. En cualquier caso, todas aquellas medidas que supongan una injerencia en los derechos fundamentales de las personas investigadas requerirán la previa autorización judicial[23].

En fin, la diferencia más significativa con respeto a las investigaciones administrativas llevadas a cabo por la OLAF, radica en el hecho de que, si de la investigación penal acometida por el Fiscal Europeo Delgado resulta la constatación de la efectiva comisión de uno de los delitos señalados *ut supra*, se podrá proceder

---

22 En el supuesto de investigaciones transfronterizas, "*Cuando una medida haya de llevarse a efecto en un Estado miembro distinto del Estado miembro del Fiscal Europeo Delegado encargado, este Fiscal Europeo Delegado decidirá sobre la adopción de la medida necesaria y la asignará a un Fiscal Europeo Delegado ubicado en el Estado miembro en el que haya de ejecutarse la medida*" (artículo 31.1 Reglamento (UE) 2017/1939).

23 Este punto es de especial trascendencia en ordenamientos jurídicos como el español, en el que la fase de instrucción no corresponde a los fiscales sino a los órganos jurisdiccionales, requiriéndose por tanto de una gran adaptación de la normativa procesal para el acomodo de las funciones investigadoras del Fiscal Europeo Delegado. De esta suerte, resulta especialmente significativo el art. 8 de la Ley Orgánica 9/2021, de 1 de julio, de aplicación del Reglamento (UE) 2017/1939 del Consejo, de 12 de octubre de 2017, por el que se establece una cooperación reforzada para la creación de la Fiscalía Europea (BOE n. 157, de 2 de julio de 2021, pp. 78523 – 78571). Conforme al mismo, la autorización de las diligencias solicitadas por el Fiscal Europeo Delegado corresponderá al Juez de garantías.

al ejercicio de la acción penal ante las autoridades judiciales del Estado miembro, solicitando con ello la apertura de juicio. De este modo, la actuación de la Fiscalía Europea se presenta como una auténtica fase de instrucción en el proceso nacional, no teniendo sus valoraciones la mera consideración de aportes probatorios como acontece con el informe final redactado por la OLAF. Consecuentemente y en definitiva, mientras que en el caso de las investigaciones administrativas su resultado no es vinculante para las autoridades del Estado miembro[24], pudiendo éstas decidir sobre el posterior seguimiento o no de un proceso administrativo o penal por las infracciones detectadas, las investigaciones penales encomendadas a la Fiscalía Europea sí pueden derivar directamente en un proceso penal ante los órganos jurisdiccionales penales internos.

3. RETOS PENDIENTES Y PERSPECTIVAS DE FUTURO

La OLAF mantiene su independencia operativa con respecto a la actuación de la Fiscalía Europea. De hecho, su ámbito de actuación es mayor desde el punto de vista territorial, habida cuenta la Oficina tiene competencia en materia investigadora para las infracciones producidas en cualquier Estado miembro de la Unión Europea, en tanto que la Fiscalía Europea sólo actúa en aquellos Estados que han decidido participar del Reglamento (UE) 2017/1939.

En cualquier caso, la actuación coordinada de sendos organismos se presenta como uno de los principales retos a afrontar des-

---

24 Vid. Auto TJUE de 21 de junio de 2017, *Inox Mare Srl*, T-289/16, ECLI:EU:T:2017:414, para. 27: "*Teniendo en cuenta el sistema general y la finalidad de la normativa en cuestión, el artículo 11, apartado 1, del Reglamento 883/2013 no puede interpretarse en el sentido de que acarrea obligaciones para las autoridades nacionales destinatarias del informe y de las recomendaciones de la OLAF en cuanto a las medidas que deban adoptar a la vista de los actos en cuestión con respecto a las personas mencionadas en ellos*".

de el inicio de las actuaciones de la Fiscalía Europea. Las investigaciones penales desarrolladas por esta última prevalecerán sobre las encomendadas a la OLAF[25], de forma tal que, ante supuestos de confluencia de procedimientos, la Oficina pasa a configurarse como un mecanismo de apoyo administrativo subsidiario. A estos efectos, el artículo 101.1 Reglamento (UE) 2017/1939 señala que la relación entre ambos se basará en "*garantizar la utilización de todos los medios disponibles para la protección de los intereses financieros de la Unión mediante la complementariedad y el apoyo de la OLAF a la Fiscalía Europea*". En concreto, el apoyo de la OLAF a la Fiscalía Europea debe consistir en la aportación de información que obre en su poder[26], la facilitación de la colaboración de las autoridades administrativas nacionales en las investigaciones penales desarrolladas[27], así como la realización de investigaciones administrativas paralelas cuyos resultados se trasmitan al Fiscal Europeo Delegado. Sobre este último punto, el propósito de las investigaciones administrativas paralelas o complementarias es la adopción de las

---

25 RODRÍGUEZ-MEDEL NIETO, C., *Fiscalía Europea. Primer año de aplicación del Reglamento (UE) 2017/1939 y de la Ley Orgánica 9/2021 – LOFE*, Publicación independiente por la autora, 2022, p. 445.

26 Cabe señalar la adopción del "Acuerdo de trabajo entre la Fiscalía Europea y la OLAF", de 5 de julio de 2021, visto en https://www.eppo.europa.eu/sites/default/files/2021-07/Working_arrangement_EPPO_OLAF.pdf (último acceso: 6 de junio de 2023). En el documento, se plantea la necesidad y conveniencia de ahondar en el intercambio de información; el apoyo recíproco a las investigaciones; intercambio y colaboración entre personas de ambos organismos; o el fomento de los medios tecnológicos de transmisión de información.

27 Así se manifiesta también el Considerando n. 69 del Reglamento (UE) 2017/1939, conforme al cual, "*todas las autoridades nacionales y los órganos pertinentes de la Unión, incluidos Eurojust, Europol y la OLAF, deben respaldar activamente las investigaciones y los procesos penales de la Fiscalía Europea y cooperar con ella, desde el momento en que se notifique el presunto delito a la Fiscalía Europea hasta que ésta determine si se acusa o se resuelve de otro modo el caso*".

medidas disciplinarias que, como consecuencia de los hechos delictivos abordados por la Fiscalía Europea, sea preciso imponer[28].

Estrictamente relacionado con lo anterior, resulta del todo lógico que deba evitarse una posible vulneración del principio *ne bis in idem* (artículo 50 Carta de los Derechos Fundamentales de la Unión Europea - CDFUE) en caso de apertura simultánea de investigaciones por ambos organismos[29]. En este sentido, se establece con respecto a la OLAF la prohibición de iniciar procedimientos administrativos cuando la infracción en cuestión esté siendo ya abordada por la Fiscalía Europea. De igual forma, la Oficina deberá abstenerse de proseguir con la investigación, remitiendo las informaciones hasta el momento recabadas a la Fiscalía Europea, tan pronto como se constante que los hechos son constitutivos de delito sobre los cuales esta última despliega sus competencias. A sensu contrario, la Fiscalía Europea remitirá

---

28 La justificación de su atribución a la OLAF subyace en la economía temporal y económica de sus investigaciones en comparación con las de naturaleza penal, tal y como se pone de manifiesto en el Dictamen del Tribunal de Cuentas 8/2018 (con arreglo al art. 325, apartado 4, del TFUE) sobre la propuesta de la Comisión de 23 de mayo de 2018 por la que se modifica el Reglamento (UE, EURATOM) 883/2013 relativo a las investigaciones efectuadas por la Oficina Europea de Lucha contra el Fraude (OLAF) en lo referente a la cooperación con la Fiscalía Europea y la eficacia de las investigaciones de la OLAF, DOUE n. C 42, de 1 de febrero de 2019, pp. 1 – 12.

29 Ello por cuanto que, si tras la remisión por la OLAF de su informe final al Estado miembro, las autoridades de éste deciden proceder a la apertura de procedimiento judicial o administrativo, el mismo puede culminar con sanción, al igual que podría acontecer con el proceso judicial incoado tras el ejercicio de la acción penal por el Fiscal Europeo Delegado. En cuanto a la confluencia de sanciones penales y administrativas, la vulneración del principio *ne bis in idem* estriba en la atribución a estas últimas de naturaleza penal, en tanto en cuanto se cumplan con respecto a las mismas los conocidos como criterios "Engel": calificación jurídica del hecho, gravedad de la sanción y naturaleza de ésta, STEDH de 8 de junio de 1976, *Engel and others*, ECLI:CE:ECHR:1976:0608JUD000510071.

a la OLAF las investigaciones referentes a ilícitos que, habiendo sido inicialmente investigados por aquella, sean realmente constitutivos de infracciones administrativas por el ordenamiento del Estado miembro en cuyo territorio se hayan cometido. Todo ello ha hecho necesario la modificación de la norma reguladora de la OLAF, lo cual ha tenido lugar por medio del Reglamento (UE, Euratom) 2020/2223, del Parlamento Europeo y del Consejo, de 23 de diciembre de 2020, por el que se modifica el Reglamento (UE, Euratom) 883/2013 en lo referente a la cooperación con la Fiscalía Europea y a la eficacia de las investigaciones de la Oficina Europea de Lucha contra el Fraude[30]. Este texto supone la inclusión en el Reglamento (UE, Euratom) 883/2013 del artículo 12 quarter, por el cual, "*La Oficina presentará un informe a la Fiscalía Europea sin demora indebida sobre cualquier conducta constitutiva de delito sobre la que la Fiscalía Europea pueda ejercer sus competencias*". A mayores, se incorpora también el artículo 15 quinquies, en que se señala que "*el Director General interrumpirá una investigación en curso y no iniciará una nueva investigación* (...), *si la Fiscalía Europea está llevando a cabo una investigación sobre los mismos hechos*".

En otro orden de ideas, la pretendida actuación coordinada todavía presenta otros retos para nada desdeñables. Pretendiéndose que los informes derivados del procedimiento administrativo se incorporen con valor probatorio al proceso penal seguido por la Fiscalía Europea, con el ánimo de evitar reiteraciones y duplicidades que puedan poner en tela de juicio las garantías procesales de los investigados y, por ende, la validez del proceso[31], se plantea precisamente cuándo los resultados de una investigación administrativa pueden ser constitutivos de prueba en un ulterior proceso penal.

---

30 DOUE n. L 437, de 28 de diciembre de 2020, pp. 49 – 73.

31 PÉREZ MARÍN, M.A., "La oficina europea de lucha contra el fraude: un órgano administrativo en la investigación penal", *Revista General de Derecho Procesal* 2020, n. 50, pp. 1 – 42, esp. p. 35.

La cuestión del valor probatorio de las actuaciones administrativas en el curso del proceso penal viene siendo abordada con carácter genérico por la jurisprudencia del TEDH y del TJUE. De sus previsiones, podemos extrapolar las condiciones señaladas a los casos en los que las investigaciones de la OLAF pretendan hacerse valer en el proceso penal incoado tras el ejercicio de la acción penal por el Fiscal Europeo Delegado.

Como parte inherente al derecho de defensa proclamado por el artículo 48.2 CDFUE y el artículo 6 Convenio Europeo de Derechos Humanos (CEDH), se encuentra la invalidez probatoria de las fuentes de prueba cuya obtención, directa o indirecta, se haya producido con vulneración de los derechos o libertades fundamentales. Para ello, en primer lugar, debe prestarse especial atención al hecho de que en la investigación administrativa se hayan respetado las garantías propias del proceso penal, de forma tal que no se aprecie una "conexión de antijuricidad" que redunde en la invalidez del material probatorio. En opinión de ASENCIO MELLADO, la exclusión de la prueba deberá acometerse en el mismo momento en que se tenga constancia de su ilicitud, lo cual puede darse en la propia fase de instrucción, sin necesidad de esperar a la apertura del juicio[32]. Ello supone la atribución al Fiscal Delegado Europeo de una competencia añadida, cual es la de analizar si las informaciones recabadas en el procedimiento administrativo adolecen de algún defecto de validez en el sentido indicado.

Tal vez el mayor riesgo de vulneración se manifieste con respecto al derecho a la no autoincriminación, promulgado en el ámbito europeo por la Directiva (UE) 2016/343 del Parlamento Europeo y del Consejo, de 9 de marzo de 2016, por la que se refuerzan en el proceso penal determinados aspectos de la pre-

---

32 ASENCIO MELLADO, J.M., "La exclusión de la prueba ilícita en la fase de instrucción como expresión de la garantía de los derechos fundamentales", *Diario la Ley* 25 de enero de 2013, n. 8009, visto en www.diariolaley.com

sunción de inocencia y el derecho a estar presente en el juicio[33]. En efecto, en el curso de las investigaciones administrativas, los sujetos investigados pueden verse obligados a la aportación de cierta documentación de la que se desprende una posible infracción. Siendo esto válido para su sancionabilidad desde el punto de vista administrativo ¿pueden tomarse en consideración en el proceso penal las informaciones o documentos que fueron obligatoriamente aportados por la persona investigada en un previo procedimiento administrativo?

La respuesta, a la fecha, viene dada por la naturaleza de la documentación en cuestión. Así, el TEDH señala en el asunto *J.B. c. Suiza*, de 3 de mayo de 2001, que "*aunque no se mencionan específicamente en el artículo 6 CEDH, el derecho a guardar silencio y el privilegio de no autoinculparse son normas internacionales generalmente reconocidas que se encuentran en el centro de la noción de un procedimiento justo en virtud del artículo 6.1. El derecho a no autoinculparse, en particular, presupone que las autoridades tratan de probar su caso sin recurrir a pruebas obtenidas mediante métodos de coacción u opresión, desafiando la voluntad de la persona acusada*"[34].

La coercitividad en cuanto a la aportación de información o documentación en el procedimiento administrativo será apreciada, a estos efectos, cuando se den dos condiciones: primero, que se haya producido bajo amenaza de sanción; segundo, que la

---

33 DOUE n. 65, de 11 de marzo de 2016, pp. 1 – 11.

34 STEDH de 3 de mayo de 2001, *J.B. c. Suiza*, ECLI:CE:ECHR:2001:0503JUD003182796, para. 64 (traducción propia). En el mismo sentido, STEDH de 8 de abril de 2004, *Weh c. Austria*, ECLI:CE:ECHR:2004:0408JUD003854497, para. 39, añadiéndose además que, "*en este sentido el derecho* (a no autoincriminarse) *está estrechamente vinculado a la presunción de inocencia recogida en el artículo 6, apartado 2 CEDH*" (traducción propia); también STEDH de 25 de febrero de 1993, *Funke c. Francia*, ECLI:CE:ECHR:1993:0225JUD001082884, para. 44; STEDH de 4 de octubre de 2005, *Shannon c. Reino Unido*, ECLI:CE:ECHR:2005:1004JUD000656303, para. 32; o STEDH de 24 de octubre de 2013, *Navone c. Mónaco*, ECLI:CE:ECHR:2013:1024JUD006288011, para. 71.

documentación haya sido confeccionada expresamente para tal aportación.

Con respecto al primer punto, destacamos la STJUE en el asunto *D.B. c. Consob,* de 2 de febrero de 2021, la cual matiza que, aunque la aportación de ciertos documentos en un proceso administrativo-sancionador en defensa de la competencia se presente como obligatoria bajo apercibimiento de multa, es precisamente este último punto lo que determina la imposibilidad de que las pruebas recabadas en tal procedimiento sean utilizadas en un posterior proceso penal contra el mismo sujeto[35].

Con relación al segundo punto, en la STEDH en el asunto *O´Halloran y Francis c. Reino Unido,* de 29 de junio de 2007, se llega a la conclusión de que supone una vulneración del derecho a la no autoincrimación la introducción en el proceso de documentación cuya existencia no deriva de imperativo legal[36].

En fin y como último reto pendiente, no podemos finalizar nuestro estudio sin hacer alusión a la problemática suscitada por los fraudes a los intereses financieros europeos cometidos por las personas jurídicas. La posibilidad de comisión de actos de fraude por esta tipología de sujetos aparece contemplada en la Directiva PIF, cuyo artículo 9 señala que "*los Estados miembros adoptarán las medidas necesarias para garantizar que una persona jurídica considerada responsable* (…) *esté sujeta a sanciones efectivas, proporcionadas y disuasorias*". Estas sanciones pueden ser tanto administrativas como penales, en tanto que se deja en manos de los legisladores nacionales la decisión en torno a la introducción o no en los ordenamientos internos del principio *societas delinquere potest.* Así, ante la comisión de alguna de las conductas descritas por la Directiva PIF (que de atribuirse a una persona física daría inmediatamente lugar a la posible actuación de la Fiscalía Europea), la persona

---

35 STJUE de 2 de febrero de 2021, asunto C-481/19, *D.B. c. Consob,* ECLI:EU:C:2021:84, paras. 42 – 47.

36 STEDH de 29 de junio de 2007, *O´Halloran y Francis c. Reino Unido,* EC LI:CE:ECHR:2007:0629JUD001580902, paras. 47 – 53.

jurídica será investigada por la OLAF o por la Fiscalía Europea, dependiendo de si en el Estado miembro en cuestión se sigue un modelo administrativo o penal de responsabilidad de las entidades. Ello puede dar lugar a importantes disparidades. Ante unos mismos hechos, cometidos por una empresa en España, la instrucción por la Fiscalía Europea podrá derivar, en el sentido indicado, en el ejercicio de la acción penal y consiguiente apertura de juicio contra la entidad. Por el contrario, si los mismos hechos se producen por una empresa en Alemania, su calificación como infracción administrativa determinará que de su investigación se ocupe la OLAF, quedando bajo la decisión de las autoridades nacionales el posterior seguimiento de un proceso sancionador. Sería deseable, a nuestro juicio, una regulación homogénea, que permita, ante supuestos como el planteado, que la investigación por delitos PIF cometidos por personas jurídicas se encomiende siempre a la Fiscalía Europea como acontece con las personas físicas, con independencia de la calificación jurídica de la conducta en el ordenamiento interno[37].

4. A MODO DE REFLEXIÓN FINAL

La introducción del nuevo organismo de instrucción penal, unido a la pervivencia de la OLAF como órgano administrativo, ha supuesto la consagración de un doble mecanismo o sistema de protección. Ciertamente, los ámbitos de actuación y competencia de la OLAF y de la Fiscalía Europea están estrechamente relacionados. Siendo el objetivo de ambas la prevención y lucha contra la conculcación de los intereses financieros comunitarios, es claro que se precisa de una actuación coordinada y complementaria que evite duplicidades en sus actuaciones. La integridad y eficacia

---

37 Sobre este punto nos pronunciamos ampliamente en VICARIO PÉREZ, A.M., "Fiscalía Europea versus OLAF. Una propuesta en torno a la peculiar atribución de competencia sobre investigaciones contra personas jurídicas", op. cit.

de las investigaciones sean éstas administrativas o penales, debe quedar garantizada, de forma tal que deben evitarse cuantas intromisiones de unos organismos en la esfera de atribuciones de otro supongan un obstáculo a su desarrollo, asentándose como objetivo prioritario la maximización de la recuperación de activos defraudados.

5. BIBLIOGRAFÍA

ASENCIO MELLADO, J.M., "La exclusión de la prueba ilícita en la fase de instrucción como expresión de la garantía de los derechos fundamentales", *Diario la Ley* 25 de enero de 2013, n. 8009, visto en www.diariolaley.com

DIANESE, G. y GROZDEV, D., "Criminal and Administrative Procedures in Protecting the Financial Interests of the EU", *Eucrim* 2022, n. 4, pp. 279 – 282.

INGHELRAM, J. F. H., *Legal and Institutional Aspects of the European Anti-Fraud Office (OLAF)*, Europe Law Publishing, Groningen, 2011, p. 47.

LANCY, J., "Protection of the EU budget expenditure – recent tendencies", en C. Nowak (ed.), *Fight against EU fraud*, Lex Wolters Kluwer, 2011, pp. 41 – 72.

MARTÍN RODRÍGUEZ, P., "La necesaria protección penal de los intereses financieros de la Unión Europea", en S. Guerrero Palomares (dr.), L. Fontestad Portalés, A. Hernández López y P.R. Suárez Xavier (coords.), *Tratado sobre la Fiscalía Europea y el procedimiento penal especial de la L.O. 9/2021, de 1 de julio*, Aranzadi, Cizur Menor, 2023, pp. 55 – 85.

PÉREZ MARÍN, M.A., "La oficina europea de lucha contra el fraude: un órgano administrativo en la investigación penal", *Revista General de Derecho Procesal* 2020, n. 50, pp. 1 – 42.

PÉREZ MARÍN, M.A., "La competencia de la Fiscalía Europea: criterios materiales y territoriales para su determinación", *Revista Internacional Consinter de Direito* 2019, n. 8, pp. 255 – 284.

RODRÍGUEZ-MEDEL NIETO, C., *Fiscalía Europea. Primer año de aplicación del Reglamento (UE) 2017/1939 y de la Ley Orgánica 9/2021 – LOFE*, Publicación independiente por la autora, 2022.

VICARIO PÉREZ, A.M., "Fiscalía Europea versus OLAF. Una propuesta en torno a la peculiar atribución de competencia sobre investigaciones contra personas jurídicas", *Revista Española de Derecho Europeo* 2022, n. 84, pp. 59 – 90

WHITE, S., "EU antifraud: strategy and legislation in a period of consolidation", en C. Nowak (ed.), *Fight against EU fraud,* Wolters Kluwer, 2011, pp. 15 – 40.

The effect of legal procedures on reducing administrative corruption in the treatment section

MAJEDEH BOZORGI
Universidad de Salamanca

Abstract

Corruption in the health section has many forms. In fact, corruption exists in many areas, such as in the construction of health centers, purchase of equipment, supply and distribution of medicine, training of medical staff, falsification of medical research, services and health care. It can be said that the main source of said corruption is financial-administrative corruption in the medical section. The present essay has analyzed the impact of legal procedures in reducing administrative corruption in the treatment section using the descriptive-narrative method. Based on this, 35 Persian and English articles related to the research topic were examined and analyzed. Among the findings of the research, that by reforming the management and laws in the health system of countries, especially developing countries, it is possible to create favorable changes in the health care system and fight against financial and administrative corruption in the treatment section. Anti-corruption in the treatment section requires good institutions and governance. Based on this, it is suggested that the realization of the goals and policies of the health section requires a model of good governance in the health section that can eliminate financial and administrative corruption with a comprehensive and systematic view.

Keywords: health and treatment, conflict of interest, administrative corruption, financial corruption, legal procedure, good governance

1. INTRODUCTION

Health system consist of complex interactions between different agents with different knowledge and understanding of the subject and the system. It is precisely this complexity that makes the health system especially vulnerable to corruption, which has a destructive effect on the performance of Health system and health of any country. As a result, reducing financial and administrative corruption in the health section is necessary to strengthen Health system and advance health justice, especially in low- and middle-income countries. Although corruption in the health section is a global problem, there are fundamental differences in the forms and motivations of corruption in Health system and high-income countries. Knowing these differences and understanding the structures of the system that make corruption possible is essential for the development of anti-corruption interventions. In fact, corruption in the health section is a problem that needs a fundamental approach. Anti-corruption procedures that are devised without an understanding of the health financial and administrative system may have unintended consequences that waste limited resources, exacerbate corruption, and weaken the health system. Corruption in the health section has many forms and occurs at all organizational levels from public to private organizations. Likewise, the underlying motivations for corruption in the health section are different in different countries. Therefore, adapting corruption reduction strategies that were successful in one health system to other system with completely different motivations, accountability structures, enforcement mechanisms, and socio-economic and political contexts may be challenging. Corruption in the administrative systems of most countries has caused serious damage to development and progress, and in developing countries, the importance and containment and its control is clear to everyone. Considering the heterogeneity and dynamic nature of the health system, the sustainable reduction of financial and administrative corruption and the resulting improvements in health care delivery require a legal approach to be effective. Principles of economics and good governance have helped policymakers to understand how government monopoly, combined with excessive powers, can lead to abuse of power, while strengthening government accountability, transparency, and the rule of law can help reduce corruption. However, individual and social characteristics may also affect the possibility of authorities abusing their powers and should be considered in the development of anti-corruption programs. The present essay is dedicated to investigating the impact of legal procedures on the fight against administrative and financial corruption in the field of the health system. First, it describes the types of corruption that affect the health system and services, and then, using the previous research review method, it examines the effective factors and describes the anti-corruption mechanisms appropriate to the health system.

2. THE CONCEPT OF CORRUPTION

2.1. Definition of corruption

Corruption occurs when government officials who have the authority to pursue goals that promote the public interest abuse their position and power for the benefit of themselves and others close to them. Corruption in the health section can be investigated by examining the roles and relationships between different actors to identify possible abuses that occur (Ensor and Antonio, 2002; Savedoff, 2006). According to this definition, cases such as bribery, extortion, fraud, embezzlement, nepotism and exerting influence on others are all examples of corruption. Corruption is often referred to as a disease that spreads from one organization to another and from one institution to other. There are different types of corruption, including administrative and financial corruption.

2.2. Financial corruption

This corruption originates from economic and livelihood poverty or based on lack of planning by governments or centers, financial disorder, ineffective laws, lack of effective laws and incompetence, impiety and excess of power or lack of proper control and supervision and timely dealing with the corruptor or corruptors. Bribery, fraud, embezzlement are among economic corruptions. Economic corruption can be considered as one of the inevitable results of unbalanced economic growth. In a situation where the government is considered as the main economic actor, the possibility of economic deregulation by government forces naturally increases. This has led to economic and financial corruption and provides the ground for the emergence of manifestations of limited and unstable satisfaction. Economic corruption has significant negative effects on economic growth and as a result of development. As a result, the economic consequences of the spread of economic corruption in countries can include anti-growth and development. The existence of financial corruption, the creation and spread of poverty and its effects and consequences, as well as changing the economic culture. Economic and financial corruption puts the policies of the government and government institutions in conflict with the interests of the majority, causes waste of national resources, and leads to a decrease in the effectiveness of governments in directing affairs, thus reducing people's trust toward government and non-government institutions and indifference, laziness and incompetence increases. Economic corruption shakes the belief and moral values of society, increases the cost of doing things, makes it difficult to develop competitiveness and creates demotivation and pessimism (Saha et al. 2014).

2.3. Administrative corruption

According to the angle they have chosen to look at this phenomenon, experts have provided different and sometimes similar definitions of administrative corruption; As an example, James Scott believes that administrative corruption refers to a behavior in which a person acts outside the official framework of the duties of a government role due to the realization of his private interests and to achieve greater welfare or a better position. According to some, administrative corruption refers to the set of behaviors of public section employees who ignore accepted rules and customs for non-organizational interests. In other words, corruption is an illegitimate tool to fulfill illegitimate demands from the administrative system (Huntington, 1991, 90-91).

2.4. Corruption and conflict of interest

In most countries, ordinary citizens, business owners and civil society have increasing expectations from governments, which should provide higher standards of pure honesty in civil and public services, companies under their control and in the executive body itself. in this context, the conflict of interest in its different forms should be taken into consideration in the daily affairs of people occupying every post and position (Milani Far et al., 2019).

Conflict of interest in administration is of particular importance, because if not properly identified and controlled, it can undermine the fundamental integrity of administrative authorities, decisions, organizations and governments. The meaning of "integrity" in the administration refers to the optimal use of the funds, resources, assets and powers of the administration for the desired and predefined purposes. In this sense, the opposite is "honesty", "corruption" or "abuse". Conflict of interest is both a simple and complex issue; It is easy to define in administration, a conflict of interest arises when a government official has private interests in a matter that can adversely affect the performance of his duties and responsibilities. Creating effective frameworks and policies to control work conflicts is complex. To resolve a specific conflict, it is necessary to determine the relevant facts, apply the relevant law and policy, and distinguish between "real", "apparent", "actual" and "potential" conflict situations. This distinction requires technical skill and understanding of many issues that are different in each case. The fact that most people are skeptical about this area of administrative ethics is partly because the existing language can be confusing (Milani Far et al., 2019). For example, "having an interest" in an outcome or a decision is not the same as being "interested" in an outcome or decision and actually being curious about that decision or outcome. If the officials of the department can personally gain something from their decision, then it can be said that they have an "interest" in it. Therefore, "conflict of interest" includes the conflict between the personal interests of officials (what they can gain and have obtained, which is not necessarily financial) and their duty as a public servant and should be avoided as far as reasonably possible. In general, conflicts of interest should also be avoided to minimize the risk to the agency's reputation (as well as the executive's personal reputation) for honesty. Because existing conflicts of interest can be detrimental to trust in public decision-making, managers should also consider all aspects when making decisions about specific cases. This level of care entails costs for avoidance and prevention, assessment and management. Also, any damage to the office's reputation that actually results from a specific ambiguous situation also has costs.

New forms of participation between the government and private section and increasing the interaction of governments with civil society means that conflict of interests takes new forms and presents new challenges to policy makers and government managers. By prohibiting private interests for administrative and executive officials, conflict of interest situations cannot be avoided; Instead, executive authorities should take personal responsibility for identifying the situation and solving existing problem situations, and public institutions should provide realistic and enforceable policy frameworks, adherence to standards, and establish effective management systems (Komesaroff et al. 2019). Among the important and fundamental standards in this field is the principle of impartiality of the administration. For any political system that wants to change from an autocratic government to a democratic government, the principle of neutrality of the administration is the fundamental principle, although restructuring the organization and the performance of personnel management and strengthening the functions of the service system are also essential issues. Most importantly, promoting administrative impartiality is in line with administrative ethics and administrative responsibility.

In fact, these issues are central issues that form the concern of research (Komesaroff et al. 2019).

Administrative impartiality means that the government employee has a neutral, objective and fair position in dealing with public affairs and considers the interests of the entire country and the people or the majority of the people. Administrative neutrality does not mean that a government employee should not be involved in any political issue, but there should be limits for his participation in the political arena. Examination of administrative neutrality may be done from the perspective of individuals, organizations and constitutional systems. This concept has had a significant impact on the development of democracy. (Muth, 2017)

2.4. Good ruling

The idea of good governance influenced by democratic ideals was first proposed by the World Bank in 1989 and explained under the title of governance and development in 1992. The paradigm of good governance was the result of the need to adopt new approaches in managing complex governance issues, as well as the rapid changes in technology in the late nineties, which led to the emergence of a new approach called good governance in modern governance. Hence, it has established good governance as a new paradigm in public section administration. This model was presented especially from the 1980s onwards by international institutions in response to the unfavorable situation of developing societies and their movement towards development. (Imam Jumazadeh, 2016: 9).

Governance in the word means administration and regulation of affairs and refers to the relationship between citizens and rulers, hence it can be concluded that the governance system is the framework on which the process relies. Governance is a set of individual and institutional, public and private actions for joint planning and management of affairs and a continuous process of creating understanding between different and conflicting interests, which is placed in the form of cooperative and compatible actions and includes formal institutions, informal arrangements and social capital of citizens (Dinar Farkoosh, 2011: 164).

Various definitions have been provided for good governance. In other words, each of the definitions that have been stated for this concept has focused on a specific aspect or dimensions of it and has defined this concept based on that. In fact, good governance can be defined based on its characteristics or based on its process (Mohammadi, 2019: 61). Also, the concept of governance refers to a complex set of values, norms, processes and institutions through which the society formally and informally manages the process of development and conflict resolution. Governance requires the government, civil society (social and economic activists, community-oriented institutions and unstructured groups, media, etc.) which is meaningful at all local, national, regional and global levels (Doornbos, 2003: 17). Today, the issue of development has attracted the attention of many countries, and simply, development is nothing but satisfying people's conditions. On the other hand, man is the main criteria of various aspects of development and his health is very important for leaders of development programs. However, many Health systems in the world are still poorly managed and many countries face many problems to make decisions in their health care section, so significant changes in the health service system are considered. Therefore, according to the way of mutual cooperation between the government and the society to achieve the goals of the government, as well as focusing on issues and determinant factors of health, its views and approaches to focus on the governance of the health system, strengthening it and the necessity of cooperation between health and other sections (private, government and citizens) to achieve good governance in the changing health system. Based on this, the reforms of the health system and its governance tools on the provision of accurate services based on the needs of applicants through hospitals and health services providers is a global phenomenon that has received much attention. Health governance refers to the assessment of the role of laws, regulations and policies in maintaining and promoting the health of society and is a tool that society generally uses to ensure conditions where citizens can live with the highest level of health and well-being (Smajdor and Bennett, 2008).

The important point is that governance is not only about the government, but it is the overall responsibility of the society at the macro level. The main stakeholders of society including businesses, employees, universities, media and civil society have a significant impact on health, and strengthening these sections and coordinating their activities is necessary for the health of society. Political will and institutional capacity are needed for good governance. In the first levels of government, the existence of political will provides the necessary capacity to reform the health system. Of course, the realization of this issue requires high supervision and supervision, which requires adequate institutional capacity. The political will is considered from the point of view that the issue of decentralization is considered as one of the main foundations of good governance in health (Houngbo et al. 2017).

3. The effect of corruption on the health system

According to the available statistics, corruption affects the health system. In 2019, the US government recovered $3.6 billion in health system fraud judgments and settlements. However, this amount likely represents the tip of the iceberg of corruption in the US health system, which is estimated to lose $58.5–83.9 billion annually to fraud and abuse (Shrank et al. 2019). This trend is also reflected in global estimates of health care's costs. Where at least 7%, that is, about 500 billion US dollars, is related to corruption in the health system (Shrank et al. 2019). These data show that financial corruption will have a diminishing effect on population health if financial resources are spent for corrupt purposes. Previous studies have shown that corruption affects the most vulnerable patients regardless of the country in which it occurs. People who are in poor health or at high socioeconomic risk (Komesaroff et al. 2019) are more likely to enter the cycle of health system corruption. Data from sub-Saharan Africa show that people who report paying bribes for health-related services are 4 to 9 times more likely to also have difficulty accessing health care (Collignon et al. 2015). In the United States, nearly 790,000 health care beneficiaries were treated over a 3-year period by individuals who were subsequently found to have committed fraud and abuse violations (et al. 2015). These examples show the destructive effect of corruption on population health, health system and dealing with health. As a result, fighting corruption in the health section is necessary to strengthen the health system. Understanding the forms of corruption in the health section is the first important step in this effort.

Improper financial relationships are relationships between factors in the health system that have the potential to create conflict of interest. These factors create situations in which peoples tend to financial motivation more than medical motivation, patient health or public health. Improper financial relationships at the highest level of providing medical services can occur between government officials and for-profit entities in the health section (eg, pharmaceuticals, medical equipment, insurance companies) (Nikoloski and Mossialos, 2013). Other potential manifestations of inappropriate relationships at the highest level of government include deregulation of the health section in favor of special interest groups, influencing health-related recommendations or guidelines, expediting the approval of drugs or medical devices, etc. (Nikoloski and Mossialos, 2013).

Inappropriate financial relationships and financial corruption can also have an inappropriate effect on the level of direct health service delivery. Two common financial corruptions that fall into this category are self-referral and bribery. Self-referral occurs when the health officials of the patients refer the patient for medical services to an institution that provides health services and a family member has a financial relationship with him. Although this referral may be legitimate, these financial relationships have the potential to lead to unnecessary medical interventions or cost-cutting interventions that enrich providers at the expense of patients (Hanf et al. 2011). Bribery at the service delivery level is similar to that at the government level. For example, a pharmaceutical company may provide financial incentives to health care providers to preferentially prescribe that company's drugs (Lio and Lee, 2016).

4. RESEARCH METHOD

The method of this research is a review-narrative which has been related to the review of the existing background related to legal procedures and financial and administrative corruption in the treatment section. In the review method, the results presented in scientific writings about a specific topic are summarized and evaluated. In fact, this method is designed to summarize, analyze and evaluate the information that has been published before. The review method is narrative, critical and provides theoretical and emerging interpretations. The important role of the review method is to guide original scientific writings. Based on this, 35 Persian and English articles related to the research topic were analyzed and the results of the analysis are presented in the findings section.

5. FINDINGS

Using cybernetic theory, Smith et al developed a framework for good governance and implemented it nationally in seven Health system in high-income regions such as Australia, England, Germany, the Netherlands, Norway, Sweden, and Switzerland. This framework consists of three key governance groups (priority setting, accountability and performance monitoring) which are the guiding criteria for assessing hierarchy, market and network monitoring. An important lesson learned by the authors is that the existence of competence and capacity at different levels of the health system is important for the successful implementation of leadership and good governance (Smith et al. 2017). Karija and Karija have done research in the framework of good governance that has been in the direction of governance for health development in the Afro-Asia region and the new concept of good governance in health development in the direction of the Afro-Asia region. According to him, health development cannot be achieved without political and economic stability in the form of a national economic development plan or a poverty reduction strategy, a medium-term government spending framework, and a non-violent election process (Kirigia and Kirigia, 2011).

Based on the dimensions of good governance explained by the Economic, Social, Asia and Pacific Commission and the United Nations Development Program, the World Health Organization ranks the indicators of good governance in different countries in eight dimensions including: participation, rule of law, transparency, accountability, equality, efficiency and effectiveness, responsibility and formation of public consensus has been evaluated. Although these dimensions have been proposed in public administration, studies have also been conducted on the possibility of using them in the health system (Pyone et al. 2017). In general, legal procedures, if placed in the framework of good governance, prevent financial-administrative corruption. Based on past research, the factors for reforming legal procedures in the fight against corruption in the healthcare section can be formulated as follows:

5.1. Rule of law

The right to health is one of the basic human rights recognized in the international human rights system. This right has a solid position in various treaties and international customs, and it can be considered as one of the accepted general principles of developed legal systems. The first and most general manifestation, albeit implicit, of the right to health is seen in international treaties in the United Nations Charter. Although the Charter did not mention the right to health, Article 55 of the Charter obliges that organization to promote higher living standards and find solutions to international issues related to health. The second reflection of the right to health in international treaties, which forms the point of departure for subsequent documents, is in the World Health Organization's constitution in 1946. In the introduction of this statute, it is stated that benefiting from the highest attainable standard of health is one of the fundamental rights of every human being, and the health of nations is fundamental to achieving peace and security; But the clearest and most complete expression of the right to health in international treaties is found in the International Covenant on Economic, Social and Cultural Rights. Paragraph 1 of Article 12 of this Covenant, inspired by the World Health Organization's Constitution, states that: The member states of the covenant recognize the right of everyone to enjoy the best possible state of health and spirit, and paragraph 2 of the same article deals in detail with the measures that must be taken by the member states to fully realize the right to health. Governments' obligations towards the right to health, like any other human right, have three dimensions: the obligation to respect, the obligation to support and the obligation to fulfill. The Economic, Social and Cultural Rights Committee, in its General Opinion No. 14, explains the obligations of governments towards the right to health by using this common three-dimensional model.

First: commitment to respect

This dimension or level of government obligations is actually the negative dimension of human rights obligations. This negative dimension consists of a group of refrains and precautions according to the discussed solution. A commitment to respect is a commitment not to do certain actions or refrain from actions. Regarding the right to health, the commitment to respect means that governments do not create obstacles and restrictions for individuals or groups of individuals in the way of benefiting from this right, by removing the existing obstacles and current restrictions.

In the general opinion number 14 of the committee, the following are mentioned as examples of the commitment to respect the right to health. A commitment to refrain from prohibiting and limiting equal access for all persons to preventive, therapeutic and palliative health services. Avoiding depriving or limiting the access of groups of people such as prisoners, detainees, asylum seekers, minorities and legal immigrants, naturally means extending health services to them, which requires money. Avoiding the implementation of discriminatory procedures as a government policy and refraining from establishing discriminatory procedures in relation to women's health status and needs, avoiding prohibiting or hindering the preventive care of treatment procedures and traditional medicines, and committing to refrain from marketing unhealthy drugs and the use of compulsory medical treatment except in a provincial way for the treatment of mental illness or the prevention and control of infectious diseases. A commitment to refrain from limiting access to contraceptives with other methods and means of maintaining sexual and reproductive health. Avoid censorship, deny, or deliberately incorrect health information including education and sexual information, refusal to prohibit public participation in health issues, commitment to avoid illegal pollution of air, water and soil, for example intermediary waste and industrial waste centers and installations. Avoiding the use of nuclear, biological or chemical weapons or their testing if such testing results in the release of substances harmful to human health. Avoid limiting access to health services as a punitive measure, for example, during armed conflicts or violations of international humanitarian law.

Second: commitment to support

The protective aspect of the governments' obligations towards the right to health is actually to protect this right against its violation by the organs or institutions of the governments and private individuals. This dimension can also be considered from a negative angle. Because it involves avoiding the violation of the right and preventing others from violating it. In this context, the committee mentions examples of the commitment to support the right to health. Duties of governments to pass laws by taking other measures to ensure equal access to health care and health-related services offered by third parties. Ensuring that the privatization of the health section does not pose a threat to the availability, availability, acceptability and quality of health facilities and services. Committing to control the marketing of medical equipment and drugs by third parties, ensuring that practitioners in the medical section and other professionals in the health section have appropriate academic, skill criteria and ethical and behavioral standards. It is the duty of governments to ensure that harmful social or traditional practices are not barriers to access to prenatal and postnatal care and family planning. Preventing third parties from forcing women to endure traditional procedures such as female circumcision, adopting measures to support all vulnerable groups with the marginalized of society, especially women, children, adolescents and older persons, due to the manifestations of violence gender-based and governments' commitment to ensure that third parties restrict people's access to health-related information and services.

Third: Commitment to performance

The obligation of governments to fulfill the right to health means taking necessary measures to meet people's health needs. In other words, governments are obliged to provide the necessary conditions and facilities to benefit from the right to health. As mentioned, the right to health does not mean the right to receive health facilities directly and without cost; But this right is dependent on the existence of sufficient conditions and facilities in the matter of care and health; And without them, people's efforts to achieve the highest possible level of health will be fruitless. In addition, there are people who, for reasons beyond their control, are unable to provide for the health needs of themselves and their families. Therefore, the obligation to perform can be considered in two normal and abnormal situations.

In normal situation, people as the main responsibility holders for their health, need to have and have access to the facilities of goods and services related to health so that they can meet their needs; But in an unusual situation, people need direct access to these facilities, and simply having them at their disposal is not enough. Here, the general opinion of the Committee on Economic, Social and Cultural Rights is helpful. In opinion number 14, the committee examines the obligation to fulfill in two paragraphs. In paragraph 36, some of the basic measures for benefiting from the right to health are stated, and in paragraph 37, the obligation to fulfill the dimensions of facilitation, provision and promotion is taken into consideration. It is necessary to mention these cases and examples of governments' obligations, at least in order to understand their extent and diversity. Perhaps all these actions can be placed under the title of national health policy or a comprehensive and detailed plan to realize the right to health. Adequate recognition of the right to health in domestic political and legal systems is a key factor in fulfilling the obligations of governments towards the right to health. The states that are members of the Covenant are also committed to directly and in unusual cases and when people with a group are unable to fulfill the rights contained in the Covenant with the means they have, for reasons beyond their control, to help them. This is very important after the commitments of governments. This dimension, in the first place, means providing material liquid for the right holder. These resources may be provided directly by the government to each right holders or indirectly, for example, through subsidies to the relevant centers in order to provide cheap services to the ultimate beneficiary of the right. The purpose of such obligations is to improve the situation of the right holder. Many studies emphasize the importance of the rule of law in the health and development of countries. In Sweden, three basic principles apply to all Swedish health care systems implemented at all health levels: (1) Human dignity (equality of all people, regardless of their status in society).

(2) need and solidarity (priority of treatment for people with greater need). (3) Cost-effectiveness with criteria for improving health and quality of life. But even though in many countries the rights of citizens in health issues are well included in the laws of the health system, there is no guarantee for its implementation. As Kumsa and Mbeche concluded in a study entitled the role of institutions in the development of African countries that the weak implementation of the rule of law, corruption, weak management, the absence of a strong civil society and political interference are the most important obstacles to the development of these countries (Kumssa and Mbeche, 2011).

5.2. Transparency

In the contemporary era, the increase of public awareness, the growth of health information, justice and participation has caused the transparency of activities and affairs to become public value and demand. This trend has been formed in societies that have been formed with multilateral and gradual changes in line with changing economic, political and cultural structures. As a result of this process, observing human rights and realizing justice has gone beyond the level of individual ethics and has become part of the moral responsibility of organizations. "The moral responsibility of organizations is the commitment to do the right thing, be fair and prevent corruption" (Checkland et al. 2007).

In England, in order to improve the effectiveness and safety of patient treatment, electronic patient file registration was put on the agenda since 1997. In 2003, the National Health Service system introduced a plan to inform patients about improper administrative procedures or negligence by responsible authorities, and a plan including health care and financial compensation was designed to compensate (Blomgren, 2007). In Sweden, healthcare reforms have also taken place since the 1990s to improve transparency (Kaini, 2013). In this regard, the European Union in 1991 and the United States in 1998 passed the Open Access to Information Act, which provided information transparency. In some developed countries, self-disclosure is a way to increase transparency. In the United States, in 2001, the Integrated Accreditation Board for Health Care Organizations implemented a plan to explore unanticipated outcomes as a type of accreditation measure. In 2003, the Australian Council for Healthcare Safety and Quality considered standards for open communication in public and private hospitals nationally (Fund, 2010).

5.3. Accountability

Accountability is important for policy makers and managers as one of the main goals of the health system. Good Health system around the world are looking for ways to make health care officials more accountable. In the health system, accountability includes a common set of eight dimensions, which are: prompt attention, respect for people's dignity, clarity of communication, independence, confidentiality of personal information, choice of provider, quality of primary services, and access to family and social support (Stokes et al. 2015). In this regard, changes have been made in the health system of many countries in recent years, which have resulted in patient satisfaction; for example, the existence of the Australian Patients' Rights Advocacy Council, continuous monitoring, evaluation, responsiveness to patient needs and patient surveys to assess their satisfaction and expectations of public health care institutions in Singapore (Senkubuge et al. 2014).

5.4. Discussion

Comparative studies on the health system in developing countries indicate that they are far from the existing systems in developed countries in achieving good governance in the health system (Makuta et al. 2015; Brinkerhoff and Bossert, 2014). Although in the health system of many countries, the rights of citizens in health matters are well respected in the laws of the health system; However, the identified weaknesses are weakness in participation and consensus, justice and equality in determining community needs, accountability and clarity, quality and efficiency of services provided, and accountability (Chan et al. 2018). Numerous studies have shown that the health system in many countries is facing many challenges and requires fundamental changes in the management method. In this regard, we can mention some things such as: the lack of clarity of information due to the lack of proper infrastructure for creating electronic health records, the use of inappropriate hardware, the existence of different software systems in the hospital, and the lack of integrated data, which itself provides grounds for administrative corruption (Abbasi et al. 2014; Biglar and Bastani, 2013). Among other weaknesses, the lack of quality of primary health care and the referral system, the lack of clinical guidelines, the lack of proper accountability at all levels of the health system, the insufficient ability of employees to provide services, the lack of transparency in the plans and strategies of the Ministry of Health, the weakness in developing the attitude of cooperation intermediation at different levels of the health system, weakness in the decision-making and policy-making system due to the lack of community participation, weakness in attracting people's participation for the development and implementation of the health system policy, failure to match the annual budget with development plans due to financial corruption. (Evans and Etienne, 2010).

Another weakness in this regard is the impact of corruption legal procedures in the treatment section. Among these procedures, we can mention tenders and auctions in the treatment section. Countries with weak institutions and internal levels of corruption face serious challenges in procuring medical equipment, drugs, equipment and construction. Lack of a transparent administrative-legal procedure procurement, accountability, adequate supervision and control can lead to last-minute changes in contract terms, changing contract specifications towards a particular bidder, and influencing negotiations through bribery in tenders and auctions.

The mentioned weaknesses can be categorized in the following table:

Fields of corruption	Existing legal-administrative procedures
• Making decisions about how to allocate and consume resources • Transfer between budget line items • Lack or weakness in internal and external auditing • Absence of management order and regular review • Financial reports • Lack of oversight of budget	**Budget planning and execution**
• Non- controling expenses other than salaries and fee • Lack of inventory control and asset registration • Poor procurement system • Lack of management supervision and review of payment and procurement practices	**Goods and Services**
• Cash or non-cash transfers • Poor or no record keeping • Absence of correct legal procedures to handle applicants' requests • Nonconformity the same existing procedures • Absence of rules, regulations and eligibility criteria in auctions and tenders	**Transfers**
• Non- controling expenses other than salaries and fee • Lack of management supervision and review of payment • Poor procurement procedure	**Capital expenditures**

Table (1): Corrupting legal-administrative procedures in the treatment section (Hussmann, 2020)

Although in recent years in the Health system of some countries such as Iran and Turkey, with the implementation of changes in the health system, payment by patients has decreased significantly; But due to the lack of stability in providing resources and the inability of managers to meet expectations due to corruption, the injection of financial resources with this process can provide a basis for widespread dissatisfaction, which will be a complex and difficult real solution to the problems of this section (Agha, 2014; Hashemi et al. 2017). Also, in centralized Health system where the collaborative role of the government, companies and people have been neglected, there are many challenges in the three areas of service provision, resource production and care, which are corrupting areas. Therefore, in order to eliminate these corruptions and achieve the highest levels of appropriate health, encouraging the accountability and transparency of all governmental, private and non-governmental sections by using favorable laws and correct legal procedures, determining the structure of health and treatment services at the level of the city and the outskirts of the cities and adapting it will be effective.

6. CONCLUSION

In this study, we came to the conclusion that by reforming the management and laws in the health system of countries, especially developing countries, it is possible to create favorable changes in the health care system and fight financial and administrative corruption in the treatment section. Anti-corruption in the medical section requires good institutions and governance. Based on this, it is suggested that the realization of the goals and policies of the health section requires a model of good governance in the health section that can eliminate financial and administrative corruption with a comprehensive and systematic view. Although in good governance, a set of principles and basic features of good governance at the global and international level have been presented for all countries and governments, but it should be noted that the approach and how to implement them is different in various countries and what approach is appropriate for any particular country is a topic that needs further research.

Therefore, countries should identify and determine the various dimensions of desirable governance with their national and local models, and for this purpose, it is important to identify the historical experience of a country, its culture, and its local values.

8. REFERENCES

Persian

A) Book

Huntington. Samuel (1991). Political order in societies undergoing transformation, Mohsen Solasi, Elm Publications.

B) Articles

Imam Jumazadeh, Seyyed Javad. ShahramNia, Amir Massoud. Safaryani, Ruhollah. (2016). "A model of good governance; Collaborative society and efficient government in development management", Political Science Quarterly, Volume 12, Number 36.

Dinar Farkoosh, Bahlul (2011), "Investigating the effect of media ethics indicators on good governance", Journal of Media Studies, Year 6, Number 15.

Mohammadi, Hossein Sultan. (2019). "Responsiveness and optimal governance in religious government", Islamic government, Year twenty-four, number 4 (consecutive 94).

Milanifar, Alireza. Akhundi, Mohammad Mahdi. Paykarzadeh, Parvaneh. Larijani, Baqer (2011). "Legal evaluation of the conflict of interest in the laws of Iran's health system". Iran's ethics and history of medicine. 5 (1): 1-16

English

Books

Collignon P, Athukorala PC, Senanayake S, Khan F. (2015). Antimicrobial resistance: the major contribution of poor governance and corruption to this growing problem. PLoS ONE.

Ensor, T. & Antonio D. M., Saltman, R. B., Busse, R., Mossialos, E. (2002). Corruption as a challenge to effective regulation in the health sector, Regulating entrepreneurial behavior in European health care systems, Buckingham, UK Open University Press.

Fund C. (2010). International profiles of health care systems. New York: Commonwealth Fun.

Smajdor, A. (2008). Bennett B. Health law's kaleidoscope: Health law rights in a global age. Oxford: Oxford University Press.

Savedoff, W. D. (2006). The causes of corruption in the health sector: a focus on health care systems. In: Transparency International, Global Corruption Report: Special focus on corruption and health, London: London Pluto Press.

Papers

Agha L. (2014). The effects of health information technology on the costs and quality of medical care. J Health Econ.;34:19-30

Abbasi M, Rezaee R, Dehghani G. (2014). Concept and situation of the right to health in Iran legal system. Iran J Med Law.;8(30):183-99. .Chan CQH, Lee KH, Low LL. (2018). A systematic review of health status, health seeking behaviour and healthcare utilisation of low socioeconomic status populations in urban Singapore. Int J Equity Health;17(1):39.

Biglar M, Bastani P. (2013). The challenges of stewardship in medical education system: A qualitative approach. J Payavard Salamat.;7(4):299-311. Persian.

Brinkerhoff D. W., Bossert T. J. (2014). Health governance: Principal-agent linkages and health system strengthening. Health Policy Plan.;29(6):685-93.

Blomgren M. (2007). The drive for transparency: Organizational field transformations in Swedish healthcare. Public Admin.;85(1):67-82.

Checkland K, McDonald R, Harrison S. (2007). Ticking boxes and changing the social world: Data collection and the new UK general practice contract. Soc Policy Admin.;41(7):693-710.

Evans DB, Etienne C. (2010). Health system financing and the path to universal coverage. Bull World Health Organ.;88(6):402.

Kaini BK. (2013). Healthcare governance for accountability and transparency. J Nepal Health Res Counc;11(23):109-11.

Pyone T, Smith H, van den Broek N. (2017). Frameworks to assess Health system governance: A systematic review. Health Policy Plan;32(5):710-22

Kirigia JM, Kirigia DG. (2011). The essence of governance in health development. Int Arch Med; 4:11

Houngbo PT, Coleman HL, Zweekhorst M, De Cock Buning T, Medenou D, Bunders JF. (2017). A model for good governance of healthcare technology management in the public sector: Learning from evidence-informed policy development and implementation in Benin. PLoS One;12(1).

Hussmann, K. (2020). Health Sector Corruption Practical Recommendations for Donors, U 4 Issue 10, Anti-corruption resource center

Makuta I, O'Hare B. (2015). Quality of governance, public spending on health and health status in Sub Saharan Africa: A panel data regression analysis. BMC Public Health.;15:932.

Nikoloski Z, Mossialos E. (2013). Corruption, inequality and population perception of healthcare quality in Europe. BMC Health Serv Res. 13:472.

Saha, S., Gounder, R., Campbell, N., & Su, J. J. (2014). "Democracy and corruption: a complex relationship". Crime, Law and Social Change, 61 (3), 287-308.

Smith MA, Spiggle S, McConnell B. (2017). Strategies for community-based medication management services in value-based health plans. Res Social Adm Pharm.;13(1):48-62.

Siddiqi S, Masud TI, Nishtar S, Peters DH, Sabri B, Bile KM, et al. (2009). Framework for assessing governance of the health system in developing countries: Gateway to good governance. Health Policy;90(1):13-25.

Stokes J, Gurol-Urganci I, Hone T, Atun R.(2015). Effect of health system reforms in Turkey on user satisfaction. J Glob Health.;5(2):20403

Senkubuge F, Modisenyane M, Bishaw T. (2014). Strengthening Health system by health sector reforms. Glob Health Action.;7:23568.

Hashemi N, Farhani Nezhad S, Faghih A. (2017). Evaluation of inpatient satisfaction from the implementation of the health system evolution program (HSEP). J Prev Med.;4(2):60-7. Persian.

Komesaroff PA, Kerridge I, Lipworth W. (2019). Conflicts of interest: new thinking, new processes. Intern Med J, 49:574–577

Hanf M, Van-Melle A, Fraisse F, Roger A, Carme B, Nacher M. (2011). Corruption kills: estimating the global impact of corruption on children deaths. PLoS ONE.

Lio MC, Lee MH. (2016). Corruption costs lives: a cross-country study using an IV approach. Int J Health Plann Manage. 31:175–90.

Muth CC. (2017). Conflict of Interest in Medicine. JAMA, 317:1812–1812.

Saghaiannejad Isfahani S, Zarei J, Ajami S, Saidbakhsh S. (2012). The status of computerized medical records in selected hospitals of Ahvaz, Isfahan and Shiraz]. Health Inf Manag.;8(6):784. Persian.

Shrank WH, Rogstad TL, Parekh N. (2019). Waste in the US health care system: estimated costs and potential for savings. JAMA. 322:1501–9.

Las garantías procesales en la entrega y conservación de pruebas electrónicas en el proceso penal dentro de la Unión Europea

JUAN A. MURIEL DIÉGUEZ
Universidad de Valladolid

Resumen:

Con la reciente entrada en vigor del Reglamento (UE) 2023/1543 del Parlamento europeo y del Consejo de 12 de julio de 2023 sobre las órdenes europeas de producción y las órdenes europeas de conservación a efectos de prueba electrónica en procesos penales y de ejecución de penas privativas de libertad a raíz de procesos penales se ha tratado de solucionar una serie de dificultades en la colaboración entre autoridades judiciales y policiales en el curso de investigaciones penales. Ahora bien, nuestra intención es analizar desde un punto de vista crítico, si esas novedades procesales garantizan de manera eficiente los derechos de los investigados, en concreto en lo referente a la aportación de pruebas electrónicas en el proceso penal y su uso transfronterizo.

Palabras clave: Prueba electrónica, proceso penal, investigación, propuesta, reglamento

1. INTRODUCCIÓN

Dentro de la sociedad en la que vivimos, cada vez más digitalizada, el uso de la tecnología se ha generalizado en todos los ámbitos. Quizá esto no guste o provoque enconadas discusiones, pero no podemos detenernos a debatir si ello es bueno o malo, ya que el uso de sistemas cada vez más sofisticados también se ha generalizado entre los delincuentes, creando además grupos criminales con medios, no sólo muy sofisticados, sino que su actuación se extiende en el ámbito territorial —precisamente por el uso de estos medios– a diversos Estados.

Esta actuación a través de diversos foros complica la investigación de estos delitos. Por ello, es necesario utilizar todos los mecanismos para investigar y perseguir estos delitos.

Y en cuanto a la investigación de delitos en una sociedad cada vez más tecnificada, resulta fundamental conseguir un sistema eficiente para compartir las pruebas electrónicas —correos electrónicos, aplicaciones de mensajería instantánea o redes sociales— que sean necesarias en el proceso penal con carácter transfronterizo. Precisamente el hecho de que muchos delincuentes informáticos operen desde diferentes Estados dificultaba la actuación de los investigadores por lo que las autoridades llevaban tiempo reclamando herramientas jurídicas que facilitasen la persecución conjunta a través de las fronteras de estos delitos y que facilitasen el intercambio, no solo de información, sino de las propias pruebas en formato digital que pudieran conseguirse en otro Estado miembro de la Unión Europea o en ocasiones fuera de la Unión Europea. Para ello la Comisión Europea solicitó la redacción de una Propuesta de Reglamento sobre órdenes europeas de entrega y conservación de pruebas electrónicas a efectos de enjuiciamiento penal, en el año 2018.

Una vez conocido el texto de la primera Propuesta, se suscitaron numerosas críticas, por parte de distintos operadores jurídicos y gran parte de la doctrina, que consideraban que la Propuesta adolecía de suficientes garantías procesales en aras de conseguir esa ansiada agilidad y rapidez en los trámites. A través de sucesivas modificaciones normativas se han ido corrigiendo estas deficiencias.

Después de un largo y complicado proceso parlamentario el 13 de junio del 2023 fue aprobado el texto definitivo del Reglamento[1]. Un texto que contiene las modificaciones que se han ido

---

1 REGLAMENTO (UE) 2023/1543 DEL PARLAMENTO EUROPEO Y DEL CONSEJO de 12 de julio de 2023 sobre las órdenes europeas

añadiendo a través de los numerosos cambios presentados en el Parlamento para mejorar ciertas imperfecciones con respecto de las garantías procesales detectadas en las propuestas anteriores.

2. ANTECEDENTES LEGISLATIVOS

Mediante las normas que emanan del Derecho Internacional se venía solucionando el problema de la colaboración entre Estados a la hora de investigar y perseguir delitos en los que existía un elemento de extranjería, como la asistencia judicial mutua, en la cual y mediante procedimientos protocolizados, las diferentes autoridades judiciales contactaban entre sí para solicitar y/o entregar las pruebas (electrónicas/ *e-evidence*) que se considerasen necesarias. No obstante, estos instrumentos tenían el inconveniente de ser lentos y tediosos[2].

Los supuestos en los que era necesario la colaboración entre diferentes Estados se han ido multiplicando, ya fuese por ser los investigados de otra nacionalidad, o cometer el ilícito penal desde otro Estado. En concreto estos casos han crecido enormemente no solo por la facilidad de movimiento de las personas físicas a través de las fronteras, sino –y principalmente– por el uso de las nuevas tecnologías, lo que llevaba a facilitar la comisión de un delito en un Estado desde otro, en el cual normalmente se encontraban no solo los sujetos activos del mismo sino las pruebas que facilitarían las labores de investigación y que no eran fácilmente accesi-

---

de producción y las órdenes europeas de conservación a efectos de prueba electrónica en procesos penales y de ejecución de penas privativas de libertad a raíz de procesos penales. L 191/118. 28.7.2023.

2 GASCÓN MARCEN, Ana. (2019): "Las órdenes europeas de entrega y conservación de pruebas electrónicas: evaluación de la propuesta de la comisión europea". En J. M. Martín Rodríguez (dir.), L. García-Álvarez (dir.), A. Sánchez Rubio (coord.), J. M. Macarro Osuna (coord.) *El mercado único en la Unión Europea. Balance y perspectivas jurídico-políticas.* Dykinson. Madrid, Pág. 1122

bles para las autoridades policiales y judiciales del Estado donde se encontraban los sujetos pasivos víctimas del acto delictivo.

Ahora bien, la fragmentación jurídica entre los diferentes Estados dificulta la persecución de estos delitos y crea una indeseable inseguridad jurídica. Para ello y dentro del ámbito territorial de la Unión Europea se creó la Orden Europea de Investigación (OEI), aprobada a través de la Directiva 2014/41/UE relativa a la orden europea de investigación en materia penal[3]. Sin olvidar el Convenio de asistencia judicial mutua del año 2000, como nos informaba la propia exposición de motivos del Reglamento de la OEI[4].

En todo caso, estos instrumentos legislativos han resultado insuficientes en la práctica judicial, pues en la mayor parte de los casos es necesario la presentación de pruebas que se encuentran en otros Estados y son —por la propia naturaleza de estos delitos— electrónicas o digitales. En definitiva, se busca asegurar la cadena de custodia de la prueba electrónica y de manera genérica el derecho a la defensa del investigado, para con ello garantizar los derechos procesales de los presuntos implicados.

Con el fin de intentar solucionar estos defectos señalados por doctrina y jurisprudencia el legislador europeo inició los trámites para el desarrollo de un instrumento jurídico más eficiente en cuanto la transmisión de pruebas electrónicas en los procesos

---

3 Directiva 2014/41/CE del Parlamento europeo y del Consejo, de 3 de abril de 2015, relativa a la orden europea de investigación en materia penal, DOUE 1.5.2014, L. 130/1. Transpuesta al ordenamiento español por Ley 3/2018, de 11 de junio, incorporando el instrumento OEI en el Título X de la Ley 23/2014, de 20 de noviembre, de reconocimiento mutuo de resoluciones penales en la Unión Europea, BOE núm. 282, de 21.11.2014.

4 Acto del Consejo de 29 de mayo de 2000 por el que se celebra, de conformidad con el artículo 34 del Tratado de la Unión Europea, el Convenio relativo a la asistencia judicial en materia penal entre los Estados miembros de la Unión Europea. C 197/1. 12 de julio de 2000.

penales, y no solo dentro de la Unión Europea, sino extendiendo su ámbito de aplicación incluso a terceros Estados.

2.1. Propuesta de Reglamento de 2018

En abril de 2018, la Comisión Europea publicó una Propuesta de Reglamento «sobre las órdenes europeas de entrega y conservación de pruebas electrónicas a efectos de enjuiciamiento penal»[5].

El objeto de esta Propuesta de Reglamento respondía al incremento de delitos de carácter tecnológico, uno de cuyos vértices más problemáticos es la comisión de estos desde lugares distintos al foro dónde se encuentra la víctima y, por ende, donde se produce el daño (consumación del delito).

El carácter transfronterizo de estos delitos hacía necesario poder cooperar entre diferentes Estados, con el fin de poder aportar las pruebas necesarias para la correcta investigación de los mencionados delitos. Aunque el fin que buscaba esta Propuesta era loable, hemos de fijarnos en cómo se hizo, es decir, si se respetan las garantías procesales y los derechos fundamentales del investigado en el uso y transmisión de las pruebas que le puedan involucrar en un proceso penal a través de una o varias fronteras. Es decir, asegurar la cadena de custodia de la prueba electrónica y el derecho a la defensa del investigado. Precisamente, la exposición de motivos de la propia Propuesta advierte que la finalidad de esta consiste en agilizar estos trámites, ya que instrumentos que ya existen, como la Orden Europea de Investigación (OEI), pueden resultar lentos en la adopción de las oportunas medidas. Además de facilitar la comunicación directa entre las autoridades encargadas de la investigación del proceso penal y los proveedores de servicios privados.

---

5 Propuesta de Reglamento del Parlamento Europeo y del Consejo sobre órdenes europeas de entrega y conservación de pruebas electrónicas a efectos de enjuiciamiento penal presentada por la Comisión europea el 14 de abril de 2018. Documento COM (2018), 225 final.

Una vez conocido el texto de la primera Propuesta, se suscitaron numerosas críticas, por parte de distintos operadores jurídicos y gran parte de la doctrina, que consideraban que la Propuesta adolecía de suficientes garantías procesales en aras de conseguir esa ansiada agilidad y rapidez en los trámites. A través de sucesivas modificaciones parece que se han ido corrigiendo estas deficiencias.

2.2. Modificaciones iniciales propuestas

Distintos operadores jurídicos señalaron al conocer este texto inicial una serie de carencias que podrían afectar a las garantías procesales de los investigados. En concreto, el Consejo Europeo de la Abogacía[6] — que junto a distintos operadores jurídicos fue invitado por la propia Comisión para aportar propuestas al texto inicial— señaló la falta de garantías del derecho a la defensa e igualdad de armas entre defensa y acusación que contenía el texto inicial de la Propuesta[7].

Asimismo, el Consejo de la Abogacía Europea consideró que al ser el artículo 82 TFUE un precepto dedicado a legislar sobre el Principio de Reconocimiento mutuo de sentencias y resoluciones, se debe entender que éste se halla reservado en exclusiva a

---

6 Posición de CCBE -*Council of Bars and Law Societies of Europe*- sobre la propuesta de Reglamento de la Comisión sobre las órdenes europeas de entrega y conservación de pruebas electrónicas a efectos de enjuiciamiento penal de 19 de octubre de 2018. Disponible en https://www.ccbe.eu/fileadmin/speciality_distribution/public/documents/SURVEILLANCE/SVL/Positions_papers/EN_SVL_20180629_CCBE-Preliminary-comments-on-the-Commision-proporsal-for-a-Regulation-on-European-Production-and-Preservation-Orders-for-electronic-evidence-in-criminal-matters.pdf.

7 https://www.ccbe.eu/fileadmin/speciality_distribution/public/documents/SURVEILLANCE/SVL/Positions_papers/EN_SVL_20180629_CCBE-Preliminary-comments-on-the-Commision-proporsal-for-a-Regulation-on-European-Production-and-Preservation-Orders-for-electronic-evidence-in-criminal-matters.pdf.

la cooperación entre autoridades judiciales y, por tanto, no sería aplicable a esta Propuesta por cuanto permite a las autoridades —no necesariamente judiciales— obligar a una empresa TIC a conservar o entregar la prueba electrónica (información de datos) con la posible vulneración de derechos fundamentales y garantías procesales del investigado[8]. La elección del instrumento legal para adoptar el Reglamento ha generado un importante debate en la doctrina[9].

A estas dudas sobre el instrumento legislativo elegido se unen otras sobre su posible aplicación —del futuro Reglamento una vez

---

8 Posición de CCBE sobre «El principio de reconocimiento mutuo al que se refiere el artículo 82 suele entenderse como reservado únicamente a la cooperación entre las autoridades judiciales. Sin embargo, la propuesta prevista no involucra a las autoridades policiales o judiciales del Estado miembro en que se encuentre la empresa que recibe la solicitud...» Pág. 1. Desde un punto de vista de la práctica de la defensa judicial de los posibles encausados, resulta muy interesante la opinión del Consejo de la Abogacía Europea (CCBE), que en sendos documentos de 29 de junio y 19 de octubre de 2018 ofrecen opiniones y modificaciones sobre la Propuesta de Reglamento.

9 A modo ilustrativo podemos citar a DE HOYOS SANCHO, M. (2022): "Reflexiones acerca de la Propuesta de Reglamento UE sobre las órdenes europeas de entrega y conservación de pruebas electrónicas a efectos de enjuiciamiento penal". Revista General de Derecho Procesal 58, «En relación con esta cuestión hemos de discrepar puntualmente de lo expuesto por la Comisión, ya que, si bien en efecto el Reglamento ofrece una solución uniforme y directamente vinculante para todos los Estados y autoridades implicadas, en este caso, en el modelo que se pretende implantar con la propuesta de Reglamento sobre *e-evidence,* no se trata ciertamente de "cooperación *judicial*" transfronteriza. En realidad, estaríamos en presencia de una cooperación transfronteriza de naturaleza "mixta", pues las órdenes de entrega o conservación las emitirá una autoridad estatal -juez o fiscal-, pero las recibirá el representante legal de una *empresa* proveedora de servicios, quien, según el modelo de la propuesta, en la gran mayoría de los casos, ejecutará esa orden *sin* intervención de autoridad judicial alguna en ese Estado de ejecución. A nuestro juicio, eso no puede calificarse de cooperación *judicial* en sentido estricto». Págs. 8-9.

entre en vigor— al permitir a las autoridades de un Estado miembro obligar a empresas y/o entidades privadas a la conservación o entrega de datos informáticos, aunque se hallen fuera de la jurisdicción de la UE. Es decir, podemos poner en duda la legalidad de ampliar el ámbito de actuación de este Reglamento a terceros fuera de la Unión Europea[10].

2.3. Texto transaccional final de la Propuesta de principios de enero del 2023

Entre sus más importantes novedades, contiene la posibilidad de solicitar una EPOC o EPOC-PR por parte del investigado, opción hasta ahora omitida en textos anteriores y, que había recibido numerosas críticas por parte de los distintos operadores jurídicos a los que la Comisión invitó a formular sugerencias y observaciones preliminares en el proceso de consulta pública. En especial por parte del Consejo Europeo de la Abogacía, que consideraba que sin esta posibilidad se coartaba la capacidad de defensa de una de las partes en litigio, como es la del investigado, por cuanto se producía un desequilibrio en el derecho a la defensa e igualdad de armas entre defensa y acusación.

En concreto, en el articulado del Texto transaccional final, en el artículo 1 sobre el Objeto, se introduce un apartado 1 bis, en el que se hace expresa mención a la posibilidad de solicitar la orden europea de entrega o conservación por parte de un investigado dentro del derecho a la defensa del proceso penal[11]. Por otra parte, no debemos olvidar que este derecho de la parte investigada ya

---

10 FUENTES SORIANO, O. (2020): "Europa ante el reto de la prueba digital. El establecimiento de instrumentos probatorios comunes: las órdenes europeas de entrega y conservación de pruebas electrónicas". En O. Fuentes Soriano (dir.), P. Arrabal Platero (coord..), Y. Doig Díaz (coord..), A. Ortega Giménez (coord..), I. Turégano Mansilla (coord..). *Era digital, sociedad y derecho.* Tirant lo Blanch. Valencia, págs. 288 y 294.

11 Esta posibilidad omitida en anteriores textos había sido fuertemente criticada por diversos operadores jurídicos, como el Consejo Europeo

existe en instrumentos similares vigentes, como es la Orden Europea de Investigación (OEI). De esta manera creemos que se ha corregido acertadamente esta carencia de las Propuestas anteriores.

Del mismo modo, y siguiendo con la misma línea de corrección de medidas que no eran lo suficientemente garantistas, el capítulo 2° del Texto final, en su artículo 4 recoge la participación obligatoria y en todo caso de una autoridad judicial con la consideración de «autoridad emisora», que compruebe la legalidad y respeto de los derechos y garantías del investigado en la entrega de datos. De esta manera se corrige otra de la deficiencias de textos preliminares donde se permitía la emisión de órdenes de entrega y conservación por parte de autoridades involucradas en la investigación del caso, pero que como parte interesada en el proceso adolecían de la suficiente independencia y neutralidad, como podían ser los agentes policiales o la fiscalía (en España el Juez instructor en su condición de encargado de dirigir la investigación en el proceso penal); todo ello, con la finalidad confesada por el legislador en la exposición de motivos de la propia Propuesta de agilizar los trámites de este instrumento legal.

Lógicamente, esta «excusa» no fue aceptada de buen grado por varios de los operadores jurídicos de la Unión, en especial por el CCBE —en su condición de representantes de los abogados de la UE— por cuanto consideraban y consideran que no se puede sacrificar un derecho fundamental tan importante como el de recibir la necesaria tutela judicial efectiva en un proceso penal, en aras de la rapidez del proceso penal en cuanto a tiempo de tramitación del mismo.

Ahora bien, no todas las recomendaciones del CCBE han sido tenidas en cuenta a este respecto, y por ejemplo debemos señalar como debe del texto final —a nuestro entender— la diferenciación que se ha mantenido procedente de la Propuesta inicial entre datos que pueden ser solicitados a través de la orden de entre-

---

de la Abogacía y parte de la doctrina. Véase FUENTES SORIANO, O. Ob.cit, Pág. 306.

ga. De esta manera se legisla una limitación material entre «datos de transacción y de contenido», y «datos de acceso o abonado» El legislador ha considerado que los primeros deben contar con un plus de protección por ser más sensibles en cuanto a información y por ende, tienen una mayor afectación de derechos fundamentales —a este respecto no tenemos nada que objetar—, por el contrario, se consideran que los datos de la segunda categoría no contienen una información de suficiente entidad como para contar con la máxima protección que les haría merecedores de la participación activa de una autoridad judicial como garantía del proceso. Por ello, el legislador ha mantenido en el texto final, la posibilidad de que estos datos puedan ser solicitados por una autoridad no judicial, como puede ser el fiscal encargado de la investigación del caso.

En cuanto a esta posibilidad, tenemos que confesar serias dudas, pues no consideramos que la supuesta menor importancia de la información contenida por los «datos de acceso o abonado», no hayan de ser merecedoras de la tutela judicial efectiva que otorga la participación de una autoridad judicial como «autoridad de emisión» de la EPOC

3. REGLAMENTO (UE) 2023/1543 DE 12 DE JULIO DE 2023.

Finalmente, el pasado 13 de junio fue aprobada en primera lectura por el Parlamento Europeo la Propuesta de Reglamento del Parlamento Europeo y del Consejo sobre las órdenes europeas de entrega y conservación de pruebas electrónicas a efectos de enjuiciamiento penal[12].

---

12 Resolución legislativa del Parlamento Europeo, de 13 de junio de 2023, sobre la propuesta de Reglamento del Parlamento Europeo y del Consejo sobre las órdenes europeas de entrega y conservación de pruebas electrónicas a efectos de enjuiciamiento penal (COM (2018)0225 –C8-0155/2018 – 2018/0108(COD))

El Reglamento 2023/1543 incluye algunas variaciones sobre el texto transaccional final que hemos mencionado, con interesantes añadidos y también alguna decepcionante omisión[13].

Con el fin de paliar los defectos y problemas que presentan los recursos sobre cooperación transfronteriza en materia de entrega y conservación de pruebas en el proceso penal, el legislador decidió utilizar un instrumento de obligado cumplimiento[14] —de ahí la elección del Reglamento como instrumento normativo para su regulación— para todos los Estados miembros. Esta decisión en modo alguno ha estado exenta de polémica, pues desde que se

---

13 En cuanto a las novedades, podemos señalar en el propio título del Reglamento la de adición de «... ejecución de penas privativas de libertad a raíz de procesos penales», algo que acota con mayor precisión el ámbito de actuación material del propio texto normativo. Reglamento (UE) 2023/1543 del Parlamento europeo y del Consejo de 12 de julio de 2023 sobre las órdenes europeas de producción y las órdenes europeas de conservación a efectos de prueba electrónica en procesos penales y de ejecución de penas privativas de libertad a raíz de procesos penales. L 191/118. 28.07.23.

14 Propuesta de Directiva del Parlamento europeo y del Consejo por la que se establecen normas armonizadas para la designación de representantes legales a efectos de recabar pruebas para procesos penales, COM (2018) 226 final, (en adelante Directiva 2018) : «La base jurídica para la adopción de medidas en este ámbito es el artículo 82, apartado 1, del Tratado de Funcionamiento de la Unión Europea, que dispone que se podrán adoptar medidas con arreglo al procedimiento legislativo ordinario a fin de establecer normas y procedimientos para garantizar el reconocimiento en toda la Unión de las sentencias y resoluciones judiciales en todas sus formas [...] Dado que la propuesta se refiere a procedimientos transfronterizos para los que se requieren normas uniformes, no es necesario dejar un margen a los Estados miembros para transponer dichas normas. Un Reglamento es directamente aplicable, aporta claridad y más seguridad jurídica y evita interpretaciones divergentes en los Estados miembros y otros problemas de transposición que han padecido las Decisiones marco relativas al reconocimiento mutuo de las sentencias y resoluciones judiciales».

hizo público motivó las críticas de varios operadores jurídicos que consideraron que había sido una elección errónea[15] .

A estas dudas sobre el instrumento legislativo elegido se unen otras sobre su posible aplicación —del futuro Reglamento una vez entre en vigor— al permitir a las autoridades de un Estado miembro obligar a empresas y/o entidades privadas a conservar o entregar datos informáticos de clientes, aunque se hallen fuera de la jurisdicción de la UE. Es decir, podemos poner en duda la legalidad de ampliar el ámbito de actuación de este Reglamento a terceros fuera de la Unión Europea.

La principal novedad del Reglamento de entrega y conservación de pruebas electrónicas consiste en la posibilidad de dirigir estas solicitudes a entidades privadas —los prestadores de servicios— al contario que los instrumentos anteriores de cooperación judicial que se reservaban a las autoridades de los Estados miembros. Precisamente este hecho es el que ha provocado una fuerte controversia entre la doctrina, pues se considera que obligar de manera coercitiva a una entidad privada a entregar y/o conservar datos informáticos (prueba electrónica) de un particular investigado constituiría una vulneración de sus derechos fundamen-

---

[15] Entre quienes muestran dudas con respecto a esta decisión podemos citar a la Profª. DE HOYOS SANCHO, Montserrat. (2022): “Reflexiones acerca de la Propuesta de Reglamento UE sobre las órdenes europeas de entrega y conservación de pruebas electrónicas a efectos de enjuiciamiento penal”. *Revista General de Derecho Procesal* 58, 1-37. Mientras que entre quienes lo creen acertado podemos citar a LARO GONZÁLEZ, Elena. (2022): “Prueba penal transfronteriza: de la orden europea de investigación a las órdenes europeas de entrega y conservación de pruebas electrónicas”. Revista de Estudios Europeos, 79, 285-303. pág. 290, así como la Profª. FUENTES SORIANO, Olga. (2020): “Europa ante el reto de la prueba digital. El establecimiento de instrumentos probatorios comunes: las órdenes europeas de entrega y conservación de pruebas electrónicas”. En O. Fuentes Soriano (Dir.), P. Arrabal Platero (coord..), Y. Doig Díaz (coord..), A. Ortega Giménez (coord..), I. Turégano Mansilla (coord..). *Era digital, sociedad y derecho.* Tirant lo Blanch. Valencia, pág. 288.

tales y garantías procesales, más aún cuando los prestadores de servicios destinatarios de estas órdenes se encuentren en Estados terceros[16]. Del mismo modo, otro de los objetivos del Reglamento como se reconoce en la exposición de motivos es el de agilizar los trámites para la obtención de pruebas electrónicas. En las Propuestas iniciales parece que se sacrificó la rigurosidad en la observancia de las garantías procesales del investigado en aras de una mayor rapidez en el proceso penal.

Afortunadamente, y a través de modificaciones y observaciones planteadas por diversos operadores jurídicos que fueron invitados a plantear sus ideas por la Comisión[17], se han introducido mejoras relacionadas con las garantías procesales de los investigados. Entre las modificaciones introducidas en el Reglamento y que tienen mayor relación con la Directiva objeto de este estudio, destacaríamos la ampliación del artículo 2 sobre definiciones que en un anterior apartado cuarto se refería de manera genérica al término «establecimiento», mientras que en la Propuesta finalmente aprobada por el Parlamento Europeo se convierte en un ampliado apartado quinto que recoge de manera minuciosa las figuras del «establecimiento», que pasa ha desdoblarse en un 5 *bis,* que define al «establecimiento delegado» y un 5 *ter* referido al «representante legal»[18].

---

16 FUENTES SORIANO, Olga. Ob.cit. Págs. 288 y 294.

17 Véase Posición de CCBE -*Council of Bars and Law Societies of Europe*- sobre la propuesta de Reglamento de la Comisión sobre las órdenes europeas de entrega y conservación de pruebas electrónicas a efectos de enjuiciamiento penal de 19 de octubre de 2018. Disponible en https://www.ccbe.eu/fileadmin/speciality distribution/public/documents/SURVEILLANCE/SVL/Positions papers/EN SVL 20180629 CCBE-Preliminary-comments-on-the-Commision-proporsal-for-a-Regulation-on-European-Production-and-Preservation-Orders-for-electronic-evidence-in-criminal-matters.pdf. [Consultado 7 de marzo de 2023].

18 Relacionado con la aplicación del Reglamento (UE) 2016/679 del Parlamento Europeo y del Consejo, de 27 de abril de 2016, relativo a la protección de las personas físicas en lo que respecta al tratamiento de

Ambas figuras son de suma importancia ya que están directamente involucradas en la posibilidad de aplicar el Reglamento propuesto a terceros[19], es decir empresas o entidades que, sin presencia en el territorio de la UE, realicen parte de su actividad en la misma —algo regulado en el artículo 3 sobre el ámbito de aplicación[20]— de manera que cuenten con alguna delegación física o deban nombrar a una persona que las represente ante las autoridades de la UE, existiendo eso sí, ciertas salvedades, como que los datos solo se emitirán para procesos penales[21] y que esos datos requeridos se han de circunscribir a los datos relativos a servicios ofrecidos por el proveedor dentro de la UE.

Por último debemos mencionar los supuestos relativos a privilegios e inmunidades que puedan afectar a determinadas personas que se viesen afectadas por una investigación de carácter penal, « Los privilegios e inmunidades, que pueden referirse a determinadas categorías de personas, por ejemplo, diplomáticos, o a relaciones específicamente protegidas, como la prerrogativa

---

datos personales y a la libre circulación de estos datos. L 119/1 de 4 de mayo de 2016.

19 BUENO DE MATA, Federico. (2021): "Análisis de las medidas de cooperación judicial internacional para la obtención transfronteriza de pruebas en materia de cibercrimen". En L. FONTESTAD PORTALÉS (dir.), M. de las N. JIMÉNEZ LÓPEZ (coord.) *La transformación digital de la cooperación jurídica penal internacional.* Thomson Reuters Aranzadi. Cizur Menor (Navarra). Págs. 19-46.

20 TOSZA, Stanislaw. (2021): "Internet service providers as law enforcers and adjudicators. A public role of private actors". *Computer law & security review,* 43. [Disponible en www.elsevier.com/locate/CLSR] [Consultado el 12 de abril de 2023].

21 Existe una persistente referencia a la acotación de este Reglamento a procesos de carácter estrictamente penal. Seguramente se deba a las dudas que suscitaron instrumentos de cooperación judicial anteriores que no diferenciaban entre procedimientos administrativos y penales. En ARANGÜENA FANEGO, C.; DE HOYOS SANCHO y RODRÍGUEZ-MEDEL NIETO, C (Dir. y Coor.) (2015): *Reconocimiento Mutuo de Resoluciones Penales en la Unión Europea.* Thomson Reuters Aranzadi. Cizur Menor (Navarra), págs. 509 y ss.

de secreto profesional en la relación abogado-cliente o el derecho de los periodistas [...] El alcance y los efectos de los privilegios e inmunidades difieren según el Derecho nacional aplicable que deba tenerse en cuenta en el momento de emitir una orden europea de producción o una orden europea de conservación...»[22]. Esta decisión final de delegar un supuesto tan delicado como puede ser la relación abogado-cliente en una causa penal, reduciendo además su regulación en el Reglamento final en comparación con la Propuesta anterior —donde contaba con un precepto propio que lo desarrollaba— nos parece desacertada y nos tememos que genere inseguridad jurídica y la consiguiente litigiosidad en procesos penales.

4. CONCLUSIONES

De manera general debemos felicitarnos por el esfuerzo realizado por los distintos actores que participaron en las diferentes propuestas y modificaciones que se presentaron al Consejo con la intención de mejorar la Propuesta inicial. Ésta pecaba en nuestra opinión de una peligrosa falta de aseguramiento de las garantías procesales de los investigados.

A la hora de intentar compatibilizar la buscada eficiencia y rapidez en el desarrollo de las investigaciones y la protección de los derechos de los encausados, se ha pasado de una notable descompensación desfavorable para el investigado —en especial en el texto inicial de 2018— a un Reglamento que, sin ser perfecto, equilibra de una manera aceptable estas dos posturas que en ocasiones parecen irreconciliables.

De manera concreta y como ya hemos apuntado en el Desarrollo del capítulo se ha reformulado el supuesto de la posibilidad de solicitar la OEI por parte de la parte investigada, lo cual sirve para asegurar las garantías del investigado en una situación tan

---

22 Considerando 47 del Reglamento 2023/1543.

delicada como las que se derivan de un proceso penal y dándole la oportunidad a la defensa de solicitar la obtención de pruebas electrónicas a través de la Orden Europea de Investigación, en igualdad de condiciones con la acusación.

Asimismo, se realiza una más consistente regulación de la figura del «establecimiento», o «representante legal», los cuales están asumiendo cada vez mayor importancia por el carácter tecnológico de estas medidas y por la muy importante característica de este texto normativo, que es su aplicación a terceros, que por lógica se encuentran fuera de la UE y deberán nombrar quién les represente y quién reciba las oportunas notificaciones de las autoridades de cualquiera de los Estado miembros de la UE.

Del mismo modo, y para finalizar, debemos señalar entre las posibles fallas del texto finalmente aprobado, la ambigüedad con respecto de los privilegios e inmunidades que se refieran a determinadas personas y los datos que manejan, desde diplomáticos a la inmunidad relativa a la relación abogado-cliente o el derecho de los periodistas a no revelar sus fuentes de información. En el penúltimo texto, como hemos visto, se había conseguido una mención concreta en el art. 7. Desgraciadamente, en el Reglamento finalmente aprobado, ha desaparecido dicho art.7, haciéndose una referencia más breve en el apartado 10 *in fine* del art. 5. Esto es algo que ya se advierte en el considerando 47 del Reglamento donde se deriva el respeto a este tipo de inmunidades a la legislación nacional de cada Estado.

En nuestra opinión, ésta es una deficiente solución, pues esta inhibición a la hora de regular una figura tan importante como es la relación abogado-cliente de manera homogénea a todos los Estados miembros de la Unión, además de ir contra la deseable y buscada armonización de la legislación en el proceso penal provocará una notable inseguridad jurídica.

En resumen, se puede considerar que el legislador europeo ha realizado un esfuerzo loable —en verdad ha tenido cinco años para hacerlo— para intentar compatibilizar las posturas antagónicas de las que hablábamos al inicio de nuestras conclusiones que, no obstante, podría haber sido mejorable en cuanto a la regulación de determinados aspectos que ponen en peligro garantías y derechos procesales de los investigados.

5. BIBLIOGRAFÍA

ARANGÜENA FANEGO, C.; DE HOYOS SANCHO, M. Y RODRÍGUEZ-MEDEL NIETO, C (Dir. y Coor.) (2015): *Reconocimiento Mutuo de Resoluciones Penales en la Unión Europea.* Thomson Reuters Aranzadi. Cizur Menor (Navarra).

DE HOYOS SANCHO, M. (2022): "Reflexiones acerca de la Propuesta de Reglamento UE sobre las órdenes europeas de entrega y conservación de pruebas electrónicas a efectos de enjuiciamiento penal". *Revista General de Derecho Procesal* 58, 1-37.

FUENTES SORIANO, O. (2020): "Europa ante el reto de la prueba digital. El establecimiento de instrumentos probatorios comunes: las órdenes europeas de entrega y conservación de pruebas electrónicas". En FUENTES SORIANO, O. (dir.), ARRABAL PLATERO, P (coord..), DOIG DÍAZ, Y (coord..), ORTEGA GIMÉNEZ, A. (coord..), TURÉGANO MANSILLA, I. (coord..). *Era digital, sociedad y derecho.* Tirant lo Blanch. Valencia, pp.281-320.

LARO GONZÁLEZ, E. (2022): "Prueba penal transfronteriza: de la orden europea de investigación a las órdenes europeas de entrega y conservación de pruebas electrónicas". *Revista de Estudios Europeos,* 79, 285-303.

BUENO DE MATA, F. (2021): "Análisis de las medidas de cooperación judicial internacional para la obtención transfronteriza de pruebas en materia de cibercrimen". En L. FONTESTAD PORTALÉS (dir.), M. de las N. JIMÉNEZ LÓPEZ (coord.) *La transformación digital de la cooperación jurídica penal internacional.* Thomson Reuters Aranzadi. Cizur Menor (Navarra). Págs. 19-46.

TOSZA, S. (2021): "Internet service providers as law enforcers and adjudicators. A public role of private actors". *Computer law & security review,* 43. [En línea] <http:// www.elsevier.com/locate/CLSR> [Consultado el 12 de abril de 2023].

https://www.ccbe.eu/fileadmin/speciality_distribution/public/documents/SURVEILLANCE/SVL/Positions_papers/EN_SVL_20180629_CCBE-Preliminary-comments-on-the-Commision-proporsal-for-a-Regulation-on-European-Production-and-Preservation-Orders-for-electronic-evidence-in-criminal-matters.pdf.

https://www.ccbe.eu/fileadmin/speciality_distribution/public/documents/SURVEILLANCE/SVL/Positions_papers/EN_SVL_20180629_CCBE-Preliminary-comments-on-the-Commision-proporsal-for-a-Regulation-on-European-Production-and-Preservation-Orders-for-electronic-evidence-in-criminal-matters.pdf.

https://www.ccbe.eu/fileadmin/speciality_distribution/public/documents/SURVEILLANCE/SVL/Positions_papers/EN_SVL_20180629_CCBE-Preliminary-comments-on-the-Commision-proporsal-for-a-Regulation-on-European-Production-and-Preservation-Orders-for-electronic-evidence-in-criminal-matters.pdf.

Un análisis práctico de la función de la Fiscalía Europea[1]

SERENA CACCIATORE
Universidad de Burgos

Resumen:

Se pretende analizar la institución de la Fiscalía Europea desde la perspectiva europea como nacional, no solo española sino también italiana. En su examen se abordarán así aspectos reales y concretos mediante la incorporación del punto de vista de los profesionales a fin de conocer los avances de este nuevo organismo europeo. Se incorpora a lo largo del capítulo, un pequeño trabajo de campo fruto de las entrevistas realizadas dentro del Módulo *Jean Monnet* titulado *"The EPPO and EU Law: A Step Forward in EU Integration"* concedido a la *Università degli studi di Milano*, Bicocca. En particular, el subcomité *"Interviews and Media"* liderado por la autora se encarga de entrevistar a los profesionales con especialización en el ámbito de la integración europea, incidiendo en el papel de la Fiscalía Europea. Se concluirá con una breve reflexión y valoración de esta experiencia alcanzada.

Palabras claves: Fiscalía Europea, entrevistas, perspectiva europea, perspectiva española, perspectiva italiana.

1. INTRODUCCIÓN

La Fiscalía Europea conocida también como EPPO (acrónimo en inglés- *European Public Prosecutor's Office*) creada por el Regla-

---

1 La presente contribución se enmarca dentro de los proyectos de investigaciones del Plan Nacional «El Derecho Procesal Civil y Penal desde la perspectiva de la Unión Europea: la consolidación del Espacio de Libertad, Seguridad y Justicia (Ref. PID2021-124027NB-I00)», financiado por MCIN/AEI/10.13039/501100011033 / FEDER, UE.

mento (UE) 2017/1939 del Consejo de 12 de octubre de 2017[2], se define un órgano que investiga los delitos que atenten contra los intereses financieros de la Unión Europea[3] (en adelante UE). Se establece una cooperación reforzada para la creación de la Fiscalía Europea, bajo el acuerdo de 16 países a lo que se fueron sumando otros Estados Miembros hasta alcanzar a fecha de hoy la cifra de 23 países[4] .

Este "análisis practico" al cual se hace referencia en el título de este Capítulo, es fruto del trabajo desarrollado por parte del Comité "*Interviews and Media*" operativo en el ámbito del Módulo *Jean Monnet* titulado "*The EPPO and EU Law: A Step Forward in EU Integration*"[5] (en adelante STEPPO). Los proyectos elegidos como Módulos *Jean Monnet* son seleccionados en base a un proceso competitivo y la Comisión Europea los concede a las instituciones, en este caso universidades, que considera cualificados por su excelencia docente e investigadora. STEPPO ha sido concedido a la *Università degli studi di Milano,* Bicocca[6], con una duración de

---

2 DOUE del 31 de octubre de 2017, n. L 283, pp. 1-71. Para un examen amplio entre la literatura existente ya en la materia, por todos, BACHMAIER WINTER, L., *La Fiscalía Europea,* Marcial Pons, Madrid, 2018, así como MONTESINOS GARCÍA, A., "La nueva Fiscalía Europea", *Revista General de Derecho Europeo,* n. 53, 2018, pp. 163-196 y CÉSAR PÉREZ-LUÑO ROBLEDO E., "La nueva fiscalía europea", en *El mercado único en la Unión Europea: balance y perspectivas jurídico-políticas,* Dykinson, Madrid, 2019, pp. 1107-1120.

3 LÚPARIA DONATI L. y DELLA TORRE J., "Origen y antecedentes de la Fiscalía Europea", en *Tratado sobre la Fiscalía Europea y el procedimiento penal especial de la L.O. 9/2021, de 1 de junio,* Aranzadi, Navarra, 2023, pp. 87-126, esp. p. 88.

4 JIMENO BULNES, M., "La Fiscalía Europea: un breve recorrido por la Institución", en *El Proceso como garantía,* Atelier, Barcelona, 2023, pp. 59-103, esp. p. 70.

5 Vid. la página oficial disponible en https://www.steppo-eulaw.com/ (fecha de consulta: el 13 de junio de 2024).

6 La coordinadora del Módulo *Jean Monnet STEPPO,* es la Profesora Benedetta Carla Maria Angela Ubertazzi, los subcomité son varios entre ellos: - *Steering Committee -Criminal Lawyers, -Prosecutors, - Academic,- Judi-*

cuatro años (2022-2025). El proyecto pretende ofrecer a los ciudadanos de la UE una visión introductoria de la Fiscalía Europea a través del diálogo entre fiscales, funcionarios de la UE, profesionales, académicos, estudiantes y el público en general[7].

El subcomité "*Interviews and Media*" del cual la autora es responsable, está integrado por Alejandro Hernández López, profesor de Derecho Procesal en la Universidad de Valladolid, Cristina Ruiz López, profesora de Derecho Procesal en la Universidad de Córdoba, Ana Vicario Pérez, doctora en la Universidad de Burgos, Costanza De Caro, doctoranda en la *Università di Firenze y* Celia Carrasco Perez doctoranda de la Universidad de Burgos[8]. El objetivo de este Comité es entrevistar a profesionales con especialización en el ámbito de la integración europea, incidiendo en el papel de

---

cial Bodies, - Law Enforcement Agencies, - National Institutions,-EU Institutions Subcommittee, -Connect Subcommittee, -Create Subcommittee,- Collaborate Subcommitte, - Game Subcommittee, - Baking insurance and financial authorities, -High School Subcommittee,- Audit Institutions Subommittee, -Real estate transactions, - Media Subcommittee, - Art & Cultural Heritage Crimes. Más informaciones en la página web disponible en https://www.steppo-eulaw.com/ (fecha de consulta: el 13 de junio de 2024).

7 Se trata de un programa de enseñanza de 48 horas anuales centrado en este nuevo organismo de la UE, haciendo hincapié en su papel y en particular en la dimensión de la UE en el contexto del entrelazamiento de sus competencias con las nacionales, sin limitarse a un sistema nacional u otro. Desde las perspectivas europeas entre la bibliografía, MÓRAN MARTÍNEZ R. A., "Investigación transfronterizas y cooperación judicial internacional. La Fiscalía Europea", *Revista del Ministerio Fiscal,* n. 9, 2020, pp. 22-51, así como SABADELL CARNICERO C., "Retos y perspectivas de la Fiscalía Europea", en *Tratado sobre la Fiscalía Europea y el procedimiento penal especial de la L.O. 9/2021, de 1 de junio,* Aranzadi, Navarra, 2023, pp. 127-153, además de ALVES COSTA J. A., "La creación de la fiscalía europea" en *Espacio europeo de libertad, seguridad y justicia: últimos avances en cooperación judicial penal,* Lex Nova, Valladolid, 2010, pp. 85-100.

8 Ello obedece a varios motivos: primero el origen de la autora, así como por trabajar en la actualidad en la Universidad de Burgos y colaborar en el mismo tiempo con compañeros italianos.

la Fiscalía Europea[9]. A través de las diversas entrevistas se pretende recopilar información práctica como datos de interés y experiencias prácticas por parte de los profesionales en esta área.

A tal efecto, hemos entrevistado algunos Fiscales Europeos, así como abogados, magistrados y expertos en el campo, como Francisco Jiménez Villarejo, Fiscal de Sala de Cooperación Penal Internacional de la Fiscalía General del Estado[10], así como a Concepción Sabadell Carnicero, cuando se realizó la entrevista, Fiscal de la Fiscalía Europea en representación de España[11], Salvador Guerrero Palomares, abogado y Profesor de Derecho Procesal de la Universidad de Málaga[12], además de entrevistar profesionales italianos, entre ellos los Fiscales Europeos Calogero Ferrara[13] y

---

9 Al respecto, ALLEGREZZA, S., "Verso una procura europea per tutelare gli interessi finanziari dell'Unione. Idee di ieri, chances di oggi, prospettivi di domani", *Diritto Penale Contemporaneo,* 2013, disponible en https://archiviodpc.dirittopenaleuomo.org/d/2610-verso-una-procura-europea-per-tutelare-gli-interessi-finanziari-dell-unione (fecha de consulta: el 13 de junio de 2024). En nuestro país a la fecha, ESTÉVEZ MENDOZA, L. M., "La instauración de la Fiscalía como cooperación reforzada: problemas orgánicos y procesales", *Revista de Estudios Europeos,* n.1, 2017, pp. 106-122.

10 Más informaciones, en la página web disponible en https://www.boe.es/diario_boe/txt.php?id=BOE-A-2022-7323 (fecha de consulta: el 13 de junio de 2024).

11 Más informaciones, en la página web disponible en https://www.boe.es/diario_boe/txt.php?id=BOE-A-2020-10950 (fecha de consulta: el 13 de junio de 2024).

12 Abogado habilitado para actuar ante la Corte Penal Internacional, además de Profesor de Derecho Procesal de la Universidad de Málaga, y autor de cuatro monografías, capítulos de libros y artículos doctrinales, más ampliamente véase página web https://guerreroabogados.es/salvador-guerrero-palomares/ (fecha de consulta: (fecha de consulta: el 13 de junio de 2024).

13 *Procuratore Europeo Delegato,* más informaciones en la página web disponible en https://procura-palermo.giustizia.it/it/procuratori_europei_delegati.page (fecha de consulta: el 13 de junio de 2024).

Amelia Luise[14], los dos en la *Procura della Repubblica presso il Tribunale di Palermo;* así como Stefano Castellani[15] y Pasquale Profiti[16], los dos Fiscales Europeos respectivamente en Turín y Bolonia.

El formulario de la entrevista ha sido traducido en los diferentes idiomas, dependiendo de la procedencia del entrevistado, y la entrevista ha sido en la mayoría de los casos grabada y por supuesto, autorizada 3 por parte de los entrevistados.

2. LA CREACIÓN DE LA FISCALÍA EUROPEA Y SUS CONSECUENCIAS

La primera pregunta que ha sido sometida a los profesionales expertos en el campo de la Fiscalía Europea fue la siguiente:

¿Cómo se ha acogido la creación de la Fiscalía Europea en el ámbito laboral de referencia?[17].

Dependiendo del papel que desempeñan, algunos respondieron que fue bien recibida, aunque con un poco de sorpresa por falta de conocimiento ya que en un principio era más una tarea

---

14 *Procuratore Europeo Delegato,* más informaciones en la página web disponible en https://procura-palermo.giustizia.it/it/procuratori_europei_delegati.page (fecha de consulta: el 13 de junio de 2024).

15 *Procuratore Europeo Delegato,* más informaciones en la página web disponible en https://procura-eppo.giustizia.it/it/torino.page (fecha de consulta: el 13 de junio de 2024).

16 *Procuratore Europeo Delegato,* más información en la página web disponible en https://www.giustiziainsieme.it/en/contatti/282-pasquale-profiti (fecha de consulta: el 13 de junio de 2024).

17 Sobre esta pregunta véase también el punto de vista de VERVAELE, J., A.E., en "Responsabilità giuridica e politica della Procura Europea nell'esercizio dell'azione penale e nello svolgimento delle indagini: l'asimmetria dei controlli condivisi", en *Mobilità, sicurezza e nuove frontiere tecnologiche,* Giappichelli, Torino, 2018, pp. 344-369, así como BELFIORE, R., "L' esercizio dell'azione penale da parte dell'EPPO tra legalità e margini di discrezionalità", *Cassazione Penale,* n. 10, 2022, pp. 3677-3690.

para las fiscalías -ya sobrecargadas de trabajo. Y así, el procedimiento en una primera fase continuó a desarrollarse a través el utilizo de medios como llamadas telefónicas previas sobre las dificultades encontradas, para resolverlas. Esto se tradujo en una mayor disponibilidad por parte de las fiscalías y de los fiscales europeos, que, como informó, en este caso la Fiscal Amelia Luise[18], facilitaron su número de teléfono móvil, el correo electrónico para ponerse en contacto y así recibir las noticias del delito.

Por otra parte, el Fiscal Calogero Ferrara, opina que la Fiscalía Europea fue recibida con interés por algunos, con desconfianza por otros y con dudas por otros más. El mismo afirma: *"Los Fiscales tendrán el "deber", día a día de superar esos aspectos controvertidos"*[19]. Otros, afirman que ha sido muy bien acogida y hay curiosidad por este organismo europeo que plantea nuevas cuestiones jurídicas, como afirma el Fiscal, Pasquale Profiti[20].

Por último, señalar la postura del Fiscal Lorenzo Salazar[21], que afirma que después de un largo período de escaso conocimiento

---

18 Además, la fiscal Amelia Luise afirmo: "*Al principio nos conformábamos con meros informes, así como con resúmenes de las actuaciones que nos querían enviar para su posible avocación a favor de la Fiscalía Europea siempre que pudiéramos satisfacer sus necesidades de ajustarse a la nueva normativa. Y ahora se están adaptando paulatinamente*". Entrevista por parte de Costanza De Caro a Amelia Luise (Palermo- 02 de septiembre de 2022).

19 Entrevista por parte de Costanza De Caro a Calogero Ferrara (Palermo- 27 de julio de 2022).

20 El Fiscal europeo continuó la entrevista afirmando: "*Nuestra posición fue bien acogida por los colegas y, en particular, cuando me enfrenté a los jueces, debo decir que encontramos una acogida no diferente a la de los fiscales nacionales; hay curiosidad hacia este instituto que plantea nuevas preguntas jurídicas*". Entrevista por parte de Costanza De Caro a Pasquale Profiti (Bologna – 6 de julio de 2022).

21 *Sostituto Procuratore generale presso Procura Generale Corte di Appello Di Napoli.* Más información en la página web disponible https://www.sistemapenale.it/it/autori-di-sp/salazar-lorenzo (fecha de consulta: el 13 de junio de 2024). Entrevista online por parte de Costanza De Caro a Lorenzo Salazar (el 7 de marzo de 2022). Además se señalan dos interesantes trabajos del que es autor el mismo Fiscal entrevistado, SALAZAR,

sobre el tema, tanto por parte de los magistrados como, por parte de la profesión legal (que inicialmente reaccionó incluso con una relativa hostilidad hacia el proyecto), luego, la atención se centró en la Fiscalía Europea. Además, tras la adopción del Reglamento (UE) 2017/1939 y especialmente después de su entrada en vigor el 1 de junio de 2021[22], llamó mucha atención y curiosidad. Está claro que esto ha implicado en primer lugar, para los magistrados, ampliar su ámbito de competencia, en segundo lugar, para la profesión legal, supuso una preparación específica para hacer frente a este nuevo desafío.

Entrando ya en los delitos PIF es decir, los que afectan a los "Intereses Financieros de la Unión" (PIF), se pueden definir como una de las principales áreas de enfoque de la Fiscalía Europea. Entre ellos pueden incluirse: fraude, corrupción, blanqueo de capitales y malversación, o sea todas aquellas actividades que afectan a los presupuestos, programas y recursos financieros de la UE. A este respecto se ha puesto un interrogante a los profesionales entrevistados, sobre cuáles son los delitos PIF que mayoritariamente se constan en la experiencia judicial. Las estadísticas que existen son generales y muestran que los delitos PIF más comunes son fraude de subvenciones y relacionados con la contratación pública[23].

L., "Definitivamente approvato il regolamento istitutivo della procura europea (EPPO)", *Diritto Penale Contemporaneo*, n. 10, 2017, pp. 328- 338, vid. p. 330, así como SALAZAR, L., "Habemus EPPO!: La lunga marcia della Procura europea", *Archivio penale*, n. 3, 2017, pp. 1-61.

22 Al respecto, más detalladamente GRASSO G., SICURELLA R. y GIUFFRIDA F., "EPPO material competence: analysis of the PIF directive and Regulation", en *The European Public Prosecutor's Office at launch Adopting National System, Transforming, EU Criminal Law*, Wolters Kluwer, Italia, 2020, pp, 23-56 así como CAIANIELLO M., "Azione penale (e inazione) del pubblico ministero europeo", en *L'attuazione della Procura Europea. I nuovi assetti dello spazio europeo di libertà, sicurezza e giustizia*, Editoriale Scientifica, Napoli, 2022, pp. 189-211.

23 Entrevista por parte de Cristina Ruiz López a Concepción Sabadell Carnicero (online el 16 de julio de 2022).

En el Informe Anual 2022 de la Fiscalía Europea[24], se hace referencia a presuntos fraudes relacionados con el uso y presentación de declaraciones o y documentos falsos, incorrectos o incompletos, como resultado de los cuales fondos o activos del presupuesto de la Unión o presupuestos gestionados por la Unión fueron retenidos ilegalmente. Además de las formas más graves de fraude del IVA (en particular, fraude carrusel), fraude del IVA a través de comerciantes desaparecidos y fraude del IVA cometido dentro de una organización delictiva. Estos esquemas de fraude ocurren principalmente en los sectores automotriz, de dispositivos electrónicos y textil y, por lo general, involucran a varias empresas que actúan en varios países, ya sea como comerciantes intermedios, intermediarios o comerciantes desaparecidos.

Le seguiría el fraude de ingresos no relacionados con el IVA (en particular, el fraude de derechos de aduana y antidumping). Este tipo de fraude se encuentra en casi todos los tipos de mercancías, tabaco, electrónica, bicicletas, repuestos, etc; y el fraude en los gastos de contratación. Por lo general, los delitos se cometen mediante el uso y o presentación de declaraciones o y documentos falsos, incorrectos o incompletos. La falsificación es un delito común inextricablemente relacionado. El fraude en las adquisiciones ocurre principalmente en relación con la construcción, los subsidios a la infraestructura de desechos y aguas residuales, la tecnología (desechos verdes, reciclaje) y los programas de desarrollo de recursos humanos.

Por último, por tratarse de un porcentaje mínimo de los casos de la Fiscalía Europea, nos encontraríamos aquellos que involucran la corrupción activa o pasiva de funcionarios públicos[25].

---

24 Informe anual de 2022 de la Fiscalía Europea, más información en la página web disponible https://www.eppo.europa.eu/sites/default/files/2023-05/FINAL%20PRINT%20EPPO%202022%20Annual%20Report%20EN_ES%20WEB.pdf (fecha de consulta: el 13 de junio de 2024).

25 Entrevista por parte de Alejandro Hernández López, a Francisco Jiménez Villarejo (online el 28 de octubre de 2022).

2.1 Perspectiva europea

En primer lugar, desde la perspectiva europea, entre las cuestiones que se han planteado durante las entrevistas, se ha hecho referencia a las disposiciones relativas a las investigaciones transfronterizas; si suponen un valor añadido respecto a los mecanismos de cooperación internacional ya existentes. En realidad, el sistema de asignación previsto, aunque huye de la terminología propia del sistema de reconocimiento mutuo en que se basa la cooperación judicial internacional vigente en la UE[26], es similar en sus planteamiento y funcionamiento a dicho sistema, aunque más simplificado. En cuanto a las autoridades competentes de ejecución, es decir los Fiscales Europeos Delegados del Estado miembro correspondiente y la facilidad de la coordinación centralizada prevista en el artículo 31 (2) del Reglamento (UE) 2017/1939[27] se realiza cuando se solicitan diferentes medidas a ejecutar por varios Fiscales delegados asistentes en cada uno de sus Estados miembros.

En ese sentido, como bien afirma Francisco Jiménez Villarejo[28] aparece necesaria la intervención directa de la oficina central de la Fiscalía Europea prevista por el Reglamento (UE) 2017/1939. Sobretodo en relación a la coordinación para la ejecución de es-

---

26 Sobre el principio del reconocimiento mutuo, más ampliamente CACCIATORE, S. "El reconocimiento mutuo como principio clave para la lucha contra el crimen organizado", en *Lucha contra la criminalidad organizada y cooperación judicial en la UE: instrumentos, límites y perspectivas en la era digital*, Thomson Reuters, Aranzadi, 2022, pp. 171-186.

27 Literamente: "El Fiscal Europeo Delegado encargado podrá asignar cualquier medida a la que pueda recurrir de conformidad con el artículo 30. La motivación y la adopción de tales medidas estarán regidas por la legislación del Estado miembro del Fiscal Europeo Delegado encargado. Cuando el Fiscal Europeo Delegado encargado asigne una medida de investigación a uno o varios Fiscales Europeos Delegados de otro Estado miembro, deberá informar al mismo tiempo a su Fiscal Europeo supervisor".

28 Entrevista por parte de Alejandro Hernández López, a Francisco Jiménez Villarejo (online el 28 de octubre de 2022).

tas medidas de investigación transfronteriza, sobre todo, cuando concurran problemas o discrepancias entre los fiscales europeos delegados que actúen en los roles de fiscal encargado y asistente, (recuerda a la aprobación e intervención del College en los casos abiertos en Eurojust[29]), lo que supone una supervisión coordinadora que puede mejorar sensiblemente el entendimiento, la calidad y la eficacia de la coordinación pendiente, si bien en el Reglamento en cuestión, se regulan específicamente los casos de discrepancia entre el Fiscal Delegado encargado y asistente. En estos supuestos, el papel de los Fiscales Supervisores debe ser reforzado[30]. Asimismo, el artículo 31.5[31] del Reglamento (UE) 2017/1939 mantiene cuatro razones que justifican la no ejecución que siendo similares a los motivos de no reconocimiento de

---

[29] Sobre Eurojust, ESCALADA LÓPEZ M. L., "Instrumentos orgánicos de cooperación judicial: magistrados de enlace, red judicial europea y Eurojust" en *La cooperación judicial civil y penal en el ámbito de la Unión Europea: instrumentos procesales*, J.M. Bosch, Barcelona, 2007, pp. 95-121, así como JORDANA SANTIAGO, M. E., "La esperada reforma de la agencia de la Unión Europea para la cooperación judicial penal (Eurojust). Comentario al Reglamento (UE) 2018/1727 del Parlamento Europeo y del Consejo de 14 de noviembre de 2018", *Revista General de Derecho Europeo*, n. 48, 2019, pp. 248-276.

[30] A este respecto, GIL GARCÍA, F.S., "La Fiscalía Europea: ¿un futuro sin independencia?" *La independencia del Ministerio Fiscal*, Astigi, Sevilla, 2018, pp. 109-124, así como PÉREZ MARÍN M. Á., "La futura fiscalía europea", en *Aproximación legislativa "versus" reconocimiento mutuo en el desarrollo del espacio judicial europeo: una perspectiva multidisciplinar*, J.M. Bosch Editor, Barcelona, 2016, pp. 265-310.

[31] Literalmente: "En caso de que el Fiscal Europeo Delegado asistente considere que: a) la asignación está incompleta o contiene algún error manifiesto importante; b) no cabe llevar a efecto la medida dentro del plazo establecido en la asignación por razones justificadas y objetivas; c) una medida alternativa y menos intrusiva alcanzaría los mismos resultados que la medida asignada, o d) la medida asignada no existe o no cabría recurrir a ella en un caso nacional similar en virtud de la legislación de su Estado miembro, informará a su Fiscal Europeo supervisor y consultará con el Fiscal Europeo Delegado encargado para resolver la cuestión bilateralmente".

la Directiva 2014/41/UE del Parlamento Europeo y del Consejo de 3 de abril 2014 relativa a la Orden Europea de Investigación en materia penal[32], no son esgrimidas directamente por el Fiscal delegado asistente, correspondiendo a la Sala Permanente tomar la decisión de denegación.

Concepción Sabadell Carnicero[33], considera que las disposiciones relativas a las investigaciones transfronterizas en comparación con los mecanismos de cooperación internacional ya en vigor "*aportan una mayor agilidad y una cooperación directa entre los Fiscales Europeos delegados*"[34]. El Fiscal Calogero Ferrara, afirma que éste debería considerarse el valor añadido de la Fiscalía, ya que permite "eludir" las disposiciones sobre instrumentos de cooperación como comisiones rogatorias, órdenes de investigación o intercambio de información. El Fiscal Ferrara, afirma que además se evidencian una serie de problemas, por ejemplo, el hecho de que los

---

32 DOUE de 1 de mayo de 2014, n. 130, pp. 1-36. Al respecto, CACCIATORE, S. "La aplicación práctica de la Orden Europea de Investigación como mecanismo de obtención transnacional de pruebas", en *La evolución del espacio judicial europeo en materia civil y penal: su influencia en el proceso español*, Tirant lo Blanch, Valencia, 2022, pp. 299-313.

33 Además, autora del interesante trabajo: SABADELL CARNICERO C., "La competencia material de la Fiscalía Europea", *Diario La Ley*, n. 10298, 2023, pp. 1-54. Por la otra parte, véase el punto de vista del Fiscal de la Fiscalía Europea en representación de Italia, Andrea Venegoni es su trabajo VENEGONI A., "La definizione del reato di frode nella legislazione dell'unione dalla convenzione pif alla proposta di direttiva PIF", *Diritto Penale Contemporaneo,* 2016, disponible en https://archiviodpc.dirittopenaleuomo.org/d/4963-la-definizione-del-reato-di-frode-nella-legislazione-dell-unione-dalla-convenzione-pif-alla-propost (fecha de consulta: el 13 de junio de 2024).

34 A este respecto, se señala una cuestión prejudicial planteada por un tribunal austriaco (Asunto C-281/22, GK y otros, presentado el 25 de abril de 2022), Oberlandesgericht Wien, Austria, ECLI:EU:C:2023:510, disponible en https://curia.europa.eu/juris/document/document.jsf?mode=DOC&pageIndex=0&docid=274882&part=1&doclang=ES&text=&dir=&occ=first&cid=2488425 (fecha de consulta: el 13 de junio de 2024).

sistemas judiciales son diferentes y, por lo tanto, actividades que, por ejemplo, en Italia puede hacer el fiscal, en otro estado no es así, pero hay que considerarse que la Fiscalía Europea es una única oficina (la primera) que trabaja conjuntamente con 23 estados.

En segundo lugar, otra pregunta contenida en el formulario preparado por parte del Comité "*Interviews and Media*" que se sometió a los profesionales ha sido: si sería conveniente que la Fiscalía Europea ampliara su ámbito de competencia material a delitos no circunscritos a la protección de los intereses financieros de la UE o a la pertenencia a organizaciones criminales[35]. Algunos sostienen que esta cuestión a menudo ha sido objeto de debate. Y que a largo plazo sería deseable. A modo de ejemplo, sería necesario para algunos delitos como los delitos medioambientales transnacionales, que es uno de los grandes temas que se están debatiendo en este momento; el terrorismo, o el tráfico de seres humanos, es decir, todos aquellos delitos que implican a varios países. Sin embargo, esto también requeriría una cesión de jurisdicción por parte de las autoridades nacionales, así como un refuerzo de las oficinas especializadas.

De acuerdo con lo dicho, La Fiscal Amelie Luise afirma que, para la rapidez de la investigación, sería positivo y deseable ampliar su ámbito de competencia material en el contexto de la lucha antiterrorista. En cambio, el fiscal Francisco Jiménez Villarejo, sostiene que, antes de ampliar las competencias de la Fiscalía

---

[35] La respuesta del Fiscal Pasquale Profiti ha sido afirmativa. Continuó afirmando: "*Durante muchos años he tenido la oportunidad de ocuparme de delitos de terrorismo y debo decir que, en mi opinión, el terrorismo es un caso de prueba extraordinariamente importante para una Fiscalía Europea. Porque el terrorismo actual es un terrorismo internacional y cualquiera que sea, ya sea el islámico y generalmente de base religiosa (...), tiene vínculos transnacionales. Poder intercambiar información, como hacemos ahora para el fraude del IVA o el contrabando, también para los delitos terroristas, nos llevaría realmente a dar un gran paso adelante y un salto cuántico en la lucha contra estos delitos" (traducción propia)*. Entrevista por parte de Costanza De Caro a Pasquale Profiti (Bologna – 6 de julio de 2022).

Europea, habría que mejorar el funcionamiento de la misma, y, sobre todo, su compatibilidad con las fiscalías nacionales.

2.2. Perspectiva española y Perspectiva italiana

La Fiscalía española ha apoyado el proyecto de la Fiscalía Europea desde que se lanzó la idea de este proyecto que ahora se ha hecho realidad se lanzara hace más de treinta años[36]. El Fiscal Francisco Jiménez Villarejo, por una parte, lo considera un sueño hecho real. Por otra parte, califica "obsoleto" el sistema penal español; ya que la posibilidad de que este proyecto saliera adelante era vista por muchos como una esperanza para superar el inmovilismo orgánico que -en materia judicial penal- preside en el Estado español[37].

Desde junio de 2021, tras superar muchos obstáculos, a nivel nacional y supranacional la Fiscalía Europea está trabajando en España, como una Fiscalía más, investigando y preparando la acusación en casos por delitos PIF, si bien, a diferencia de las Fiscalías territoriales y especiales que operan en el sistema penal español, se trata de una oficina fiscal supranacional, como sabemos, que actúa extramuros de la Fiscalía española con su propia estructura, órganos, medios de funcionamiento y toma de decisiones, de manera autónoma e independiente.

Así afirma el Fiscal Francisco Jiménez Villarejo:

> *"Por ello, somos conscientes que dentro de la empatía existente en dos organismos acusatorios que claves en el funcionamiento del estado de derecho en la UE, en particular en la lucha contra la*

---

36 Concepción Sabadell Carnicero afirma: *"(...) desde mi anterior ámbito como Fiscal Anticorrupción y, además, al ser España impulsora de la Fiscalía Europea desde luego que la acogida ha sido muy favorable"*. Entrevista por parte de Cristina Ruiz López a Concepción Sabadell Carnicero (online el 16 de julio de 2022).

37 Sobre la perspectiva española, VILAS ALVAREZ, D., "The EPPO implementation: a perspective from Spain", *Eucrim the European Criminal Law Associations' forum*, n.2, 2018, 2018, pp.124-130.

> *corrupción, y a partir el principio de máxima lealtad y cooperación mutua, debemos buscar espacios de dialogo que mejoren nuestro entendimiento a fin de superar los supuestos de desacuerdo en materia de posibles cuestiones de competencia con delitos conexos, investigaciones transfronterizas, sentando las bases para unas relaciones fluidas, estables y fructíferas entre compañeros fiscales. Por ello, más allá de las disfunciones iniciales ocasionadas por el brusco injerto de la Fiscalía Europea en el sistema procesal penal español, la puesta en marcha de la Fiscalía Europea iniciada supone un reto lleno de oportunidades y esperanzas de progreso para la Fiscalía española y, yo diría que el mejor antecedente y modelo precursor, frente al gran desafío que supone la sistémicamente diferida - pero cada vez más irrenunciable reforma del modelo de investigación penal en España"*[38].

Si se quiere hacer, un breve paralelismo con el sistema español, en Italia existen problemas de competencia[39]. Sin embargo, entre los Fiscales europeos entrevistados, en la práctica no los han encontrado. El sistema que estableció el legislador italiano prevé una especie de prevalencia cuando se detecta un delito de los contemplados en la Directiva PIF. La policía judicial comunica tanto a la Fiscalía Europea como a la Fiscalía nacional y la Fiscalía Europea -salvo casos urgentes y salvo casos específicos- realiza una pre- evaluación si se encuentra entre uno de los delitos de su competencia. Evidentemente, la Fiscalía nacional, que tiene que esperar las decisiones de la Fiscalía europea a este respecto, después de la decisión, tiene la posibilidad de plantear eventualmente una

---

38 Entrevista por parte de Alejandro Hernández López, a Francisco Jiménez Villarejo (online el 28 de octubre de 2022).

39 El Fiscal Salazar, afirma que han celebrado varias reuniones, en las cuales participó activamente. Durante la mayoría de estas mesas redondas entre abogados y expertos, la idea que surgió ha sido la siguiente: se entiende la importancia del desafío, sin embargo, persisten dudas sobre cómo exactamente deben prepararse los expertos para responder a él. Entrevista online por parte de Costanza De Caro a Lorenzo Salazar (7 de marzo de 2022). Sobre la temática, PRESSACCO L., "Indagini e promovimento dell'azione penale del pubblico ministero europeo", *Rivista italiana di diritto procedura penale*, n. 4, 2021, pp. 1353-1395.

"especie de conflicto de competencia" ante la autoridad judicial indicada, que es la Fiscalía General del Tribunal de Casación.

Además, existen una serie de problemáticas, como por ejemplo el hecho de que los sistemas judiciales son diversos y, por lo tanto, actividades que en Italia puede llevar a cabo el fiscal, en otro país deben pasar por una solicitud al juez y así sucesivamente. Sin embargo, este debería ser el momento clave del verdadero valor añadido de la Fiscalía Europea[40].

Otra cuestión hace referencia a las autoridades competentes para resolver los conflictos de jurisdicción. El Reglamento (UE) 2017/1939 encomienda a los Estados miembros la identificación de las mismas. Por lo tanto, esta remisión legitima directamente a todas estas autoridades. En el caso italiano se debe permitir que la *Procura Generale presso la Corte di Cassazione* (fiscalía general ante el Tribunal de Casación) empiece un procedimiento prejudicial porque, de lo contrario, se nos privaría de la posibilidad de que la autoridad competente resuelva los conflictos de jurisdicción acudiendo al Tribunal de Justicia para su interpretación. Otros sostienen lo contrario basándose en la jurisprudencia tradicional del Tribunal, según la cual las autoridades del fiscal no están legitimadas.

A modo de ejemplo, dentro de la empatía existente en dos organismos acusatorios que claves en el funcionamiento del estado de derecho en la UE, en particular en la lucha contra la corrupción, y a partir el principio de máxima lealtad y cooperación mutua, se tiene que buscar espacios de dialogo que mejoren el

---

40 Por poner un ejemplo: en Italia, el registro (*perquisizione*) lo ordena el fiscal, mientras que en la mayoría de los países lo ordena el juez. El Fiscal Calogero Ferrara a este propósito puso un interrogante: "*Si estoy llevando a cabo una investigación y necesito realizar un registro en uno de estos países, ¿es suficiente con que emita un decreto y le pida a mi colega Fiscal Europeo que lo lleve a cabo, o él a su vez debe solicitar la autorización al juez porque allí se requiere su orden? El periodo de tiempo es aún muy corto para poder sacar conclusiones*" (traducción propia). Entrevista por parte de Costanza De Caro a Calogero Ferrara (Palermo- 27 de julio de 2022).

entendimiento entre quien trabaja en este ámbito a fin de superar los supuestos de desacuerdo en materia de posibles cuestiones de competencia con delitos conexos, investigaciones transfronterizas, sentando las bases para unas relaciones fluidas, estables y fructíferas entre compañeros fiscales.

4. REFLEXIÓN FINAL

Quisiera concluir con unas breves reflexiones. El Módulo *Jean Monnet* titulado "*The EPPO and EU Law: A Step Forward in EU Integration*", como adelantado, concluirá en el 2025, esto implica que la investigación y las entrevistas elaboradas por parte del subcomité "*Interviews and Media*" continuarán desarrollándose.

Se destaca por primero, que hay algunos Estados miembros como Hungría, Dinamarca, Irlanda y Suecia que no participan en la Fiscalía Europea. Al respecto, se preguntó si fuese necesario establecer normas que regulasen las investigaciones sobre el uso de fondos europeos en estos países. Las respuestas variaron, y algunos respondieron que, sería conveniente que todos los países de la UE se adhirieran, aunque se trata más de una valoración política que judicial. Por eso, cuando se habla de un sistema penal común, se remite a la propuesta de Reglamento de la Comisión Europea para la Fiscalía europea, que luego desvaneció, porque como afirma el Fiscal Pasquale, Profiti "*no tenemos un sistema armonizado ni a nivel procesal ni sustancial*"[41].

Otro resultado de las entrevistas fue la necesidad de seguridad jurídica por parte del Tribunal de Justicia para la interpretación de las normas de manera más o menos uniforme entre los Estados miembros. Los artículos 31 y 32 del Reglamento construyen un sistema de cooperación que supera en cuestiones de eficacia y eficiencia a todos los instrumentos anteriores. Es cierto, sin embar-

41 Entrevista por parte de Costanza De Caro a Pasquale Profiti (Bologna – 6 de julio de 2022).

go, que pueden plantearse cuestiones de vulneración de derechos fundamentales o cuestiones de adecuación con la jurisprudencia del Tribunal de Justicia de la UE[42].

Además, la posibilidad de ampliar el ámbito de actuación de la Fiscalía Europea, que se ha discutido, existe y dependerá de los resultados de su funcionamiento en los primeros años y de su capacidad para resolver los desacuerdos con los fiscales nacionales. Por esto, necesita un "tiempo de rodaje y de adaptación"[43] a todos los sistemas judiciales nacionales, de acumulación de experiencia, antes de acometer un proyecto más ambicioso. Es un sistema nuevo y hay que ver cómo se desarrolla e implementa antes de colapsarla con nuevas competencias.

Por último, la existencia de una única oficina a nivel europeo, y presente también a nivel nacional, facilita mucho la coordinación entre los distintos fiscales europeos. Esta facilidad de coordinación es sin duda un factor de gran progreso.

5. BIBLIOGRAFÍA

ALLEGREZZA, S., "Verso una procura europea per tutelare gli interessi finanziari dell'Unione. Idee di ieri, chances di oggi, prospettivi di domani", *Diritto Penale Contemporaneo,* 2013, https://archiviodpc.dirittopenaleuomo.org/d/2610-verso-una-procura-europea-per-tutelare-gli-interessi-finanziari-dell-unione

42 Respecto a la autoridad de emisión de una Orden de detención europea, que tiene que ser una autoridad judicial o un organismo independiente sometido a un posterior control por los órganos jurisdiccionales ¿Qué control judicial hay de la petición de prueba del Fiscal Europeo al asistente cuando no se afecta a derechos fundamentales? Pese a estas cuestiones, nos encontramos ante un sistema nuevo de "cooperación" que aporta un gran valor añadido. Entrevista por parte de Ana Vicario Pérez a Salvador Guerreo Palomares (online el 10 de octubre de 2022).

43 Entrevista por parte de Ana Vicario Pérez a Salvador Guerreo Palomares (online el 10 de octubre de 2022).

ALVES COSTA J. A., “La creación de la fiscalía europea” en *Espacio europeo de libertad, seguridad y justicia: últimos avances en cooperación judicial penal*, Lex Nova, Valladolid, 2010, pp. 85-100.

BACHMAIER WINTER, L., *La Fiscalía Europea*, Marcial Pons, Madrid, 2018.

BELFIORE, R., “L' esercizio dell'azione penale da parte dell'EPPO tra legalità e margini di discrezionalità”, *Cassazione Penale*, n. 10, 2022, pp. 3677-3690.

CACCIATORE, S. “La aplicación práctica de la Orden Europea de Investigación como mecanismo de obtención transnacional de pruebas”, en *La evolución del espacio judicial europeo en materia civil y penal: su influencia en el proceso español*, Tirant lo Blanch, Valencia, 2022, pp. 299-313.

CACCIATORE, S. “El reconocimiento mutuo como principio clave para la lucha contra el crimen organizado”, en *Lucha contra la criminalidad organizada y cooperación judicial en la UE: instrumentos, límites y perspectivas en la era digital*, Thomson Reuters, Aranzadi, 2022, pp. 171-186.

CAIANIELLO, M., “Azione penale (e inazione) del pubblico ministero europeo”, en *L'attuazione della Procura Europea. I nuovi assetti dello spazio europeo di libertà, sicurezza e giustizia*, Editoriale Scientifica, Napoli, 2022, pp. 189-211.

CÉSAR PÉREZ-LUÑO ROBLEDO, E., “La nueva fiscalía europea”, en *El mercado único en la Unión Europea: balance y perspectivas jurídico-políticas*, Dykinson, Madrid, 2019, pp. 1107-1120.

ESCALADA LÓPEZ M. L., “Instrumentos orgánicos de cooperación judicial: magistrados de enlace, red judicial europea y Eurojust” en *La cooperación judicial civil y penal en el ámbito de la Unión Europea: instrumentos procesales*, J.M. Bosch, Barcelona, 2007, pp. 95-121.

ESTÉVEZ MENDOZA, L. M., “La instauración de la Fiscalía como cooperación reforzada: problemas orgánicos y procesales”, *Revista de Estudios Europeos*, n.1, 2017, pp. 106-122

GIL GARCÍA, F.S., “La Fiscalía Europea: ¿un futuro sin independencia?” *La independencia del Ministerio Fiscal*, Astigi, Sevilla, 2018, pp. 109-124.

GRASSO G., SICURELLA R. y GIUFFRIDA F., “EPPO material competence: analysis of the PIF directive and Regulation”, en *The European Public Prosecutor's Office at launch Adopting National System, Transforming, EU Criminal Law*, Wolters Kluwer, Italia, 2020, pp. 23-56.

JIMENO BULNES, M., “La Fiscalía Europea: un breve recorrido por la “Institución”, en *El Proceso como garantía*, Atelier, Barcelona, 2023, pp. 59-103.

JORDANA SANTIAGO, Mirentxu E., “La esperada reforma de la agencia de la Unión Europea para la cooperación judicial penal (Eurojust). Comentario al Reglamento (UE) 2018/1727 del Parlamento Europeo y del

Consejo de 14 de noviembre de 2018", *Revista General de Derecho Europeo,* n. 48, 2019, pp. 248-276.

LÚPARIA DONATI L. y DELLA TORRE J., "Origen y antecedentes de la Fiscalía Europea", en *Tratado sobre la Fiscalía Europea y el procedimiento penal especial de la L.O. 9/2021, de 1 de junio,* Aranzadi, Navarra, 2023, pp. 87-126.

MONTESINOS GARCÍA, A., "La nueva Fiscalía Europea", *Revista Genaral de Derecho Europeo,* n. 53, 2018, 163-196.

MÓRAN MARTÍNEZ, R. A., "Investigación transfronterizas y cooperación judicial internacional. La Fiscalía Europea", *Revista del Ministerio Fiscal,* n. 9, 2020, pp. 22-51.

PÉREZ MARÍN, M. Á., "La futura fiscalía europea", en *Aproximación legislativa "versus" reconocimiento mutuo en el desarrollo del espacio judicial europeo: una perspectiva multidisciplinar,* J.M. Bosch Editor, Barcelona, 2016, pp. 265-310.

PRESSACCO, L., "Indagini e promovimento dell'azione penale del pubblico ministero europeo", *Rivista italiana di diritto procedura penale,* n. 4, 2021, pp. 1353-1395.

SABADELL CARNICERO, C., "La competencia material de la Fiscalía Europea", *Diario La Ley,* n. 10298, 2023, pp. 1-54.

SABADELL CARNICERO, C., "Retos y perspectivas de la Fiscalía Europea", en *Tratado sobre la Fiscalía Europea y el procedimiento penal especial de la L.O. 9/2021, de 1 de junio,* Aranzadi, Navarra, 2023, pp. 127-153.

SALAZAR, L., "Definitivamente approvato il regolamento istitutivo della procura europea (EPPO)", *Diritto Penale Contemporaneo,* n. 10, 2017, pp. 328- 338, vid. p. 330.

SALAZAR, L., "Habemus EPPO!: La lunga marcia della Procura europea", *Archivio penale,* n. 3, 2017, pp. 1-61.

VENEGONI A., "La definizione del reato di frode nella legislazione dell'unione dalla convenzione PIF alla proposta di direttiva PIF", *Diritto Penale Contemporaneo,* 2016, https://archiviodpc.dirittopenaleuomo.org/d/4963-la-definizione-del-reato-di-frode-nella-legislazione-dell-unione-dalla-convenzione-pif-alla-propost

VERVAELE, J., A.E., "Responsabilità giuridica e politica della Procura Europea nell'esercizio dell'azione penale e nello svolgimento delle indagini: l'asimmetria dei controlli condivisi", en *Mobilità, sicurezza e nuove frontiere tecnologiche,* Giappichelli, Torino, 2018, pp. 344-369.

VILAS ALVAREZ, D., "The EPPO implementation: a perspective from Spain", *Eucrim the European Criminal Law Associations' forum,* n.2, 2018, 2018, pp. 124-130.

HISTORIA DEL DERECHO

El Ducado de Milán. De título del Sacro Imperio Romano Germánico a título de la Monarquía Universal Hispánica[1].

NEREA HERNANZ MONTALVILLO
Universidad de Valladolid

Resumen:

El ducado de Milán era desde el año 952 un feudo del Sacro Imperio Romano Germánico. En el año 1395, el emperador Wenceslao creó el título de duque de Milán y se lo confirió a Juan Galeazzo Visconti. En 1535, tras el fallecimiento del duque Francisco II Sforza sin sucesión masculina, el título de duque de Milán revirtió en Carlos V, quien decidió conservarlo bajo su dominio y dependencia directa. Entonces, el emperador comenzó un proceso en el que fue aproximando el ducado de Milán a la Corona española, y que terminó con la transformación del régimen jurídico del ducado de Milán, que dejó de ser un feudo del Sacro Imperio y se convirtió en un título unido a la Monarquía Universal Hispánica.

Palabras clave: Milán; Feudo; Sacro Imperio; Carlos V; Monarquía española.

1. ORÍGENES DE UN TÍTULO SOBERANO. EL GOBIERNO DE LOS VISCONTI Y DE LOS SFORZA

Milán fue un estado autónomo ubicado en la Lombardía, comarca del norte de la península italiana. En el año 952, en la Dieta

---

1 Mi agradecimiento a mi maestro y mentor el Dr. Félix Martínez Llorente por sus muy valiosas sugerencias y recomendaciones, que sin duda alguna han contribuido a mejorar el trabajo que ahora se presenta; y, en particular, por la traducción del latín de los dos documentos de investidura del ducado de Milán al príncipe Felipe.

de Augusta, el emperador Otón I de Sajonia reconoció a Milán como feudo del Sacro Imperio Romano Germánico[2].

En 1273, el rey de romanos o emperador electo Rodolfo de Habsburgo confirió a Napo della Torre el cargo de vicario imperial o *podestá*, alcanzando entonces Milán el estatus de vicariato del Imperio, a cuyo frente se situaría un vicario o *podestá*[3]. Pero Napo della Torre fue apartado del poder en 1277, cuando Otón Visconti, arzobispo de Milán, se hizo con el control y asumió la señoría y el vicariato imperial. A partir de entonces, la familia Visconti se sucedió en el gobierno del Milanesado[4].

Precisamente, fue uno de sus miembros, Juan Galeazzo Visconti, el primero en ser nombrado duque de Milán. Así, el 5 de noviembre de 1395 el emperador electo Wenceslao le confirió el título de *dux mediolani, papiae angeriaeque comes* —duque de Milán y conde de Pavía y Anghiera—[5]. Fue en ese momento, por lo tanto, cuando el Milanesado adquirió el estatus de ducado y cuando se creó el título de duque de Milán por el emperador[6].

Previamente, Juan Galeazzo Visconti, principal impulsor de la firme constitución del ducado milanés, había suplicado al emperador la elevación de su estado feudatario de Milán a esa categoría. A tal efecto, había enviado al obispo de Novara con una provisión de cien mil florines de oro, con el objeto de que éste lograse convencer a Wenceslao y, de este modo, conseguir el diploma im-

---

2 DE CADENAS Y VICENT, V., *La herencia imperial de Carlos V en Italia: El Milanesado,* Ediciones Hidalguía, Madrid, 1978, p. 12.

3 *Ibidem,* p. 21.

4 *Ibidem.*

5 DE SEPÚLVEDA, J.G., *Obras completas II. Historia de Carlos V: Libros IV-X.* Edición crítica y traducción E. Rodríguez Peregrina. Estudio histórico B. Cuart Moner, Excmo. Ayuntamiento de Pozoblanco, Córdoba, 1996, p. 13; SALAZAR DE MENDOZA, P., *Monarquia de España,* Tomo II, Madrid, 1970, p. 99; DE CADENAS Y VICENT, *loc. cit.,* p. 29.

6 GARCÍA-MERCADAL Y GARCÍA-LOYGORRI, F., *Estudios de Derecho Dinástico. Los títulos y la heráldica de los Reyes de España,* Bosch, Barcelona, 1995, p. 148.

perial al que aspiraba, y por el que igualmente su dinastía recibió el derecho a suceder en esos territorios; y se estableció el orden de primogenitura para la sucesión en los mismos[7].

A mediados del siglo XV, los Visconti, tras prácticamente ciento cincuenta años al frente del gobierno de Milán, fueron sucedidos por la familia Sforza. De esta forma, tras el fallecimiento el 13 de agosto de 1477 del duque Felipe María Visconti sin descendencia masculina, y de un breve periodo en el que se impuso la república Ambrosiana (1477-1450), en febrero de 1450 fue elegido nuevo duque Francisco I Sforza, que había contraído nupcias en octubre de 1441 con doña Blanca María Visconti, única hija de Felipe María[8].

Con la familia Sforza, el territorio milanés se convirtió en el epicentro de constantes conflictos, no solo entre los potentados italianos, sino también entre las principales potencias europeas que se disputaban la hegemonía del continente. A finales del siglo XV se rompió el equilibrio político en Italia y comenzaron las pugnas entre Francia y el Imperio por el dominio del Milanesado. Desde comienzos del siglo XV, Milán era una de las principales regiones de la península itálica[9]. Ubicado en un punto estratégico clave[10], el Milanesado era la *Porta* de Italia[11].

---

7 DE CADENAS Y VICENT, *loc. cit.*, pp. 28-29.

8 SALAZAR DE MENDONZA, *Monarquia de España*, Tomo II, cit., pp. 99, 105.

9 PÉREZ-BUSTAMANTE, R., *El Gobierno del Imperio español: los Austrias (1517-1700)*, Comunidad de Madrid, Consejería de Educación, Madrid, 2000, pp. 271-272; GARCÍA-MERCADAL Y GARCÍA-LOYGORRI, *loc. cit.*, p. 148.

10 Esta posición estratégica ya había sido apreciada por los romanos, quienes, tras la conquista del territorio en el año 196 a.C. le dieron el nombre de *Mediolanum* (lugar que está en el medio) en alusión a su valiosa situación geográfica, entre rutas comerciales principales. VALERO DE BERNABÉ Y MARTÍN DE EUGENIO, L., "Heráldica y nobiliaria del Milanesado", *La Gacetilla de Hidalgos. Revista de la Real Asociación de Hidalgos de España*, 570, primavera de 2022, p. 28.

11 PÉREZ-BUSTAMANTE, R. "El gobierno de los Estados de Italia bajo los Austrias: Nápoles, Sicilia, Cerdeña y Milán (1517-1700); La participa-

En 1499 el ducado fue conquistado por Luis XII de Francia, quien defendía los derechos de su abuela Valentina Visconti[12], y se proclamó duque de Milán, pasando entonces el territorio a estar bajo el dominio de Francia sin que el Sacro Imperio pudiera apenas reaccionar ante la invasión[13]. De hecho, Luis XII consiguió que el emperador Maximiliano I le concediese la investidura del ducado de Milán como feudo del Imperio, tal y como podemos observar en los documentos de investidura de 7 de abril de 1505[14] y de 14 de junio de 1509[15].

---

ción de la Nobleza Castellana", *Cuadernos de Historia del Derecho,* 1, 1994, p. 29. ÁLVAREZ-OSSORIO ALVARIÑO, A., "Carlos V y el Estado de Milán", *Torre de los Lujanes: Boletín de la Real Sociedad Económica Matritense de Amigos del País,* 43, 2001, p. 87. Antonio de Leyva, capitán general del ejército imperial en Italia, y también gobernador de Milán desde finales de 1535 hasta el 1 de agosto de 1536, consideraba que la posesión del *Stato* era imprescindible y necesaria para garantizar un poder imperial firme en la península itálica. CREMONINI, C., "Considerazioni sulla feudalità imperiale italiana nell´età di Carlo V", en CANTÙ, F. y VISCEGLIA, M.A. (coords.), *L´Italia di Carlo V. Guerra, religione e política nel primo Cinquecento. Atti del convegno internazionale di studi, Roma, 5-7 aprile 2001,* Viella, Roma, 2023, p. 273.

12 Valentina, hija de Juan Galeazzo Visconti primer duque de Milán, contrajo nupcias con Luis de Valois, duque de Orleans, en el marco de una cuidada política exterior emprendida por el propio Juan Galeazzo que tenía como fin principal la elevación de Milán a ducado. DE CADENAS Y VICENT, *loc. cit.,* p. 28.

13 SALAZAR DE MENDONZA, *Monarquia de España,* Tomo II, cit., p. 106; DE SEPÚLVEDA, *loc. cit.,* p. 13.

14 *Investidura del Ducado de Milán Condado de Pavía y de Angliere otorgada por el Emperador Maximiliano a Luis XII de Francia. Hagenau, 7 de abril de 1505;* ed. DE CADENAS Y VICENT, *loc. cit.,* pp. 101-103.

15 *Investidura del Ducado de Milán en consecuencia al Tratado de Cambrai de 1508 otorgada por el Emperador Maximiliano a Luis XII de Francia y a sus descendientes. En Trento a 14 de junio de 1509;* ed. *Ibidem,* pp. 104-107.

Los reyes de Francia se convirtieron en duques de Milán de forma interrumpida hasta 1521— entre 1499 y 1512 Luis XII, y entre 1515 y 1521 Francisco I[16]—.

En noviembre de 1521, las tropas aliadas del papa y del emperador Carlos V entraron en Milán y expulsaron a Francisco I de Francia, restaurando el ducado en la dinastía Sforza, concretamente en Francisco II[17]. Tres años más tarde, en 1524, Carlos V le concedió la investidura del ducado de Milán[18]. No obstante, el monarca francés no se dio por vencido e intentó recuperar el territorio, hasta que en febrero de 1525 fue derrotado y capturado por las tropas imperiales en la batalla de Pavía[19], y en el Tratado de Madrid de 1526 tuvo que renunciar a sus derechos sobre el Milanesado en favor del emperador[20].

---

16 En 1512 la Liga Santa, conformada por el papa Julio II, la república de Venecia, los reinos hispanos, Suiza, el Imperio y el reino de Inglaterra, ganó el ducado y restableció el gobierno de los Sforza, convirtiéndose Maximiliano en nuevo duque de Milán, título que ostentó hasta octubre de 1515, cuando Francisco I de Francia lo recuperó en la batalla de Marignano y gobernó en el mismo hasta finales de1521. ZURITA, J., *Los Cinco Libros Postreros de la Historia del Rey Don Hernando el Catholico. De las empresas y ligas de Italia,* Zaragoza, 1580, Libro X, pp. 260-262; 310; 342-343; 395-397.

17 DE SANDOVAL, P., *Historia del Emperador Carlos V, Rey de España,* Tomo III, Madrid, 1846, pp. 354-356; DE SANTA CRUZ, A., *Crónica del Emperador Carlos V, y publicada por acuerdo de la Real Academia de la Historia,* Tomo I, Madrid, 1920, p. 439.

18 *Infeudación e Investidura del Ducado de Milán por el Emperador Carlos V en Francisco María II Sforza. Tordesillas, 30 de octubre de 1524;* ed. DE CADENAS Y VICENT, *loc. cit.*, pp. 213-216.

19 DE SANDOVAL, P., *Historia del Emperador Carlos V, Rey de España,* Tomo IV, Madrid, 1847, pp. 217-231. MEXÍA, P., *Historia del emperador Carlos V,* edición y estudio por Juan de Mata Carriazo, Espasa-Calpe, Madrid, 1945, pp. 381-387.

20 *Tratado de paz entre el emperador Carlos V y el rey Francisco I de Francia, firmadas en Madrid el 14 de enero de 1526;* ed. DE SANDOVAL, *Historia del Emperador Carlos V, Rey de España,* Tomo IV, o.c., pp. 357-412.

Mientras tanto, en Milán, Carlos V destituyó al duque Francisco II Sforza, al descubrir que éste formaba parte de una conspiración[21] que se había preparado en su contra entre Francia, el papado, Venecia, Florencia y el mismo duque[22]. De esta forma, entre 1526 y 1529 el César Carlos ejerció provisionalmente un poder directo sobre el territorio[23].

Si bien, finalmente el 2 de enero de 1530[24], el emperador decidió restituir al Sforza en el título de duque como feudatario del Sacro Imperio[25]. Éste lo ostentó hasta su muerte el 1 de noviembre de 1535[26].

Con el fallecimiento de Francisco II Sforza —último soberano independiente y exclusivo de Milán—, sin descendencia masculina, el título de duque revirtió entonces, según las leyes del Imperio, en el emperador.

---

21 NAVARRO ESPINACH, G., "El Ducado de Milán y los Reinos de España en tiempo de los Sforza (1450-1535)", *Historia. Instituciones. Documentos,* 27, 2000, p. 161.

22 *Confederación de la Santa Liga entre Clemente VII, Francisco I, la Señoría de Venecia, el Duque de Milán y la Señoría de Florencia contra Carlos V. Cognac, 22 de mayo de 1526;* ed. DE CADENAS Y VICENT, *loc. cit.*, pp. 328-336.

23 ÁLVAREZ-OSSORIO ALVARIÑO, A., *Milán y el legado de Felipe II. Gobernadores y corte provincial en la Lombardía de los Austrias,* Sociedad Estatal para la Conmemoración de los Centenarios de Felipe II y Carlos V, Madrid, 2001, pp. 58-59; MARTÍNEZ MILLÁN, J., ÁLVAREZ-OSSORIO ALVARIÑO, A., "La continuación de la pugna Habsburgo-Valois y las campañas contra el infiel", en MARTÍNEZ MILLÁN, J. (dir.), *La Corte de Carlos V,* Volumen II, Sociedad Estatal para la Conmemoración de los Centenarios de Felipe II y Carlos V, Madrid, 2000, pp. 156-157.

24 *Investidura del Estado de Milán dada por Carlos V al Duque Francisco Sforza;* AGS, PR, 43:18.

25 Tras firmar varios tratados de paz con el papa –Barcelona (junio 1529) y Bolonia (diciembre 1529) – y con el rey francés –paz de Cambrai o de las Damas (agosto 1529) – y haber alcanzado la paz en Italia.

26 DE SANDOVAL, P., *Historia del Emperador Carlos V, Rey de España,* Tomo VI, Madrid, 1847, p. 361.

A principios de este mes, la capital y el senado juraron a Carlos V como duque de Milán[27]. El César se convirtió en el nuevo titular del ducado, al decidir mantenerlo bajo su dominio y dependencia directa, iniciándose a partir de entonces un paulatino proceso de vinculación del mismo a la Monarquía Hispánica.

2. EL DUCADO DE MILÁN CON CARLOS V. EL PROCESO DE UNIÓN A LA MONARQUÍA UNIVERSAL HISPÁNICA

El proceso por el que el ducado de Milán dejó de ser un feudo del Sacro Imperio Romano Germánico para convertirse en un título de la Monarquía Universal Hispánica fue lento. Se prolongó alrededor de veinte años —1535-1554—, en los que Carlos V fue progresivamente acercando el título ducal a la Corona española, respetando en un principio su régimen jurídico como feudo del Imperio; hasta que finalmente modificó la naturaleza del mismo, separándolo del Sacro Imperio y uniéndolo a la Monarquía Universal.

Todo ello estuvo condicionado por el estallido de varias guerras, seguidas de sus sucesivas treguas, con Francia. El propósito del emperador de retener el Milanesado bajo su gobierno directo entrañaba un inminente conflicto con Francisco I, quien desde un principio se opuso a ello.

La primera guerra entre ambos monarcas tuvo lugar entre los años 1536[28] y 1538, y finalizó con la firma de la Tregua de Niza en junio de 1538[29] por diez años en la que Francisco I se comprometía a no invadir Milán.

---

27 *Ibidem;* SALAZAR DE MENDOZA, *loc. cit.*, pp. 99, 105, 108.

28 DE SANDOVAL, *Historia del Emperador Carlos V, Rey de España,* cit., pp. 391-395.

29 *Tratado de treguas por diez años entre Carlos V y Francisco I. Niza, 18 de junio de 1538;* ed. DE CADENAS Y VICENT, *loc. cit.*, pp. 403-407.

En este periodo de paz, entre 1538 y 1542, Carlos V dio los primeros pasos para aproximar el Milanesado a la Corona hispana. En efecto, el 11 de octubre de 1540 el César, aprovechando su sólida posición en Italia, y siendo consciente de que una nueva guerra con Francia estaba próxima, concedió secretamente a su hijo, el príncipe Felipe, el ducado de Milán y los condados de Pavía y Anghiera en feudo[30].

A través de esta cesión, el ducado de Milán se aproximaba a la Monarquía Universal, al recaer el título ducal en el príncipe Felipe, heredero de la Corona de los reinos hispanos. Si bien, estamos ante una infeudación; el territorio ducal no fue desligado del Sacro Imperio Romano Germánico y siguió conservando su condición de feudo del mismo. Es decir, mantuvo el mismo régimen jurídico que había tenido hasta entonces.

En 1540, Carlos V realizó una enfeudación, que no se diferenció de las efectuadas anteriormente, por ejemplo, de las concedidas al duque Francisco II Sforza, a quien el César elogió en el documento de investidura por su excelente labor al frente del ducado y su protagonismo en las guerras de Italia[31].

Asimismo, en el privilegio de infeudación de 1540, escrito en latín, el Habsburgo subrayó la legitimidad que le asistía para llevar a cabo la infeudación, pues como emperador le correspondía el desempeño de su oficio al frente del Imperio, manteniendo y defendiendo el territorio. De este modo, razonó que tras la muerte del duque Francisco II Sforza, Milán «*insigne Imperii Romani Feudum*»[32], había revertido a manos del emperador y del Sacro Imperio con pleno derecho, y que entonces él con posterioridad acordó, conjuntamente con sus súbditos y príncipes imperiales y los príncipes de Castilla, Aragón y Cataluña, designar como duque

---

30 *Donación del Estado de Milán que hizo Carlos V al Príncipe Felipe. Bruselas, 11 de octubre de 1540;* AGS, PR, 43:48; ed. DE CADENAS Y VICENT, *loc. cit.*, pp. 426-430.

31 *Ibidem*, p. 427.

32 *Ibidem*, p. 426.

a su hijo el serenísimo príncipe don Felipe, a fin de que ocupara dicho cargo para bien del Imperio, de la autoridad y del derecho imperial y beneficio de toda la *res publica christiana* y defensa de Italia, así como de los súbditos del ducado de Milán[33].

Igualmente, en el citado documento de investidura Carlos V indicaba el orden de sucesión que se debía observar en el ducado de Milán y los condados de Pavía y Anghiera, pues se los otorgaba al príncipe Felipe y a sus hijos y descendientes masculinos, nacidos y por nacer de legítimo matrimonio y por línea masculina, observando el orden de primogenitura y de justa naturaleza[34].

Por consiguiente, el 11 de octubre de 1540 el César infeudó el ducado de Milán en su hijo Felipe y en sus descendientes masculinos, para que lo tuvieran y poseyeran con mero y mixto imperio, jurisdicción civil y criminal y con todas sus preeminencias, libertades, inmunidades, así como sobre edificios, posesiones, prados, campos, viñedos, canales, etc. Es decir, con todos los derechos, jurisdicciones, poderes, facultades y pertenencias, para que lo gobernasen con el título y derecho del feudo[35].

En julio de 1542, antes de que espirara la tregua convenida en el Tratado de Niza, Francisco I rompía la misma y declaraba de nuevo la guerra al emperador[36]. Este enfrentamiento armado se prolongó hasta la suscripción del Tratado de Crépy en septiembre de 1544[37]. En éste se planteó una «alternativa» y Carlos V debía decidir si ceder Milán o los Países Bajos al duque de Orleans, se-

---

33 *Ibidem*, p. 428.

34 *Ibidem*.

35 *Ibidem*.

36 DE SANDOVAL, *Historia del Emperador Carlos V, Rey de España*, Tomo VII, Madrid, 1847, pp. 175-178.

37 *Traité de Paix & d´Alliance entre l´Empereur Charles V, & François I, Roi de France, fait à Crèspi le 18. Septembre 1544;* ed. DUMONT, J., *Corps Universel Diplomatique du Droit des Gens*, Tome IV, Partie II, Ámsterdam, 1726, pp. 279-287.

gundogénito de Francisco I[38], optando entonces por entregar el Milanesado[39]. Pero el fallecimiento del duque francés el 9 de septiembre de 1545[40] anuló lo acordado, dejándolo sin efecto.

Tras frustrarse el acuerdo de Crépy, Carlos V decidió volver a enfeudar el ducado de Milán a su hijo Felipe. Así, el 5 de julio de 1546 firmó en Ratisbona una segunda investidura del ducado de Milán, de los condados de Pavía y de Anghiera, y de todos sus anexos en el príncipe[41], ratificando con ella la donación realizada seis años antes.

De hecho, en el nuevo privilegio de investidura, igualmente escrito en latín, el emperador se refirió a la infeudación anterior de 1540 y a la humilde aceptación de la misma por el príncipe Felipe, a quien también instaba en 1546 a manifestar su sometimiento y devoción al Sacro Imperio. A la par que el soberano solicitaba a los príncipes imperiales y a sus fieles y a los del Imperio que apoyaran su decisión y rindieran pleitesía al nuevo duque.

En el documento de 1546 el emperador volvió a justificar la legitimidad que le amparaba en su actuación al recordar el modo en el que dicho ducado había retornado legalmente al poder

38 La cesión de Milán o de los Países Bajos al duque de Orleans en 1544 ha sido tradicionalmente conocida por la historiografía como la «alternativa». Uno de los mejores estudios sobre la misma y las consultas del monarca y del príncipe Felipe al Consejo de Estado lo realizó el historiador italiano Chabod. *Vid.* CHABOD, F., "¿Milán o los Países Bajos? Las discusiones en España sobre la «alternativa» de 1544", en *Carlos V (1500-1558)*, Universidad de Granada, Granada, 1958, pp. 331-372.

39 Así se lo relataba el emperador a su hijo en *Carta de Carlos V a Felipe II. Amberes, 29 de abril de 1545:* «nos habemos resuelto en dar el Estado de Milán al duque D´Orliens…»; ed. FERNÁNDEZ ÁLVAREZ, M., *Corpus documental de Carlos V*, Tomo II (1539-1548), Ediciones Universidad de Salamanca, 1975, p. 375.

40 DE SANDOVAL, *Historia del Emperador Carlos V, Rey de España,* Tomo VII, cit., p. 407.

41 *Investidura del Estado de Milán que concedió Carlos V a su hijo el Príncipe Felipe. Ratisbona, 5 de julio de 1546;* AGS, PR, 43:41; ed. DE CADENAS Y VICENT, *loc. cit.*, pp. 432-436.

imperial, es decir, por fallecimiento del último duque Sforza sin herederos legítimos[42].

Asimismo, en el privilegio de 1546 también aludió al orden de sucesión masculina, como en 1540. Esto es, se donaba al príncipe Felipe y a sus hijos varones, engendrados y por engendrar mediante matrimonio legítimo[43].

La enfeudación en cuestión comprendía todos los derechos, honores, prerrogativas, libertades y exenciones que se habían entregado tradicionalmente en las infeudaciones del territorio[44], y que se enumeraron con más detalle en la anterior de 1540.

Por otro lado, en este segundo documento de investidura, Carlos V ordenó a su hijo que, siguiendo la costumbre, hiciese el debido homenaje a él y a sus sucesores en el Sacro Imperio, y prestase juramento de fidelidad a los príncipes imperiales en manos de señalados nobles, entre los que se encontraban Luis Hurtado de Mendoza, Francisco de los Cobos o Juan de Zúñiga[45]. En este sentido, el 13 de septiembre de 1546, el príncipe Felipe prestaba homenaje y juramento por la investidura del ducado de Milán[46], cumpliendo así el mandato de su padre.

En otro orden de asuntos, en el privilegio de infeudación, Carlos V se reservó para sí, como autoridad imperial, la protección, administración y gobierno directo del Milanesado por un periodo de dos años[47] —que, como veremos, en 1549 prolongaría por dos años más—. Pero con la condición de que si por muerte del

---

42 *Ibidem*, p. 433.

43 *Ibidem*.

44 *Ibidem*.

45 *Ibidem*, pp. 433-434.

46 *Juramento del Príncipe Felipe a Carlos V por la investidura del Estado de Milán. Guadalajara, 13 de septiembre de 1546;* AGS, PR, 44:2. Previamente, el mismo 5 de julio el emperador había enviado una comisión para que se tomase juramento a su hijo. *Comisión de Carlos V al Marqués de Mondéjar y a los Comendadores de Castilla y León para tomar juramento al Príncipe Felipe por el feudo de Milán. Ratisbona, 5 de julio de 1546;* AGS, PR, 43:40.

47 *Investidura del Estado de Milán … 5 de julio de 1546*, cit., p. 434.

emperador o por cualquier otra razón, el plazo no se cumpliese, el príncipe Felipe pudiese disponer directa y libremente de la posesión, administración y gobierno del ducado, tomándolo con su propia autoridad, sin esperar ni requerir ningún permiso ni autorización[48].

Por último, ordenó a los electores y a los demás príncipes imperiales que impidieran que se obstaculizara o perturbara al príncipe Felipe o a sus herederos en el ejercicio de la antedicha donación, concesión y enfeudación; advirtiéndoles que en caso de no hacerlo se les impondría pena imperial de privación y pérdida de todos los privilegios, realezas, feudos, bienes y derechos que se les hubiera entregado, además de una multa de mil marcos de oro para aquel que hiciera falsificación[49].

Unos días después, el 19 de julio, Fernando de Habsburgo, rey de romanos y por consiguiente sucesor de Carlos V en el Sacro Imperio, confirmó la investidura efectuada por el emperador a su hijo[50].

Durante el mes siguiente, el César remitió varias cartas al príncipe Felipe en las que abordaba, entre otros asuntos, la cuestión de la cesión del ducado de Milán. En este sentido, por carta de 31 de julio, enviada desde Ratisbona, el emperador informaba a su hijo de la decisión que había adoptado de infeudarle el territorio[51]. Posteriormente, el 10 de agosto, desde Landshut, le enviaba una nueva carta, que contenía un despacho, que debía guardarse y tenerse en secreto[52]. Pues Carlos V decidió, como en 1540, que

---

48 *Ibidem*, p. 435.

49 *Ibidem*.

50 *Confirmación de la investidura del Estado de Milán por el Rey de Romanos, Fernando. Ratisbona, 19 de julio de 1546;* AGS, PR, 44:1.

51 *Carta de Carlos V a Felipe II. Ratisbona, 31 de julio de 1546: «En lo del estado de Milán nos habemos resolvido, por las causas que se escribirán, de daros la investidura dél»;* ed. FERNÁNDEZ ÁLVAREZ, *Corpus documental de Carlos V*, Tomo II, cit., p. 489.

52 *Carta de Carlos V a Felipe II. Ladshut, 10 de agosto de 1546*: «En lo del Estado de Milán no hay que decir, sino que este correo lleva el despacho en

la investidura del ducado de Milán a Felipe se mantuviese en secreto —no adquiriendo valor público hasta por lo menos 1550—, entre otras razones, porque la paz con Francia podía romperse si Francisco I tenía constancia de la cesión. De hecho, tras la muerte del duque de Orleans, un nuevo conflicto entre el rey galo y Carlos V parecía estar a punto de estallar, ya que el francés no estaba dispuesto a renunciar a sus antiguas ambiciones italianas. Pero su muerte, el 31 de marzo de 1547, extendió la tregua unos años más y el emperador pudo dedicarse a resolver otros asuntos que afectaban a sus territorios.

Con ocasión de la estancia del príncipe Felipe en Milán, Carlos V, en virtud de un documento de 8 de diciembre de 1549[53], aceptó el juramento que su hijo había prestado en Guadalajara el 13 de septiembre de 1546, al que ya nos hemos referido.

Igualmente, a través de documento de 9 de diciembre de 1549, Carlos V prorrogó por dos años más la reserva que había hecho para sí de la administración y gobierno del Milanesado[54] —que en realidad se prolongaría hasta 1554—, siendo ello aprobado y consentido en el mismo documento por Felipe.

Además, unos días después, el 12 de diciembre de 1549, Carlos V emitió un privilegio en virtud del cual legitimó a las hijas de Felipe para suceder en el ducado de Milán en defecto de hijos varones[55], pues la investidura de 1546, al igual que la de 1540, únicamente reconocía, como ya hemos visto, la sucesión masculina.

---

forma como veréis, será bien que luego se haga lo que se ha de hacer conforme a él y que se guarde y tenga secreto»; ed. FERNÁNDEZ ÁLVAREZ, *Corpus documental de Carlos V,* Tomo II, cit., p. 490.

53 *Aceptación de Carlos V del juramento prestado por Felipe por la investidura del feudo de Milán. Bruselas, 8 de diciembre de 1549*; AGS, PR, 44:6.

54 *Reserva que hizo Carlos V de la administración del Estado de Milán para sí mismo. Bruselas, 12 de diciembre de 1549. Bruselas, 9 de diciembre de 1549;* AGS, PR, 44:7.

55 *Privilegio de Carlos V a las hijas del Príncipe Felipe para que pudieran suceder en el Estado de Milán. Bruselas, 12 de diciembre de 1549;* AGS, PR, 44:8.

Un par de meses más tarde, el 10 de febrero de 1550, Ferrante Gonzaga, gobernador de Milán, prestó juramento de fidelidad al príncipe como duque del territorio, pero condicionando el mismo al momento en el que el emperador entregase a Felipe el gobierno y la administración del Estado[56]. La investidura efectuada en 1546 siguió conservándose en secreto unos años más, pues a pesar de que el título de duque correspondía a Felipe de derecho, la administración y gobierno del ducado continuaron en manos de Carlos V hasta el 24 de julio de 1554, un día antes de que Felipe contrajese nupcias con María Tudor, como después se expondrá.

La cesión del ducado de Milán al príncipe quedaría ratificada con la firma de los acuerdos de Augsburgo en marzo de 1551[57] entre los miembros de la familia Habsburgo, en los que Carlos V pudo garantizar que su hijo Felipe fuese duque de Milán, al quedar sancionada de hecho la vinculación del ducado a la Monarquía hispana.

En Bruselas, el 6 de junio de 1554 Carlos V firmó su testamento[58]. En él se refirió especialmente a la cuestión de la sucesión de Milán y quiso destacar su legitimidad, primero en 1535, cuando tras el fallecimiento del duque Francisco II Sforza lo había conservado bajo su dominio y dependencia directa[59]; y después en 1546, cuando concedió a su hijo Felipe la segunda investidura del ducado[60]. Igualmente, recordó que él aún retenía la adminis-

---

56 *Juramento de fidelidad de Ferrante Gonzaga al Príncipe Felipe como Duque de Milán. 10 de febrero de 1550;* AGS, PR, 44:10.

57 El texto de los acuerdos de Augsburgo entre la familia Habsburgo, también conocido como Pacto de Familia, de 9 de marzo de 1551; ed. DÖLLINGER, *Dokumente zur Geschichte Karl´s V., Philipp´s II. und ihrer Zeit,* Regensburg, 1862, pp. 169-173.

58 *Testamento de Carlos V. Bruselas, 6 de junio de 1554;* ed. FERNÁNDEZ ÁLVAREZ, *Corpus documental de Carlos V,* Tomo IV, cit., pp. 66-98.

59 *Ibidem,* p. 91.

60 «y así el año pasado de mil e quinientos e quarenta y seis le hezimos conceçion e investidura del dicho Estado en cumplida forma y las solemnidades que se requerían [...]. El qual, aviendo aceptado la dicha investidura, ha hecho el juramento y omenaje que se requiere a Nos y a

tración del territorio, pero con la intención de cedérsela a su hijo «para que en vida nuestra él [...] governase rigiese y administrase el dicho Estado, como legítimo duque y señor dél»[61]. No obstante, ordenó que, si por cualquier circunstancia, él fallecía sin haber efectuado dicha cesión del gobierno y de la administración, la misma fuese entregada inmediatamente al príncipe Felipe como duque y señor de él. Y para que tuviera efecto, exhortó al gobernador y capitán general del ducado y a los castellanos de Milán, Cremona, Alexandría, Lodi, Pavía y del resto de ciudades y villas del Estado para que entregasen al príncipe Felipe las fortalezas y castillos, y para que, además, junto con el senado, los magistrados, capitanes de justicia y otros ministros y el resto de súbditos del territorio, obedeciesen y tuviesen al dicho príncipe domo duque y señor[62].

Esa cesión de la administración del ducado a la que se refería el emperador en su testamento se produciría apenas un mes después cuando, con ocasión del enlace matrimonial del príncipe Felipe con María Tudor, celebrado el 25 de julio de 1554, y para que aquél acudiese al matrimonio con un título de soberanía que estuviese a la altura del de su futura esposa, que era reina de Inglaterra, le concedió la investidura de los reinos de Nápoles y Cerdeña, y realizó una nueva cesión del Milanesado.

Un día antes de la celebración, el 24 de julio, llegaba a Inglaterra Juan de Figueroa, a quien el César había enviado para que entregase a Felipe «los privilegios y títulos de la donación que el emperador le había hecho de los estados de Italia en favor de este casamiento»[63].

---

los Emperadores que después de Nos suçederan en el dicho Sacro Imperio, de manera que en efeto él es ya duque y señor del dicho Estado». *Ibidem,* p. 92.

61 *Ibidem.*

62 *Ibidem,* pp. 92-93.

63 DE SANDOVAL, P., *Historia del Emperador Carlos V, Rey de España,* Tomo VIII, Madrid, 1847, p. 532.

Si bien, parece que el príncipe consideró que en 1554 no era necesaria una nueva cesión de este título, por entender que ya le correspondía de derecho y sólo faltaba tenerlo de hecho[64].

El príncipe Felipe sabía lo importante que era confirmar la trasferencia de la administración y del gobierno en el ducado y que se hiciese pública, por fin, su investidura como duque de la región[65]. De este modo, el 23 de octubre de 1554 Luis de Córdoba, enviado de Felipe, entraba en Milán con el propósito firme de que las autoridades del Estado efectuasen el juramento de fidelidad al nuevo duque, como efectivamente se produjo unos días después[66].

Por consiguiente, en 1554 Carlos V dio el último y definitivo paso en la unión del título ducal de Milán a la Monarquía Hispánica. Como hemos visto a lo largo de estas líneas, se trató de un proceso largo y lento en el que el emperador fue llevando a cabo, cautelosamente, una serie de actuaciones: primero, se lo enfeudó a su hijo Felipe en 1540; después realizó una segunda investidura en 1546; y finalmente, le cedió la administración y el gobierno en 1554. Pero en todo este proceso no podemos pasar por alto una cuestión fundamental, y es que el emperador no se limitó a enfeudar el ducado en el príncipe, sino que, tras efectuar las dos investiduras, transformó la naturaleza jurídica del mismo, que dejó de ser un feudo del Sacro Imperio y se convirtió en un título unido a la Monarquía Universal Hispánica.

---

64 SALGADO-RODRÍGUEZ, M.J., *Un Imperio en transición. Carlos V, Felipe II y su mundo, 1551-1559*, Crítica, Barcelona, 1992, p. 162.

65 En este sentido, en una *Carta de Felipe II a Carlos V. Richmond, 17 de agosto de 1554*, el príncipe le expresa: «Hauiendo de enbíar una persona a Lombardía y el Estado de Milán para que en cumplimiento de la merced que *Vuestra Magestad* me ha hecho de dexarme la administraçion del Estado de Milán entienda en lo que ally se haurá de hazer en mi nombre, he señalado a don Luis de Córdoua [...]»; ed. FERNÁNDEZ ÁLVAREZ, M., *Corpus documental de Carlos V*, Tomo IV (1554-1558), Ediciones Universidad de Salamanca, Salamanca, 1979, pp. 118-119.

66 CHABOD, F., *Storia di Milano nell'epoca di Carlo V*, Turín, 1971, p. 146.

3. CONCLUSIONES

En el presente trabajo hemos ido desarrollando los pasos que Carlos V siguió para unir el ducado de Milán a la Corona española, pasos que estuvieron enormemente condicionados por la evolución de las relaciones con Francia. En 1535 el emperador se convirtió en duque de Milán y, a partir de ese momento, utilizó en diferentes ocasiones el territorio como pieza de intercambio en sus negociaciones con Francia o incluso con el Papado, por lo que no tuvo siempre claro que el futuro del Milanesado estuviera ligado al de la Monarquía hispana. En consecuencia, la unión final a la misma fue el resultado de un proceso cambiante y llevado a cabo con la máxima cautela y secretismo, no sólo por la necesidad de evitar nuevos conflictos con el reino galo y con los papas, sino también porque el emperador efectuó una transformación de la naturaleza jurídica del título, con todas las consecuencias que ello implicaba.

Esa transformación suponía que el ducado de Milán pasaba a incorporarse directamente a los dominios patrimoniales del príncipe Felipe y que, después tras su muerte, revertiría a la Corona española, uniéndose definitivamente al conjunto de títulos de la Monarquía Universal. En este sentido, hemos de tener en cuenta que la condición jurídica del ducado como feudo del Imperio dificultaba lógicamente su anexión a los estados patrimoniales de la casa de Austria. Esta circunstancia contribuyó a que las dos investiduras fueran mantenidas en secreto; del mismo modo que ocurrió con el documento en el que el emperador transformó el régimen jurídico.

Carlos V mudó la naturaleza jurídica del título de soberanía, aprovechando que era el emperador del Sacro Imperio y que desde 1535 el título se encontraba bajo su dominio, al haber revertido, tras el fallecimiento del último duque Sforza sin sucesión, al Imperio. Igualmente, es importante precisar que se trataba de un título ganado por él —lo conquista y expulsa al rey Francisco I de Francia—, del que podía disponer. Por consiguiente, estaba plenamente legitimado para llevar a cabo dicha actuación.

Además, al alterar el régimen jurídico del ducado, el soberano aseguraba su efectiva vinculación a la Monarquía hispana; cuestión que era fundamental, pues su excelente situación geográfica le convertía en un punto estratégico clave en las comunicaciones entre los Países Bajos y los dominios italianos e ibéricos que heredó el príncipe Felipe.

De esta manera, el ducado de Milán y los condados de Pavía y Anghiera, sin ningún tipo de vinculación con la Corona hispana, fueron extraídos por Carlos V del Sacro Imperio, al que habían pertenecido como feudo del mismo desde la Dieta de Augusta en el año 952, y unidos a los títulos de la Monarquía Universal Hispánica.

4. BIBLIOGRAFÍA

ÁLVAREZ-OSSORIO ALVARIÑO, A., *Milán y el legado de Felipe II. Gobernadores y corte provincial en la Lombardía de los Austrias,* Sociedad Estatal para la Conmemoración de los Centenarios de Felipe II y Carlos V, Madrid, 2001

ÁLVAREZ-OSSORIO ALVARIÑO, A., "Carlos V y el Estado de Milán", *Torre de los Lujanes. Boletín de la Real Sociedad Económica Matritense de Amigos del País,* 43, 2001, pp. 85- 99.

CHABOD, F., "¿Milán o los Países Bajos? Las discusiones en España sobre la «alternativa» de 1544", en *Carlos V (1500-1558),* Universidad de Granada, Granada, 1958, pp. 331-372.

CHABOD, F., *Storia di Milano nell´epoca di Carlo V,* Turín, 1971.

CREMONINI, C., "Considerazioni sulla feudalità imperiale italiana nell´età di Carlo V", en CANTÙ, F. y VISCEGLIA, M.A. (coords.), *L´Italia di Carlo V. Guerra, religione e política nel primo Cinquecento. Atti del convegno internazionale di studi, Roma, 5-7 aprile 2001,* Viella, Roma, 2023, pp. 259-276.

DE CADENAS Y VICENT, V., *La herencia imperial de Carlos V en Italia: El Milanesado,* Ediciones Hidalguía, Madrid, 1978.

DE SANDOVAL, P., *Historia del Emperador Carlos V, Rey de España,* Tomos III, IV, VI, VII, VIII, Madrid, 1846-1847.

DE SANTA CRUZ, A., *Crónica del Emperador Carlos V, y publicada por acuerdo de la Real Academia de la Historia,* Tomo I, Madrid, 1920.

DE SEPÚLVEDA, J.G., *Obras completas II. Historia de Carlos V: Libros IV-X.* Edición crítica y traducción E. Rodríguez Peregrina. Estudio histórico B. Cuart Moner, Excmo. Ayuntamiento de Pozoblanco, Córdoba, 1996.

DÖLLINGER, *Dokumente zur Geschichte Karl´s V., Philipp´s II. und ihrer Zeit,* Regensburg, 1862.

DUMONT, J., *Corps Universel Diplomatique du Droit des Gens,* Tome IV, Partie II, Ámsterdam, 1726.

FERNÁNDEZ ÁLVAREZ, M., *Corpus documental de Carlos V,* Tomo II (1539-1548), Ediciones Universidad de Salamanca, 1975.

FERNÁNDEZ ÁLVAREZ, M., *Corpus documental de Carlos V,* Tomo IV (1554-1558), Ediciones Universidad de Salamanca, Salamanca, 1979.

GARCÍA-MERCADAL Y GARCÍA-LOYGORRI, F., *Estudios de Derecho Dinástico. Los títulos y la heráldica de los Reyes de España,* Bosch, Barcelona, 1995.

MARTÍNEZ MILLÁN, J., ÁLVAREZ-OSSORIO ALVARIÑO, A., "La continuación de la pugna Habsburgo-Valois y las campañas contra el infiel", en MARTÍNEZ MILLÁN, J. (dir.), *La Corte de Carlos V,* Volumen II, Sociedad Estatal para la Conmemoración de los Centenarios de Felipe II y Carlos V, Madrid, 2000, pp. 153-170.

MEXÍA, P., *Historia del emperador Carlos V,* edición y estudio por Juan de Mata Carriazo, Espasa-Calpe, Madrid, 1945.

NAVARRO ESPINACH, G., "El Ducado de Milán y los Reinos de España en tiempo de los Sforza (1450-1535)", *Historia. Instituciones. Documentos,* 27, 2000, pp. 155-182.

PÉREZ-BUSTAMANTE, R., *El Gobierno del Imperio español: los Austrias (1517-1700),* Comunidad de Madrid, Consejería de Educación, Madrid, 2000.

PÉREZ-BUSTAMANTE, R. "El gobierno de los Estados de Italia bajo los Austrias: Nápoles, Sicilia, Cerdeña y Milán (1517-1700). La participación de la nobleza castellana", *Cuadernos de Historia del Derecho,* 1, 1994, pp. 25-52.

SALAZAR DE MENDOZA, P., *Monarquía de España,* Tomo II, Madrid, 1970.

SALGADO-RODRÍGUEZ, M.J., *Un Imperio en transición. Carlos V, Felipe II y su mundo, 1551-1559,* Crítica, Barcelona, 1992.

VALERO DE BERNABÉ Y MARTÍN DE EUGENIO, L., "Heráldica y nobiliaria del Milanesado", *La Gacetilla de Hidalgos. Revista de la Real Asociación de Hidalgos de España,* 570, primavera de 2022, pp. 28-34.

ZURITA, J., *Los Cinco Libros Postreros de la Historia del Rey Don Hernando el Catholico. De las empresas y ligas de Italia,* Zaragoza, 1580.